航天科工出版基金资助出版

航天质量管理技术手册

(上 册)

《航天质量管理技术手册》编写组　编著

中国宇航出版社
·北京·

ISBN 978-7-5159-2203-4
9 787515 922034 >

图书在版编目（CIP）数据

航天质量管理技术手册 /《航天质量管理技术手册》编写组编著 . -- 北京：中国宇航出版社，2023.3（2024.4重印）

ISBN 978-7-5159-2203-4

Ⅰ.①航… Ⅱ.①航… Ⅲ.①航天工业—质量管理—中国—手册 Ⅳ.①F426.5-62

中国版本图书馆 CIP 数据核字(2023)第 028939 号

责任编辑　张丹丹　　　**封面设计**　王晓武

出版发行　中国宇航出版社

社　址　北京市阜成路 8 号　**邮　编**　100830
(010)68768548

网　址　www.caphbook.com

经　销　新华书店

发行部　(010)68767386　(010)68371900
(010)68767382　(010)88100613（传真）

零售店　读者服务部　(010)68371105

承　印　北京厚诚则铭印刷科技有限公司

版　次　2023 年 3 月第 1 版
2024 年 4 月第 3 次印刷

规　格　787×1092

开　本　1/16

印　张　70　　**彩　插**　1 面

字　数　1714 千字

书　号　ISBN 978-7-5159-2203-4

定　价　288.00 元（上下册）

《航天质量管理技术手册》编审委员会

主　　任　袁　洁

常务副主任　刘石泉　龚　波

副 主 任　魏毅寅　刘传东　林　青　唐　斌　刘著平
李立新

委　　员　张维刚　郑　辛　韩凤宇　宋晓明　王长青
冯杰鸿　刘文军　鲍　斌　刘　博　贾成武

《航天质量管理技术手册》编写组

组　　长　郑　辛

副 组 长　贾成武　李宏民

成　　员　史红卫　郭俊三　张久利　武春风　张海龙
陈　强　陈　波　侯军华　李跃生　宋太亮
王　冬　宋明顺　王　剑　乐　安　洪保成
柯尊智　肖卫国　张　可　夏中瑨　钱彩霞
齐艳杰　王海林　杜贝娜

《航天质量管理技术手册》
参与编写人员

（按姓氏音序排列）

白　洋　蔡雪莲　常冬梅　陈　飞　陈丽容　陈　璐　陈武群
陈孝添　陈学忠　陈　燕　程　辰　戴　瀛　邓建华　邓　科
董珂鸣　董丽娜　房红征　冯南鹏　符宏南　付　超　付修锋
付　悦　高　骥　勾红璋　谷　成　郭贵强　郭　璐　韩　巍
韩西龙　韩亚东　何嘉明　侯　敏　胡小洲　胡　彦　华　蕾
黄　浩　黄　娟　黄正石　吉红伟　贾娜姿　姜银松　蒋忠良
焦　尚　李　兵　李龚浩　李　利　李　明　李　蕊　李文军
李小彦　李伊湄　李政银　李宗涛　厉召玉　梁　松　林立军
林　秋　刘　斌　刘建东　刘　杰　刘　琳　刘鹏飞　刘石鸣
刘　婷　刘万彬　刘　蔚　刘　峥　刘志宏　刘志亮　刘卓群
柳红刚　麻思达　马红梅　马　巍　毛向毅　毛小琳　米思坤
倪晓峰　彭　波　彭新凯　彭兴慧　祁东明　申雪儿　石　静
石凯宇　时　旺　史阿云　宋明军　宋一帆　苏　霓　苏晓庆
孙　华　孙　进　孙科文　孙小团　孙　旋　孙岩岭　唐　萍
唐于晖　陶小创　滕延军　童　雨　汪　洋　王灿灿　王大伟
王飞漩　王　刚　王　浩　王和峰　王　赫　王化会　王剑君
王　良　王　萌　王　瑞　王　伟　王文倍　王小龙　王晓华
王雅薇　王　亚　王亚丽　王岩峰　王玉峰　王云龙　魏　炜
吴汇宇　吴妮真　吴　铁　吴向荣　吴玉亮　奚成义　夏　晶
邢　娜　徐丹丹　徐东宏　徐　晶　徐一喆　薛　超　薛梦麟
严　慧　杨春涛　杨　敏　杨明远　杨彰游　杨治国　姚艳生
叶军玲　有连兴　于江祥　于　洋　于英扬　余慧明　余艳兵
袁　劲　原艳斌　岳晓蕊　曾维军　翟岩磊　张安琪　张宝琴
张德宝　张红涛　张　虹　张　佶　张建广　张鲁宇　张生鹏
张新运　张　岩　张　振　张　震　赵光华　赵宏飞　赵朋飞
赵天一　赵文晖　赵　谊　周　兵　周建民　周　霞　周晓君
朱　蕾　朱胜缘　朱　耀

前　言

航天工程任务具有探索性、先进性、复杂性和高投入、高风险、高可靠要求等显著特点，决定了质量工作成为中国航天事业永恒的主题。在中国航天事业60多年的发展历程中，中国航天人不断总结成功经验、吸取失败教训并持续创新发展，探索实践了具有中国特色的航天质量管理之路，有力地保障了“两弹一星”、北斗导航、载人航天、月球及火星探测和武器装备建设等一系列重大工程任务的圆满成功，极大地提升了中国的科技实力和国防实力，显著增强了民族自信心和凝聚力，受到了中央领导、社会各界和国际同行的高度评价和认可，航天质量管理模式也先后获得了第一、二、四届中国质量奖。

探索浩瀚宇宙，发展航天事业，建设航天强国，是我们不懈追求的航天梦。党的二十大报告明确指出，要加快建设质量强国、航天强国，着力推动高质量发展。近期，为统筹推进质量强国建设，从而更好地推动高质量发展、促进中国经济由大向强转变，中共中央、国务院印发了《质量强国建设纲要》。编著本书是深入贯彻落实党的二十大精神和部署、落实《质量强国建设纲要》、践行高质量发展理念的具体举措。

在不懈追求航天梦的新征程中，我们更应铭记历史、传承精神。出版本书是传承航天系列精神、弘扬航天质量文化、有效应用质量管理技术方法的现实需要，对充分识别和控制航天型号任务风险、确保航天重大工程任务持续成功具有重要的指导意义，也希望本书能为支撑质量强国、航天强国建设做出贡献。

本书旨在全面总结航天质量管理思想理念、标准规范和经验方法，按照系统、继承、实用、专业和先进的原则，从质量管理组织、项目、方法三个方面对航天质量管理的内容进行了系统全面、深入翔实的阐述，为介绍和推广航天特色质量管理模式和技术方法奠定基础。

本书正文共分为3篇、17章，各篇主要内容如下：

第1篇“组织篇”。共4章，着重阐述了质量管理的发展、航天质量文化、航天质量管理体系建设以及航天质量监督。

第2篇“项目篇”。共7章，着重阐述了航天项目质量管理要点、全寿命周期质量控制、设计质量控制、生产质量控制、外协外购质量控制、试验质量控制和全寿命综合保障工程。

第3篇“方法篇”。共6章，着重阐述了系统质量管理模式和方法、风险识别和分析方法、设计分析与过程控制方法、试验验证与检查确认方法、产品保证方法、质量问题归零与质量改进方法等方面共计30余个航天典型质量管理技术方法。

为便于读者使用，正文后附有质量管理常用术语、基本原则与常用方法，其内容摘录自GB/T 19000—2016《质量管理体系基础和术语》、GB/T 32230—2015《企业质量文化建设指南》、GJB 451B—2021《装备通用质量特性术语》、GJB 1405A—2006《装备质量管理术语》、GJB 5236—2004《军用软件质量度量》、GJB 9001C—2017《质量管理体系要求》、《中国航天科工集团有限公司质量文化手册（2021版）》、《全面质量管理（第四版）》、《六西格玛管理（第三版）》、《质量管理方法与工具》、《航天质量管理方法与工具》和《QC小组基础教材（二次修订版）》，后续修订将随上述标准、书籍最新版更新。

本书所阐述的质量管理理念方法、经验做法均来源于航天工程优秀实践。其中，所列方法的概念和适用范围、基本原理以及实施步骤均经过进一步总结、提炼，并搭配了航天企业、产品的典型应用案例。本书可供复杂系统工程、装备研制单位的技术和管理人员参考使用，并可作为航天各级各类人员质量专业培训教材。

本书在编审委员会的集中统一领导下，由编写组组织百余名长期从事航天产品研制和质量工作的人员完成编写，参编人员在成书过程中付出了极大的精力和心血。按照章节顺序，第1、4章由航天科工集团质量与可靠性技术中心牵头编写，第2、5、7章由航天科工集团第二研究院牵头编写，第3、8、9章由航天科工集团第三研究院牵头编写，第6章由航天科工集团第二研究院、航天科工集团第三研究院和航天三江集团有限公司依据本单位产品特点共同编写，第10章由航天三江集团有限公司牵头编写，第11章由航天江南集团有限公司牵头编写，第12～17章的各质量管理技术方法分别由航天科工集团第二研究院、航天科工集团质量与可靠性技术中心、航天三江集团有限公司、航天科工集团第三研究院、航天科工集团第六研究院、航天系统工程有限公司、航天江南集团有限公司、湖南航天有限责任公司编写。此外，河南航天工业有限责任公司也参与了部分内容的编写。

在本书编写过程中，很多行业内知名专家为我们提供了宝贵意见。同时我们也参考了很多相关资料，由于参考资料繁多，引用的部分内容不能一一注明出处，敬请有关单位及人员谅解。

在本书出版过程中，得到了航天科工出版基金的支持和中国宇航出版社的全力配合。

在此向以上单位及人员表示衷心感谢！

航天质量管理仍在不断发展和完善，加之编者水平所限，本书难免存在疏漏与不妥之处，恳请广大读者批评指正。

编写组

2023年3月

目　录

第1篇　组织篇

第1章　质量管理的发展 ………………………………………………………… 3
1.1　现代质量管理的发展 ……………………………………………………… 3
1.1.1　质量检验阶段 ……………………………………………………… 3
1.1.2　统计质量控制阶段 ………………………………………………… 4
1.1.3　全面质量管理阶段 ………………………………………………… 5
1.2　航天质量管理发展回顾 …………………………………………………… 8
1.2.1　探索航天型号质量控制阶段 ……………………………………… 8
1.2.2　推行全面质量管理阶段 …………………………………………… 9
1.2.3　实践航天特色质量管理阶段 ……………………………………… 11
第2章　航天质量文化 ……………………………………………………………… 15
2.1　航天精神 …………………………………………………………………… 15
2.2　航天质量文化的结构 ……………………………………………………… 17
2.3　指导思想和质量理念 ……………………………………………………… 19
2.3.1　指导思想 …………………………………………………………… 19
2.3.2　质量理念 …………………………………………………………… 20
2.4　质量方针、质量价值观、质量道德观与质量行为准则 ………………… 21
2.4.1　质量方针 …………………………………………………………… 21
2.4.2　质量价值观、质量道德观 ………………………………………… 21
2.4.3　质量行为准则 ……………………………………………………… 22
2.4.4　航天质量格言警句 ………………………………………………… 23
2.5　航天质量文化实践 ………………………………………………………… 24
第3章　航天质量管理体系建设 …………………………………………………… 28
3.1　质量管理体系标准概述 …………………………………………………… 28
3.1.1　质量管理体系标准 ………………………………………………… 28

3.1.2 ISO 9000 族标准概述 …… 28
3.1.3 GB/T 19001 标准概述 …… 28
3.1.4 GJB 9000 系列标准概述 …… 30
3.2 航天质量管理体系的建设实施要点 …… 31
3.2.1 航天集团/院/所多级质量管理体系建设 …… 31
3.2.2 航天质量管理体系的策划 …… 34
3.2.3 航天质量管理体系的运行 …… 35
3.2.4 航天质量管理体系的自我完善与持续改进 …… 38
3.3 航天质量管理体系评估 …… 40
3.3.1 评估模型及内容 …… 41
3.3.2 评估方法 …… 41
3.3.3 评估原则 …… 42
3.3.4 评估程序 …… 42
3.4 军用软件研制能力管理体系 …… 42
3.4.1 GJB 5000B 标准解析 …… 43
3.4.2 GJB 5000B 评价实施要点 …… 49
3.5 新时代装备建设质量管理体系 …… 49
3.5.1 概述 …… 49
3.5.2 实施步骤 …… 50
3.5.3 推进试点经验 …… 56
3.6 卓越绩效模式 …… 57
3.6.1 卓越绩效模式的产生与发展 …… 57
3.6.2 卓越绩效评价准则 …… 61
3.7 国内的主要质量奖 …… 70
3.7.1 全国质量奖 …… 70
3.7.2 中国质量奖 …… 73
第 4 章 航天质量监督 …… 75
4.1 航天质量监督制度的形成和发展 …… 75
4.1.1 探索起步阶段 …… 75
4.1.2 强化提升阶段 …… 76
4.1.3 改革调整阶段 …… 77
4.1.4 巩固完善阶段 …… 79
4.2 质量监督代表制度 …… 79

4.2.1 组织管理 …… 79
4.2.2 工作方式 …… 80
4.2.3 专项监督 …… 81
4.2.4 考核与管理 …… 87
4.3 军贸产品质量监督验收 …… 87
4.3.1 组织管理 …… 88
4.3.2 工作方式 …… 89
4.3.3 工作方法 …… 90
4.3.4 特色工作 …… 90

第2篇 项目篇

第5章 航天项目质量管理要点 …… 99
5.1 产品保证 …… 99
5.1.1 产品保证概念 …… 99
5.1.2 航天产品保证管理模式的产生与发展 …… 99
5.1.3 航天产品保证管理模式特点 …… 100
5.1.4 产品保证指导思想、目标和内涵 …… 101
5.1.5 产品保证主要内容 …… 102
5.1.6 产品保证工作系统 …… 104
5.1.7 项目产品保证实施 …… 106
5.2 项目质量保证 …… 111
5.2.1 质量保证概念 …… 111
5.2.2 质量保证工作原则 …… 112
5.2.3 质量保证目标 …… 112
5.2.4 质量保证管理主要工作 …… 113
5.3 产品保证要素 …… 120
5.3.1 可靠性保证 …… 120
5.3.2 维修性保证 …… 125
5.3.3 测试性保证 …… 129
5.3.4 保障性保证 …… 132
5.3.5 安全性保证 …… 136
5.3.6 环境适应性保证 …… 141
5.3.7 电磁兼容性保证 …… 144

5.3.8 元器件保证 …… 149
5.3.9 软件产品保证 …… 156
5.3.10 工艺保证 …… 167
5.3.11 计量保证 …… 179
5.3.12 材料、机械零件保证 …… 190
第 6 章 航天项目全寿命周期质量控制 …… 200
6.1 防空反导武器系统质量控制 …… 200
6.1.1 产品特点 …… 200
6.1.2 各阶段工作任务和质量控制目标 …… 202
6.1.3 质量控制要求 …… 208
6.2 空间类产品质量控制 …… 216
6.2.1 产品特点 …… 216
6.2.2 各阶段工作任务和质量控制目标 …… 217
6.2.3 质量控制要求 …… 224
6.3 飞航导弹类产品质量控制 …… 233
6.3.1 产品特点 …… 233
6.3.2 各阶段工作任务和质量控制目标 …… 233
6.3.3 质量控制要求 …… 248
6.4 无人机类产品质量控制 …… 253
6.4.1 产品特点 …… 253
6.4.2 各阶段工作任务和质量控制目标 …… 255
6.4.3 质量控制要求 …… 262
6.5 弹道导弹类产品质量控制 …… 266
6.5.1 产品特点 …… 266
6.5.2 各阶段工作任务和质量控制目标 …… 267
6.5.3 质量控制要求 …… 280
6.6 固体运载火箭产品质量控制 …… 289
6.6.1 产品特点 …… 289
6.6.2 各阶段工作任务和质量控制目标 …… 292
6.6.3 质量控制要求 …… 305
第 7 章 设计质量控制 …… 315
7.1 设计和开发策划 …… 315
7.1.1 概述 …… 315

7.1.2　职责 …… 315
7.1.3　管理 …… 315
7.1.4　策划要素 …… 316
7.1.5　策划 …… 318
7.2　技术风险识别与控制 …… 324
7.2.1　风险管理策划 …… 324
7.2.2　风险评估 …… 325
7.2.3　风险控制 …… 331
7.3　技术状态管理 …… 336
7.3.1　概述 …… 336
7.3.2　技术状态标识 …… 337
7.3.3　技术状态控制 …… 340
7.3.4　技术状态记实 …… 343
7.3.5　技术状态验证与审核 …… 344
7.3.6　数字化技术状态管理 …… 344
7.4　通用质量特性设计 …… 345
7.4.1　概述 …… 345
7.4.2　可靠性设计 …… 346
7.4.3　维修性设计 …… 350
7.4.4　测试性设计 …… 352
7.4.5　保障性设计 …… 354
7.4.6　安全性设计 …… 356
7.4.7　环境适应性设计 …… 358
7.4.8　“六性”协同设计 …… 362
7.5　通用基础产品 …… 366
7.5.1　概述 …… 366
7.5.2　新研产品设计质量管理 …… 366
7.5.3　产品设计选用 …… 371
7.5.4　产品验收 …… 372
7.5.5　明确产品的使用设计要求 …… 375
7.5.6　质量问题处理和信息收集 …… 376
7.6　元器件设计选用控制 …… 376
7.6.1　概述 …… 376

7.6.2 元器件选用通用要求 …… 377
7.6.3 元器件选用 …… 377
7.6.4 外协产品的元器件质量管理 …… 378
7.6.5 元器件验证 …… 379
7.6.6 基于物料表的元器件设计资源数据库 …… 380
7.7 软件工程化 …… 381
7.7.1 软件研制能力要求 …… 381
7.7.2 型号软件研制过程 …… 382
7.7.3 软件工程活动 …… 382
7.7.4 软件研制类型和开发模型 …… 386
7.7.5 软件研制过程 …… 387
7.7.6 软件第三方评测 …… 392
7.7.7 系统联试过程中的软件管理 …… 393
7.7.8 软件维护 …… 394
7.7.9 可编程逻辑器件软件产品管理要求 …… 394
7.7.10 软件评审 …… 395
7.7.11 软件配置管理 …… 396
7.7.12 软件质量保证 …… 398
7.7.13 软件重用 …… 399
7.7.14 软件安全性可靠性 …… 400
7.8 “三化”设计 …… 400
7.8.1 “三化”定义 …… 400
7.8.2 “三化”意义 …… 401
7.8.3 典型产品“三化”设计 …… 401
7.8.4 “三化”入库 …… 404
7.8.5 “三化”应用和管理 …… 405
7.8.6 “三化”评价 …… 407
7.9 设计复核复算 …… 410
7.9.1 目的和含义 …… 410
7.9.2 组织机构和人员组成 …… 412
7.9.3 要求、程序和内容 …… 412
7.9.4 问题处理 …… 416
7.10 设计工艺协同设计 …… 416

7.10.1　基于面向制造和三维工艺仿真的设计工艺协同设计 …… 416
7.10.2　基于流程的设计工艺协同设计 …… 420
7.11　设计评审 …… 428
7.11.1　设计评审目的和作用 …… 428
7.11.2　设计评审类型 …… 428
7.11.3　设计评审程序 …… 430
7.11.4　设计评审要求 …… 431
7.11.5　设计评审工具方法 …… 437
7.11.6　设计评审有效性 …… 437
7.12　设计验证 …… 439
7.12.1　设计验证目的和作用 …… 439
7.12.2　设计验证分类 …… 439
7.12.3　设计验证要求 …… 439
7.12.4　航天项目试验验证 …… 439
第8章　生产质量控制 …… 443
8.1　生产质量策划 …… 443
8.1.1　概述 …… 443
8.1.2　策划输入 …… 443
8.1.3　任务特点及风险分析 …… 443
8.1.4　确定生产质量目标 …… 444
8.1.5　策划内容及要求 …… 444
8.1.6　工作措施及计划 …… 448
8.2　型号工艺控制 …… 449
8.2.1　概述 …… 449
8.2.2　各阶段主要工艺工作 …… 449
8.2.3　各阶段工艺控制要点 …… 450
8.3　试制与生产准备状态检查 …… 466
8.3.1　概述 …… 466
8.3.2　职责分工 …… 467
8.3.3　检查组织和实施 …… 467
8.3.4　检查具体内容 …… 468
8.4　关键工序控制 …… 469
8.4.1　概述 …… 469

8.4.2　输入与输出类型 …… 470
8.4.3　关键工序识别和确认 …… 470
8.4.4　关键工序生产过程管理 …… 471
8.4.5　关键工序外协过程管理 …… 472
8.4.6　检验检测管理 …… 472
8.4.7　评审管理 …… 473
8.4.8　关重工序的撤销 …… 474
8.5　特殊过程控制 …… 474
8.5.1　概述 …… 474
8.5.2　特殊过程制造工艺质量控制 …… 474
8.5.3　特殊过程人员质量控制 …… 475
8.5.4　特殊过程设备、仪表、测具与工装质量控制 …… 476
8.5.5　特殊过程材料质量控制 …… 476
8.5.6　特殊过程环境质量控制 …… 477
8.5.7　特殊过程检验要求 …… 477
8.5.8　特殊过程确认 …… 479
8.6　首件鉴定 …… 480
8.6.1　概述 …… 480
8.6.2　首件鉴定内容 …… 481
8.6.3　首件鉴定工作程序 …… 481
8.7　多余物控制 …… 483
8.7.1　概述 …… 483
8.7.2　多余物定义和分类 …… 483
8.7.3　多余物危害 …… 484
8.7.4　多余物控制途径 …… 484
8.7.5　多余物检查和排除方法 …… 492
8.7.6　多余物控制、检测技术研究和发展方向 …… 495
8.8　不合格品审理 …… 495
8.8.1　概述 …… 495
8.8.2　不合格品审理一般要求 …… 496
8.8.3　不合格品审理机构分级及职责 …… 496
8.8.4　不合格品处置方式 …… 497
8.8.5　不合格品审理流程 …… 497

8.8.6　审理结论执行 …… 498
8.8.7　分析改进 …… 498
8.9　生产现场管理 …… 498
8.9.1　概述 …… 498
8.9.2　生产现场管理措施 …… 499
8.9.3　现场管理结果评测 …… 501
8.9.4　智能化现场管控 …… 502
8.10　产品标识与批次管理 …… 502
8.10.1　概述 …… 502
8.10.2　产品标识 …… 503
8.10.3　批次管理 …… 504
8.11　检验 …… 506
8.11.1　概述 …… 506
8.11.2　一般要求 …… 507
8.11.3　检验队伍要求 …… 507
8.11.4　检验人员要求 …… 508
8.11.5　检验依据 …… 508
8.11.6　检验资源 …… 509
8.11.7　检验印章 …… 509
8.11.8　检验记录 …… 510
8.11.9　检验过程控制 …… 511
8.11.10　无损检测 …… 514
8.12　产品质量记录管理 …… 515
8.12.1　概述 …… 515
8.12.2　质量记录 …… 516
8.12.3　产品证明书 …… 519
8.12.4　产品质量履历书 …… 522
8.12.5　产品数据包 …… 526
8.13　计量检定 …… 537
8.13.1　概述 …… 537
8.13.2　一般管理要求 …… 537
8.13.3　测量设备管理要求 …… 537
8.13.4　测量人员管理要求 …… 538

8.13.5 测量控制要求 …… 539

8.13.6 计量技术文件管理要求 …… 539

8.13.7 证书、记录管理 …… 539

8.14 产品出厂评审 …… 540

8.14.1 概述 …… 540

8.14.2 出厂评审 …… 540

8.14.3 产品交付 …… 543

8.15 产品防护 …… 545

8.15.1 概述 …… 545

8.15.2 目标和要求 …… 545

8.15.3 产品包装 …… 546

8.15.4 产品运输 …… 547

8.15.5 产品存储 …… 548

第9章 外协外购质量控制 …… 549

9.1 概述 …… 549

9.2 供应商管理 …… 549

9.2.1 供应商资质管理 …… 549

9.2.2 合格供方名录管理 …… 549

9.2.3 分工定点管理 …… 549

9.2.4 次级供方管理 …… 550

9.3 采购文件管理 …… 550

9.3.1 合同质量保证要求管理 …… 550

9.3.2 文件管理 …… 550

9.4 过程绩效监视 …… 551

9.4.1 设计过程管理 …… 551

9.4.2 工艺管理 …… 552

9.4.3 生产过程管理 …… 552

9.4.4 试验管理 …… 554

9.4.5 元器件管理 …… 554

9.4.6 软件产品管理 …… 555

9.4.7 质量问题归零管理 …… 556

9.5 产品交付验收管理 …… 556

9.6 交付后质量管理 …… 557

9.7　信息管理 …… 559
9.8　质量诚信 …… 562
9.9　外协供方监督审核 …… 562
9.10　厂际质量保证体系 …… 563

第10章　试验质量控制 …… 565

10.1　试验策划 …… 565
10.1.1　试验分类 …… 565
10.1.2　试验策划质量管控要点 …… 567
10.1.3　试验技术文件质量管理内容 …… 567
10.2　受试产品技术状态控制 …… 570
10.2.1　目标及主要内容 …… 570
10.2.2　控制依据 …… 570
10.2.3　受试产品齐套、验收及确认 …… 570
10.2.4　技术状态文件 …… 570
10.2.5　技术状态记实 …… 570
10.3　试验资源保证 …… 570
10.3.1　人员保障要求 …… 571
10.3.2　设备保障要求 …… 571
10.3.3　环境保障要求 …… 571
10.3.4　技术文件要求 …… 571
10.3.5　陪试产品要求 …… 571
10.4　试验设备和测量装置控制 …… 571
10.4.1　试验前控制要求 …… 571
10.4.2　试验中控制要求 …… 572
10.4.3　试验后管理 …… 572
10.5　试验过程控制 …… 572
10.5.1　试验准备 …… 573
10.5.2　试验实施 …… 574
10.5.3　试验总结 …… 575
10.6　试验数据控制 …… 576
10.6.1　试验数据处理依据 …… 576
10.6.2　试验数据采集与质量检查 …… 576
10.6.3　试验数据预处理 …… 577

10.6.4 试验数据分析 …… 579
10.6.5 试验数据管理 …… 579
10.7 大型试验质量控制 …… 580
10.7.1 概述 …… 580
10.7.2 质量复查和“双想”工作要求 …… 580
10.7.3 试验准备要求 …… 581
10.7.4 软件控制要求 …… 581
10.7.5 试验状态和过程要求 …… 582
10.7.6 试验故障、缺陷处理要求 …… 582
10.7.7 试验后工作要求 …… 583
10.8 试验评审与风险控制 …… 583
10.8.1 试验评审 …… 583
10.8.2 风险控制 …… 583

第 11 章 全寿命综合保障工程 …… 584
11.1 概述 …… 584
11.1.1 综合保障工作要求与目标 …… 584
11.1.2 综合保障系统工程过程 …… 585
11.1.3 综合保障工程工作流程 …… 588
11.1.4 综合保障工程工作项目 …… 593
11.1.5 综合保障技术状态管控 …… 609
11.1.6 综合保障工程发展与应用 …… 614
11.2 全寿命综合保障管理 …… 616
11.2.1 综合保障工作管理体制 …… 616
11.2.2 型号综合保障工作系统 …… 617
11.2.3 综合保障工作计划管理 …… 619
11.2.4 综合保障评审管理 …… 621
11.2.5 对外协、外购产品的监督与控制管理 …… 628
11.2.6 综合保障信息管理 …… 628
11.2.7 综合保障能力评估 …… 629
11.3 综合保障要求分析与确认 …… 632
11.3.1 综合保障要求分析与确认过程 …… 632
11.3.2 综合保障要求约束分析 …… 634
11.3.3 综合保障要求分析 …… 634

11.3.4 合同要求转换与可验证性分析 …… 637
11.4 综合保障分析与设计 …… 638
11.4.1 装备保障分析 …… 638
11.4.2 装备保障方案设计 …… 641
11.5 保障资源研制与交付 …… 642
11.5.1 保障资源的规划与研制 …… 642
11.5.2 保障资源的交付形式与时机 …… 643
11.5.3 航天典型保障资源产品 …… 644
11.6 综合保障试验与评价 …… 649
11.6.1 综合保障仿真试验与评价 …… 649
11.6.2 综合保障研制试验与评价 …… 649
11.6.3 综合保障鉴定试验与评价 …… 650
11.6.4 初始使用能力评估 …… 650
11.7 在役保障实施与改进 …… 651
11.7.1 建设服务保障体系 …… 651
11.7.2 实施在役保障活动 …… 660
11.7.3 在役保障数据收集与分析 …… 670
11.7.4 在役保障分析与优化设计 …… 678
11.7.5 在役技术状态与履历管理 …… 679

第3篇 方法篇

第12章 系统质量管理模式和方法 …… 685
12.1 一次成功矩阵式质量管理模式 …… 685
12.1.1 概念和适用范围 …… 685
12.1.2 基本原理 …… 685
12.1.3 实施步骤 …… 687
12.1.4 典型案例 …… 689
12.2 质量管理体系评估方法 …… 695
12.2.1 概念和适用范围 …… 695
12.2.2 基本原理 …… 695
12.2.3 实施步骤 …… 701
12.2.4 典型案例 …… 705
12.3 质量“五自主”管理模式 …… 706

12.3.1　概念和适用范围 …… 706
12.3.2　基本原理 …… 707
12.3.3　实施步骤 …… 708
12.3.4　典型案例 …… 711
12.4　“三全”质量监督管理模式 …… 711
12.4.1　概念和适用范围 …… 711
12.4.2　基本原理 …… 712
12.4.3　实施步骤 …… 713
12.4.4　典型案例 …… 715
12.5　“一次成功”技术保障分析方法 …… 717
12.5.1　概念和适用范围 …… 717
12.5.2　基本原理 …… 718
12.5.3　实施步骤 …… 719
12.5.4　典型案例 …… 722
12.6　基于模型的系统工程方法 …… 725
12.6.1　概念和适用范围 …… 725
12.6.2　基本原理 …… 726
12.6.3　实施步骤 …… 728
12.6.4　典型案例 …… 737
12.7　型号质量定制管理 …… 743
12.7.1　概念和适用范围 …… 743
12.7.2　基本原理 …… 743
12.7.3　实施步骤 …… 743
12.7.4　典型案例 …… 748

第 13 章　风险识别和分析方法 …… 750
13.1　飞行时序动作分析与确认 …… 750
13.1.1　概念和适用范围 …… 750
13.1.2　基本原理 …… 751
13.1.3　实施步骤 …… 753
13.1.4　典型案例 …… 756
13.2　技术成熟度评价方法 …… 758
13.2.1　概念和适用范围 …… 758
13.2.2　基本原理 …… 759

13.2.3 实施步骤 …… 762
13.2.4 典型案例 …… 764
13.3 型号独立评估 …… 766
13.3.1 概念和适用范围 …… 767
13.3.2 基本原理 …… 767
13.3.3 实施步骤 …… 769
13.3.4 典型案例 …… 773
13.4 成功数据包络分析 …… 774
13.4.1 概念和适用范围 …… 774
13.4.2 基本原理 …… 774
13.4.3 实施步骤 …… 776
13.4.4 典型案例 …… 778
13.5 质量交集分析 …… 781
13.5.1 概念和适用范围 …… 781
13.5.2 基本原理 …… 782
13.5.3 实施步骤 …… 783
13.5.4 典型案例 …… 788
13.6 “一个序号一个案”飞行试验风险管控方法 …… 790
13.6.1 概念和适用范围 …… 790
13.6.2 基本原理 …… 791
13.6.3 实施步骤 …… 792
13.6.4 典型案例 …… 794
13.7 “九新”风险分析方法 …… 795
13.7.1 概念和适用范围 …… 795
13.7.2 基本原理 …… 797
13.7.3 实施步骤 …… 799
13.7.4 典型案例 …… 803
13.8 不可检不可测项目识别与控制方法 …… 806
13.8.1 概念和适用范围 …… 806
13.8.2 基本原理 …… 806
13.8.3 实施步骤 …… 807
13.8.4 典型案例 …… 811

第 14 章　设计分析与过程控制方法 …… 814
14.1　“五量”分析方法 …… 814
14.1.1　概念和适用范围 …… 814
14.1.2　基本原理 …… 815
14.1.3　实施步骤 …… 817
14.1.4　典型案例 …… 826
14.2　“三过程”要素识别与控制 …… 830
14.2.1　概念和适用范围 …… 830
14.2.2　基本原理 …… 830
14.2.3　实施步骤 …… 832
14.2.4　典型案例 …… 833
14.3　基于云架构产品数据管理平台的型号技术状态协同管理 …… 835
14.3.1　概念和适用范围 …… 835
14.3.2　基本原理 …… 835
14.3.3　实施步骤 …… 837
14.3.4　典型案例 …… 838
14.4　面向制造和仿真的数字化构造样机创建技术方法 …… 839
14.4.1　概念和适用范围 …… 839
14.4.2　基本原理 …… 839
14.4.3　实施步骤 …… 840
14.4.4　典型案例 …… 844
14.5　“物-事-人”批生产基线管控方法 …… 848
14.5.1　概念和适用范围 …… 848
14.5.2　基本原理 …… 848
14.5.3　实施步骤 …… 850
14.5.4　典型案例 …… 855
14.6　批次产品“证据链”质量记录管控方法 …… 856
14.6.1　概念和适用范围 …… 856
14.6.2　基本原理 …… 857
14.6.3　实施步骤 …… 859
14.6.4　典型案例 …… 861

第 15 章　试验验证与检查确认方法 …… 864
15.1　测试覆盖性分析 …… 864

15.1.1 概念和适用范围 …… 864
15.1.2 基本原理 …… 864
15.1.3 实施步骤 …… 867
15.1.4 典型案例 …… 870
15.2 产品质量正向确认 …… 872
15.2.1 概念和适用范围 …… 872
15.2.2 基本原理 …… 872
15.2.3 实施步骤 …… 880
15.2.4 典型案例 …… 881
15.3 试验真实性覆盖性分析 …… 883
15.3.1 概念和适用范围 …… 883
15.3.2 基本原理 …… 883
15.3.3 实施步骤 …… 886
15.3.4 典型案例 …… 889
15.4 基于产品数据管理系统的技术文件质量量化评价 …… 892
15.4.1 概念和适用范围 …… 892
15.4.2 基本原理 …… 892
15.4.3 实施步骤 …… 897
15.4.4 典型案例 …… 898
15.5 试验数据智能化判读与分析 …… 900
15.5.1 概念和适用范围 …… 900
15.5.2 基本原理 …… 900
15.5.3 实施步骤 …… 902
15.5.4 典型案例 …… 907
第 16 章 产品保证方法 …… 911
16.1 故障模式、影响与危害性分析 …… 911
16.1.1 概念和适用范围 …… 911
16.1.2 基本原理 …… 911
16.1.3 实施步骤 …… 913
16.1.4 典型案例 …… 921
16.2 故障树分析 …… 924
16.2.1 概念和适用范围 …… 924
16.2.2 基本原理 …… 924

16.2.3　实施步骤 …… 927
16.2.4　典型案例 …… 929
16.3　潜在通路分析 …… 931
16.3.1　概念和适用范围 …… 932
16.3.2　基本原理 …… 932
16.3.3　实施步骤 …… 934
16.3.4　典型案例 …… 936
16.4　单点故障模式识别与控制 …… 937
16.4.1　概念和适用范围 …… 937
16.4.2　基本原理 …… 938
16.4.3　实施步骤 …… 940
16.4.4　典型案例 …… 944
16.5　基于数据驱动的装备健康管理方法 …… 950
16.5.1　概念和适用范围 …… 950
16.5.2　基本原理 …… 951
16.5.3　实施步骤 …… 954
16.5.4　典型案例 …… 957
16.6　元器件“五统一” …… 962
16.6.1　概念和适用范围 …… 962
16.6.2　基本原理 …… 963
16.6.3　实施步骤 …… 964
16.6.4　典型案例 …… 967
16.7　元器件质量大数据分析方法 …… 970
16.7.1　概念和适用范围 …… 970
16.7.2　基本原理 …… 970
16.7.3　实施步骤 …… 971
16.7.4　典型案例 …… 974
16.8　工艺“三化一防”方法 …… 976
16.8.1　概念和适用范围 …… 976
16.8.2　基本原理 …… 977
16.8.3　实施步骤 …… 979
16.8.4　典型案例 …… 983

第 17 章　质量问题归零与质量改进方法 …… 985
17.1　质量问题“双五条”归零 …… 985
17.1.1　概念和适用范围 …… 985
17.1.2　基本原理 …… 985
17.1.3　实施步骤 …… 988
17.1.4　典型案例 …… 991
17.2　以问题为导向的产品质量分析 …… 994
17.2.1　概念和适用范围 …… 994
17.2.2　基本原理 …… 995
17.2.3　实施步骤 …… 997
17.2.4　典型案例 …… 1000
17.3　质量问题知识图谱 …… 1001
17.3.1　概念和适用范围 …… 1002
17.3.2　基本原理 …… 1002
17.3.3　实施步骤 …… 1004
17.3.4　典型案例 …… 1010

附录 A　质量管理常用术语 …… 1013

附录 B　质量管理基本原则 …… 1022

附录 C　质量管理常用方法 …… 1025

参考文献 …… 1063

后　记 …… 1067

第 1 篇　组织篇

第 1 章　质量管理的发展
第 2 章　航天质量文化
第 3 章　航天质量管理体系建设
第 4 章　航天质量监督

质量是航天事业永恒的主题，是实现航天工程任务圆满成功和航天企业高质量发展的重要基础。回首中国航天事业的探索、发展历程，中国航天质量管理在实践中不断丰富、完善，质量治理能力和产品竞争力得到持续提升。本篇开篇简要概述了现代质量管理的发展过程，进一步回顾了中国航天质量管理从实践探索、开拓创新到发展壮大并不断完善的历程；结合中国航天发展历程，介绍了中国航天事业的精神动力——以“国家利益高于一切”为核心价值观的航天质量文化；根据航天系统、产品和任务的特点，介绍了自上而下、相互协调的航天质量管理体系；基于周总理的“十六字”方针和国外质量监督理论、方法和实践经验，介绍了以“坚持、发展、完善”为理念的一体化质量监督制度。

第 1 章　质量管理的发展

质量发展是兴国之道、强国之策。质量反映一个国家的综合实力，是企业和产业核心竞争力的体现，也是国家文明程度的体现。自古代人类社会出现较为复杂的分工协作手工业生产开始，到工业革命后生产机器工业化，再到如今自动化、数字化、智能化生产技术的涌现，质量管理技术随着经济的发展与社会的进步逐步形成并不断丰富和持续完善。质量是航天的生命，质量是航天事业永恒的主题，是实现航天工程任务圆满成功和航天企业高质量发展的重要基础。回顾中国航天事业 60 多年的发展历程，航天人应用和创新了一系列的质量管理新技术、新方法，走出了一条独立自主、自力更生的跨越式发展道路，探索出了独特的以系统工程为特征的航天质量管理模式。

本章第一节从国际、国内等不同层面回顾了现代质量管理的发展。第二节介绍了中国航天伴随国家重大任务和型号研制工作共同发展的质量管理历程。

1.1　现代质量管理的发展

随着人类社会的发展、科学管理的进步，质量管理也遵循着一定的客观规律，形成了独特的发展历程。工业革命以前是传统质量管理阶段；工业革命后，现代质量管理的发展大致经历了质量检验、统计质量控制、全面质量管理三个阶段，形成了一些有影响力的质量管理理念，如戴明提出的质量信条十四点，朱兰博士关于质量策划、质量控制和质量改进的质量三部曲，克劳士比的零缺陷管理等。进入 21 世纪后，质量管理工作又融入新的科学技术元素，质量管理工作的体系愈加成熟和完善，相应的质量工程技术也随之发展。

1.1.1　质量检验阶段

20 世纪 20～30 年代在西方发达国家的现代质量管理发展历程中被称为质量检验阶段。这一阶段，产品质量主要是通过质量检验的方式，利用检测工具或目测，测量和判定产品质量是否符合标准或合同的要求，从而保证转入下道工序的产品或交付用户的产品的质量。

在质量检验阶段，虽然能够依靠检验员从产品中剔除不合格品，保证产品的质量。但这是“事后检验”，无法在生产过程中起到预防、控制的作用，而且在生产规模不断扩大和大批量生产的情况下，若是对产品进行百分之百的检验，不但成本高，而且生产周期长，在经济上不合理，技术上有时也不可能实现。若是抽检，又容易造成漏检，不能保证产品质量。

20 世纪 50～70 年代，中国质量管理以质量检验为主要手段。1954 年起，中国建立了计量检定、标准化工作的组织系统。到 1957 年，大部分企业建立了从生产准备、原材料投入到成品出厂的技术检验监督制度，形成了相应的工作体系。1958 年年初，兵工企业庆华工具厂和建华机械厂等建立了"两参一改"的管理制度。在此基础上，长春第一汽车制造厂进行了完善，形成了"两参一改三结合"完整的管理制度，其中，"两参"是干部参加集体生产劳动，工人群众参加企业管理；"一改"是改革企业中不合理的规章制度，建立健全合理的规章制度；"三结合"是企业领导干部、技术人员与工人群众相结合。这一管理制度的许多内容与全面质量管理不谋而合。1960 年年初，"两参一改三结合"的管理制度在鞍山钢铁全面推广使用，被毛泽东主席概括为了"鞍钢宪法"。1963 年，大庆油田提出了"三老四严"，即对待革命事业，要当老实人，说老实话，办老实事；对待工作，要有严格的要求，严密的组织，严肃的态度，严明的纪律。这些中国式的企业管理经验，都强调狠抓质量、强化管理，在此期间积累了许多宝贵的质量管理经验。

1.1.2　统计质量控制阶段

20 世纪 20 年代，美国西方电气公司的质量管理专家沃特·阿曼德·休哈特（Walter A. Shewhart）博士发明了统计过程控制理论和监控过程的工具——控制图，将数理统计技术运用到生产过程中去解决产品不合格问题，不再过分依赖最后的检验过程，产生了统计质量控制的理论和方法。贝尔实验室成立了产品控制组和过程控制组两个课题小组，研究运用统计技术进行质量管理，产品控制组的道奇（H. F. Dodge）和罗米格（H. G. Romig）于 20 世纪 30 年代提出了抽样检验理论，并设计出"抽样检验表"，用于解决全数检验和破坏性检验带来的问题。

从 20 世纪 40 年代到 50 年代，质量管理处于统计质量控制阶段。这一阶段的质量管理主要是利用统计技术，对批量产品的工序质量进行控制，使不合格品在即将形成或刚开始形成时能及时发现并予以阻止，形成了质量的预防性控制和事后检验相结合的模式。

第二次世界大战爆发后，由于军工产品批量生产需求增加，质量检验的工作量大且质量无法事先控制，交货期延误常常影响军需供应。为解决这些实际问题，美国军事部门成立了质量管理的专业机构，以休哈特、道奇、罗米格的理论为基础，发展和完善控制图和抽样检验的理论和方法，先后制定了 ANSI/ASQCZ 1.1《质量控制指南》、ANSI/ASQCZ 1.2《数据分析用的控制图法》、ANSI/ASQCZ 1.3《生产过程质量管理控制图法》，这三个标准使制造过程质量控制和抽样检验都得以标准化。控制图用于生产过程的监测与分析，以及时发现异常因素而避免不合格品大量出现。抽样检验用于对批量产品进行抽检，以对整批产品做出接收或拒收判断。但是，统计质量控制以大量检测数据为前提，在多品种小批量生产模式中，很难获得足够的检测数据来建立控制界限，此种情况下难以直接应用该方法，并且统计质量控制只注重对生产过程的控制，忽略了产品质量的产生在设计阶段、制造阶段与使用售后阶段的相互作用。

统计质量控制阶段中的质量管理是基于休哈特控制图，监测产品质量特性的变化趋势，运用统计方法对工序进行分析，及时发现生产过程中的异常情况，确定产生缺陷的原因，迅速采取对策加以消除，预防不合格品的产生，使工序保持在稳定状态。统计质量控制使质量管理从单纯依靠质量检验进行事后把关，发展到对工序的质量控制，突出了质量的预防性控制和事后检验相结合。

第二次世界大战结束后，美国质量管理专家威廉·爱德华·戴明（William Edwards Deming）于 1950 年受邀到日本讲授统计质量控制，推广了质量控制理论与 PDCA 循环方法的应用。戴明强调组织管理要以一个良好的系统为基础，要通过不断地改进系统来实现提升质量、生产率和降低成本。他指出管理者必须重视领导和文化的作用，营造积极氛围，充分调动每个人的积极性和创造性，关注把改善产品和服务质量作为长期目标等质量管理 14 个要点，才能实现向质量型组织的转变。

在联合国教科文组织的赞助下，通过国际统计学会等一些国际性组织的努力，如墨西哥、印度、挪威、瑞典、丹麦、西德、荷兰、比利时、法国、意大利、英国等国家都积极开展统计质量控制活动并取得了成效。

1.1.3　全面质量管理阶段

20 世纪 60 年代，开始实行全面质量管理，强调以质量为中心的、综合的、全面的管理方式和体系管理理念。人们对产品质量的要求，不仅关注产品性能，还增加了耐用性、可靠性、安全性以及经济性等。美国通用电气公司质量管理专家阿曼德·瓦兰·费根鲍姆（Armand Vallin Feigenbaum）率先提出了全面质量管理（TQM，Total Quality Management）的概念。1959 年，美国国防部制定了 MIL-Q-9858A《质量大纲要求》，它是世界上最早的质量保证方面的标准文件，此后也成为中国军工质量管理标准与条例的重要参考文献。1961 年，费根鲍姆著的《全面质量管理》一书出版，强调执行质量职能是公司全体人员的责任，应该使全体人员都具有质量的概念和承担质量的责任；要解决质量问题不能仅限于产品制造过程，在产品质量产生、形成、实现的全过程中都需要进行质量管理；同时，解决问题的方法手段也应该是多种多样的，不仅限于检验和数理统计方法。他指出："全面质量管理是为了能够在最经济的水平上考虑到充分满足用户要求的条件下进行市场研究、设计、生产和服务，把企业各部门的研制质量、维持质量和提高质量的活动构成一体的有效体系。"

20 世纪 70 年代，日本质量专家石川馨在著作《日本的质量管理》中把日本式的全面质量控制（TQC，Total Quality Control）总结为"全公司质量管理"（CWQC，Company-Wide Quality Control），并要求所有部门参加质量管理、全员参加质量管理。在日本全面推行 TQM 后，质量管理（QC，Quality Control）小组、田口质量工程学、5S 现场管理、全面生产维护（TPM，Total Productive Maintenance）、质量功能展开（QFD，Quality Function Deployment）和准时生产方式（JIT，Just In Time）等应运而生，随后归纳形成了"老七种"（因果图、分层法、直方图、检查表、散点图、排列图、控制图）和"新七种"（关联图、亲和图、系统图、矩阵图、矩阵数据分析、过程决策程序图、网络图）工具，并普遍用于质量改进和质量控制。日本实施 CWQC 后创造了举世公认的质量管理业绩。

随着经济全球化的发展趋势，1987 年，国际标准化组织发布了第一套质量管理和质量保证国际标准 ISO 9000 系列标准，后续 ISO 9000 标准经过多次改进与修订，成为企业 TQC 和质量改进的有效工具。ISO 9000 系列标准是在总结工业发达国家质量管理经验的基础上，为顺应国际经济贸易与交流合作的需要而制定的国际质量管理和质量保证标准，一经发布就被许多国家采用，成为风行国际的通用质量标准。

为应对日本经济腾飞的挑战，美国于 1988 年正式设立了马可姆·波多里奇国家质量奖，将全面质量管理的理念融入其中，扩展形成的卓越绩效模式得到了广泛的认可与推广，与之类似的质量奖有：欧洲质量奖、日本戴明品质奖、中国全国质量奖、加拿大卓越经营奖及澳大利亚卓越经营奖等。目前，世界上已有 80 多个国家和地区设立了质量奖，并制定了一系列的卓越绩效模式标准作为质量奖的评价依据。此后，以零缺陷理念和系统性推行质量方法应用的六西格玛管理也逐步风靡全球。

从 20 世纪 70 年代末开始延续至今，全面质量管理在中国得到了广泛深入的普及、推行并不断蓬勃发展。1976 年至 1979 年间，中国质量专业权威专家刘源张院士深入全国各厂介绍推广全面质量管理并加以试验，其中包括北京清河毛纺织厂、北京内燃机总厂等企业。北京内燃机总厂在吸收日本小松制造所的管理经验后，于 1978 年 9 月发布中国第一个 QC 小组成果。1979 年 8 月 31 日，在全国第一次质量管理小组代表会议上，国家经济委员会宣布成立中国质量管理协会（2001 年 9 月 5 日更名为“中国质量协会”），其主要任务之一是协助政府在全国推行全面质量管理。1980 年 3 月，国家经济委员会颁布《工业企业全面质量管理暂行办法》，贯彻落实“质量第一”的方针。期间，结合中国企业实际，推行“三全一多样”的全面质量管理，即全员、全过程、全组织的质量管理，采用多样性的方法。

20 世纪 80 年代以来，中国先后制定和实施了一系列质量管理标准、相关指导性文件，促使企业质量管理更加国际化、规范化。1989 年 8 月，国家技术监督局发布实施 GB/T 10300 标准系列，用于质量管理和质量保证，该标准系列是全面质量管理的发展与继续。此后，中国相继发布了 1992 年版、1994 年版、2000 年版、2008 版、2016 版的 GB/T 19000 质量管理和质量保证系列标准。1994 年 4 月，中国质量体系认证机构国家认可委员会（CNACR，China National Accreditation Committee for Quality System Registration Bodies）成立。1996 年，中国在 GB/T 19000 系列标准的基础上，增加军用产品的特殊要求，编制发布 GJB/Z 9000 系列标准，此后 GJB 9001 标准又更新发布了 2001 版、2009 版和 2017 版。

从 20 世纪 90 年代，中国先后制定和实施了一系列质量管理法律法规、重要文献等，从更高层面推进质量管理的拓展和深化。1993 年 9 月 1 日，中国正式实施《中华人民共和国产品质量法》。2000 年 7 月 8 日、2009 年 8 月 27 日、2018 年 12 月 29 日，全国人大常委会三次通过该法律修改的决定。

1996 年 12 月 24 日，国务院颁布实施《质量振兴纲要（1996 年—2010 年）》。

2001 年，中国质量协会在政府有关部门支持下，设立"全国质量管理奖"，以表彰质量管理取得突出成效的企业，该奖项于 2006 年更名为"全国质量奖"。

2010 年 9 月 30 日，国务院、中央军委发布《武器装备质量管理条例》，标志着中国武器装备质量管理进入了一个新的发展阶段。

2012 年，为深入贯彻落实科学发展观，促进经济发展方式转变，提高中国质量总体水平，实现经济社会又好又快发展，国务院制定发布了《质量发展纲要（2011—2020 年）》。2012 年，国务院批准设立中国质量奖，这是中国质量领域的最高荣誉，旨在推广科学的质量管理制度、模式和方法，表彰质量管理模式、管理方法和管理制度领域取得重大创新成就的组织和个人。

2017 年 9 月 5 日，中共中央、国务院颁发并实施《中共中央 国务院关于开展质量提升行动的指导意见》，突出强调质量第一的价值导向，以满足人民群众需求和国家综合实力为根本目的、以企业为质量提升主体、以改革创新为根本途径，提出了目标任务、主攻方向、主要举措和保障措施。这是中国质量发展史上首次以党中央、国务院的名义出台质量工作的纲领性文件，具有重大的里程碑意义。

2017 年 10 月 18 日，党的十九大报告突出强调了质量，要求大力提升发展质量和效益，提出坚持质量第一、推动质量变革、增强质量优势、建设质量强国、实现高质量发展等重大命题。"质量第一"和"质量强国"被同时写进党的十九大报告，进一步充分体现出党对质量工作的高度重视。

2022 年 8 月 22 日，为深入推进质量强国建设，加强对质量工作的组织领导和统筹协调，凝聚工作合力，国务院决定成立国家质量强国建设协调推进领导小组，作为国务院议事协调机构，全面推进质量强国建设工作。

2022 年 10 月 16 日，党的二十大报告提出要"加快建设制造强国、质量强国"，再次吹响了质量强国建设的号角。为贯彻落实党中央、国务院决策部署，市场监管总局等 18 个部门于 2022 年 11 月联合印发了《进一步提高产品、工程和服务质量行动方案（2022—2025 年）》，围绕提高供给体系质量，聚焦突出问题、明显短板和发展关键，明确提高产品、工程和服务质量的若干重点任务和一批政策措施，以推动质量供给与需求更加适配，推进质量强国建设。

2023 年 2 月 6 日，为统筹推进质量强国建设，全面提高中国质量总体水平，中共中央、国务院印发了《质量强国建设纲要》。

相对于世界质量管理发展历程而言，中国质量管理发展总体来说起步较晚、基础较为薄弱，但改革开放以来发展的速度加快，尤其是近年来得到了党和国家的高度重视。习近平总书记提出的推动"中国制造向中国创造转变，中国速度向中国质量转变，中国产品向中国品牌转变"重要指示，为中国制造高质量发展指明了方向。党的十九大报告中的"坚持质量第一、推动质量变革、增强质量优势、实现高质量发展"等重大命题，将建设质量强国上升到了国家战略行为。党的二十大报告提出"加快建设制造强国、质量强国、航天强国、交通强国、网络强国、数字中国"，强调推动高质量发展是全面建设社会主义现代化国家的首要任务。这些重要的发展战略和重要论述推动了中国企业向着做强做优做大、世界一流企业的建设目标迈进。

目前，中国质量管理发展由前期的跟跑到现阶段在相当程度上与发达国家的质量管理发展齐头并进。其中，大量企业的产品和服务质量、质量管理水平得到了比较快的提升，缩小了与发达国家同类企业间的差距，甚至其中有一批卓越的企业就此迈入了世界一流水平。但中国企业产品和服务质量水平很不平衡，大部分领域及企业的质量管理发展与世界一流还有一定差距。

1.2 航天质量管理发展回顾

伴随着中国航天事业取得的一系列辉煌成就，航天质量管理不断传承航天精神，在航天工程实践中探索、在探索中创新、在创新中提高，走出了一条具有中国航天特色的发展道路，积累形成了具有中国航天特色的质量管理体系和质量管理方法。航天质量管理发展经历了以下三个阶段。

1.2.1 探索航天型号质量控制阶段

20 世纪 50 年代末，航天工业属于创建初期，这一时期的质量保证在设计过程从设计师系统的自我保证开始，实行拟制、校对、审核和批准的技术责任制，强调设计师跟产，在制造过程逐步完善检验、计量系统。

1961 年，聂荣臻元帅组织拟定《关于自然科学研究机构当前工作的十四条意见（草案）》（简称“科学十四条”），倡导“严肃的态度、严格的要求、严密的方法”的“三严”作风。1966 年，针对“两弹结合”试验，周恩来总理提出了“严肃认真、周到细致、稳妥可靠、万无一失”的“十六字方针”。自此，航天工业一直以周总理提出的“十六字方针”为科研生产及质量管理工作的指导思想。

1962 年 3 月，中国自行研制的第一枚近程导弹——“东风二号”首飞失利。7 月，由时任国防部五院副院长钱学森领导的故障分析小组，向原国防科工委提交了总结报告。这份报告远远超出了技术故障分析的内容，是对前一阶段导弹研制工作的反思和总结，报告中提出：“加强地面试验，凡是能在地面试验证实或在地面模拟证实的，不要带到飞行试验中去考验。”根据此建议，航天工业立即抓紧进行了关键的地面试验设施的建设，如大型火箭发动机试车、全弹振动试验塔、跨超声速风洞等。钱学森在故障分析中一再强调的“把故障消灭在地面”，至今仍是航天事业中的一条质量准绳。11 月，国防部五院党委在上述报告的基础上，经过反复讨论修改，制定发布了《国防部第五研究院暂行条例（草案）》（简称“老五院七十条”）。“老五院七十条”系统地总结了型号研制规律、科研工作程序和以科研为中心的工作经验，对科研单位实行“五定”（定方向、定任务、定人员、定设备、定制度）、建立和加强技术责任制、建立技术指挥员制度和技术指挥线等做了具体规定，使国防部五院的工作进一步走上正规化、科学化。

1965 年，当时的第七机械工业部组建了中国第一个质量与可靠性专业研究所——可靠性与质量控制研究所，培训质量管理干部，研究、推行、应用统计质量控制方法和可靠性技术。

20 世纪 70 年代中期，因研制过程中元器件质量低劣，设计、制造过程严重失控，一些重点型号飞行试验连续失利和装备定型进度一拖再拖，再次引起高层领导对质量可靠性的关注。1978 年，航天工业开始进行质量整顿、质量复查，落实电子元器件定点、定技术条件供应，结合当时重点工程“三抓”任务（洲际导弹、潜地导弹、通信卫星发射）开展质量保证活动。从 70 年代中期到 80 年代初采取了元器件筛选、整机老炼、系统稳定运行、产品验收、失效分析、设计鉴定答辩、技术状态更改控制等一系列技术和管理措施，并在各型号研制中逐步推广，取得明显效果，创造了型号研制过程开展质量保证的新经验。1980 年 4 月，第七机械工业部质量工作会议在报告中指出：“坚持质量第一的方针，需要有一套科学的管理制度，以质量为中心的责任制，严格实行连环保证制度、记录制度、反馈制度、攻关会诊制度、记账结算制度、跟踪检查制度、复查制度、奖惩制度。”

1.2.2　推行全面质量管理阶段

1978 年起，全面质量管理开始在中国特别是在国企中得到了普遍的推广应用，航天工业也大力推动全面质量管理活动，逐步开展了多种形式的全员质量培训、QC 小组活动以及创优质产品活动，引入统计质量管理的工具和方法，以工作质量保证产品质量。1985 年成立了中国航天工业质量管理协会，1986 年创办了国防工业质量专业唯一的正式公开出版的期刊《质量与可靠性》，提高了全员的质量意识。航天工业质量管理工作已经涉及设计、工艺、设备、生产、计划和教育等多个部门，各单位设立全面质量管理部门，负责全面质量管理的策划和推进工作，制定内部质量管理制度，明确质量管理职责，进行质量考核和奖惩。各重点型号开始制定并实施可靠性保证大纲、质量保证大纲，标志着航天工业进入开展质量管理和质量保证的新阶段。

1983 年，原国防科工委颁发了《军工产品质量控制暂行条例》，对军工产品研制、生产全过程提出了全面、有效的质量控制要求。1987 年，原国防科工委颁布了《军工产品质量管理条例》，要求对军工产品承制单位按照要求开展质量保证体系考核，考核不合格的不能从事军工产品的研制生产。该条例作为当时国防科技工业顶层的质量法规性文件，其发布和宣贯，在国防科技工业确立了“一次成功，系统管理，预防为主，实行法治”的指导思想。该条例总结了当时国防科技工业质量工作的经验，其中研制过程质量保证要求很多源于航天质量管理工作经验，同时引进了美国军用标准 MIL－Q－9858《质量大纲要求》等国外质量管理文献中的许多概念和要求，系统地提出了质量保证体系、研制过程的质量管理、生产过程的质量管理、计量和测试的管理、外购器材的质量管理、不合格品管理、使用过程的质量管理、质量信息管理、质量成本管理、奖励和法律责任方面的要求，规范了军工产品研制生产过程的质量管理活动。

1988 年至 1992 年，航天工业的质量工作是以贯彻《军工产品质量管理条例》及其实施导则、实施质量保证体系考核为主线展开的。航天工业领导和职能部门对此高度重视，专门成立了质量保证体系考核协调联络办公室，开展了质量保证体系考核的全员培训、试点和全面推行。航天工业各单位领导积极参与和全面动员，全面制定质量保证体系文件，从科研生产一线抽调精兵强将充实质量部门，通过考核的内部预审、接受现场考核、考核后改进等活动持续完善质量保证体系，于 1993 年之前先后通过质量保证体系考核。

质量保证体系考核工作促进了《军工产品质量管理条例》要求的落实，为航天工业后来依据国际标准、国家标准和国家军用标准开展质量管理体系建设及认证工作奠定了基础，使航天领域质量管理工作走上系统性、规范化的道路。

1990 年 7 月，航空航天工业部在上海航空工业公司召开学习麦道-82 飞机质量管理经验研讨会，会议总结了麦道-82 质量保证体系中比较突出的特点，主要包括：遵照程序、质保体系、人员培训、闭环归零、独立质量监督等，为后续航天工业质量管理技术的发展提供了有益借鉴。

1992 年 3 月 22 日，长征二号捆绑式运载火箭发射澳大利亚 B1 卫星失利后，航空航天工业部组织专家并设立专题来研究导致质量事故背后的深层次原因，包括管理观念、管理体制、工作方式及人力资源、财务资源、技术基础能力保障等方面的问题，并提出了一系列深化质量管理的举措。

1993 年，中国航天工业总公司成立伊始，狠抓思想、作风、纪律整顿，结合产品暴露的质量问题，广泛开展质量清理整顿，实施质量专项技术改造工作，持续组织质量教育培训活动，于 1994 年编印了《航天故障启示录》和《“三 F”技术培训教材》，其中“3F”指的是：故障模式、影响及危害分析（FMECA，Failure Mode，Effects and Criticality Analysis）；故障树分析（FTA，Fault Tree Analysis）；故障报告、分析与纠正措施系统（FRACAS，Failure Report Analysis and Corrective Action System），并以澳大利亚 B1 卫星发射失利为警钟，在航天工业系统设立“3·22 航天质量日”。

从 1993 年起，国防科技工业开始实行质量保证体系考核向认证管理转变。航天工业各单位开始依据 GB/T 19001 — 1992《质量管理体系要求》，建立军品、民品一体化的质量管理体系，并申请通过由国家质量监督政府主管部门注册、原国防科工委指定的认证机构实施的质量管理体系认证审核。此后，原国防科工委组织编制了国家军用系列标准《质量管理和质量保证》，在全面采用质量管理体系国际标准和国家标准框架与内容的基础上，增加了军工的特殊要求，作为军工产品承制单位质量管理体系认证的依据，其中许多内容源于航天工业质量管理成功经验的总结和失败教训的反思。

1995 年 9～10 月，中国航天工业总公司下发文件，建立质量监督代表制度，向有关单位派驻第一批质量监督代表。至此，独立于型号研制生产系统之外的质量监督代表工作体系开始试行。在此基础上，航天工业针对军贸产品实行派驻质量监督验收代表制度。

1995 年，中国航天工业总公司组织召开航天质量会（“9515”会议），国务委员宋健受李鹏总理委托出席会议并做重要讲话。同年，中国航天工业总公司制定并实施质量管理改革方案，提出了“单位抓质量体系建设，型号抓产品保证，质量专业抓基础建设”的质量工作总体思路。

1996 年 2 月 15 日，长征三号乙运载火箭首发“国际通信卫星 708”，火箭起飞后 22 秒爆炸，星箭俱毁；同年 8 月 18 日，长征三号运载火箭发射中星七号通信卫星，三级发动机二次点火发生故障，卫星未能进入预定轨道。接连出现的发射失利，使得中国航天工业面临“失败不起，没有退路，只能成功”的境地。面对当时严峻的质量形势，中国航天工业总公司在深刻反思和认真总结四十多年来的成功经验和失败教训的基础上，采取了一系列针对性的、具有航天特色的措施，组建了四个元器件可靠性保证中心、一个软件评测中心、两个软件检测站、一个可靠性与安全性研究中心和一个失效分析中心等专业质量保证机构。

1996 年 10 月，在中国航天工业总公司召开的卫星发射动员会上，要求航天科研人员树立严谨科学的工作作风，作风检查的标准就是确保所有质量问题真正归零，符合“定位准确、机理清楚、问题复现、措施有效、举一反三”，第一次系统、明确地提出质量问题“归零五条”（技术归零五条标准）。

1996 年 12 月，中国航天工业总公司派出团队到欧洲学习产品保证工作的组织和实施。此后，在前期深入调研学习的基础上，修订发布 QJ 2171A—1998《航天产品保证要求》，开始强化产品保证管理的推行，并陆续发布 QJ 3076—1998《航天产品质量保证要求》等一系列航天标准，对航天型号的产品保证活动进行全面规范。

1997 年 3 月，中国航天工业总公司颁发《强化航天科研生产管理的若干意见（试行）》（简称“72 条”），以责任制为核心，以质量监督机制为基础，提出了新形势下解决航天深层次问题的政策和办法。同年 4 月，中国航天工业总公司颁发《强化型号质量管理的若干要求》（简称“28 条”），从设计、生产、元器件（原材料、标准件）和质量管理四个方面提出了针对性和操作性皆强的 28 条具体措施。在质量管理方面，文件特别强调严格执行中国航天工业总公司质量问题归零的五条标准要求。同年 10 月，中国航天工业总公司针对科研生产和大型试验中出现的质量问题，制定了质量问题管理上归零的五条标准（过程清楚、责任明确、措施落实、严肃处理、完善规章）。管理归零与此前技术归零的五条标准（定位准确、机理清楚、问题复现、措施有效、举一反三）合并简称为“归零双五条”。

1998 年，中国航天工业总公司制定并发布了第一版反映航天工业特点的 QJ 9000—1999《航天工业质量管理和质量保证要求》。

从 20 世纪 90 年代中期到 90 年代末，航天工业从挫折中汲取教训，结合一系列重大的航天装备研制项目，制定并发布了一系列质量管理方面的规章、标准文件，具有中国航天特色的质量管理的规章、标准文件体系基本形成。

1.2.3　实践航天特色质量管理阶段

从 20 世纪 90 年代末开始，伴随着多种导弹武器、运载火箭、人造卫星等进入使用阶段以及载人航天、月球探测、北斗导航等航天工程的不断发展，航天质量管理按照“坚持、完善、发展”的原则，贯彻钱学森的系统工程管理思想，充分吸取了国内外质量管理经验，遵循“从源头抓起、预防为主、全过程控制”的质量管理原则，不断探索实践质量管理技术方法，具有当代中国航天特色的质量管理在制度法规建设、型号研制过程控制、零缺陷质量文化建设、质量管理体系建设等方面持续深化。

（1）制度法规建设

2002 年，航天工业两个集团公司联合组织专家制定航天行业标准 QJ 9000A—2003《质量管理体系要求》。该标准的修订以巩固和推广多年来航天工业质量工作的成功经验为重要原则，把设计复核复算、技术状态更改控制五条、元器件破坏性物理试验（DPA，Destructive Physical Analysis）及拒收拒付等质量工作的成功经验以标准的形式巩固下来。

2002 年，《航天产品质量问题归零实施要求》被固化为航天企业标准；2003 年上升为行业标准 QJ 3183—2003《航天产品质量问题归零实施指南》。2012 年，GB/T 29076—2012《航天产品质量问题归零实施要求》国家标准发布；2015 年，国际标准化组织（ISO）全票通过的国际标准 ISO 18238《航天系统——质量问题归零管理》正式发布。该标准是中国起草的质量管理方面的第一个国际标准。

2003 至 2014 年期间，中国航天科工集团公司（简称航天科工集团）在质量考核、质量事故责任追究、型号外协外购质量管理、工艺研发机构、质量技术支撑机构、军贸产品质量监督验收、型号配套物资供方管理等方面先后制定了管理办法。

2009 年，中国航天科技集团公司（简称航天科技集团）在总结航天质量管理经验的基础上，制定《航天型号精细化质量管理要求（2009 版）》（即 2009 版“28 条”，此后，2011 年、2017 年进行修改），强化树立零缺陷理念、强化质量顶层策划、强化技术风险管控、强化全过程全级次量化管控、强化技术基础建设等方面的工作。在此基础上，又针对型号技术风险分析、量化控制、可靠性工作、转阶段评审、供应商管理等工作，配套发布了一系列支撑性的质量制度、标准。

2010 年，航天科工集团在制定并开始全面实施质量制胜战略（此后，质量制胜战略又迭代更新两版，最新一版于 2020 年颁布实施）。同年，印发《航天科工集团质量管理规定》（后分别于 2016、2022 年进行修订）。

2016 年，航天科工集团编制质量管理行为要求指南，并对质量问题归零、军贸产品质量监督验收、型号外协外购质量管理、质量技术支撑机构和工艺技术研发机构等方面的质量管理规章制度进行合并、修订。

2020 年，航天科工集团制定《航天科工集团装备重大质量事故调查和审查办法》，并在此基础上形成《航天科工集团武器装备及航天型号质量责任追究实施细则》（2021 年）。2022 年，航天科工集团制定 Q/QJB 210.1B～3B—2021 系列标准《质量数据管理要求》。

（2）型号研制过程控制

2001 年，航天科技集团成员单位开始编制型号产品保证系列大纲，重点抓好“三件”（电子元器件、机械零部件、软件）、“两过程”（设计过程、制造过程）、“一管理”（通过产品保证管理，把可靠性、维修性、安全性设计到、制造到产品中去），以满足航天器安全、可靠地完成空间任务的要求。

2004 年，航天科工集团成员单位建立产品保证组织机构，统一产品研制的技术和管理规范，配备检测、试验、分析、校准等手段，成立并指派可靠性、维修性、安全性、元器件、软件等专业工程的专家。

2017 年，航天科工集团成员单位以 FMECA 为主线，以信息化手段为基础，在产品研制过程中强制推行可靠性工程设计与验证要求，实施可靠性提升。这项强制要求已编入航天科工集团质量管理规定（2022 版），在全集团范围内推行。

2021 年，航天科工集团制定型号独立评估工作管理办法，针对国家专项工程、重点型号首飞或复飞任务以及技术风险较大的在研型号的重大技术风险进行识别、分析与评价。

此外，近些年两大航天集团公司科学实施风险控制，创新并成功应用了质量交集分析、成功数据包络分析、测试覆盖性分析、飞行时序动作分析与确认、“九新”风险分析、“一个序号一个案”、“五量”分析等一系列科学、先进和具有航天特色的质量管理理论和方法。

（3）质量文化建设

2001 年以后，航天工业开展具有当代中国航天特色的质量文化建设，将质量文化内涵作为传承和弘扬“两弹一星”精神、载人航天精神、探月精神、新时代北斗精神及航天传统精神的重要组成，坚持贯彻周恩来总理提出的“十六字方针”，结合当前新的形势和任务要求，凝练出航天质量理念、质量价值观和质量行为准则等，大力推进零缺陷质量文化建设，编制了质量文化建设纲要并将其作为质量文化建设的纲领性文件。2003 年 8 月、9 月，航天科工集团、航天科技集团分别举行质量文化手册首发式，开创了军工领域发布质量文化手册的先河。2012 年及 2021 年，航天科技集团对质量文化手册进行再版。2021 年 12 月，航天科工集团对质量文化手册进行再版，明确提出了要大力弘扬航天质量文化，牢固树立“质量是政治、质量是生命、质量是效益”的质量理念，进一步强化全员“零缺陷”质量意识，持续改进质量管理体系，全面提升质量治理能力和产品质量竞争力。

航天工业及所属研制生产单位，持续开展了“航天质量日”、QC 小组活动等形式多样的质量管理活动。2006 年，两大航天集团公司及航天质量协会设立中国航天质量论坛，以总结交流航天质量管理实践经验，探讨航天质量管理后续思路。2009 年，授权航天质量协会开展中国航天质量奖评选活动。中国航天质量奖分为组织类和项目类，分别授予推行航天卓越绩效模式并取得显著成效的单位，以及实施卓越的项目管理并取得显著的质量、经济、社会效益的团队。

（4）质量管理体系建设

航天工业按照集团公司—研究院—部/厂/所三级组织实施航天质量管理体系建设。各单位结合航天产品特点和自身经营管理实际，遵循质量管理原则，按照 GJB 9001C—2017《质量管理体系要求》，建立、保持和持续改进质量管理体系，确保各级体系“过程完整、职责明确、接口清晰、相互协调”，并不断完善与其他管理体系的融合，基本解决了质量管理体系建设和型号质量工作“两张皮”的现象。

为了推进质量管理法规制度的有效贯彻落实，两大航天集团公司研究实施了质量管理体系评估制度。按照“以评促建，指导帮促”的原则，建立了集团公司自上而下的现场评估和各单位自评的质量管理体系自我完善和持续改进机制，开展了质量管理体系运行过程中的问题和薄弱环节识别与改进以及质量管理最佳实践的挖掘、提炼和推广。这一科学方法及其成功实践受到国内质量专家的高度评价，成为军工企业集团推进质量管理体系有效性建设的示范。

进入 21 世纪后，航天工业不断完善质量监督代表制度，形成并不断完善质量监督的理念、准则、职责、工程方法和流程等，加强质量监督代表的选拔、培养、考核、奖励等工作，落实质量监督代表的办公条件和工作经费，充分相信和有效发挥质量监督代表的作用，使质量监督工作逐步走上了“管理有制度、选聘有标准、监督有规范、工作有实效”的轨道。

“十一五”以来，两大航天集团公司逐步构建贯穿集团公司、研究院、部/厂/所三级的质量信息工作体系，建立和运行质量问题快速响应和面向产品质量分析等机制，形成了质量问题信息的全面收集、快速上报、系统分析和及时反馈的管理机制和工作体系，建立了产品质量问题数据库以及元器件、原材料、标准紧固件的基础数据库。2019 年，航天科工集团启动质量大数据专项任务工作，正式开始建设质量大数据平台。

作为中国质量领域的最高荣誉——中国质量奖，至今已经评选了四届。在过去的四届中，航天科技集团、中国航天科工防御技术研究院、北京空间飞行器总体设计部分别获得第一、二、四届中国质量奖。高凤林获第二届中国质量奖个人奖。多家单位、班组和个人获得中国质量奖提名奖。

六十多年来，一代代航天质量工作者始终坚持践行航天精神、弘扬航天特色质量文化，不断探索、创新并传承科学系统的质量管理方法，有力保证了航天重大工程任务和国之重器的列装交付，为航天事业从无到有并不断壮大做出了重要贡献。航天工业质量工作取得的这一系列成绩，受到了中央领导、相关部门的高度评价，其创新应用的质量管理模式、方法以及取得的成效得到了国内高度的认可。可以说，航天工业的质量管理处于国内领先水平，航天企业的质量管理水平足以成为国内企业的典范标杆。在数字化、网络化、智能化发展的新形势下，航天工业在质量管理方面还将继续创新发展，推动质量强国、航天强国建设。

第 2 章　航天质量文化

2.1　航天精神

“伟大的事业孕育伟大的精神，伟大的精神成就伟大的事业。”中国航天自创建以来取得了举世瞩目的辉煌成就，其中以航天精神为核心的航天文化发挥了重要的引领、支撑和推动作用。航天精神是航天人的“根”与“魂”，航天人秉持着“爱国、敬业”的情怀，怀揣爱国之情，铸就护国重器，守护国家安全。中国航天精神是中国航天人在党和国家领导人的亲切关怀下，在航天实践活动中形成的，是中国航天事业的精神动力，是用中国航天辉煌成就来表征的，是中国航天人核心价值和精神风貌的体现，也是社会主义核心价值观的重要体现。中国航天精神一经产生，就作为中国共产党人精神的有机成分、民族精神的优秀代表、时代精神的突出内容，汇入了中国特色社会主义文化和精神谱系，形成推进中华民族伟大复兴中国梦的强大精神力量。“两弹一星”精神和载人航天精神与红船精神、井冈山精神、长征精神、延安精神、西柏坡精神、抗美援朝精神、大庆精神等共同构成了党的精神谱系，成为全党、全军和全国人民的宝贵精神财富，成就了中国革命和建设的辉煌。

为铭记中国航天事业成就、弘扬中国航天精神，2016 年 3 月 8 日，国务院正式批复将每年的 4 月 24 日设立为“中国航天日”，以铭记历史、传承精神，激发全民尤其是青少年崇尚科学、探索未知、敢于创新的热情，为实现中华民族伟大复兴的中国梦凝聚强大力量。

2016 年 4 月 24 日，首个“中国航天日”设立之际，习近平总书记在重要指示中强调：“探索浩瀚宇宙，发展航天事业，建设航天强国，是我们不懈追求的航天梦。”为纪念钱学森、任新民、屠守锷、黄纬禄、梁守槃五位科学家为新中国航天事业做出的巨大贡献，2019 年 4 月 19 日，航天“五老”的铜像雕塑群落成于航天科工集团第二研究院，成为弘扬新时代爱国主义精神和航天文化的新地标。铜像雕塑群被命名为“航天梦”，体现了航天事业经历的启梦、寻梦、追梦、圆梦发展历程，表达了当代航天人对老一辈航天筑梦者和先行者的深切缅怀和崇高敬意，激励青年一代大力传承航天精神。

航天精神在航天实践历史进程中，随着航天重大工程的立项和航天重大任务的开展，不断注入新的丰富养料，迄今为止，主要有以下几种关于航天精神的提法。

1）“两弹一星”精神。1999 年 9 月 18 日，中共中央、国务院、中央军委做出《关于表彰为研制“两弹一星”作出突出贡献的科技专家并授予“两弹一星功勋奖章”的决定》，首次提出“两弹一星”精神，具体表述为：“热爱祖国、无私奉献，自力更生、艰苦奋斗，大力协同、勇于登攀。”在同日举行的表彰大会上，党中央对“两弹一星”精神进行了系统阐释，并授予于敏、王大珩、王希季、朱光亚、孙家栋、任新民、吴自良、陈芳允、陈能宽、杨嘉墀、周光召、钱学森、屠守锷、黄纬禄、程开甲、彭桓武“两弹一星功勋奖章”，追授王淦昌、邓稼先、赵九章、姚桐斌、钱骥、钱三强、郭永怀“两弹一星功勋奖章”。其中，王希季、孙家栋、任新民、杨嘉墀、钱学森、屠守锷、黄纬禄、姚桐斌、钱骥九人在航天工业部门工作过。

2）载人航天精神。2003年10月16日，中共中央、国务院、中央军委对首次载人航天飞行成功发出贺电，首次提出“特别能吃苦、特别能战斗、特别能攻关、特别能奉献”的载人航天精神。2005年11月26日，在党中央、国务院、中央军委举行的庆祝神舟六号载人航天飞行圆满成功大会上，对载人航天精神做出进一步阐释，指出“载人航天精神主要表现为‘热爱祖国、为国争光的坚定信念，勇于登攀、敢于超越的进取意识，科学求实、严肃认真的工作作风，同舟共济、团结协作的大局观念和淡泊名利、默默奉献的崇高品质’”。载人航天精神是首次对某一项重大工程实践中产生的精神进行提炼概括。载人航天精神同时进入党的精神谱系。

3）探月精神。2019年1月11日，中共中央、国务院、中央军委在给探月工程四号任务圆满完成的贺电中首次提出了探月精神，具体表述为：“追逐梦想、勇于探索、协同攻坚、合作共赢。”习近平总书记在2020年12月17日给嫦娥五号任务圆满成功的贺电中，在2021年2月22日会见探月工程嫦娥五号任务参研参试人员代表并参观月球样品和探月工程成果展览时，都强调要大力弘扬探月精神。

4）新时代北斗精神。2012年12月27日，中国自主研发的北斗卫星导航系统正式提供区域服务，中共中央、国务院、中央军委在28日发出的贺电中提出了北斗精神。贺电指出：“北斗二号导航系统研制建设，凝聚了广大工程技术人员的聪明才智，体现了自主创新、团结协作、攻坚克难、追求卓越的北斗精神。”2020年7月31日，在北斗三号全球卫星导航系统建成开通之际，中共中央、国务院、中央军委发出贺电，提出新时代北斗精神，具体表述为“自主创新、开放融合、万众一心、追求卓越”。习近平总书记在7月31日开通仪式后的参观活动中肯定了这一精神。这是第一次用“新时代”来界定航天精神，也是对同一个航天工程进行的第二次精神提炼。

5）航天传统精神。航天精神作为一种具有特定内涵的精神表述，在航天工业的不同时期具有不同的提法和表现形式。1984年10月，在航天工业部召开的劳模庆功大会上，总结提出了航天系统干部职工在航天事业发展中体现出的六句话精神，即“自力更生、艰苦奋斗、大力协同、严肃认真、勇于攀登、献身事业”的精神。1986年年底，航天工业部党组在《关于贯彻党的十二届六中全会决议，加强思想政治工作的决定》中，正式概括了“自力更生、大力协同、尊重科学、严谨务实、献身事业、勇于攀登”24字的航天传统精神。《决定》还指出：“振兴航天事业，实现航天事业发展的奋斗目标，必须大力发扬这种航天精神。”1988年2月，航天工业部政治部编写了《航天精神讲话》，在航天工业部系统干部职工中进行航天精神教育。

1989 年 12 月，在新组建的航空航天工业部第二次工作会议上决定，将当年 9 月 22 日聂荣臻元帅概括 40 年来国防科技战线形成的“自力更生、艰苦奋斗、大力协同、无私奉献”优良传统，作为航空航天工业部的行业精神。航空、航天两大系统，都把这四句话作为反映本系统精神风貌的优良传统来宣传。

1990 年 4 月 19 日，航空航天工业部刘纪原副部长、孙家栋副部长在《中国航空航天报》发表了《发扬航天传统，振兴航天事业》，文章提出：“我国航天事业不仅取得了举世公认的技术成就和物质成果，而且造就了一支思想素质好、技术水平高的航天队伍，形成了“自力更生、艰苦奋斗、大力协同、无私奉献、严谨务实、勇于攀登”的优良传统，取得了丰硕的精神成果。”1990 年 5 月 7 日，经航空航天工业部党组批准，决定在航天系统进行航天精神教育，刘纪原副部长发表题为《弘扬航天传统精神，推动航天事业发展》的书面讲话，详细阐释了上述优良传统，并称之为“航天传统精神”。同时，组织编写的《航天传统精神概论》正式出版发行，聂荣臻元帅亲笔作内容为上述 24 个字的题词，标志着航天传统精神正式形成。航天系统在进行航天传统精神宣传教育时，一些单位还编写了具有本单位特点的教材，如：航天科工集团第二研究院出版了《筑梦空天——航天精神在二院》（2020 年版），航天科工集团第三研究院出版了《飞航之魂》（1991 年版），航天科技集团第五研究院出版了《航天传统精神代代相传》（1991 年版）。

中国航天工业总公司成立后，对航天精神进行了新的提炼概括。1995 年 4 月，在中国航天工业总公司院、局、基地领导干部会议上，总公司党组基于对社会主义市场经济条件下航天工业加速发展的内在要求，明确指出，过去航天事业的发展靠航天精神，面对前所未有的新形势更要弘扬这一精神，而且特别强调要发扬“敬业、奉献、务实、开拓”精神。

上述“航天精神”在不同时期的具体表述，已经成为中国航天历史的一个精神标志，随同中国航天伟大成就而载入史册。而其蕴含的丰富内容要素，则融入了后来提炼的航天精神的内涵之中。

航天精神是在航天工程管理实践活动中产生、锻造的，既有航天系统工程理论的科学技术特性，也有实事求是、科学求实的科学理论。追求成功是航天人深入骨髓的一种信仰，管理求质量是航天人确保成功的方法，在周恩来总理提出的“严肃认真、周到细致、稳妥可靠、万无一失”的“十六字方针”指导下，航天工业形成了独具特色的航天质量文化。

2.2 航天质量文化的结构

中国特色的航天质量文化是航天精神薪火相传、深厚博大的体现，是中国航天人接续奋斗、创新、创造的体现，是“两弹一星”精神、载人航天精神、探月精神、新时代北斗精神和航天传统精神在质量方面的细化和体现，为航天产品研制生产及质量管理提供了强大的精神动力。

航天质量文化是存在于航天组织，为航天人所遵循、共享的与质量相关的理念、道德观、意识、准则和行为方式等的总和，是航天人在航天质量实践中所创造的物质财富与精神财富的总和。

航天质量文化的形成与发展正是航天工业质量实践活动的自然结果。集合航天发展历程、航天质量文化形成与衍化过程，航天质量文化的结构化特征由物质层面、行为层面和精神层面构成，这三个层面按照从浅到深的顺序共同组成了质量文化金字塔，如图 2-1 所示。其中，物质层面和行为层面具有较高的易觉察性，属于质量文化中的较浅层面，而精神层面具有较低的易觉察性，属于质量文化中的较深层面。

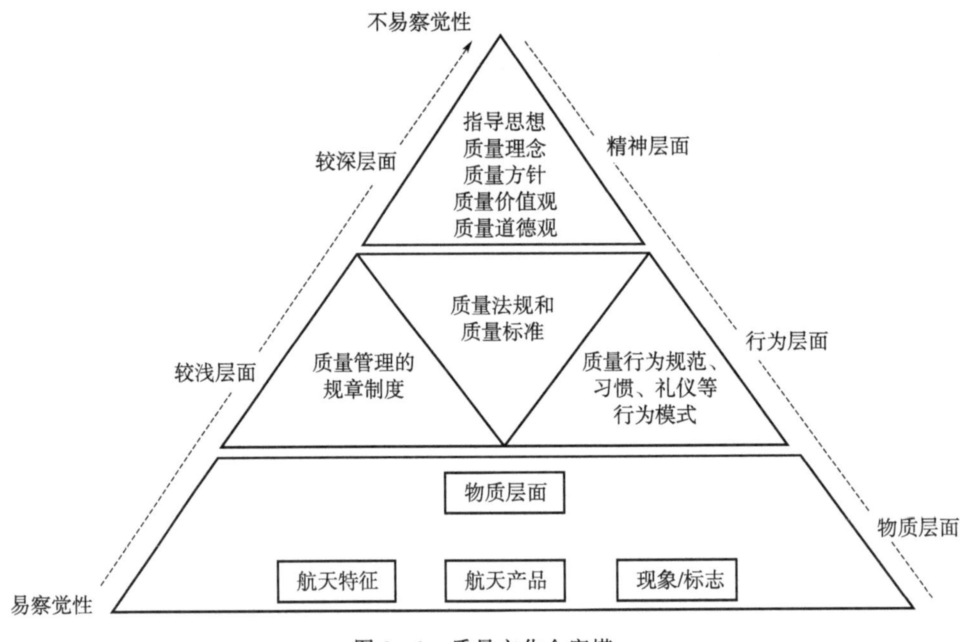

图 2-1　质量文化金字塔

(1) 精神层面

质量文化的精神层面位于质量文化金字塔的顶层，是质量文化的精髓和灵魂，既是质量文化的核心内容和最高境界，也是质量文化建设的最终目标。航天质量文化的精神层面包括指导思想、质量理念、质量方针、质量价值观、质量道德观等，体现了航天高度的政治责任感、使命感，是滋养航天事业生命的生态环境，是航天事业保证和提升质量的根基与活力的源泉。

在质量文化精神层面建设过程中，通过内化于心让员工对质量核心价值观等从熟悉到遵从、领悟进而认同，成为员工个人的内在信念。航天质量文化共同的质量价值观、质量行为规范指引航天组织、航天项目团队和成员的行动方向，把员工个人价值观和奋斗目标引导到企业的价值观和总体目标上来，营造上下同欲的力场，形成浓厚的质量氛围，自觉主动地为实现质量目标、提高顾客满意度、提升企业竞争力做出努力。

（2）行为层面

质量文化的行为层面是塑造行为的主要机制，是质量价值观的外在体现和落实手段之一，是质量文化的固化部分，具有可操作性和系统性特点，包括质量管理方面的各种规章制度、质量标准和质量法规以及质量行为规范、习惯、礼仪等行为模式。航天质量文化的行为层面主要包括质量领导机制、质量组织机构、质量法规、质量标准、质量保证体系、质量奖惩与管理规章制度、质量管理活动、质量宣传教育活动、员工行为规范以及领导的行为、模范人物的行为、员工的行为等，是质量文化的展开、约束和规范。标准化和规范体系提供了对行为和行为结果的指导与评价体系，明确了质量实践活动的基本目标：满足既定需求或期望。奖励制度体现了对行为模式的激励与导向作用，并传达出高层领导的政治意志。

航天工业通过质量方针明确质量方面的全部意图和方向，在集团公司范围内通过建立健全质量管理体系，奠定规范化管理的基础。通过系统有效的质量策划、监督、保证、审核和改进机制，促进质量管理体系有效运行。通过建立健全质量诚信体系，积极履行产品和服务的质量承诺，健全产品交付用户全过程的信用管理。通过建立健全质量激励约束机制，建立健全各级、各类部门、人员的质量责任制，在航天产品质量特性形成、保持和恢复的全过程中，鼓励所有参与者积极提出问题，积极发现问题，积极解决问题，积极防范隐患，积极为实现“零缺陷”目标做出贡献。通过发挥质量通报、质量奖励、质量责任追究等的杠杆作用，形成有章可循、有章必循、执法必严、违法必究的质量奖惩机制。通过建立健全产品研制生产规范体系，建立适应航天型号研制生产需要的产品研制规范体系，覆盖航天产品从组合级产品到整机、分系统、系统级产品各层次的产品规范，规范航天型号设计、制造、总装、测试、试验及靶试等各过程的研制质量，形成一套具有自主知识产权的航天装备技术和管理标准。

（3）物质层面

物质层面是质量文化的基础性层面，构成质量文化金字塔的基座。主要由企业生产的产品和提供的服务以及企业的工作环境和生活环境构成，是企业生产经营的成果，是物质文化的首要内容。航天质量文化的物质层面由航天质量行为规范产生的航天特征、航天产品和可感知的航天现象和标志构成，包括集团公司名称、标志，与质量工作有关的原材物、器具、环境、员工素质、质量行为和服务水平等。通过重视产品的开发、产品与服务的质量、产品的信誉和生产环境、生活环境、文化设施等物质现象体现。航天工业通过将认识转化为行动，不断改进与完善自身的行为习惯，将认识和行为物化到产品和服务质量中去，提高顾客满意度，提升质量形象，促进企业和员工的共同发展。

2.3　指导思想和质量理念

2.3.1　指导思想

1966 年，周恩来总理针对“两弹结合”试验，提出了“严肃认真、周到细致、稳妥可靠、万无一失”的“十六字方针”，高度概括了航天人应具有的工作作风，是航天质量工作长期遵循的重要指导思想，深深地印刻在航天人的脑海里，自觉地体现在航天人的行动上，是航天人永远的精神动力，也是航天人永恒的质量座右铭。

“严肃认真”强调要具有忠于职守的工作态度。航天产品研制生产需要严谨务实、精益求精的工作作风，需要事前的严密策划，全过程的严格控制，发现质量问题归零管理就是落实“严肃认真”的具体措施。

“周到细致”强调要采取精益求精的工作方式和方法。航天工业在型号科研生产过程中执行的元器件统一选用分析、统一采购管理、统一质量保证、统一验证评价、统一失效分析管理要求，靶场表格化管理，测试覆盖性管理等就是“周到细致”的具体体现。

“稳妥可靠”强调要有更高的工作标准。开展型号研制全过程的系统策划和可靠性设计、研制等活动，特别是开展故障模式及影响分析，就是落实“稳妥可靠”的要求。

“万无一失”强调对工作目标的不懈追求。“一次成功”“零缺陷管理”就是在型号研制中对“万无一失”的体现和落实。

2.3.2 质量理念

质量是航天工业实现任务成功的根本保障。航天质量文化坚持“国家至上”，坚持“国家利益高于一切”的核心价值观，航天产品的质量关系到战争的胜负和解放军指战员的生命，与国家的利益和人民的安危息息相关，影响着航天企业的生存和发展。“质量是政治，质量是生命，质量是效益”是航天工业的质量理念。为国家创造价值是航天工业永恒的追求目标，从一次成功到高质量、高可靠性、高技术，航天工业以“三高”航天产品提升国家的整体形象和综合实力，始终把国家利益放在首位。

（1）质量是政治

航天产品和服务的质量是国家军事实力和综合国力的重要体现，关乎战争胜负、国家安全和国际地位，“保质量就是保安全、保战斗力、保胜利”。航天工业始终秉持“科技强军，航天报国”的使命，将提供高质量、高可靠性的产品和服务，“确保军队能打仗、打胜仗”作为企业的政治责任。

（2）质量是生命

航天产品质量与国家利益和安全紧密相连，直接影响着解放军官兵及人民群众的生命安全，是航天工业必须履行的社会责任。航天产品质量影响并决定着航天工业的生存和发展，是航天工业可持续高质量发展的根基，是航天工业体系健康运行的命脉，是企业在激烈竞争中得以生存的决定性因素。

（3）质量是效益

质量体现价值，质量创造价值，对于企业来说，没有质量就没有市场。市场是海，质量是船，品牌是帆。没有船，就不能在大海中游弋，没有高质量的名牌产品，就不能在市场的大海中扬帆远航。先进的质量理念、科学的质量管理、高素质的员工队伍、优质的产品和一流的服务是航天工业的核心竞争力，是实现最佳经济效益和社会效益的重要途径。确保任务成功、产品质量可靠，是迈向世界一流企业的重要前提。

2.4　质量方针、质量价值观、质量道德观与质量行为准则

2.4.1　质量方针

“体系为基，预防为主，追求卓越，顾客（用户）满意”是航天科工集团的质量方针。“一次成功、预防为主，精细精益、持续改进，顾客满意、追求卓越”是航天科技集团的质量方针。质量方针表明了航天工业的质量宗旨、质量工作总方向和承诺，它体现了航天工业与时俱进的质量观，反映了领导的质量意识，是制定质量政策和质量目标的总框架，也是全体员工必须遵守的基本准则和行动纲领。

“一次成功”表明航天产品研制生产“成功就是硬道理”，各项工作应努力第一次就做对做好，识别控制风险，地面试验充分，确保成功。

“预防为主”是坚持“零缺陷”的工作标准，坚持“从源头抓起”的方法，进行系统策划，合理配置资源，采取有效措施，消除质量隐患，防止质量问题的发生。这是实施质量管理最主动、最经济、最有效的途径。

“体系为基”是航天特色系统管理思想的体现，是系统工程实践的结晶。体系管理的水平也是集团各项管理工作整体水平的重要标志。

“精细精益”强调各项工作要精心细致，要分解、细化每项工作，明确落实责任，应用科学方法，规范工作流程，预防和控制异常，依靠数据说话，使各项活动及其过程实现精确、高效、协同和持续运行，不断提升各项工作规范化、信息化管理水平，保证产品和服务的高质量，保证产品全寿命周期的质量与效益。

“持续改进”是质量管理的基本原则，追求卓越是基于持续改进的基本原则，以国际最高标准为目标，通过对标学习和比较，持续改进并提高整体绩效和能力。即要求集团公司各单位及全体员工永不满足已有的质量水平，通过持续的学习与创新，不断提高产品和服务的质量水平，不断超越自我提升核心竞争力，为投资者、用户、员工、供方、合作伙伴和社会创造更多价值。

“顾客满意”是检验和评价工作质量、产品及服务质量的最终标准。航天工业始终秉承“顾客至上”的原则，以关注和满足内外部用户的需求以及产品形成过程中上下游的需求为前提，开展各项研制生产和经营管理活动，以高质量、高可靠性、高安全性的产品和服务来满足顾客需求，努力赢得顾客满意和顾客忠诚，与顾客共同创造价值，实现双赢。随着新时代装备质量建设要求的提出，顾客对于装备质量的要求越来越趋于多元化，如何提升产品质量和服务质量，满足顾客需求并不断超越顾客期望留住顾客，是一项长期而艰巨的任务。

2.4.2　质量价值观、质量道德观

（1）质量价值观

航天科技集团的质量价值观是“以质量创造价值，以质量体现价值”。企业向顾客提

供产品或服务的目的在于使顾客在使用产品或享受服务的过程中能够实现价值的增值，即为顾客创造价值，同时也使投资方、企业、员工和合作伙伴的价值得到增值和体现。航天产品以其高技术、高质量、高可靠性体现和创造价值。

（2）质量道德观

航天科工集团的质量道德观是“诚信为本、优质为荣”。航天科技集团的质量道德观是“诚实守信、尽职尽责”。“诚”和“信”是航天工业赢得质量、赢得信任、赢得荣誉、赢得市场、赢得顾客满意的基础。以“诚”为道德之本、行为之源，强调言行一致、知行合一，以“优”为产品和工作的衡量标准，以“诚”取“信”于员工、顾客、合作伙伴、上级、国家和社会。

“诚信为本”是航天质量工作的基本原则，是依法治质的道德基石。航天工业坚持诚信为本，坚持有法可依，有章必循，有诺必践，尊重客观事实，努力履行承诺，当老实人，说老实话，办老实事，坚守诚信底线，履职尽责，敢于担当。

“追求优质”是航天人的文化传承和基因，是员工职业道德在质量工作中的具体体现。航天工业提倡优质为荣、劣质为耻，眼睛向内、勇于自省和防范隐患、从我做起的质量道德观念，从根本上杜绝质量问题的发生。专注于产品精良制造，打造超越顾客期望的精品。

“诚实守信”是对顾客的承诺、对社会的承诺、对国家的承诺，是航天工业对国家和社会负责的最基本的道德准则，亦是每一名员工对产品质量和工作质量负责所必须遵循的道德规范。

“尽职尽责”是航天工业对国家和社会尽责的基本准则，也是每个员工应遵守的基本道德准则。保质量的最基本要求就是尽职尽责。尽职尽责就是要尽心尽力地做好本职工作，竭尽全力地对所做的工作负责，对员工、顾客、合作伙伴、上级、国家和社会负责。

2.4.3 质量行为准则

航天科工集团的行为准则是“严、慎、细、实”。在各项质量管理活动中，人是最主要的决定因素，必须以人为本，发挥人的主观能动作用。孟子曾说过：“徒法不能以自行。”意思是说再好的法律、规章制度、办法都得靠人去执行。从事管理的是人，被管理的也是人，因此，增强各类人员的责任心、事业心，提高业务素质是至关重要的。中国航天事业创立伊始，中央领导同志直接对航天工业做了“严上加严、细上加细、慎之又慎、认真再认真，务求必成”等一系列指示，对广大航天职工是极大的鼓舞与鞭策。航天工业在工作中通过严格的要求、严密的组织、严肃的态度、严明的纪律，达到严格质量管理和提高质量工作水平的目标。

“严”是工作态度也是工作方法，是一丝不苟、严肃认真的工作态度，也是精细管理、夯实基础的工作方法。强调严谨的作风、严密的策划、严格的要求、严明的纪律、严肃的处理。航天工作的成果体现在高质量的产品上，质量是方方面面工作的综合反映，无论是在型号研制工作中，还是在管理工作上，严格执行制度是确保成功的重要基础，严格执行制度的程度是评定每一位干部员工能力的基本标准。

“慎”是必须坚持审慎、谨慎的态度。要认清形势、掌握需求、吃透技术、吃透状态、吃透规律，规避风险、控制状态、综合权衡、试验验证。“慎”的作风体现在慎始慎终、慎言慎行，就是要尊重客观规律，慎重对待型号研制中的每一个技术问题，做好充分的技术论证和科学试验，确保航天发射稳妥可靠，万无一失。

“细”是强调采用细致的工作方式，关注细节，实施精细化管理，细化责任。就是把工作要求和措施细化到每个岗位的质量责任，专注地做好每一件事，在每一个细节上力求最佳。在方法上，就是把每一项工作梳理清晰，把工作如何做、如何控制、如何评价、如何激励等设计完善；在具体实施过程中，就是责任具体化、明确化，重细节、重落实、重质量。

“实”是要求作风务实、责任落实、基础夯实、信息真实、眼见为实，重在取得实效。就是将质量要求落实到位、控制到位、检查到位、整改到位，就是要自觉执行命令和履行职责，勇于进取、善于攻关，创造性地完成自己的工作，做到兢兢业业、勤勤恳恳。使制度成为指导、约束干部员工行为的准则，及提供高质量、高可靠性航天产品的有力保证。

2.4.4　航天质量格言警句

1）第一次把正确的事情做正确；

2）做正确的事、正确地做事、第一次做正确；

3）工作零缺陷，产品零故障，服务零投诉；

4）质量无小事，事事系成功；

5）质量是企业追求卓越的阶梯；

6）严把质量关，关键在预防；

7）千忙万忙，忽略质量是瞎忙；千辛万苦，不抓质量会更苦；

8）只有一丝不苟，才能万无一失；

9）有“质”者事竞成；

10）一流的素质创造一流的质量，一流的质量成就一流的事业；

11）看到、想到、做到，航天产品的质量之道；

12）在产品实现过程中坚持“三不”原则（不制造不合格品、不接受不合格品、不传递不合格品）；

13）工作抓质量“五个精心”（按程序精心指挥、按规程精心操作、按方案精心实施、按预案精心处置、按责任精心把关）；

14）责任在我心中，质量在我手中；

15）人人创造质量，人人享受质量；

16）高素质员工从我做起，高质量产品从每道工序开始；

17）让质量意识入脑入心，让质量职责到岗到位；

18）改进点点滴滴，品质步步升级；

19）工作一流，过程一流，结果一流；

20）不放过任何一个疑点、不放过任何一个隐患、不放过任何一个问题；

21）做事有依据，做事按依据，做事留记录；

22）从做了向做到做好转变；

23）眼见为实，久久为功；

24）正视问题是党性，发现问题是水平，解决问题是能力。

2.5 航天质量文化实践

（1）航天质量日活动

1992年3月22日，长征二号捆绑式运载火箭在面向全世界实况转播中首次发射澳大利亚B1卫星失利，给中国航天造成了较大的负面影响。为了使中国航天人铭记这次发射失利的教训，原中国航天工业总公司决定将每年的3月22日确定为“航天质量日”。重大任务成败的经历，让航天企业清醒地认识到“抓好质量才能打造航天精品，抓好质量才能保成功”，例如1996年“2·15”“8·18”接连出现重大挫折后，航天工业系统先后颁发“72条”“28条”和质量问题“归零双五条”等一系列质量控制措施，以及从1999年8月某重大型号首飞成功的经验做法中总结提炼出具有航天特色的“严慎细实”的工作作风，对中国航天产品质量的提升发挥了关键作用。

航天工业坚持每年制定“3·22”航天质量日和质量月活动方案，确定活动主题，并对各院、直属单位开展质量日和质量月活动提出明确要求。通过召开质量主题视频会议、专题质量总结分析、观看质量警示录、组织主题演讲、开展专题教育培训等多种多样的形式，开展质量方面的宣传教育活动。集团公司所属各单位结合本单位的实际，分别制定质量月和质量日主题活动策划并加以实施，充分利用自媒体、商密网主页、微信公众号、航天云信公众号、报纸等多种形式，宣传质量形势、任务和各项质量保证措施，使各级组织的各项活动的效果真正传达到基层员工，着力在基层班组一线深入开展航天群众性质量文化活动，不断提高全体员工的质量意识，形成“人人关心质量、人人创造质量、人人改进质量、人人享受质量”的良好氛围。

（2）中国航天质量奖

中国航天质量奖是航天科技集团和航天科工集团共同授权航天质量协会设立的中国航天行业质量经营领域的最高奖项，旨在引导和激励航天各级组织和广大员工追求卓越，从而提高航天行业整体质量效益和竞争能力。中国航天质量奖分为组织、产品（项目）和团队（个人）三类，分别授予推行航天卓越绩效模式并取得显著成效的单位，以及实施卓越的项目管理并取得显著的质量、经济、社会效益的团队和个人。参考美国波多里奇国家质量奖最新评价体系和卓越项目管理的经验，融合了航天工业特色，制定了《中国航天质量奖（组织类）评审管理办法》《中国航天质量奖（组织类）评审标准》和《中国航天质量奖（项目类）评审管理办法》《中国航天质量奖（项目类）评审标准》，以期发现航天行业中质量管理的最佳实践。

中国航天质量奖（组织类）奖项是对获奖单位给予表彰和奖励，促使其在航天行业推进追求卓越的质量经营，进一步深化航天企事业单位对卓越绩效模式的理解，引导和激励航天企事业单位追求卓越。从 2009 年开始设置，每两年评选一次，有效期为 4 年；截至目前，本奖项已经评选了 4 届，共有 12 家单位获奖。

中国航天质量奖（项目类）奖项是借鉴国内外推行卓越项目管理的经验、做法和最新成果，结合航天工业型号管理的实践，从项目目标、领导力、人员、资源、过程、客户结果、人员结果、其他相关方结果、主要成就和项目结果九个方面规定航天卓越项目的评价要求，为航天项目管理团队追求卓越项目管理和绩效提供评价准则。从 2011 年开始，每两年评选一次；截至目前，本奖项已经评选了 3 届，共有 10 个项目团队获奖。

中国航天质量奖对于引导和激励航天各级组织和广大员工追求卓越，进一步提高航天行业整体质量效益和竞争能力发挥了重要作用。

（3）中国航天质量论坛

中国航天质量论坛是航天行业质量专家、学者、技术人员等一起交流、研讨的盛会，由航天质量协会承办，每两年举办一次，至今已经成功举办了七届。中国航天质量论坛是航天行业总结交流航天质量管理实践经验、全面推广先进质量管理理念和方法、探讨航天质量管理发展方向、进行质量与可靠性学术交流的重要平台。每届航天质量论坛依照当时的质量形势和存在的问题，确定相应的主题，来寻找行业中的质量管理最佳实践。2022 年开展了第七届航天质量论坛暨 2022 年航天质量与可靠性学术交流会，本届论坛以“质量制胜——支撑航天强国建设”为主题，以质量制胜战略为指导，质量与可靠性领域领军企业的领导、院士和专家学者共同研讨交流中国航天行业先进的质量管理模式、工程和技术方法，先进的质量管理理念和文化，传播航天质量文化，推进航天事业高质量发展，助力航天强国、质量强国建设。

（4）《质量与可靠性》期刊

《质量与可靠性》创刊于 1986 年，为双月刊，是质量与可靠性技术综合类唯一国家级期刊。期刊立足航天工业，面向整个国防科技工业。期刊主要宣传国防科技工业和航天工业的质量方针、政策、法规和标准，研究、探讨国内外先进的质量与可靠性实践经验和技术成果，普及质量与可靠性相关知识，报道质量与可靠性专业信息动态等。

（5）QC 小组活动和质量信得过班组建设

航天工业积极推进 QC 小组和质量信得过班组建设，群众性质量活动得到持续、稳定的发展，有效促进了全员质量参与意识和质量改进意识，对提高产品质量发挥积极作用。

QC 小组活动是航天企业质量领域开展时间最长、参加人数最多、取得成效最显著的一项群众性质量管理活动。航天工业充分发挥各单位质量管理小组推进者、QC 诊断师和班组长主导作用，多种形式激发、调动研制生产一线员工参与热情，立足岗位实际积极开展 QC 小组活动，科学运用工具方法，解决科研生产和管理中存在的问题，对稳定和提高产品质量和管理水平，做出了积极的贡献，并取得了优秀成果，目前航天科工集团有 5 个

QC 小组获国际质量管理小组金奖，50 个 QC 小组获得“全国优秀质量管理小组”，24 个班组获得“全国质量信得过班组”，多家单位获得“全国质量管理小组活动优秀企业”“全国质量信得过班组建设优秀企业”。

（6）6S 管理

2003 年，航天工业全面推进了以“整理、整顿、清洁、规范、素养、安全”为核心的 6S 管理。两大集团公司先后召开了视频动员大会和现场会，组织各单位对 6S 管理样板进行观摩学习和经验交流，下发了《航天科技集团 6S 管理评价准则和评分标准》《航天科工集团 6S 管理评价准则和评分标准》《关于深入开展 6S 管理工作的通知》和《6S 管理检查验收管理办法》等指导性文件，按照集团公司统一部署和要求，各院、直属单位先后开展了 6S 管理工作，通过真抓实干、勇于创新，使现场环境得到明显改善，员工精神面貌得到改观，提高了工作效率和管理水平，丰富了企业文化的内容，树立了新的企业形象。

（7）星级现场建设

好的质量来源于好的现场，现场管理是对产品精良制造落实的过程，是让质量有效贯彻到每个环节并发挥作用的过程，也是产品质量的重要保证。航天工业以创建星级现场为抓手，将精益管理与质量管理融合，业务部门和生产单位两级联动，应用质量方法、手段和工具控制质量风险，建立全员参与关注细节、精益改善的长效机制，营造全员重视现场、参与改进的氛围，通过实施精细化、特色化和信息化的质量控制，使产品质量得到有效保证。2015 年 10 月，航天科技集团发布《关于开展集团公司生产现场管理星级评价工作的通知》（质字〔2015〕73 号），同时印发了《生产现场管理星级评价工作管理要求》（试行）等文件，并组织专家组对集团所属生产现场开展了星级评价工作。2018 年，航天科工集团开始进行星级现场创建工作。

（8）质量案例教育

航天质量工作中形成的最佳实践，有很大一部分都是在处理各种质量问题的实践经验中总结出来的。将故障案例汇编成册，体现了航天人实事求是的态度，正视问题、直面差距的勇气。

各类型号在工程研制生产和使用、试验过程中暴露的典型故障案例，其中故障定位、针对问题所采取的有效措施和问题的启示，都是航天人付出巨大代价换来的宝贵经验，“前事不忘，后事之师”，这是航天人今后在工程研制中引以为戒、举一反三、预防和控制类似问题的重要财富。通过编制故障案例和警示，将质量工作中探索取得的经验成果和展现形式进行梳理总结，形成质量管理实践成果，对培养和提高全体职工的质量意识，对航天人做好型号质量工作大有裨益。从故障案例入手，反思航天质量管理体系中的不足之处，结合航天工作的特点，在改进、完善航天的管理上下功夫，不断提升质量管理体系自我诊断、自我完善的能力，努力将航天特色质量管理要求固化于制，内化于心，外化于行。

为了加强质量问题信息的利用，促进质量问题举一反三工作的开展，航天工业各级单位自主挖掘问题、教材，对发生的质量问题进行分析，利用文字、图片、微视频等多种形式，制作质量问题启示录，并开展广泛的培训和宣传，警醒全员。

(9) 质量工作例会

集团公司、研究院、部/厂/所、车间、班组分级定期开展质量工作例会，以问题为导向，按专题、月度、季度、年度等不同节点对各类质量信息及质量问题进行汇总分析，对发生的共性质量问题进行深入剖析，查找质量管理体系运行的薄弱环节，确定改进的方向，持续改进质量工作，提升质量保证能力。

(10) 质量管理体系评估

为全面贯彻《武器装备质量管理条例》，落实中国航天工业质量制胜战略，不断提高质量管理体系有效性，依据有关管理要求和标准规范，结合各单位工作实际，采取定性和定量相结合的方式，制定评估细则，实施质量管理体系评估，通过评估对质量管理体系建设和运行过程中存在的薄弱环节进行改进提高，对最佳实践进行推广应用，达到以评促建、以评促改、以评促用的目的。

第 3 章　航天质量管理体系建设

3.1　质量管理体系标准概述

3.1.1　质量管理体系标准

质量管理体系有关国际标准的产生，源于人类科技、生产和管理水平持续发展，贸易趋于全球化的需求。全面质量管理理论的产生发展、质量管理学科的日趋成熟和数量众多企业的广泛实践，为质量管理和质量保证标准的产生提供了充分的理论依据和坚实的实践基础。

3.1.2　ISO 9000 族标准概述

3.1.2.1　ISO 9000 族标准主要内容

ISO/TC 176 制定的所有国际标准称为 ISO 9000 族。ISO（International Standard Organization）是国际标准化组织的缩写。TC（Technical Committee）176 是 ISO 的第 176 技术委员会，由它负责制定“质量管理与质量保证”的有关标准和指导性文件。TC 176 起草的质量管理与质量保证标准为质量管理体系提供了一套综合的要求和指南。

3.1.2.2　ISO 9000 系列标准发展历程

1987 年，ISO 发布 ISO 9000 系列标准，而后经历了 1987 版、1994 版、2000 版、2008 版以及 2015 版的变更。围绕质量管理和质量管理体系的建立、运行和评价等相关活动，现行 ISO 9000：2015《质量管理体系　基础和术语》、ISO 9001：2015《质量管理体系　要求》、ISO 9004：2018《质量管理　组织的质量　实现持续成功指南》已分别转化为国家标准，即 GB/T 19000 — 2016《质量管理体系　基础和术语》、GB/T 19001—2016《质量管理体系　要求》、GB/T 19004—2020《质量管理　组织的质量　实现持续成功指南》。

3.1.3　GB/T 19001 标准概述

GB/T 19001 是由国家质量监督检验检疫总局与国家标准化管理委员会发布的国家标准，等同采用 ISO 9001，用于质量管理体系认证。GB/T 19001—2016《质量管理体系　要求》中规定了七项质量管理原则，分别为以顾客为关注焦点、领导作用、全员积极参与、过程方法、改进、询证决策以及关系管理。其中以顾客为关注焦点释义为质量管理的主要关注点是满足顾客要求并且努力超越顾客期望；领导作用释义为各级领导建立统一的宗旨和方向，并且创造全员积极参与的条件，以实现组织的质量目标；全员参与释义为在整个组织内各级胜任、被授权并积极参与的人员，是提高组织创造和提供价值能力的必要条件；过程方法释义为将活动作为相互关联、功能连贯的过程系统来理解和管理时，可更加有效和高效地得到一致的、可预知的结果；改进释义为成功的组织持续关注改进；循证决策释义为基于数据和信息的分析和评价的决策，更有可能产生期望的结果；关系管理释义为为了持续成功，组织需要管理与有关相关方（如供方）的关系，详见附录 A。

GB/T 19001—2016《质量管理体系 要求》标准采用过程方法、PDCA 循环和基于风险的思维建立了质量管理体系的要求。过程方法和 PDCA 循环能使组织明确目标，对过程进行有效的策划和管理，提供适宜的资源，监视和测量过程，识别改进机会并采取行动以确保实现目标。基于风险的方法提示组织应预先确定可能导致其过程和质量管理体系偏离策划结果的各种因素，采取预防措施，最大限度地降低不利影响，并利用出现的机遇。为了与其他管理体系标准兼容，方便组织建立一体化的管理体系，新版 GB/T 19001—2016《质量管理体系 要求》采用了高阶结构，标准的第 4～10 章从组织环境、领导作用、策划、支持、运行、绩效评价、改进七个方面提出了质量管理体系的基本要求。

“组织环境”一章强调组织的质量管理体系是建立在每个组织特定的环境之下的，因此首先要“确定与其宗旨和战略方向相关并影响其实现质量管理体系结果的能力的各种外部和内部因素”，并对有关信息进行监视和评审；同时，相关方也会对组织提供满足顾客和法律法规要求的产品和服务的能力具有现实或潜在的影响，组织要确定有关相关方及他们的要求，监视和评审这些相关方及其相关要求。

“领导作用”一章明确了管理体系中领导特别是最高管理者应有的作用和承诺，以及如何制定和沟通质量方针，并确保组织相关岗位的职责、权限得到分配、沟通和理解。

“策划”一章从三个方面提出了组织策划质量管理体系应做到的要求，一是在策划体系时要考虑应对风险和机遇的措施，二是要对质量目标及其实现进行策划，三是要对质量管理体系有关的变更进行策划。

“支持”一章从资源（人员、基础设施、过程运行环境、监视和测量资源、组织的知识）和能力、意识、沟通、成文信息五个方面明确了质量体系有关的支持过程的要求。

“运行”一章描述的是产品和服务提供全流程质量管理体系有关的策划、实施和控制要求。组织需确定产品和服务的要求；建立关于过程（包括外包过程）以及产品和服务接收的准则；确定所需的资源；按准则实施过程控制；并确定、保持有关的成文信息，以便确信过程已按策划进行并证实产品和服务符合要求。组织应建立、实施和保持适当的设计和开发过程，确保外部提供的过程、产品和服务满足要求，组织应对生产和服务提供过程进行控制，在适当阶段实施策划安排，以验证产品和服务的要求已得到满足，并对不合格输出进行识别和控制。

“绩效评价”是标准设定的对组织质量管理体系绩效和有效性进行评价的要求。组织须进行系统的策划，确定需要监视和测量什么，用什么方法进行监视、测量、分析和评价，以及何时实施监视和测量，何时对监视和测量的结果进行分析和评价等；组织应监视顾客对其需求和期望已得到满足的程度；应对监视和测量获得的适当的数据和信息进行分析与评价；应按照策划的时间间隔进行内部审核；最高管理者应按照策划的时间间隔对组织的质量管理体系进行评审。

“改进”是贯穿质量管理体系所有过程的条款，为应对顾客的需求期望和市场竞争的要求，组织需要不断改进产品和服务，采取措施以纠正、预防或减少不利影响，持续改进质量管理体系的绩效和有效性。

综上所述，国际标准化组织历经30多年，在全面质量管理理论和世界各企业质量管理实践基础上，采用管理的过程方法，应用PDCA循环管理工具，构建了一个覆盖产品和服务全流程的、通用的质量管理体系模式，用以支持各行各业的各类组织建立规范的质量保证体系，以适应不断变化的内外部环境，满足顾客和法律法规的要求，也为国际贸易和交流提供了方便。

3.1.4 GJB 9000系列标准概述

1996年，由原国防科工委提出，由军工产品质量管理标准化技术委员会负责起草，根据《军工产品质量管理条例》，在相应的质量管理和质量保证国家标准（GB/T 19001～GB/T 19004—1994）的基础上，增加军用产品的特殊要求，编制并发布了GJB/Z 9000系列标准。其中GJB 9001标准经历了GJB 9001A—2001《质量管理体系要求》、GJB 9001B—2009《质量管理体系要求》以及GJB 9001C—2017《质量管理体系要求》这几个版本。

3.1.4.1 GJB 9001C—2017标准

2016年，国家标准GB/T 19001—2016《质量管理体系 要求》依据国际标准ISO 9001：2015《质量管理体系 要求》进行了改版，国家军用标准也随之改变为GJB 9001C—2017《质量管理体系要求》，替代GJB 9001B—2009《质量管理体系要求》版标准。该标准于2017年5月18日发布，7月1日实施。

GJB 9001C—2017《质量管理体系要求》标准符合国际国内管理体系标准的新结构。以ISO 9001：2015《质量管理体系 要求》和GB/T 19001—2016《质量管理体系 要求》为基础，引用国际标准和国家标准的最新成果，按照10章框架结构形成GJB 9001C—2017《质量管理体系要求》标准架构。同时，与有关国家军用标准有机衔接，最终形成完整的新版国家军用标准。新标准仍然采用“A＋B”模式，即在等同采用GB/T 19001—2016《质量管理体系 要求》（ISO 9001：2015《质量管理体系 要求》）标准的基础上增加装备质量管理体系特殊要求编制而成，将装备质量管理体系的特殊要求作为标准的一部分（B部分），列在GB/T 19001—2016《质量管理体系 要求》（A部分）相应条款之后，独立成条并作为该条款的补充，并对引言中的部分内容进行了具体化，对附录进行了调整。GJB 9001C—2017《质量管理体系要求》是目前军品质量管理体系认证的依据。

3.1.4.2 质量管理体系术语

GB/T 19000—2016《质量管理体系 基础和术语》、GJB 1405A—2006《装备质量管理术语》、航天有关标准规范中定义的术语均适合本节。

GB/T 19000—2016《质量管理体系 基础和术语》中包含有关人员、有关组织、有关活动、有关过程、有关体系、有关要求、有关结果、有关数据信息和文件、有关顾客、有关特性、有关确定、有关措施、有关审核 13 个方面 148 个术语。GJB 1405A—2006《装备质量管理术语》包含基本术语、装备科研术语、装备生产术语、装备使用术语、装备采购术语 5 个方面共 195 个术语。

常用及航天质量管理体系术语见本书附录 A，其中包含常用术语 16 个、航天质量管理体系术语 31 个。

3.2　航天质量管理体系的建设实施要点

中国航天的质量管理是在实践中总结，在总结基础上创新，在创新基础上实现更高要求的质量管理实践。既有源于航天系统工程实践的质量管理理念和方法的原始创新，又有质量与可靠性技术运用和航天质量管理体系运行有机结合的集成创新，还有借鉴国外先进的产品保证等质量管理模式的引进、消化、吸收、再创新。

航天产品质量是增强国防实力，促进国民经济发展，获得经济效益的重要保证。现代航天产品属于高新技术密集、系统复杂、风险大、可靠性和安全性要求高的产品，需要严格执行研制程序和开展系统工程管理。面对国际市场和国内市场的竞争，从事航天产品设计、开发、生产、试验、安装、服务和提供技术支持的组织，即承制方，需要建立适合航天产品特点的质量管理体系。质量管理体系应能保证有效地控制产品质量形成的全过程，并能实现持续的质量改进，以不断提高顾客（使用方）和其他利益相关方（员工、所有者、分承制方、社会）的满意程度。

各个承制方的质量管理体系受其规模、产品、目标和管理模式等方面的影响，其质量管理体系是不同的，但建立和完善质量管理体系的原理和目的是一致的。通过建立适合本单位产品和科研生产特点的质量管理体系，并持续改进质量管理体系和过程，以便对产品质量形成过程进行有效地控制，达到保证并不断提高产品质量的目的。

航天各集团组织架构一般采用三级管理模式，总部为第一层级，各研究院、专业公司、直属单位为第二层级，各研究院下属各部/厂/所、子公司为第三层级，航天质量管理体系也按照多层级进行建设与实施。各单位结合航天产品特点和自身经营管理实际，遵循质量管理的七项原则（以顾客为关注焦点、领导作用、全员积极参与、过程方法、改进、循证决策、关系管理），按照 GJB 9001C — 2017《质量管理体系要求》，建立、保持和持续改进质量管理体系，确保各级体系“过程完整、职责明确、接口清晰、相互协调”，并不断完善与其他管理体系的融合。

3.2.1　航天集团/院/所多级质量管理体系建设

集团公司履行航天型号科研生产管理、战略管理、企业文化建设、人力资源管理、资产管理等职能，在建立质量管理体系时，将集团公司层级组织管理融入其中，集团公司的顶层策划、质量职责、资源提供、信息传递和管理、考核与奖惩程序等都是质量管理体系的重要组成部分，并对所属单位提出要求和实施监督检查。

3.2.1.1 质量管理体系建设的总体思路

以系统工程方法构建航天集团/院/所多级质量管理体系并有效运行，通过各层级质量管理体系建设，形成自上而下相互协调的质量责任系统、质量管理组织系统、质量文件体系、质量技术支持系统、质量信息管理系统、质量监督评价系统等，通过质量管理子系统的规范建立和有效运行使集团公司的质量管理工作成为一个有机整体，集团公司、研究院及航天装备项目已经形成的质量管理文件和标准规范、质量组织系统、质量信息系统等工作系统也是构建的基础，对此进行梳理、整合、拓展、提升和创新，各层级的质量管理体系相互协调，为保障航天产品和服务的质量发挥更大的效用，提升集团公司整体质量管理能力。

航天集团/院/所多级质量管理体系建设的总体思路是：遵循系统工程管理和全面质量管理的思想，以追求卓越的质量管理标准为主要依据，以提升航天装备质量保证能力为主要目标，在集团公司整体的管理体系框架下，适应外部发展环境，弘扬航天质量文化，体现落实集团公司的发展战略及质量战略，紧密围绕航天装备研制生产、服务保障等战略任务，充分借鉴国内外标杆大型企业集团先进做法和成功经验，以健全基层单位质量管理体系为基础，以型号研究院整体质量管理体系建设为突破口和重点工作，统筹协调各项质量工作及相关资源，以建立健全覆盖集团公司各层级质量责任制为核心要素，按体系要素构建跨各级的质量管理体系的若干工作系统。系统策划、分级落实、分步实施，适应航天装备发展需求和现代制造业发展及集团公司战略发展，覆盖航天装备全寿命，实行集团公司多层级组织一体化，实现现代管理与工程技术有机结合，建成具有世界一流水准、具有新时代航天特色的多层级质量管理体系。

3.2.1.2 质量管理体系建设原则

航天质量管理体系的建设原则如下：

1）适应外部发展环境和落实国家发展战略。构建航天集团/院/所多级质量管理体系必须密切关注国际和国家外部环境的变化及其对集团公司战略发展、科研生产与服务经营及其质量工作的影响，体现国家利益至上的价值观，制定集团公司的质量战略和质量发展规划，明确未来一个时期集团公司质量工作的战略方向和目标，支撑集团公司的发展规划和管理机制调整，提升集团公司整体的质量管理能力。通过质量管理体系建设，使集团公司发展战略、质量战略和质量发展规划得以落实。

2）遵循系统工程和全面质量管理的思想。树立落实“零缺陷”理念，遵循全面质量管理中“全员参与、全过程控制、全方位管理”等质量管理思想、原则等。航天质量管理体系涉及多级具有法人资质的组织，航天装备全寿命周期和总体分系统、单机等多个产品层级及型号组织，要适应航天多级组织与航天型号项目组织形成的矩阵式组织形式和工作体制。

3）立足集团公司整体的多级管理体系框架。航天集团/院/所多级质量管理体系构建要发挥集团公司顶层策划和牵引作用，明确集团公司层面的质量理念、方针，制定集团公司级质量战略和质量目标，建立健全质量责任制、质量文件和标准、质量组织及质量工作系统，对重大关键航天工程、航天装备任务组织实施具体的质量管理和监督；适应集团公司、研究院及其所属研究所、工厂三级科研生产组织管理体制，明确集团公司、研究院及其所属研究所、工厂各管理层面（单位、项目组织、专家组织等）的主要质量职责、权限、工作接口、考核指标和方法等，强化集团公司总部质量管理和质量监督的力度。

4）以航天装备全寿命各阶段过程质量控制为中心。航天集团/院/所多级质量管理体系建设应紧密围绕航天装备任务，适应航天装备科研生产和服务保障及其质量管理的需求和特点，解决单位质量管理体系同型号质量管理不密切的问题，突破各生产厂、研究所的质量管理体系不能及时和有效地解决型号研制生产全过程质量保证的困境，统筹协调各项相关工作和各方资源，使之覆盖型号全系统、全层级、全寿命，使职能管理、资源保障和测量评价等方面的质量管理体系要素都围绕解决体系与型号脱节的问题这一中心。

5）以提升航天装备质量保证能力为目标。构建航天多级集团/院/所质量管理体系，不仅是保证目前航天型号质量，而且要从人员、设施、技术和管理等方面不断提升质量保证能力，要高度注重标准化、计量、检验和试验、工艺、质量技术研究与推广、元器件筛选、软件测评等方面技术体系建设，集团公司及研究院整体的质量管理体系必须将产品保证能力建设融入其中，在集团公司层面、研究院层面综合提升产品保证能力。

6）研究院本部以总承包管理为重点的质量管理体系。承担航天型号研制生产和服务保障任务的研究院，其技术职能和管理职能覆盖航天装备论证、研制、试验、生产和服务保障全过程。研究院这一层级在质量管理体系中起到了承上启下的作用，负责对本院型号产品的组织管理工作，院本部和型号两总作为组织管理的责任人推动体系的有效落实，研究所、工厂作为整个武器系统承担研究生产过程的一个部分。因此，整合和提升质量管理体系，首先最为重要的就是在研究所、工厂和院本级质量管理体系的基础上，建设研究院整体的质量管理体系。

7）以型号项目为纽带研究厂、所级质量管理体系的接口管理。一个航天装备的研制从系统、分系统到单机、部（组）件，所有参加研制的单位构成了一个金字塔型结构，最顶层的是抓总单位，然后按照航天装备的组成向下分解，每个组成单位的质量管理体系作为保障最终的航天装备质量的一部分，不是独立存在的，需要和其他单位的质量管理体系在信息和工作任务上进行沟通和协调，实现良好的接口管理。

8）按体系要素构建贯通各级质量管理体系的若干工作系统。注重质量管理体系要素在各层面之间的接口关系，注重质量要求在各层面的逐级分解落实，形成集团公司自上而下相互协调的质量责任系统、质量管理组织系统、质量文件系统、质量专业队伍系统、质量技术支持系统、质量信息管理系统、质量监督评价系统等。

9）建立质量管理体系监督评价和持续改进机制。确保集团公司一体化质量管理体系的适宜性、充分性和有效性，充分利用企业现有的管理和技术条件，健全质量管理体系的监督评价、持续改进的机制，分级、分层次地开展质量管理体系监督、审核、成熟度评价等工作，通过行政渠道和依托质量专业技术机构，开展对集团公司所属单位质量管理体系、型号线的质量监督，开展质量管理体系成熟度评价及最佳实践的挖掘、提炼和推广，对质量管理先进做法和成功经验进行总结和推广，不断完善集团公司的质量管理体系。

3.2.2 航天质量管理体系的策划

如何进行质量管理体系构建的整体策划，或称为设计质量管理体系，是质量管理体系建设的首要问题。根据 GB/T 19001—2016《质量管理体系 要求》和 GJB 9001C—2017《质量管理体系要求》第 4 章“组织环境”及第 6 章中“应对风险和机遇的措施”“变更的策划”，航天各层级单位应从正确认识自身及外部和内部影响因素、各相关方的需求和期望出发，确定质量管理体系的范围，从总体上明确运用过程方法建立、实施、保持和持续改进质量管理体系的要求，同时在构建质量管理体系时，应考虑风险和机遇的应对，根据自身的变化或承担航天产品和服务任务的变化而对体系进行变更时，进行影响分析、风险评价、组织调整、控制活动等。

3.2.2.1 理解组织及其环境、相关方的需求和期望

通常情况下，航天装备承制单位所处环境与其承担的装备论证、研制、生产、试验、维修及服务任务需求、顾客要求等因素密切相关。其特殊使命决定了承制单位所处环境的不确定性和受多种因素影响的复杂性，在建立、实施、保持和改进质量管理体系时，首先站在国家利益至上、履行国家使命和社会责任的角度，秉承集团公司中长期战略和追求世界一流的发展目标，明确自身使命、愿景和价值观所体现的内涵，将对组织环境的理解和所确定的不断变化的因素作为输入，适应不同的内、外部环境，做出审慎的分析，在此基础上做出正确的决策，使质量管理体系真正融入组织承担的航天装备科研、生产、试验、维修和技术服务业务中，以适应组织的战略方向，实现预期目标，满足和超越顾客及相关方要求。

对于承担装备任务的航天各层级单位，主要相关方是指组织的所有者（国家及作为国家代表的政府部门和作为上级组织的集团公司等），顾客（航天装备采购方和使用方、军事代表机构和航天器的使用者等），外部供方（元器件、原材料、零部件的供方、工序协作方、分系统研制单位等），合作伙伴，组织内的员工，相对独立的资质认可、检验检测机构，以及竞争对手等。应对各相关方及其需求、期望和具体要求的相关信息进行监视和评审，并落实相应的职责。

3.2.2.2 确定质量管理体系范围及其过程

体系的范围通常与组织的目的、规模、性质、产品和服务的类型、活动和过程的特点等多方面有关，通常以实际位置、组织单元、活动和过程等予以描述。质量管理体系的范围应作为成文信息，可获得并得到保持。对于 GJB 9001C—2017《质量管理体系要求》中的任何不适用条款及其删减应予以说明并征得顾客同意。

确定质量管理体系所需的过程，一般按照产品和服务实现过程（也叫主过程，包括预研、论证、设计、生产、试验、采购、顾客培训、维修、重大任务保障等）、管理过程（包括综合职能管理、测量分析和评价、改进和创新等）和支持性过程（包括人力资源管

理、设备和设施管理、监视和测量资源管理、文件档案管理、信息管理等)，明确过程之间的顺序和相互作用，确定过程所需的输入以及预期的输出，以及在组织中如何得到应用。

航天质量管理体系文件一般包括质量手册、程序文件、作业指导书和质量记录等四个层次。

组织内部的岗位设置、职责和权限的分配是体系策划的一项重要内容，在体系文件中规定组织内各部门及相关岗位的职责和权限及其之间的接口关系。岗位的职责和权限的定义既包括管理层，也包括执行层。在分配职责时考虑是否授予人员与其岗位相适应的权限，建立质量责任追究制度，确保按规定要求交付预期输出。

3.2.2.3　制定质量方针、质量战略和质量目标

承担航天任务的组织应当看齐世界一流航天机构和企业，落实国家航天强国和质量强国战略，在使命、愿景、价值观中体现质量内涵，结合所承担的航天任务需求和特点，领导本组织贯彻落实上级的质量方针和质量战略，制定、实施和保持质量方针和质量战略。质量方针是明确本单位在质量方面的意图和方向、承诺和追求，质量战略是在质量方面的战略目标和实现这些目标的实施规划。

航天各层级单位应依据质量战略和质量方针，通过在内部和与相关方进行充分沟通的基础上，对产品和服务质量、质量管理体系的相关职能、层次和过程设定质量目标，确保能够提供优质的产品和服务，并与学习标杆和竞争对手进行对比，具有科学性、系统性、可实现性和可测量性。承担航天任务的组织的质量目标与航天型号项目的质量目标应有机结合，通过质量目标的实现，圆满完成所承担的航天型号任务。

应对质量目标在相关职能、层次和过程上建立相应的分质量目标，按承担者、时间阶段等加以分解和落实，使质量目标能够从上至下逐级展开，从下至上逐级保证。其中，中长期和年度质量目标应分别通过中长期规划、计划和年度计划加以明确、展开和落实。

3.2.2.4　质量管理体系变更的策划

当市场需求、型号任务、技术领域、使命和职能定位、组织结构、产品和服务提供范围、质量管理体系覆盖的场所等外部环境和内部环境发生重大变化时，应及时考虑确定是否对质量管理体系进行变更。在质量管理体系及其过程变更时，航天各层级单位需要时刻关注和评价自身和所处环境的变化、相关方的需求和期望的变化，所识别的风险和应对结果情况等，可通过管理评审、过程能力和绩效分析、审核结果等多种方式或途径，及时识别质量管理体系或过程变更的需求。

3.2.3　航天质量管理体系的运行

3.2.3.1　提供质量管理体系运行的支持

航天各层级单位在建立、实施、保持和持续改进质量管理体系时，应围绕所确定的质量管理体系范围，根据实际需要确定所需资源，包括人力资源、基础设施、过程运行环

境、监视和测量装置以及信息和知识等，以确保质量保证工作的有效开展和持续改进。

1）人力资源。通过流程梳理和岗位设置，明确各岗位人员的能力需求，确定并配置所需的人员。根据发展规划、产品和服务的需求，实施系列化、规范化、有针对性的人员专业知识、技能和质量管理知识的培训，开展质量意识教育，确保人员能够胜任其岗位工作。合理规划和有效管理员工的职业发展，实施有效的激励政策和措施。

2）基础设施。包括：建筑物、工作场所和相关的设施，科研、生产、存储、运输等过程的设备（含工艺装备）以及相关的计算机软件、通信或信息系统等。尤其应注重通用质量特性设计、分析、试验的设备设施和软件工具，检测、计量、化验的关键设备和设施，大型地面试验与在轨运行支持设备设施等。另外，要特别关注支撑数字化设计与制造、仿真试验等设备设施的深入应用和升级，支撑“互联网＋”、大数据、云计算、虚拟现实等现代智能制造技术手段的应用，促使设计、生产、试验、服务保障的设备设施适应数字化、网络化、智能化的发展。

3）过程运行环境。提供必要的设施、设备和方法，按规定要求对需要控制的过程运行环境实施监视、测量和控制，评价过程运行环境是否能满足要求并采取改进措施。同时，为员工创造良好的工作环境，促使员工发挥主观能动性，积极主动参与质量管理体系的各项工作，有效运行过程并获得合格产品和服务。

4）监视和测量装置。主要是指专用和通用测试设备、计量器具、检验设备（含专用检测工装）及其配套的软件系统，应根据产品和服务的类型、特点，识别、确定和提供所需的监视和测量装置，并确保监视和测量的结果有效和可靠。

5）信息和知识。应建立并有效运行信息管理系统，全面、系统、客观和及时地收集、整理、传递和利用各种研制、试验、生产、服务保障和经营管理信息；针对质量管理体系过程运行及获得合格产品和服务所需的知识，应进行识别、确定、获取、保护、保持、更新、管理和有效利用，并建立知识库；关注航天装备的特殊要求，对新知识的更新建立可靠的渠道；利用飞行试验、仿真验证、软件测试、性能验证、可靠性工程试验等方面取得的数据，研发支撑型号科研生产的软件、数据库、知识管理等数据产品，实现数据和信息的共享利用。

3.2.3.2　航天质量管理体系的运行

GJB 9001C—2017《质量管理体系要求》第 8 章对质量管理体系运行做出了规定，包括七部分内容：8.1 运行的策划和控制，8.2 产品和服务的要求，8.3 产品和服务的设计和开发，8.4 外部提供的过程、产品和服务的控制，8.5 生产和服务提供，8.6 产品和服务的放行，8.7 不合格输出的控制。这一章是质量管理体系的核心，即产品实现过程是质量管理体系的主线，或称为“主过程”。结合航天质量管理特点，实施要点如下：

1）运行的策划和控制。对于航天产品而言，尤其是对于系统级产品，如运载火箭、人造卫星等，这一部分是型号研制生产全过程甚至全寿命的总体策划。主要包括：产品开发之初进行产品实现策划，制定各类型号产品大纲，策划型号设计、生产和试验全过程数字化工作要求，开展新领域产品质量管控策划，开展型号风险分析策划，开展型号产品质量正向确认工作策划等。通过产品保证大纲的编写与实施，实现质量管理体系与型号科研生产管理体系深度融合，并对其实施动态管理，以反映产品的进展或合同要求的变化、产品制造方法的变化或质量保证措施的变化。对型号产品保证实施情况开展监督评价，做到持续改进。

2）产品和服务的要求。与顾客沟通，获取顾客关于产品和服务要求的信息；进一步明确提出产品和服务的要求，一般通过立项申请书、标书、合同、订单，以及报顾客的航天装备技术指标、研制总要求、任务申请书等来明确；在与顾客签订合同并向顾客做出承诺之前，对产品和服务要求进行评审。

3）产品和服务的设计和开发。指航天型号立项论证批复之后的研制阶段中的设计工作，是航天产品实现全过程的核心。首先进行设计和开发的策划，规定各阶段的活动及要求；其次针对所设计和开发的产品和服务，确定必需的要求，输入内容可来自战技指标、研制总要求、研制任务书、论证项目开题报告等，并予以评审；依据设计和开发策划的安排，对设计和开发过程进行控制，实施评审、验证和确认活动；设计和开发的输出应能够对照设计和开发输入进行验证，并能够证实其满足输入的要求，确保满足后续产品和服务提供过程的需要。设计和开发的更改对于航天装备研制而言，主要就是技术状态更改，应按照上级或产品上层级的有关规定和标准等文件的要求，识别、评审和控制更改。应按照策划的安排及规定的程序对新产品试制过程实施控制；依据设计和开发计划，针对所需的试验项目，编制试验大纲或试验计划，开展试验过程控制。

4）外部提供的过程、产品和服务的控制。结合航天任务特点，引入供应链管理的方法，注重科研外协、生产过程外协、服务外协、定制产品外包、货架式产品外购控制的区别，注重老供方和新供方的区别，注重在不同阶段、不同层级产品外包、外协和外购的区别，建立和完善合格供方准入评价体系，明确如何对供方分类进行监督评价和控制，落实甲方责任制，强化技术交底和质量管理要求的传递，确保将外部提供的过程纳入组织的质量管理体系控制之中。建立健全外包验收、采购产品复验的制度，包括检验、评审、放行的方法和准则，建设到货复验的手段和条件，系统策划验收活动。

5）生产和服务提供。开展产品和服务提供的策划，编制工艺总方案、生产计划、检测要求和生产过程控制要求等文件，对生产技术方案、生产过程的计划管理、质量控制、工装设备、原材料和在制品管理、人员管理、文件管理和现场管理等方面进行策划。按照策划的安排对生产过程实施控制，按工作流程和管理要求（如作业指导书）进行操作，对人、机、料、法、环、测等过程因素加以控制，对于批产产品应有效实施批次管理，注重生产均衡性；规定并实施产品和服务的防护要求，配置必要的防护资源；策划并实施对关键过程的控制；应加强适应数字化制造背景下的质量控制，确定数字化制造所涉及的“人、机、料、法、环、测”的控制要求并实施。建立制度，对交付后活动的范围、实施、验证、报告做出规定，建立并完善售后质量问题反馈应急和处理机制，以确保交付后活动受控，不断提高用户满意度。

6）产品和服务的放行。要建立健全检验制度，严格人员资质管理，加强检验过程控制。策划产品和服务提供过程的放行要求，包括何时何地需要验证、检验依据、检验方式方法、检验资源、检验结果等。通常实施采购产品检验、工序检验和最终产品检验，服务业通常实施关键服务项目（岗位）督查、顾客满意度调查等。交付顾客检验验收的产品，确保其质量完好、数量准确、配套齐全；需顾客检验验收的产品，经组织检验符合要求后再提交顾客进行验收。

7）不合格输出的控制。按规定对出现的不合格产品和服务实施严格的控制，正确处理不合格产品和服务控制与质量问题归零的区别与联系。制定并实施不合格输出的控制文件，包括有关职责、标识和隔离的规定、记录的要求、分级审理的要求、处置方式及实施要求、返工后再验证的要求等；建立不合格品审理系统，以及故障报告、分析和纠正措施系统。严重不合格品的审理由承担上一级产品研制的组织的代表参加，如需进入质量问题归零管理程序的严重不合格产品和服务，按照质量问题归零实施要求进行处置。

3.2.4 航天质量管理体系的自我完善与持续改进

航天各层级单位的质量管理体系应持续适应组织环境变化，始终保持满足顾客要求和提高顾客满意度，持续改进其适宜性、充分性和有效性。这也是“PDCA”中的“A”环节，是质量管理原则“改进”在 GJB 9001C—2017《质量管理体系要求》中的具体体现。组织应确定和选择改进机会，根据改进的性质、内容及影响，采取必要的措施，选择改进方式，并加以实施。改进应关注质量管理体系中的主要过程，如产品和服务的设计和开发，生产和服务提供，不合格和纠正措施，监视、测量、分析和评价，内部审核和管理评审等。

3.2.4.1 监视、测量、分析和评价

1）建立科学、系统的绩效测量和评价体系。确定需监视和测量的对象和方法、实施监视和测量的实际以及对监视和测量结果进行分析和评价的时机，将目标、相关方需求和期望、产品和服务要求等转化为关键绩效指标，构建绩效指标体系，确保其具有科学性、全面性、导向性、可实现性和可测量性。当通过重大事件发现绩效测量系统缺陷时，及时对其进行动态调整。

2 顾客满意程度的监视测量。建立对顾客满意度进行信息收集、测量评价及依据其结果实施改进的方法和机制，将其作为质量管理体系测量分析和持续改进的一种方式。组织应监视顾客对其需求和期望已得到满足的程度的感受，确定获取、监视和评审该信息的方法，对获取的数据、监视的范围或项目、实施评审的方法做出明确的规定。

3）分析与评价。应对监控和测量获得的适当的数据和信息进行分析，利用分析结果评价产品和服务的符合性、顾客满意程度、质量管理体系的绩效和有效性等，并将评价结果用于对组织质量管理体系、过程、产品和服务的改进。分析和评价的输出形式通常为趋势分析或报告，而且也是管理评审的输入。

3.2.4.2 内部审核

应按照策划的时间间隔进行质量管理体系内部审核，评定其是否符合法律法规、上级

文件和标准规范的要求，顾客要求、产品和过程或特定问题相关的特定要求，质量管理体系的其他要求等。可根据自身实际，确定是否需要建立、实施或保持成文的内部审核程序。

1）建立内部审核员队伍。建立内部审核员的选聘程序和能力评价准则，从科研生产骨干人员中选聘专职或兼职的内审员，必要时外聘审核人员，对内审员实施系统培训和资质管理，确保其具有相应的专业能力和审核能力。

2）策划内部审核方案。应依据有关过程的重要性、对组织产生影响的变化、以往的审核结果等情况策划审核方案，对风险大、重要程度高或以往审核问题多的过程和区域应重点关注，在审核员的选择和审核时间安排上给予充分保障。审核方案应包括审核开展的频次、审核的方法、审核人员的职责和分工、审核的策划要求以及向组织的管理层和相关部门报告审核结果的要求。内审时机的选择应与组织的运作模式相适应，两次内审的时间间隔通常不超过十二个月。

3）实施专项审核。根据质量管理体系运行情况、产品和服务及其过程的重要程度，开展面向质量问题、重要产品和服务（尤其是新产品和服务）、重要岗位（新岗位和新人员）、关键过程的专项审核，尤其是从质量问题出发，并与管理归零相结合，反推式查找质量问题在质量管理体系中的薄弱环节。

4）开展内部审核的整改。针对内审发现的问题应及时采取适当的纠正措施。纠正措施应与不合格所产生的影响相适应，确保纠正和纠正措施及时实施。

3.2.4.3　管理评审

管理评审是质量管理体系评价的一种重要方式，是质量管理体系改进循环中根据组织的战略方向开展的一项非常重要的活动，是对组织质量管理体系持续的适宜性、充分性和有效性以及与组织的战略方向一致性的评审。

1）管理评审的组织。管理评审应由最高管理者主持实施，目的是评审质量管理体系的绩效，以便确定其是否适宜、充分、有效，通常管理评审的时间间隔不超过 12 个月，可结合其他业务活动协调安排。发生重大质量事故或体系发生重大变化时及时进行专题管理评审。

2）管理评审输入。组织策划和实施管理评审时，应考虑与 GJB 9001C — 2017《质量管理体系要求》9.3.2 条款 a）～h）相关的内容，并将此作为管理评审的输入信息，形式可以多样，可视情决定。在准备管理评审输入时，应特别关注“应对风险和机遇所采取措施的有效性”和有关质量管理体系绩效和有效性及其趋势这两方面的信息。

3）管理评审输出。管理评审的输出通常应包括 GJB 9001C — 2017《质量管理体系要求》9.3.3 条款 a）～d）所要求的改进的机会、质量管理体系的变更、资源需求和顾客要求的改进四个方面的决定和措施，但并非每一次的管理评审都要做出全部四个方面的决策和措施。对于管理评审所做的决定和措施，组织应采取改进措施予以落实。

3.2.4.4　不合格和纠正措施

组织应通过对不合格做出应对及采取相应措施或对策，以控制和纠正不合格，消除不合格的危害，对不合格的后果进行处置，进一步消除或减小不合格的影响。当出现不合格或顾客投诉时，应按规定履行职责，实施相关活动并保留成文信息，证实满足标准要求。

当针对不合格进行纠正需要更新策划期间确定的风险和机遇变更质量管理体系时，应考虑其更新或变更是否符合 GJB 9001C — 2017《质量管理体系要求》6.1.1 和 6.1.2 条款的要求。应保留成文信息，确保真实、全面、清晰，可作为证据提供查询。

对于航天工业来说，当发生严重、重大质量问题时，质量问题“双五条”归零是必需的程序和手段。通常发生严重、重大质量问题的程度由航天各层级单位识别确定，一般是指批次性的、损失巨大的、后果严重的、社会影响程度大的问题，归零要求也可能由顾客提出。

对于重大质量事故，成立调查委员会和审查委员会并启动调查和审查工作。完成事故调查、审查，并形成结论报告，是重大质量事故归零的必要条件，事故调查、审查结论中明确的质量责任，是进行重大质量事故责任追究的依据之一。

3.2.4.5 持续改进

持续改进是提高质量管理绩效的循环活动，是组织通过 PDCA 循环（其中包括改进在内）的重复性活动，从而达到绩效不断提升的结果。因此持续改进是组织建立的一种实现长期生存和不断发展的运行机制。

航天各层级单位应建立持续改进的机制，明确持续改进的基本活动、要求、职责、步骤和方法，并关注改进结果。可通过采取包括日常的渐进性改进（如 QC 小组活动、合理化建议等）或者重大突破性改进（如重大的技改项目、引进高级专业人才或先进设备等）实施。改进的内容可涉及产品、过程、顾客满意度等，改进的效果应体现在质量管理体系的适宜性、充分性和有效性的提高。

对于承担航天装备研制、生产及试验任务的单位而言，通过质量管理体系认证仅表明达到具备从事军工产品研制生产的最基本要求，其质量管理水平与航天装备质量保证要求还有差距，与航天企业追求世界一流的战略目标相比还有很大的提升空间。为此，需要进行更高要求的质量工作，即通过质量管理体系认证后进一步提升质量管理体系成熟度，通过科学、量化的评价，识别质量管理体系的完善程度和薄弱之处，有针对性地实施质量改进，引导组织不断提升质量管理体系的完善程度。

3.3 航天质量管理体系评估

航天质量管理体系评估是航天行业依据航天型号研制任务以及质量管理规章和技术标准，结合航天科研生产组织管理以及质量管理体系建设的特点，借鉴国内外质量评价模式建立的质量管理体系评估机制，以实现航天质量管理体系运行有效性的持续提升。其采用定性和定量相结合的方法对评估要素和质量管理体系的成熟度等级进行判定，评估模型和评估细则覆盖了质量管理体系运行过程和结果，反映了航天质量管理的特点、规律和要求，形成了集团公司、研究院及下属单位分级实施的系统完整的质量管理体系评估机制，以及完善的评估组织管理体系、系统的管理和技术文件体系以及健全的评估队伍体系。

3.3.1　评估模型及内容

航天质量管理体系评估模型主要包括过程评估和结果评估两个方面。其中，过程评估包括“综合质量管理”“型号产品质量控制”“质量基础保障”三个评估模块，涵盖了质量管理三方面的重点工作，结果评估包括“质量管理体系运行结果”一个模块。

“综合质量管理”模块包括：领导作用、战略，质量管理体系策划，质量文化建设，质量制度和质量责任，质量组织建设，人员能力和培训，质量管理体系改进机制，质量监督八个方面的评估要素。

“型号产品质量控制”模块包括：产品保证策划及大纲，风险分析与控制，通用质量特性设计、分析、试验，设计质量控制，软件工程化，元器件管理，生产过程控制，大型试验控制，技术状态管理，质量问题归零，外协、外购过程控制，服务保障控制十二个方面的评估要素。

“质量基础保障”模块包括：标准规范建设，质量专业队伍建设，质量专业机构建设，质量与可靠性信息及知识管理，质量技术方法推广应用，质量管理体系财务资源保障六个方面的评估要素。

“质量管理体系运行结果”模块包括：顾客满意度评价情况，即顾客对产品质量和服务保障情况的满意度和单位改进情况；型号任务完成情况，即反映型号产品实物质量水平的相关指标完成情况；质量问题情况，即发生重复性问题、低层次问题、人为责任问题及重大质量事故情况；质量声誉和质量效益情况，即产品和服务质量所带来的质量声誉、企业荣誉及在降低不良品损失等方面带来的直接经济效益情况。

3.3.2　评估方法

（1）过程评估要素评估方法

针对各个过程评估要素，采用量化打分的方法，通过评估其工作绩效的实现程度确定其系数（在 0～1 之间）。在质量管理体系评估量化打分时，质量管理体系评估等级系数越高（等级由低到高分为 1～5 级，5 级最高），表明该项工作的绩效越好。每个过程评估要素的实际得分为该评估要素分值乘以其评估要素系数。过程要素的总得分为各个过程评估要素的得分之和。

（2）结果评估要素评估方法

首先，确定结果评估要素系数。每个要素的评估内容都被划分为 A、B、C、D 四个等级，其等级的系数分别为：A 级系数为 1，B 级系数为 0.8，C 级系数为 0.6，D 级系数为 0.4；然后，计算每个结果评估要素的实际得分，为该评估要素的满分分值乘以相应等级系数；最后，计算结果评估要素的总得分，为各个结果评估要素的得分之和。

（3）评估结果的确定

一般来说，过程要素和结果要素总得分之和为质量管理体系评估总得分。但考虑因科研、生产任务性质，存在某些单位不涉及部分评估要素的情况，该部分评估要素分数应从总分中扣除，因此，质量管理体系评估总得分需采用归一化处理，然后根据处理后的质量管理体系评估总得分，按照分值分布将评估结果由低到高分为初始级、不达标级、达标级、良好级和优秀级五个等级。

3.3.3　评估原则

质量管理体系评估一般遵循突出质量工作重点、采用定性和定量相结合的方式、坚持目的导向、坚持问题导向以及确保评估方法科学有效五个原则。

3.3.4　评估程序

（1）集团公司对院（公司）的质量管理体系评估

集团公司对院（公司）的评估工作分为七个阶段：年度评估工作策划阶段、评估工作准备阶段、现场评估阶段、结果评估阶段、评估工作总结阶段、改进提高阶段和资料归档阶段。

（2）院（公司）质量管理体系评估

院（公司）的评估工作分为五个阶段：年度评估工作策划阶段、开展院（公司）自评估和对所属单位的评估阶段、接受集团现场评估阶段、评估总结和改进提高阶段以及资料归档阶段。

航天质量管理体系评估模型、方法、原则和程序的具体内容详见本书 12.2 节。

3.4　军用软件研制能力管理体系

1996 年，为了应对航天型号软件所面临的严峻形势，中国航天工业总公司制定了《实施航天型号软件工程化管理要求》，规定了对航天型号软件实施规范化的工程管理。

1998 年，为了在航天型号研制中推进软件工程化，保证计算机软件质量，中国航天工业总公司制定了《中国航天工业总公司航天型号计算机软件质量管理规定》。

为了确保军用装备研制中软件的高安全性和高可靠性，全面提升军用软件研制能力，重塑软件产品生产过程，打造高质量军用软件品牌。原总装备部启动了军用软件研制能力评价工作，并于 2003 年颁布了 GJB 5000—2003《军用软件能力成熟度模型》。2008 年，在 GJB 5000—2003 的基础上，提出了 GJB 5000A—2008《军用软件研制能力成熟度模型》，为军用软件研制提出了一套完整、细致的标准管理框架。

2021 年 12 月 31 日，军委装备发展部发布 GJB 5000B—2021《军用软件能力成熟度模型》，2022 年 3 月 1 日实施。标准明确军用软件能力等级由低到高分为一级、二级、三级、四级和五级。

GJB 5000B—2021《军用软件能力成熟度模型》与 GJB 5000A—2008《军用软件研制能力成熟度模型》相比，主要变化有：1）标准名称修改为“军用软件能力成熟度模型”；

2）适用范围从研制扩展到全生存周期；3）通过新增、合并、调整，22 个过程域变为 21 个实践域等。

GJB 5000B—2021《军用软件能力成熟度模型》充满中国军工文化、特点，集合了主要军工单位的优秀实践，是更具中国特色、覆盖软件全生存周期的软件能力成熟度模型，具备以下特点：

1）语言描述本地化，便于更好地阅读理解，解决了个别条款晦涩难懂的问题；标准术语一致化，术语定义更加符合中国军工背景，且与其他国军标保持协调一致。

2）融合了各军兵种、各军工行业特点；融合了不同类型、不同规模的软件研制特点。

3）用绩效推动论证、研制、生产、试验鉴定、使用维护等全生存周期装备战斗力提升，促进技术能力、系统管理能力、综合工程能力、持续改进能力等能力提升，达到全面绩效提升的目的。

3.4.1　GJB 5000B 标准解析

3.4.1.1　成熟度等级

军用软件能力成熟度模型关注组织承担军用软件任务的整体能力和绩效，为软件组织提供过程改进的框架，指出一条能力提升的路径。

军用软件能力成熟度模型分为五个等级：

一级为初始级，应通过 GJB 9001C—2017《质量管理体系要求》为依据的武器装备质量管理体系认证。

二级为规范级，已建立过程改进组织机构和过程规范，逐步积累组织资产；基于估计和项目特点，制定和维护项目计划，获取、开发和管理项目的需求并实施验证与确认；通过开展配置管理、质量保证、测量分析活动，监督其执行，确保项目可控。该等级的组织具备在同类项目中复制成功经验的能力。

三级为全面级，全面建立并维护组织资产；按照组织标准过程，使用组织资产全面开展全生存周期项目管理、工程及支持活动。该等级的组织具备在组织范围内复制成功经验的能力。

四级为量化级，建立了符合组织业务发展需要且较高的质量和过程绩效量化目标；采用量化分析管理技术，建立并维护过程绩效基线，对关键过程实施量化管理及原因分析，并基于量化结果进行领导决策。该等级的组织具备在组织范围内实施量化管理的能力。

五级为卓越级，通过量化评估业务目标并分析绩效数据，识别组织内的关键问题和共性问题，主动并预测性地优化和改进组织过程，组织通过不断创新实现优质持续发展，整体绩效能力得以提升。该等级的组织具备应对复杂态势、自我优化、持续获得成功的能力。

GJB 5000B—2021《军用软件能力成熟度模型》覆盖软件生存周期的全过程、全要素，包括组织管理类、项目管理类、工程类、支持类四大类 21 个实践域。每个实践域是若干实践的集合，这些实践是军用软件技术和管理最佳实践的集合，指导组织实施精细化的过程管理，不断改进组织过程，提高质量和过程绩效，提升顾客满意度。

3.4.1.2　实践域

实践域是为达到相应目的的若干实践的集合。实践域按能力等级划分实践，该等级实践全部实现，表明满足该等级的目标要求。

模型包含21个实践域，覆盖软件生存周期的全过程、全要素。模型结构如图3-1所示。

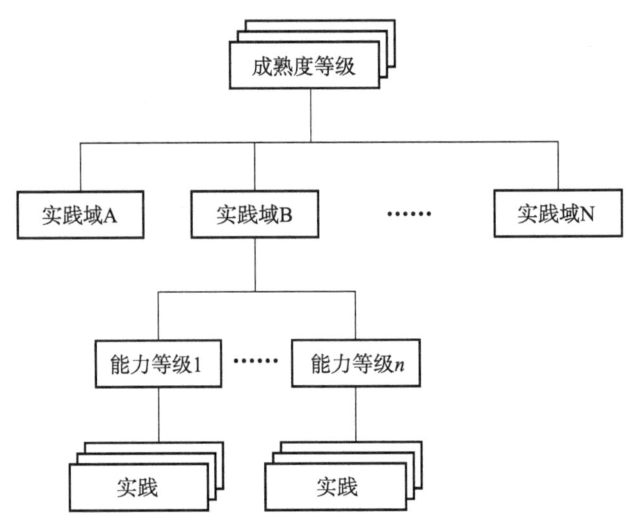

图3-1　军用软件能力成熟度模型结构

（1）实践域分类分级

实践域分为组织管理类、项目管理类、工程类和支持类，军用软件能力成熟度模型分类分级见表3-1。

表3-1　军用软件能力成熟度模型中的实践域

类别	实践域名称	规范级	全面级	量化级	卓越级
组织管理类	领导作用(LD)	●	●	●	—
	组织过程改进(OPI)	—	●	●	—
	组织资产开发(OAD)	—	●	—	—
	组织培训(OT)	—	●	—	—
	实施基础(II)	●	●	—	—
项目管理类	项目策划(PP)	●	●	●	—
	项目监控(PMC)	●	●	—	—
	风险与机遇管理(ROM)	—	●	—	—
	外部供方管理(ESM)	●	●	—	—

续表

类别	实践域名称	规范级	全面级	量化级	卓越级
工程类	立项论证(DEM)	●	●	—	—
	需求开发与管理(RDM)	●	●	—	—
	技术解决方案(TS)	—	●	—	—
	产品集成与交付(PID)	—	●	—	—
	同行评审(PR)	—	●	—	—
	验证与确认(VV)	●	●	—	—
	运行维护(MT)	●	●	—	—
支持类	配置管理(CM)	●	—	—	—
	质量保证(QA)	●	—	—	—
	决策分析(DAR)	—	●	—	—
	原因分析(CAR)	—	●	●	●
	测量与绩效管理(MPM)	●	●	●	●

注:“●”表示有该实践域;“—”表示无该实践域。

(2) 实践域组成

①模型部件

模型部件分为必需的部件、期望的部件和解释性的部件三类，其中：

1) 必需的部件是组织为满足实践域必需关注的目的以及达到的等级目标；

2) 期望的部件是组织为了实现必需的部件推荐实施的实践；

3) 解释性的部件是帮助组织理解必需的部件或指导实践实施的资料性说明。

②结构说明

实践域针对特定的目的，包含了若干个等级及对应的目标，每一个等级下包括若干条实践。实践域结构如图 3-2 所示。

实践域由目的、实践等级说明、相关实践域、等级目标和实践组成。“目的”描述该实践域设想的行为目标和价值，是必需的部件；“实践等级说明”描述该实践域所包括的实践及其对应的等级，是解释性的部件；“相关实践域”描述与该实践域与其他实践域之间的关系，是解释性的部件；“等级目标”是该实践域相应等级活动实施的预期结果，为活动指明方向，是必需的部件；“实践”包括实践名称、实践标识、实践陈述、活动实例及工作产品实例。其中“实践名称”和“实践陈述”是实践实施的相关要求，是期望的部件，“活动实例”及“工作产品实例”是解释性的部件。

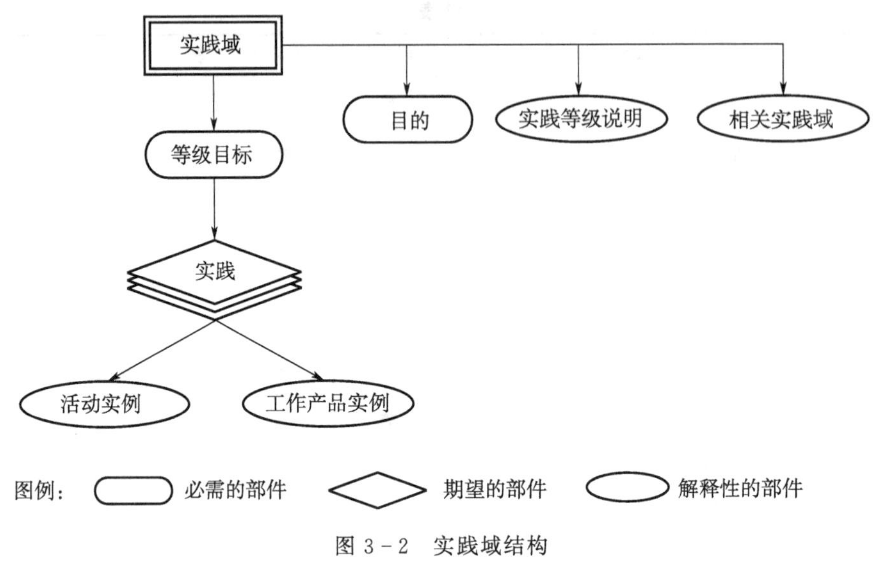

图 3－2　实践域结构

3.4.1.3　实践域之间的关系

（1）概述

组织管理类从领导作用、过程改进、资源保障等方面，为各实践域的实施提供组织保障和条件保障；项目管理类从策划、监控、风险与机遇管理、外部供方管理等方面，确保项目管理活动的规范有效；工程类从论证、需求、设计等方面，规范产品和服务的相关活动；支持类从配置管理、质量保证、测量与绩效管理等方面，提供支持保障。各类实践域间关系如图 3－3 所示。

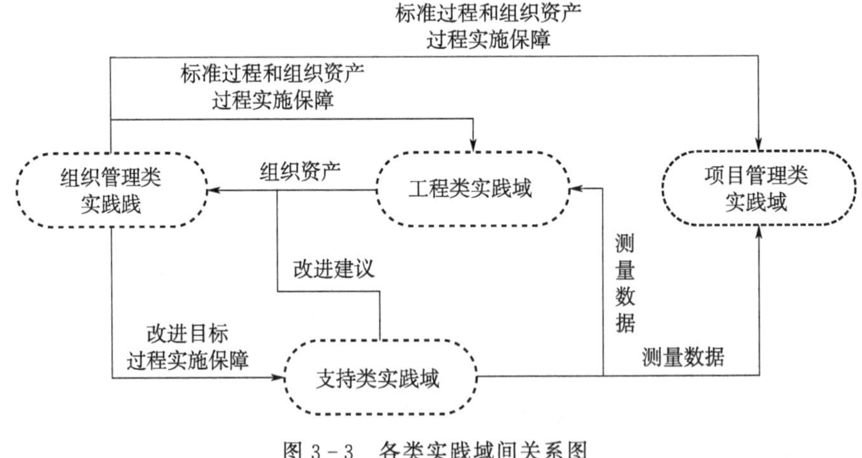

图 3－3　各类实践域间关系图

（2）组织管理类实践域

组织管理类实践域包括领导作用、组织过程改进、组织资产开发、组织培训和实施基础。组织管理类实践域关系如图 3－4 所示。

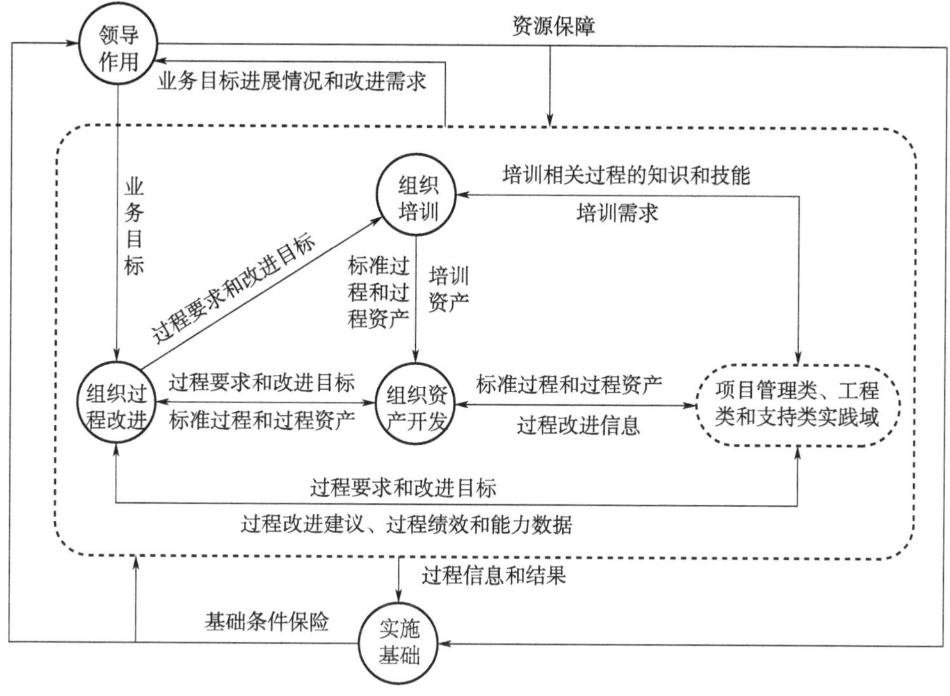

图 3－4　组织管理类实践域关系图

（3）项目管理类实践域

项目管理类实践域包括项目策划、项目监控、风险与机遇管理、外部供方管理。项目管理类实践域关系如图 3－5 所示。

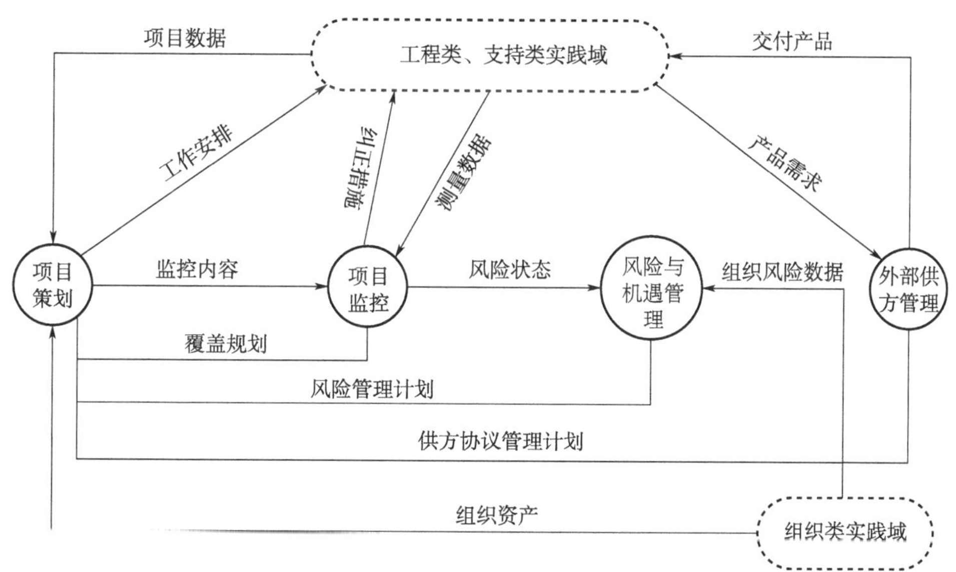

图 3－5　项目管理类实践域关系图

(4) 工程类实践域

工程类实践域包括立项论证、需求开发与管理、技术解决方案、产品集成与交付、同行评审、验证与确认、运行维护。工程类实践域关系如图 3-6 所示。

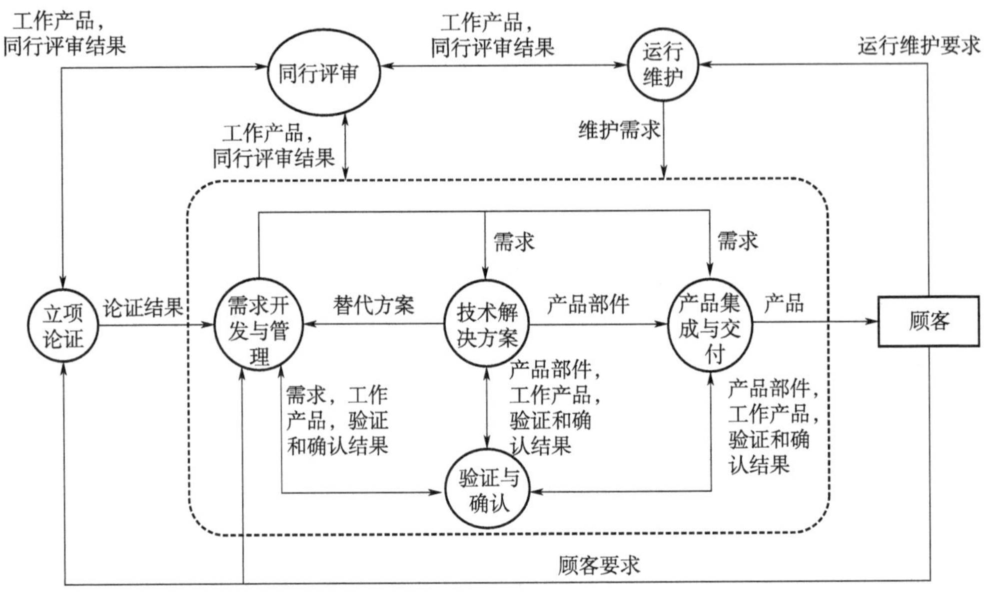

图 3-6　工程类实践域关系图

(5) 支持类实践域

支持类实践域包括配置管理、质量保证、决策分析、原因分析、测量与绩效管理。支持类实践域关系如图 3-7 所示。

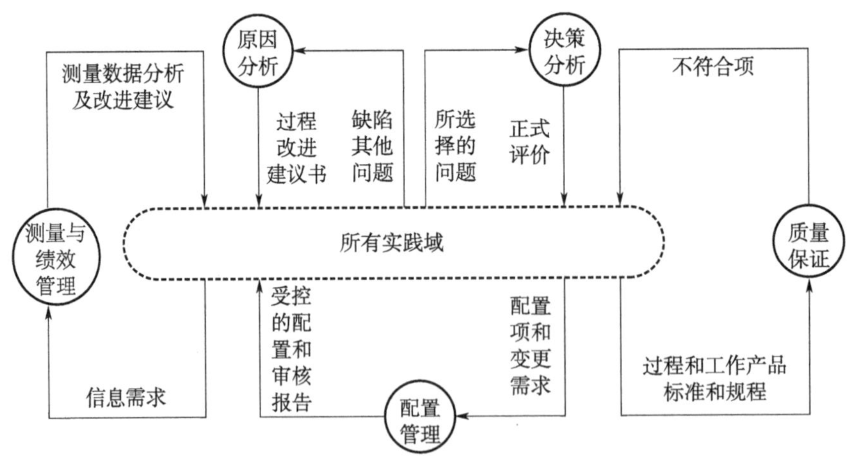

图 3-7　支持类实践域关系图

3.4.2　GJB 5000B 评价实施要点

军用软件研制单位应根据承担的软件任务特点，按照 GJB 8000—2013《军用软件研制能力等级要求》，通过以 GJB 5000B—2021《军用软件能力成熟度模型》为依据的军用软件研制能力成熟度相应等级评价，确定成熟度等级。具体流程如下：

1）成立组织机构。一般包含：高层管理组、过程管理组、过程改进组。明确各组职责分工，如明确推进工作主管部门、制定工作目标和工作计划。

2）建立并维护体系文件。GJB 5000B—2021《军用软件能力成熟度模型》实践域分为组织管理、工程、项目管理、支持四大类别。依据各实践域目标及实施要点，建立体系文件，体系文件既要满足标准要求，更要体现本单位的管理特色。

3）试点项目运行。与型号两总和部门领导充分沟通，提供资源保障，选择试点项目；开展体系文件、工具的培训；过程改进组通过项目定期（如：双周）检查对试点项目运行进行指导与监督。

4）内部评估。成立内部评估专家组，对体系运行情况实施评估，根据评估情况，制定整改措施，完成整改验证，具备正式评价条件。

5）正式评价。申请正式评价，上报申请材料，受理点收到书面申请后 5 个工作日内完成申请材料初步审核，出具受理意见，中国新时代认证中心按程序组织实施现场评价，给出现场评价结论，军委装备发展部装备采购服务中心对现场评价实施机构报送的材料进行综合评议，给出综合评议结论。

6）全面推广。体系运行覆盖 GJB 5000B—2021《军用软件能力成熟度模型》实践域、软件领域、研制部门、重点型号，明确生存周期模型及裁剪模式，结合工作目标和培训需求，组织开展软件专项培训活动，提升软件人员意识及能力，促进体系规范运行。

7）日常监督检查。通过多种形式的日常监督检查，如双周检查、月度测量、专业预审、质量保证（QA）专项检查等形式，促进软件项目的规范实施，提升体系运行的常态化和有效性。

8）年度监督。每年由军委装备发展部和新时代认证中心组织对已获得资质的单位进行年度监督评价，提前一周发出评价通知，抽查与普查相结合。

3.5　新时代装备建设质量管理体系

3.5.1　概述

当前，中国国防科技工业和装备建设正处于战略转型的关键期，行业及企业面对发展模式与发展规模转型升级的机遇挑战，需要创新管理模式与手段。2020 年，为激发组织内生动力，持续推进流程优化，保证结果质量，军委装备发展部及国家国防科技工业局发布了构建新时代装备建设质量管理体系的相关意见，提出了以架构引领、流程主导、信息化支撑、要素融合为典型特征的新时代装备建设质量管理体系构建方法。通过新时代装备建设质量管理体系的实施，引导装备建设全寿命周期的各类型组织，从战略目标出发，建立完善的流程体系，以流程质量保证产品质量和工作质量，构建能够承接 GJB 9001C—2017《质量管理体系要求》、GB/T 19004—2020《质量管理 组织的质量 实现持续成功指南》与 GB/T 19000—2016《质量管理体系 基础和术语》等标准的方法，实现装备质量管理的持续完善。

2021 年，根据新时代装备建设质量管理体系示范工程推进实施方案、实施指南、成熟度评价、建模规范等一系列文件，确定了首批试点单位，此批试点单位严格按照新时代装备建设质量管理体系实施指南要求开展全过程的推进实施试点，总结经验，形成可进一步推广的实践标杆。在此之后开展了一系列培训活动，并确定了相关技术责任单位。军委装备发展部及国家国防科技工业局也高度重视新时代装备建设质量管理体系推进情况，组织安排了相应的专家参与整体试点工作。通过对新时代装备建设质量管理体系标准实施过程战略分析、架构设计前两个阶段的审查工作，表明试点各行业均有领先企业能够认识到新时代装备建设质量管理体系逻辑核心，有效开展了相应工作，但在持续深入开展相关工作方面缺少指引，在对问题研讨中，确认了进一步优化成熟度评价标准，广泛开展自评，推进整体工作广泛深入开展的路径。

2022 年，修订完成的新时代装备建设质量管理体系成熟度评价 2.1 标准正式发布，各试点单位的工作重点从踏实推进新时代装备建设质量管理体系实施步骤向争取成熟度三级认证进行升级。

新时代装备建设质量管理体系包括组织、流程、职责、能力、角色、数据、标准、目的等多类要素。从技术业务视角来看，新时代装备建设质量管理体系采用架构和流程管理等系统工程方法，对复杂组织体战略、架构和流程进行显性化分析、设计，并将支持架构、流程等运行所需的程序、活动、资源和工具等，综合集成到 IT 系统中，以支撑并最终实现质量管理体系和质量管理工作高效可靠运行。从资源部署视角来看，新时代装备建设质量管理体系将质量管理体系人员胜任力管理和质量资源管理作为重要方面，在对人员胜任力体系进行系统设计后，提升装备质量管理人员能力水平，同时驱动质量资源优化配置，促进质量管理相关流程、数据、标准等知识资源和相关工具、平台等信息化资源的共建共享。

3.5.2 实施步骤

新时代装备建设质量管理体系实施指南的核心内容以新时代装备建设质量管理体系的全寿命管理阶段为基础，明确了每个阶段的工作步骤、相关要素、角色、方法工具以及注意事项等。新时代装备建设质量管理体系全寿命管理是将组织质量管理体系的分析、设计、验证、执行、优化等全寿命周期过程进行统筹管理，共分为战略分析、架构设计、流程构建、资源部署、运行监控与体系改进六阶段，并细分为 22 个步骤。各阶段的工作步骤如图 3-8 所示。

通过体系建设全寿命管理的上述六阶段的不断迭代和循环，完成对于体系的顶层设计

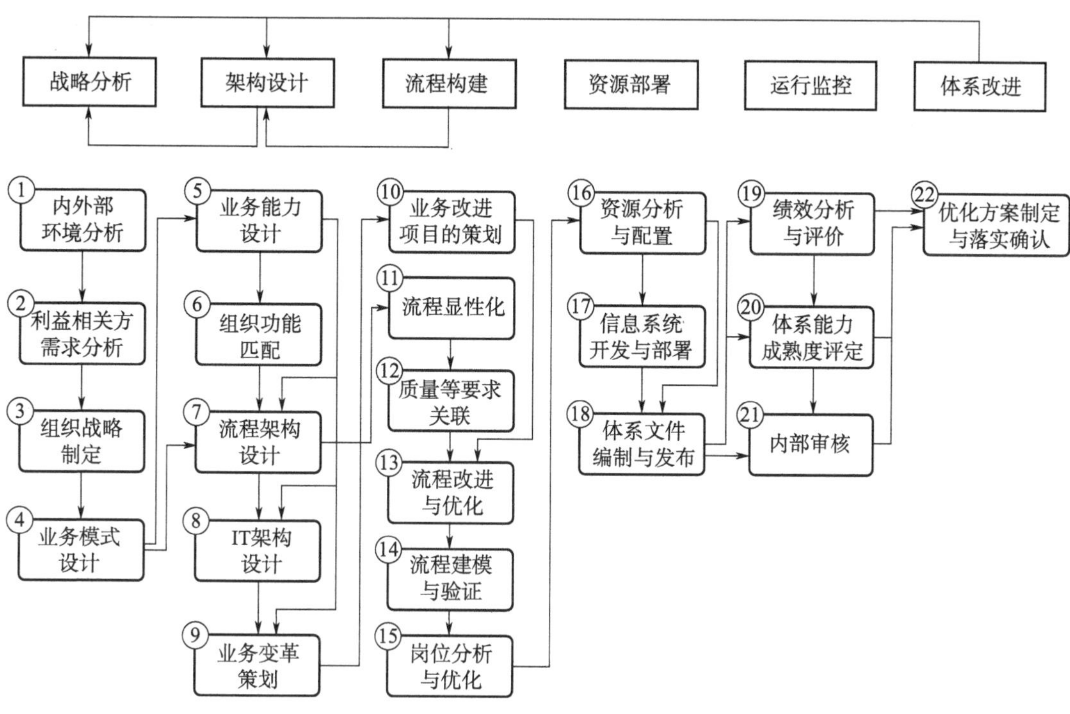

图 3－8　新时代装备建设质量管理体系全寿命管理阶段及工作步骤

（第一、二阶段）、落实执行（第三、四阶段），以及体系运行改进（第五、六阶段）。

体系建设的六阶段、22 个步骤，支撑了 GJB 9001C—2017《质量管理体系要求》等标准关于装备质量的要求和 GB/T 19004—2020《质量管理 组织的质量 实现持续成功指南》关于组织质量的顶层要求的落实。

新时代装备建设质量管理体系工作步骤与相关质量管理体系标准中要素的对应关系见表 3－2。

表 3－2　新时代装备建设质量管理体系建设步骤与相关质量管理体系标准的要素对应关系

<table>
<tr><th>阶段</th><th>步骤</th><th>GJB 9001C—2017
相关的要素</th><th>GB/T 19004—2020
相关的要素</th></tr>
<tr><td rowspan="4">战略分析</td><td>1 内外部环境分析</td><td rowspan="4">4 组织环境
5 领导作用
6 策划</td><td rowspan="4">5 组织环境
6 组织特性
7.3 目标</td></tr>
<tr><td>2 利益相关方需求分析</td></tr>
<tr><td>3 组织战略制定</td></tr>
<tr><td>4 业务模式设计</td></tr>
<tr><td rowspan="5">架构设计</td><td>5 业务能力设计</td><td rowspan="5">8 运行（有关产品实现的过程）</td><td rowspan="5">8 过程管理
（有关组织管理体系的全部过程）</td></tr>
<tr><td>6 组织功能匹配</td></tr>
<tr><td>7 流程架构设计</td></tr>
<tr><td>8 IT 架构设计</td></tr>
<tr><td>9 业务变革策划</td></tr>
</table>

续表

阶段	步骤	GJB 9001C—2017 相关的要素	GB/T 19004—2020 相关的要素
流程构建	10 业务改进项目的策划	8 运行（关于流程中通用要素的要求）	8 过程管理
	11 流程显性化		
	12 质量等要求关联		
	13 流程改进与优化		
	14 流程建模与验证		
	15 岗位分析与优化		
资源部署	16 资源分析与配置	7 支持	9 资源管理
	17 信息系统开发与部署		
	18 体系文件编制与发布		
运行监控	19 绩效分析与评价	9 绩效评价（产品实现过程相关的绩效评价）	10 组织绩效的分析与评价
	20 体系能力成熟度评定		
	21 内部审核		
体系改进	22 优化方案制定与落实确认	10 改进（有关产品/服务不合格引发的改进）	11 改进、学习和创新

实施指南的方法是通过战略分析与架构设计，实现向上与战略目标相对准；同时，通过架构设计与流程构建，向下实现流程与 IT 结合，将战略、业务、流程与 IT 系统打通，并使之持续协同演进。

3.5.2.1　战略分析阶段

战略分析过程中需确保内外部环境分析与组织愿景、使命一致，组织内外部环境分析内容与综合分析内容一致，战略与业务模式匹配，核心利益相关方需求得到满足，战略方向具有合理性与可行性。具体步骤如图 3 - 9 所示。

3.5.2.2　架构设计阶段

架构设计过程中需确保业务能力模型与组织战略目标和未来业务模式对准，符合组织的业务能力设计要求，进行恰当的标准化分析与处理，对业务能力进行分层分级的梳理，完备的体现业务能力，同一层级的业务能力之间颗粒度保持匹配，逻辑合理、表达清晰；确保组织单元目录及职责清单与组织战略目标和未来业务模式对准，符合组织设计要求，进行恰当的标准化分析与处理，与组织的能力模型的设计一致；确保流程架构设计体现组织的战略发展要求，高阶流程体现组织价值创造逻辑并与核心价值流相一致，流程目标与组织的战略目标对准并具有可行性，引入合适的标杆参考内容并能够实现流程结构的整体优化；确保目标数据架构、目标应用架构、目标技术架构与组织战略目标和未来业务模式对准，符合 IT 架构设计要求，进行恰当的标准化分析与处理，进行恰当的综合分析与处理，与组织的能力模型的设计一致；确保业务变革路线图有利于业务能力提升并对准组织

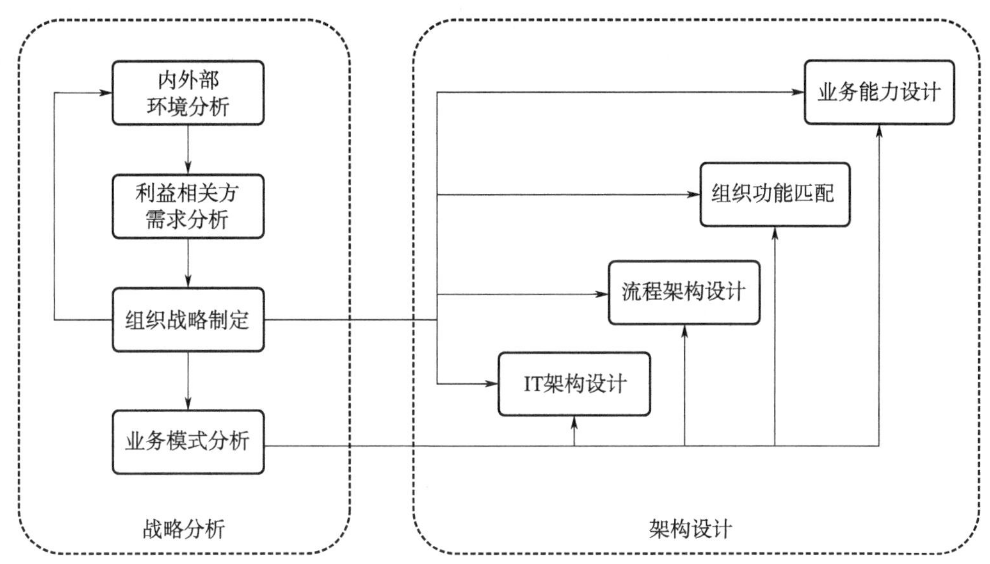

图 3－9　战略分析阶段步骤图

战略目标和未来业务模式，设计遵循组织变革路线图的设计要求，进行恰当的标准化分析与处理，进行恰当的综合分析与处理，具有清晰的逻辑和主线并合理划分维度，同一维度的项目之间颗粒度保持一致，贴合业务实际，融合组织、流程和 IT 方面的调整。具体步骤如图 3－10 所示。

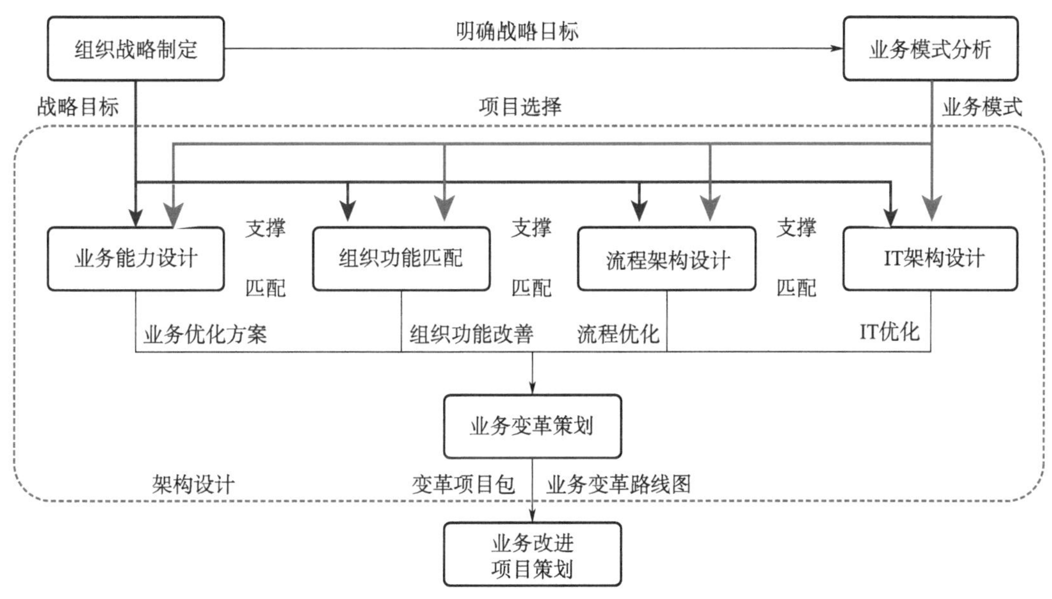

图 3－10　架构设计阶段步骤图

3.5.2.3　流程构建阶段

流程构建阶段承接架构设计阶段的工作，其重点工作是完成目标流程的详细设计和相关岗位的优化工作。过程中需确保改进优化后的业务流程能够对准并满足利益相关方要求，有效落实业务改进和质量等要求，体现服务重心前移的原则，有助于内部运营效率和有效性的提高，引入合适的流程参考内容，邀请客户充分参与，采用标准的建模规范进行模型表达。具体步骤如图 3-11 所示。

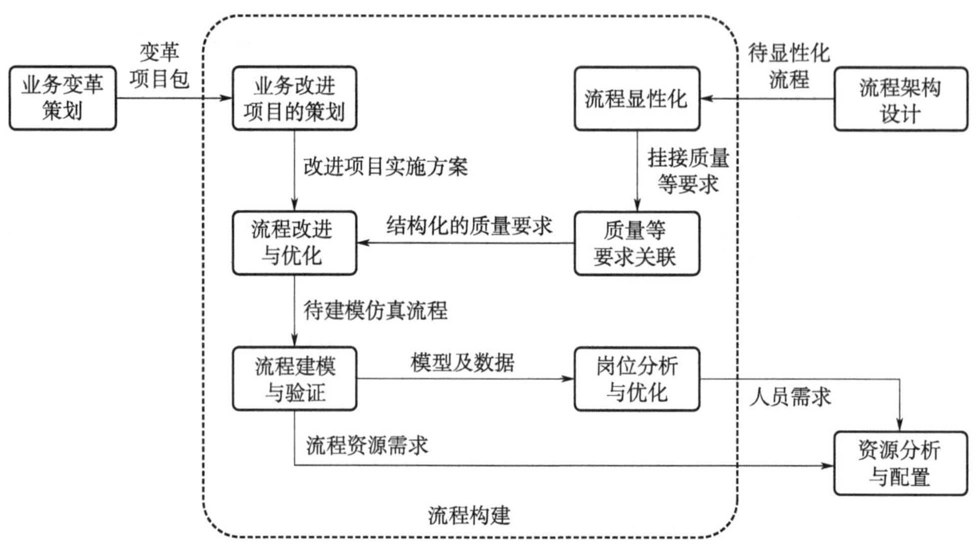

图 3-11　流程构建阶段步骤图

3.5.2.4　资源部署阶段

资源部署阶段过程中需确保资源配置的有效性，资源配置方案的可实施性，资源获取的成本合理性以及文件体系架构的合理性，对相应要求承接的有效性，体系设计构建内容基于文件架构部署的可行性等。具体步骤如图 3-12 所示。

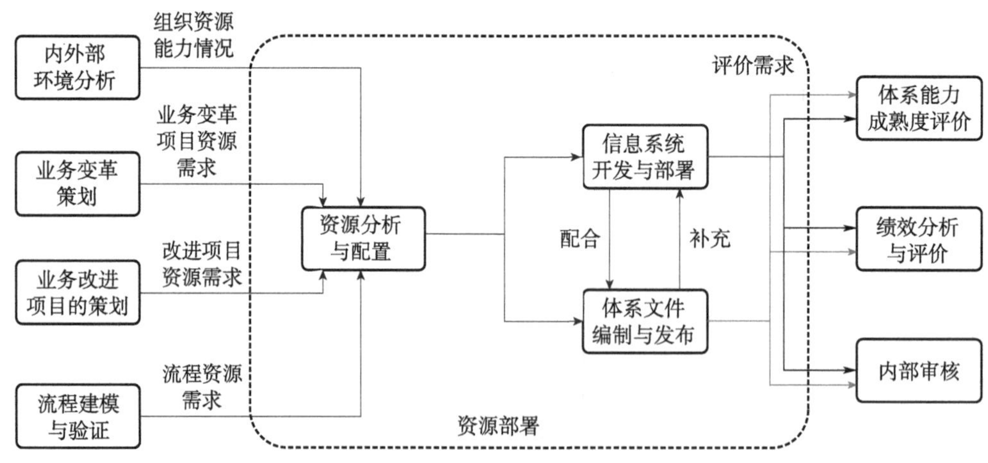

图 3-12　资源部署阶段步骤图

3.5.2.5　运行监控阶段

新时代装备建设质量管理体系的建设需要持续不断的完善优化，在完成战略分析、架构设计、流程构建、资源部署阶段的工作后，新时代装备建设质量管理体系正式在组织内运行，此时应持续开展相关监控工作。运行阶段的主要目标是通过对已发布运行的新时代装备建设质量管理体系运行过程开展主动性监控。

过程中需确保绩效水平能真实反映体系运行的真实状态，当前绩效水平能够支撑体系战略、业务能力以及流程目标的实现，体系能力成熟度评价能真实反映当前体系能力所具备的成熟度等级以及与目标成熟度之间的差距，在内部审核中能准确发现当前体系运行中的问题、风险以及改进机会等。具体步骤如图 3－13 所示。

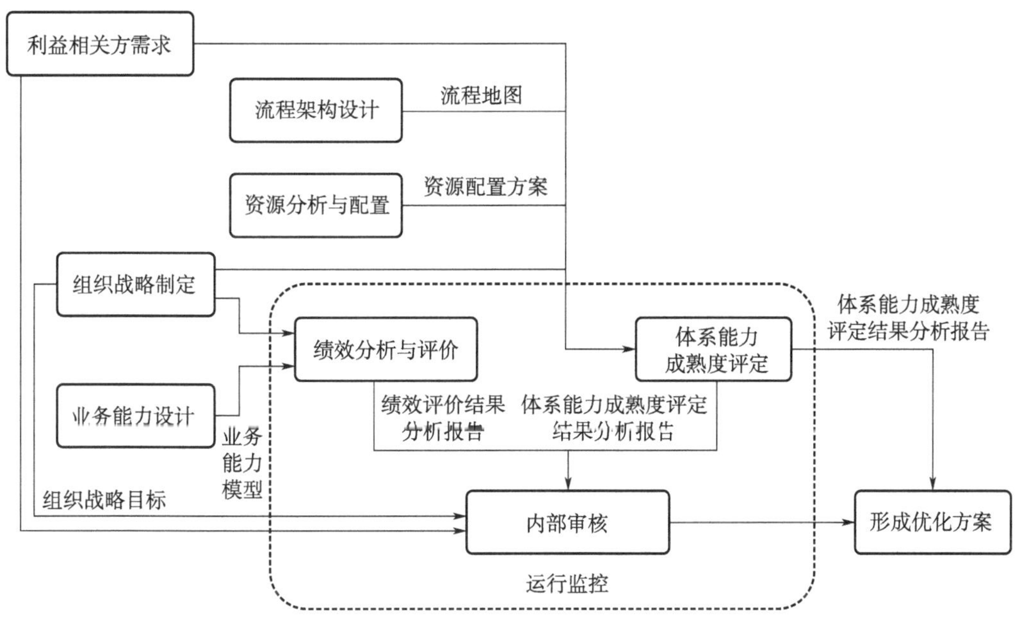

图 3－13　运行监控阶段步骤图

3.5.2.6　体系改进阶段

新时代装备建设质量管理体系的建设与优化是一项持续迭代优化的过程，应当充分借鉴业务流程提升（BPI）及业务流程治理的思想，通过逐步的优化，实现渐进式的流程再造。体系改进阶段的主要目标是分层级实施，支持不断变化的内外部环境与各层级目标实现。

在明确业务流程改进项目目标后，组织应依据改进项目对组织的影响大小，来评估该改进项目的变革程度，从而确定该改进项目应置于体系建设的哪一阶段，确定改进项目的项目路径。变革程度按照涉及组织利害程度可分为高、中、低三个层次。

业务流程的持续改进需要从组织绩效的提升、质量管理体系能力成熟度的提升、满足顾客需求能力的提升三个维度统筹考虑。体系改进阶段通过提出持续改进的需求以及对持续改进项目的管控，不断地迭代循环，最终使得体系能够更好地实现组织战略目标，满足客户需求，形成双赢局面。具体步骤如图 3－14 所示。

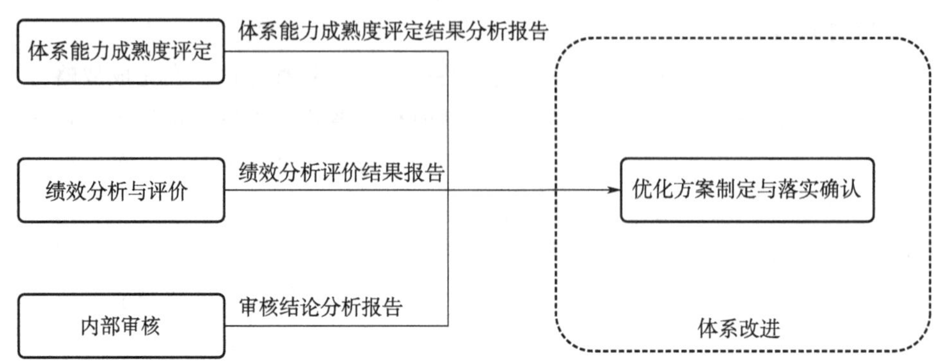

图 3-14　体系改进阶段步骤图

3.5.3　推进试点经验

为完成全层级产品质量管理重点业务流程的优化设计，提升产品质量管理中端到端的流程能力，验证体系建设方法在解决复杂流程问题方面的作用，航天科工集团开展了试点示范工程，期间从组织管理、政策导向、技术支持等多方面予以倾斜和帮助，确保了试点示范工作做到实处，做出成效。

各试点示范单位依据实际体系构建需要以及企业的管理基础等实际情况，坚持“精准施策、一企一案”的原则，对建设步骤进行剪裁和微调，在体系建设初期，选择业务的范围更是深度考量组织的实际管理基础、业务现状和未来能力建设需要，包含的业务主要有：战略规划、营销和销售、新产品研发、采购、产品交付、客户服务、人力资源、资产管理、IT 管理、流程/质量体系管理。待核心业务基本完成构建后，再开展经营管理、知识管理、财务管理、合规与风险管理、组织治理、环境健康安全、党建及安全管理、投资管理、公共服务与对外关系、其他行政管理等业务构建工作。

为顺利建成新时代装备建设质量管理体系，实现数字化研发模式下武器装备建设高效高质量发展需求，实施以基于模型的系统工程（MBSE，Model - Based Systems Engineering）为代表的数字化转型是一套行之有效的解决方法、手段和工具，最终实现“零缺陷”工作目标。

当前装备研制已向 MBSE 的数字化研发模式转型升级，正在持续深化技术基础和能力建设。新模式下，研制信息和工程活动更加精细化，大量管理对象由文档转变为模型和数据，必须同步开展面向 MBSE 的质量管理能力建设和转型升级，匹配新时代装备研发模式，实现装备研制及质量管理有机融合、“1＋1＞2”的协同发展。

MBSE 方法论具有两方面核心优势：一是构建产品单一权威模型数据源，贯穿武器装备全级次、全周期，实现全要素的完整定义、一体集成、虚拟验证和全面追溯，确保工程研发和质量管理活动的高效、一致；二是建立统一建模语言和方法论，形成统一的装备论证、分析、验证等建模标准，将传统工程的术语概念、数学/物理模型、技术及质量管理流程等以模型的形式进行高质、高效积累和复用。

通过质量管理体系建模，实现数字化工程研制及管理业务深度融合，通过业务过程监视/测量/评价等管理能力建设，实现装备研制体系运行的实时监控，以落实新时代装备建设质量管理体系要求；立足航天工业能力基础及总体规划，加强在生产、工艺、试验、元器件等领域质量管控能力建设，为总体规划建设能力提升、质量保证能力提升提供支撑保障；为应对数字化研制及质量管理模式下产生的大量数据，建立质量数据管理平台，实现产品各阶段全周期数据的收集、中转、清洗、分类、存储等功能，支持其他业务模块提取数据开展深度数据分析、挖掘等应用，发挥质量数据价值，同时构建知识管理平台，将数据向知识转化，系统规划和沉淀知识，赋能科研生产，提升研发效率。

新时代装备建设质量管理体系建设是一项复杂的系统工程，既需要领导作用，也需要全员积极参与。构建新时代装备建设质量管理体系，应建立专门的推进组织，包括由主要领导亲自挂帅的领导小组、推进小组和工作小组。

构建新时代质量管理体系，涉及治理层、管理层、执行层三个层级的组织，每一层级的工作都与企业特性直接相关。第一，企业应发挥好执行层体系建设的组织推进、计划管控的作用，组建专家队伍和技术支撑团队，为推进体系建设营造氛围，设立奖励机制，加强交流。第二，企业应积极参与行业内体系建设优秀实践的评选和宣传推广工作，在做好试点示范单位体系建设过程管控的基础上，组织相关专家对优秀实践提炼并总结形成案例，在行业内外宣传推广。第三，企业应在积累和学习一定的优秀实践案例的基础上，积极建设业务流程体系中的共性的主干框架（高阶流程的框架），为系统内各单位流程体系建设提供指导。第四，企业应重点管控贯穿价值链上下游多个组织的质量问题，重视组织之间协同的质量风险，开展系统性规划，实行协同抓总管理。

3.6　卓越绩效模式

3.6.1　卓越绩效模式的产生与发展

3.6.1.1　卓越绩效模式的产生

20 世纪 80 年代前后，日本的经济和企业的竞争力达到了巅峰。许多美国行业和政府的领导人认识到，在竞争日益激烈的市场环境中，强调质量不再是企业可选择的事情，而是必须的条件。美国众议院科学、研究和技术委员会举行了一系列听证会，1987 年 1 月 6 日，《马尔科姆·波多里奇国家质量提高法》获得通过。法案规定了马尔科姆·波多里奇国家质量计划的创立。

马尔科姆·波多里奇国家质量奖的评审依据称为“卓越绩效准则”。准则的出台很快引起了美国及世界各国政府和企业的关注，因为它不仅能为申报质量奖的企业提供一个评价标准，而且有助于提高各类组织的质量绩效标准和期望水平；在对于关键的质量要求和运作绩效要求有着共同理解的基础上，能够促进各类组织之间及组织内部的交流与共享，还可以作为计划、培训、评估及其他用途的工具。因此，尽管每年申报美国国家质量奖的企业仅有几十家，卓越绩效准则却得到了广泛的传播和应用。它超越了狭义的产品和服务质量的概念，关注经营管理系统的质量，关注组织全面的经营绩效和长期成功，体现了全面质量管理的概念和原则。

通过多年的贯彻与实施，卓越绩效模式在提高组织业绩、改进组织整体绩效、促进各类组织相互交流、分享最佳经营管理实践成果，以及为组织带来市场成功等方面发挥了重要作用。紧随美国之后，近 80 个国家和地区参照美国波多里奇国家质量奖评审准则开展本国的质量奖计划，相关准则的推广应用，为这些国家和地区提高质量水平，增强竞争能力起到了非常重要的作用。

继美国质量奖之后，为了适应经济全球化和国际贸易发展的需要，帮助企业提高竞争力，表彰那些在实施全面质量管理方面取得优秀绩效的企业，很多国家和地区都设立了质量奖。其中最具影响力和代表性的是世界三大质量奖：美国波多里奇国家质量奖、欧洲质量奖和日本戴明奖。中国也由中国质量协会按照卓越绩效模式设立了全国质量奖。

（1）美国波多里奇国家质量奖

波多里奇国家质量奖 1987 年由美国国会立法设立。波多里奇国家质量奖由美国商务部所辖的国家标准技术研究院管理，奖项的行政事务由美国质量学会承担，绝大部分工作由来自公司、大学、政府部门、咨询机构和其他组织的志愿者承担。

波多里奇国家质量奖评价准则包括 11 条核心价值观：1）远见卓识的领导；2）顾客驱动的卓越；3）组织和个人的学习；4）重视员工和合作伙伴；5）快速反应和灵活性；6）关注未来；7）促进创新的管理；8）基于事实的管理；9）社会责任；10）关注结果和创造价值；11）系统的视野。

这些核心价值观体现在卓越绩效评价准则的 7 个类目的要求中。7 类要求分为两种类型，前 6 类称为“过程”型的要求，第 7 类称为“结果”型的要求。波多里奇卓越绩效准则的框架如图 3－15 所示。

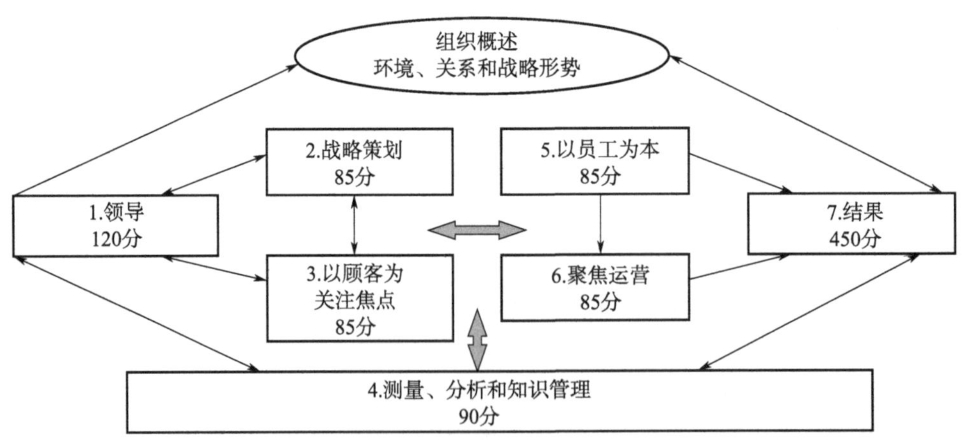

图 3－15　美国波多里奇国家质量奖卓越绩效评价准则框架图

波多里奇国家质量奖在创立之初，主要是针对制造类企业、服务类企业和小企业。每年评审一次，每一类别最多颁发两个奖项（后来改为最多 3 个获奖者）。1999 年教育和医疗健康机构正式纳入国家质量奖申评范畴，质量奖准则也扩展为三大系列：工商业、医疗卫生、教育。2007 年将非营利组织正式纳入评奖范围，工商业卓越绩效准则也改为“工商业及非营利组织”准则。

在美国，每年获得波多里奇国家质量奖的企业只有几家，申报该奖的企业有几十家，但却有几十万家企业采用波多里奇质量奖标准进行自我评价，这一标准成为企业追求卓越的指导书和参照系，世界上许多国家和地区的质量奖标准都引用或参考了这一标准。

（2）欧洲质量奖

欧洲质量奖 1992 年由欧洲质量管理基金会设立。2006 年欧洲质量奖更名为欧洲质量管理基金会（EFQM，European Foundation for Quality Management）卓越奖。EFQM 卓越模型基于 8 项基本理念：1）实现平衡的结果；2）增加顾客价值；3）以愿景、激励和正直的方式领导；4）基于过程的管理；5）以人为本的成功；6）培育创造与创新的能力；7）建立合作伙伴关系；8）为可持续发展承担责任。

EFQM 卓越模型的逻辑模型如图 3－16 所示。

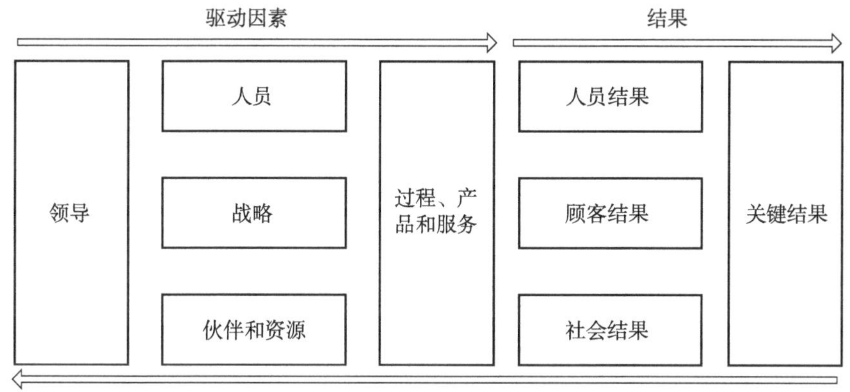

图 3－16　EFQM 卓越绩效评价准则逻辑模型

模型从 9 个方面描述了组织走向卓越的过程，这 9 个方面分为驱动因素和结果两类。驱动因素是实现结果的手段；结果反映了某一特定的经营业务或业务领域取得的成就。

EFQM 卓越奖评审委员会由欧洲各行业领导，包括历年获奖者的代表和欧盟委员会、欧洲质量基金会以及欧洲质量组织的代表。EFQM 卓越奖分为 5 个类别和 3 个等级。5 个类别为：大型企业组织、运营单位、公共部门、独立运营的中小型企业和附属中小型企业。3 个等级为：EFQM 卓越奖最高奖、EFQM 卓越奖单项奖、EFQM 卓越奖入围奖。最高奖的获奖企业的质量方法和经营结果应是欧洲或世界的楷模。单项奖授予在卓越模型的某一基本理念方面表现优秀的企业。入围奖意味着企业在持续改进其质量管理方面的基本原则方面，获得了较高的水准。

（3）日本戴明奖

戴明奖由日本科学技术联盟提出并设立。戴明奖的类别包括：针对个人的戴明本奖、针对企业的戴明实施奖、针对企业内一个部门的事业部奖。

戴明实施奖评审标准由基本事项、特色活动、领导职能及领导力的发挥3个部分构成。基本事项所包含的具体内容见表3-3。

表3-3 基本事项评价项目和相应的分值

评价的项目	分值
1. 与品质管理相关的经营方针及其展开	
在为适应行业种类、现状、规模和经营环境而制定的明确的经营方针的基础上，是否规划了积极的重视品质、服务客户的经营目标及战略	10分
经营方针是否在组织内部有效展开，做到全组织团结一致地实施	10分
2. 新产品的开发和/或业务的改革	
是否积极地实行了新产品(制品、服务)的开发和/或业务的改革	10分
新产品是否满足了顾客的需求；业务的改革是否对提高经营效率做出了巨大贡献	10分
3. 对产品质量和业务质量的管理和改善	
日常管理：标准化和教育训练是否使日常的业务基本不出现问题，各个部门的工作可以平稳进行	10分
持续改进：品质及其他相关改进工作是否有计划地、持续地进行，市场和/或后工序的抱怨及不良率是否正在减少；或市场和/或后工序的抱怨及不良率是否保持在很低的水平上。顾客满意度是否正在提高	10分
4. 品质、产量、交货期、价格、安全、环境等方面的管理体系是否完备	
上述管理体系中，受审企业所必要的管理体系是否都建立、完备、有效	10分
5. 品质信息的收集、分析和IT(信息技术)的活用情况	
市场和组织内部的品质信息是否得到了系统的收集，是否运用了统计的方法和信息技术，在产品开发、改进及业务品质管理、改进方面得到有效的活用	15分
6. 人才的能力开发	
是否有计划地培养人才和开发人员能力，是否对提高产品质量和改进业务品质管理起到积极作用	15分

特色活动是指表3-3中1～6的基本事项在企业发展的核心品质活动中，特别投入、有独创性的，并取得了成果的活动，每个组织至少有一项这样的活动。领导职能及领导力的发挥是根据部门领导对全面质量管理推进所起到的作用，对特定项目的理解、热情、方针及其展开情况所做的回顾，综合基本事项和特色活动的结果及经营绩效所做的评价。

戴明实施奖的效果表现在经营结果和管理水平两方面。在经营结果方面，通过挑战戴明奖而改进了质量，促进了新产品的开发，提高了生产率，增加了销售和利润；在管理水平方面，改善了部门间的沟通，提高了工作质量，改进成为持续的活动，促进了经营计划的落实，促进了经营方针的沟通，改进了综合管理体制。

3.6.1.2 卓越绩效模式在国内的引进和发展

为了引导和帮助广大企业进一步完善质量管理体系、提高质量管理水平，在政府主管部门的指导支持下，中国质量协会于2001年正式启动了“全国质量管理奖”（2006年更名为“全国质量奖”）计划，参照世界各国质量奖的评价标准和评审程序，制定全国质量奖的评审标准和工作流程，每年评审、表彰在质量经营方面表现卓著的申报企业。

质量奖虽然是一种有效的激励和引导手段，但每年的获奖企业数量很少。为了引导广大企业追求卓越绩效，提高管理水平，增强竞争优势，中国 2004 年研究制定了国家标准 GB/T 19580—2004《卓越绩效评价准则》和 GB/T 19579—2004《卓越绩效评价准则实施指南》。这标志着中国质量管理的推进进入一个新的阶段（最新标准分别为 GB/T 19580—2012《卓越绩效评价准则》和 GB/T 19579—2012《卓越绩效评价准则实施指南》）。

将卓越绩效评价准则作为国家标准发布，这在全世界是首创，充分显示了中国政府对通过推行卓越绩效模式提升企业竞争力的重视。

卓越绩效模式进入中国后，航天企业结合军工产品特点积极导入卓越绩效模式，将卓越绩效模式本地化，不断提升产品与服务质量水平。2010 年，航天科工集团和航天科技集团为提高航天行业整体质量效益和竞争能力，引导和激励航天企事业单位追求卓越绩效，曾经共同授权中国航天工业质量协会设立中国航天质量奖。该奖项每两年评审一次，在评审中以卓越绩效模式相关标准为基础，增加了航天特色质量管理内容。中国航天质量奖分为组织、产品（项目）以及团队（个人）三大类别，分别授予实施卓越绩效管理并取得显著质量、经济、社会效益的组织、质量水平卓越的型号产品，以及在提高产品质量、推动质量管理不断提升等方面做出突出贡献的团队或个人。

航天科工集团各单位将卓越绩效模式内涵与产品和服务特点相结合，积极探索有航天特色的质量管理模式，并取得了一定成效。

3.6.2　卓越绩效评价准则

3.6.2.1　卓越绩效评价准则的框架模型

在 GB/Z 19579 — 2012《卓越绩效评价准则实施指南》的附录 A（资料性附录）“卓越绩效评价准则框架图与评分条款分值表”中，提出了卓越绩效评价准则的框架图，如图 3 - 17 所示。

图 3 - 17 形象而清楚地反映了组织概述及评价准则 4.1 至 4.7 七个条款之间的关系：

1）实施卓越绩效模式必须结合组织实际，而“组织概述”包括组织的环境、关系和挑战，给出了组织运行的背景状况，提出了组织运营的关键因素。因此卓越绩效评价应从组织概述开始。

2）图的左侧由“4.1 领导”“4.2 战略”“4.3 顾客与市场”三部分构成了“领导三要素”。图的右侧由“4.4 资源”“4.5 过程管理”“4.7 结果”三部分构成了“结果三要素”。

“领导三要素”强调高层领导在组织所处的特定环境中，通过制定以顾客和市场为中心的战略，为组织谋划长远未来，关注的是组织如何做正确的事。“结果三要素”强调如何充分调动组织中人的积极性和能动性，通过组织中的人在各个业务流程中发挥作用和过程管理的规范，高效地实现组织所追求的经营结果，关注的是组织如何正确地做事，解决的是效率和效果的问题。

“4.6 测量、分析与改进”是组织绩效管理系统的基础，为提升组织的绩效和竞争力发挥着至关重要的作用，推动着组织的改进和创新。

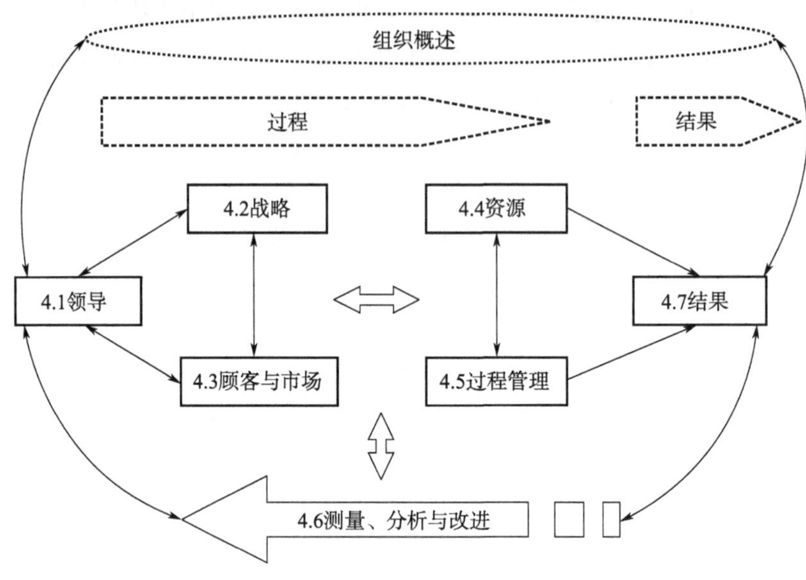

图 3-17　卓越绩效评价准则框架图

3.6.2.2　卓越绩效评价准则的内容和分值分布

卓越绩效评价准则包括 7 个条款的评价要求，进一步又细分为 23 个评分条款，并根据不同的权重分配了分值。23 个评分条款表明了 4.1～4.7 各条款评价要求中基本和总体的要求；在各个条款中又包括了数个评价的要点，表明了评价的详细要求。准则内容和分值分布见表 3-4。

表 3-4　卓越绩效评价准则内容和分值分布

条款号	条款名称	条款分值	
4.1	领导	110	
4.1.1	提要		—
4.1.2	高层领导的作用		50
4.1.3	组织治理		30
4.1.4	社会责任		30
4.2	战略	90	
4.2.1	提要		—
4.2.2	战略制定		40
4.2.3	战略部署		50
4.3	顾客与市场	90	
4.3.1	提要		—
4.3.2	顾客和市场的了解		40
4.3.3	顾客关系与顾客满意		50

续表

条款号	条款名称	条款分值	
4.4	资源	130	
4.4.1	提要		—
4.4.2	人力资源		60
4.4.3	财务资源		15
4.4.4	信息和知识资源		20
4.4.5	技术资源		15
4.4.6	基础设施		10
4.4.7	相关方关系		10
4.5	过程管理	100	
4.5.1	总则		—
4.5.2	过程的识别与设计		50
4.5.3	过程的实施与改进		50
4.6	测量、分析与改进	80	
4.6.1	总则		—
4.6.2	测量、分析和评价		40
4.6.3	改进与创新		40
4.7	结果	400	
4.7.1	总则		—
4.7.2	产品和服务结果		80
4.7.3	顾客与市场结果		80
4.7.4	财务结果		80
4.7.5	资源结果		60
4.7.6	过程有效性结果		50
4.7.7	领导方面的结果		50

3.6.2.3　卓越绩效评价准则各条款内涵与关联

(1) 组织概述

在 GB/Z 19579—2012《卓越绩效评价准则实施指南》中，有一个重要的资料性附录即附录 B 卓越绩效评价——从组织概述开始。组织概述是《卓越绩效评价准则》的重要组成部分。

组织概述是对组织现状的简要描述，是组织的一幅快照，包括组织概况、影响组织运作的关键因素、组织所处的环境、所面临的挑战等。将组织概述作为卓越绩效评价的开篇，其重要性体现在：

1) 有助于组织进行自我评价和编写质量奖申报材料时，选择最合适的切入点，帮助组织识别竞争环境、竞争地位，主要经营绩效、面临的主要挑战和潜在差距，为组织追求卓越指明重点和方向。

2）有助于组织关注其关键过程和结果，识别出关键的潜在差距，认识组织整体改进的系统方法和数据信息的充分性，从中识别出问题或不足，制定改进计划，实时地推进卓越绩效标准的导入落地。

3）有助于评审员在材料评审、现场评审中了解组织所考虑的重点。组织概述是评审人员了解组织的向导，它能向评审人员提供组织的整体面貌和水平，给评审人员展示组织的第一印象，也是评审人员对申请组织进行各个阶段评审的信息基础和起点。

（2）领导

"4.1 领导"条款是整个标准的核心和灵魂，领导所确定的价值观和组织愿景是组织制定战略的基础，领导对顾客和市场的理解以及针对当前和未来内、外部环境变化所制定的战略是组织长期持续发展的关键。领导具有调动组织资源以及对关键过程的管理明确职责、提出要求的职能，通过对组织绩效的测量、分析和评价，推动和指导组织的持续改进与创新，最终实现组织的战略目标和愿景。本条款主要内容及其结构如图 3-18 所示。

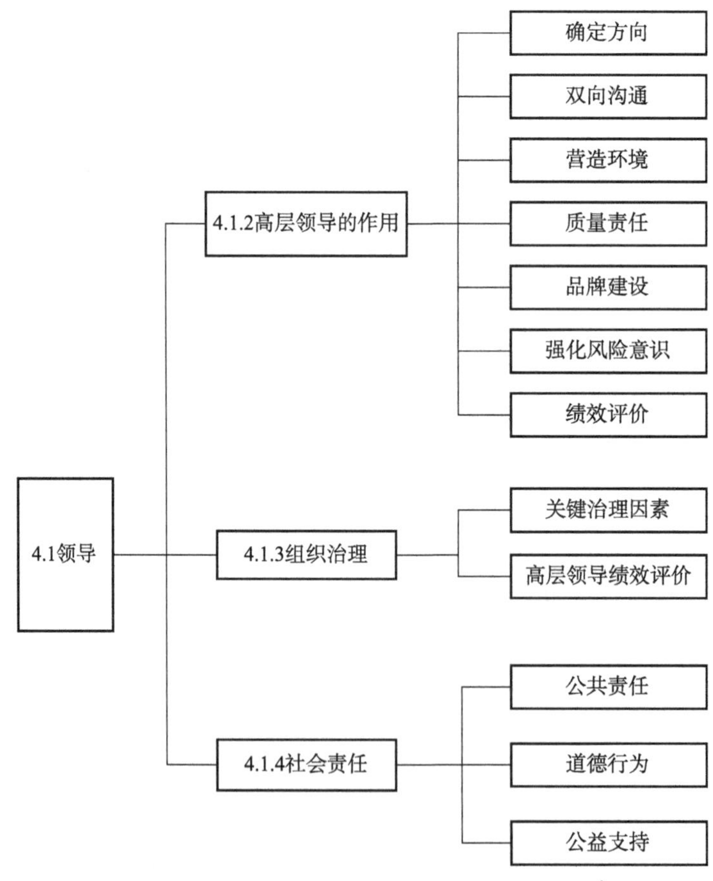

图 3-18　"领导"条款结构图

"4.1 领导"条款各项评价内容，与 4.2～4.7 各项条款有直接的关联性和影响，可视为组织领导力在过程和结果中的具体体现。

(3) 战略

组织战略是指组织以使命和愿景及价值观为目标，为寻求和维持持久的卓越绩效和竞争优势而做出的有关组织发展全局的筹划和谋略。组织战略对组织未来的生存和发展具有极其重要的作用。"4.2 战略"条款主要评价组织实施战略管理的完整过程，包括如何确定战略、战略目标和战略规划，如何进行战略部署以及对战略进展情况进行跟踪，对实施过程进行有效的控制和管理。本条款主要内容及其结构如图 3－19 所示。

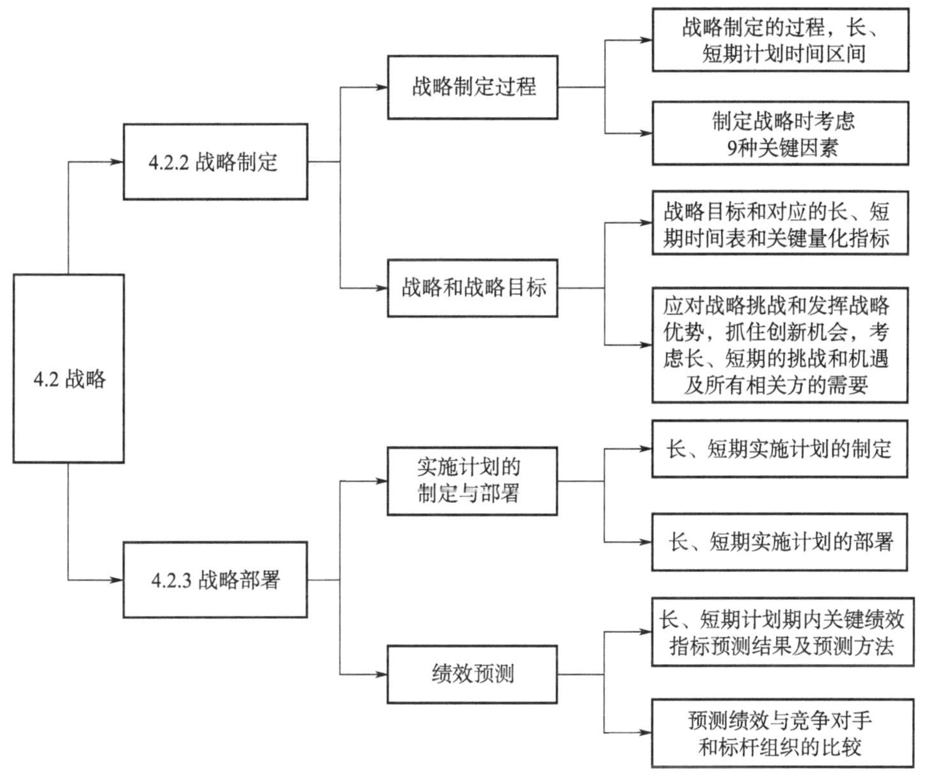

图 3－19　"战略"条款结构图

本条款与标准其他条款的内在联系体现在以下方面：

制定战略的基础是组织对顾客和市场的理解以及组织价值观、愿景所形成的未来目标发展期望的具体规划。

战略的实施需要配备必要的资源，资源的配备需要服从组织整体战略的要求，战略实施过程是不断调整的过程，调整战略的依据是经营结果与组织战略规划之间的符合程度。战略规划为流程管理和改进提供了方向和目标，"战略"(4.2) 是连接"领导"(4.1)、"顾客与市场"(4.3) 和"资源"(4.4)、"过程管理"(4.5) 的桥梁与纽带。

"战略"和"结果"(4.7) 之间的关系通过"测量、分析与改进"(4.6) 连接。通过收集预测绩效有关的数据和信息，将组织的预测绩效与竞争对手的预测绩效、主要的标杆、组织的目标以及以往绩效相比较。

(4) 顾客与市场

组织的产品和服务质量、经营绩效应由顾客来评价，由市场来检验。以顾客为中心，影响并协调组织的战略发展方向、业务过程管理和经营结果。“4.3 顾客与市场”条款主要评价组织对顾客与市场的识别、了解和定位，顾客关系的建立和维护，以及顾客满意的测量和提高，包括组织在这三个方面的不断改进、创新，以适应组织业务需要及发展的要求，帮助组织实现战略目标，取得卓越绩效。本条款主要内容及其结构如图 3-20 所示。

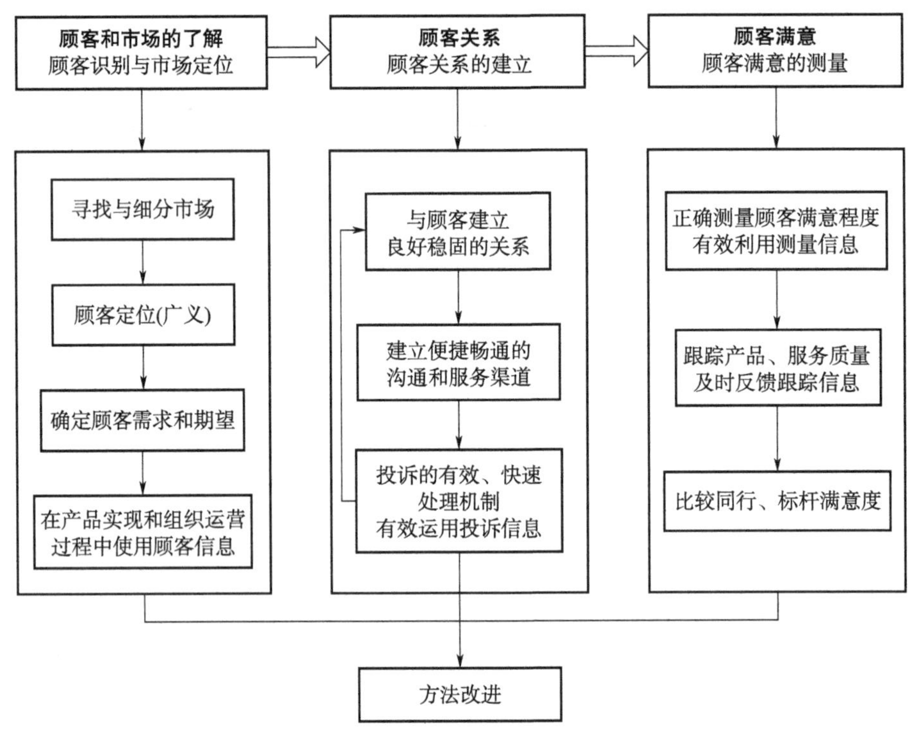

图 3-20　“顾客与市场”条款结构图

本条款与标准其他条款的内在联系体现在以下方面：

“顾客与市场”(4.3) 是“领导”(4.1) 和“战略”(4.2) 的重要输入，“领导”和“战略”的正确性和有效性应通过“顾客与市场”验证。“顾客与市场”是组织运作的出发点和归宿，组织在市场上的位置决定了组织战略的方向，并深刻影响组织的价值观和愿景。

为满足“顾客与市场”的需求，组织应具备相应的能力，组织获得能力应配备必要的“资源”(4.4) 和有效的“过程管理”(4.5)。过程管理应满足“顾客与市场”变化的要求，及时调整资源和流程，避免组织满足顾客能力的下降。

“顾客与市场”相关的信息的收集和测量［与“测量、分析与改进”(4.6) 相关］是衡量组织经营“结果”(4.7) 是否达成战略规划和目标的重要依据，也是组织调整其战略规划的重要信息来源。组织的经营依赖于顾客，对顾客需求的充分满足是组织生存和发展的基础。

（5）资源

资源一般是指可供利用的自然物质。对一个组织而言，资源则是可供组织通过一定的方法或途径加以利用以达到一定目的的各种要素的总合。组织存在的目的在于创造价值，组织需要从战略规划和生产经营出发，通过对资源的选择、获取、优化、配置和使用等过程的管理，充分利用有限的资源，达到组织的战略目标。

“资源”（4.4）围绕组织如何规划和利用资源实现价值创造来展开，其行为则表现为对组织资源的合理规划、运筹、配置、使用、评估和改进。本条款主要内容及其结构如图 3－21 所示。

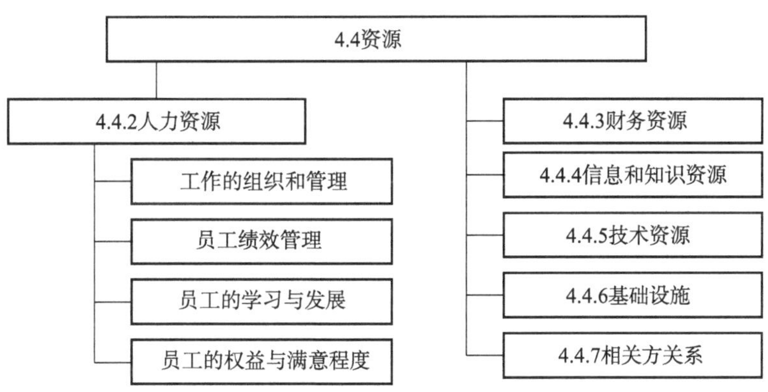

图 3－21　“资源”条款结构图

本条款与标准其他条款的内在联系体现在以下方面：

“资源”（4.4）与“领导”（4.1）和“战略”（4.2）之间相互联系，相互影响。“资源”是实现组织愿景、使命和战略的基本保障，“领导”对“资源”的有效配置和利用起着关键的作用，资源配置又是战略规划中的重要组成部分。“领导”和“战略”有效发挥作用，离不开“资源”的质量和高效配置，而“资源”要能得到充分利用，离不开“领导”及其“战略”的正确决策及其有效实施。

“顾客与市场”（4.3）对“资源”起到引导和制约作用，组织的资源管理必须满足顾客和市场的需求。

“资源”是“过程管理”（4.5）的对象。组织对“资源”的选择、配置和利用是组织过程管理的前提。组织的各种资源原本是组织内的各个独立要素，“过程管理”正是将这些要素进行有机的整合，发挥资源的价值。

此外，“资源”需要通过测量系统［与“测量、分析与改进”（4.6）相关］实施管理，资源管理的结果应在“结果”（4.7）中得到反映。

（6）过程管理

过程是一组将输入转化为输出的相互关联或相互作用的活动。所有目标都是通过过程来实现的，所有工作都是通过过程来完成的，过程是组织管理的基本要素。组织的经营活动可视为一个过程。只有对过程进行有效管理，组织才能以最经济的成本、最短的周期获得满意的经营业绩。组织经营活动的过程管理，其基本的目标是创造顾客价值和提高运营绩效，从识别涵盖所有部门的主要过程开始，确定对过程的要求，依据过程要求进行过程设计，有效和高效地实施过程，通过持续改进和创新来持续地提高价值，共享成果，确保组织战略规划的落实和战略目标的实现。本条款主要内容及其结构如图 3－22 所示。

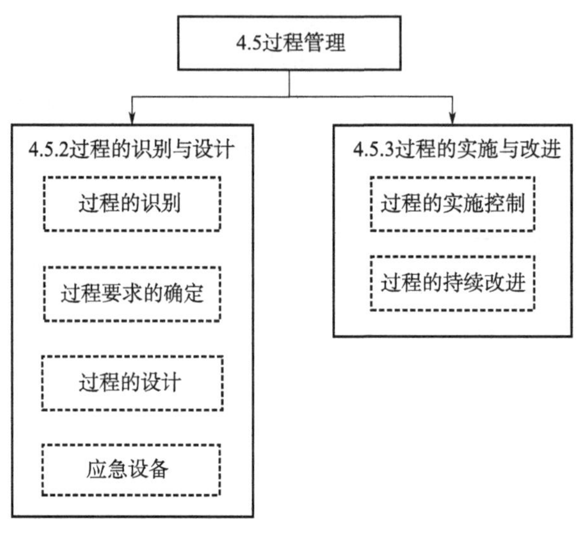

图 3－22 “过程管理”条款结构图

本条款与标准其他条款的内在联系体现在以下方面：

“过程管理”（4.5）与其他章节紧密相关。“领导”（4.1）通过“过程管理”发挥作用，“战略”（4.2）中的战略规划和战略目标通过有效的“过程管理”来落实和实现，“过程管理”是“领导”和“战略”的载体。“资源”（4.4）是“过程管理”的基础和保证，“测量、分析与改进”（4.6）是“过程管理”的方法和手段。“顾客与市场”（4.3）既是“过程管理”的要求和输入，也是“过程管理”的目标和结果。

（7）测量、分析与改进

测量、分析与改进是组织绩效管理系统的基础。通过测量、分析与评价组织各层级、各过程的绩效，来支持组织的战略制定和战略部署，促进组织战略部署与日常运营的紧密结合，推动绩效管理的改进和创新，从而加快组织的发展速度，增强组织竞争实力。本条款主要内容及其结构如图 3－23 所示。

本条款与标准其他条款的内在联系体现在以下方面：

“测量、分析与改进”（4.6）主要包括“测量、分析和评价”“改进与创新”两部分。“测量、分析和评价”要求建立一个关键绩效指标体系测量、分析和评价系统，涵盖各层次以及所有部门、过程，监测战略实施和组织运作，并推动改进和创新。“改进与创新”要求充分使用测量、分析和评价的结果，通过对改进和创新活动系统性管理，推动各层次和所有部门进行过程的改进与创新。由于“测量、分析与改进”条款涵盖组织的所有部门、层次、过程以及相关方，因此，该条款与各条款都有密切的关系。

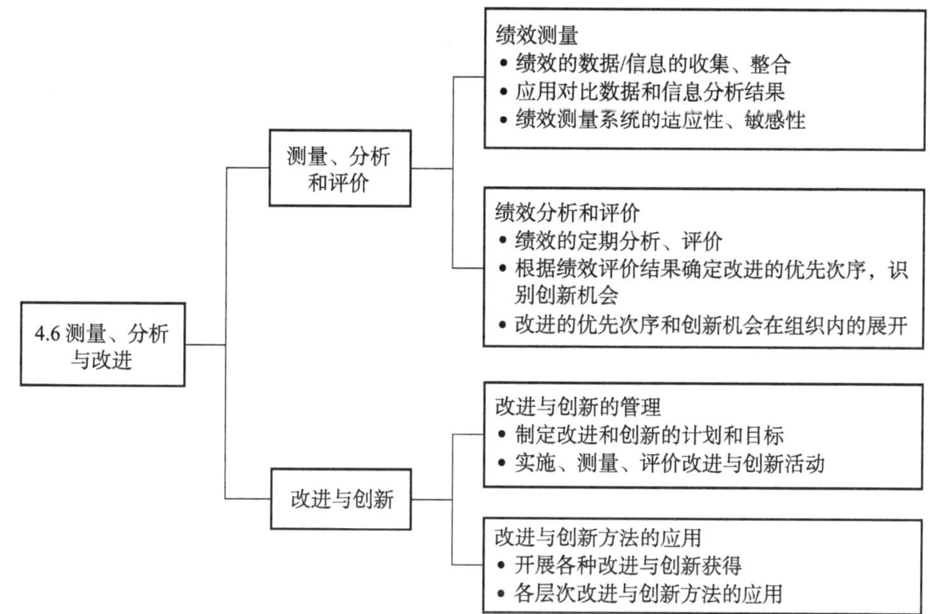

图 3－23　“测量、分析与改进”条款结构图

（8）结果

对绩效结果进行评价是组织管理的重要过程。通过对绩效结果的评价，组织能了解和把握组织经营管理的现状、整体绩效水平、组织发展趋势和所处的市场竞争地位，识别组织的优势、劣势，及时调整战略规划和业务计划，优化资源配置，实施持续改进，为顾客、社会等相关方创造更高的价值，并最终实现组织的战略目标和发展方向。本条款主要内容及其结构如图 3－24 所示。

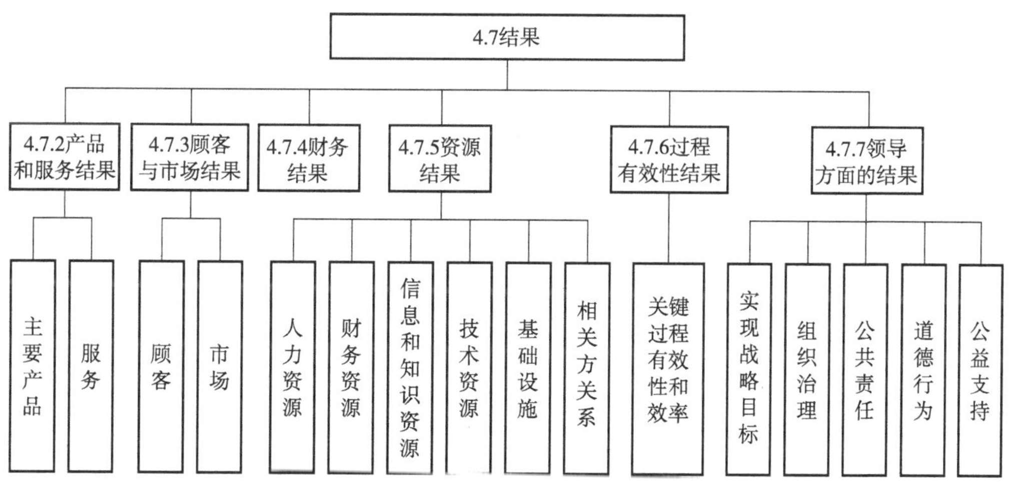

图 3－24　“结果”条款结构图

本条款与标准其他条款的内在联系体现在以下方面：

“结果”（4.7）是“领导”（4.1）、“战略”（4.2）、“顾客与市场”（4.3）、“资源”（4.4）、“过程管理”（4.5）等的有效性和输出成果的集中反映，是高层领导进行组织绩效评价的主要依据，是组织制定战略目标和战略规划重要的决策数据，也是组织配置资源，监视和改进过程的主要指标。“测量、分析和改进”（4.6）的直接成效则应在“结果”中得到反映和报告，前后呼应。

3.7 国内的主要质量奖

3.7.1 全国质量奖

3.7.1.1 全国质量奖的发展

全国质量奖的发展大致可分为以下三个阶段：

（1）引进、探索阶段（1996—2000 年）

在政府主管部门的指导和支持下，中国质量协会通过对卓越绩效模式的研究、探索，开始在小范围内开展质量奖评审试点，推动企业学习、应用卓越绩效模式。通过试点，为卓越绩效评价标准的制定和将来质量奖的正式设立奠定了基础。

（2）创建、调整阶段（2001—2005 年）

经过前期的研究、试点，2001 年中国质量协会正式启动了全国质量管理奖的评审工作。

为推动卓越绩效模式与中国企业管理实际的有效结合，中国质量协会以美国波多里奇国家质量奖标准为参照，并广泛借鉴欧洲质量奖、日本戴明奖等国际上发达国家与地区质量奖的评审标准，结合国内实际，制定了《全国质量管理奖评审标准（2001 年）》。2004 年，GB/T 19580—2004《卓越绩效评价准则》和 GB/T 19579—2004《卓越绩效评价准则实施指南》正式颁布，标准的颁布使质量奖的评审有了更具权威性的依据。

全国质量奖在奖项设置上，最初参与申报的都是知名大中型企业，没有进行奖项细分。2002 年根据国家对中小企业的扶植政策，为进一步促进中小企业管理水平和竞争能力的提高，全国质量管理奖增加了小企业奖项。2003 年，根据国家鼓励服务业发展的政策，质量管理奖增加了服务业奖项，并对奖项设置进行了进一步调整，形成了制造建筑业、服务业、小企业 3 大奖项。

（3）完善、发展阶段（2006 年至今）

2006 年，根据国际上“大质量”概念的发展趋势，“全国质量管理奖”正式更名为“全国质量奖”，以更准确地体现这一荣誉的内涵。为理解组织获奖后的质量经营管理状况，确保获奖组织能够在获奖以后继续实践《卓越绩效评价准则》，不断创新、持续改进，保持健康的发展，全国质量奖获奖组织的确认工作也于 2006 年正式启动。

随着越来越多不同行业的组织加入质量奖申报的行列，原来的奖项设置已经不能涵盖所有申报企业类型。特别是随着很多军工企业加入质量奖的申报行列，它们通过导入卓越绩效模式，不断提升产品和服务的质量水平，为中国的国防事业做出了重要的贡献，但是这些企业同市场上完全竞争的企业又存在较大差别。鉴于此情况，2008 年开始，全国质量奖奖项设置调整为大中型企业、服务业、小企业、特殊行业 4 个类别。

2012 年，国家质检总局在总结前期经验的基础上，对卓越绩效评价准则进行完善，并颁布了 GB/T 19580—2012《卓越绩效评价准则》和 GB/T 19579—2012《卓越绩效评价准则实施指南》。

经过 20 多年的探索、实践，依托全国质量奖这一激励制度，推动了卓越绩效模式在广大企业的落地生根，并取得了丰硕的成果。企业通过实施卓越绩效模式，管理水平和绩效水平得到了全面提升，竞争力不断增强。

航天企业也在推广卓越绩效模式过程中取得了很多成绩。例如，航天科工集团第三研究院总体设计部获 2011 年全国质量奖，航天科工集团第二研究院总体设计部获 2013 年全国质量奖。

3.7.1.2　全国质量奖（组织类）申报途径

全国质量奖分为组织奖、个人奖和项目奖。下面主要对组织奖进行介绍。

全国质量奖（组织类）申报材料由申报表、组织概述和自我评价报告、证实性材料以及推荐意见组成。

（1）申报表

申报表内容按表格项目结合实际情况如实填写，各表具体要求见表后“注”，需按年度填写的指标系指申报当年前连续 3 年的指标。如表内填不下可另加附页或自行复印表格，不填的项目要说明原因。

为便于质量奖工作委员会办公室与申报企业联系，在申报表的“联系方式”中要详细写明单位申报质量奖工作的联系部门、联系人等信息。

（2）组织概述和自我评价报告

组织概述限在 3000 字以内，内容要求见 GB/T 19579—2012《卓越绩效评价准则实施指南》附录 B。可在组织概述后附上销售收入增长图、市场分布图、治理结构和组织机构图、生产流程图等，以加深评审员对企业的了解。

报告内容应对照评价标准 GB/T 19580—2012《卓越绩效评价准则》的具体要求，逐条按照过程四要素（方法、展开、学习、整合；针对 4.1～4.6）或结果四要素（水平、趋势、对比和重要性；针对 4.7），用数据和事实进行评价说明，必要时可使用图表，各条中有关说明的内容也可互相引用，但应注明。需要追溯性说明的质量活动限申报前 3 年内；无追溯性说明的质量活动只说明近年情况。报告文字力求简要，含图表字数不得超过 6 万。如字数超过 7 万字，将会受到不同程度的扣分。

（3）证实性材料

证实性材料是指对企业合法经营的证实，包括：企业合法经营的证实，产品、质量管理体系、环境管理体系、职业健康与安全管理体系认证注册（如已获认证）证书复印件，近 3 年的三废治理达标证明材料、节能减排及环保的证明材料，顾客满意度调查报告，纳税证明（由税务部门出具并盖章，注明应纳税金额、实际纳税金额），外部审计报告、上市公司年度报告及审计报告，近3年获得省、部级以上用户满意产品、全国实施卓越绩效模式先进企业、部门和地区质量管理先进企业等荣誉的证实，申报企业自认为还应提供的其他证实性材料等。

（4）推荐意见

申报企业所属行业或所在地区质协对申报企业进行推荐，提出对申报组织质量管理水平的书面评价意见（包括行业排名及绩效水平等数据），并在申报表封面的相应栏目内加盖公章。评审中将优先考虑行业和地区双推荐的企业。按照全国质量奖管理办法，外资或独资企业可以不经推荐，直接申报。

3.7.1.3 全国质量奖（组织类）评审程序

全国质量奖（组织类）评审组织架构设置上试行三权分立，质量奖审定委员会、质量奖工作委员会、评审专家组依据评审管理办法和评审程序规范的规定，各自履行职责。

组织在自愿的基础上进行全国质量奖申报。具体评审运作程序如下：

1）组织申报。凡符合质量奖申报基本条件的组织，根据自愿的原则，填写《全国质量奖申报表》，按照评审标准和填报要求，对本组织经营质量管理现状进行自我评价和说明，并将申报表、自我评价报告及必要的证实性材料一并寄送全国质量奖工作委员会办公室。

2）资格审查。质量奖工作委员会办公室对于申报组织的基本条件、推荐意见和材料的完整性进行审查。审查合格的组织安排进入资料评审。

3）资料评审。质量奖工作委员会办公室组织评审专家，依据GB/T 19580—2012《卓越绩效评价准则》标准的要求，对企业提交的报告进行资料评审，编写评审反馈报告，并根据评分指南对企业的申报资料进行评分，在此基础上确定推荐进入现场评审组织的名单。

4）工作委员会一次审议。工作委员会一次会议上，推荐进入现场评审组织的高层领导到会做陈述并进行答辩，质量奖工作委员会综合考虑评审专家组资料评审的意见以及组织答辩的情况，按照优中选优的原则，审议确定进入现场评审组织名单。未能进入现场评审的组织，工作委员会办公室将整理专家组的评审报告，并反馈给组织。

5）现场评审。工作委员会办公室制定现场评审计划，组织评审专家对企业进行现场评审。评审组根据国家标准要求，对资料评审意见及企业自评报告中的有关问题进行核实，形成现场评审反馈报告，并根据公平、公正的原则进行评分，提出是否推荐获奖的现场评审专家组意见。

6）工作委员会二次审议。工作委员会根据现场评审专家组评审意见及现场评审获得的最新资料，讨论确定推荐获奖组织名单。

7）审定委员会审定。审定委员会委员听取工作委员会二次工作会审议结果的汇报并审阅现场评审反馈报告；推荐获质量奖组织的高层领导到会进行答辩；审定委员会审议确定年度全国质量奖获奖组织名单（包括质量奖、入围奖、鼓励奖）。

为了激励和引导企业建立深入实施卓越绩效模式、全面提升管理水平的长效机制，中国质量协会于 2006 年启动了全国质量奖获奖组织的确认工作。确认工作在组织获得全国质量奖后的第 3 年进行。一般当年进行确认的组织在 6 月底前向工作委员会办公室递交确认材料，8～9 月份进行现场确认评审，10 月份的全国追求卓越大会上公布确认结果。组织进行确认工作时需递交的材料包括：全国质量奖获奖组织调查表、陈述报告以及相关的证实性材料等。

3.7.2　中国质量奖

3.7.2.1　中国质量奖的设立发展

中国质量奖是在 2012 年经中央批准设立的在质量管理领域授予相关组织和个人的最高荣誉。2013 年，国家质检总局开展了首届中国质量奖评审；2015 年，国家质检总局发布《中国质量奖管理办法》，将中国质量奖纳入法治化轨道；2021 年 2 月，市场监管总局发布《中国质量奖管理办法（2021 年修订版）》。

中国质量奖与全国质量奖的具体情况见表 3－5。

表 3－5　中国质量奖与全国质量奖的具体情况

	中国质量奖	全国质量奖
承办单位	国家市场监督管理总局	中国质量协会
性质	政府奖	行业协会奖
设立时间	2013 年	2001 年
评奖周期	两年一次	一年一次
评审标准	《中国质量奖管理办法》	GB/T 19580
奖项	组织奖（正奖和提名奖）、个人奖	组织奖（正奖和提名奖）、个人奖、项目奖
评奖重点	属于国家政府奖，突出质量、技术、品牌、效益	重点评价组织的管理成熟度、组织综合绩效

目前已开展了四届中国质量奖评选表彰工作。全国共有 28 家组织、4 名个人获得中国质量奖，248 家组织、31 名个人获得中国质量奖提名奖。其中，航天 3 家组织、1 名个人获正奖，多家组织和个人获提名奖。

3.7.2.2　中国质量奖（组织）基本评审内容要点

中国质量奖（组织）基本评审内容包括质量、技术、品牌和效益，由 4 个一级指标、若干个二级指标组成，为进一步提高被评审组织的可比性，还设置了若干个三级指标。以第三届中国质量奖为例，其基本评审内容要点设置了 4 个一级指标、10 个二级指标和 25 个三级指标。这 25 个三级指标中，质量有 12 个、技术有 4 个、品牌有 5 个、效益有 4 个，用于综合、直观反映组织在质量、技术、品牌和效益方面的具体管理方法和成就，具体内容见表 3－6。这些指标及分值后续根据质量发展和需求情况可能有所调整。

在此基础上，制定评分细则，对每项进行评分。

表 3-6 中国质量奖（组织）基本评审内容要点

一级指标	二级指标	三级指标
①质量(450 分)	质量发展(100 分)	质量战略(20 分)
		质量文化(20 分)
		基础能力(40 分)
		质量教育(20 分)
	质量安全(100 分)	质量责任(40 分)
		质量诚信(30 分)
		风险管理(30 分)
	质量创新(100 分)	理论模式(40 分)
		技术方法(30 分)
		改进攻关(30 分)
	质量水平(150 分)	关键指标(80 分)
		顾客满意度(70 分)
②技术(150 分)	技术创新(100 分)	技术先进性(60 分)
		创新能力(40 分)
	技术价值(50 分)	经济价值(25 分)
		社会价值(25 分)
③品牌(150 分)	品牌建设(50 分)	品牌规划(10 分)
		品牌推广(20 分)
		品牌维护(20 分)
	品牌成果(100 分)	品牌价值与效应(50 分)
		品牌国际化(50 分)
④效益(250 分)	经济效益(130 分)	财务绩效(70 分)
		税收贡献(60 分)
	社会效益(120 分)	社会责任(80 分)
		社会影响(40 分)

第 4 章 航天质量监督

质量监督（定义见附录 A）按照监督对象的不同，可以分为对产品的质量监督，对过程的质量监督和对组织（体系）的质量监督。对产品的质量监督包括对系统、分系统、设备、单机、通用零部件、元器件和原材料产品等全系统产品的质量监督，以及产品认证与检测等具体的监督方式方法；对过程的质量监督是指对产品论证、设计、生产、试验、交付、定型和售后服务等全过程的质量监督，包括对质量问题归零、重大质量事故等具体过程的监督以及评估、评审和检查等具体的监督方式方法；对组织（体系）的质量监督是指对组织的质量管理、人员队伍、设备资源、手段方法的全方位质量监督，包括体系认证、实验室认可、人员认证、合格供应商管理、质量奖励与责任追究等监督的方式方法。质量监督的主体可以是提供产品的组织或个人，即第一方；也可以是接受产品的组织或个人，即第二方；还可以是既独立于供方，又独立于用户的组织或个人，即第三方。本章主要阐述最具航天特色的质量监督，主要包括质量监督代表制度和军贸产品质量监督验收。

4.1 航天质量监督制度的形成和发展

中国航天质量监督一直紧密伴随着中国航天工业的发展实践，并结合其自身的特点而实践、认识、再实践、再认识，进行发展与创新。它以系统工程理论和方法为指导，以航天军贸产品为启航，以航天重大工程任务为牵引，以“坚持、完善、发展”为理念，以周总理的“严肃认真、周到细致、稳妥可靠、万无一失”十六字方针为准则，以产品为对象，并在借鉴国内外质量监督理论、方法和实践经验的基础上进行理论与管理创新，逐步建立一体化质量监督机制，不断推进航天质量监督工作的新发展，实现质量监督能力不断跨越、提升，为确保航天型号产品研制生产质量，特别是为载人航天、探月工程、深空探测等重大工程的圆满成功和军贸合同的顺利履约奠定了基础。自航天事业创建至今，质量监督工作大致经历了以下几个阶段。

4.1.1 探索起步阶段

1985 年以来，型号产品开始走向国际市场，为了保证出口产品的质量，1985 年 6 月，航天工业部决定成立某项目验收组，1988 年成立某项目总验收组并下达了相关文件，明确验收组的任务是履行军代表的职责，代表航空航天工业部对出口产品实施质量监督验收。

1989 年，国家颁布了《中华人民共和国进出口商品检验法》，设立了国家商检机构，依法对进出口商品实施检验。鉴于军贸产品的特殊性和敏感性，国家商检部门将军贸产品质量监督验收职能赋予当时政府的各工业部（后延续到政府机构调整后相继成立的各军工总公司），各工业部建立了具有一定独立性的军贸产品质量监督验收系统，报国家商检局备案后，代表政府开展军贸产品质量监督验收工作，履行出口产品商品检验的职责。

1989年，航空航天工业部实行部派质量监督代表制度，代表部对各单位的出口产品质量实施监督和验收，并出台了《航空航天部航天系统出口产品质量监督验收部派代表工作规定》。《规定》明确了航天军贸产品的质量监督验收工作由部派代表负责，对部派代表的定位、组织、机构、队伍建设、职责、权限、经费以及军贸产品的质量监督、验收、信息、奖惩等做了明确的规定。在组织上成立了部军贸产品质量监督验收办公室，各院、局、基地的多个总代表室，各承制单位数十个代表室业务垂直的三级管理机制，实施质量监督验收总代表负责制。

4.1.2 强化提升阶段

1993年，航空航天工业部改组为中国航天工业总公司，总公司下文规定继续保持军贸产品质量监督验收的部派代表制度，在组织上仍为三级管理机制，确保了部派代表制度的平稳过渡。由于当时各行业依然具有行业管理的政府职能，因此，部派代表依然是代表政府行使对企业军贸产品的质量监督验收职能。

此间，在原有质量把关（监督）的基础上，根据党和国家的要求，航天质量监督工作开始步入强化阶段。为贯彻国家对发展航天技术提出的一系列战略决策，实现航天产品管理工作理念和制度的创新，建立新的符合科学规律的思维方式和科学方法。1995年，中国航天工业总公司组织召开航天质量会（“9515”会议），国务委员宋健受李鹏总理委托出席会议，提出要确保航天产品高可靠性、高安全性、长寿命，并首次提出要实施独立的质量监督要求；时任总经理刘纪原也明确提出：组织下派质量监督员，监督检查总公司、院和厂/所的质量规定执行情况。随后，中国航天工业总公司领导对建立质量监督代表制度的必要性、作用与工作方法的阐述和要求进一步明确。1995年，中国航天工业总公司下发了航天改革方案，明确提出了中国航天工业总公司要以高可靠、高安全、长寿命为目标，完善和重建质量体系，实施独立的、强有力的质量监督和《航天工业总公司派驻质量监督代表实施办法（试行）》，明确“派驻质量监督代表制度，是独立于研制、生产系统的外部监督体系”，代表总公司实施质量监督和质量验收。同年10月，中国航天工业总公司分别向所属各院、基地派驻第一批质量监督代表共15人。

1997年，中国航天工业总公司制定了《强化航天科研生产管理的若干意见（试行）》（简称“72条”）和《强化型号质量管理的若干要求》（简称“28条”）。“72条”明确提出，在不断完善内部质量体系的同时，建立独立、权威的质量监督系统，实行质量代表监督制度。总公司下发了关于增派和调整代表的通知，向院、基地派出质量代表，参加重点型号研制生产的主要活动，按规章、标准对院、基地的产品研制、生产、试验实施监督。“28条”明确提出，实施型号质量监督制。总公司派驻质量监督代表，对责任令涉及的重点型号进行质量监督。至此，质量监督工作步入正轨并得到强化。

1998 年，中国航天工业总公司印发了《关于下发中国航天工业总公司向军贸产品承制单位派驻质量监督验收代表办法的通知》。明确了将军贸产品质量监督验收代表由原来的任免制改为聘任制。

4.1.3　改革调整阶段

1999 年，中国航天工业总公司改组为航天科技集团和航天机电集团（2001 年更名为航天科工集团），新组建的航天两大集团公司，已不具备政府质量监督的职责，在继承航天工业总公司时期质量监督代表制度的基础上，根据本集团公司的任务特点及实际情况，对质量监督代表制度进行了改革调整，从而使质量监督代表制度及其实施进入了改革调整的新阶段。

4.1.3.1　航天科技集团

1999 年 7 月，新组建的航天科技集团继续推行质量监督代表制度，并不断完善发展，制度逐步完善，队伍日益壮大，监督方法不断创新，监督成效更加明显，使质量监督工作逐步走上了“管理有制度、选聘有标准、监督有规范，工作有实效”的轨道。2001 年，为进一步完善质量监督代表制度，航天科技集团下发了《航天科技集团派驻质量监督代表工作管理办法》，根据质量监督代表工作实践，从性质、任务、职责、工作原则、工作方法五个方面对质量监督代表工作予以明确规范。2003 年，航天科技集团对管理办法进行了适应性修订，进一步明确了质量监督的重点工作，提高了可操作性，使质量监督工作进一步规范化。同年，航天科技集团组织编写了质量监督代表培训讲义，对新颁布的型号研制有关标准进行了宣贯，提高了质量监督代表的业务水平。2006 年，航天科技集团组织编写了《航天科技集团质量监督事例汇编》，为深入开展质量监督工作提供了宝贵的经验。

2008 年，航天科技集团发布了《关于进一步做好质量监督代表工作的通知》，提出围绕定位，加强质量监督工作；突出重点，做好型号、产品、质量体系三方面的监督工作；进一步规范质量监督报告；加强管理，确保质量监督工作顺利开展以及加强质量监督代表队伍建设五点要求。2011 年，航天科技集团发布了《关于进一步加强独立质量监督和质量监督问题分析工作的通知》，要求派驻各研究院质量监督代表室深入做好独立质量监督工作，进一步加强对质量监督问题的分析，切实提高质量监督工作的“独立性、权威性、及时性、有效性、规范性”。2014 年，航天科技集团召开质量监督代表工作会暨换届会议，要求不断完善质量监督代表制度，忠实履行质量监督代表职责，突出重点，进一步深化和推进质量监督代表工作，提高质量监督代表的能力和水平。

2017 年年底，伴随着质量监督精细量化要求的提出，在持续开展质量监督工作的同时，航天科技集团对运载火箭试行质量监理制度，发布了《航天科技集团运载火箭质量监理试行方案》，向有关单位派驻了质量监理。以液体运载火箭为对象，建立独立的专职质量监理队伍，对型号研制生产全过程技术和管理活动开展独立的质量监理，强化型号研制生产全过程中的质量把关作用。

4.1.3.2　航天科工集团

2000 年，航天机电集团下发了《关于加强质量工作的若干意见的通知》和《关于聘任航天机电集团公司派驻质量监督代表有关问题的通知》，决定建立派驻质量监督代表制度，在型号和重要分系统的抓总单位派驻独立建制的质量监督代表室，对集团公司确定的重点型号的研制和批生产实施质量监督。

2001 年，为建立和完善质量监督机制，进一步加强对军贸产品的质量监督验收工作，集团公司决定建立派驻军贸产品质量监督验收代表系统，下发了《关于聘任中国航天机电集团公司派驻军贸产品质量监督验收代表有关问题的通知》。

2002 年，航天科工集团实行事业部管理，为适应集团公司事业部体制改革，下发了《关于加强事业部体制下航天科工集团军贸质量监督验收代表工作的通知》《关于调整事业部体制下质量监督代表模式的通知》，对集团公司派驻各单位质量监督代表管理模式进行了调整，具体包括：集团公司决定在各事业部（含分部）和直属单位设立集团公司军贸验收代表机构，军贸验收工作是受政府委托，代表国家对军贸产品实施监督和验收；军贸验收代表的行政关系在被委派单位，业务上由集团公司科技与质量部归口管理，行政上受集团公司和被派驻单位的双重领导，在事业部（含分部）、直属单位设立独立的建制。

2007 年，下发了《航天科工集团军品出口工作管理办法》，明确了军贸产品坚持“质量第一”的原则，坚持军贸产品质量监督验收代表制度；承制单位对产品的质量负全责；未经定型或鉴定的产品不得交付出口、未经工艺定型的图纸资料及其他技术文件不得对外转让；承制单位应按照产品图纸、技术标准和技术要求及合同规定的条款对产品进行检验，合格后及时提请集团公司军贸产品质量监督验收（总）代表室或受委托验收方组织验收，验收合格后方可交付。

2008 年，下发了《航天科工集团军贸产品质量监督验收管理办法》，明确了由派驻质量监督验收代表制度改为委派质量监督验收代表制度；质量监督验收代表管理模式由集团公司直接管理改为集团公司，院、局、基地（总承包单位），院、局、基地所属单位逐级管理。

2009 年，下发了《航天科工集团军贸产品质量监督验收机构管理办法》和《关于调整航天科工集团军贸产品质量监督验收机构的通知》。对军贸验收机构进行调整，并明确了军贸验收机构实行三级管理，各级验收机构均为集团公司委派机构，代表集团公司实施军贸产品质量监督验收；在院、基地设立了总代表室，授权院、基地直属单位，二级公司在有出口任务的所属单位设置军贸产品质量监督验收代表室，列入所属单位的独立编制。

2011 年，国防科工局研究决定在航天科工集团开展军贸产品质量监督验收工作试点。

为强化军贸产品质量监督验收工作，集团公司将军贸产品质量监督验收代表由派驻制改成内设机构，在集团公司和院等二级单位聘任了军贸质量总代表，为高级管理人员，制定下发了《集团公司军贸产品质量监督验收管理办法》《集团公司军贸产品质量监督验收总代表管理办法》，推进了院及厂（所）军贸质量监督验收机构的独立性和队伍的专职化；组织制定了集团公司标准《军贸产品质量监督验收工作实施指南》（QJB 256 — 2016），建立了军贸产品质量监督验收工作信息报告机制和军贸质量总代表述职制度。

4.1.4　巩固完善阶段

经过近 20 年的探索和实践，航天科技集团和航天科工集团在质量监督工作中逐渐达成共识，先后进入到建立一体化质量监督体系过程中来。

2019 年，航天科技集团整合优化质量监督工作，下发《质量监督一体化建设方案》，提出推行一体化质量监督建设，发布了《航天科技集团质量监督工作管理办法》等集团公司制度标准，整合优化集团公司质量监督工作，统一队伍、统一要求、统一管理，形成统一协调的集团公司质量监督体系，整体提升集团公司质量监督效能，完成了首批 185 名质量监督代表的聘任工作。

2021 年以来，航天科工集团决定实施一体化质量监督，印发了《航天科工集团质量监督工作管理办法》，在各承担军品任务的二级单位派驻质量监督室，向二级及二级下属三级单位派驻质量监督代表，完成了首批 127 名质量监督代表的聘任工作，这些代表负责对武器装备（含武器装备、军贸装备、重大工程等）及航天型号领域实施独立于型号研制、生产的质量监督。

4.2　质量监督代表制度

质量监督代表制度的实施是质量监督的一项重要举措。集团公司在各研究院设立质量监督代表室并派驻质量监督代表，代表集团公司负责实施对被派驻单位型号研制生产质量的监督工作。质量监督代表制度是独立于型号研制生产系统的外部监督，是集团公司质量管理体系的重要组成部分。质量监督业务工作实行集团公司统一管理并与各研究院共同负责的管理体制。

4.2.1　组织管理

质量监督代表工作的开展和规范，每一步都与航天型号的研制工作紧密相连，在型号研制不断取得成功的道路上，质量监督代表工作也在组织机构、管理模式、规范监督等方面得以发展和完善，从最初的探索试点发展到成为航天型号质量管理不可或缺的组成部分，代表队伍不断充实，制度建设逐步完善，监督方法逐步规范，有效性不断提高。

集团公司在各承担军品科研生产任务的二级单位设置质量监督室，派驻质量监督总代表、副总代表、质量监督代表，各质量监督室向三级单位派驻质量监督代表。

4.2.1.1　工作职责

1）质量监督室承担型号（产品）质量监督（含军贸产品质量监督验收）职责。负责建立健全质量监督室管理制度，制定、实施年度质量监督计划和季度质量监督计划，按照集团公司质量监督工作要求对派驻单位承研承制型号及其配套产品开展质量监督，对派驻单位质量管理体系运行情况监督检查。负责对重大型号（关键产品）转阶段、出厂/进场、质量问题归零出具独立质量监督报告或签署把关意见。负责对型号（产品）研制、生产、试验的关键过程和影响型号任务成败的关键节点开展独立的现场监督。负责对军贸产品实施独立的质量监督验收。参与重大质量问题调查分析工作。

2）派驻单位负责将质量监督室制定的质量监督计划纳入本单位的研制生产计划，密切配合质量监督人员开展工作。承研承制单位、被监督型号及产品队伍应按照质量监督人员要求提供相关文件资料和质量记录，通知质量监督人员参加有关现场质量监督活动。质量监督人员提出的问题和整改要求，责任单位及时组织研究处理、举一反三，并跟踪落实情况。质量监督人员人事关系所在单位负责做好人员的职级、工资、福利、职业发展等保障工作。

3）质量监督总代表负责组织制定质量监督管理制度、标准和规范并监督落实；指导各质量监督室开展独立的质量监督工作，督导检查各派驻单位质量监督问题整改闭环管理情况；审定年度质量监督计划，编报年度经费预算，会同有关部门对质量监督人员进行履职考核；按照主管业务领域，负责明确年度质量监督任务和军贸产品质量监督验收任务；对年度质量监督工作计划提出指导意见并监督实施；组织协调质量监督过程重大事项，协同处理研制过程中涉及本型号领域的监督问题，对质量监督人员履职考核提出建议。

4）质量监督代表负责对被监督型号产品的设计、生产、试验过程的质量进行跟踪监督。

4.2.1.2 人员选聘与管理

质量监督代表室由质量监督总代表1人、副总代表1～4人和代表若干人组成。质量监督代表实行聘任制，质量监督总（副）代表、代表由各二级单位提名，经集团公司审核批准并予以聘任。质量监督代表需要具有良好的致治素质，坚持原则，秉公办事，团结协作，身体健康；熟悉型号产品研制程序，掌握质量管理专业知识，能够按照航天有关规章、制度独立履行质量监督职责：质量监督代表的聘期为3年，聘任期满，职务自行解除。质量监督代表任职期间，因考核不合格或因身体状况等其他原因不能正常履行岗位职责的，按聘任权限及程序办理解聘。

4.2.2 工作方式

4.2.2.1 建立质量监督大数据平台，系统策划、定期总结质量监督工作

质量监督代表室年初制定年度质量监督验收工作要点，明确指导思想、工作目标、重点工作项目和保障措施，按型号制定具体监督验收工作计划，并纳入各型号、各单位科研生产工作计划，上传至质量大数据平台，作为全年质量监督验收工作的基本依据。按月度和季度对工作计划完成情况和质量监督工作开展情况、发现问题反馈及整改闭环等情况进行总结，并及时上报各二级派驻单位和集团公司，及时预警型号当前存在的主要问题和面临的风险。

4.2.2.2 抓住型号关、重节点，合理设置监督、验收把关点

质量监督代表积极融入型号科研生产流程，深入一线开展质量监督验收工作，质量监

督内容重点包括：

1）型号研制程序、技术流程及相关技术文件执行情况；

2）质量管理法规、制度、标准执行情况；

3）型号质量保证大纲（产品保证大纲）制定和执行情况；

4）质量问题归零情况、质量信息报送情况；

5）技术状态受控情况；

6）软件工程化执行情况；

7）关重特性、关键项目的识别和控制情况及关重件、关键工序、特种工艺质量控制情况；

8）重大技术风险项目试验验证情况；

9）外包、外协、外购产品控制情况；

10）重大型号出厂/进场放行准则落实情况；

11）型号转阶段及出厂/进场评审遗留问题及待办事项落实情况；

12）重要产品、关键过程存在的重复性、低层次和突出问题以及质量监督过程中发现的共性问题等。

4.2.2.3　深入一线，发扬“啄木鸟”精神，提前预警风险隐患

本着问题来源于现场、问题解决于现场的工作实际，质量监督代表要坚持提前发现问题，消除潜在风险，深入设计、生产、试验现场并延伸到供应链开展质量监督工作，将文件见证、日常巡查和专项监督三者有机结合，在质量问题归零、总装联调、产品验收/出厂、大型试验、转阶段等重大节点敢于提出不同意见，提示存在问题和风险，并提出措施建议，确保产品不带问题出厂、不带隐患上天。

经过探索、总结，在积累经验中寻找规律，质量监督代表工作形成了以下原则：

一是面向产品，主要监督型号（产品）质量和相关的科研生产活动，与有关制度、标准、规范以及检验验收质量要求的符合性；二是面向流程，主要监督型号（产品）研制生产过程与质量相关的计划流程、技术流程、产品保证流程是否按规定执行；三是面向组织，以问题为导向，监督各级领导和员工质量责任制落实情况，以及质量规章制度、标准规范、程序规程的建立和执行情况。

工作中，质量监督代表要做到“三个不”，即“不负责处理质量监督中发现的问题，不替代型号指挥系统和设计师系统决策，不改变型号指挥系统和设计师系统的质量责任”。

4.2.3　专项监督

专项质量监督包括可靠性设计、技术状态更改控制、元器件、测试覆盖性、软件开发过和质量向题归零等的质量监督。

4.2.3.1　可靠性设计监督

（1）监督内容和方法

1）检查设计任务书中是否明确了可靠性定性和定量要求，总体是否通过任务书将可

靠性指标分配到各分系统，分系统是否通过任务书将可靠性指标分配到单机；

2）检查是否按航天产品可靠性保证要求编制了型号可靠性大纲（措施）和工作计划，并明确型号研制各阶段可靠性关键节点的完成标志和考核要求；

3）检查分系统是否按航天产品可靠性设计准则编制本系统可靠性设计准则，并经过审批；

4）检查是否进行了航天产品故障模式、影响及危害性分析，找出设计薄弱环节，提出针对性措施，并经审批；

5）检查是否进行了产品特性分析，列出可靠性关键项目，并在设计图样上标识；

6）检查型号可靠性大纲规定的可靠性试验（可靠性增长试验、可靠性验证试验、环境应力筛选试验等）是否完成，试验结果是否满足试验大纲的要求；

7）检查设计评审（转阶段评审、关键点评审、专项评审）中是否将可靠性要求和可靠性实施情况作为重要评审内容，其中可靠性大纲规定工作项目是否完成，并有评审结论；

8）检查新型号是否开展可靠性复核复算工作，复核复算结果要作为转阶段评审和可靠性专题评审时不可缺少的内容。

（2）监督要点

1）检查是否编制了可靠性大纲（措施），可靠性大纲中是否明确研制各阶段可靠性关键点完成的标志和考核要求并经评审；

2）检查是否进行了 FMEA 和 FTA，分析报告中纠正措施是否落实到设计文件，分析报告是否经审批；

3）检查规定的可靠性试验结果是否完成，试验结果是否满足试验大纲要求。

4.2.3.2 技术状态更改监督

（1）监督内容和方法

①工程更改的监督

1）抽查更改申请报告、更改单、更改评审报告等，以及参加评审会，检查更改工作是否符合技术状态更改的五项原则和航天产品技术状态更改控制要求中规定的程序；

2）检查更改依据是否明确，是否有文字依据；

3）确定的更改类别是否符合航天产品技术状态更改控制要求中的规定；

4）检查更改原因与更改内容是否相符，是否符合航天产品设计文件的更改规定；

5）更改文件中型号代号、产品名称、图号、研制阶段的标识是否清晰、正确；

6）更改文件是否齐全，是否符合航天产品技术状态更改控制要求中的规定；

7）更改文件的审批级别和签署是否符合航天产品设计文件的更改规定；

8）对已制品处理意见是否解决；

9）评审遗留问题是否解决；

10）抽查更改单和相关设计文件、工艺文件及产品生产记录，检查更改内容是否落实在设计文件、工艺文件及产品上。

②偏离的监督

1）抽查技术通知单及申请报告、评审报告等，检查偏离工作是否符合技术状态更改五项原则和航天产品技术状态更改控制要求中规定的程序；

2）检查偏离依据是否明确，是否有文字依据；

3）检查偏离原因是否与依据相符，是否符合航天产品技术通知单的使用规定；

4）对照航天产品技术状态更改控制要求，检查是否涉及灾难性及致命性的偏离；

5）技术通知单中型号代号、产品名称、图号、研制阶段的标识是否清晰、正确；

6）偏离文件是否齐全，航天产品技术状态更改控制要求中规定的重要偏离是否有申请报告及评审结论报告；

7）偏离文件中规定的有效期限是否合理、可操作、无歧义；

8）偏离文件的审批级别和签署是否符合航天产品技术通知单的使用规定；

9）按航天产品偏离设计文件的规定检查是否存在相互套用偏离文件的现象；

10）抽查技术通知单及产品生产记录，检查技术通知单内容是否落实在规定的产品上。

③超差的监督

1）通过抽查质疑单和参加质量分析会，检查超差处理工作流程是否符合技术状态更改控制要求中规定的程序；

2）原因是否准确，超差的影响分析是否到位；

3）质疑单中提出的改进措施是否可操作，并落实在相应的工艺文件中；

4）超差文件是否齐全，航天产品技术状态更改控制要求中规定的重要超差是否办理了审批手续；

5）超差文件的审批级别和签署是否符合航天产品技术状态更改控制要求和航天产品工艺文件管理制度中的相关规定。

（2）监督要点

1）工程更改的监督重点是Ⅰ、Ⅱ类更改，特别是Ⅲ类更改，更改控制是否符合要求；

2）偏离的监督重点是重要偏离，是否涉及灾难性、致命性的偏离；

3）超差的监督重点是关键件、重要件的超差；

4）更改、偏离的要求是否落实在产品上。

4.2.3.3　元器件监督

对元器件实施质量监督的项目包括二极管、晶体管、光电器件等分立器件；单片电路、混合电路、表面波器件等微电路；继电器、电连接器、晶体器件、电阻器、电位器、电容器、电感器、熔断器、开关等元件。

（1）监督内容和方法

1）按元器件质量管理要求抽查元器件的生产单位、型号规格和质量等级是否在型号总体单位制定的元器件选用目录或优选目录或重点型号用元器件优选目录中。

2）抽查选用目录外元器件是否办理了审批手续，有无漏报、漏批情况；抽查选用审批单的填写是否完整，附件是否齐全。

3）抽查选用新研制的元器件是否通过了集团公司组织的设计定型，检查定制电路是否通过了技术条件规定的试验考核，并经鉴定合格。

4）抽查关键产品使用进口电子元器件是否组织了专题论证。抽查进口元器件质量等级的选用是否符合进口电子元器件质量管理要求；若降低进口元器件的质量等级，则检查组织论证与审批的情况。

5）抽查是否选用了禁（限）用元器件。

6）对载人航天型号产品中使用的电子元器件，按载人航天型号电子元器件质量保证要求，抽查质量等级、禁用元器件选用情况、需经特别审批的元器件选用情况、目录外元器件以及目录外进口元器件的选用情况。

7）按元器件质量管理要求抽查元器件采购文件的评审情况以及由型号总体单位组织专门审查的情况；检查元器件订货合同与通过审查的采购文件是否一致；元器件的监制、验收方式、技术标准、信息提供以及质量问题的反馈等质量保证要求在合同中是否明确。

8）按元器件质量管理要求抽查元器件监制、验收人员是否有监制、验收资格；是否按合同规定的标准或协议到供货单位进行监制、验收；是否编写并归档了监制报告、验收报告。

9）按元器件质量管理要求抽查元器件失效分析单位是否经集团公司认可；分析后是否给出了明确结论；涉及使用失效时，检查使用单位是否研究了使用失效的原因，是否针对原因采取有效措施。

10）按半导体器件 DPA 方法和程序抽查半导体器件是否进行了 DPA。抽查超期复验的 DPA 是否按航天电子元器件贮存和超期复验要求实施。型号用进口元器件是否进行了 DPA。

11）抽查元器件工作人员有无岗位资格证书，是否三年确认一次。

12）根据集团公司、研究院/公司通报的元器件批次性质量问题，检查型号产品的举一反三情况。在归零监督中发现元器件失效，检查被监督单位是否及时上报信息。

（2）监督要点

1）抽查选用目录外元器件的申报与审批情况；

2）抽查使用超期元器件是否进行了超期复验，复验是否符合元器件质量管理要求；

3）检查首次使用新研制的元器件、定制电路，是否通过了设计定型、试验考核；

4）抽查失效元器件是否进行了失效分析，失效分析是否符合元器件质量管理要求。

4.2.3.4 产品测试覆盖性监督

（1）监督内容和方法

1）抽查单机、分系统和系统三级产品是否有测试覆盖性分析报告（若有规定）或进行了测试覆盖性分析工作。

测试覆盖性分析工作一般要在产品的设计完成后进行，在产品投产前进行监督抽查，对需要进行检查和测试的项目是否有相应的文件（报告），是否已用表格形式列出了需要测试和检查的项目，对不可测试项目是否有进行验证的分析和要求。

2）在单机或分系统产品出厂交付前，抽查验收测试大纲（或相应文件）和产品交付前的检验或测试报告，抽查已完成的测试、检查项目是否覆盖了技术规范的要求。抽查单机交付时测试的项目与环境试验后测试项目和结果的一致性，对于在最终产品阶段不能测试的项目，需要在单机调试（或生产）过程测试或检查的项目，是否完成了测试或检查，并有客观证据，抽查产品研制报告，是否有满足测试覆盖性要求的明确结论。

3）各级在最终产品不能测试的项目，是否有"不可测试项目清单"，并有措施满足要求的旁证或满足要求的明确结论。

4）在型号出厂前，通过查阅型号出厂的有关文件，抽查下列有关测试覆盖性要求的完成情况：型号系统的测试细则和其他的测试文件，核查测试或检查项目是否覆盖了发射场的测试项目和发射、飞行、在轨运行和返回的工作模式，抽查测试文件是否有判据，其判据是否符合规定的要求或进行了加严。对型号系统需要在发射场进行装配的产品，出厂前是否进行了试装和必要的测试。对冗余设计是否进行了测试，并有满足要求的结论。在飞行型号出厂前，是否对地面测试设备的技术状态进行了检查，并有满足使用要求的结论，是否有检查记录。在型号出厂前，对于火工品电路，抽查是否进行了测试。传感器是否进行了校准并在有效期内。型号出厂前，抽查系统与其他系统的接口关系是否完成了匹配性、协调性测试。型号出厂前，抽查备份单机等产品，是否进行了互换性检查。

5）系统级产品在型号出厂前，抽查型号总体单位是否完成了"飞行试验产品出厂测试覆盖性检查报告"，是否按型号飞行试验产品出厂测试覆盖性检查和评审管理要求，逐项完成了检查，检查表的填写是否完整、规范，报告是否有满足要求的明确结论。

6）检查型号出厂前对系统级产品的测试覆盖性检查结果是否组织了研究院级评审，是否有满足要求的明确结论。

（2）监督要点

1）抽查单机、分系统或系统产品是否有测试覆盖性放行报告，按其研制任务书、技术条件、测试细则、环境试验条件等技术文件，抽查测试项目是否具有覆盖性；

2）抽查单机、分系统产品交付前，是否有测试覆盖性检查结果报告，是否有满足要求的明确结论；

3）在型号出厂前，抽查型号总体单位是否按要求编制了系统测试覆盖性检查报告，并经过了评审，是否完成了逐项检查，检查表的填写是否规范。

4.2.3.5　软件开发过程监督

（1）监督内容和方法

1）根据型号软件产品配套表和相关的研制文件，检查沿用软件是否按规定办理了"沿用"审批手续。

2）检查软件研制文档的编制情况，根据软件文档清单，检查文档是否齐全，签署是否完整，对评审通过的文档是否实施了配置管理。

3）查阅软件研制技术流程，抽查关键研制节点（如用户需求或任务书、软件需要规格说明、概要设计、详细设计、测试计划、测试报告等）是否进行了评审，是否有满足要求的结论，评审的待办事项是否有跟踪完成的记录。

4）抽查A、B级软件的开发过程管理是否符合航天型号软件工程化管理要求。

5）抽查A、B级软件和重点型号的C级软件，是否通过了集团公司确认的软件第三方评测机构的评测，是否有满足要求的评测结论。

6）查阅软件研制总结报告，对第三方进行的软件走查、评测中发现的问题，是否进行了闭环处理（对提出的问题逐项说明解决方法：更改程序、更改文件或有不做处理的说明）。对需要更改程序的问题，在程序更改后是否对软件进行了回归测试，结果是否满足要求。

7）在确认测试和参加系统联试中出现问题，在更改程序并完成归零后，抽查软件是否进行了回归测试，结果是否满足要求。

8）依据航天型号实施软件工程的技术规定，检查软件开发是否建立三库，并制定相关文件，检查三库的设置、人员的配备、三库的管理是否符合航天型号软件配置管理规范、标准的规定。

9）根据软件配置管理要求，查阅软件的出、入库单的填写和有关记录，抽查参加确认测试和系统联试的软件是否来自受控库，交付参加飞行试验的软件是否来自产品库，“软件问题报告单”“软件更改单”和“软件出库单”等配置管理手续是否符合规定的要求。

10）抽查“软件证明书”和“软件履历书”的填写，是否符合航天型号软件产品证明书的编写规定和航天型号软件质量履历书的编写规定的要求。

（2）监督要点

1）根据软件文档清单，检查文档是否齐全，签署是否完整，对评审通过的文档是否实施了配置管理；根据型号软件产品配套表和相关的研制文件，检查沿用软件是否按规定办理了“沿用”审批手续。

2）查阅软件研制技术流程，抽查关键研制节点是否进行了评审，是否有满足要求的结论，评审的待办事项是否有跟踪完成的记录；抽查软件评测和测试结果，是否有满足要求的明确结论。

3）对第三方进行的软件走查、评测中发现的问题，是否进行了闭环处理（对提出的问题逐项说明解决方法：更改程序、更改文件或有不做处理的说明）。对需要更改程序的问题，在程序更改后是否对软件进行了回归测试，结果是否满足要求。

4）抽查在确认测试和参加系统联试中出现的问题，在更改程序并完成了归零后，抽查软件是否进行了回归测试，结果是否满足要求。

4.2.3.6 质量问题归零监督

（1）监督内容和方法

①技术归零的监督内容和方法

1）通过参加技术归零的各项活动，检查归零工作是否符合技术归零五条标准和航天产品质量问题归零实施要求中的归零程序。

2）通过参加归零分析会和审阅归零报告、各种记录，检查问题定位及其依据是否准确并有唯一性；检查问题机理分析结论是否明确；查阅复现试验记录，检查复现试验结果与机理分析结果是否一致；检查归零措施是否落实到设计文件或工艺文件中，并在产品中落实和验证；根据归零报告和相应的活动，检查是否进行了举一反三工作及落实情况。

3）技术归零报告的内容是否符合航天产品质量问题归零实施要求，签署是否符合要求并经质量监督代表签署意见。

②管理归零的监督内容和方法

1）通过参加管理归零的各项活动，检查归零工作是否符合管理归零的五条标准和航天产品质量问题归零实施要求中的归零程序。

2）通过参加归零分析会和审阅归零报告及相关文件，检查问题发生的过程叙述是否清楚；归零报告中责任单位和责任人是否明确；产生问题的原因是否清楚，纠正措施是否有效并落实到位，归零报告中是否给出修订的文件名称；管理归零报告的内容是否符合航天产品质量问题归零实施要求的规定，归零报告的签署是否符合要求并经质量监督代表签署意见。

（2）监督要点

1）归零工作是否符合“双五条”标准；

2）纠正措施是否落实到位；

3）归零报告是否符合航天产品质量问题归零实施要求。

4.2.4　考核与管理

集团公司成立考评组，负责对质量监督总代表、质量监督副总代表进行考核，质量监督总代表对质量监督代表进行考核。各质量监督室提出对质量监督代表考核意见。考评组对考评结果进行确认并通报。集团公司对在质量监督工作中业绩突出的质量监督室、质量监督人员给予表彰。对在质量监督过程及时发现问题和重大质量隐患，避免问题发生的人员，酌情给予表彰、奖励。对出现重大质量问题存在质量监督不到位的人员，实行责任追究。

4.3　军贸产品质量监督验收

军贸产品的质量，不仅是保证军贸合同能否顺利履行的关键要素，也是国家信誉的体现，还会直接影响军贸后续任务的发展，影响十分重大。军贸产品质量监督验收是指军贸产品质量监督验收机构对集团公司所属单位承担的军贸科研项目与军品出口任务全过程的符合性进行质量监督、产品验收的技术和管理活动。实施军贸产品质量监督验收的意义在于维护国家信誉，防止不合格品出口，促进军贸健康发展，促进质量管理体系的持续改进。实施军贸产品质量监督验收，对保证军贸产品的质量，保证合同的顺利履行，维护国家信誉，提高产品在国际市场的竞争能力，促进对外贸易的持续发展都有重要的作用。

军贸产品质量监督验收工作要坚持“善于发现问题，及时报告问题，绝不放过问题”的原则，深入现场开展质量监督，对于质量监督验收中发现的各类问题及处置监督责任单位做到闭环管理。军贸产品质量监督验收工作应与军贸项目研制、军贸产品制造、军贸产品履约等过程紧密结合，做到同步策划，同步实施。军贸产品质量监督验收工作策划要结合具体军贸项目特点，有重点地开展军贸产品质量监督验收，明确质量监督验收工作内容。军贸型号管理部门应将相关工作纳入科研生产计划，保障相关资源。集团公司对军贸产品承制单位军贸质量监督验收工作管理、机构建设、人员配备及资源配置情况进行定期检查。

4.3.1 组织管理

军贸产品质量监督验收工作是航天一体化质量监督体系的组成部分，各单位根据军贸任务需要和本单位实际情况完善军贸产品质量监督验收工作体系。

4.3.1.1 派驻方式

集团公司在总部设置集团公司军贸质量总代表（全称为集团公司军贸产品质量监督验收总代表）。集团公司在有军贸任务的二级单位设立军贸质量总代表室（全称为某二级单位军贸产品质量监督验收总代表室）和军贸质量总代表（全称为军贸产品质量监督验收总代表），在集团公司派驻了质量监督室的二级单位，由质量监督室具体承担相应的职责。各二级单位根据任务需要在三级单位设置军贸代表室（全称为某单位军贸产品质量监督验收代表室），业务受军贸质量总代表室领导。各军贸质量总代表室、军贸代表室统称军贸产品质量监督验收机构。

4.3.1.2 工作职责

1）军贸产品质量监督机构负责建立健全规章制度、质量监督和验收程序；负责组织对所在单位承担的军贸科研项目和军品出口任务实施质量监督和产品验收；参加外方的采购评估、开箱验收、交付试验等策划、实施，并对重要试验过程进行质量监督；督查用户意见、售后服务及改进措施的落实情况；军贸质量总代表室负责对所在单位各军贸代表室和所属人员的业务进行管理和评价，对集团公司内配套产品应配合合同甲方军贸质量总代表室开展工作。

2）集团公司军贸质量总代表对集团公司军贸产品质量监督验收业务的管理工作负全责；负责组织制定、实施军贸产品质量监督验收工作规划和计划，组织开展对二级单位军贸质量监督验收业务及军贸质量总代表的工作进行指导、监督、检查、评价和管理；负责组织军贸产品质量监督验收工作规章制度、队伍建设；协调落实军贸产品质量监督验收工作的资源保障；负责组织对二级单位军贸合同履约项目、军贸科研项目质量监督验收工作的督查；负责组织对军贸型号重大质量问题归零过程实施监督，并听取归零工作汇报，给出归零意见；负责组织对各军贸质量总代表室进行业绩考核；负责组织督查用户意见、售后服务及改进措施的落实情况；参与军贸项目固定资产投资的相关工作。

3）军贸质量总代表对所在单位军贸产品验收质量负全责，独立行使军贸产品质量监督验收职责，对存在质量问题的军贸产品有拒绝验收的权利；负责组织制定、实施军贸产品质量监督验收工作规划、年度和季度质量监督验收计划；负责协助完成所在单位军贸产品质量监督验收机构设置和队伍建设，对所在单位军贸产品质量监督验收机构和所属人员的工作进行管理和评价；负责军贸产品质量监督验收工作规章制度建设、队伍教育、业务培训等工作；协调落实军贸产品质量监督验收工作的资源保障；负责组织军贸产品实现、验收交付、售后服务等全过程的质量监督验收工作；负责组织军贸科研项目设计开发、试验验证、设计鉴定、工艺鉴定等过程的相关质量监督工作；负责组织对军贸型号质量问题归零过程实施监督，并听取归零工作汇报，给出归零意见；负责组织督查用户意见、售后服务及改进措施的落实情况；负责组织对军贸质量总代表室人员、二级单位聘任的军贸质量代表进行业绩考核，考核结果作为所聘用人员年度考核的主要依据，提出奖惩、调整的建议；负责组织对集团公司所属及配套军贸产品研制生产单位相关资格及有效性实施监督；参与军贸项目固定资产投资的相关工作。

4.3.1.3　人员选聘与管理

集团公司军贸质量总代表由集团公司选聘。驻各二级单位军贸质量总代表由质量监督总代表兼任，军贸质量副总代表由质量监督副总代表兼任。各二级单位可根据军贸任务需要，聘任军贸质量代表，在军贸质量总代表室或派至军贸代表室工作。军贸代表室负责人由三级单位聘任并按照相关管理规定管理。军贸代表室负责人可由质量监督代表担任。军贸代表室负责人、军贸质量代表任免应事先征求军贸质量总代表室意见。在三级单位工作的质量监督代表可依托军贸代表室开展具体工作。军贸质量总代表室可跨单位、跨建制聘用兼职或临时人员从事相关工作，需要中长期聘用的应报集团公司科技与质量部备案。

4.3.2　工作方式

在一体化质量监督体系的基础上，各单位根据军贸任务需要建立和完善军贸产品质量监督验收工作体系。

4.3.2.1　建章立制，充分发挥质量监督效能

制定了《军贸产品质量监督验收管理办法》，明确军贸产品质量监督验收的范围、依据、原则、职责和质量监督工作的方式、内容和实施要求，是军贸质量监督的顶层文件；制定了航天行业标准 QJ 20904—2018《航天军贸产品质量监督验收要求》、QJ 20905—2018《航天军贸产品研制过程质量监督验收要求》和 QJ 20906—2018《航天军贸产品生产过程质量监督验收要求》，规定了军贸质量监督工作目标、原则和时机、职责、一般要求，以及各研制、生产过程的相关军贸质量监督要求，是质量监督业务的指导性文件。同时对科研生产管理规定、机构和员工岗位管理规范、质量管理体系文件、各类委员会和领导小组相关内容进行了适宜性修订，建立与派驻单位工作实际相适应的军贸质量监督工作机制。

4.3.2.2　深入实践一体化质量监督新模式

将原二级单位军贸产品质量监督验收总代表室相关职能纳入质量监督室实施一体化质

量监督管理，强化统筹、集中管理，深入一线、集约高效，坚持纵向与横向相结合、专业与单位相结合，实现承研军品（军贸）任务三级单位质量监督的全覆盖，强化国内型号产品质量监督工作，优化军贸产品质量监督验收工作模式，推进航天质量监督、军贸验收工作迈向更高水平，有力支撑航天防务装备产业高质量保成功。

4.3.2.3　建立计划、总结工作机制，系统策划、总结质量监督工作

按季度和年度实施工作计划和总结。年初制定年度质量监督验收工作要点，明确指导思想、工作目标、重点工作项目和保障措施，按型号制定具体监督验收工作计划，并纳入各型号、各单位科研生产工作计划，作为全年质量监督验收工作的基本依据。按季度对工作计划完成情况和质量监督工作开展情况、发现问题反馈及整改闭环等情况进行总结，并及时录入质量监督系统大数据平台，及时预警型号当前存在的主要问题和面临的风险。

4.3.3　工作方法

经过探索、总结，在积累经验中寻找规律，建立覆盖军贸产品质量监督验收全业务、型号全寿命周期的通用 WBS，实现“全系统、全过程、全特性”质量监督验收。

4.3.3.1　全系统

全系统质量是指各种质量特性所依附的对象，一般包括从元器件/零部件/软件到系统产品、从主产品到保障产品、从单一产品到全体系产品的各个层次、各个方面的质量。

4.3.3.2　全过程

全过程质量是指在产品全寿命周期内质量特性形成、固化、体现等阶段和过程的各种质量表现。全寿命周期一般包括论证、研制、生产和使用与保障等过程。

4.3.3.3　全特性

全特性质量是指专用特性和通用特性满足要求的程度。专用特性是反映不同产品类别和自身特点的个性特征，技术先进性和性能稳定性是专用特性的集中表现；通用特性是反映不同产品均应具有的共性特征，可靠性、耐久性、维修性、测试性、保障性、安全性等构成了通用特性。

具体内容详见本书第 12.4 节。

4.3.4　特色工作

4.3.4.1　质量监督验收工作系统

质量监督验收工作系统是协调涉及军贸科研项目和军贸出口任务各有关军贸代表室军贸产品质量监督验收工作的非编制组织，名称为××（军贸科研项目和军贸出口任务的名称）质量监督验收工作系统。质量监督验收工作系统由二级单位军贸总代表室或军贸产品总体设计或整机总装单位军贸代表室组建。一般涉及大型复杂系统级军贸产品任务由二级单位军贸总代表室组建，分系统级由军贸产品总体设计或整机总装单位军贸代表室组建。质量监督验收工作系统随军贸科研项目和军贸出口任务完成自动撤销。

1）计划管理。质量监督验收工作系统实行计划管理，军贸产品总承包单位批准计划并检查计划执行情况。系统办公室应根据军贸产品研制、生产合同以及型号总体单位的研制、生产工作计划，制定军贸产品质量监督验收大纲（细则）和计划以及重要阶段的工作安排，并组织贯彻落实。各成员单位应结合本单位产品生产特点和计划，对军贸产品质量监督验收大纲（细则）和计划进行分解和落实，形成本单位军贸产品质量监督验收工作实施细则和计划，做到与项目生产工作同布置、同考核。

2）信息管理。各成员单位应根据所负责军贸产品的研制及生产进展情况，定期向系统办公室传递与军贸产品工作相关的信息，信息的主要内容包括：合同签订、执行情况；产品研制过程的监督及会议评审情况；产品技术状态控制情况，有关图纸资料修改和变更情况；承制单位质量管理体系运行情况；承制单位外购件入厂复验和原材料代用情况；军贸产品生产进度和交货日期；在产品加工、装配、测试和试验中发生的质量问题，以及产生的原因和纠正措施；军贸产品质量监督验收代表实施成品验收中发现的严重缺陷或重大质量问题、原因和归零情况；军贸产品遗留问题的解决情况，有关技术接口协议落实情况；其他有关方面的信息。各成员单位应及时向系统办公室上报质量问题，一般质量问题需 8 小时内上报，重大质量问题需 4 小时内上报，并对质量问题分析、归零过程进行监督。对军贸产品重大的、批次性的和严重影响研制、生产进度的技术质量问题，其处理情况应及时专题报告。

4.3.4.2　合同谈判质量监督

（1）监督内容和方法

1）是否明确对军贸产品的功能、性能、使用、维护、服务、进度、质量等要求；

2）是否对采购方没有明确提出，但又是很重要的要求进行补充，并征得采购方认可；

3）是否含有关法律、法规、标准、政策、指令等均应纳入产品要求的内容，并在同采购方沟通、洽谈中得到确认；

4）根据产品研制、生产、使用的需要，对产品的可靠性、维修性、电磁兼容性、安全性、测试性、保障性、环境适应性、服务和知识产权的要求是否已明确，且符合集团公司、型号总体规定要求，不符合要求的要明示并进行论证；

5）有关军贸出口任务合同所需保障条件是否得到双方确认；

6）合同中规定的各项要求本单位是否具备履约能力，风险是否已得到识别并有风险管控措施。

（2）监督要点

1）合同（任务书或技术协议）对产品的功能、性能、使用、维护、服务、进度、质量、外观、包装、交货方式等要求是否已明确，且符合型号总体和本单位相关规定要求；

2）合同（任务书或技术协议）对产品的可靠性、维修性、电磁兼容性、安全性、测试性、保障性、环境适应性、服务和知识产权的要求是否已明确，且符合型号总体和本单位相关规定要求；

3）承制方对甲方的要求是否理解，且具有履约能力；

4）合同双方权力、义务是否明确、无歧义；

5）风险是否已得到识别并有能力解决。

4.3.4.3 设计鉴定质量监督

（1）监督内容和方法

①设计鉴定策划的监督

军贸产品质量监督验收机构应依据军贸产品研制总要求，监督军贸产品抓总单位及时完成军贸产品设计鉴定工作策划。军贸产品设计鉴定工作策划应包括以下方面：

1）是否有设计鉴定委员会组织机构；

2）是否对产品鉴定级别划分；

3）设计鉴定主要工作项目；

4）设计鉴定方案（包括鉴定试验方案）；

5）设计鉴定考核评价方法；

6）拟安排的设计鉴定时机；

7）对不需要进行设计鉴定的产品要说明原因；

8）军贸产品设计鉴定工作实施细则应经军贸产品质量监督验收机构审查、会签。

②设计鉴定试验大纲的监督

军贸产品质量监督验收机构应依据军贸产品研制总要求、合同、任务书，参加设计鉴定试验大纲的审查，并会签设计鉴定试验大纲。

1）检查大纲的有效性：应按规定完成审批，审批人员权限符合规定；

2）检查大纲编制的完整性：大纲内容通常包括编制大纲的依据；引用的标准；试验目的、意义；参试样品数量及试验任务区分；试验数据处理原则、方法和合格判定准则；主要测试设备名称、精度；试验网络图和试验的保障措施和要求等；

3）查看引用的标准：应用标准应全面准确，并为现行有效版本；

4）检查试验项目的完整性：试验项目选取应满足考核要求；

5）检查试验方法：每项试验的试验方法应针对试验项目，清晰明确，有效可行；

6）检查测试设备：测试设备的功能和精度应满足试验的需要；

7）查看试验判据：试验判据应清晰明确，不产生歧义。

③设计鉴定试验的监督

军贸产品质量监督验收机构应对设计鉴定试验过程进行监督，具体按照 Q/QJB 256.15—2016《军贸产品质量监督验收工作实施指南 第 15 部分：大型试验质量监督验收工作要求》和 Q/QJB 256.16—2016《军贸产品质量监督验收工作实施指南 第 16 部分：过程试验质量监督验收要求》执行。

1）参加鉴定试验前质量评审，按规定要求对试验产品、试验设备、技术文件、关键质量控制点等进行评审，对发现的问题督促有关单位实施整改并验证其实施效果的有效性，经批准后方可进行试验。

2）监督试验实施单位和试验委托单位应按试验程序和操作规程组织实施试验；对受

试产品的分系统、关键环节和试验设备，应设置工作状态监视和故障报警系统；准确地采集试验数据，做好原始记录。

3）有重复性或系列试验组成的试验，在前项试验结束后应及时组织结果分析，发现问题及时处理，不应带着没有结论的问题转入下一项试验。

4）试验过程出现不能达到试验目的时，按照试验预案规定的程序中断试验，待问题解除后，试验方可继续进行。

5）试验需临时增加或减少试验项目时，提出部门应办理有关手续，经有关部门会签后并履行批准程序后方可实施。

6）参加鉴定试验后质量评审，对试验过程的有效性进行确认，对试验结果进行分析和评价，并督促承制单位编制试验总结报告。

7）由军贸产品质量监督验收机构按有关规定审签试验记录，军贸总代表审签试验结论报告。

④设计鉴定审查的监督

在鉴定审查会前军贸产品质量监督验收机构应参加设计鉴定产品的性能审查、资料审查以及设计鉴定预审；并对专家意见的整改情况进行监督。

1）产品的研制过程是否符合军工产品研制程序，产品试制、试验过程中技术状态是否清晰，质量是否受控，发生的问题是否已得到解决；

2）受试产品是否经设计鉴定试验考核，性能稳定、可靠，各项指标是否满足研制任务书的规定，软件产品是否符合软件工程实施规范的要求；

3）产品的设计图样和技术文件是否完整、准确，是否符合标准化要求，是否能够指导生产及验收；

4）产品的配套产品、元器件、原材料是否均按要求从合格供方采购，供货渠道是否稳定可靠，质量是否满足要求；

5）承制单位是否依据 GJB 9001C — 2017《质量管理体系要求》建立、实施并有效运行质量管理体系。

（2）监督要点

1）监督试验实施单位和试验委托单位是否按试验程序和操作规程组织实施。

2）参加对参试人员、参试设备、试验仪器设备、技术文件、关键质量控制点以及环境试验条件进行审核的活动；经总指挥批准后，方可开机试验。

3）重复性或系列试验组成的试验，在前项试验结束后应及时组织结果分析，发现问题及时处理，不应带着没有结论的问题转入下一项试验；军贸产品质量监督验收机构应始终坚守试验现场。

4）督促试验实施单位和试验委托单位在试验时对受试产品的分系统、关键环节和试验设备，设置工作状态监视和故障报警系统，以便准确地采集试验数据，做好原始记录。

5）试验过程中发现不能达到规定的试验目的时，中断试验，故障排除后试验方可继续。

6）试验过程中按试验程序，统一指挥，中断或继续试验的命令由试验总指挥下达。

7）督促承制单位派人员跟试，做好服务保障，掌握试验情况，分析产品故障，研究采取并验证改进措施，完善产品技术状态。

4.3.4.4　产品验收质量监督

（1）监督内容和方法

①实物验收

1）承制单位质量保证。质量管理体系持续有效运行，产品质量处于受控状态，适时提供所需的质量证据。

2）产品技术状态。产品图样和技术文件现行有效，产品偏离许可、材料代用、图样资料更改等按有关规定办理了手续。

3）检验场所和环境条件。检验场所应满足检测、试验和安全保障要求，检验的环境条件应符合产品图样和产品规范的有关规定。

4）检验仪器和设备。应符合有关标准、产品图样和技术文件的规定，其精度及准确度应满足产品检测的要求，自制检验仪器和设备必须鉴定合格，并按规定进行周期检定且合格。

5）承制单位检验合格，并正式办理检验验收手续。

6）生产过程发生的问题，已有明确的处理结论。

7）具备完整有效的质量合格证明文件。

②资料验收

1）产品验收合格后，军贸质量代表应在验收记录和产品中文质量证明文件上签名和盖章，并在随后交付外方的外文质量证明文件上盖章。中文产品证明书产品合格结论页由代表室总代表盖章，中文通（专）用合格证由军贸质量代表盖章；外文产品证明书合格结论页盖军贸质量总代表的代号章，外文通（专）用合格证盖军贸质量代表代号章。军贸质量代表应监督外文质量证明文件符合 QJ 2603—1994《出口航天产品用产品证明书编写规定》或用户提出的要求。

2）对需交付总装的产品，出厂时的验收合格结论为“同意该产品交付总装”。对按合同规定最终交付出口的产品，验收合格结论为“同意该产品交付出口”。

3）验收后用于培训等的产品（包括专用测试设备等），在培训等结束后由承制单位负责恢复。军贸质量代表进行复验，在中文《产品质量证明书》的特殊记载栏内签署复验结论，并盖章。

（2）监督要点

1）审查文件资料：审查承制方检验部门的提交单、检验试验记录及配套产品的合格证明文件等资料，各类资料是否完整、准确。

2）检查验收、测试准备、人员资质情况：验收场地、环境是否符合规定要求，检测、测试设备是否完好并在检定有效期内，参加检测和试验人员是否具有相应资质。

3）检查产品外观质量：产品标记、检验印记、装配完整性、表面涂层质量，以及各个连接部位的保险状况等是否符合要求。

4）检查产品规格、测试产品性能：几何尺寸是否符合产品图样，性能指标是否符合产品规范。

5）复查检验验收中所发现故障的排除情况。

6）检查产品配套的完整性：随机备件、工具、设备、技术文件是否齐全，并符合产品规范要求。

7）确认产品合格后，在最终检验记录上签署。

8）检查油封、包装、装箱质量。

9）给出放行意见，签署产品合格证明文件。经验收合格的产品，在承制单位质量检验部门和单位负责人签字（盖章）后，由本单位军贸质量总代表在产品质量证明文件上签字或加盖验收机构专用章。

4.3.4.5　展览展示质量监督

（1）监督内容和方法

1）实施参展军贸产品现场检查，根据参展军贸产品包装、防护及运输要求，检查军贸产品包装、防护是否满足要求，具备运输条件。

2）检查现场产品的外观质量、安装调试结果等，必要时对活动现场进行检查，按照要求统一着装，服从现场工作安排，遵守外事纪律，按规定做好保密工作。

3）国际展览活动结束后，军贸质量代表对参展军贸产品拆展和包装过程进行监督，检查参展军贸产品回运前的质量情况，对检查发现的问题，督促责任单位完成整改。

（2）监督要点

1）检查时间、地点、军贸产品信息是否明确；

2）检查人员分工是否具体，现场负责人是否明确；

3）军贸产品检查依据文件是否明确并具有可操作性；

4）军贸产品的质量要求是否落实，是否具备提交现场检查的条件；

5）参观区域的布置、质量要求是否落实，是否具备现场参观的条件。

4.3.4.6　售后服务质量监督

（1）监督内容和方法

1）监督军贸产品（含软件）的安装、调试和维护及使用培训；

2）监督提供与军贸产品有关的技术咨询活动符合合同要求；

3）对军贸产品在运输、贮存、使用和维修中出现质量问题的解决情况进行监督；

4）必要时，参与军贸产品保证期内贮存的定期检查工作；

5）必要时，参加用户演习或其他应急任务的军贸产品技术保障工作；

6）必要时，协助做好军贸产品维修、延寿等有关工作。

（2）监督要点

1）服务项目是否纳入合同管理；

2）承制单位是否按 GJB 9001C—2017《质量管理体系要求》，明确装备交付后各项服务活动的工作程序，结合实际制定装备售后技术服务的工作细则，并付诸实施；

3）对照技术服务合同，了解执行进度；

4）调查了解技术服务人员执行过程中的困难，与承制单位协调解决措施；

5）及时了解技术服务工作信息，是否满足用户需求，了解用户对承制单位技术服务工作的满意度；

6）技术培训合同或协议是否满足要求；

7）技术服务计划和预案是否明确培训时间、内容、考核方法以及安全操作和保密要求；

8）对装备首次交付的培训大纲，是否上报主管部门批准；

9）督促做好技术培训教材的编写、教学用具制作等培训准备工作；督促承制单位对技术培训的对象和授课人员的文化水平、专业知识及操作技能等提出相应的要求；

10）了解培训进展情况和培训效果，听取参加培训人员意见，督促承制单位改进培训工作；

11）督促按培训大纲对参训人员进行考核，对装备首次交付培训的考核合格者，发给合格证书，按要求及时上报培训工作总结。

第 2 篇 项目篇

第 5 章　航天项目质量管理要点
第 6 章　航天项目全寿命周期质量控制
第 7 章　设计质量控制
第 8 章　生产质量控制
第 9 章　外协外购质量控制
第 10 章　试验质量控制
第 11 章　全寿命综合保障工程

项目是航天产品研制和工程任务运行的载体，在项目进行中，项目队伍按照质量管理体系要求，以项目管理的模式进行过程管控。本篇紧密结合航天工程项目研制生产工作实际，介绍了航天项目质量管理要点，防空反导武器系统、空间类产品、飞航导弹、无人机、弹道导弹、固体运载火箭等各类航天产品全寿命周期质量控制要求，系统阐述了设计、生产、外协外购、试验、综合保障等航天项目关键阶段的质量控制要求、流程和方法。本篇详细介绍了项目实施过程中需要落实的国家标准、国家军用标准、航天行业标准、航天工业两个集团公司的企业标准以及航天系统各级质量管理规章制度要求，可以为航天产品研制、生产和使用的质量保证提供指导，确保航天产品全寿命周期质量满足要求，切实减少质量问题的发生，提高航天产品质量，充分发挥手册的指导作用。

第 5 章　航天项目质量管理要点

5.1　产品保证

5.1.1　产品保证概念

产品保证是为使人们确信产品达到规定的质量要求，在产品研制、生产全过程所进行的一系列有计划、有组织的技术与管理活动，通过产品保证管理活动，对组成产品的元器件、机械零部件、软件等基础件，以及产品设计、制造过程实施重点控制，从而把产品通用质量特性设计、制造实现到产品中，以确保满足安全、可靠地完成规定任务目标的要求，是项目管理的要素之一。它的最显著特点就是它不仅仅是一种管理活动，更是管理和技术的结合，也是承诺和放心的结合。用户提出将管理和技术结合的要求，承制方做出承诺，双方都得以放心。

5.1.2　航天产品保证管理模式的产生与发展

对于航天项目，一直以来都高度重视产品质量，通过实施质量保证模式，以及一系列强化质量管理的措施，使航天企业的质量保证能力逐步提高，产品质量可靠性水平逐步上升。但质量管理与可靠性等技术和支持工作没有形成系统和有机的结合，质量管理是偏问题取向型，以事后救火为主。随着产品任务量的增加和对产品研制质量和可靠性不断提出更高要求，这种质量管理方式的局限性逐渐显现。为此，航天企业开始学习借鉴美国和欧洲航天产业所采用的项目管理和产品保证管理相结合的模式。

1995 年“航天质量管理改革方案”明确提出“单位抓体系，产品抓大纲，行政抓监督”的基本思路，把建设科学有效的质量体系和实现产品保证工作的系统化和规范化，以及建立独立权威的质量监督系统，作为航天工业质量管理工作的三项主要目标。

1996 年 12 月，航天工业总公司质量局派出 28 人团组到国外学习产品保证工作的组织和实施，同年 6 月，邀请了国外的产品保证专家来华介绍产品保证活动。在系统研究 ECSS 产品保证系列标准的基础上，陆续制修订了 QJ 2171A—1998《航天产品保证要求》、QJ 3076—1998《航天产品质量保证要求》、QJ 3057—1998《航天用电气、电子和机电（EEE）元器件保证要求》、QJ 1408A—1998《航天产品可靠性保证要求》、QJ 2236A—1999《航天产品安全性保证要求》等一系列航天标准，为全面规范航天项目产品保证活动打下良好基础。

航天科工集团第二研究院和航天科技集团第五研究院是航天系统较早在项目内进行产品保证实践的单位。

航天科工集团第二研究院于2000年开始探索推行产品保证模式，在建立并运行质量管理体系的基础上，学习、借鉴西方发达国家航天企业采用的产品保证模式，建立了航天科工集团第二研究院产品保证体系。2004年，航天科工集团第二研究院发布了产品保证手册和产品保证系列大纲（包含11个大纲：《二院型号产品保证大纲》《二院型号质量保证大纲》《二院型号可靠性大纲》《二院型号维修性大纲》《二院型号保障性大纲》《二院型号电磁兼容性大纲》《二院型号安全性大纲》《二院型号环境适应性大纲》《二院型号材料、机械零件和工艺大纲》《二院型号元器件大纲》《二院型号软件大纲》）；建立了产品保证组织机构；统一了产品研制的技术和管理规范；配备了检测、试验、分析、校准等手段；成立了可靠性、维修性、安全性、元器件、软件等专业的专家组，为项目提供技术支持。

航天科技集团第五研究院按照产品保证的要求，编制项目产品保证系列大纲，借鉴国外先进经验重点抓好"三件""两过程""一管理"，即重点控制组成航天产品的电子元器件、机械零部件、软件等基础件，以及设计过程、制造过程，通过产品保证管理，把可靠性、维修性、安全性设计到、制造到产品中去，以满足航天器安全、可靠地完成空间任务的要求。

5.1.3 航天产品保证管理模式特点

产品保证管理模式作为一种新兴的质量管理方法，与传统的质量模式相比，具有以下特点：

（1）产品保证是管理与技术工作的结合

产品保证管理不再是单纯的质量管理活动，而要与技术支持结合为一个整体。管理的作用是提出研制活动所必须遵循的一系列约束和边界条件；技术支持的作用是从可靠性、维修性、测试性、安全性、环境适应性、电磁兼容性、保障性保证，元器件、软件、工艺及材料、零件保证等各个专业的角度在设计、制造和试验验证过程对设计师等提供技术支持，从研制过程技术风险的识别、评价方面对"项目两总"线提供技术支持，这是产品保证最根本的特色。这种约束和支持作用在我们以往的研制项目中都是存在的，问题在于两个职责分离并且缺乏协调，管理只考虑管理，技术只考虑技术，特别是对于通用质量特性设计和试验验证的管理薄弱。产品保证管理的中心是策划并组织实施技术支持和技术把关，从而实现管理和技术的结合，真正做到以可靠性为中心开展项目的质量管理。

（2）产品保证体现了系统工程的特点

一个项目的产品保证工作要通过策划和协调形成具有系统工程特点的体系，这种特点体现在以下四方面：

1）把项目的以可靠性为代表的通用质量特性要求整合到同一个体系中管理，各专业的工作在充分沟通和协调的基础上开展，而不是各行其是；

2）就项目的产品保证工作开展统一的策划，形成工作分解结构（WBS，Work Breakdown Structure）/工作计划，然后分级实施；

3）以系统考虑的思路实施产品保证，对过程中出现的情况，不是仅仅就事论事地进行处理，而要从系统的观点来评价其影响；

4）整个项目的产品保证构成一个上下沟通的工作体系，通过各种沟通充分、协调有效的产品保证活动，确保必需的“透明性”，以使项目“项目两总”线及时了解研制过程出现的问题和存在的风险。

（3）产品保证是前馈式、预防为主的管理模式

产品保证不仅要加强对于研制过程的管理，更强调对设计和试验的支持来保证研制工作。在设计过程中要开展的工作有：产品保证策划；对可靠性、维修性、工艺性等的设计和元器件的选用、软件可靠性的设计进行技术支持；对电磁兼容性、可靠性、环境性等的设计验证工作的策划和实施；整个研制过程质量问题和故障报告的闭环系统运行等。这些工作都体现了预防取向型特点，因而更有利于实现预防为主的质量管理。

（4）产品保证重视对于技术风险的评价和控制

产品保证的一个基本工作要求是开放性设计、“透明化”管理，通过各种技术评审，技术文件和状态管理，闭环的故障报告、分析及纠正措施系统（FRACAS，Failure Report Analysis and Corrective Action System），产品保证例会和审核等，实时地评价设计和试验的质量，评价各个大纲实施的效果，进而实现对于技术风险的识别和评价。

5.1.4 产品保证指导思想、目标和内涵

（1）指导思想

全面策划、预防为主；全员参与、专家支持；关键突出、风险受控；充分验证、持续改进。

（2）目标

1）确保项目产品完成规定的任务目标，确保项目产品可靠、安全、可用。

2）提高项目研制、生产的效益、效率。

3）在项目研制约束条件内对技术风险进行充分的识别、评价、预防和控制。

（3）内涵

产品保证是在项目研制全过程所进行的一系列有计划、有组织的技术与管理活动。产品保证系列大纲是各项目开展产品保证活动的依据性文件，承制单位质量管理体系的正常有效运行是项目实施产品保证的基础。项目两总是项目产品保证活动的最高组织者，承担项目各层次产品设计、生产、试验的单位是执行相应产品保证活动的责任单位。院、所（厂）两级产品保证部门对项目产品保证活动（包括外协单位、外购单位）进行监督检查，并根据需要协调产品保证专家组和产品保证技术支撑机构对项目产品保证活动实施支持和技术把关。根据产品保证的方针、目标，在项目研制各个阶段，实施产品保证技术和管理活动。

5.1.5 产品保证主要内容

（1）产品保证管理

对产品保证各项工作项目进行计划、组织、指挥、协调、控制和检查监督，实现产品保证工作目标要求。

（2）质量保证

质量保证是通过策划并实施相应的质量保证活动，采取有效的质量控制措施和方法，协同其他产品保证职能，对产品研制全过程实施有效控制，确保项目产品满足规定的要求。质量保证工作包括策划、设计和开发控制、供应链质量控制、生产质量控制、试验质量控制、标准化管理等方面。

（3）可靠性保证

可靠性保证是为使顾客、承制单位及相关方确信产品满足规定的可靠性要求所必须进行的系统的、有计划的、有组织的全部活动。可靠性保证工作目标是利用可靠性系统工程技术和方法，确保研制的产品达到规定的可靠性要求，满足系统完好性和任务成功性要求，降低对保障资源的要求，减少寿命周期费用。可靠性保证工作包括可靠性管理、设计与分析、试验与评价、评估与改进。

（4）维修性保证

维修性保证是为使顾客、承制单位及相关方确信产品满足规定的维修性要求所必须进行的系统的、有计划的、有组织的全部活动。维修性保证工作目标是通过规范化的工程技术与管理活动，确保项目产品达到规定的维修性要求，满足产品的完好性和任务成功性要求，减少对维修人力及其他资源的需求，降低寿命周期费用。维修性保证工作包括维修性管理、设计与分析、评价与验证。

（5）测试性保证

测试性保证是为使顾客、承制单位及相关方确信产品满足规定的测试性要求所必须进行的系统的、有计划的、有组织的全部活动。测试性保证工作目标是通过规范化的工程技术与管理活动，确保研制、生产的项目产品达到规定的测试性要求，满足产品的完好性和任务成功性要求，优化对维修人力及其他资源的要求，降低全寿命周期费用。测试性保证工作包括测试性管理、设计与分析、试验与评价。

（6）保障性保证

保障性保证是为使顾客、承制单位及相关方确信产品满足规定的保障性要求所必须进行的系统的、有计划的、有组织的全部活动。保障性保证工作目标是通过规范化的工程与管理途径，确保研制的项目产品达到规定的保障性要求，以合理的寿命周期费用实现系统的完好性要求。保障性保证工作包括保障性管理、保障性设计与分析、保障资源规划、保障性试验与评价。

(7) 电磁兼容性保证

电磁兼容性保证是为使顾客、承制单位及相关方确信产品满足规定的电磁兼容性要求所必须进行的系统的、有计划的、有组织的全部活动。电磁兼容性保证工作目标是确保系统在规定的电磁环境条件下达到系统间电磁兼容性和系统内电磁兼容性；保护人员、燃油和产品免受电磁辐射的危害影响；最大限度减少电磁干扰问题，以降低研制费用和缩短研制周期；提高系统完好性和任务成功率。电磁兼容性保证工作包括电磁兼容性管理、设计与分析、试验与评价。

(8) 安全性保证

安全性保证是为使顾客、承制单位及相关方确信产品满足规定的安全性要求所必须进行的系统的、有计划的、有组织的全部活动。安全性保证工作目标是根据顾客的要求和产品的使用特点，在系统研制、生产和使用的过程中用及时、经济、有效的方法满足系统安全性要求，提高产品的使用效能，确保产品任务安全性。安全性保证工作包括安全性管理、安全性分析与设计、安全性验证与评价。

(9) 环境适应性保证

环境适应性保证是为使顾客、承制单位及相关方确信产品满足规定的环境适应性要求所必须进行的系统的、有计划的、有组织的全部活动。环境适应性保证工作目标是通过对产品使用环境进行分析，确定产品寿命期内的环境剖面，确保产品能正常使用。环境适应性保证工作包括环境适应性管理、设计与分析、验证与评价。

(10) 机械零件和工艺保证

机械零件和工艺保证是从产品设计的源头选择开始，过程中突出采购和使用环节，通过关键机械零件和关键工艺的评价、确认实施重点控制，确保项目产品使用的机械零件和工艺满足设计规定的要求。机械零件和工艺保证工作包括机械零件的选择、生产与采购、使用控制及工艺的设计与选择、工艺控制。

(11) 元器件保证

元器件保证是对用于系统的元器件采取各种质量保证措施，使元器件在系统的全寿命周期内，满足功能、性能、环境、安全性、质量与可靠性要求。元器件保证工作包括元器件的选用、采购、下厂监制验收、复验、补充筛选、破坏性物理分析（DPA，Destructive Physical Analysis）、发放、贮存和传递、失效分析，以及使用过程中的质量控制和质量信息管理。

(12) 软件产品保证

在软件开发周期中，为确保交付的软件产品满足用户的要求所进行的与质量、标准、规范等相关的活动。软件产品保证工作内容包括管理和工程技术两方面。管理方面包括软件开发策划、软件分级的确定、软件重用、软件评审、软件内部测试、软件配置管理、软件质量保证、软件第三方测试、软件项目的监督与控制、软件验收等管理活动；工程方面包括系统设计、软件需求分析、概要设计、详细设计、软件实现和单元测试、单元集成和测试、软件配置项测试、软硬件集成和测试、系统联试等工程活动。

(13) 计量保证

计量保证是为使项目产品的测量数据达到准确、统一和科学而开展的一系列计量管理和技术工作。主要工作包括对各级项目产品计量需求进行分析，配备相应的计量测试手段和测试、校准设备，建立完善的量值溯源渠道，通过计量确认和测量过程控制，保证测试和校准设备的覆盖性和完好性，确保项目产品测量数据准确、可靠。

(14) 材料保证

材料保证是对用于项目的材料采取的各种质量保证和评价措施，使材料在项目的整个寿命周期内满足系统功能、性能、环境适应性、安全性、质量与可靠性的要求。材料保证工作包括材料选用、评价、采购、复验、使用、失效分析等。

5.1.6　产品保证工作系统

项目产品保证工作系统由项目指挥系统、设计师系统、质量师系统、工艺师系统、产品保证专家组和产品保证专业支撑机构组成。项目产品保证模式示意图如图 5－1 所示。

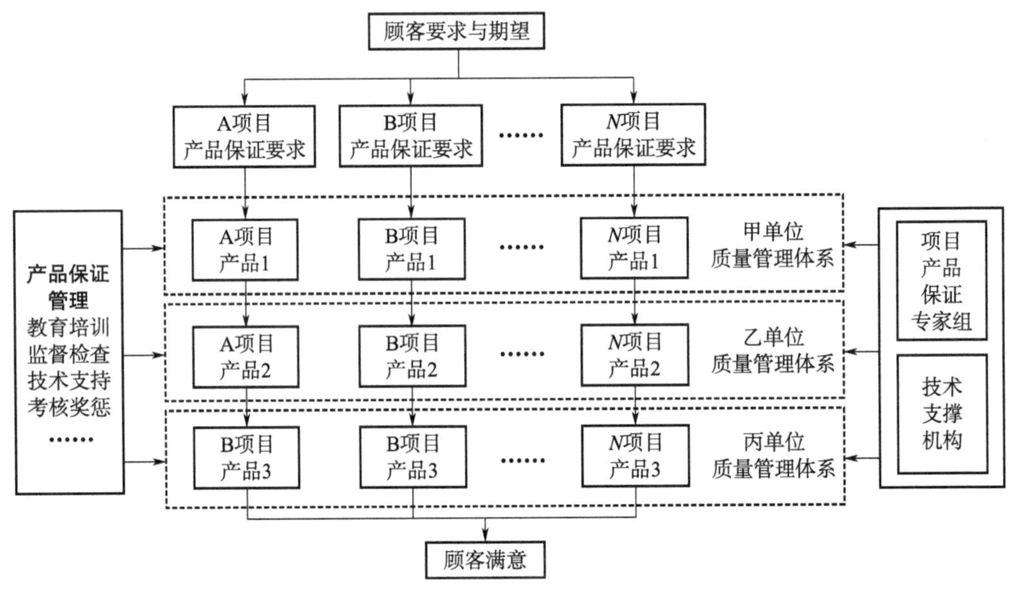

图 5－1　项目产品保证模式示意图

(1) 项目指挥系统

项目指挥系统职责为：

1) 对实现项目产品保证目标负责；

2) 开展项目内外部环境分析；

3) 将产品保证工作纳入项目研制计划并组织实施；

4) 负责保证项目产品保证工作所需的资源；

5) 负责项目技术状态管理；

6) 组织识别、应对相关风险。

(2) 设计师系统

设计师系统职责为：

1) 负责开展产品保证技术工作的策划；

2) 识别、应对相关技术风险；

3) 在产品设计工作中，贯彻落实产品保证各项技术要求，对设计质量负责；

4) 负责按照产品保证要求开展分析、试验、验证、评价等工作；

5) 负责项目产品的技术状态控制；

6) 对所承担的技术工作质量负责，对上级设计师负责。

(3) 质量师系统

质量师系统职责为：

1) 组织制定产品保证文件，组织提出产品保证工作项目；

2) 开展项目产品保证策划；

3) 负责产品保证信息的闭环管理；

4) 组织识别、应对相关风险；

5) 组织开展产品保证监督、检查；

6) 组织开展产品保证技术支持活动；

7) 组织开展产品保证专项培训；

8) 就项目产品保证工作对外进行联络。

(4) 工艺师系统

工艺师系统职责为：

1) 负责开展材料、机械零件和工艺保证工作的策划；

2) 负责产品设计工艺性的审查和评价；

3) 在工艺设计中，贯彻落实产品保证的各项技术要求，对工艺设计质量负责；

4) 负责对设计选用的关键材料、机械零件和工艺进行分析、评价和确认；

5) 负责策划项目工艺定型工作并组织实施。

(5) 产品保证专家组

产品保证专家组（包括可靠性、保障性、电磁兼容性、元器件、软件、工艺、计量与测试、标准化、材料、质量管理体系等专业的专家）职责为：

1) 负责项目产品保证专业技术发展和基础能力建设的研究和应用，跟踪产品使用共性问题，组织实施产品保证技术研究、技术改进；跟踪产品研制需求，推进新技术应用；

2) 指导编制项目产品保证专业技术的战略、规划、规范、指南及教材等，指导参与质量与技术基础科研项目研究；

3) 参加项目产品保证策划审查与实施监督、产品保证专业信息化、项目专项技术评审、故障排查和归零等技术支持活动；

4) 负责组织项目产品保证各专业技术交流，开展相关学术研究与交流活动，负责对设计师系统的培训支持；

5）参与质量专业建设，指导各单位专业工作计划、总结和自评；

6）在开展各项工作中，遵守有关保密法规和制度，严格保守国家秘密，保护被支持单位的知识产权。

（6）产品保证专业支撑机构

产品保证专业支撑机构（包括元器件可靠性、环境可靠性试验、电磁兼容检测、软件评测、质量与可靠性技术、计量测试研究中心等专业的技术支撑机构）职责为：从事产品保证技术理论、方法、应用研究与推广。

5.1.7 项目产品保证实施

（1）项目产品保证工作策划

开展项目研制阶段及年度产品保证策划，落实产品保证通用系列大纲要求。结合项目特点、研制阶段、关键节点，开展年度产品保证工作要点与工作计划，纳入项目研制计划或形成专题计划，主要包括：通用质量特性研制计划、工艺计划、软件开发计划等。

（2）落实产品保证技术工作

坚持预防为主，强化设计源头管控，不断提升项目产品质量与可靠性。开展通用质量特性一体化设计、软件工程化、工艺保证、元器件保证。设计师系统按照设计准则要求开展技术设计，按照产品保证工作策划，将质量保证、通用质量特性要求等内容落实到产品的技术文件中，落实产品可靠性，提升工程专项要求（如：弹上产品“1＋8＋2”、地面产品“1＋9＋3”、卫星产品 1＋6＋2[①]），确保产品技术性能指标满足研制总要求和任务书要求。通用质量特性工作（可靠性、维修性、测试性、保障性、电磁兼容性、安全性、环境适应性）之间的相互关系如图 5－2 所示。

（3）实施项目质量控制

①特性分析与故障模式分析

将项目产品特性分类分析和故障模式分析工作贯穿研制各阶段，分析结果应与产品的设计文件协调一致，产品初样阶段转试样阶段之前完成特性分类，形成特性分析报告。产品特性分类分析工作按照 QJ 892A—2012《航天产品特性分类和管理要求》执行，特性分析报告可参照 QJ 3230—2005《产品特性分类分析报告编写规定》执行。

开展全过程的失效模式影响及危害性分析。根据 FME（C）A 结果给出严酷度Ⅰ、Ⅱ类单点故障模式清单和可靠性关键产品清单。项目 FME（C）A 工作按照 QJ 3050A—2001《航天产品故障模式、影响及危害性分析指南》执行。

---

① 弹上产品“1＋8＋2”：故障模式及危害性分析（FMECA）；热设计、降额设计、抗力学环境设计、EMC 设计、静电防护设计、抗辐射、软件内部测试、可靠性强化试验；可靠性关键项目清单、装机元器件清单。

地面产品“1＋9＋3”：故障模式及危害性分析（FMECA）；热设计、降额设计、抗力学环境设计、EMC 设计、静电防护设计、三防设计测试性分析与验证、以可靠性为中心的维修性分析与使用和维修工作分析、可靠性增长摸底试验（或可靠性强化试验）；可靠性关键项目清单、装机元器件清单、LRU 清单。

卫星产品“1＋6＋2”：故障模式及危害性分析（FMECA）；热设计、降额设计、抗力学环境设计、EMC 设计、静电防护设计、抗辐射；关键元器件选用和可靠性验证试验工作。

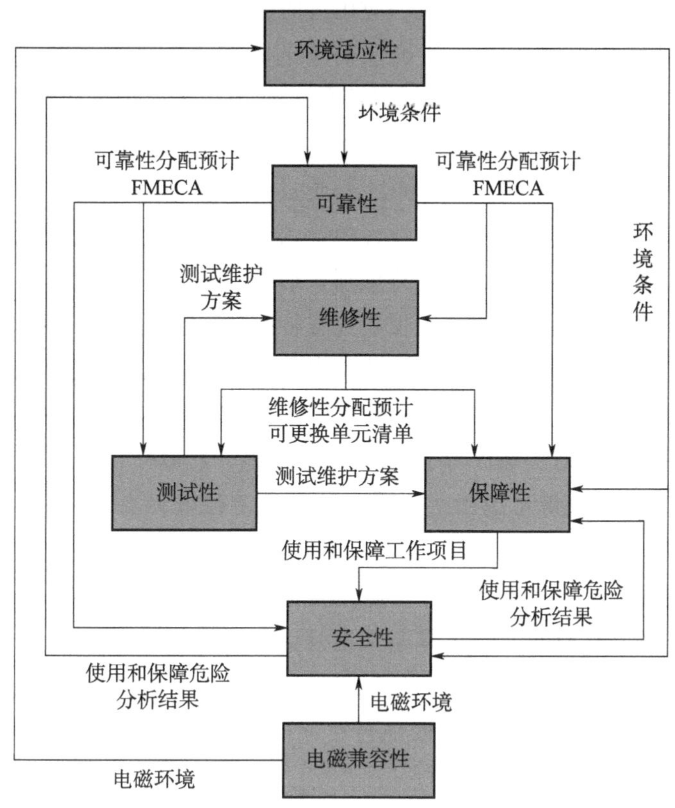

图 5　2　通用质量特性工作之间的相互关系图

②设计评审

项目研制过程中，依据任务书、设计报告及相关文件（包括产品保证系列大纲、标准化大纲等），对技术设计满足任务书要求的情况，设计的正确性、协调性与工艺性，以及技术设计中的通用质量特性、元器件选用、标准执行情况的适宜性和有效性进行设计评审。

③设计验证

系统、全面开展数字仿真试验、半实物仿真试验、功能性能验证试验、可靠性试验、软件测试等试验验证工作，并在设计文件中明确设计验证项目，规定验证方法，纳入研制计划，开展分阶段的设计验证工作。当验证结果表明产品设计输出未能或部分未能满足设计输入要求时，应采取有效措施，并对措施的实施结果及其有效性进行跟踪验证。

④新产品试制

落实工艺保证大纲要求，工艺部门按 QJ 1885—1990《航天产品设计文件工艺性审查》的要求对设计文件的工艺性进行分析和审查，将合理的工艺建议纳入设计文件，以提高产品制造的工艺性、经济性，并及早发现关键技术问题，提前进行工艺准备。强化对研制过程“三单”（材料、零件、工艺清单）管控，突出关键清单控制。项目产品工艺技术状态应与设计技术状态协调一致，工艺技术状态的任何变化应办理更改手续。

项目产品尽量选择在航天产品中成功应用过的成熟工艺，并优先选用航天行业标准中规定的、已在项目产品中使用并得到确认的工艺。按《中国航天科工集团有限公司禁（限）用工艺目录（2018 版）》要求禁止选择航天禁用工艺，慎重选择航天限用工艺。若必须选用限用工艺，须明确限用条件，履行审批手续。

项目按 GJB 467A—2008《生产提供过程质量控制》的规定，围绕人、机、料、法、环、测等方面实施过程管控，开展特殊过程的确认与控制，确保特殊过程识别无漏项，对无法检测、不易检测的精密装配过程进行识别，纳入特殊过程进行管理；特殊过程确认要充分，文件记录要规范，控制要监督受控，实施特殊过程参数量化与评价，采用信息化手段提升特殊过程管控能力。项目开展关键检验点、强制检验点的设置及管理工作。

项目按 QJ 2664—1994《关键工序质量控制》、QJ 1717A—2001《生产过程质量跟踪卡的编制要求》等规定，对关键工序进行识别和控制，形成项目的"关键工序目录"，对"关键少数"工序、工位统筹考虑引进先进的加工检测仪器设备，提升生产过程自动化与在线检测能力。

针对不可测试项目制定控制措施，形成可操作内容纳入产品研制过程操作文件中。

新研产品工艺设计过程中，开展基于三维模型的结构化工艺设计，同步开展潜在失效模式影响分析，及时识别发现工艺实现过程中可能存在的薄弱环节并加以改进。具体按照 GJB/Z 1391—2006《故障模式、影响及危害性分析指南》、QJ 3050A—2011《航天产品故障模式、影响及危害性分析指南》执行。

⑤供应链管控

承制单位实施供应链全范围、全过程、全要素管理，将项目产品保证系列大纲要求和标准传递到各级配套供方，确保控制要求和标准落实到供方产品研制生产全过程。

承制单位实施供应链质量控制点前移的要求，针对无法进行量化管控、验收环节无法检查、问题多发的特殊过程和关键项目、关重件、可靠性关键项目、不可测试项目等实施监视和控制；落实强制检验点要求、影像记录、质量与可靠性数据包要求，将供方生产过程质量数据等电子数据包作为验收的必要项目，在产品出厂、验收时进行专项检查，承制单位应对数据包完整性、准确性、符合性给出明确结论。

承制单位策划开展对关键产品供方审核及质量监督工作，对产品保证文件的贯彻实施情况及实施效果进行产品保证专项审核，如发现不符合项应及时督促供方采取纠正措施。

承制单位对供应链实施监视和控制的方式包括评审、审批、验收、试验、评价等活动。监视和控制结果、改进建议应向项目指挥和设计师系统及合同签订部门通报，对发现的不符合项，及时督促供方进行改进。

承制单位加强与供方的沟通、交流与反馈，建立多层次的沟通渠道。必要时组织建立所（厂）际质量保证体系并开展活动，特别是对研制项目关键重要外协项目的生产，质量信息要及时通报并按要求做好外协产品验收之后发生质量问题时信息的收集、处理、反馈、储存、使用和上报工作，为项目质量信息系统及故障报告、分析纠正措施系统的有效运行提供支持。

（4）实施产品保证管理活动

①风险分析与控制

项目在各研制阶段结合技术风险分析工作，充分开展产品关重件、可靠性关键项目、不可测项目、强制检验点等关键项目的分析、识别与控制。确定关键项目，制定有针对性的控制措施，并在工程研制各阶段，随着对风险认识的深入，对关键项目及控制措施进行修订完善。

项目建立并完善风险识别、分析、评价和应对的闭环管理流程，将风险思维贯穿于设计过程。对关键项目的风险应进行动态控制，确认项目存在的风险已降至可接受程度，并做出不影响任务完成的结论；项目转阶段时应完成风险评估报告。

②技术状态控制

落实项目技术状态管理要求，关注技术状态更改控制，对技术状态项的更改（包括软件、硬件、工艺更改）、对技术状态产生影响的偏离和超差，应严格按照“充分论证、各方认可、试验验证、审批完备、落实到位”的原则实施控制，确保技术状态更改受控、验证充分，具体按照 GJB 3206B—2022《技术状态管理》执行。

项目在设计评审、设计定型（鉴定）评审、产品投产、出厂、大型试验进场前等关键节点，以及项目技术状态管理计划中约定的其他活动中，应对技术状态记录资料进行整理、分析，编制技术状态记实报告，并逐级上报任务提出单位，必要时进行专项评审。

③文件、数据控制

承制单位建立质量记录管理的相关条件与规定，维护产品寿命期间系统正常运行，建立生产过程质量数据等电子数据包，确保质量记录的标识、收集、归档、储存、保管、借阅和处理可有效实施，并能对产品质量具有可追溯性。

④质量与可靠性记录

充分利用产品数据管理（PDM，Product Data Management）系统、试验数据管理（TDM，Test Data Management）系统、FRACAS、OnRoad 软件过程管理系统等数据管理系统，及时将研制全寿命周期内的各类技术文件、数据及质量信息进行归档，并确保所有文件和数据的适用版本在所有需要实施产品保证工作的阶段中均有效且可被应用，被保留的作废文件和数据可被有效识别且不被误用。

⑤质量问题归零管理

按 Q/QJB 187—2011《航天项目产品质量问题归零实施要求》开展各类质量问题归零工作。归零过程中邀请产品保证专家、项目外专家、行业技术专家等相关领域的专家参与，对故障定位、问题复现、纠正措施等进行深入指导和严格把关。

⑥产品保证审核

总承包单位按年度组织制定审核计划，对项目关键产品、关键单位、多级次承研情况进行识别，制定年度审核策划并实施审核活动。审核以专项审核为主，在每个研制阶段应至少覆盖一次项目产品保证系列大纲的要求。产品保证审核按总体、承制单位和分承制单位分级开展。

各承制单位按产品保证计划和项目研制具体情况对自身和分承制单位产品保证执行情况进行自查，项目指挥系统按照年度产品保证计划和项目研制具体情况对各承制单位产品保证计划执行情况进行监督检查，并形成检查报告。各承制单位按照检查报告提出的要求进行落实整改。

⑦产品保证支持

项目总指挥组织明确项目各专业相对固定的产品保证专家组成员，及早介入项目研制工作，掌握项目研制情况，为项目研制过程中的产品保证工作提供技术咨询和技术指导，主要产品保证技术支持工作包括：参加项目研制风险审查把关、技术评审、研制和生产过程中的故障排查、质量问题归零、产品保证技术培训、项目独立评估、项目产品保证审核与量化评价等。

⑧产品保证培训

项目总质量师与有关人事部门共同组织开展项目产品保证教育、培训、考试等活动。设计师100%参加产品保证培训并考核合格，获取证书。各分承制单位组织项目管理及设计人员开展项目内产品保证教育、培训、考试等活动，培训内容包括：项目产品保证系列大纲、相关标准、设计准则、产品保证管理和技术规范、用户有关管理要求等。

⑨信息通报与预警管理要求

项目按照Q/QJB 210B—2020《质量数据管理要求》开展院、所两级质量信息报送工作。项目总质量师组织对产品保证工作进行总结、分析与判断，评估存在的风险，向项目两总提出预警，通过产品保证例会、综合调度例会、项目调度会、项目两总会或项目工作会确认必要的措施并实施跟踪。

⑩产品保证报告与例会

各承制单位按计划总结项目产品保证工作，形成产品保证报告，并自下而上逐级报上一级承制单位。报告主要内容包括：产品保证计划项目完成情况，未完成的计划项目应说明其原因；产品保证文件执行情况和效果；质量问题（故障）归零情况；产品保证审核不符合项及其纠正措施落实情况；计划项目调整建议和下一阶段产品保证工作安排；需说明的其他有关事项。

根据工作需要召开产品保证例会，也可结合项目调度会、项目两总会、项目工作会等召开，及时总结、协调、调整和布置产品保证工作及专家支持活动，并形成例会纪要，各承制单位按照纪要要求落实各项产品保证工作。会议主要内容包括：做项目产品保证报告，分析存在问题及改进建议；审查质量问题归零、风险、技术状态变更情况、关键过程控制情况、产品验收情况；协调解决问题，调整产品保证工作和专家支持活动计划，明确下一阶段的产品保证工作重点。

（5）持续完善产品保证策划

将产品保证与单位质量管理体系有机结合，形成矩阵式质量管理模式。按照型号产品保证系列大纲的要求，型号在方案阶段制定型号产品保证策划。在工程研制阶段与鉴定定型阶段，由原编制单位对所有或部分型号产品保证系列大纲进行修订，使其更适合型号研制的实际需要，如果型号产品保证系列大纲适合研制阶段的需要，也可不做修订。

(6) 产品保证量化评价

建立产品保证量化评价体系，并定期实施产品保证量化评价。评价体系包括型号产品保证综合管理、型号产品保证工作实施、型号产品保证工作效果三部分。覆盖质量保证、可靠性保证、安全性保证、环境适应性保证、维修性保证、测试性保证、保障性保证、电磁兼容性保证、工艺保证、软件保证、元器件保证等方面的工程管理与技术应用内容，详见图 5-3。

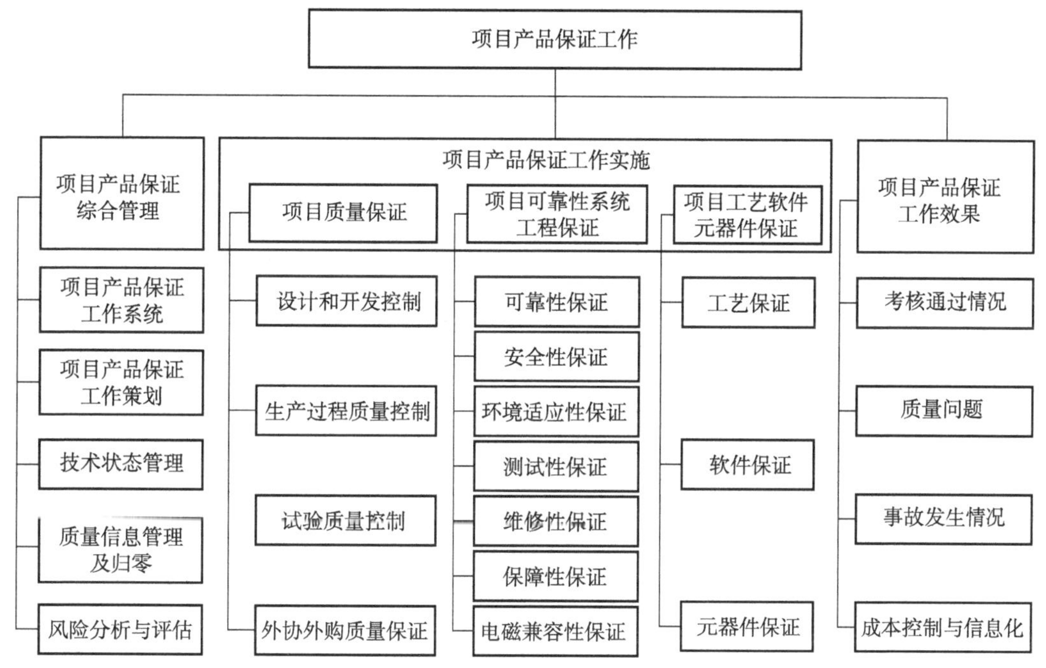

图 5-3　产品保证量化评价体系框架

针对产品保证量化评价中发现的问题，项目实施改进，有针对性地提出解决措施，促进项目产品保证工作向全系统、全过程、全要素的强化转变，提升项目产品整体质量与可靠性水平。

5.2　项目质量保证

5.2.1　质量保证概念

质量保证是质量管理的核心，它致力于提供质量要求会得到的满足的信任。质量保证是指为使人们确信产品或服务能满足质量要求而在质量管理体系中实施并根据需要进行证实的全部有计划和有系统的活动。航天项目质量保证是以保证质量为基础，进一步引申到为项目试验一次成功提供保障，实现为交装使用单位、为航天任务提供“信任”的基本目的，是产品保证的重要组成部分。

5.2.2 质量保证工作原则

（1）坚持质量至上

项目研制过程要以顾客为关注焦点，充分辨识用户对产品的使用需求和实际运用要求，并在质量保证的策划和实施过程中，强化产品的可靠性、维修性、保障性、测试性、安全性和环境适应性等通用质量特性管理；强化标准化、软件工程化、技术状态和设计可制造性管理；强化新产品试制、试验和关键过程控制的要求落实。

（2）坚持系统工程方法

各承制单位要根据质量保证大纲的各项要求，结合承制产品的具体特点，形成本单位的质量保证实施细则，提出研制各阶段的具体质量控制方法和措施；应强化基于风险的思维，通过有效开展风险分析，制定故障预防措施、检查方法和纠正措施，提高设计开发过程的控制水平；应运用过程方法和有效的计划—执行—检查—处置（PDCA，Plan Do Check Action）循环，对产品实现的全过程实施有效控制，确保产品各阶段研制达到规定的要求。

（3）坚持全员参与

各承制单位要提高全员的质量意识和能力，在项目研制过程中，应落实分系统设计的总体负责制、元器件采购的采购方负责制和外协件的委托方负责制（简称“三甲方”负责制）。按照院本部及各承制单位的质量体系规定，落实好项目团队及各承制单位内部的产品保证职责、权限和相互关系，以工作质量保证产品质量。

（4）追求全员“零缺陷”

项目研制团队贯彻落实“系统管理、追求卓越、一次成功、用户满意”的质量方针；坚持按程序、标准开展工作，做好质量目标的有效分解、落实及持续改进，一次就把工作做对；积极探索和应用先进的质量管理方法、工具和信息化手段，追求零缺陷的工作质量和产品质量。

5.2.3 质量保证目标

（1）确定质量目标

项目两总依据合同、招标文件、研制总要求（任务书）及顾客通过其他方式提出的质量保证要求，识别影响顾客满意的重要内容，组织制定项目质量目标。质量目标应满足合同规定的产品质量特性，包括可靠性、维修性、保障性、安全性和测试性等通用质量特性。质量目标应可测量、可分解和可管控。

（2）分解落实目标

各承制单位应根据承担任务的具体情况，将项目质量目标分解落实到本单位承担的产品和任务上，并依据项目质量保证大纲，围绕分解的质量目标，制定具体的质量保证措施。各承制单位将本单位承制产品的质量目标，分解到产品相关的供应链成员单位，并监督供应链成员单位进行目标分解、措施制定，以确保实现质量目标。

（3）制定保证措施

项目两总组织质量保证策划，制定项目质量保证大纲，通过实施相应的质量保证活动，采取有效的质量控制措施和方法，协同其他产品保证职能，对产品研制全过程实施有效控制，确保项目产品满足规定的要求，确保实现项目质量目标。

5.2.4　质量保证管理主要工作

（1）产品实现策划

从方案阶段开始，项目指挥系统基于对顾客要求的识别和任务分析，组织各层级产品承制单位，按照 GJB 9001C—2017《质量管理体系要求》或各单位质量管理体系文件的有关要求，进行产品实现策划，形成策划报告，并在审批后执行。在产品转阶段时，或用户要求发生较大变更时，及时更新产品实现策划，确保有效指导研制工作开展。各项目对通用质量特性、标准化工作、软件开发工作、技术状态管理工作、风险管理工作、质量信息管理工作进行策划。制定适用于本项目所有研制阶段大型试验的放行准则，并向集团公司报批或备案。

（2）设计和开发控制

1）设计和开发策划。各承制单位在方案阶段，按照 GJB 9001C—2017《质量管理体系要求》和本单位质量管理体系文件的有关要求，开展设计和开发策划，形成设计和开发策划报告，包括研制阶段划分以及适合于各阶段的评审和验证活动、质量控制点及质量控制方法。识别“九新”程度、“三化”程度等，确定需开展的试验验证项目、仿真试验验证项目、虚拟试验验证项目。充分考虑产品边界条件、极限条件、复杂电磁条件、作战使用等适应性分析，确保策划实施的验证项目能够摸清产品性能底数。

2）设计输入管理。各级产品设计师在方案阶段进行设计分析，以确定与产品要求有关的输入，形成设计输入文件。随着设计活动的进展，如果相关要求（如产品目标、产品要求/标准等）或资源需求等方面因素发生变化，承制单位在适当时修改或更新设计输入文件。设计输入文件评审可采用会议和文件签审两种形式。各级任务书必须进行质量、可靠性和工艺等专业人员会签。各级产品设计师应确定与产品要求有关的所有输入，并将识别结果形成符合单位质量管理体系文件要求的记录，作为开展产品设计和开发的依据。

3）通用质量特性设计。卫星产品重点抓好“1＋6＋2”：FME（C）A；热设计、降额设计、抗力学环境设计、电磁兼容性（EMC，Electro Magnetic Compatibility）设计、静电防护设计、抗辐射；关键元器件选用和可靠性验证试验工作。弹上产品重点抓好“1＋8＋2”：FME（C）A；热设计、降额设计、抗力学环境设计、EMC 设计、静电防护设计、抗辐射、软件内部测试、可靠性强化试验；可靠性关键项目清单、装机元器件清单。地面产品重点抓好“1＋9＋3”：FME（C）A；热设计、降额设计、抗力学环境设计、EMC 设计、静电防护设计、三防设计测试性分析与验证、以可靠性为中心的维修性分析与使用和维修工作分析、可靠性增长摸底试验（或可靠性强化试验）；可靠性关键项目清单、装机元器件清单、现场可更换单元（LRU，Line Replaceable Unit）清单。

4）综合保障设计。各项目应制定项目综合保障大纲，指导开展项目全寿命周期综合保障工作。以实战化作战保障需求为牵引，深入研究和分析用户的任务需求和保障需求，合理确定综合保障能力需求并转化为综合保障要求，据此开展保障设计与分析，规划保障资源，从设计源头提升产品的保障能力和水平。

5）元器件选用设计。各项目应制定项目元器件保证大纲或在产品保证要求等文件中明确项目的元器件选用要求，指导项目产品设计师的元器件选用设计。元器件选用设计在产品技术设计阶段，随产品技术设计进行。初样阶段，结合审查可靠性预计、可靠性设计（降额等）等工作，进行元器件选用评审。试样阶段，做好转阶段元器件评审、风险评价、失效元器件的归零及初样阶段问题的解决工作。选用元器件要遵循压缩品种、厂家，合理选用质量等级，优先选择国内元器件的原则。经评审后的元器件才能进行采购。

6）材料、机械零件选择与设计工艺性。各项目应编制项目材料保证大纲。在保证大纲中应明确本项目材料选用的质量等级要求、材料选用和控制原则。大纲实施前应经材料专家组评审确认。各承制单位应遵照项目材料保证大纲的要求，开展材料的设计选用、评价和控制。开展机械零件的设计与选择，开展工艺性设计与审查。应根据设计和开发策划识别出的设计和工艺协同项目，组建设计与工艺协同工作项目团队，推动设计与工艺协同工作。

7）设计评审。项目各级产品设计师在项目研制各阶段按照产品的复杂性、重要性及研制程序等具体情况，策划产品设计评审项目，纳入设计开发策划或者项目研制计划，作为研制过程设计评审开展的依据。依据设计准则实施设计和开发评审，主要包括阶段评审、技术设计评审和可靠性、元器件、软件等专业的专项评审。专项评审是基于降低风险的原则，根据产品的具体特点，选择对产品质量、研制进度和经费有重大影响的专业技术问题开展的评审活动。各级承制单位按设计和开发策划的安排，在适当阶段对设计和开发结果进行系统的评审。评审可采用会议评审、函审和文件会签等方式。

8）设计输出。设计输出必须形成文件，其方式应适合于对照设计输入进行验证。为了使设计采用统一的标准、规范，在研制初期策划编制文件完整性要求。设计输出文件应符合技术文件完整性要求。设计输出文件发布前必须签署完整，需经会议评审的文件必须在评审通过并经批准后方可发布。

9）技术状态管理。技术状态管理活动包括技术状态标识、控制、记实和审核。技术状态控制始于功能基线确定之时，继而贯穿技术状态项目研制、生产的全过程。控制对象是功能技术状态文件、分配技术状态文件和产品技术状态文件。项目管理部门负责组织实施技术状态管理。应从方案阶段初期开始编制项目的技术状态管理要求，规定各级各类人员技术状态管理的职责、技术状态管理内容，明确技术状态项目和基线，并根据项目各阶段的特点和要求，进行必要的修订和完善。应根据项目特点，制定年度技术状态管理计划，并组织实施。

10）设计和开发验证。设计师系统在设计初期充分考虑产品技术及性能指标测试覆盖性和验证充分性，在相应的设计文件中明确设计验证项目，规定验证方法，并纳入研制计划，安排实施验证。设计验证后应形成报告并归档。对顾客要求控制的验证项目，应通知顾客参加设计验证。根据试验的真实性、覆盖性以及天地一致性要求强化试验设计，按照系统层级分别细化试验产品、步骤及要求。针对具体试验项目，设计试验方案，确定试验方法，按系统层级分别细化参试产品、被试产品、陪试产品及设备设施，细化试验步骤和控制要求，制定试验数据和多媒体记录要求，并逐一明确责任单位、工作计划。对于实物试验无法达到天地一致性的部分，补充开展专题分析或仿真试验。

（3）软件质量管理

结合项目研制特点，新研软件产品要进行软件策划、开发、验证、测试、改进、更改、评审、配置和质量管理。确定新研软件安全关键性等级，由总体部形成软件安全关键性等级清单，并经总师批准后实施；该清单可结合产品研制进行动态调整与完善。应通过航天系统授权的软件评测机构的软件评测（第三方测试）。承办方对第三方评测发现的问题，要进行分析和处理，对修改内容要进行测试验证和更改控制，并提交第三方进行回归测试，不修改的问题要形成风险分析报告并通过审查。

对于完全重用可独立运行的软件，即软件的系统需求、源代码、运行环境及所有接口均没有发生任何变化的软件，由研制单位与总体单位共同进行评定，双方认可重用软件名录，其文档沿用原来对应的文档内容，但其中的软件产品代号、软件产品的起始版本号按照项目具体要求执行；对于未 100%重用可独立运行的软件，但代码行数、或构件（模块）数重用大于原来软件产品的 70%时，其文档沿用原来对应的文档内容，但其中的软件产品代号、软件产品的起始版本号按照项目具体要求执行。

软件设计加强内部测试，在完成软件功能测试、性能测试、接口测试的基础上，加强安全性测试、强度测试、恢复性测试、边界测试、“五量”测试等特性测试，设计全面、合理的测试用例开展软件测试，提高测试充分性。按要求完成软件单元测试、集成测试与配置项测试，保持测试记录，并进行同行评审。软件设计中用到的系统模型和算法，应经过交办方仿真验证，并提供测试使用的标准解。

（4）供应链质量控制

承制单位应制定选择、评价和重新评价供方的准则，在分析是否及时供货、采购品质量是否稳定等采购风险基础上选择、评价供方，定期按规定的评价要求进行重新评定。顾客要求时，应邀请顾客代表参加对供方的评价和选择。

承制单位应严格按要求完成采购文件和合同的编制。合同文本应有详细和可核查的质量条款，相关技术文件、协议应作为合同的附件。外协外购产品质量管理应纳入承制方和供方的质量管理体系和计划管理。采购单位将项目产品质量保证的各项要求传递至各级供方，并监督供方落实相关要求。

（5）产品试制与生产的质量控制

项目产品研制过程中，新研产品的试制工作按 GJB 2366A—2007《试制过程的质量控制》的规定执行，非新研产品的试制工作应参照批生产管理执行。

①工艺准备

研制产品试制前，承制单位按 QJ 903B—2011《航天产品工艺文件管理制度》编制工艺总方案及相关的工艺文件，建立清单。工艺文件的技术状态应与设计文件的技术状态保持一致并签署完整。工艺文件尽量不使用“少许”“若干”“适量”等模糊性描述，应能够有效指导操作。

设备和工艺装备准备至少应包括：配备了必要的工艺装备，检验、测量和试验设备；已有的生产用设备、工装、非标准设备、专用测试设备进行了检定、校准；新启用的生产用设备、工装、非标准设备、专用测试设备进行了鉴定；专用工艺装备应完整齐套、文实一致、现行有效；现场使用的工装、非标测试设备必须在计量、检定有效期内，生产设备必须挂准用、合格或完好标牌。

各承制单位针对具体产品特点，确定工艺设计阶段和工艺评审点，列入项目研制计划，按 GJB 1269A—2000《工艺评审》和 QJ 1302—2001《航天产品技术评审》等规定分级、分阶段地组织工艺评审。工艺评审的重点对象是工艺总方案、工艺说明书等指令性工艺文件，关键件、重要件和关键工序的工艺规程，以及特殊过程的工艺文件。

②元器件、零件和原材料的控制

承制单位应制定元器件、零件和原材料的质量控制程序或措施及材料代用程序。关键设备用半导体器件、塑封半导体集成电路、混合集成电路的电源模块，按批次 100%进行 DPA，具体按 GJB 4027A — 2006《军用电子元器件破坏性物理分析方法》执行。

③基础设施和工作环境准备

产品试制使用的基础设施和生产环境应满足工艺规程规定的要求，包括空气洁净度要求、温度和湿度控制要求、静电防护要求、多余物控制要求等。生产现场设备应完好。试制过程中使用的生产软件，在用于试制前，开展对样件的试加工或模拟试加工的验证工作和首件确认。试制过程在网络环境下使用的生产软件，应始终处于有效版本的杀毒软件监控之中。

④试制准备状态检查

承制单位在产品试制前应参照执行 GJB 1710A—2004《试制和生产准备状态检查》的规定，按照“人、机、料、法、环、测”六方面对其生产准备状态进行检查，并做好检查记录。对发现的问题应及时书面通知有关责任部门并责其按期整改。生产准备状态检查的时机是在研制产品投入生产前，各项准备工作完成后进行。

⑤首件鉴定

各承制单位在工艺总方案中提出产品首件鉴定清单，并按 GJB 908A—2008《首件鉴定》的规定组织首件鉴定。首件鉴定应邀请顾客代表参加。提交首件鉴定评审的资料应完整、齐全，包括：带有设计标识的实物、首件过程流程卡（工艺路线卡）、首件生产过程原始记录、首件鉴定检验报告、首件鉴定审查报告、首件鉴定生产总结等。

⑥标识和可追溯性

承制单位按 GJB 726A — 2004《产品标识和可追溯性要求》、GJB 1330A—2019《军工产品批次管理的质量控制要求》进行产品的标识和可追溯性控制以及产品批次的质量管理。承制单位应当依据产品的特点及生产和使用的需要，对采购产品、生产过程的产品和最终产品，采用适宜的方法进行标识。针对监视和测量要求，对产品的状态进行标识。在有可追溯性要求的场合，应控制并记录产品的唯一性标识。产品标识应清晰、完整，处于醒目或图纸指定位置，易于识别和追溯。

⑦产品防护

各承制单位在产品生产过程中应通过适当的预先措施确保产品得到保护。产品包装、装卸、运输、贮存的质量管理必须纳入各承制单位的质量管理体系，明确有关部门和人员的责任。加强产品周转、调试、试验、运输过程中外观防护的有效性控制，保证产品表面不受损伤。

(6) 检验质量控制

①检验验证基本原则

承制单位应确保检验人员能够独立行使职权，专职检验员在各单位实行一级管理。各单位制定并执行检验和试验活动的程序，以验证产品是否满足规定的要求；制定并执行检验印章控制程序，以保证检验印章的正确使用；建立检验记录管理程序并指定专人对检验记录进行收集、整理、归档和保存。

质量检验包括：进货（外购器材、外协件）检验、过程检验（工序检验）、最终检验、产品例行试验、复核检验、无损检验等。质量检验工作应参照 QJ 3049—1998《航天产品检验工作要求》执行。

②进货检验

外购产品应进行复验或元器件补充筛选，具体按 QJ 1386B—2011《金属材料复验规定》、QJ 977B—2005《非金属材料复验规定》、QJ 3112A—2008《航天产品用标准紧固件入厂（所）复验规定》执行，超过有效贮存期的元器件，按 QJ 2227A—2005《航天元器件有效贮存期和超期复验要求》实施超期复验。确定为关键件、重要件及功能复杂、不具备复验或筛选条件的元器件，应委派具备资质的验收人员下厂验收。当试制产品对元器件筛选的要求高于元器件生产厂的筛选技术条件时，试制单位应提出明确的补充筛选或二次筛选要求，并按要求进行筛选。外协产品验收前，各承制单位要先查验产品数据包，符合要求后方可验收。

外协产品的验收工作内容需包括：产品齐套性检查情况、外观及包装检查情况、功能性能和接口测试情况、相关试验数据及记录情况、软件验收情况、研制生产和试验过程控制检查情况、产品数据包以及验收结果确认情况等方面内容，并形成验收报告。

③过程（工序）检验

在产品加工和装配期间应进行工序检验，以检查操作是否适当，是否在受控条件下进行。生产过程中按现行有效的图样、技术条件、工艺规程（含检验规范）进行过程检验；对于关键件和重要件、关键工序和特种工序、使用中的要害项目、质量不稳定项目、装配后不易检验项目和施工条件恶劣项目应进行过程检验；对最终交付检验时不能检验和试验的项目，应强化过程检验；做好原始记录。

④强制检验

对可靠性关键项目、关键件与重要件、不可测试项目，必须设置关键质量控制点或强制检验点，如：关键组件、部位的装配与检验，关键参数的测试和试验验证，封盖前检查确认等，在这些节点上，对产品的重要、关键过程参数和产品关键、重要特性进行监视和控制，双方共同确认，并留存影像记录，确保实物质量。

⑤例行试验

例行试验项目、抽样产品数量按产品规范（技术条件）的规定执行，例行试验产品由检验人员会同验收代表按照产品规范（技术条件）的要求从检验合格的产品中抽取。试验条件、方法等按相应试验大纲的规定执行，顾客有要求时，试验大纲需经过顾客代表会签认可，检验人员按规定参加例行试验，并监督试验的全过程，顾客有要求时，应邀请顾客代表参加。例行试验中的偏离规定应经批准；例行试验不合格的，该批产品不得交付；例行试验合格的产品，检验人员按规定在质量证明文件上盖检验印章。例行试验的产品应标识、隔离，不得充当合格品交付。

⑥验收试验和检验（最终检验）

在加工装配完成后，应进行验收试验和检验：验收试验和检验的操作按批准的程序、方法进行；验收试验和检验结束后，均应提供产品质量和技术特性数据；在试验和检验中发生故障，均应采取措施后重新试验和检验。

⑦检验标识

承制单位在产品生产、安装和服务过程中，应制定并执行检验状态标记制度。在整个生产周期中，应清楚地表明产品的检验和试验状态状况。随同产品的质量记录应有完成检验的标记及有关问题说明。标识标明产品经检验和试验后合格与否，同时保护好检验和试验状态的标识，以确保只有通过了规定的检验和试验的（或授权让步放行的）产品才能发出、使用或安装。

（7）试验质量控制

应根据试验综合计划要求编制试验大纲，按试验大纲进行试验，并保存全部试验资料。

1）试验前质量控制。承制单位项目指挥系统将试验工作纳入科研生产计划统筹安排。应确保参试设备、设施和物资符合有关规定的要求，并对参试设备的所有项目进行验证，确保正常运行。按 GJB 1452A—2004《大型试验质量管理要求》制定试验大纲或程序等文件，并按规定进行评审和会签。试验大纲需经顾客代表同意，必要时，应邀请顾客代表参加试验。组织进行试验准备检查，必要时，承制单位组织应对试验准备情况进行评审。

2）试验过程质量控制。按试验大纲和程序组织实施试验，并落实岗位责任制，对关键岗位实行“双岗制”。在试验过程中应严格控制技术状态，对参试产品、软件产品、试验大纲、程序等的更改按规定履行审批程序。按规定建立和保存试验记录。试验中出现的问题应及时进行处理，对试验过程中发生的质量问题应严格按 Q/QJB 187—2011《航天项目产品质量问题归零实施要求》开展归零工作。

3）试验后质量控制。试验结束后，应进行试验总结，编制试验报告，对整个试验过程进行描述、分析和评价。及时整理试验数据和试验记录，保证原始数据的完整性和正确性。做好质量问题的梳理，组织完成试验遗留质量问题的归零工作以及归零措施的清理和落实。

（8）质量基础管理

承制单位应根据产品特点，开展人员培训和资格考核、文件和记录的控制、计量管理、质量信息管理、质量问题归零等工作。

①人员培训和资格考核

承制单位应根据产品特点，明确相关岗位职责和履职要求。结合工作特点，对参与研制、生产、试验的所有人员，开展必要的专门培训及资格考核，并明确规定资格考核的有效期，期满前应重新考核，考核不合格者不能上岗。承担项目研制任务的设计师，在履职一年内，必须接受质量职责和通用质量特性知识的培训。

②文件和记录的控制

承制单位按有关规定，对各种媒体形式的文件资料（含计算机软件文档）的批准、分发、更改实施控制。文件的编制、完整性、签署、更改等按照 Q/QJB 137—2004《设计文件与研究试验文件编写规定》、QJ 19A—1995《产品证明书的编写规定》、QJ 1167A—2011《研究试验文件管理制度》、QJ 1714B—2011《航天产品设计文件管理制度》、QJ 903B—2011《航天产品工艺文件管理制度》等规定执行。现场文件应现行有效，及时收回失效和作废的文件和资料，并进行分类、标识，防止误用。建立文件资料档案管理制度，对产品实现过程中形成的各类文件及时整理和归档。承制单位应保证交付的技术资料准确和适用。工程图纸、技术文件应符合国家标准或者国家军用标准。具体执行 GJB 906—1990《成套技术资料质量管理要求》、QJ 19A—1995《产品证明书的编写规定》、QJ 1714A—2011《航天产品设计文件管理制度》等的规定。承制单位应制定并实施产品形成过程的可追溯系统，并确保产品寿命期间系统正常运行；应规定质量记录的标识、收集、编目、查阅、归档、储存、保管和处理；应对产品实施唯一性标识。

③计量管理

项目各级承制单位应综合策划并开展计量保证工作。要求如下：分析影响产品功能、性能的项目或参数，论证和确定产品需要检测或校准的项目或参数，制定《检测需求明细表》；分析提出满足检测要求的检测设备，编制《检测设备推荐表》；分析检测设备的校准需求，编制《校准设备推荐表》；编制《检测和校准需求汇总表》；组织研制必要的检测设备，并组织对测试方案的评审；组织研制必要的校准设备，并组织对校准方法的评审。

④标准化管理

方案论证阶段，制定项目系统标准化大纲及各分系统标准化大纲，结合项目研制阶段和特点编制所需的标准化文件和规范，在研制各阶段应落实项目标准化大纲的要求。

⑤质量信息管理

各项目建立运行质量信息管理和 FRACAS。质量问题归零工作按 GB/T 29076—2012《航天产品质量问题归零实施要求》执行。项目的质量保证组织中的院、所两级项目质量管理人员负责本项目 FRACAS 的运行，将研制、生产、试验、使用、服务全过程发生的质量信息进行及时的收集、传递，向两总报告并组织故障和归零审查，实现闭环管理，并按要求将有关信息录入质量管理信息系统中。质量信息管理实行集团级、院级和所（厂）三级管理模式。承制单位按照本单位所级质量信息范围，开展质量信息的收集，并纳入质量管理信息系统进行管理。

（9）监督检查

项目各级质量管理部门，制定质量工作计划，通过文件审签、现场检查、专项审核等方式，及时监督和检查各级产品落实项目质量保证大纲的情况。

项目研制期间，由院产品保证部门结合实际工作计划或产品质量情况，组织开展质量监督检查。质量监督检查可与质量确认复查、产品保证量化评价、项目产品保证审核等工作结合开展。

由各承制单位策划并开展项目工艺纪律检查。院级项目工艺纪律检查根据项目阶段和研制生产实际需要，不定期组织开展。厂（所）级项目工艺纪律检查每季度开展一次，每三年覆盖本项目的所有外协单位。

院产品保证部门定期或不定期组织对项目大型试验的计量工作进行监督检查。发现的问题填写《大型试验计量监督检查记录表》，反馈被检查单位。

项目质量确认及复查工作应分阶段进行，分系统及以下级产品的质量确认及复查工作在产品出厂前完成，系统的质量确认及复查在系统大型试验进场前完成。设计质量复查是对产品功能特性、物理特性符合产品研制任务书（相关接口文件）等技术状态基线的检查、确认活动。设计质量复查由设计师系统组织实施，并编写设计复查报告。产品质量复查是对产品形成过程中的质量控制情况以及产品最终质量进行的检查确认活动。产品质量复查由质量部门组织实施，并审查产品质量复查报告。

5.3　产品保证要素

5.3.1　可靠性保证

5.3.1.1　可靠性工作策划与裁剪

可靠性工作主要包括可靠性及其工作项目要求的确定（确定可靠性要求、确定可靠性工作项目要求）、可靠性管理（制定和执行可靠性工作计划，对外协、外购产品的监督和控制，可靠性评审，建立和运行故障报告、分析和纠正措施系统，建立故障审查组织）、可靠性设计与分析［建立可靠性模型，可靠性分配，可靠性预计，故障模式、影响及危害性分析（FMECA，Failure Mode Effects and Criticality Analysis），故障树分析，潜在分析，容差分析，制定和贯彻可靠性设计准则，元器件、零部件和原材料的选择与控制，可靠性关键产品的确定和控制，确定功能测试、包装、贮存、装卸、运输及维修对产品可靠性的影响，有限元分析，耐久性分析]、可靠性试验与评价（环境应力筛选、可靠性研制试验、可靠性增长试验、可靠性鉴定试验、寿命试验、可靠性分析评价）、使用可靠性评估与改进（使用可靠性信息收集、使用可靠性评估、使用可靠性改进），共计 5 大类、31 项。具体要求可参见 GJB 450B—2021《装备可靠性工作通用要求》。

航天装备的可靠性工作，一般是根据用户需求和 GJB 450B—2021《装备可靠性工作通用要求》，并结合航天装备特点进行确定。可靠性保证工作选择时，应选择经济有效的工作项目，选择中应综合考虑规定的可靠性要求、产品的可靠性水平、产品的复杂程度和关键性、产品的新技术含量、费用和进度、所处阶段等。

实际应用中，订购方和承制方可根据实际情况对工作项目进行裁剪，如规定了产品的可靠性定量指标要求，则必须开展可靠性建模、可靠性分配、可靠性预计；无寿命要求的产品可不开展耐久性分析；改进型号若已经积累了较多的可靠性数据，对其可靠性水平已经有了较为全面的认识，可不再开展可靠性研制试验；对于有软件的产品，还需依据 GJB/Z 102—1997《软件可靠性和安全性设计准则》开展软件可靠性设计。

确定了可靠性工作策划，实际上就规定了产品在论证、方案、工程研制、定型、生产与使用的各个阶段，为实现可靠性要求所必须做的各项可靠性工作，为产品全寿命周期的可靠性保证工作系统、规范、科学的开展奠定良好基础。

5.3.1.2　可靠性定性、定量要求

(1) 定性要求

航天装备可靠性设计中，定性要求主要包括：

1) 采用成熟的技术和工艺，尽量降低装备的复杂性；

2) 元器件按要求进行降额设计；

3) 关键项目开展冗余设计；

4) 具有良好的容错、容差、防瞬态过应力、耐环境能力等。

(2) 定量要求

定量要求主要包括：

1) 任务可靠度：在规定时间内和规定条件下，完成规定任务的能力，是一种概率度量。例如，导弹发射飞行可靠度、卫星在轨可靠度、装备平均严重故障间隔时间等；

2) 寿命：在规定贮存条件下能够满足任务要求的期限，通常包含工作寿命、贮存寿命（导弹）、在轨寿命（空间飞行器）、舰载值班寿命（舰载武器）等。

5.3.1.3　可靠性设计分析和设计准则

(1) 各阶段设计分析要点

①论证阶段

论证阶段可靠性保证工作的工作要点包括：根据航天装备任务使命及当前工业水平等，综合分析确定可靠性要求。

②方案阶段

方案阶段可靠性保证工作的工作要点包括：建立可靠性保证工作系统并明确职责，开展可靠性工作策划并制定研制阶段的可靠性工作计划，建立和运行故障报告、分析和纠正措施系统（FRACAS，Failure Report Analysis and Corrective Action System），明确对外协、外购产品监督控制的内容和方式，制定可靠性设计准则，完成可靠性建模，完成初步的可靠性分配和预计，进行 FMECA，并通过可靠性评审对工作质量进行把关。

③工程研制阶段

工程研制阶段应重点开展以下工作：完善可靠性工作计划并按照计划开展可靠性工作，开展可靠性评审，加强对外协、外购产品的监督和控制，运行 FRACAS，贯彻可靠性设计准则并进行符合性检查，完善可靠性建模、分配和预计工作，完善 FMECA，确定可靠性关键产品并进行控制，进行元器件、零部件和原材料的控制，分析寿命周期事件（包括功能测试、包装、贮存、装卸、运输及维修等）对产品可靠性的影响并进行针对性的设计，开展耐久性分析。任务和安全关键的产品应进行故障树分析（FTA，Fault Tree Analysis）、潜在分析、容差分析和有限元分析。工程研制阶段的产品应进行环境应力筛选（ESS，Environmental Stress Screening）、可靠性研制试验、可靠性增长试验、寿命试验，进行可靠性分析评价。

④设计定型阶段

设计定型阶段应重点开展以下工作：按照计划开展可靠性工作，开展可靠性评审，加强对外协、外购产品的监督和控制，运行 FRACAS，加强元器件、零部件和原材料的控制，开展 ESS，开展可靠性鉴定试验，开展寿命试验，进行可靠性分析评价。

（2）设计准则

根据型号的可靠性要求，参照相关的标准和手册，并在认真总结工程经验的基础上，制定专用的可靠性设计准则（包括硬件和软件），供设计人员在设计中贯彻和实施。可靠性设计准则主要包括以下方面：

1）采用成熟的技术和工艺；

2）简化设计；

3）元器件、零部件和原材料的选择与使用；

4）降额设计；

5）容错、冗余和防差错设计；

6）电路容差设计；

7）防瞬态过应力设计；

8）热设计；

9）环境防护设计；

10）人素工程设计；

11）软件可靠性设计。

在重要研制节点对产品设计与可靠性设计准则的符合性进行检查。

5.3.1.4　可靠性试验验证

可靠性试验验证是指为了确定装备是否达到了规定的可靠性要求，由指定的机构或由订购方与承制方联合进行的试验验证工作。

可靠性验证包括可靠性设计核查和可靠性试验两个方面。

可靠性核查：可靠性核查是对产品的可靠性设计满足要求情况和可靠性工作项目执行情况的综合检查，一般在转研制阶段和设计定型前开展。可靠性核查应由承制方负责组织开展，任务提出方监督检查。可靠性核查表应由承制方制定，列出具体的核查项目，应涵盖技术要求或任务书提出的所有可靠性定性要求，并经任务提出方认可。对于含有火工品、光学器件、活动部件等类型的非电产品，还应根据产品特点或行业规范的规定，对可靠性核查表进行补充完善。承制方应根据核查情况填写所检查的技术资料名称、图纸名称等，并以佐证的形式详细填写核查结果。对于核查结果不满足要求的情况，应分析原因，并改进设计。可在产品可靠性设计准则核查的基础上，结合研制过程各类试验中出现的可靠性问题，开展可靠性核查。最后形成可靠性核查报告。

可靠性试验是为了了解、评价、分析和提高产品可靠性而进行的各种试验的总称。通过可靠性试验可以发现产品在设计、材料和工艺等方面的缺陷，经分析和改进，使产品可靠性逐步得到增长，最终达到预定的可靠性水平；还可以验证产品可靠性指标是否达到规定的要求，为评估产品战备完好性、任务成功性、维修人力费用和保障资源费用提供信息。试验包括：

1）环境应力筛选：通过建立并实施环境应力筛选（ESS）程序，发现和排除不良元器件、制造工艺和其他原因引入的缺陷造成的早期故障。

2）可靠性研制试验：通过对产品施加适当的环境应力、工作载荷，寻找产品中的设计缺陷，以改进设计，提高产品的固有可靠性水平。

3）可靠性增长试验：通过对产品施加模拟实际使用环境的综合环境应力暴露产品中的潜在缺陷并采取纠正措施，使产品的可靠性达到规定的要求。

4）可靠性鉴定试验：验证产品的设计是否达到了规定的可靠性要求。

5）寿命试验：验证产品在规定条件下的使用寿命、贮存寿命。

5.3.1.5　可靠性评价、评估

可靠性评价是通过综合利用与产品有关的各种信息，评价产品是否满足规定的可靠性要求。

可靠性评价的工作要点包括以下三个方面：

1）对于型号中样本量少、可靠性指标要求高的复杂产品，在设计定型阶段可以采用可靠性分析方法，评价产品是否达到规定的可靠性水平。工程研制阶段开展可靠性分析评价主要采用可靠性预计方法。

2）型号产品的可靠性分析评价，采用可靠性试验与工程分析结合的方法（将一定数量的产品可靠性试验信息，与可靠性预计、FMECA、FTA、可靠性增长、同类产品可靠性水平对比分析、低层次产品可靠性试验数据综合等方法结合），评估产品的可靠性水平。

3）应当充分利用相似产品和产品组成部分的各种试验数据和实际使用数据，完成型号装备或分系统的可靠性分析评价。

可靠性评价方法主要包括：

1）当产品可靠性试验信息较为丰富时，可采用统计分析的方法对其可靠性进行评估，具体可参考 GJB 899A—2009《可靠性鉴定和验收试验》中相关统计分析方法进行。

2）当产品本层级可靠性试验信息不足，但下一层级产品可靠性试验信息较为丰富时，可根据低层次产品可靠性试验数据，采用系统级可靠性评估方法，对高层级产品进行可靠性评估。系统级可靠性评估常用的方法包括：IML（Iterative Maximun Likelihood）法、L-M（Lindstrom Madden ）法和 CMSR（Combined MML and Sequential Regression）法等。

3）当产品本身可靠性试验信息不足，但相似产品有大量的可靠性信息时，可借用相似产品的可靠性信息，通过相似度对比分析，对产品的可靠性水平进行工程评价。

4）当产品及相似产品可靠性试验信息均较少时，可根据可靠性仿真结果进行评价，但评价的可信性与可靠性仿真的可信性相关，也可参照 FMEA 结果、FTA 结果等进行定性评价。

5.3.1.6　航天产品可靠性重点实施要求

（1）制定与贯彻可靠性设计准则至关重要

可靠性设计准则是各级产品的设计依据，是必须严格贯彻执行的，因此可靠性设计准则必须具有指导性、可实施性，必须是成熟的、经实际使用验证的设计技术。可靠性设计准则应是针对产品实际特点制定的，例如，导弹武器装备应重点关注高可靠性、耐长期贮存的设计；空间产品应重点关注在空间辐射环境下的耐久性设计措施；战略装备应重点关注冗余设计、确保成功的设计措施等。可靠性设计准则应在总结工程经验的基础上不断完善。

在产品技术设计、设计更改、设计定型等重要评审节点，均应对产品的可靠性准则符合性进行核查、评审。

由于可靠性设计准则的重要性，航天装备根据工程研制经验，制定了各种产品的可靠性设计准则，并将其纳入信息化设计平台，对产品设计师进行推送，有效促进了产品可靠性设计工作的效率和规范性。

（2）重视 FMECA 及故障模式库的建立

FMECA 是各项可靠分析工作的基础，同时也是维修性分析、安全性分析、测试性分析和保障性分析的基础，需给予特别关注。FMECA 是通过系统的分析，确定元器件、零部件、设备、软件在设计和制造过程中所有可能的故障模式，以及每一故障模式的原因、影响及危害性，以便找出潜在的薄弱环节，并提出改进措施。航天装备强调全过程的 FMECA 分析，根据分析结果形成可靠性关键项目清单，制定使用补偿措施，落实到产品设计中去。当产品的设计发生变化时，应对改变部分重新进行 FMECA。产品使用过程中实际发生的故障模式，应及时整理纳入 FMECA 分析表。

厂（所）应高度重视产品故障模式库的建立、完善和共享，这将为后续产品设计提供宝贵的借鉴，也可为型号研制管理决策和各种可靠性工作提供必要的数据支持。

（3）充分开展可靠性研制试验

可靠性研制试验是发现产品设计缺陷或薄弱环节，从而改进设计、提高产品固有可靠性水平的重要途径。航天装备的可靠性研制试验始终坚持全面、充分的原则，秉持“尽早开展”的原则，型号可靠性关键产品均开展可靠性强化试验，当产品技术状态基本确定后，还会开展可靠性增长摸底试验，针对有寿命要求的产品开展使用寿命、贮存寿命试验，并据此不断积累各类产品可靠性试验信息、故障信息，作为可靠性评价、设计改进的依据。

（4）重视Ⅰ/Ⅱ类故障模式的识别与控制

在航天装备的故障模式、影响及危害性分析（FMECA）中，非常关注严酷度为Ⅰ类（灾难的：导致人员死亡、导弹或装备彻底报废）、Ⅱ类（致命的：导致人员严重伤害、导弹或装备需要返厂维修、作战任务失败）的故障模式，特别是其中的单点故障模式。这些故障模式往往带来难以接受的风险，需要对其采取有效的设计改进措施以消除，若因客观原因无法消除，则需制定明确的使用补偿措施，如提高测试覆盖性和深度、设计合理的预防性维护时间和项目等，以降低故障发生的概率。在战略型号研制中，往往将这些涉及Ⅰ、Ⅱ类单点故障模式的产品定义为可靠性关键项目进行管控。

5.3.2　维修性保证

5.3.2.1　维修性工作策划与裁剪

根据型号研制要求、工作要求开展维修性工作策划，维修性管理工作项目包括制定和执行维修性工作计划，对外协、外购产品的监督和控制，维修性评审，建立和运行维修性数据收集、分析和纠正措施系统；维修性设计与分析工作项目包括建立维修性模型、维修性分配、维修性预计、故障模式及影响分析、损伤模式及影响分析——维修性信息、制定和贯彻维修性设计准则；维修性试验与评价工作项目包括维修性核查、维修性验证、维修性分析评价；使用期间的维修性工作包括使用期间维修性信息收集、使用期间维修性评价、使用期间维修性改进等。具体要求可参见 GJB 368B—2009《装备维修性工作通用要求》。

航天装备的维修性工作，是根据用户需求和装备特点确定的。维修性工作项目选择时应根据航天装备的类型（新研、改进）、复杂程度、用户的维修性要求和所处阶段等进行裁剪。

新研装备有明确维修性定量和定性要求，应全面开展维修性管理、设计分析、验证与评价工作；改进装备应根据装备结构、诊断方案变化情况，对维修性建模、分配和预计、维修性验证与评价的实施要点进行适当裁剪，对维修性数据、维修性预计进行复核，对改进部分补充进行 FMEA 和相应样本的维修性验证。

5.3.2.2 维修性定性、定量要求

(1) 定性要求

在装备维修性设计中，维修性定性要求包括：

1) 维修任务：用户级维修完成日常维护、定期维修和保养、故障 LRU 的更换以及部分故障 SRU 的更换；基地级维修完成用户级送修产品的大修。

2) 应开展简化设计、可达性设计、标准化、互换性、模块化设计、防差错及识别标记设计、人素工程设计等，确保产品设计的结构合理、拆装简便、维修操作简单安全。

(2) 定量要求

在武器装备维修性设计中，维修性定量要求一般采用平均修复时间和平均预防性维修时间。

平均修复时间（MTTR，Mean Time To Repair）：在规定的条件下和规定的期间内，产品在规定的维修级别上，修复性维修总时间与该级别上被修复产品的故障总数比。

平均预防性维修时间（MPMT，Mean Preventive Maintenance Time）：在规定的条件下和规定的期间内，产品在规定的维修级别上，预防性维修总时间与预防性维修总次数之比。

5.3.2.3 维修性设计分析和设计准则

(1) 各阶段设计分析要点

①方案阶段

在方案阶段应重点开展以下工作：建立维修性保证工作系统并明确职责，开展维修性工作策划并制定研制阶段的维修性工作计划，明确对外协、外购产品监督和控制的内容和方式，建立维修性数据收集、分析和纠正措施系统，制定维修性设计准则，建立维修性模型，完成初步维修性分配和预计，基于功能 FMEA 信息进行维修性分析和设计，并通过维修性评审对工作质量进行把关。

②工程研制阶段

工程研制阶段应重点开展以下工作：完善维修性工作计划并按照计划开展维修性工作，开展维修性评审，加强对外协、外购产品的监督和控制，运行维修性数据收集、分析和纠正措施系统，贯彻维修性设计准则，根据装备的技术设计，完善维修性建模，进行分配和预计的迭代工作，基于硬件 FMEA 开展维修性设计分析，从而确定 LRU 清单，开展维修性设计准则的符合性检查。进行维修性核查，如具备条件可进行维修性摸底或初步验证试验，评价产品的维修性指标是否满足研制任务书要求，并提出维修性设计改进建议。

③鉴定定型阶段

鉴定定型阶段应重点开展以下工作：按照计划开展维修性工作，开展维修性评审，加强对外协、外购产品的监督和控制，运行维修性数据收集、分析和纠正措施系统，开展维修性验证试验，进行维修性分析评价。

④使用阶段

在使用阶段，从装备的使用、维修、贮存和运输等过程中收集故障信息、维修信息、维修资源信息等，并将信息纳入工业部门和用户现有的装备信息系统中。初始保障期和后续使用阶段，依据收集的各类数据和用户使用期间的各类信息，进行维修性评价。通过收集信息和维修性评价，提出并落实维修性改进措施，提高装备的维修性水平。

（2）设计准则

维修性设计准则包括模块化设计、可达性设计、互换性设计、防差错措施设计、具有明显的识别标记、维修安全性、人素工程等，具体如下：

1）模块化设计：产品尽量采用专舱、专柜等模块化、单元化布局与有序排列，以避免维修中交叉作业；

2）可达性设计：需要经常维修的产品的检查点、测试点、检查窗、润滑点的维护点布局在便于接近和检查的位置，给产品的维修提供适当的可达性、工作部位和操作空间；

3）互换性设计：采用标准化的设计和标准化的设备、机件、零件，并根据使用维修条件提供合理的使用容差，保证设备、机件、零件具有物理（结构、外形、材料）和功能上的互换性；

4）防差错措施设计：对容易引起人为差错的因素采取针对性防范措施，做到即使发生差错也能立即发觉，避免损坏装备和发生事故；

5）具有明显的识别标记：维修标志、符号和技术数据清晰准确；铭牌的标志、符号及其颜色的含义符合有关文件规定；

6）维修安全性：有必要的安全措施，防止由于维修差错而伤害人员或损伤装备；设备、设施有可能发生危险的部位，标有醒目的标记、符号和文字警告，以防止发生危及人员、设备安全的事故；

7）人素工程：维修工作条件符合人体的生理参数和能力，使操作者能在较好的环境条件下，以一种比较舒适的操作姿态进行维修工作。

5.3.2.4　维修性试验验证

（1）维修性设计核查

维修性设计核查是根据维修性核查单，并结合维修性试验进行维修性设计的检查和评价的工作。维修性设计核查，是产品在整个研制过程中不断迭代开展的。当装备的维修性设计准则确定之后，应在设计中逐步落实，严格按照设计准则的要求开展设计工作。在各阶段设计评审和试验验证工作中，按照维修性设计准则形成维修性核查单，逐条检查和评定维修性设计符合设计准则的程度和水平，发现缺陷及时采取措施，改进设计。核查工作完成后，应编写维修性核查报告。对维修性核查项目、设计的符合性以及设计改进意见等内容进行总结。

（2）维修性试验

维修性试验在工程研制阶段和设计定型阶段进行。工程研制阶段，进行维修性摸底试验，考察产品的维修性指标是否满足研制任务书要求，并提出维修性设计改进建议；在设计定型阶段开展维修性验证试验，其结果作为装备定型的依据之一。验证试验应尽可能安排在类似于使用维修的环境中进行，通常在规定试验机构（试验场、基地）开展。维修所需的工作条件、工具、保障设备、备件、设施和技术文件等应符合维修方案的要求。验证试验之前应制定维修性试验大纲，按照 GJB 2072—1994《维修性试验与评定》确定和分配试验样本、进行维修性试验作业。

5.3.2.5 维修性评价

维修性评价通常采用的方法包括：维修性试验评估、维修性预计、同类产品维修性水平对比分析等方法。

按照 GJB 2072—1994《维修性试验与评定》完成维修性验证试验，并获得充分样本数据时，参照 GJB 2072—1994《维修性试验与评定》附录 D 规定的点估计和区间估计方法，采用维修性试验数据，计算维修性定量指标的置信上限，并与维修性最低可接受值进行对比，给出是否满足维修性指标的结论。

当相似产品、低层次产品可靠性信息较少，无法根据使用信息完成维修性评价时，可采用维修性预计；当与产品同类的相似产品有大量的维修性信息时，可借用相似产品的维修性信息对产品的维修性水平进行评价。

5.3.2.6 航天产品维修性重点实施要求

（1）迭代优化维修性设计

开展维修性建模，进行功能层次划分，确定 LRU 清单，结合可靠性故障率数据、维修时间数据进行维修性设计的评估，优化设计、修正 LRU 清单，通过故障检测和隔离点设计、维修结构设计和维修性试验，优化 LRU 清单，完成维修性设计的迭代；迭代优化设计，采用维修性虚拟现实和仿真技术，对装备的可达性、简化设计、维修安全设计、降低技能等设计进行定量评估；对导弹、运载火箭、卫星等空间产品开展免维修设计，空间站根据两级维修体制开展在轨维修设计和地面回收维修设计。

（2）重视维修性设计准则的制定和贯彻

通过总结维修性设计经验，将型号维修性的定性、定量要求及使用与保障要求转化为具体产品的维修性设计准则，指导设计人员进行经济有效的维修性设计；型号研制早期阶段，向工程设计和技术管理人员宣贯维修性设计准则，提高设计人员（尤其新设计人员）的维修性设计水平；在设计评审过程中，将其作为设计评审和核查的依据，通过形成维修性设计准则符合性报告和维修性检查单来进行评定（评分），落实维修性设计要求。

（3）充分开展维修性验证

工程研制阶段，对产品进行维修性摸底试验，通过维修性试验数据评估发现维修性设计的薄弱环节，定型阶段采用故障注入法，以更贴近装备实际工况的方式产生故障，对装备的维修性指标进行验证。

5.3.3　测试性保证

5.3.3.1　测试性工作策划与裁剪

测试性工作主要包括制定测试性工作计划，对外协、外购产品的监督和控制，测试性评审，建立并运行测试性信息收集、分析和纠正措施系统，设计测试维护方案，建立测试性模型，测试性分配，测试性预计，故障模式与危害性分析，制定测试性设计准则，固有测试性设计，诊断设计，健康管理设计，测试性核查，测试性验证和测试性评价等。具体要求可参见 GJB 2547A—2012《装备测试性工作通用要求》。

航天装备的测试性工作，是根据用户需求和装备特点确定的。测试性工作项目选择时应根据航天装备的类型（新研、改进）、复杂程度、用户的测试性要求和所处阶段等进行裁剪。

新研装备有明确测试性定量和定性要求，应全面开展测试性管理、设计分析、验证与评价工作；改进装备应根据装备结构、可靠性水平、保障要求等情况，对测试性工作项目酌情裁剪。

5.3.3.2　测试性定性、定量要求

（1）定性要求

在武器装备测试性设计中，主要定性要求包括：

1）装备应具有较好的自我测试能力，经加电可用性检查合格后，可靠度满足指标要求。

2）合理选择机内测试、自动测试和人工测试，综合权衡设置测点，及时准确诊断装备的故障。

3）机内测试（BIT，Built in Test）应覆盖影响作战功能的关键故障，并将其隔离到插板、组件或组合。

4）测试设备或测试单元应充分考虑通用化、系列化、组合化设计。

（2）定量要求

测试性定量要求包括：

1）故障检测率（FDR，Fault Detection Rate）：在规定条件下和规定时间内，用规定的方法正确检测到的故障数与该时间内发生的故障总数之比。

2）故障隔离率（FIR，Fault Isolation Rate）：在规定时间内被检测出的所有故障，用规定的方法能够正确隔离到不大于规定模糊度的故障数与该时间内检测到的故障数之比。

3）虚警率（FAR，False Alarm Rate）：在规定时间内发生的虚警数与同一时间内故障指示总数之比，用百分数表示。

5.3.3.3　测试性设计分析和设计准则

（1）各阶段设计分析要点

①方案阶段

方案阶段的工作要点包括：明确测试性要求和工作项目要求，开展产品的测试维护方

案设计，构建方案阶段产品的测试性模型，开展测试性分配和初步的测试性预计。

②工程研制阶段

工程研制阶段应全面开展测试性设计分析工作，工作要点包括：完善测试性工作计划并按照计划开展测试性工作；运行测试性数据收集、分析和纠正措施系统；制定并贯彻测试性设计准则；开展测试性 FMECA；构建测试性模型（包括数学模型和多信号流模型），开展基于多信号流模型的测试性仿真；开展测试性分配和测试性预计；依据测试性设计准则开展固有测试性设计；开展诊断设计和健康管理设计；在设计过程中根据需要开展测试性核查和研制试验（试验方式包括仿真分析和故障注入）；结合设计评审或专项评审开展测试性设计分析的审查。

③定型阶段

鉴定定型阶段的工作要点包括：开展测试性验证试验（包括定性核查和定量试验），考核武器装备的测试性是否满足规定的要求，依据试验结果对武器装备的测试性做出评价，为鉴定定型提供依据。

④使用阶段

使用阶段测试性保证的工作要点包括：通过有计划地收集装备使用阶段在装备运用、维修、贮存、运输等过程中产生的各项测试相关数据，评价装备在实际使用条件下达到的测试性水平，确定是否满足规定的测试性要求，为改进测试性、完善使用与维修工作以及新研制装备的论证等提供支持。

（2）设计准则

应依据装备的可靠性、维修性以及保障要求，在总结和借鉴相似产品测试性设计经验基础上，制定装备测试性设计准则。测试性设计准则主要包括以下几个方面：

1）测试性综合权衡：测试性设计应分解到分系统、组合、板卡等的设计中，武器系统应对测试性进行总体规划，用尽可能少的附加硬件和软件，以最少的寿命周期费用和人员，使系统具备要求的测试性功能、指标及安全性。

2）测试项目和测试参数的优化：测试项目与测试参数应根据产品的特点和层次分别考虑，一般为系统级、设备级、LRU 级，测试项目和参数的选择应满足相应层级产品性能测试、故障检测、故障隔离的要求。

3）测试的可控性：为充分保证测试的可控性，应提供专用的测试输入信号、数据通路和电路。机内测试和外部测试应能够监测被测单元内部电路或元器件的工作状态，以便检测和隔离其内部故障。

4）测试的可观测性：为了保证测试的可观测性，应提供测试点、数据通路、电路及显示设备，使 BIT 和外部测试系统能观测到设备内部故障的特征数据。操作人员应能观测到测试结果的显示输出，从而判断系统的工作状态。

5.3.3.4 测试性试验验证

测试性试验验证是指为了确定装备是否达到了规定的测试性要求，进行的试验与评定工作。

测试性验证包括测试性设计核查和测试性试验两个方面：

1）测试性设计核查：测试性设计核查是根据测试性核查单，并结合测试性试验进行测试性设计的检查和评价工作。测试性设计核查，是产品在整个研制过程中不断迭代开展的。当装备的测试性设计准则确定之后，应在设计中逐步落实，严格按照设计准则的要求开展设计工作。在各阶段设计评审和试验验证工作中，把装备的测试性设计准则改写为测试性核查单的形式，用来逐条检查和评定测试性设计符合设计准则的程度和水平，发现缺陷及时采取措施，改进设计。每次核查工作完成后，应编写测试性核查报告。对测试性核查项目、设计的符合性以及设计改进意见等内容进行总结。

2）测试性试验：测试性试验是通过实验室模拟和自然故障来检验装备的测试性定量要求的试验。原则上凡有测试性定量要求且具备条件的产品都应该进行测试性试验。测试性试验一般在定型阶段开展；必要时，研制阶段也可通过故障注入等设计手段，开展测试性试验，以提高测试性设计水平。测试性试验一般结合维修性试验进行，条件允许时，也可开展专项试验。其试验步骤、样本选择、样本分配、试验方案选择随维修性试验方案一并形成，其指标验证方法见 GJB 2072—1994《维修试验与评定》的附录 C。

5.3.3.5　测试性评价

测试性评价是装备投入使用后对其测试性进行的考查，为装备的改进和新产品的论证、研制提供依据。测试性评价应当充分利用装备有关测试性信息，如：装备及其组成部分的各种试验数据，实际部署使用过程中的测试性相关数据等，并参考各阶段评审结果等资料进行综合分析，评价装备的测试性水平和分析薄弱环节。

（1）可用测试性信息

测试性信息是进行产品测试性综合分析评价的基础，应有计划地收集所有可以利用的信息，主要包括装备使用过程中自然发生故障、研制试验以及装备运行中故障的测试性信息、测试性预计和仿真分析资料及其结果信息、装备各组成单元的有关测试性信息、装备测试性设计缺陷和改进信息、同类产品的有关测试性信息、测试性核查资料等。

（2）实施分析与评价

依据收集到的测试性信息，分析装备各种试验、试运行及用过程中自然发生故障或注入故障的检测与隔离信息，虚警信息，利用所得样本数据估计故障检测率、隔离率、虚警率的量值，估计方法见 GJB 2072—1994《维修试验与评定》的附录 C。完成测试性分析评价后，应编写测试性分析评价报告，为型号的改进、后续型号的论证研制提供支撑。

5.3.3.6　航天产品测试性重点实施要求

（1）制定测试维护方案

测试维护方案是对装备测试维护和故障诊断的总体构想，主要包括：测试对象、范围、功能、要求、方法、测试维护级别、诊断要素和诊断能力等。测试维护方案是保障方案的一个重要组成部分，在装备保障性分析中，确定系统和设备的备选保障方案时，应通过权衡分析确定优化的测试诊断方案。

在装备研制过程中，系统和设备的测试诊断通常采用嵌入式诊断结合外部诊断的方式。用户级常采用嵌入式诊断（如 BIT、状态监测等）周期或连续地监测装备各组成部分的性能和运行状态，监测和隔离故障，并分析处理和存储有关的测试信息、显示故障或报警。在基地级主要使用外部诊断（包括 ATE 或其他外部测试设备）提供需要的故障检测和隔离能力。应根据装备的使用要求、保障要求和经费要求等对装备的测试维护方案的各要素进行综合权衡。

（2）测试性设计是关键

测试性是装备的设计特性。测试性首先是设计出来的，测试性设计与分析是测试性工作的核心和主要内容，通过贯彻测试性设计分析准则，将成熟的测试性设计与分析技术应用到装备的研制过程中，充分利用信息化工具手段，开展装备的测试性建模仿真，及早开展状态监测和健康管理设计。通过测试性核查和基于故障注入的测试性试验发现测试性设计缺陷，采取有效的措施改进测试性设计，达到在进度和费用约束条件下满足装备测试性需求的目的。

（3）持续开展测试性信息的收集和分析

在装备研制和使用阶段，应持续开展测试性信息的收集和分析。利用使用过程中收集的测试性信息、评价系统和设备的实际测试性水平，确定是否满足使用要求。当发现存在测试性缺陷或不能满足使用要求时，提出测试性改进的要求和建议，以便于组织实施改进措施，提高装备的测试性水平。通过持续的信息收集和分析，为装备的使用、检测和维修提供管理信息，为装备改型和研制新装备时确定测试性要求提供依据。

5.3.4 保障性保证

5.3.4.1 保障性工作策划与裁剪

保障性工作项目主要包括保障性管理、保障性设计分析、保障资源规划研制和保障性试验与评价。保障性管理工作项目包括：制定和执行保障性工作计划，对外协、外购产品的监督和控制，保障性评审，建立和运行保障性数据收集、分析和纠正措施系统；保障性设计分析工作项目包括：使用保障设计，维修保障设计，保障性分析；保障资源规划研制工作项目包括：规划保障资源，研制与提供保障资源，装备系统的部署保障，其中保障资源主要包括人力和人员，供应保障，保障设备，技术资料，训练与训练保障，保障设施，计算机资源保障，包装、装卸、贮存和运输保障，计量保障；保障性试验与评价工作项目包括：保障性设计特性试验与评价，保障资源试验与评价，系统战备完好性评估等，具体要求可参见 GJB 1371—1992《装备保障性分析》、GJB 3872—1999《装备综合保障通用要求》。

航天装备的保障性工作，一般是根据用户需求和装备特点确定的。保障性工作项目选择时应根据航天装备的类型（新研、改进或在役）、复杂程度、用户的保障性要求、经费、进度和所处阶段等进行裁减。

在航天装备保障性工程实践中，对于新研或重大改型的大型复杂装备，一般要求全面实施保障性工作项目，对于只要求部分改进的装备或小型简单装备，可以只选择有关的工作项目，如保障性分析、部分保障资源规划研制。保障性工作项目的确定，为全面策划保障性工作计划奠定了基础，能够系统、规范、科学地指导落实装备保障性要求。

5.3.4.2　保障性定性、定量要求

(1) 定性要求

在航天装备保障性设计中，保障性定性要求一般包括：

1) 按照用户级、基地级两级维修体制，采取定期维护和视情维修相结合的预防性维修策略，并具有装备值班、待机过程中的伴随维修保障能力；

2) 装备应具有自校准、自标定功能，简化使用操作，减少维修维护项目与频次，尽量降低对使用与维修保障的要求；

3) 应减少保障资源的品种、规格，保障资源应满足通用化、系列化、模块化（简称“三化”）和标准化要求，设计开发信息化、数字化保障资源，尽量采用通用、标准和现有的保障资源；

4) 应推进保障仿真、故障预测与健康管理（PHM)、视情维修决策、虚拟训练、大数据等新技术应用，提升装备保障信息化、智能化水平；

5) 应与装备系统设计相同步，规划、设计和交付保障系统，及时满足用户保障运用要求。

(2) 定量要求

在航天装备保障性设计中，保障性定量要求一般包括：

1) 保障性综合参数，根据装备保障目标要求而提出的参数，从总体上反映装备系统的保障性水平，常用的参数是使用可用度、固有可用度；

2) 保障性设计参数，与装备保障性有关的设计参数，如展开与撤收时间、平均故障间隔时间、平均修复时间、故障检测率、故障隔离率及运输性要求等，保障性设计参数和量值可以直接从保障性综合参数指标中分解得到；

3) 保障资源参数，根据装备的实际保障要求而定的资源参数，通常包括：人员数量与技术等级、保障设备利用率、保障设备满足率、备件利用率、备件满足率以及保障设施类型与利用率等。

5.3.4.3　保障性设计分析和设计准则

(1) 各阶段设计分析要点

①方案阶段

根据型号保障性和综合保障要求，结合装备初始保障方案，规划型号保障性工作项目，细化分解保障性定量和定性要求，制定和贯彻保障性设计准则。结合装备的使用要求、使用方案和设计方案，确定装备在预期的使用环境中所必须具备的使用、维修与保障功能及其必须进行的使用与维修工作，明确保障约束及保障策略与流程，初步确定保障资源需求，同步装备设计开展综合保障方案设计。

②工程研制阶段

开展装备保障性分析工作，设计装备使用保障和维修保障工作项目及所需的保障资源，确定使用保障方案、维修保障方案和保障资源需求方案。根据产品设计的逐步细化，迭代完善保障性分析、使用保障设计与维修保障设计相关设计分析结果，优化使用保障方案、维修保障方案及保障资源配套方案，同步研制保障资源，并在研制过程中开展保障性设计准则符合性检查和保障性试验与评价，持续验证和优化装备保障性设计特性和保障资源。

③鉴定定型阶段

开展保障性鉴定评价工作，根据评价结果对保障性设计特性、保障资源进行改进，细化完善装备综合保障方案。

④使用阶段

参与装备部署保障工作，及时组织保障资源（主要是技术资料、备件和保障设备）的生产与交付，开展供应保障、维修保障、培训保障与技术保障等工作，及时收集和闭环处理使用反馈信息，持续实现装备设计与保障资源的迭代完善。

（2）设计准则

应依据装备保障性设计要求、保障性定性要求及设计约束条件，在总结和借鉴相似产品保障经验基础上，结合适用的设计手册和规范，制定装备保障性设计准则。保障性设计准则主要包括以下几个方面：

1）使用保障设计：应便于作战准备和作战使用操作，优化使用操作步骤，减少使用保障项目，降低对使用保障人员数量和操作技能要求，提高各项操作的简便性和快速性；明确特殊使用作业要求，提出保障特性设计措施与保障资源配置建议；

2）维修保障设计：应通过设计尽量减少维护修理项目、频次（包括预防性维修和修复性维修）和维修工作量，降低装备对维修保障的依赖程度；应当减少和便于在贮存、停机等不工作状态下的维修，尽可能采用不工作状态无维修设计的产品，若不能实现无维修设计，应减少维修内容与频率，并便于检测和换件；

3）机动性设计：应具备一定的涉水、越沟、越障等越野机动能力，考虑机动过程中的行驶安全、速度、路况、转弯半径及外廓尺寸等方面；行军过程中应具有通信、话务、导航定位功能并能满足装备使用要求；

4）运输性设计：设计铁路、公路、水运、空运运输紧固、系留接口，考虑机动过程车辆内外的加固、伪装与接地设计措施；外廓尺寸、安全限界和载重应满足铁路、公路、水路和空运规定的要求，对于因条件限制而无法满足要求时，应设计成可拆卸的，且装卸应简单、方便，并有配套的装卸设备和装卸工具；

5）生存性：车辆装备应考虑雨雪、沙尘天气条件下行军机动的防滑、拖拽、牵引和防尘措施，设计防滑链、牵引锁和防尘网等装置及其接口；方舱须采取防生物、防化学和防核污染的“三防”措施，具有防雷击能力；车辆装备应配备防空型照明灯、指示灯，具有不依赖灯光照明的夜间行军、展开、撤收、装卸的能力；

6）抢修性设计：装备设计应使其便于战场抢修和紧急抢修，考虑战时自主保障、伴随保障条件下，通过快速拆卸/更换、快速修理、重构等措施全部恢复或部分恢复作战性能，并可快速进行装备转移；

7）人机环设计：应进行工作环境、工作空间、控制器、显示器、人机界面、操纵装置等人机环工程设计，确保能够促进有效的作业程序、工作方式及人员的安全与健康，并尽可能减少导致人的能力降低和错误增加的因素；

8）保障资源设计：应贯彻落实装备及保障资源的“三化”和标准化、统一化设计，充分采用成熟技术和利用现有保障资源，并提高保障资源功能集成度和通用性，积极开展数字化、信息化保障资源研发。

5.3.4.4　保障性试验验证

装备保障性试验验证包括保障性设计特性试验验证与保障资源试验验证两个方面：

1）保障性设计特性试验验证：其目的是发现保障性设计特性设计和工艺缺陷，采取纠正措施，并验证保障性设计特性是否满足要求。各保障性设计特性的试验与评价应相互协调，尽量结合进行，并与其他试验相互协调，并且保障性设计特性的试验与评价应尽可能与保障资源的试验与评价结合进行。研制阶段在无法采用试验方式进行评价时，可借助信息化手段采用仿真方法进行定量评价或结合产品保障性设计准则核查进行定性评价。

2）保障资源试验验证：其目的是发现保障资源设计的缺陷，采取纠正措施，并验证保障资源是否达到规定的功能和性能要求，评价保障资源与装备的匹配性以及保障资源之间的协调性，保障资源的利用和充足程度以及保障系统的能力是否与装备的战备完好性要求相适应。工程研制阶段通过研制试验与评价，发现和解决保障资源设计存在的问题，评价保障资源与装备的匹配性以及保障资源之间的协调性；在定型阶段结束前通过使用试验与评价，评价保障资源的利用和充足程度以及保障系统的能力。各项保障资源的评价应尽可能结合进行，并应结合实际的功能、性能检测或专门的演示试验进行。在无法采用试验方式进行评价时，可借助信息化手段采用仿真方法进行定量评价或结合保障性设计准则核查进行定性评价。

5.3.4.5　保障性评价

保障性评价的目的在于验证装备的保障特性是否达到合同要求，评价各项保障资源的适用性和充分性，并判断所构建的保障系统能否满足使用要求，综合评价保障要求的达到情况，为定型提供依据。

对于研制总要求或任务书中明确的使用可用度、备件满足率、备件利用率、保障设备满足率、保障设备利用率等定量指标一般采用统计试验、仿真试验的方法，方法如下：

1）统计试验通常选用或指定一定数量的样本，按照规定的试验方案在规定的试验剖面中进行试验，并记录规定的数据，进行统计评价，其中试验剖面应能覆盖所有预期要发生的保障事件，试验方案应明确参试装备数量与合格判定准则，具体统计试验方法参见 GJB 7686—2012《装备保障性试验与评价要求》；

2）仿真试验通常建立保障系统的虚拟模型，按照保障方案构建保障系统，部署保障资源，模拟保障系统的运行过程，通过统计多次运行结果，对保障性定量要求进行评价。

评价定性要求一般采用演示试验、核查的方法。方法如下：

1）演示试验应在尽可能接近预期的现场使用和维修保障条件下，选取接近于各维修级别上从事该项使用与维修保障工作技能水平的人员，按照规定的程序和方法实施保障作业，记录相关数据进行评价；

2）核查通常结合产品保障性设计准则，编制保障性核查表，检查保障资源定性要求的落实情况。

5.3.4.6 航天产品保障性重点实施要求

（1）充分开展保障性分析工作

保障性分析是综合保障的核心工作，是联系综合保障各项工作、各专业工程工作、设计工程工作的纽带，保障性分析是一个反复迭代进行的系统分析过程。应充分利用各工程专业和通用质量特性相关设计分析结果与数据开展保障性分析工作。通过开展保障性分析将保障性定量、定性要求转化、分解为对产品方案设计和技术设计的具体要求并进行保障特性设计、保障方案设计及保障资源规划与研制，为形成装备综合保障方案、制定维修策略、配置所需的保障资源提供依据。在装备寿命周期各阶段应通过适时地、有选择地、反复地开展保障性分析项目，使装备保障特性设计和保障资源规划研制综合协同地进行。

（2）同步开展保障资源规划研制

与装备系统研制相同步，设计与之相匹配的保障系统。对使用保障设计和维修保障设计过程中提出的初步保障资源需求进行协调、优化和综合，统筹规划和研制保障资源。应重视装备及其保障资源的“三化”、标准化和统一化设计，积极开展信息化、数字化、智能化保障资源研发，并确保保障资源与装备之间、保障资源相互间的硬件、软件接口相互协调、匹配，在研制阶段尽早验证评价保障资源与主战装备之间的匹配性以及保障资源之间的协调性，不断协同改进装备及其保障系统设计。与航天装备系统的实战化部署运用相适应，统筹构建前出工作站、区域保障中心等保障力量，有效保证装备系统达到规定的系统战备完好性要求。

（3）持续开展保障性试验评价

在方案阶段，建立装备综合保障仿真模型，通过保障仿真试验与评估，以使用可用度为约束，权衡优化和选择保障方案，合理分解确定保障性要求。在工程研制阶段，开展保障性设计特性和保障资源试验与评价，及时反馈装备保障特性与保障系统设计中暴露的缺陷，并落实改进设计措施。在鉴定定型阶段，依据保障性设计特性试验与评价和保障资源试验与评价的结果，初步分析装备系统达到战备完好性要求的可能性，发现问题及时采取纠正措施。在作战试验期间，对系统战备完好性进行初步评估。

5.3.5 安全性保证

5.3.5.1 安全性工作策划与裁剪

安全性工作主要包括安全性及其工作项目要求的确定（确定安全性要求、确定安全性工作项目要求)、安全性管理（制定安全性工作计划，对外协、外购产品的监督和控制，安全性评审，建立并运行危险报告、分析和纠正措施系统，试验的安全，安全性培训，安全性关键项目的确定与控制)、安全性设计与分析［安全性要求分解、初步危险分析（PHA，Preliminary Hazard Analysis)、系统危险分析（SHA，System Hazard Analysis)、使用与保障危险分析（O&SHA，Operating and Support Hazard Analysis)、制定并贯彻安全性设计准则］、安全性试验与评价（安全性验证、安全性评价)、装备的使用安全（安全性信息收集、使用安全保障)，共计 5 大类、18 项。具体要求可参见 GJB 900A—2012《装备安全性工作通用要求》。

航天装备的安全性工作，一般是根据用户需求和 GJB 900A—2012《装备安全性工作通用要求》，并结合航天装备特点进行确定。安全性工作项目裁剪时，应综合考虑装备的危险特性、安全性要求、复杂程度、关键性、新技术含量、所处阶段及费用、进度等因素，应在确保实现规定的安全性要求且风险可接受的前提下，尽可能选择最少且有效的工作项目。

航天装备软件规模庞大、逻辑复杂，在软件交付或使用前，需完成回归测试、第三方测评（关键软件)、验证覆盖性分析和相关评审。

确定了安全性工作，实际上就规定了产品在论证、方案、工程研制、定型、生产与使用的各个阶段，为实现安全性要求所必须做的各项安全性工作，为产品全寿命周期的安全性保证工作系统、规范、科学地开展奠定良好基础。

5.3.5.2　安全性定性、定量要求

(1) 定性要求

在武器装备安全性设计中，定性要求用非量化的形式来描述对产品安全性的设计要求，如电磁与静电防护、筒（箱）弹在非测试状态下应采取短路保护、枪击弹上火工品不发生爆炸等。

(2) 定量要求

在武器装备安全性设计中，定量要求是采用安全性参数、指标来规定对产品安全性的要求。例如，对垂直发射导弹的固体火箭发动机提出的点火可靠度、战斗部的安全跌落高度等。

5.3.5.3　安全性设计分析和设计准则

(1) 各阶段设计分析要点

①方案阶段

方案阶段安全性保证工作的工作要点包括：明确安全性要求；制定型号安全性工作计划；开展初步危险分析（PHA)。

②工程研制阶段

工程研制初样阶段重点开展系统危险分析（SHA)。在形成综合保障方案的情况下开展使用与保障危险分析（O&SHA)；在初样转试样之前，结合研制情况开展Ⅰ、Ⅱ级危险的安全性验证和评价；安全性关键项目的更新与控制；采取措施保证试验的安全。

工程研制试样阶段，重点开展针对技术状态变化或设计更改部分的危险分析；进行安全性验证和评价以确认安全性水平和残余风险；采取措施保证试验的安全。

在工程研制试样阶段，提出使用和操作规程后开展使用与保障危险分析，并随着后续工程进展而不断深入，直至使用阶段。

在工程研制的适当阶段（一般在初样转试样之前，最迟在首次飞行试验或其他重大试验之前），验证安全性关键硬件、软件和规程是否符合安全性要求。在系统转阶段或系统重大试验前开展安全性评价。

③定型阶段

全面开展安全性符合有关规定的评价；安全性关键项目的控制；采取措施保证试验的安全。

（2）设计准则

为指导设计师开展安全性设计，确保产品固有的安全性水平，应制定并贯彻安全性设计准则，有以下几点要求：

1）安全性设计通用方法以及型号的安全性设计准则的具体内容详见 QJ 20364—2014《地（舰）空导弹武器系统安全性设计准则》。

2）软件安全性设计准则的制定参见 GJB/Z 102A—2012《军用软件安全设计指南》。

软件安全性指软件运行不引起系统事故的能力。软件安全性工作是其所属系统安全性工作的重要组成部分，由系统提出要求，依据系统要求进行检查和验证。软件安全性工作贯穿于软件生存周期全过程，应与软件工程过程活动紧密地结合进行。在系统分析阶段，依据系统风险指标和软件在系统中执行的控制类别，确定软件的安全性等级。

航天型号中大量的软件为嵌入式软件，嵌入式系统的硬件和软件均按规定功能要求进行配置，在可靠性与安全性方面相互联系与制约，须同步进行设计，具有智能化、强实时控制的特征，在装备上得到广泛的应用。

在型号软件研制阶段，按照 Q/QJB 218—2013《型号软件可靠性安全性设计准则》的要求开展型号软件的安全性可靠性分析、设计和实现。具体要求包括：故障检测、时间特性、采用频率、硬件特性、余量设计、数据采集、合理性检查、人机交互操作、异常处理、中断、多任务和多线程、看门狗、动态内存、通信数据、代码多余物等方面。

3）在产品设计过程中，设计师应贯彻实施安全性设计准则。随着研制进展，承制方应根据安全性分析、验证的结果，修改完善安全性设计准则，提高其适用性，以更加合理、实际地指导下一阶段的安全性设计。

4）为了保证安全性设计准则切实贯彻，在研制过程中应对照设计准则中的各项要求，对系统及分系统的设计准则符合情况进行检查。安全性设计检查表参见 QJ 20364—2014《地（舰）空导弹武器系统安全性设计准则》。

5）在检查安全性设计准则执行情况的基础上编制设计准则符合性报告，作为安全性评审的重要内容。

5.3.5.4 安全性试验验证

安全性验证目的是通过试验、演示或其他方法验证安全性关键的硬件、软件和规程是否符合安全性要求，同时对采取的安全性措施的有效性和充分性进行确认。

安全性验证主要有试验、演示、分析和检查等四类验证方法。应首先考虑采用试验和演示的方式，当无法采用试验和演示方法时，可通过工程分析、检查等方式进行安全性验证。具体验证方法如下：

1）试验。针对安全性相关的产品或规程，开展安全性专项试验，通过对试验数据的分析来确定产品或规程符合规定的安全性要求。

2）演示。演示是另一种试验性的验证方法，用来确定产品的使用安全性是否达到所规定的要求。演示是用“通过”或“不通过”的准则来验证。例如，产品是否以安全的方式运行，或者一种材料是否具有某种性质等。

3）分析。分析验证的方法包括：分析原来的工程数据，以确定所设计的硬件按要求运行时能否保持其完整性；核算各种材料所受的载荷与应力，以及承受这些应力所需的条件；校核加速度、速度等。

4）检查。通过目视检查或简单的测量，对照工程图纸、流程图或计算机程序清单来确定产品是否符合规定的安全性要求。

对于复杂装备，可以通过选择低层次产品的试验和高层次产品的综合分析相结合的方式来进行安全性验证。如可结合弹上火工品的安全性跌落试验和枪击试验结论进行综合分析，对导弹快速转弯过程的安全性进行验证。

5.3.5.5　安全性评价

安全性评价是全面总结装备各研制阶段内的安全性工作，通过评价装备对安全性的要求、安全性工作计划、相关标准规范、特殊安全需求的符合性情况，确认其安全性水平和残余风险，为后续安全性工作的策划和实施提供依据。

安全性评价要求如下：

1）安全性评价涉及装备的各个方面，对于高风险产品，安全性评价需要对管理、设计、分析和验证等工作结果进行总结，全面确认产品安全性水平。

2）应从产品安全性水平与安全性要求的符合程度、产品的状态与相关安全性标准的符合程度，以及产品工作过程与安全性工作计划的符合程度等三方面开展符合性评价。

3）应对不可接受的风险（指风险指数为 1～5 的危险，风险指数确定可参考表 5－1），提出改进建议，并根据需要重新进行评价。

表 5－1　危险的风险指数参考

危险可能性等级	危险严重性等级			
	Ⅰ(灾难的)	Ⅱ(严重的)	Ⅲ(轻度的)	Ⅳ(轻微的)
A(经常)	1	3	7	13
B(很可能)	2	5	9	16
C(偶然)	4	6	11	18
D(很少)	8	10	14	19
E(极少)	12	15	17	20

5.3.5.6 航天产品安全性重点实施要求

（1）安全性设计是源头

安全性是一种设计属性，设计决定了装备固有的安全性水平。当产品设计不完善或有缺陷，将可能引入较严重的潜在危险进而发生重大事故，如压力容器强度设计不到位可能导致爆炸，产品未考虑防误操作的设计会导致使用时可能发生事故等。因此，必须针对产品具体特点，制定全面、可操作的安全性设计准则，在产品设计中严格贯彻执行，并把危险源辨识等安全性工作结果及时反馈到产品设计中，才能赋予产品本质安全，最终获得风险水平可接受的装备。

（2）危险源辨识是核心

安全性设计首先是确定产品中的危险源。只有确定了危险源，才可能找出事故产生的原因和采取有效的安全控制措施，这就要依赖于危险源辨识。一般来说，危险源来源于四个方面：产品自身危险、设备故障、人为差错和有害环境。在最初考虑产品的设计方案时，应该结合工程经验和型号的具体特点，利用各类方法及工具，对潜在危险源进行系统而深入的挖掘，特别是人—机—环境耦合效应下的复杂装备危险源辨识，在研制阶段尽早暴露安全隐患，识别系统方案中可能存在的危险，编制危险源清单，用于权衡不同方案的危险严重性、危险可能性及使用安全要求，力争获得消除危险或将危险减小到最低限度的最佳方案。

（3）合理制定安全性保证计划是前提

型号的安全性必须依靠科学、合理的工作计划予以保证。为了确保装备能够满足规定的安全性要求，承制方应制定一份纲领性文件，其中明确安全性目标（为什么做），为实现安全性目标应完成的工作项目（做什么），每项工作进度安排（何时做），哪个单位、部门或人员来完成（谁去做）以及实施的办法与要求（如何做）。这份纲领性文件即型号安全性保证大纲/安全性工作计划，这是承制方开展安全性工作的基本文件。它决定了系统安全性工作的广度和深度，周密的工作计划能协调好系统安全性与其他工程领域的关系，及时地获取有效的信息，经济而有效地实现系统安全性目标。

（4）关注大型试验安全性设计与管控

航天装备大型试验时序复杂，危险源众多，因此，在大型试验的安全性设计与管控方面要求严格。对于导弹发射飞行试验，需要从导弹的贮存、运输、测试、发射过程等各方面开展详细设计，特别是导弹安全射界设计、发射安全距离设计、防止意外点火设计、点火时序设计、空中跌落安全性设计等，通过本质安全设计保证试验的安全实施。此外，试验实施还会采取一系列的安全控制措施，包括制定试验安全性计划、试验前的危险识别与控制、制定应急措施和处理预案、安全检查等，试验前需要编制《试验安全性分析报告》并组织评审。

5.3.6　环境适应性保证

5.3.6.1　环境适应性工作策划与裁剪

环境适应性工作主要包括环境工程管理（制定环境工程工作计划、环境工程工作评审、环境信息管理、对转承制方和供应方的监督和控制）、环境分析（确定寿命期环境剖面、编制使用环境文件、确定环境类型及其量值、实际产品试验的替代方案）、环境适应性设计（制定环境适应性设计准则、环境适应性设计、环境适应性预计）、环境适应性试验与评价［制定环境试验与评价总计划、环境适应性研制试验、环境响应特性调查试验、飞行器安全性环境试验、环境鉴定试验、批生产装备（产品）环境试验、自然环境试验、使用环境试验、环境适应性评价］，共计 4 大类、20 项。具体要求可参见 GJB 4239 — 2001《装备环境工程通用要求》。

航天装备环境适应性工作项目，一般是根据用户需求和 GJB 4239 — 2001《装备环境工程通用要求》，并结合航天装备及其使命任务特点进行确定。环境适应性保证工作项目选择时，应选择经济有效的工作项目，选择中应综合考虑规定的使用环境、产品的环境适应性水平、产品的新材料和新工艺含量、费用和进度、所处阶段等。

实际应用中，订购方和承制方可根据实际情况对工作项目进行裁剪，如相似产品数据多或者试验中实测得到的环境数据多，就不需要在研制阶段开展环境响应特性调查试验；再如防空导弹一般在地面战车上发射，发射阵地设有掩体，且一般为无人值守状态，所以安全性要求相对空空导弹较低，可不专门开展飞行器安全性环境试验。

确定了环境适应性工作项目，实际上就规定了产品在论证、方案、工程研制、定型、生产与使用的各个阶段，为实现环境适应性要求所必须做的各项环境适应性工作，为产品全寿命周期的环境适应性保证工作系统、规范、科学地开展奠定良好基础。

5.3.6.2　环境适应性定性、定量要求

导弹武器环境适应性要求包括定量描述的环境条件和定性描述的合格判据。定量描述的环境条件一般用环境应力强度和暴露持续时间表征；定性描述的合格判据一般为：在规定环境条件下正常工作，或经受规定环境条件作用而不破坏。

环境条件需要按照航天装备寿命周期主要经历的事件，进行分类确定，主要包括贮存环境条件、运输环境条件、使用环境条件。例如，导弹使用环境条件主要包括高温、低温、低气压、雨、风、加速度、飞行振动、冲击、噪声、空间辐射、电磁环境等，每项环境条件的具体量值应根据相关国军标规定的极值、导弹飞行弹道、发射飞行实测数据等确定。

定性的环境适应性要求主要包括：

1）采用成熟的环境适应性设计技术。

2）考虑适当的耐环境设计余量，选用耐环境能力强的结构、材料、元器件和工艺。

3）采取防止瞬态过应力作用的措施。

4）环境防护设计，采用改善环境或减缓环境影响的措施，如冷却措施、减振措施、

保护涂（镀）层、密封设计等。

5）将环境防护的具体操作使用要求编入使用维护手册。

5.3.6.3 环境适应性设计分析和设计准则

（1）各阶段设计分析要点

①方案阶段

方案阶段环境适应性保证工作的工作要点包括：确定寿命期环境剖面、环境条件，制定环境适应性设计准则，并开展产品的环境适应性预先评估。

②工程研制阶段

在工程研制阶段，根据规定的环境条件开展环境适应性设计，并开展环境适应性研制试验和自然环境试验，将设计缺陷诱发为故障，为改进设计提供信息并验证改进措施的有效性，使产品的环境适应性得到不断提高。同时，开展环境响应特性调查试验，查明产品的环境响应特性，为实施后续试验与评价及制定型号综合保障计划提供有用的信息。

③定型阶段

定型阶段环境适应性保证的工作要点包括：开展环境鉴定试验，考核所设计型号（产品）的环境适应性是否满足规定的要求，对型号（产品）的环境适应性做出评价，为鉴定提供决策依据。

（2）设计准则

根据具体产品的特点和使用要求，制定产品的环境适应性设计准则，并贯彻执行。

航天装备的环境适应性设计准则包括低气压适应性设计、高低温适应性设计、振动与冲击适应性设计、湿热适应性设计、防盐雾设计、防霉菌设计、防沙尘设计和空间环境适应性设计等。

应在重要研制节点对环境适应性设计准则的符合性进行审核与评审。

5.3.6.4 环境适应性试验验证

环境适应性试验验证是指通过由指定的机构或由订购方与承制方联合进行的相关试验，确定装备是否达到了规定的环境适应性要求。

环境适应性试验包括以下几种：

1）环境适应性研制试验：是寻找产品的设计缺陷的重要手段之一，进行必要的环境试验，以发现环境适应性的薄弱环节，并预估对产品影响较大的环境因素，适时做出环境适应性评价，并通过试验—分析—改进的反复过程逐步提高产品的环境适应性。

2）环境响应特性调查试验：确定型号（产品）对某些主要环境（如温度和振动）的物理响应特性和影响型号（产品）关键性能的环境应力临界值，为后续试验的控制和实施以及型号（产品）的使用提供基本信息，最终目的是确定在研型号（产品）在某些特定环境作用下的薄弱环节。开展环境响应特性调查试验，通过环境数据测量，查明产品的环境响应特性，主要包括制定环境数据测量要求、开展环境数据测量试验、制定环境数据分析报告。

3）自然环境试验：在型号研制初期，确定新材料、构件、工艺和部件或设备本身的耐自然环境能力，暴露产品自然环境的薄弱环节，为型号的研制、生产和使用提供信息。

4）环境鉴定试验：验证所设计武器型号的环境适应性是否满足规定的要求，为定型提供依据。

5）环境验收试验：检查批生产过程工艺和质量控制过程的稳定性，验证批生产产品满足规定的环境适应性要求。

5.3.6.5　环境适应性评价

环境适应性评价是在产品转阶段和定型过程中，依据环境试验结果，结合型号靶场飞行试验中得到的故障信息和环境影响数据，综合分析后对整个型号或其分系统的环境适应性做出评价。

其工作方法是分析武器系统研制过程中的环境有关故障信息、自然环境试验报告和环境试验报告，利用试验信息，分析武器系统对环境及其综合的长期破坏作用的抵抗能力和对气候和力学环境的短时快速破坏作用的抵抗能力，对系统的环境适应能力做出评价。

实际武器装备自研制开始直至寿命终结，环境适应性评价工作一直伴随设计、试验而开展，根据阶段可分为：

1）方案阶段，主要是基于设计结果的环境适应性评价。

2）研制阶段，主要是基于试验结果的环境适应性评价。

3）使用阶段，主要是基于使用结果的环境适应性评价。

武器装备环境适应性评价应遵循以下原则：

1）多种试验相结合，综合利用多种试验方式的优势。环境适应性评价不仅尽可能结合武器装备的研制试验与使用试验进行，而且环境适应性范围内的试验也尽可能结合进行。

2）密切联系实际，提高评价可信度，充分利用各种信息，提高评价的全面性与客观性。进行环境适应性评价时要综合利用其他指标的试验评价和已有型号评价信息，以提高评价结果的可信性、全面性和客观性。

3）做到武器装备环境适应性评价的连续性、关联性和协调性。连续性要求武器装备环境适应性评价工作要贯穿于寿命周期各个阶段；关联性要求武器装备环境适应性评价要尽可能地结合性能试验、使用环境试验和其他试验进行；协调性要求武器装备环境适应性评价工作与其研制过程中其他评价工作相协调。

5.3.6.6　航天产品环境适应性重点实施要求

（1）制定全面而精细的环境适应性要求与设计准则

环境适应性要求是武器装备开展环境适应性设计、环境适应性试验的前提，全面而精细的环境适应性要求是产品避免欠设计或过设计的关键。如一般根据装备使用剖面考虑一定风险率后确定装备温度环境量值，根据装备的整体布局及防护措施再定下级产品温度环境量值，若装备及各级组成的温度要求都一样，则可能带来利用很高的经济成本换取某些产品温度环境适应性，但实际使用中又不会遭遇此恶劣环境的问题；又如若未考虑装备各位置处的结构差异来确定动力学环境，则可能因为局部结构特性使得局部环境差异大而最终导致动力学环境适应能力弱等问题。科学合理的环境适应性要求，必须是基于对装备环境剖面、结构特性冲击了解的基础上，充分识别实战化环境因素，采用规范方法确定的。

航天装备环境适应性研制经历了几十年的积累，在岛礁、高原、沙漠、海洋、空间等典型极端环境适应性设计方面，积累了较多的经验，经历了真实极端环境的考核，通过不断提炼形成了较为全面的环境适应性设计准则，指导装备研制。

（2）环境适应性设计是关键

环境适应性设计决定武器装备满足使用要求的程度，是环境适应性保证工作中的重中之重。环境适应性设计主要是基于环境适应性要求，分析产品的环境效应，识别敏感环境，针对敏感的或高量值环境进行主动抗环境设计或采取被动防护措施，且设计应留有一定的余量，只有这样，才能避免因为试验能力限制或天地一致性差异等，导致实验室试验无法暴露问题而将环境适应性薄弱环节带入使用阶段，从而保证当武器装备大量投入使用时，即便在概率很低的极限环境下也有较好的适应能力。

（3）建立系统完善的环境试验体系

航天装备在寿命历程中，往往需要经受严酷的自然环境、力学环境、电磁环境的综合作用，而环境试验恰恰是暴露装备环境适应性薄弱环节、验证环境适应性水平的主要手段，如何更加真实地模拟使用环境，以提高“天地一致性”是航天型号持续关注的问题。航天院所通过几十年的环境试验标准体系建设、试验能力条件建设，以及试验设计、试验实施、试验评判方法研究，大多已建立了较为系统的环境试验体系，成立了一批具有资质、各方认可的试验中心，在航天装备的研制过程中发挥了重要作用。但是，即便如此，以目前的试验技术条件，在实验室内仍不可能完全模拟装备实际环境剖面，近些年发展起来的多维振动、热-振-声复合等试验技术，取得了重大进步。在很长一段时间内，环境试验还将是验证产品环境适应能力的重要手段，但随着仿真技术的快速发展，环境适应性仿真作为环境试验的一种补充手段，也逐渐开始被采用。

5.3.7 电磁兼容性保证

5.3.7.1 电磁兼容性工作策划与裁剪

各承制单位根据研制产品特点、该项目的作用和进度等条件，开展电磁兼容性工作策划，制定电磁兼容工作计划，并纳入研制计划，保证开展电磁兼容性工作所必需的资源，制定相应的管理措施。工作计划的主要内容包括：

1）电磁兼容性工作项目；

2）电磁兼容性工作项目的实施范围；

3）电磁兼容性工作项目的实施组织、单位、人员以及分工和职责；

4）各项电磁兼容性工作的进度要求、完成形式和保证条件；

5）电磁兼容性数据、信息资料的提供、收集和传递要求；

6）人员的电磁兼容性培训安排；

7）各电磁兼容性工作项目实施时的检查点和评审点。

5.3.7.2　电磁兼容性定性、定量要求

（1）电磁兼容性定性要求

电磁兼容性定性要求如下：

1）系统内电磁兼容性：系统内所有分系统和设备之间是电磁兼容的；

2）系统和系统外部的电磁环境是兼容的。

对设备和分系统功能设计方案进行电磁兼容性分析，针对可能存在的电磁干扰问题，提出电磁兼容性设计方案，经论证和评审后，给予实施。电磁兼容性设计方案的目的是控制电磁干扰发射和降低电磁敏感性，使设备、分系统和武器系统满足电磁兼容性要求。

（2）电磁兼容性定量要求

①武器系统及装备电磁兼容性指标项目和适用性

结合 GJB 1389A—2005《系统电磁兼容性要求》中规定的系统电磁兼容性要求，武器系统和装备的电磁兼容性指标项目考虑如下：

1）安全裕度：通过分析系统和装备的敏感度门限与环境中的实际干扰信号电平之间的相对数值差值，综合评估系统和装备的电磁兼容性；

2）外部射频电磁环境：综合考虑友邻系统电磁辐射发射、敌方发射机电磁辐射发射以及自然环境预期的电磁环境，形成装备外部射频电磁环境指标，用于考核装备系统间电磁兼容性；

3）雷电：对于雷电的直接效应和间接效应，系统和装备都应满足工作性能的要求；

4）电磁脉冲：在承受电磁脉冲环境后，系统和装备应满足工作性能的要求；

5）静电电荷控制：控制和消除由于电荷产生机理引起的静电电荷积累，用于保障装备不受静电危害；

6）电磁辐射危害：用于保障装备内作业人员在电磁环境下不受电磁辐射危害。

②设备与分系统电磁兼容性指标项目和适用性

根据 GJB 151B—2013《军用设备和分系统电磁发射和敏感度要求和测量》规定的电磁兼容性指标和项目，为设备与分系统裁剪、采用适用的电磁兼容性指标项目，并且同步采纳与各指标项目相应的电磁兼容性指标。

5.3.7.3　电磁兼容性设计分析和设计准则

（1）设计分析要点

根据型号产品的特点，制定电磁兼容性设计准则，指导各级产品开展电磁兼容性设计。根据具体型号的特点和使用要求，依据电磁兼容性设计准则，进行产品的电磁兼容性设计。在各适当阶段对电磁兼容性设计与电磁兼容性设计准则的符合性进行审查。

系统电磁兼容性设计与分析内容一般包括：频谱兼容性分析、系统内电磁兼容性设计与分析、雷电防护设计与分析、电磁脉冲防护设计与分析、静电防护设计与分析、电磁辐射危害防护设计与分析等。

分系统与设备的电磁兼容性设计与分析内容一般包括：布局设计与分析、屏蔽设计与分析、接地设计与分析、搭接设计与分析、布线设计与分析、滤波设计与分析、元器件选

择、信号电平选择、电路设计与分析、雷电防护设计与分析、电磁脉冲防护设计与分析、静电防护设计与分析等。

（2）设计准则

根据型号电磁兼容性要求，参照相关的标准规范，结合以往工程经验，制定电磁兼容性设计准则，供设计人员在设计中贯彻和实施。电磁兼容性设计准则主要包括以下方面：

1）频谱设计；2）布局设计；3）布线设计；4）屏蔽设计；5）接地设计；6）搭接设计；7）滤波设计；8）静电防护设计；9）雷电防护设计；10）电路和印制板设计。

在重要研制节点对产品设计与电磁兼容性设计准则的符合性进行检查。

5.3.7.4　电磁兼容性试验验证

（1）方案阶段

一般不进行电磁兼容性试验，但为评估系统可能存在的电磁干扰风险，可以对相似产品开展摸底试验。

（2）工程研制阶段

按照规定的电磁兼容性试验项目，对系统、分系统和设备进行全面电磁兼容性试验，验证电磁兼容性设计效果，确定设计薄弱环节，为设计改进提供依据；通过试验数据和分析数据，对系统、分系统和设备进行电磁兼容性评价，以确认满足电磁兼容性要求。

设备级电磁兼容性试验要求进行规定的各项电磁兼容性试验，并根据试验结果，不断进行电磁兼容性设计改进，直至满足电磁兼容性要求；试验方法参照 GJB 151B—2013《军用设备和分系统电磁发射和敏感度要求和测量》执行；设计做了更改时，重新进行电磁兼容性试验；本阶段进行电磁兼容性验收试验，不进行电磁兼容性鉴定试验。

装备级电磁兼容性试验要求组成设备和分系统均已通过电磁兼容性试验后，进行装备级电磁兼容性试验；对装备进行规定的各项电磁兼容性试验；试验方法参照 GJB 8848—2016《系统电磁环境效应试验方法》和 GJB 5313A—2017《电磁辐射暴露限值和测量方法》执行；本阶段进行电磁兼容性研制试验，不进行电磁兼容性鉴定试验。

系统级电磁兼容性试验要求组成装备、设备和分系统均已通过电磁兼容性试验后，进行系统级电磁兼容性试验；出于试验条件的限制，可将系统级电磁兼容性试验分解为若干装备级试验，并以系统联调和靶场校飞试验、导弹发射试验作为系统级电磁兼容性试验；系统电磁兼容性试验将持续到定型阶段，本阶段试验不以验收或鉴定为目标，而是为寻找可能存在的电磁干扰隐患或解决出现的电磁干扰问题。

（3）定型阶段

电磁兼容性试验为鉴定试验，包括系统级、装备级和设备级电磁兼容性定型试验；进行系统级（或装备级）电磁兼容性定型试验，满足系统电磁兼容性使用要求。

5.3.7.5　电磁兼容性评价

电磁兼容性评价按照产品层次，逐级进行电磁兼容性评价，采取以电磁兼容性试验结果为主，并辅以电磁兼容性分析的评价方式，系统、装备、分系统和设备的电磁兼容性要求均得到满足，才能做出电磁兼容性满足要求的结论。对产品的电磁兼容性评价还应考虑电磁兼容性指标、电磁环境条件、电磁干扰故障归零情况、作战使用要求、功能特性、电磁兼容性工作经费需求、研制风险等方面的综合要求，并以达到满足作战使用要求为最终目标，对产品进行综合性电磁兼容性评价。

（1）方案阶段

根据预测可能遇到的电磁干扰，结合电磁兼容性试验数据与仿真分析数据进行系统电磁兼容性初步评价。

（2）工程研制阶段

通过试验数据和分析数据，对系统、分系统和设备进行电磁兼容性评价，以确认满足电磁兼容性要求。系统和装备电磁兼容性评价考虑系统和装备电磁兼容性设计情况及改进设计情况、系统和装备电磁兼容性试验情况、系统和装备电磁兼容性分析情况、分系统和设备电磁兼容性设计情况及改进设计情况、分系统和设备电磁兼容性试验情况及参加系统电磁兼容性试验情况、设备电磁兼容性分析情况。

（3）定型阶段

电磁兼容性试验为鉴定试验，包括系统级、装备级和设备级电磁兼容性定型试验，用于对各级产品进行电磁兼容性鉴定与评价。

5.3.7.6　航天产品电磁兼容性重点实施要求

（1）多层级电磁兼容性指标论证

制定装备和设备电磁兼容性指标的目的是用于指导装备和设备开展电磁兼容性设计，对装备和设备的电磁兼容性进行评价。确定装备电磁兼容性指标是一个由初定到确定、由综合指标到单项指标、由系统级指标到分系统或设备指标，对指标进行综合、分解、分配、转换、细化和权衡分析的过程。确定装备电磁兼容性指标过程应与装备总体论证、研制设计和试验相协调。

电磁兼容性指标的确定，首先应明确相关依据，与装备总体论证相协调，依据总体论证形成的任务需求、作战使命、使用方案、初步技术方案等有关信息，参照装备寿命剖面、任务剖面、保障资源初步规划，达到电磁兼容性指标与装备构成、作战任务、使用寿命、战备完好性、任务成功性等之间相互协调和约束。

为了合理地提出这些指标，必须针对不同特点、不同层次、不同功能性能和不同预期电磁环境，对不同装备针对性地提出不同的指标，在电磁兼容性指标论证过程中综合、权衡考虑。经验证明，在产品研制设计之初，认真细致科学地进行电磁兼容性指标论证，能够极大降低产品生产出来进行测试时才发现问题的概率，而没有进行电磁兼容性指标论证，出现问题再设法解决将花费很高的代价，甚至不能彻底解决出现的问题。因此，在装备研制初期开展电磁兼容性指标论证具有重要意义。

（2）开展基于设计准则的电磁兼容性设计分析

电磁兼容性设计和分析是实现产品电磁兼容性的源头，为了规范电磁兼容性设计，组织编制了研究院级标准《系统电磁兼容性设计准则》《系统电磁兼容性设计规范》，包括布线设计、屏蔽设计、滤波设计、接地设计、搭接设计等系列标准，有力支撑各级产品根据具体特点和使用要求，依据电磁兼容性设计准则，进行产品电磁兼容性设计。在各适当阶段对电磁兼容性设计与电磁兼容性设计准则的符合性进行审查。

产品的电磁兼容性是设计出来的，电磁兼容性设计离不开电磁仿真工具的应用。伴随着航天产品系统集成度急剧提高，无线设备数量和规模急剧扩大，干扰空前严峻，无线设备兼容性复杂度指数增长，面临瓶颈。产品工程研制过程中充分借用电磁仿真工具，辅助开展各级产品的电磁兼容性设计。如在飞行器系统电磁兼容性设计中，开展无线设备频率分析工作和飞行器无线系统间电磁干扰分析工作。相关工具包括无线设备用频分析软件等自研软件和成熟的商业电磁仿真软件。

电磁兼容性设计审查可以结合技术设计评审进行，大型飞行试验进场前开展电磁兼容性复查，每年在部分型号实施专项电磁兼容性设计审查，对电磁兼容性设计准则符合情况、电磁兼容性保证大纲执行情况进行审查。为了更好地做好审查工作，编制了研究院级标准《型号电磁兼容性技术审查规范》，提出元器件选用、电路板级、设备级、装备级电磁兼容性设计等规定技术审查的内容，确保产品电磁兼容性设计的规范性和有效性，为开展各级产品电磁兼容性技术审查工作奠定基础。

（3）精细化电磁兼容性试验设计

我国电磁兼容性验证试验经过数十年的发展趋于成熟，执行了分系统和设备电磁发射和敏感度试验方法、系统电磁环境效应试验方法等两级试验方法，并形成相应的国军标。在执行国军标开展验证试验中，仍然存在同类电磁兼容性指标产品设计状态相同但试验结果不同；电磁兼容性验证试验有时仍然不能覆盖全任务剖面等问题。国军标规定包括：电磁干扰注入量级、电磁干扰抑制极限值、一般的试验步骤、注入干扰部位和原则等。由于产品特点差异性大，任务需求不一致，仅依靠国军标还不足以制定产品电磁兼容性试验大纲。因此，针对不同产品特点开展各项试验过程中，需要进行更精细化的产品电磁兼容性试验设计。

为确保航天产品电磁兼容性试验验证能够反映产品真实的作战使用过程，通过确定产品电磁环境条件剖面、电磁兼容性试验中产品性能测试项目、电磁兼容性测量或电磁干扰注入部位、电磁兼容性试验中产品状态控制等，确保电磁兼容性试验的准确性和精确性。

（4）积累电磁兼容性故障案例

系统电磁兼容性设计与各级产品的结构、电气、电路设计均息息相关，一个环节的设计疏忽就会造成全系统故障。为了及时记录故障教训，从电磁兼容性专业角度编制《型号电磁兼容性故障案例集》，按照不同的干扰形式进行分类整理，针对每个案例理清干扰源、敏感设备、故障现象、故障原因分析及定位、改进措施及效果、启示等，从中汲取养分、举一反三、积累经验，不断完善电磁兼容性设计、试验和管理方法，并逐步修订原有标准规范，不断提升产品质量。

5.3.8 元器件保证

元器件是航天装备研制、生产与应用等过程中重要的通用基础件，对航天装备产品的研制周期、寿命、性能、成本和发射风险都有极其重要的作用和影响。元器件的可靠与否直接决定了装备的可靠性。任何一个元器件发生故障，都有可能造成航天装备系统的失效。没有高质量、高可靠性的元器件，设计再好的航天装备也难以发挥作用。

航天型号用元器件保证的目标是：对型号用元器件采取各种质量保证措施，使元器件在型号的整个寿命周期内，满足武器系统功能、性能、环境、安全性、质量与可靠性的要求。元器件保证的基本原则是贯彻技术与管理相结合的方针，执行元器件“统一选用”“统一采购”“统一监制和验收”“统一复验和筛选”“统一失效分析”的“五统一”管理，实施全过程质量控制；元器件选用、采购、监制、下厂验收、复验、补充筛选、破坏性物理分析（DPA，Destructive Physical Analysis）、贮存、发放和传递、使用、失效分析、质量信息反馈等全过程每个环节都必须处于受控状态，使装备的质量与可靠性得到提升。元器件保证可采用多层级管理的模式，分为元器件管理机构与元器件保障团队，元器件管理机构侧重于战略规划、技术基础研究、相关规章制度的制修订等，元器件保障团队侧重于具体型号的技术支撑和产品保证。

5.3.8.1 元器件质量保证通用要求

设计师根据产品的各研制阶段确定元器件所承受的应力，一般参照元器件应力分析可靠性预计法并依据 GJB/Z 299C—2006《电子设备可靠性预计手册》确定应选用元器件的质量等级。元器件的分类一般采用层级分类法，按照统一性、唯一性、实用性和可扩展性的原则进行分类，一般可参照 GJB 8118—2013《军用电子元器件分类与代码》进行分类。元器件选用涉及的国家军用标准较多，较常用的有 GJB 33A—1997《半导体分立器件总规范》、GJB 597A—1996《半导体集成电路总规范》、GJB 63B—2001《有可靠性指标的固体电解质钽电容总规范》、GJB 548B—2005《微电子器件试验方法和程序》、GJB 360A—1996《电子及电气元件试验方法》等，设计师在选用相关元器件时可参考国家发布的最新标准。

元器件质量控制通常分为元器件的选用管理、元器件的采购管理、元器件的下厂验收与复验筛选管理、元器件装机管理、元器件质量问题分析和元器件的目录管理几个管理流程，它们通常是串行的流程关系，如图 5 - 4 所示。

根据元器件质量控制流程，在研制批产过程中，各型号应在方案阶段制定《型号元器件保证通用大纲》，初样阶段各产品及组合应进行元器件专项评审，型号转阶段应进行元器件评审，元器件经过选用评审形成选用清单后，生成采购清单；通过采购评审后，编制采购文件，签订采购合同，采购完成后，对元器件进行质量保证，元器件应采取下厂验收、复验、补充筛选、DPA 等质量控制措施确保装机元器件质量，失效元器件应进行失效分析，超目录选用的元器件应办理审批手续，装机使用前应办理元器件装机许可证，型号飞试进场前应进行元器件质量复查。装备元器件装机后形成装机清单，固化元器件的状态。做好这些元器件质量控制关键节点的工作，能有效地保障型号产品的质量。

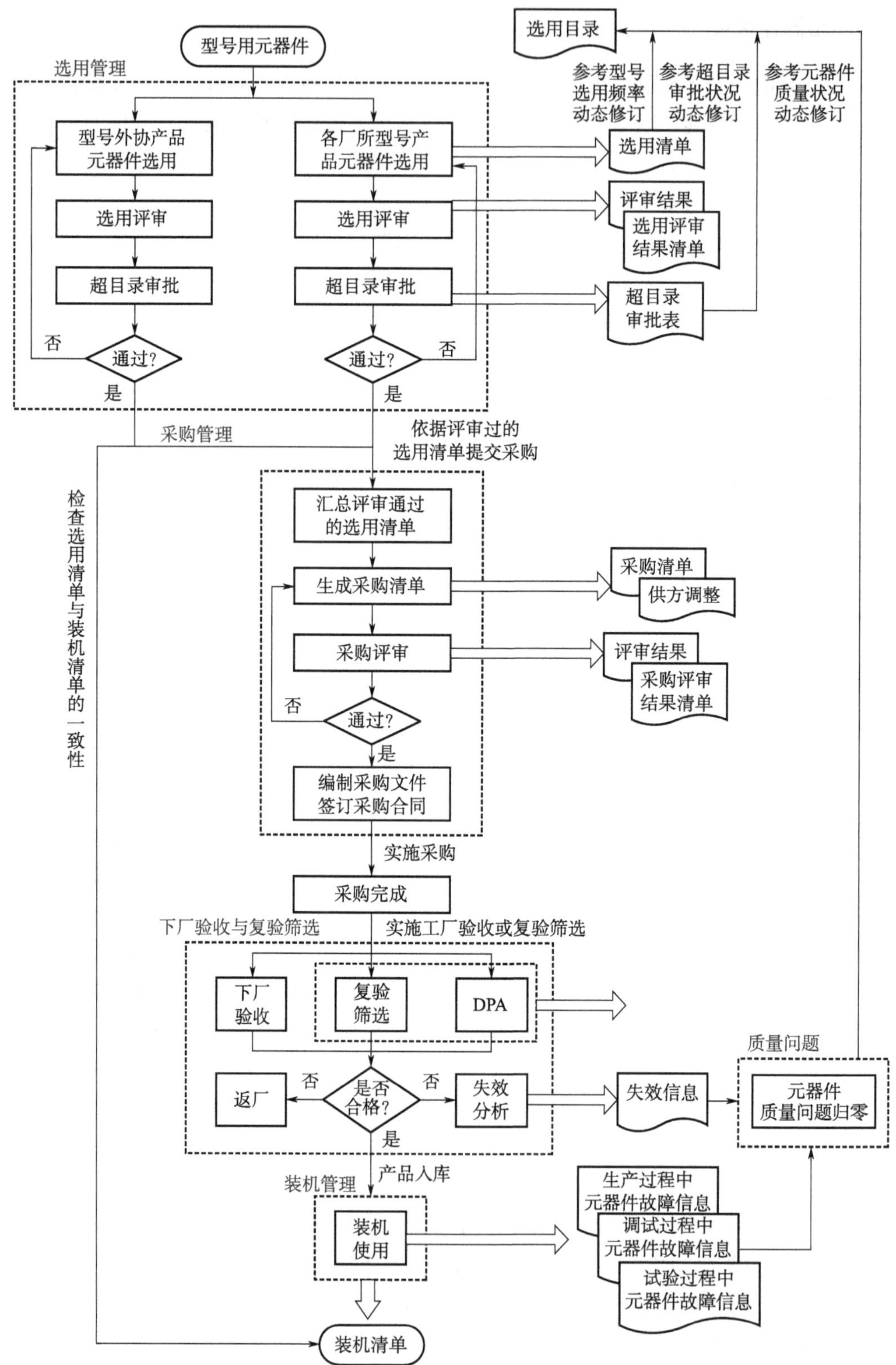

图 5-4　元器件质量管理流程

5.3.8.2　元器件选用

元器件的选用是指对元器件种类、规格、质量等级、供应商等的确定和合理应用。元器件选择是航天型号设备研制单位保证航天型号正常运行的首要环节。型号研制的不同阶段，对元器件的选择要求不同。在型号方案阶段，编制元器件保证大纲，明确元器件的质量等级要求，确定元器件选用和控制的原则。初样阶段结合可靠性预计、可靠性设计（降额）等工作，进行元器件选用评审。试样阶段，做好转阶段元器件评审、初样元器件选用遗留问题的整改落实、风险评价、失效元器件的归零及初样阶段问题的解决工作。

5.3.8.3　元器件采购

航天型号元器件采购管理是缩短型号项目研制周期，确保质量、可靠性，降低研制成本的重要环节。元器件的采购应遵循“质量第一、确保进度、控制成本、通常订货”的原则，在采购的过程中自始至终贯彻质量管理的内容，发挥集中采购规模效益，实施统一价格管理。采购元器件应在任务配套元器件合格供应商名录范围内选择供应商。武器装备用元器件采购必须严格按评审通过的采购文件采购。元器件的技术标准或要求是元器件采购的重要依据之一。

（1）采购需求计划管理

有关单位依据型号投产计划制定本单位元器件采购需求计划，独子线、单一来源及长周期件等瓶颈短线元器件滚动开展采购需求梳理及计划编制；应有效识别采购瓶颈短线元器件及供应商的产能、质量等风险，合理制定各级产品生产计划，为物资采购预留合理周期；有效避免非常规采购、紧急采购需求的多次出现，强化产品生产计划与采购计划的联动和协调。

（2）元器件采购执行管理要求

型号管理部门制定并下发型号投产通知，作为采购执行的依据。投产通知应明确投产项目、元器件采购需求提报时限及型号物资齐套的整体节点要求。

有关单位应严格执行投产通知要求，生成采购需求，确保采购需求的合理性、准确性，符合投产产品技术状态实际需要。严格落实采购合规性要求，通过招标采购确定进口元器件代理商，严格依据合格代理商名录内产品范围进行招标，依据国际形势对采购渠道进行适度拓展，保障供应链安全。

（3）采购评审

元器件选用评审的清单是元器件采购评审的重要依据。物资采购部门汇总元器件采购清单，编制采购文件并组织对采购文件进行评审，采购文件通过评审后，可按照采购文件进行采购。元器件采购评审须邀请元器件专家、供应链专家及物资采购人员参加，对各阶段选用符合性（包含但不限于价格水平、招标议价或比价、配套风险及选用合规性）进行审查，给出明确结论。

（4）采购质量管理

元器件采购强化质量控制点前移，落实元器件质量管控模式转型，对各类器件关键质量管控点及失效模式进行分类研究，分类制定技术标准，有效提升关键核心器件的筛测能力。

1）阻容感元件、电连接器等工艺较为成熟，近几年失效率较低的元器件原则上以下厂验收为主要管控方式，进口器件实施补充筛选，严格按要求开展型号器件 DPA 试验。

2）探索实施产线认证，将需求及管控要求有效传递至供应商，以产线能力提升推进产品质量提升，并将产线认证结果与元器件选用等级、供应商评价等级实施挂钩。

3）推进对中央军委装备发展部、国防科工局、集团公司等认证认可的元器件检验检测机构进行结果互认评定，盘活社会优质资源，多措并举有效支撑供应链效率提升及成本下降。

4）元器件在质量检验或装机中发生偏离时应进行分析，并根据分析结论由产品保证部门组织元器件专家、用户（包括型号总体）、元器件厂家召开质量问题分析会，以决定是否让步接收或拒收。

5）对采购元器件出现的质量问题应按照“双五条”标准开展归零工作。

（5）供应商管理

航天元器件供应商管理实行第二方认定制度，采取统一组织、共同认定的原则，供应商的管理一般包括供应商的准入与选择、绩效评价、动态管理及关系管理等工作。

供应商的评估与考核是做好供应商管理的基础和前提条件。供应商的评估与考核关键在于客观、科学、合理、公正，并定期开展对供应商的质量审核工作，根据实际情况开展质量管理体系、关键岗位、关键过程、关键产品等的审核。航天元器件统一采购管理部门应编制合格供应商名录，并组织对名录供应商开展考核评价，对名录进行正式发布和动态管理。当合格供应商名录内的供应商或产品不能满足需要时，型号管理部门或有关单位可提出新增准入申请。在型号研制初期，因新技术、新产品等原因需选用合格供应商名录外单位开展外协产品试用时，可选择试用供应商。供应商按照“一单一评、一年一评、三年一清”的原则对供应商从配套产品的进度、质量、价格、服务等方面实施动态评价。元器件合格供应商实行分级管理，综合考虑研制生产能力、产品质量、可靠性、价格、供货周期、售后服务、合作意愿、供货份额等因素将其划分为“优选”“可选”及“限用”。对生产能力较差、产品质量问题较多、供货严重拖期等情况建立供应商退出机制。

5.3.8.4 元器件下厂监制验收

元器件统一下厂监制验收作为元器件“五统一”管理的一个重要的质量控制环节，是对元器件产品质量及生产流程管理相结合的元器件质量控制技术。

元器件下厂监制验收是元器件合同甲方委托用户代表（即下厂监制验收人员），根据采购合同规定的品种及技术条件，对交付的元器件进行质量检验，通过后予以接收的工作。下厂监制验收人员在下厂监制验收过程中需了解承制方的质量保证体系、质量控制水平、生产工艺水平、产品交付能力等信息，并在监制验收工作中检查产品交付是否符合该产品的技术规范及标准，同时确保产品的验收试验合格后才能接收与订货合同相符的元器件。

在航天型号元器件质量控制的技术手段中，下厂监制验收作为对元器件复验筛选工作的补充，通过元器件下厂监制验收，与生产厂家建立有效沟通，通过对厂家质量保证体系、质量控制水平、生产工艺水平、产品交付能力及稳定供货能力等信息进行了解，对生产厂家存在的管理薄弱环节提出整改和处理意见，并跟踪处理发现的问题，在元器件生产源头降低产品质量隐患。随着元器件国产化的逐步推进以及国内元器件生产厂家生产工艺及管理水平的逐步提升，元器件下厂监制验收会在元器件质量保证方面起到越来越重要的作用。

5.3.8.5　元器件复验

(1) 入院复验

元器件到货后，必须按照要求进行入院（所、厂等）复验。复验包括符合性检查，主要包括数量、外观、包装、质量文件等，并按照元器件详细规范及相应技术标准 100%进行常温电参数测试，有要求时需要进行低温和高温电参数测试。

(2) 超期复验

贮存期超过有效贮存期的元器件，在装机前需要一系列的检验以完成复验，复验通过的元器件，才能作为合格品用于装备任务上，元器件的超期复验按照超过有效贮存期时间的长短进行分类。

已经通过第一次超期复验的合格元器件，如果其预定装机的时间将超过规定的继续有效期，但不超过继续有效期的 2 倍，允许进行第二次超期复验。装备任务研制过程中，可根据需要对分类进行细化或裁剪。

5.3.8.6　元器件补充筛选

补充筛选是指在生产厂筛选的基础上进行的筛选，或元器件生产厂已经完成的筛选试验不能满足使用单位对元器件的要求，或者有其他特殊要求，由使用单位或其委托单位再次进行筛选。

补充筛选是专为剔除有缺陷或可能引起早期失效的或选择具有一定特性的元器件产品而进行的筛选。元器件筛选试验是一种对元器件产品 100%进行的非破坏性检验。补充筛选的主要目的是淘汰有缺陷的产品或根据使用要求剔除不符合要求的产品。

补充筛选的特点包括：

1) 元器件筛选试验要求对全部元器件进行检验。

2) 筛选试验所进行的试验项目都是非破坏性检验。

3) 筛选过程不能给元器件带来附加损伤，包括引线、封装体、标志、电性能和参数。

4) 衡量筛选是否有效的主要方法是允许的缺陷百分比（PDA，Percent Defective Allowable）的控制。

元器件补充筛选的试验方案主要包括两个方面内容，一是根据所需要的可靠性等级确认筛选项目，并确定每个筛选项目的筛选条件，另一方面是把所有筛选项目按照一定先后次序排列，成为一个完整的试验方案。试验项目的确定主要遵循以下原则：

1) 有针对性，根据实际使用状态和要求选择对剔除元器件早期失效有重大影响的项目。

2）在所有筛选项目筛选过后元器件具有较高的稳定性和可靠性。

3）具有较好的经济性，且有理想的高筛选效率。

在补充筛选程序中，通常采用两类拒收判据，包括不合格判据和参数漂移极限判据。不同应用场合对元器件的可靠性要求不同，所允许的参数最大漂移极限不同，需要通过试验摸清产品参数漂移规律以及产品筛选期间的参数漂移量与产品使用寿命的相关性。

5.3.8.7 破坏性物理分析（DPA）

破坏性物理分析是为验证元器件的设计、结构、材料和制造质量是否满足预定用途或有关规范的要求，对元器件样品进行解剖，以及解剖前后进行一系列检验和分析的全过程。

DPA 试验标准 GJB 4027A—2006《军用电子元器件破坏性物理分析方法》规定了包括半导体分立器件、集成电路、光电器件、电阻、电容、继电器、连接器、传感器等在内的 16 大类、49 小类的电子元器件的破坏性物理分析方法的试验程序、试验方法和失效判据。其中非破坏性检查主要是指外部目检、颗粒碰撞噪声检测（PIND，Particle Impact Noise Detection）、密封、X 射线检查、声学扫描显微镜检查等，破坏性方法主要是指用开封、剥层、剖面和内引线键合强度及芯片粘接焊接剪切强度等方法对元器件实施破坏性检验。

DPA 在获取元器件质量信息方面有其他方法不可代替的重要作用，主要包括：

1）排除有明显缺陷或潜在缺陷批次元器件上机使用。

2）辅助处理出现异常批次的元器件。

3）辅助确定设计、材料或工艺上的改进措施。

4）评价制造厂的生产趋向。

DPA 试验技术在提高型号武器可靠性过程中发挥着越来越重要的作用。DPA 不仅使用户在使用前能够全面了解元器件的质量状态，保证装机使用的元器件具有较高的质量和可靠性；同时使生产厂能够及时发现元器件的问题，有的放矢改进设计和生产工艺，使元器件的质量和可靠性得到提高，满足武器装备对元器件的质量需求。

5.3.8.8 元器件装机许可证

元器件装机许可证是型号用元器件允许装机使用的证明文件。为加强元器件质量控制，规范型号用元器件复验、筛选过程中的管理，确保装机元器件在型号整个寿命周期内满足质量与可靠性要求，航天院所实施了元器件装机许可证制度。型号装机用元器件必须持有装机许可证，无装机许可证的元器件不得装机使用。

装机许可证的发放由专门负责元器件质量保证的单位发放，元器件选用评审意见的落实情况需要进行跟踪，并与装机许可证实施联动及闭环管理，对于选用评审结果明确不可选用的元器件，应对装机许可证发放进行严格管控。

1）型号用元器件复验筛选完成后，元器件质量保证单位出具复验、筛选报告，并发放元器件装机许可证。

2）对于不能复验筛选的元器件，元器件质量保证单位应出具证明，型号负责人审批后换发装机许可证；整机应形成不能复验筛选的元器件清单，作为质量档案加以保存，建立不能复验筛选元器件的质量跟踪机制，保证可追溯性。

3）下厂验收合格的元器件不需要进行复验筛选的，经元器件质量保证单位审查相关质量证明文件合格后发放元器件装机许可证。

4）随着数字化供应链建设要求，装机许可证将全数字化管理和实施。

5.3.8.9　元器件贮存与发放

元器件贮存的仓库环境条件应满足 QJ 2227A—2005《航天元器件有效贮存期和超期复验要求》中的有关规定。仓库管理人员应定期记录库房的温度、湿度。对静电敏感元器件的贮存和传递应按 GJB 1649 — 1993《电子产品防静电放电控制大纲》的规定，采取有效的防护措施。

在贮存和传递过程应妥善保存全部质量证明文件，以保证元器件质量信息的可追溯性。元器件贮存过程中应经常检查元器件包装及外观质量，发现异常情况应及时报告并进一步分析造成异常的原因及可能造成的后果，并采取相应的措施。

5.3.8.10　放行、让步接收的管理

产品承制方应制定产品用元器件放行、让步接收以及偏离的控制程序，规定对产品研制阶段和批生产阶段元器件质量发生偏离时的控制要求和审批流程，内容还应包括进行必要的验证试验或补充鉴定试验。当元器件出现结构、生产流程、主要原材料、关键工艺以及可能影响产品的性能、质量、可靠性或产品互换性的更改，应进行验证、组织元器件专家评审和客户确认。发生重要更改的元器件需要重新进行鉴定。当元器件未完成产品保证所有要求的试验需要例外（紧急）放行时，应按规定履行审批手续，征得客户同意，进行标识并保留记录，确保能追回和更换。

5.3.8.11　元器件使用过程中的质量控制

整机、分系统的测试以及各分系统的联调，都应按操作规程进行，以确保在检测过程中不致损坏元器件。如发现整机或系统不能正常工作，应在现场进行分析，确认为元器件失效所致后，按操作规程拆卸失效的元器件，并进行失效分析。

5.3.8.12　元器件失效分析

元器件失效分析是对已失效的元器件进行的一种事后检查。通过对失效元器件进行物理、化学、金相等试验及各种测试，确定元器件失效的模式，分析造成元器件失效的性质，寻找出元器件失效的原因。针对失效原因，制定并采取纠正及预防措施，防止类似的失效模式和失效机理重复出现。为提高元器件固有质量和应用的可靠性提供科学依据。

按照 QJ 3065.5—1998《元器件失效分析管理要求》的规定，航天型号用元器件在到货验收、补充筛选、超期复验以及在航天型号研制、生产和使用等过程中出现的失效元器件都要进行失效分析。

失效分析的基本内容包括：失效背景调查、失效模式鉴别、失效特征分析及描述、假

设及验证失效机理、提出纠正或改进措施等。分析着重于分清失效模式、追查出失效机理及探讨改进方法，有时辅以相关的模拟验证及失效再现，并对改进措施的实施效果进行跟进。在航天型号质量问题归零中，失效分析已经显示了特别重要的意义和作用，为我国多个航天型号的发射成功做出巨大的贡献。

5.3.8.13 元器件质量信息管理

元器件质量信息的质量管理应推进数字化转型，通过搭建基于数据驱动的信息系统，全面实现供应链信息化管理，打造数字化供应链。外部平台以面向供应商为主，以数据协同平台为依托，设置电子化招标、产品推介等多种功能，实现供需双方在线对接、内外部过程有效管控，在功能逐步完善的基础上实现社会化应用。内部平台是以系统集成为核心的技术平台，集中 ERP、办公自动化（OA，Office Autoation）、MES 等系统资源，将各系统功能进行整合并统一规划、管理，专门模块化开发优化以满足新的业务要求，打通各系统间数据链路，增设数据的抽取、分析与自动推送功能并依据需求提供不同可视界面，实现多资源组织、全流程管控与优化。以 MES 平台、ERP 报表以及元器件物资编码应用为抓手，开展模式优化与效率提升，通过物资采购与 MES 业务环节整合，实现到货、送筛、接收清点一次操作，对 ERP 系统改进优化以实现双方同步操作，最小化资源占用，最大化到货送筛效率，形成产品元器件选用评审、采购、复验筛选、装机许可证在线发放和装机清单在线查询的质量管控模式，实现一个产品一个元器件数据包。

同时，通过对元器件不合格情况、失效模式、归零情况等信息进行收集，并对规范化的元器件可靠性质量信息进行统计分析，多角度、多维度地整理分析数据，重点关注数据之间的相关性。质量信息分析一方面有利于掌握元器件质量变化的趋势，通过分析可以查找出目前元器件质量管理的薄弱环节、质量控制的盲区，从而改进元器件质量控制方法，提高质量。分析结果可供型号系统、设计师等共享与查阅，对于共性问题，通过质量信息收集与分析可以在集团内有效传递，从而促进设计师改进设计和优化选用，从源头上提高设计质量及可靠性。

5.3.8.14 小结

装备元器件质量保证工作是保证装备工作的重要任务，应遵循系统化、工程化、规范化的原则。航天技术不断发展，对元器件的质量保证需求也备受关注，“五统一”是元器件全面质量保证的有力支撑。在型号研制短周期、低成本的形势下保障装备一次成功。

5.3.9 软件产品保证

5.3.9.1 概述

软件产品保证是在软件生存周期中为确保交付的软件产品满足用户的要求所进行的与标准、规范、程序等相关的活动。

（1）概念和定义

软件是与计算机系统的操作有关的计算机程序、规程和可能的相关文档。

软件产品是指定交付给用户的计算机程序、规程和可能相关文档和数据的完整集，或其中的任一单独的项。

型号软件是指装备中的软件，或以软件开发为主体的软件装备。装备中的软件作为装备的一部分而发挥作用，如指挥控制、发射控制、飞行控制、雷达控制等分系统中所应用的软件；软件装备作为装备运行在通用计算机平台，如通用战术级指挥控制软件、作战筹划软件。在本文后续各节中软件一般是指型号软件。

软件生存周期是软件产品从构思开始至软件不再可用结束的时间周期。典型的软件生存周期包括：论证阶段、需求阶段、设计阶段、实现阶段、测试阶段、安装和验收阶段、操作和维护阶段，有时还包括退役阶段。型号软件维护阶段，从型号研制过程来看，是指装备定型后，交付给最终用户就开始进入维护阶段。

软件研制过程主要活动包括：系统设计、软件需求分析、软件设计（概要设计、详细设计）、软件实现和单元测试、软件单元集成和测试、软件配置项测试、软硬件集成和测试等。

（2）目的和目标

软件产品保证的目的是利用软件工程的技术和方法，确保型号软件产品按照规范的过程进行开发和管理，使用户确信交付的软件产品满足研制要求和质量目标。

软件产品保证的目标是减少技术上的和计划上的风险。

（3）基本原则

软件产品保证的基本原则是系统策划、突出重点、强化验证、重视重用、持续改进。

系统策划就是要结合型号产品研制阶段工作，综合考虑，系统策划，协调进行。软件已成为型号的核心，既能增强型号的功能，又能提升作战效能。型号软件产品研制已经是型号研制工作的重要组成部分，必须与型号研制工作密切结合。

突出重点就是要在型号研制过程中，必须在软件研制任务书或系统研制任务书中明确软件的安全性等级、系统故障模式、可靠性和安全性要求，并对关键软件的开发过程进行重点控制。

强化验证就是要在软件研制中建立独立的测试环境，开展各项测试工作，对软件的功能、性能、外部接口、安全性等方面进行全面验证，确认其满足软件研制任务书或系统研制任务书要求。

重视重用就是要遵循采用成熟技术设计的原则，尽可能多地采用软件重用，探索运用软件重用技术进行设计，不断充实软件重用库，提高软件可靠性和开发效率，降低成本。软件重用工作可纳入单位的“三化”工作统一管理。

持续改进就是要及时总结型号软件工程的实施经验，针对问题采取相应措施，保证软件工程的有效性。承制方按照 GJB 8000—2013《军用软件研制能力等级要求》，达到应具备的软件研制能力等级要求，并按照 GJB 5000B—2021《军用软件能力成熟度模型》进行过程改进。

(4) 基本组织和要求

基本组织包括型号技术负责人（型号总师或技术负责人）、软件项目负责人［型号软件（系统）主任或副主任设计师］、软件工程组（包括软件分析、设计、测试人员）、软件产品保证负责人（有软件工程/管理丰富经验的人员）、软件质量保证员（独立于软件项目的软件工程/管理人员）、软件配置管理员（包括开发库、受控库、产品库管理人员）、型号软件技术状态控制组（包括型号技术负责人、软件项目负责人、软件质量保证员、软件配置管理员等）、配置审核组（包括有软件工程/管理经验的人员）、软件专家组（包括有软件工程/管理丰富经验的人员）。

基本要求是：承办方必须保证为软件项目确定一个软件产品保证负责人。软件产品保证负责人可以兼任；承办方应明确与软件产品保证有关的管理、执行和检查人员的责任和相互关系；承办方应明确软件项目中的每一组织的责任与界面，包括内部和外部的；承办方应明确提供合理的资源条件，以保证完成规定的软件产品保证任务；要对从事软件产品保证任务的人员及有直接关系的人员进行培训。

软件工程组是软件管理及软件工程工作的主体，软件工程组的人员和有关管理人员应参加过软件产品保证相关培训；软件工程组的人员应参加过 GJB 2786A—2009《军用软件开发通用要求》、GJB 438C—2021《军用软件开发文档通用要求》、GJB 5235—2004《军用软件配置管理》、GJB/Z 141—2004《军用软件测试指南》、集团和企业软件工程标准（如 Q/QJB 152A—2014《型号软件工程实施规范》、二院型号软件工程实施规范）培训；应参加根据软件产品研制和管理用的特殊工具、技术、方法和计算机资源确定的培训。

5.3.9.2 型号方案阶段要求

方案阶段一般不研制软件，但在方案阶段的《型号总体方案》中要有软件相关总体设计内容。方案阶段由型号研制总体单位提出软件安全性等级划分，依据 GJB/Z 102A—2012《军用软件安全性设计指南》将软件安全性等级从高到低分为 A、B、C、D 四个等级。

对于型号中的各分系统，如果存在多个有耦合关系的软件，应视其复杂程度，配合该分系统方案形成单独的《软件研制方案》，描述软件之间的关系、功能、人机交互原型设计、技术解决方案等内容。

软件研制方案可以是《运行方案说明》《系统总体方案》《系统规格说明》《系统方案》或等效的设计文件，具体文档要求按集团和企业软件工程标准（如 Q/QJB 152A—2014《型号软件工程实施规范》、二院型号软件工程实施规范）执行。

对于方案阶段需要研制的软件，参照本篇第 5.4.4 节“软件产品研制的管理要求”和第 5.4.5 节“软件产品研制的工程技术要求”执行。

5.3.9.3 型号工程研制阶段（初样、试样）要求

型号软件的研制应与型号研制阶段相协调，型号研制总体单位提出《软件产品配套表》，组织相关单位、有关部门评审，经总师审定批准后由型号主管部门正式发布《软件产品配套表》。《软件产品配套表》形式见表 5-2。

表 5-2　软件产品配套表

序号	所属整机或分系统	软件名称	软件代号	关键等级	研制类别	研制单位

注：1.“关键等级”是软件安全性等级，从高到低分为 A、B、C、D 四个等级。通常 A、B 的软件为安全关键软件。
2.“研制类别”是指按软件研制状态，分为四类：Ⅰ，表示完全沿用；Ⅱ，表示仅修改装定参数的沿用；Ⅲ，表示做适应性修改；Ⅳ，表示新研制的软件。

型号软件研制应指定软件项目负责人，并按照软件工程化要求成立软件项目组开展软件活动。

软件项目负责人应根据任务书及集团和企业软件工程标准要求制定软件开发计划；应依据软件开发计划中选定的软件开发周期模型，组织相关研制的具体活动，依据软件配置项的安全性等级，规定各阶段工作的任务要求，对软件研制过程实施管理。软件项目组应根据软件安全性等级编制文档，软件可靠性和安全性设计执行安全性设计准则；软件阶段的结束和转移必须得到批准。

外协软件的研制应执行集团和企业软件工程标准；计算机及软件选用应满足通用化和系列化要求规定，各承办方按规定要求执行；必要时对方案阶段确定的软件重要度等级、软件安全性等级以及对应关系进行调整，建立软件重要度等级与安全性等级对应关系。

对于型号工程研制阶段需要研制的软件，按照第 5.3.9.4 节“软件产品研制的管理要求”和第 5.3.9.5 节“软件产品研制的工程技术要求”执行；工程研制阶段软件研制主要工作和产品保证手段见表 5-3。具体要求按集团和企业软件工程标准（如 Q/QJB 152A—2014《型号软件工程实施规范》、Q/QJB 218—2013《型号软件可靠性安全性设计准则》、二院型号软件工程实施规范）执行。

表 5-3　工程研制阶段软件研制主要工作和产品保证手段

阶段	主要工作	完成标志	保证任务	保证手段
系统设计	a)分析系统对软件的要求 b)明确对软件可靠性和安全性要求 c)明确软件安全关键等级 d)明确应交付软件产品清单 e)编写软件研制任务书	a)软件研制任务书	a)分析风险 b)确定指标 c)拟定质量保证要求 d)确定进度要求 e)组织交办、承办双方协调 f)组织评审	a)评审 b)标准与规范 c)配置管理
软件需求分析	a)确定运行环境 b)确定功能、性能和接口要求 c)编写软件需求规格说明 d)确定安全关键功能 e)制定软件开发计划	a)软件需求规格说明 b)软件开发计划，包括软件质量保证计划和软件配置管理计划	a)制定软件开发计划 b)组织评审 c)进行配置管理 d)进行进度管理 e)组织交办、承办双方协调	a)评审 b)标准与规范 c)配置管理 d)相关技术与工具

续表

阶段	主要工作	完成标志	保证任务	保证手段
概要设计	a)建立软件的总体结构 b)定义各部件的数据接口、控制接口 c)设计全局数据结构(或数据库) d)进行可靠性、安全性分析和设计 e)编写概要设计说明	a)概要设计说明	a)组织评审 b)组织记录并报告问题 c)进行配置管理 d)进行进度管理	a)评审 b)标准与规范 c)配置管理 d)相关技术与工具
详细设计	a)划分软件部件及单元 b)设计部件的内部细节 c)确定安全关键单元 d)编写详细设计说明	a)详细设计说明	a)组织评审 b)组织记录并报告问题 c)进行配置管理 d)进行进度管理	a)评审 b)标准与规范 c)配置管理 d)相关技术与工具
软件实现和单元测试	a)编写程序 b)进行程序调试 c)设计并完成软件单元测试(包含测试内容、测试用例)	a)源程序 b)单元测试记录	a)组织评审 b)进行配置管理 c)进行进度管理	a)评审 b)标准、规范和约定 c)配置管理 d)相关技术与工具
单元集成和测试	a)设计集成测试用例(包含测试策略、用例集说明、环境与工具等) b)执行集成测试用例 c)编写集成测试记录	a)源程序 b)集成测试记录	a)组织评审 b)进行配置管理 c)进行进度管理	a)评审 b)标准与规范 c)配置管理 d)相关技术、工具和设备
软件配置项测试	a)编写软件配置项测试计划 b)编写软件配置项测试说明(含有关测试辅助程序) c)进行软件配置项测试 d)编写软件配置项测试报告	a)软件配置项测试计划 b)软件配置项测试说明 c)软件配置项测试报告 d)通过软件配置项测试的源程序代码	a)组织评审 b)进行配置管理 c)进行进度管理 d)问题追踪	a)评审 b)标准与规范 c)配置管理 d)相关技术、工具设备 e)回归测试
软硬件集成和测试	a)按照测试计划(分系统试验大纲),参加软硬件集成和测试	a)通过软硬件集成和测试的源程序代码	a)组织评审 b)进行配置管理 c)问题追踪	a)评审 b)标准与规范 c)配置管理 d)相关技术和工具 e)回归测试
系统联试	a)按照系统试验大纲,参加系统联试 b)编写软件研制总结报告	a)软件研制总结报告	a)组织评审 b)进行配置管理 c)问题追踪	a)评审 b)标准与规范 c)配置管理 d)相关技术和工具 e)回归测试

5.3.9.4 软件产品研制的管理要求

(1) 软件开发策划

软件开发策划为软件项目提供实施和控制软件开发活动的基础；主要包括制定《软件

开发计划》，对软件开发所需要的资源、周期、进度及风险等进行估计；软件开发策划始于项目早期，并与型号研制周期适应。

(2) 软件安全性等级的确定

按照型号研制总要求规定的划分原则，建立《软件配套表》，根据型号配套软件失效后对系统安全和功能影响程度，型号研制总体单位将软件重要度等级划分为“关键、重要、一般”三个等级。

根据 GJB/Z 102A—2012《军用软件安全设计指南》、集团和企业软件工程标准（如 Q/QJB 152 A—2014《型号软件工程实施规范》、二院型号软件工程实施规范），型号研制总体单位将软件安全性等级分为“A、B、C、D”四个等级。

建立软件安全性等级与软件重要度等级的对应关系，通常“A 级”对应“关键”，“B 级”对应“重要”，“C 和 D 级”对应“一般”。

型号研制总体单位组织相关单位、用户方有关部门评审《软件配套表》，经总师审定批准后由院型号主管部门正式发布。

(3) 软件重用

软件重用产品的选择必须考虑有关产品需求的评估；所提供的安全性功能；验收和保证条件；安装、准备、培训和使用条件；配置管理提供的标识；维护条件，包括更改的可能性；版权限制。

(4) 软件评审

评审分为技术评审（同行评审）和管理评审（正式评审）。同行评审标识工作产品存在的缺陷和需要的改进。管理评审评价或审定在软件开发周期内有关的技术活动、管理活动及项目的进展情况。

管理评审由单位主管部门组织，同行评审由项目组组织。管理评审一般需总体单位、软件评测机构、交办方、用户代表机构参加。交办方或交办方所属单位应根据软件安全性等级来确定采用的评审方式。型号进场前应进行型号软件进场专项评审。

各软件研制阶段按照安全性等级的不同开展对应的评审活动。软件各开发阶段都要组织评审。各软件研制阶段工作产品评审要求见表 5 - 4。

表 5 - 4　各软件研制阶段工作产品评审要求

文件名称	软件评审	
	评审技术	评审管理
软件研制任务书	△	△
软件开发计划	△	△
软件需求规格说明	△	△
软件设计说明	△	△
软件单元测试记录	△	○

续表

文件名称	软件评审	
	评审技术	评审管理
源程序	△	○
软件单元集成测试记录	△	○
软件测试计划	△	○
软件测试说明	△	○
软件测试报告	△	△
软件产品规格说明	△	△
软件研制总结报告	△	△
软件用户手册	△	△

注：1.“△”表示需要进行的评审，“○”表示一般不需要的评审，但如果型号或总体有特殊要求可进行评审；
2.表中给出所有软件文档，软件根据开发周期模型选择需要出具的文档，并对应选择需要进行的评审。

根据软件安全性等级，各开发阶段评审具体要求按集团和企业软件工程标准（如 Q/QJB 152 A—2014《型号软件工程实施规范》、二院型号软件工程实施规范）执行。评审通过后转入下一阶段的工作，评审中提出的经相关方确认的问题需要纠正，并由质量部门进行闭环管理。

A、B 级软件管理评审应纳入部（所、厂）级计划，必要时纳入院级计划。A、B 级软件管理评审应有用户方有关部门参加。

（5）软件内部测试

软件设计应加强内部测试，采用适用的技术、方法进行测试，验证软件是否满足软件需求规格说明和软件设计所规定的技术要求。发现软件缺陷，提高软件质量，尽早暴露问题，降低软件开发过程的风险及成本。

软件设计中用到的系统模型和算法，应经过交办方仿真验证，并提供测试使用的标准解；软件开发应加强内部测试，承办方应配备必要的软件测试工具；对 A、B 级软件，要求建立软件配置项测试环境。

（6）软件配置管理

配置管理活动包括配置标识、配置控制、配置记实和配置审核。软件承办方应建立并实施软件配置管理。软件配置管理活动应贯穿于整个软件生存周期，保持软件在其生存周期中的完整性和可追溯性；配置管理应选用适用的软件配置管理工具；按照事件驱动或定期方式开展配置审核。

（7）软件质量保证

按软件质量保证计划评审和/或审核工程活动和工作产品，确保软件产品及其活动遵循的标准、规程和需求的情况得到客观验证；将发现的偏离文档化，通报有关人员并跟踪至偏离结束；具体要求按 GJB 439A—2013《军用软件质量保证通用要求》执行。

（8）软件第三方测试

软件第三方测试工作纳入型号研制计划；软件第三方测试工作按照企业型号软件第三方测试管理办法执行。

（9）软件项目的监督与控制

在软件研制阶段，各级产品保证组织应按照软件产品保证计划定期或事件驱动地组织检查，发现偏离时进行跟踪与纠正。建立故障报告、分析和纠正措施系统，实现软件产品保证工作问题的闭环管理。

（10）软件验收

软件在完成开发、测试工作后，在型号转阶段前，应进行验收交付。

承办方应按照软件研制任务书规定的要求，向交办方提出软件验收申请，支持交办方进行软件验收测试和评审，交付软件产品，提供培训和支持。对于嵌入式软件，一般合并在所属硬件产品中进行，验收的方式和程序可参照所属硬件产品的要求执行，但必须在软件开发计划中明确。

软件验收前提是通过系统联试和完成相应安全性等级所需的文档；编写《软件移交项目清单》；编写《软件项目总结数据表》；编写《软件验收申请》；软件验收阶段以验收评审通过作为结束标志。

（11）外协外购软件的监督与控制

承办方作为下一级任务交办方时，应对外协软件产品（包括外协产品中含有的软件产品）承办方实行监控。对外协软件产品应提出软件研制任务书（或系统研制任务书内容含有关于软件研制任务书的相关要求）；外购软件的选用应经过充分的选型论证，并形成选用报告。对外协软件的实施过程进行跟踪和监督；对外协外购软件的故障报告、分析和纠正措施、系统运行情况进行分析总结。

5.3.9.5　软件产品研制的工程技术要求

（1）系统设计

目的是分析型号的系统、分系统和设备对软件的要求，以及明确对软件可靠性和安全性的要求，确定软件开发环境和运行环境，对待开发的软件项目进行定义。系统设计应明确软件安全性等级；编写《软件研制任务书》或《系统研制任务书》，A、B 级软件必须有软件研制任务书，没有软件研制任务书的在系统研制任务书中要含有软件研制任务的相关要求；软件研制任务书应确定系统、分系统和设备对软件的需求；明确应交付的软件产品清单。软件研制任务书应符合集团和企业软件工程标准文档编制要求。

系统设计阶段以《软件研制任务书》或《系统研制任务书》评审通过作为结束标志。

（2）软件需求分析

目的是确定被开发软件的运行环境、功能、性能和接口要求，提出满足软件可靠性和安全性要求的措施，明确软件需求。软件需求分析阶段应编写《软件开发计划》，包含《软件质量保证计划》和《软件配置管理计划》；软件开发计划经相关方评审通过；编写《软件需求规格说明》；《软件需求规格说明》应实现用户需求，在《软件需求规格说明》

中建立一个可跟踪表，表示软件研制任务书或系统研制任务书中每个用户需求在《软件需求规格说明》中都得到实现。

软件需求分析阶段以《软件需求规格说明》评审通过作为结束标志。

（3）软件设计

目的是建立软件的总体结构和部件间的关系，定义各部件的数据接口、控制接口，设计全局数据结构（或数据库），对部件进行设计，划分软件部件及单元，落实软件可靠性和安全性具体措施；设计部件的内部细节，包括程序模型算法和数据结构。软件设计阶段应编写《软件设计说明》；在《软件设计说明》中建立一个可跟踪表，表示《软件需求规格说明》中每个软件需求在软件设计中都得到实现。

软件设计阶段以《软件设计说明》评审通过作为结束标志。

（4）软件实现和单元测试

目的是对各软件单元，进行编码、调试、代码审查和单元测试，验证软件单元与设计说明的一致性。软件实现和单元测试应编写源程序代码，设计并完成软件单元测试，汇编软件《单元测试记录》（包含测试内容、测试用例等）；在转定型阶段之前，软件单元测试覆盖率达到规定的指标要求；发布编程准则检查结果。

软件编码和单元测试阶段以《单元测试记录》评审通过作为结束；发布源程序、软件单元测试与所制定的计划、标准和规程的符合性。

（5）单元集成和测试

目的是根据《软件设计说明》中定义的单元进行软件集成和测试。软件集成测试工作重点是检查软件单元和（或）软件单元之间的接口。单元集成和测试应设计集成测试用例（包含测试策略、用例集说明、环境与工具等）；进行集成测试；编写《单元集成和测试记录》；发布通过集成测试的源程序。

单元集成和测试阶段以《单元集成和测试记录》评审通过作为结束；发布集成测试与所制定的计划、标准和规程的符合性。

（6）软件配置项测试

目的是根据《软件需求规格说明》中定义的全部需求及软件配置项测试计划，测试整个软件是否达到要求，验证软件可靠性和安全性的措施，确认该软件是否可以进行软硬件集成和测试。软件配置项测试应发布配置项测试环境；编写《软件配置项测试计划》；编写《软件配置项测试说明》（含有关测试辅助程序）；软件配置项测试计划/软件配置项测试说明评审通过；编写《软件配置项测试报告》；提交通过软件配置项测试的源程序；编写《软件产品规格说明》。

软件配置项测试阶段以《软件配置项测试报告》评审通过作为结束；A、B级软件还必须在软件配置项测试阶段完成后由有航天认证资格的第三方测试单位完成独立的软件测试；发布软件配置项测试与所制定的计划、标准和规程的符合性。

（7）软硬件集成和测试

目的是交办方根据软件研制任务书或系统研制任务书（含相关软件研制任务要求）规

定的需求，将被开发软件作为型号中一个系统的一部分或一个分系统的一部分，将其与系统或分系统组合，进行软硬件集成和测试，以验证该软件是否满足软件研制任务书或系统研制任务书规定的软硬件集成要求。

交办方负责软硬件集成和测试，承办方参与制定用于软硬件集成和测试的测试计划（《分系统试验大纲》），承办方参与测试用例设计、测试规程制定、测试数据收集等相关工作。软硬件集成和测试要求承办方按照测试计划（分系统试验大纲），参加软硬件集成和测试；通过软硬件集成和测试的软件入产品库。

软硬件集成和测试阶段以《分系统试验分析报告》（交办方负责）评审通过作为结束标志。

（8）系统联试

目的是交办方的上级或系统总体负责，将软硬件集成后的产品，作为型号中一个系统的一部分或型号中的一部分，与分系统或系统进行系统联试，以验证该软件是否满足软件研制任务书规定的系统要求。由交办方的上级或系统总体主持，软件项目组参加系统联试，按照系统联试计划、系统联试用例和规程进行。系统联试要求参加系统联试的软件必须取自产品库，承办方按照《系统试验大纲》，参加系统联试；通过系统联试的软件如果有修改重新入产品库；A、B 级软件修改后必须由有航天认证资格的第三方测试单位完成独立的软件回归测试。

软件系统联试阶段以《分系统/系统试验分析报告》（交办方的上级或系统总体负责）评审通过作为结束标志。

5.3.9.6　可编程逻辑器件软件产品研制管理和工程技术要求

（1）一般要求

可编程逻辑器件软件产品研制管理和工程技术两方面的要求，除本节有明确要求外，其余参照软件相关要求进行；管理及文档编制要求执行军用、企业现场可编程门阵列（FPGA，Field Programmable Gate Array）软件工程标准（如 GJB 9432—2018《军用可编程逻辑器件软件开发通用要求》，二院型号 FPGA 软件产品设计实施规范）。

（2）管理要求

A、B 级可编程逻辑器件软件产品系统设计评审、需求分析评审、确认测试评审、第三方测试评审是关键质量控制节点，进行正式评审；C、D 级可编程逻辑器件软件产品可参照执行。

使用外购、外协、沿用知识产权核（IP 核，Intellectual Property core），必须经过充分论证和验证，保证 IP 核的质量。

可编程逻辑器件软件产品验收必须履行正式手续，参照相关软件验收要求规定的验收规程，根据合同或研制任务书要求，对所提交的可编程逻辑器件软件产品进行验收。

型号用可编程逻辑器件软件产品的载体，应按规定选用合格的生产厂，或按规定选用指定供应商提供的指定产品。

固化用的母盘应由产品库提供。

应保证固化设备和存储介质无计算机病毒、无缺陷。

(3) 工程技术要求

系统设计目的是分析型号系统、设备对可编程逻辑器件的需求及可行性，以及明确其可靠性和安全性要求，对待开发的可编程逻辑器件软件项目进行定义。系统设计应明确可编程逻辑器件软件安全性等级；编写《软件研制任务书》或《系统研制任务书》，A、B级软件必须有独立的可编程逻辑器件软件研制任务书；任务书应确定系统、分系统和设备对可编程逻辑器件的需求；明确应交付可编程逻辑器件软件产品清单。系统设计阶段以《软件研制任务书》或《系统研制任务书》评审通过作为结束标志。

需求分析目的是确定被开发可编程逻辑器件软件的运行环境、功能、时序、性能和接口要求。需求分析应编写《软件需求规格说明》；需求规格说明应实现用户需求，在《软件需求规格说明》中建立一个可跟踪表，表示《软件研制任务书》或《系统研制任务书》中每个用户需求在《软件需求规格说明》中都得到实现；需求分析阶段以《软件需求规格说明》评审通过作为结束；发布《软件需求规格说明》与所制定的计划、标准和规程的符合性。

软件设计目的是进行功能分解、体系结构设计及模块划分，完成所需实现的高层次算法设计，定义模块的功能、接口和相互关系等；描述各模块的设计原理、技术和实现方法；在功能分解时应尽可能地对成熟设计模块进行IP复用。应编写《软件设计说明》，在设计说明报告中建立一个可跟踪表，表示《软件需求规格说明》中每个软件需求通过设计都得到正确完成；设计阶段以《软件设计说明》评审通过作为结束标志。

设计实现目的是在设计过程的基础上，通过编码、逻辑综合及布局布线，最终生成所需功能。设计实现应根据详细设计进行可编程逻辑器件的编码。在编码过程中应增加必要的注释，确保程序的可读性；在电子设计自动化（EDA，Elcetronics Design Automation）平台下完成设计综合、布局布线。功能仿真、时序仿真后，经过必要的修改完善，完成最终设计的综合、布局布线；编写使用说明，使用说明应包含可编程逻辑器件软件产品的安装和固化；设计实现活动以《使用说明》《目录打包文件》评审通过作为结束；完成源程序设计和供可编程逻辑器件编程或可编程逻辑器件配置芯片编程用的文件。

设计验证目的是验证设计实现与任务书要求的一致性。设计验证应编写验证策划、验证用例；进行编码规则检查、代码审查；在EDA平台下完成功能仿真，对设计的功能和时序进行验证，编写验证报告；设计验证活动以《验证报告》评审通过作为结束标志。

确认测试目的是对照可编程逻辑器件软件产品使用说明，在板级和单机产品级对可编程逻辑器件软件产品进行设计确认测试。确认测试阶段以《确认测试报告》通过评审作为结束标志。

第三方测试目的是由有航天认证资格的第三方测试单位对可编程逻辑器件软件产品进行测试，以确认其是否满足任务书要求。第三方测试应进行规则检查、跨时钟域分析、逻辑综合检查和静态时序分析。第三方测试阶段以《第三方测试报告》评审通过作为结束标志。

5.3.9.7　软件产品保证的重点实施要求

(1) 综合考虑，系统策划

型号软件呈现出高质量、大规模、多维协同、快速交付的新特征。要以 GJB 5000B—2021《军用软件能力成熟度模型》建立的军用软件质量管理体系为支撑，建立多种软件生存周期模型，不断探索新的模型的运用；坚持系统策划的基本原则，结合型号产品研制阶段工作，综合考虑，软件计划与型号计划有效衔接，A、B 级软件管理纳入部（所、厂）级计划，确保任务完成。推动“软件定义型号”的发展。

(2) 突出重点，强化验证

按照 GJB/Z 102A—2012《军用软件安全设计指南》确定的软件安全性等级，贯彻 GJB 2786A—2009《军用软件开发通用要求》、GJB 438C—2021《军用软件开发文档通用要求》、GJB 8114—2013《C/C＋＋语言编程安全子集》、集团和企业软件工程标准等，开展软件设计、实现、验证活动；软件中用到的系统模型和算法，完成仿真验证，提供标准解；加强软件内部测试，配备测试工具；对 A、B 级软件，建立软件配置项测试环境。在完成配置项测试基础上，逐步开展系统级测试。确保软件功能、性能、接口等满足型号要求。实现型号能力的持续演进。

(3) 分级管控，完整可追溯

贯彻 GJB 5235—2004《军用软件配置管理》、集团和企业软件工程标准等，配置管理活动贯穿于整个软件生存周期，建立“三线”（功能基线、分配基线、产品基线）、“三库”（开发库、受控库、产品库）、“三单”（问题报告单、软件更改单、软件验证单），进行状态管理、分级管控、更改控制。保持软件在其生存周期中的完整性和可追溯性。

(4) 运用软件重用技术，提高效率和质量

从三个层次推进软件重用：产品型谱化牵引软件重用、模型通用化促进软件重用、软件共性需求规范化加速软件重用。不断充实软件重用库，运用软件重用技术进行设计和验证，降低成本，提高软件可靠性和开发效率，确保软件产品质量。

5.3.10　工艺保证

工艺是设计生产和科学研究物化的基础，先进的工艺技术已成为国际竞争的主要手段和社会化大生产的支柱，也是航天工业发展的关键。航天工艺是指人、机器、材料、方法、环境、计量与检测六大影响因素对航天产品质量综合起作用的过程，是人利用不断积累和总结的知识对各种原材料、半成品加工使之成为产品的方法和过程。

设计工艺性是产品设计工作中的一项重要因素，也是产品的固有属性之一，它直接决定了产品的可制造性、可靠性、维修性、保障性、测试性、安全性和环境适应性。因此，产品设计中选用合理的结构、合适的材料及工艺，在设计伊始提高产品的设计工艺性，对保证产品的质量和可靠性、提高研制水平、增强产品批生产能力和有效控制成本有着重要的现实意义。

航天型号工艺设计需要根据产品的结构要求、材料特点、现有生产资源、生产批量、

加工周期、制造成本等实际情况，对工艺管理、工艺流程、工艺方法和工艺装备进行系统方案选择、验证确认和方法优化。航天型号产品的可靠性不仅是设计出来的，更是需要制造工艺来实现和保证的。为了保证其可靠性，必须对原材料、元器件的品质进行严格的筛选和复验检测，建立有效的工艺技术规范，尽可能采用成熟的工艺方法，完善各种检验检测技术手段，严格控制工艺过程。航天型号工艺是产品质量的根本保证，采用可靠的工艺技术、先进的分析检测手段和自动化、智能化的高端工艺装备，进行严格的工艺质量控制，是确保航天型号产品性能和质量的有效途径。

5.3.10.1 工艺保证基本要求

工艺保证工作要从设计源头做起，在产品论证和结构设计的初期，就要考虑产品实现的工艺可行性、稳定性、可靠性、经济性。设计工艺性涵盖了产品设计、材料、工艺、制造、经济、质量等诸多学科和领域，应力求简单、合理，便于制造、装配、调整、检验、维修等，应尽可能采用标准元件和标准结构，控制制造成本。

工艺保证工作需要运用管理和技术的双重手段，运用系统工程的理念，从产品需求出发，综合各种专业技术，通过设计和工艺技术人员的协同工作，运用分析—综合—试验的反复迭代的过程，得出整体性能优化的结果。航天型号工艺和产品设计一样，贯穿于产品研发—生产—使用—报废的全寿命周期，从可行性论证、方案设计一直到生产、使用、维护、超期处理、报废消解的全过程，工艺保证要根据产品研制阶段有侧重地进行全面过程管控。

（1）设计工艺方法选择

产品设计工艺性分析是在针对研制任务及其技术要求与设计人员充分技术交底后，优选适用的工艺方法并进行关键工艺试验验证的前提下，对设计方案的工艺可行性、工艺经济性、产品研制的关键工艺技术途径和工艺保证措施、工艺保障条件等给出的专业性评估。

型号产品所选择的工艺方法，应能有效地实现设计文件要求的产品加工、装配、调试、试验等规定的各项技术要求。型号产品应尽可能地选择在航天产品中成功应用过的成熟工艺，并优先选用航天行业标准中规定的、已在型号产品中使用得到确认的工艺。按《中国航天科工集团有限公司禁（限）用工艺目录》要求禁止选择航天禁用工艺，慎重选择航天限用工艺。若必须选用限用工艺时，须明确限用条件，履行审批手续。

在进行设计与工艺方法选择时应遵循：

1）确保设计与选择的工艺一般在相同使用条件下，优选航天行业标准规定的工艺，其次是经过型号产品应用验证、已获得满意并确认的工艺，再次为同一生产企业成功应用过的工艺。沿用成熟型号的产品，一般应选择成熟型号所采用的工艺。产品技术要求、结构、材料类同成熟型号的产品，应参照成熟型号所采用的工艺进行选择。

2）选择型号产品工艺应从型号产品的整个工艺过程，充分考虑各种选用工艺方法之间的协调性。

3）选择的型号产品工艺，在满足产品设计要求和工艺技术保障能力及经济性的前提下，应考虑其三防性能。

(2) 识别工艺关键特性

工艺关键特性，是指产品设计过程中规定的对产品生产实现及产品最终质量和可靠性有决定性影响的特性，通常是指对设计技术指标的工艺实现产生重要影响的工艺控制指标或控制要求。开展工艺关键特性分析和控制工作的目的主要是找出产品工艺过程中的关键控制环节，分析相关过程的工艺指标裕度是否充分、工艺流程是否合理、工艺措施是否全面具体等，从而提高工艺文件的指导性，强化生产过程控制。

航天产品关键特性的分析应重点从以下方面开展：一是应围绕设计关键特性的实现过程进行；二是应围绕工艺不够稳定、质量波动性大的产品工艺过程分析；三是应针对专业上涉及的特殊过程和环节进行识别等。

选择型号产品关键工艺时应进行充分论证，其工艺关键项目应控制到最少，同时应提出工艺保证要求和工艺关键评价、确认（鉴定）大纲，并对其工艺过程进行监督和控制，保证的目标是全寿命周期内，使用的工艺有足够的安全系数满足型号任务的要求，包括高、低温条件下的力学性能要求、环境适应性要求和理化性能要求等，同时还应既能满足地面环境（制造、试验、贮存、保管、运输、总装等）制约，又能满足飞行环境（发射、轨道）制约。工艺作为关键项目时应符合下列情况之一：所选用的工艺是未被确认的或存在以前使用过程中已出现过问题但未解决的情况。

型号产品选用的关键工艺项目，按照 QJ 3125—2000《航天产品材料、机械零件和工艺保证要求》编制关键工艺清单，状态鉴定和列装定型时应提供全部的材料、机械零件和工艺清单。设计部门应在工艺部门的配合下进行关键工艺评价和确认，并确保设计与选择的关键工艺是型号产品必须使用且经过工艺攻关后评价和确认能达到型号产品使用要求且具有足够安全系数的工艺。

(3) 设计工艺性审查

产品设计工艺性审查是指在产品设计阶段，工艺人员对产品设计文件的完整性、结构工艺性及装配合理性进行审查，并提出意见和建议的过程。在满足产品性能的前提下，识别禁（限）用工艺、手工工序、易错漏装项目，提出工艺可行性意见。根据产品各阶段研制特点和生产批量，通过充分地设计工艺性审查将合理的工艺建议纳入设计文件，以缩短新产品研制周期，降低研制难度和制造成本，提早进行工艺准备。

产品各研制阶段用于生产的设计文件，应经生产单位工艺部门进行工艺性审查，未经工艺性审查和签署的设计文件，不能正式用于工艺准备。工艺性审查是设计工作的重要环节，按 QJ 1885—1990《产品设计工艺性审查规范》的要求对设计文件的工艺性进行分析和审查，将合理的工艺建议纳入设计文件，以保证产品制造的可靠性、可检验性、可操作性、稳定性、经济性，并及早发现关键技术问题，提前进行工艺准备。

工艺审查应满足下列要求：

1）设计文件工艺性审查的范围主要指产品各阶段的设计文件（图样、技术条件）和设计文件的更改单、技术通知单和技术问题处理单。

2）产品设计工艺性审查按照产品阶段划分，方案阶段重点审查设计方案的可行性、产品工艺性；研制阶段重点审查生产的可行性、先进性、经济性；定型阶段重点审查设计经济性、批量生产的可行性等。

3）产品进入研制阶段后，设计师将产品设计模型和相关制造、验收要求提交工艺师审查，工艺师组织审查后汇总审查意见，并填报审查结果，审查结果应给出设计的工艺性改进点及改进建议，设计师对审查结果进行落实和反馈。

4）产品设计工艺性审查应在信息化平台中完成，其记录应在信息化平台中传递和反馈，并与三维模型相关联。同时各单位应积极推进面向制造的设计（DFM）方法应用，建立设计工艺协同信息化平台，推广设计工艺性自动化审查软件的应用。

5）工艺性审查可分为协同工作小组审查、集中审查和分散审查三种方式；设计和工艺经过充分沟通意见达成一致后完成文件签署。

6）工艺性审查工作应在设计评审前完成，依据审查结果在设计评审时纳入产品工艺性分析内容和设计工艺性审查意见。

7）经工艺会签后的产品设计文件如需更改，应重新进行工艺性审查和会签。

（4）制定工艺总方案

根据 QJ 903.8B—2011《航天产品工艺文件管理制度》的定义，工艺总方案是根据产品的技术要求、生产类型和承制单位的生产条件，对产品研制、生产的工艺准备及生产组织提出任务和措施的纲领性技术和管理文件。一般以系统（或产品）为单位编制工艺总方案。系统、分系统、设备级原则上应编制工艺总方案，部（组）件级产品一般不编制工艺总方案，同型号多个配套产品可合并编制工艺总方案。

工艺总方案一般分为研制产品工艺总方案和批生产产品工艺总方案。从试样阶段开始编制工艺总方案，需要时可从初样阶段开始编制，并根据产品的技术状态和批量情况及时进行修订，研制产品工艺总方案按阶段或者同一阶段技术状态变化较大时，应修订相关的章、条内容。从研制转入批生产时，应编制批生产产品工艺总方案；批量变化较大，需要调整生产能力等相关内容时，需修订批生产产品工艺总方案。

工艺总方案应力求工艺方案成熟、生产布局合理、技术措施可行、组织分工严密、成本费用低廉；工艺总方案提出的各工作项目及其要求应合理可行，做到有目标、有数量、有完成时间、有责任单位，具有可检查性。研制产品工艺总方案，应突出产品的工艺特点与关键技术、工艺难点，对上一研制阶段或上一批次产品的工艺及时进行清理，提出解决措施、工装配置以及加强过程控制和确保产品质量的工艺措施等内容，对于技术难度大、生产工艺不稳定、质量难以保证和明显影响产品研制周期的工艺技术，应策划安排工艺技术攻关项目，明确目标，采取有效的技术措施，解决关键工艺技术问题。批生产产品工艺总方案，应重点明确产品的技术状态，针对工艺特点与关键技术实现进行批生产能力策划，对于批生产尚存的工艺难点和短线提出解决措施、加强过程控制。对于生产效率低、生产工艺不稳定、质量难以保证和生产成本较高的工艺技术及工艺流程，应策划安排工艺优化项目，以“优质、高效、低成本”为目的，对工艺文件、工艺装备、生产条件等存在的薄弱环节，采取有效的应对措施，稳定批生产质量，提高生产效益。

工艺总方案实施前应邀请同行专家、相关职能部门及用户代表进行工艺总方案的评审，评审的改进建议应及时追踪落实。经批准的工艺总方案应及时发放到各有关部门，由部门领导组织具体实施。

工艺总方案主要内容应包含：

1）明确的技术要求：各种物理、功能和性能要求。

2）生产类型和组批生产安排：从不同维度有不同的分类方法，如从产品的大小、复杂程度和年产量多少分为单件生产、成批生产、大量生产；按生产计划来源分为订货生产、存货生产；按生产的连续程度分为连续生产、间断生产等。产品的生产类型不同，工艺总方案也会相应不同。

3）生产条件：是指组织具备的用于生产的各种条件，可从人、机、料、法、环、测等维度考虑。

4）工艺准备：是为了实现产品设计要求，确定产品制造方法和工艺装备的一系列工作。主要内容有：根据工艺特点提出的应对措施，制定工艺流程、编制工艺规程要求、设计与制造工艺装备、设计合理的生产组织形式等。工艺准备工作的基本任务，就是根据产品设计的要求采用先进工艺，使产品的制造符合高效率、高质量、低消耗、生产安全、保护环境的要求。

5）生产组织：是指为了确保生产的顺利开展所进行的各种人力、设备、材料等生产资源的配置。生产过程组织是指生产过程的各个阶段、各个工序在时间上、空间上的衔接与协调，它包括企业总体布局，分工与协作，车间设备布置，工艺流程和工艺参数的确定等。

6）技术和文件管理：对现场文件的有效性提出管理要求等。

7）产品和过程的质量保证：关键和特殊过程控制，检验点设置，试验安排，安全防护，产品的搬运、周转、运输、贮存等。

（5）编制工艺文件

型号产品使用的工艺一般应是成熟的工艺，工艺部门按工艺总方案要求及 QJ 903B—2011《航天产品工艺文件管理制度》的规定编制工艺文件。工艺文件完整性符合 QJ 903.4B—2011《航天产品工艺文件管理制度》要求。按《中国航天科工集团有限公司工艺量化控制要素》落实工艺文件细化、量化的要求，可操作、可检验。按《中国航天科工集团有限公司关于加强型号产品生产过程多媒体记录的要求》提出相应多媒体记录要求。

工艺实施前应明确产品使用的材料、机械零件的合格状态检查和清理清洁要求；工艺应具有可操作性和可检验性，生产过程中产品加工质量的检验时机、检验项目、检验方法和检验要求，生产过程中的环境记录要求和产品质量检验记录要求等应纳入工艺文件。关键和特殊过程工艺的质量控制措施应明确可实施。应有工艺措施实现型号产品生产过程中成品、半成品的包装、搬运和贮存的防护。对于航天产品，应视产品需求按 GJB 5296—2004《多余物控制要求》、QJ 2850A—2011《航天产品多余物预防和控制》、Q/QJB 201—

2012《电装生产中多余物的预防和控制工艺要求》进行多余物控制，按 QJ 30019—2018《武器装备科研生产工艺安全管理通则》进行工艺安全控制，型号产品的设计、生产单位应根据产品（或型号）特点提出对洁净度的要求，制定有效的防污染和保证洁净度的控制计划，其内容至少包括：清洗程序、洁净度的级别和达到所要求的洁净度级别的具体办法、监控方法等。

按照设计的关键工艺清单，所有关键工艺，生产单位必须按照关键工艺的评价程序和确认大纲的规定经过评价、确认后才能投入型号生产使用。

（6）工艺技术状态更改控制

型号产品的工艺技术状态应符合其设计技术状态，工艺技术状态的任何变化应办理更改手续，经批准的工艺文件需要更改时，应按 QJ 903.6B—2011《航天产品工艺文件管理制度》的规定执行。设计文件更改引起的工艺文件更改，应以产品设计文件更改单为依据。

工艺文件的更改应保证更改内容的正确、统一、协调、清晰，保持同一工艺文件编号的手工签署原件与其复制件（或电子签署原件与其复制件）的一致性和有效性；当一份工艺文件的更改引起其他相关工艺文件相应更改时，应各自办理相应的更改手续同时进行更改；工艺文件更改单（以下简称更改单）是更改工艺文件的凭证，更改单不应作为生产现场操作和产品验收的依据。

更改单的签署级别一般应与被更改工艺文件一致，2 类更改及工艺（生产）定型后工艺文件的更改，其更改单的批准人资格应提高一级（直至本单位的总工艺师为止），必要时应按各单位的规定在批准前进行会签，工艺技术状态更改应按产品进行汇总。

涉及关键件、重要件或关键工序的更改单，应有“关键件”“重要件”或“关键工序”标识，并进行质量会签。

（7）关键工序控制

为强化管理，使工序处于良好控制状态，保证达到规定的质量要求，航天工艺通常把具有下述特征的环节作为关键工序管理：一是对成品的质量、性能、功能、寿命、可靠性及成本等有直接影响的工序，如生产周期长、原材料稀缺昂贵、出废品后经济损失较大的工序；二是产品重要质量特性形成的工序，即设计文件中规定的关键件、重要件经分析，生产过程不易保证产品特性的工序；三是工艺复杂，质量容易波动，对工人技艺要求高或发生问题较多、质量不稳定的工序；四是对工艺上有特殊要求或对下道工序有较大影响的工序，如关键、重要的外购器材及外协件的入厂验收工序等可确定为关键工序。

关键工序是在一定的期间内、一定的条件下对需要重点控制的质量特性、关键部位、薄弱环节，以及主导因素等采取特殊的管理措施和方法，它具有动态特性。

按 QJ 2664—1994《关键工序质量控制》编制关键工序工艺规程和有关质量控制文件安排质量控制点，对关键工序进行重点控制，如应用质量方法、首件检验、巡回检验等，首次采用的关键工序工艺规程应进行工艺评审和首件鉴定。具体要求如下：

1）对关键工序实行“三定”，确定工艺方法、操作人员、仪器和设备，填写《关键工序三定表》。

2）生产现场使用的技术文件，包括设计文件、工艺文件、质量控制文件，应正确、完整、协调、统一和清晰，并现行有效。

3）在关键工序工艺规程的关键工序上加盖“关键工序”标识。

4）关键工序的操作、测试及检验人员，应经考核合格持证上岗，严格遵守工艺纪律。

5）关键工序使用的设备、工装、计量器具应满足关键工序加工和检验要求，有完好标识，工装、计量器具必须在检定期内。

6）投入或转入关键工序的原材料、毛坯、半成品、元器件、零部件、外购件、外协件及重要的辅助材料等，必须具有复验、检验（或筛选）合格证明，保证外购器材质量的可追溯性。

7）具有关键工序的产品在生产过程中，生产操作人员应对产品质量执行首件三检规定，按设计、工艺规定及时填写原始记录和控制图、表、卡，并签署。对生产过程中出现的异常情况，会同有关人员及时采取纠正措施，保证关键工序处于受控状态。

8）在关键工序工位设置明显标志，必要时可设置关键工序质量控制点，挂上“关键工序控制点”的标牌。

9）关键工序外协时，外协方应与供方按要求制定质量控制措施，外协产品质量应处于受控状态。

10）对关键工序验收时，检验人员应严格按合同或质量技术协议书规定的条款和技术要求对产品进行复验、验收，必要时应参与供方的制造、测试与检验。

（8）特殊过程控制

特殊过程是指不能通过监视和测量或不易（如破坏性或测量成本较高等）监视和测量，不能得到充分的验证，过程结果是否满足要求只能通过使用或破坏性试验后才能测量的过程。特殊过程的识别，是对特殊过程进行监控和确认的首要工作，是关系到特殊过程是否能得到应有的安排和控制的关键环节，与产品真正质量特性无关的过程不是特殊过程。特殊过程的识别应视组织和产品的具体情况而具体分析，我们不能简单地说某过程是不是特殊过程。典型的特殊过程有：焊接、热处理、电镀、涂漆、塑料、铸造、锻造、压铸、粘结等。依据以下条件识别特殊过程项目：

1）过程的结果在其后产品的检验和试验中无法检测或只能进行破坏性检测的过程；

2）过程的结果在其后产品的检验和试验中不易检测或不能经济地检测的过程；

3）过程的结果仅在产品使用后才能暴露出来的过程。

特殊过程控制应视产品类型、用途、用户要求和生产条件等情况而有所区别，应依据企业的具体情况采用不同的控制手段。特殊过程必须进行全过程的质量控制，任何工艺环节都应处于受控状态。对特殊过程实施质量控制点首先要制定特殊过程确认准则，按照准则和判定标准对生产过程 5M1E（人、机器、材料、方法、测量、环境）进行确认。实际生产中应根据工艺特点，加强工艺方法试验验证，及时总结最佳工艺控制参数，列入工艺规程并对工艺参数进行连续控制。特殊过程是要求周期验证的，可由企业根据需求自行规定。特殊过程的具体控制要求如下：

1）在产品正式投产前，或采用新材料、新工艺、新设备，或合同规定时需进行特殊过程确认。

2）特殊过程确认前，生产单位应组织制定确认准则，包括：人员资格、设备状况、材料状况、过程参数、工作环境、确认方法、质量控制要求及合格判定标准等，并需经过相关人员认可。

3）生产单位应编制特殊过程确认生产试验工艺文件，确定影响产品质量特性的过程参数，如温度、湿度、压力、时间、电压、电流、工作介质成分、速度等。

4）生产试验结束后，生产单位应组织技术人员、检验人员、操作人员及有关管理人员对生产试验过程和结果进行评审或鉴定，填写特殊过程确认表。

5）当过程能力的条件变化（如设备大修、工艺方法改变等），或停产超过一定时间，应进行特殊过程再确认。

（9）工艺评审

工艺评审是产品研制过程质量控制的三大评审（设计评审、工艺评审和产品质量评审）之一，它是对产品研制中的工艺质量进行独立的系统的检查、评定，以及提出改进意见的质量活动。工艺评审贯穿于整个产品研制过程的始末，它对保证产品的设计和工艺质量以及满足研制任务书和合同的要求具有重要的作用。

工艺评审是及早发现和纠正工艺设计中缺陷的一种自我完善的工程管理方法，在不改变技术责任制前提下，为批准工艺设计提供决策性的咨询。做好工艺评审，可以避免很多生产错误造成的损失。

对产品的工艺设计应根据管理级别和产品研制程序，建立分级、分阶段的工艺评审制度。针对具体产品确定产品的工艺设计阶段，设置评审点。工艺评审，应吸收影响被评审阶段质量的所有职能部门代表参加，需要时，可邀请使用方或其代表及其他专家参加；在各项工艺设计文件付诸实施前，对工艺设计的正确性、先进性、经济性、可行性、可检验性进行分析、审查和评议。工艺评审的依据包括产品设计资料、研制任务书和合同、有关的法规、标准、规范、技术管理文件和质量体系程序，以及上一阶段的评审结论报告。工艺评审的重点对象是工艺总方案、工艺说明书等指令性工艺文件，关键件、重要件、关键工序的工艺规程和特殊过程的工艺文件。按 GJB 1269A—2000《工艺评审》要求开展工艺评审，工艺评审的结果应形成文件。

（10）工艺攻关

工艺攻关是产品研制中的重要环节，其任务是采取有效的技术措施（包括工艺方法、工艺手段和测试设备及其相关的技术），解决产品研制中出现的工艺技术难题。突破关键工艺技术可以缩短产品的研制周期，完善和稳定生产工艺，并能为产品的设计定型、工艺定型和批量生产奠定可靠的基础。工艺攻关要按照产品研制程序分阶段进行，实行分级管理。

推行工艺先行于设计进行先期攻关突破的工艺研发方式，提前进行工艺储备，达到工艺拉动设计、技术推动设计的目的。工艺攻关要充分利用已有的新工艺、新技术和新设备，并尽可能同技术改造相结合，更新工艺手段，以缩短攻关时间，降低攻关经费，保证攻关质量和按时完成任务，同时提高产品的制造工艺水平。按照攻关成果形成的工艺文件、工艺装备，应能生产出符合设计要求、质量稳定的产品。产品研制过程中，对于技术难度大、生产工艺不稳定、质量难以保证和明显影响产品研制周期的工艺技术应提出工艺攻关项目，开展项目论证和实施。工艺攻关或试验形成的工艺投入型号生产使用前，应进行工艺评审。产品研制各阶段应及时清理、汇总产品研制生产中的工艺问题，完成各阶段工艺总结，为转阶段提出工艺改进意见或者攻关项目。产品批生产过程中，对于生产效率低、生产工艺不稳定、质量难以保证和生产成本较高的工艺技术及工艺流程应提出工艺优化项目，开展项目论证和实施。

(11) 工艺装备控制

工艺装备不仅是制造产品所必需的，而且对于保证产品质量、提高生产效率和实现安全文明生产都有重要作用。工艺装备可以是由专业工具厂生产，适用范围广，在市场上可以选购的通用工装，可用于不同品种规格产品的生产和检测。也可以是专用工装，需由企业自己设计制造。型号产品研制、生产过程中应科学、正确、合理地配置工装，提高工装的自动化与智能化水平，保证产品质量、控制制造成本、缩短制造周期、优化劳动条件、提高生产效率与效益。一般而言，专用工艺装备的数量与企业的生产类型、产品结构以及产品在使用过程中要求的可靠性等因素有关，在大批量生产中要求多用专用工装，而单件小批生产则不宜多采用；产品结构越复杂、技术要求高，出于加工质量的考虑，应多采用专用工装；产品和工装的系列化、标准化和通用化程度较高的工厂，专用工装的数量就可以适当减少。工装配置按照《中国航天科工集团有限公司工装配置原则（V1.0）》执行。专用工艺装备应纳入工艺文件并编号建账管理，应经过检测合格后方可投入使用。

(12) 生产要素控制

工艺的实施离不开必要的资源和保障条件。工艺实施应具备下列保障条件：

1) 操作人员应是经过专业的岗位培训合格的人员。

2) 生产现场的环境条件（如温度、湿度、洁净度等）应符合工艺文件或标准的规定。

3) 工艺使用的设备、工装和非标设备应按期检（鉴）定，保证其精度，并具有合格标志。

4) 生产中所使用的工艺文件（包括验收文件、检验文件等）、质量控制文件应现行有效（含批次状态标识）、完整、正确、协调、清晰、文实相符。

5) 当洁净度或防污染的要求对机械零件和工艺的应用成为关键时，应建立具体的污染和洁净度控制计划及控制规范（化学的和粒子的）。污染和洁净度控制要求应按 QJ 3076—1998《航天产品质量保证要求》的规定执行。

(13) 工艺纪律检查

制定工艺纪律检查制度，按规定定期进行工艺纪律检查，并对检查发现的问题制定整改措施，实施闭环管理。生产现场工艺纪律检查具体要求如下：

1) 生产现场使用工艺文件必须有明确有效的批次标识，现行有效、正确、完整、统

一、清晰，工艺文件的更改或变更处于受控状态。

2）为生产设置的厂房、场地、作业环境符合产品技术条件和工艺文件的要求，按工艺文件要求对生产环境进行如实记录，生产现场做到文明生产，产品按状态区分放置。

3）生产人员应具备所从事岗位的技能要求，上岗前经相关专业的培训，考核合格后方可上岗；操作人员应严格遵守规章制度和工艺纪律，做到按工艺规程、相关标准和质量控制文件生产，确保操作质量。

4）检验人员应依据设计文件、工艺规程、检验文件对产品进行检验和记录。

5）工装管理规定应明确，使用的设备、计量器具等应符合工艺文件要求，处于完好和受控状态。

6）生产用原材料应经过复验，代料应办理代料手续；外协、外购产品应按有关技术文件要求进行验收或复验。

7）产品周转、例试、包装、吊装和贮运等应按相应细（守）则和操作要求进行。

（14）首件鉴定

首件鉴定是对试制或批量生产中首次制造的零（组）件进行全面的检验和试验，以证实规定的过程、设备及人员等要求能否持续地制造出符合设计要求的产品。

在以下范围内识别首件鉴定项目，编制首件鉴定目录：

1）在研制产品生产（工艺）定型前试生产中首次生产的新的零（组）件，但不包括标准件、借用件。

2）研制产品的关键件、重要件。

3）在批生产中产品或生产过程发生了重大变更之后首次加工的零（组）件，如：

a）产品设计图样中有关键和重要特性以及影响产品的配合、形状和功能的重大改变。

b）生产过程（工艺）方法、数控加工软件、工装或者材料方面的重大更改。

c）产品转厂生产。

d）生产设备和生产线停产两年以上（含两年）。

e）顾客在合同中要求进行首件鉴定的项目等。

按 GJB 908A—2008《首件鉴定》的要求进行，具体要求如下：

1）进行首件生产准备（包括设计、工艺文件，生产过程跟踪卡等），下达首件产品生产计划。

2）进行首件产品的生产；对首件实施检验，并做好记录；首件生产过程中，质量管理及检验人员对首件生产的人、机、料、法、环、测按规定要求实施监督，对工艺纪律执行情况进行监督。

3）编写首件鉴定生产总结报告，进行首件鉴定；首件鉴定通过后，冻结首件生产状态，使后续生产状态与首件生产状态保持一致。

4）若首件鉴定未通过，应对存在的问题进行分析，提出有效的纠正和预防措施，再次安排首件生产，重新进行首件鉴定直至通过。

(15) 工艺失效模式和影响分析控制

FMEA 为失效模式与影响分析，即“潜在失效模式及后果分析”，是在产品设计阶段和过程设计阶段，对构成产品的子系统、零件，对构成过程的各个工序逐一进行分析，找出所有潜在的失效模式，并分析其可能的后果，从而预先采取必要的措施，以提高产品的质量和可靠性的一种系统化的活动。

结合航天产品“零缺陷”的质量管理要求，在工艺设计过程中，对形成关键特性、难度较大的工艺过程，新工艺首次应用且难以检测的工艺过程，对后续过程造成重大影响的工艺过程，导弹、底盘类关键产品重要的装配、测试过程等，可依据 GJB/Z 1391—2006《故障模式、影响及危害性分析指南》实施工艺 FMEA 工作，积累并运用经验，使用统计学的方法对生产工艺进行研究，并不断反馈给工艺人员，对工艺和设计进行更改，确保工艺的不断改进并避免缺陷产生。通过这种模式可使各类人员对生产工艺从各个角度进行分析，从而对生产过程进行改进，采取预防和改进措施，及时发现和纠正可能的工艺缺陷。使用 FMEA 管理模式可以早期确定项目中的风险，提高工艺水平，缩短工艺实施周期。

(16) 状态鉴定的工艺工作和工艺定型

在产品的状态鉴定阶段，依据型号研制计划，做好工艺技术状态清理复查、工艺文件的完善和整理；加强外协产品生产的关键和特殊过程控制，完善外协制造验收规范。结合批生产能力条件，对设计定型阶段设计文件进行工艺性审查，重点审查研制阶段发现的设计问题更改情况，优化设计方案，提高工艺性和批产适应性。按《中国航天科工集团有限公司禁（限）用工艺目录》要求禁止选择航天禁用工艺，慎重选择航天限用工艺，汇总、梳理和分析本阶段的各种技术质量问题，制定改进意见和建议，完成产品工艺性分析总结和评价，配合状态鉴定工作。

工艺定型是型号产品转入批生产的重要基础，在设计定型的基础上，通过工艺定型，完善和稳定工作，强化工艺技术状态控制和工艺质量控制，适应批生产的要求，保证按照状态鉴定的设计文件生产出符合要求、质量稳定、经济性好的产品。工艺定型要在状态鉴定的基础上，结合批量生产进行，至少要经过一个完整试生产批次的考核。生产定型的主要内容包括：制定试生产工艺总方案，梳理工艺流程和工艺产线布局，清理工装配置，补充工装和非标设备；全面清理工艺文件，完善工艺质量控制、质量检验规范和文件，整理全套材料消耗工艺定额文件；针对批生产工艺性开展工艺优化和工艺试验。

实施小批量生产准备、试制生产验证和生产现场问题处理，按更改程序完善固化全套生产过程文件，完成小批量阶段生产质量总结。依据上级计划安排完成工艺定型会议文件编制和工艺定型鉴定。

5.3.10.2　工艺保证措施要点

(1) 推进设计工艺协同是产品实现的有力保障

航天型号产品的可靠性不仅是设计出来的，更是需要制造工艺来实现和保证。型号产品设计应本着利于数字化制造实现的原则，根据型号所选择材料的工艺性和所设计产品的结构工艺性，充分考虑企业的生产条件和工艺保证能力等因素，对照工艺标准化要求等规定的选择范围，在工艺部门的配合下进行设计工艺性分析，合理地选择型号产品的加工方法。

在满足技术要求前提下，充分利用已有技术成果，优先采用成熟技术和通用化、系列化、组合化的产品；设计中采用的新技术、新工艺、新材料必须经过充分论证、试验和鉴定。

在航天产品设计过程中，要获得高性能、高质量的产品，设计过程中设计人员与工艺人员的良好沟通协调非常重要。工艺人员提前介入设计过程可以尽早地发现设计结构的工艺缺陷和产品的可制造性问题等。随着航天产品复杂程度增加，涉及的技术领域越来越宽，技术跨度越来越大，要求专业人员分工就越细，只有设计与工艺两者有机结合，采用CE（并行工程)、设计工艺一体化、MBSE（基于模型的系统工程）等工作模式，才能在保证产品性能和质量的同时，提高其可制造性、降低制造成本、缩短研制生产周期，提高整个制造系统水平。

（2）做好型号工艺策划是产品实现的根本

结合型号研制和生产需求，强化型号工艺策划，可应用工艺总方案作为载体，从型号产品的整个工艺过程，充分考虑各种选用工艺方法之间的协调性，工艺策划中要明确型号每阶段产品实现过程工艺工作内容，力求切合实际、理顺流程、详细安排，使工艺总方案真正起到对型号研制生产的指导作用。对需要增加的新设施、新设备和重大技术改造项目及引进项目提出需求建议，针对工艺技术难点、批生产工艺性进行多方案对比，开展工艺攻关、工艺优化和工艺试验。根据本单位生产资源提出重要的外协项目，识别厂（所）际互换协调项目并编制厂（所）际互换协调文件，制定工艺文件编制原则，识别关键部位(包括防差错、不可逆、不可检等）操作过程、多媒体记录项目、多余物控制环节，完成关键材料、关键零件、关键工艺的识别和确认，编制工艺总方案，识别特殊过程项目，制定控制措施，对产品研制生产过程进行关键特性分析、风险分析、安全性分析和经济性分析等实现策划。

（3）开展关键制造技术攻关是提升工艺能力的手段

技术创新是技术攻关的根基，创新是指：以现有的知识和物质，在特定的环境中，改进或创造新的事物（包括但不限于各种方法、元素、路径、环境等)，并能获得一定有益效果的行为。创新是把一种从来没有过的关于生产要素的“新组合”引入生产体系。这种新的组合包括：引进新产品、引用新技术、采用新方法、开辟新市场、采用新材料等。应用新的生产技术对原有技术作重大改变的行为，它涉及新产品开发、新生产方法应用、新的组织与管理形式实施、新的供货渠道与新市场的开拓等方面，针对采用的新技术、新材料和新工艺，开展制约产品研制的关键制造技术攻关，突破产品研制技术瓶颈；针对产品开展工艺技术难题清理工作，对于识别的关键技术和生产加工难点组织开展工艺攻关工作，攻克核心产品关键制造瓶颈技术，主导并实现产品制造的“高质量、高效益、低成本”的目标。工艺攻关通过技术创新，一方面降低成本而使产品在市场上更具价格竞争优势；另一方面，通过增加用途，完善功能，改进质量以及保证使用，而使产品更具特色吸引力，从而在整体上推动着企业竞争力不断提高。

(4) 实施技术状态和生产过程管控，保证产品工艺稳定性

按照产品工艺保证大纲和质量管理体系的要求，积极开展生产过程中的工艺保证工作，提出外协项目工艺技术要求，进行厂（所）际产品接口互换协调，完成关键材料、关键零件、关键工艺的识别和确认，识别关键部位（包括易错漏装、不可逆、不可检等）操作过程、多媒体记录项目、多余物控制环节、防差错控制点，识别生产过程中关键过程和特殊过程，识别确需配置的工艺装备和非标装备，在工艺文件编制过程中落实各项管控要求以及细化量化措施等，认真做好各阶段的工艺评审，严把各项工艺技术及管理质量关。严格工艺纪律检查制度，使生产过程规范有序、有章可循、违法必究。做好各阶段的型号产品工艺工作总结，提高优质高效的型号生产工艺保证能力。

协调处理现场技术问题，对设计更改单、技术通知单、偏离单逐项（份）进行闭环处理；逐项闭环落实工艺改进和工艺完善引起的工艺更改；反馈并解决设计工艺性问题。

(5) 坚持技术创新，推进型号的数字化制造能力

随着技术的不断进步和发展，生产流程和生产工艺不是一成不变的，应该是一个动态演进的过程，可以随着生产产能、生产数量以及生产条件的变化，与产品其他设计指标统筹协调和优化，结合考虑为生产出符合研制任务书规定的使用性能和质量的产品所必需的成本、周期及劳动条件，不断开展生产工艺优化。技术状态的优化和更改应该严格履行变更程序，经过充分的验证和评估，确认对产品的性能和质量无不可控风险后实施。

结合型号研保统筹能力建设，规划生产布局、合理调整生产线、整合生产制造资源，协同做好生产、试验设备选型与使用。为了适应航天型号产品品种多、生产批量小、更新速度快的特点，满足国内国际航天产品市场激烈竞争的需要，除了采用先进的设计方法手段压减产品设计周期外，采用计算机辅助工艺规划（CAPP，Computer Aided Process Planning）、计算机辅助制造（CAM，Computer Aided Manufacturing）、直接数字控制或分布数字控制（DNC，Distributed Numerical Control）等系统工具，3D 打印（3D Printers，快速成型技术的一种，又称增材制造）、固定网络与移动网络融合（FMC，Fixed Mobile Convergence）、柔性制造系统（FMS，Flexible Manufacturing System）、智能制造等生产新模式和机器视觉等检测新方法是缩短航天型号产品研制周期的重要手段。用信息技术和先进制造技术优化生产工艺和制造工艺流程，保证型号研制生产任务顺利完成，提升制造能力。

5.3.11　计量保证

计量是国防现代化必不可少的技术基础，是国防科技自主创新的坚实力量，在武器装备发展和先进国防工业体系建设中具有基础性、战略性地位，“科技要发展，计量须先行”是聂荣臻元帅的著名论断。航天计量是航天科学技术的重要组成部分，在国家计量领域具有重要的地位。航天科工集团作为国有特大型企业，不断优化科技创新生态，增强科技自

立自强能力，夯实产业基础，进一步提升计量科技创新能力和型号工程计量保障能力，充分发挥计量先行和基础作用，通过航天产品牵引，在计量技术方面取得了长足进展，建立了专业布局合理、相互协调配套的法规体系、技术体系、标准器具体系和技术机构体系，确保了国防科技工业型号产品测量数据的准确一致，为型号产品高质量发展奠定了技术基础。

5.3.11.1 计量工作的特点

按照工作任务领域，我国国家计量由国防计量和民用计量两部分组成，国防计量分为军队计量和军工计量。民用计量主要针对贸易结算、安全防护、医疗卫生、环境监测等行业的社会公用计量器具（测量设备）提供量值传递服务；军工计量负责保证国防科技工业科技创新和科研生产中单位统一、量值准确可靠，涵盖装备预研、研制、试验、生产等阶段；军队计量负责武器装备使用和维护阶段的量值准确和统一。

按照行政管理层面，我国法制计量机构体系和人员体系由三部分构成。一是由国家质检总局按《计量法》授权的民用法制计量机构体系及相应的计量人员体系，包括中国计量科学研究院、各省市计量院及地县级计量所；二是由国防科工局依据《国防计量监督管理条例》授权的国防科技工业计量技术机构体系及相应的计量人员体系，包括国防科技工业各级计量技术机构；三是装备发展部和各军兵种主管部门依据《军队计量条例》管理的各军兵种（战区）计量站和计量组以及相应的计量检定人员。

计量具有统一性、准确性、广泛性、法制性和保障性等特点。

统一性：计量的基本任务是保证量值的准确和统一。如果测量单位不统一或对同一被测量的测量结果不一致，则会出现严重后果，学科研究成果无法评价，技术交流没有共同语言，社会化大生产的分工不可能实现，商品交换和国内外贸易受阻。对于庞大复杂的防空反导武器系统而言，要把不同部门、不同地区、不同工厂生产的零件、部件、分系统、系统装配后进行对接试验，没有计量提供的保证是难以进行的。因此对于国防武器装备，保证量值统一是至关重要的。为了实现统一性，就必须强调量值的溯源性，各单位、各部门所使用的测量仪器设备给出的量值都要首先统一到最高计量标准上去，使国防系统内量值统一，进一步溯源到国家测量标准，直到国际测量标准，实现在全国范围内直到全世界范围内的统一。

准确性：保证测量结果的准确是计量的主要任务。计量研究的目的最终是要达到所预期的准确性。对于不同使用目的，要求的准确程度是不同的。随着科学技术发展，以及武器装备信息化、体系化作战水平的不断提升，对其量值的准确度要求也会不断提高。为了保证测量的准确，就必须用测量标准去校准武器装备研制、试验、生产中所用的测量设备，计量技术机构通常用证书的形式将每台仪器设备的准确程度告诉使用者。仪器使用者在选用测量仪器时，需要将使用要求与仪器的技术指标相比较，选用满足测量要求的仪器设备。

广泛性：在工农业生产、科学研究、国防建设、医疗防护、商品交换等各方面都离不开定量的测量和分析，武器装备研制更是如此。因此计量已经渗透到各个学科领域、国民经济的各部门，以及武器装备研制生产部门，同样渗透到人民的日常生活中，计量具有极其广泛的社会性。

法制性：计量的法制性是指计量管理工作的各环节以法律法规的形式做出规定，包括计量单位制、计量基准装置建立、量值传递和溯源等多方面。由于计量在国民经济和国防领域中的主要地位，为实现全国计量单位制的统一和量值准确一致，维护人民利益，使经济建设和国防建设得以顺利进行，我国对计量实行法制管理，并颁布和制定了计量法律法规及系列管理办法，作为大家必须共同遵守的准则。

保障性：计量测试在高技术武器装备中具有明显技术保障作用。若在军用通信装备、水下装备、导弹系统等武器装备中发生量值失准，就可能造成中断指挥联络、延误战机、削弱甚至消失战斗力等严重后果。对于目前高度协同配合下的立体化现代战争，如果量值不一致，是不可能进行的，因此国防计量必须常备不懈地做好武器装备的计量保证工作。

5.3.11.2　国防军工计量体系

国防军工计量始终坚持创新驱动、质量强国等国家发展战略，历经 60 多年的建设和发展，形成了由法规体系、机构体系、技术体系和标准器具体系构成的融合开放型计量体系。航天科工集团作为国防武器装备的重要研制单位，其计量体系保持与军工计量体系同步发展。

（1）计量法规体系

计量法规体系由行政法规体系和技术规范体系组成。以《中华人民共和国计量法》为依据，由《国防计量监督管理条例》等行政法规，《国防科技工业计量监督管理暂行规定》等部门规章，以及地方军工计量法规，共同构成国防军工计量行政法规体系。为适应新形势、新任务、新要求，先后发布《国防科工局关于进一步加强国防军工计量工作的通知》《国防军工计量技术规范管理办法》《国防军工计量标识印制和使用要求》《国防军工计量监督管理受聘专家管理办法》等文件，行政法规体系持续完善。

计量技术规范是开展量值传递和量值溯源的技术依据和具体工作准则。国防军工计量技术规范体系建设中充分利用国家民口和军队技术规范资源，目前由国家计量技术规范、国家军用标准和国防军工计量技术规范等组成，涵盖计量检定规程、计量校准规范、计量器具等级图和计量通用基础规范。国防军工计量技术规范体系在武器装备研制生产试验计量保障工作中发挥重要作用，具有特殊性、先进性及系统性等特点。集团公司依据国防军工计量管理要求和相应法律法规，制定了《中国航天科工集团公司测量设备计量管理办法》《中国航天科工集团公司专用测试设备计量管理办法》《中国航天科工集团公司靶场大型试验参试测量设备计量监督管理办法》《中国航天科工集团计量监督管理办法》《中国航天科工集团公司计量监督检查细则》等计量管理办法，以及型号计量监督检查规范、专用测试设备校准方法等管理规范，选用共用计量技术规范开展通用测量仪器的量值传递和溯源工作的同时，各厂（所）根据实际情况制定了专用测试设备校准规范，保证了计量校准的有序开展。

（2）计量技术机构体系

国防计量技术机构由计量测试研究中心、一级计量站、二级计量站和三级计量站组成，其中一级、二级国防计量技术机构由国防科工局根据国防科技工业布局和任务需要批准设置，三级国防计量技术机构由省级国防科技工业主管部门根据科研生产需要批准设置。计量技术机构体系是技术体系和标准器具体系的载体，也是计量科技创新的主体，目前，国防科技工业已建成了以一级计量技术机构为源头、二级计量技术机构为枢纽、三级计量技术机构为网点的覆盖几何量等十大计量专业、布局基本合理的技术机构体系。航天科工集团也构建了以一个中心为牵引、以 6 个二级计量技术机构为支撑、以若干三级计量机构为补充的计量技术机构体系，成立了集团公司计量中心，可在市场竞争中形成合力，系统性解决复杂的综合性计量测试难题。

（3）计量技术体系

国防军工计量技术体系是按照系统工程的思路对计量技术的科学归类分界，是建立标准器具体系和法规体系的技术支撑，具有先行性、基础性和系统性等特点。国防军工计量构建了覆盖十个计量专业，以军工特色校准技术和军品计量测试技术为核心，以通用计量校准技术和共性计量技术为基础，多项关键技术组成的较为完善的技术体系，涵盖科学理论前沿、特殊量值传递、科研生产保障和专业基础公用等四个群域。国防军工计量技术体系作为顶层设计，能够系统地指导计量科研工作，同时为完善计量标准器具体系、制修订计量技术规范以及开展计量基础能力建设提供重要依据，其中军工特色显著的计量技术有极值量计量技术、特殊环境下计量技术、专用测试设备/器件材料计量技术，以及现场在线计量技术。

极值量计量技术：隶属于特殊量值传递计量技术群域，是指需测量或评价的被测量，超出常规量值范围采用的计量技术。该技术群的特殊性体现在采用非传统的测量方法和测量手段，进行极大或极小、极高或极低、极强或极弱等量值计量。

特殊环境下计量技术：隶属于特殊量值传递计量技术群域，是指需测量或评价的被测量处于临近空间、太空、深水、放射性等特殊环境条件下采用的计量技术。该技术群用于在军工科研生产特殊需要的超常规环境条件下，进行测量和性能参数评价。

专用测试设备/器件材料计量技术：该技术群用于保障和支持军工科研生产专用测试设备的研制、购置、验收、使用及维护。专用器件材料计量技术是指对专用于军工产品的核心元器件和新型材料，进行特征量和性能参数精确测量与校准的计量技术群。该技术群用于保障和支持军工科研生产专用的核心元器件和新型材料的研制、生产、评价及选用。

现场在线计量技术：隶属于科研生产保障计量技术群域，是指对用于军工科研生产工况的测量设备、不易移动的原位被测对象，进行特征量实地、在线测量和性能参数评价的计量技术群。该技术群用于对军工科研生产所需的测量设备，进行现场、在线、远程计量服务和保障。

（4）计量标准器具体系

计量标准器具体系是计量技术发展的实物载体，是实施计量法律法规的手段和基础。国防计量标准器具分为三级，即国防最高、区域最高和企事业单位计量标准器具，通过检定或校准，将国防最高计量标准复现的量值逐级传递至工作计量器具，保证国防科技工业系统内的量值准确一致。集团公司所属计量机构建立的各级计量标准器具是国防军工计量标准器具体系的重要组成，涵盖几何量、热学、力学、电学、无线电、时间频率等多个计量领域，其中国家基准 2 项、国防最高计量标准 40 余项，是国防科技工业量值溯源的源头，为集团公司武器装备研制生产中的量值准确和统一奠定基础，保障了军品及配套产品科研生产任务顺利实施。

5.3.11.3　型号任务计量保证

型号任务计量保证是型号研制工作的重要组成部分，贯穿于型号研制生产全过程，需要与型号研制工作同步开展。计量保证工作的目标是通过对各级型号产品的特性进行分析，提出相应的计量测试方案，建立必要的计量测试手段和完善的量值溯源渠道，通过计量确认和测量过程控制，保证测试设备和校准设备的覆盖性和完好性，确保型号产品的测量数据准确、可靠。型号计量保证项目包括计量保证工作策划、导出产品的计量需求、计量确认、测量过程控制、专用测试设备计量管理、大型试验计量管理、外协配套产品计量保证等工作项目。在开展型号计量保证工作时，应树立“源头做起，全程受控”的思想，将计量保证工作从设计的初始阶段开始，纳入研制、试验、生产、使用等各阶段工作中，保证全过程始终做到量值准确、一致，充分利用现有计量资源，综合考虑通用化、系列化和模块化等标准化要求。

（1）计量保证工作策划

型号计量保证工作策划应纳入型号研制计划，保证开展计量保证工作所必需的资源。计量保证评审应与型号产品研制过程其他评审同步进行，也可与其他评审相结合开展。

1）各单位根据所承担型号产品任务特点，组织设计师及计量人员编制本单位的型号计量保证工作策划/工作要点。

2）工作策划中要明确型号计量保证工作目标、工作项目、工作计划、资源保障，以及预防措施等内容。

3）实施过程中不断完善，以确保计量保证工作与型号研制工作同步进行。

（2）导出产品的计量需求

为明确型号产品研制过程中各阶段需要配备的测试设备、校准装置及校准手段，保证型号产品量值准确和统一，设计师应根据产品相关技术要求，结合计量学知识，会同计量保证部门和计量保证人员，将产品要求转化为对测量的要求，即导出产品的计量需求。

1）设计师根据任务书（技术要求）、方案报告等技术文件明确产品要求，然后根据生产、使用要求将产品要求转化为对测量的要求，编制“型号产品测试需求明细表”（见表 5－5）。

表 5-5 型号产品测试需求明细表

型号产品名称：

需测试项目或参数	项目或参数的范围或量值	允许误差	测试所需环境要求	所依据文件	备注

2）设计师会同计量保证部门按照“型号产品测试需求明细表”，与产品的技术条件进行比较，选择与测量要求匹配的测量设备，编制“测试设备配置表”（见表 5-6）。

表 5-6 测试设备配置表

型号产品名称：

序号	被测项目或参数	配备的测量设备名称/型号	测量范围和允许误差	所需台数/实配台数	测量设备配备是否满足测试需求	备注
填表：			审核：		批准：	

3）计量保证部门按照“测试设备配置表”，选择满足溯源要求的校准设备，编制“校准设备推荐表”（见表 5-7）。

表 5-7 校准设备推荐表

型号产品名称：

被校设备名称/型号	校准设备名称	型号	参数	测量范围	测量不确定度或最大允许误差、准确度等级	校准依据的技术文件	备注
填表：			审核：			批准：	

4）承制单位组织设计师和计量保证人员对“型号产品测试需求明细表”“测试设备配置表”“校准设备推荐表”进行评审。

评审时应关注检测或校准项目和参数是否必要、齐全，检测项目与测试设备、测试设备与校准设备之间技术指标是否满足溯源要求。

（3）计量确认

计量确认的目的是保证测量设备的计量特性能满足预期使用要求，主要体现在测量设备覆盖型号产品的参数范围、技术指标及测量不确定度满足使用要求等方面。计量确认的工作内容为：对测量设备进行检定或校准（必要时进行调整或修理，以及修理后再校准或再检定），然后将这些测量设备与使用要求相比较，满足使用要求的予以计量确认，贴相应计量确认标记。型号研制生产中配备的通用和专用测试设备，用于产品的正式测试、检验、验收时均应进行计量确认。通常情况下，型号产品要求的允许误差限与所配备测量设备的允许误差限之比一般不得低于 4∶1，对于某些无法满足要求的专业，应予以说明。

(4) 测量过程控制

测量过程控制的目的是通过对测量过程进行策划、确认、实施、形成文件和加以控制，识别并消除人员、设备、方法、环境等有可能影响测量过程和测量结果的各种因素，满足不同测量设备使用要求和测量过程条件要求。计量人员应参加测量过程控制文件的编制，明确型号产品研制过程中对测量过程进行控制和管理的要求；在产品测试及测量设备的校准检定过程中，组织计量测试人员判断设备、人员、方法、环境等因素是否符合测量过程控制要求，识别可能影响测量过程或测量结果的因素并加以控制。

(5) 专用测试设备计量管理

专用测试设备计量管理的目的是通过对专用测试设备需求、研制、校准等全过程的计量管理，保证专用测试设备的可溯源性，从而确保型号产品测试数据的准确可信。当通用测量设备不能满足型号产品测试需求时，设计师应明确型号产品各阶段的测试需求，提出需要研制或引进的专用测试设备建议。

1) 在进行方案设计时，应考虑可计量性，如指标、接口等。

2) 应按照 JJF (军工) 2—2012 的要求编写校准规范，并进行评审。

3) 交付前的验收评审应有计量技术人员参加并把关。

4) 验收通过后按校准方法校准，进行周期溯源管理。

5) 专用测试设备的技术状态或需求发生变化时，需重新进行评审。

(6) 大型试验计量管理

大型试验计量管理的目的是根据试验任务的要求，围绕试验方案确定计量测试需求，合理配备参试设备 (通常含专用测试设备和通用测试设备)，并进行计量确认，满足型号试验期间的预期使用要求。

1) 根据进场试验通知的要求，进场前由所 (厂) 组织参试测量设备计量自查。

2) 当有效日期和试验结束日期间隔少于半年时，各参试单位应重新对参试测量设备进行检定/校准，凡不满足预期使用要求的参试测量设备，一律禁止使用。

3) 院产品保证部组织计量检查，进场后试验队组织计量复查，大型试验结束后对参试测量设备进行核查，确认各环节是否工作正常，并保留记录。

(7) 外协配套产品计量保证

外协配套产品研制单位的计量保证能力是评价合格供方的重要依据。通过对外协配套产品研制单位计量保证能力的评价和计量保证工作过程的监督，保证外协产品的质量。

1) 当外协项目为系统、整机和组合级产品时，设计师合同计量部门对外协单位的计量保证资源、能力进行确认。

2) 外协过程中，将计量保证要求传达到对方，并监督其落实情况。

3) 当有效日期和试验结束日期间隔少于半年时，各参试单位应重新对参试测量设备进行检定/校准，凡不满足预期使用要求的参试测量设备，一律禁止使用。

(8) 计量监督检查

依据《国防计量监督管理条例》(54 号令)，集团公司制定了《计量监督管理办法》

《中国航天科工集团公司计量监督检查细则》《型号计量监督检查规范》等管理文件，规定了集团公司计量主管部门、所属二级单位和三级单位、计量测试技术机构等部门的职责，并组建了集团公司计量测试管理专家组，不断完善计量工作监督机制，对集团科研、生产、服务全过程的计量工作按领域、分层次实施计量监督，保证了计量监督检查工作的有效开展，为型号产品高质量发展奠定基础。

监督检查主要内容包括计量法律、法规及规章制度的执行情况，计量人员资格的有效性，计量标准的考核情况及测量设备的受控状况，计量技术机构检测/校准能力保持状况和资格有效性，科研、生产全过程计量保证工作实施情况，涵盖计量综合管理、测量人员、计量标准器具、测量设备、记录与证书报告、科研生产过程计量保证、计量工作有效性、计量工作信息化等 8 个方面。监督检查具体工作程序为：

①制定监督检查计划

集团公司所属各院计量主管部门，根据职责范围制定年度监督检查计划，集团公司计量主管部门根据各院上报的年度监督检查计划，确定发布集团公司监督检查计划，明确检查时间、检查对象等，监督检查采取委托二级单位开展检查和集团公司计量主管部门抽查两种方式。

②各科研生产单位计量自查

集团公司计量主管部门根据年度监督检查计划，向被检查单位下发监督检查通知，各单位在监督检查前完成自查工作，并将自查结果反馈上级检查部门。

③计量与测试专家组

集团公司计量主管部门以“计量测试管理专家组”为主，选派具有丰富型号计量工作管理经验和技术能力的成员组成监督检查组，检查组成员应回避本单位检查。

④实施现场监督检查

现场监督检查的主要步骤包括首次会议、现场检查、形成意见和末次会议。现场检查结束后，监督检查组汇总监督检查情况，形成监督检查意见。

⑤发布监督检查通报

集团公司计量主管部门向被检查单位通报监督检查情况。

⑥整改跟踪与复查

被检查单位针对存在的问题制定整改计划、分析原因、采取纠正/预防措施，并按计划限期完成整改。

5.3.11.4　常用术语、法律法规和标准规范

（1）常用术语和定义

计量是实现单位统一、保证量值准确可靠的活动。在国际计量局（BIPM，Bureau International des Poides et Measures）、国际电工委员会（IEC，International Electrical Commission）、国际标准化组织（ISO，International Organization for Standardization）、国际法制计量组织（OIML，Organisation Internationale de Métrologie Légale）等 8 个国际知名组织联合发布的《国际计量学词汇——基本和通用概念及术语》中，定义计量为研

究测量及其应用的科学。我国 JJF 1001—2011《通用计量术语及定义》也采用了这种定义描述，进一步明确了计量涵盖法律法规、技术和管理方面的所有理论和实践。计量学研究的内容包含统一计量单位制，建立计量基准，研究测量理论和测量方法，研究测量仪器及其特性，组织量值传递和量值溯源，开展检定、校准或检测，以及测量结果的评定，物理常量（常数）、标准物质和材料特性的测量等。

①国防军工计量

国防军工计量是指军工产品及配套产品研制、生产、试验中保证计量单位统一、测量过程受控、测量数据准确的技术和管理工作。国防军工计量具有基础保障性、长期战略性、技术引领性、公共服务性等军工特有属性，以及法制性、准确性、一致性、溯源性等军民计量共有属性。

②计量保证

计量保证是武器装备科研生产单位通过计量法规、组织、管理、技术等，保证武器装备研制、试验、生产过程中计量单位统一、量值准确一致、测量数据可靠所进行的一系列活动。

③计量标准

计量标准是具有确定的量值和相关联的测量不确定度，实现给定量定义的参照对象。

④专用测试设备

专用测试设备是为保证武器装备符合技术指标和性能要求，在科研生产和服务过程中，用于质量控制、性能评定和质量检验而专门研制的非通用测试设备。

⑤测量过程控制

测量过程控制是对测量过程中所获得的数据进行监测和分析并采取必要的纠正措施，以使测量过程连续地保持在规定范围。

⑥法制计量

法制计量是为满足法定要求，由有资格的机构进行的涉及测量、测量单位、测量仪器、测量方法和测量结果的计量活动。

⑦计量溯源性

计量溯源性是通过文件规定的不间断的校准链，测量结果与参照标准对象联系起来的特性。

⑧量值传递

量值传递是通过对测量仪器的校准或检定，将国家测量标准所实现的单位量值通过各等级的测量标准传递到工作测量仪器的活动，以保证测量所得的量值准确一致。

⑨校准

校准是在规定条件下的一组操作，其第一步是确定由测量标准提供的量值与示值之间的关系，第二步则是用此信息确定由示值获得测量结果的关系，这里测量标准提供的量值与相应示值都具有测量不确定度。

⑩检定

检定是查明和确认计量器具是否符合法定要求的程序，即由经授权的法定计量技术机构确定并证实被测对象是否满足规定要求而做的全部工作。

⑪计量确认

计量确认是为确保测量设备的性能处于满足预期使用要求的状态所需要的一组操作。根据任务对象的技术要求，确定测量仪器、测量用设备的预期使用要求，包括测量范围、分辨力、最大允许误差等。

⑫测量结果

测量结果是与其他有用的相关信息一起赋予被测量的一组量值。

⑬测量误差

测量误差是测得的量值减去参考量值。测量误差是指测得值偏离参考量值的程度。给出测量误差时必须注明误差值的符号，当测得值大于参考值时为正号，反之为负号。

⑭测量准确度

测量准确度是测量结果与被测量真值之间的一致程度。测量准确度用于定性描述，只有高低之分，没有数值大小之分。

⑮测量重复性

测量重复性是一组重复性条件下的测量精密度。重复条件包括：相同的测量程序、观测者、相同的测量仪器、相同地点、在短时间内重复测量，重复性可用测量结果/示值的分散性定量表示。

⑯测量不确定度

测量不确定度是根据所用到的信息、表征赋予被测量的量值分散性的非负参数。

测量不确定度是对测量结果质量的定量表征，表明测量结果的可信程度。该定义主要包含下面含义：

1）测量不确定度包括由系统影响引起的分量，如与修正量和测量标准所赋量值有关的分量及定义的不确定度。有时对估计的系统影响未做修正，而是当作不确定度分量处理。

2）此参数可以是诸如称为标准测量不确定度的标准偏差（或其特定倍数），或是说明了包含概率的区间半宽度。

3）测量不确定度一般由若干分量组成。其中一些分量可根据一系列测得值的统计分布，按测量不确定度的A类评定进行评定，并可用标准差表征。而另一些分量则可根据基于经验或其他信息所获得的概率密度函数，按测量不确定度的B类评定进行评定，也可用标准偏差表征。

⑰测量不确定度的A类评定

测量不确定度的A类评定简称A类评定，对在规定测量条件下测得的量值用统计分析的方法进行的测量不确定度分量的评定。

⑱测量不确定度的B类评定

测量不确定度的B类评定简称B类评定，用不同于测量不确定度A类评定的方法对测量不确定度分量进行的评定。

⑲合成标准不确定度

合成标准不确定度全称为合成标准测量不确定度，指在一个测量模型中由各输入量的标准测量不确定度获得的输出量的标准测量不确定度。

⑳扩展不确定度

扩展不确定度全称为扩展测量不确定度，指合成标准不确定度与一个大于 1 的数字因子的乘积。本定义中术语“因子”是指包含因子。

（2）法律法规及管理办法目录（见表 5－8）

表 5－8　法律法规及管理办法目录

序号	名称	发文机关
1	《中华人民共和国计量法》	全国人大
2	《国防计量监督管理条例》	国防科工委
3	《军队计量条例》	中央军委
4	《国防科技工业计量监督管理暂行规定条文解释》	国防科工委
5	《国防科技工业计量标准器具管理办法》	国防科工委
6	《国防科技工业专用测试设备计量管理办法》	国防科工委
7	《国防科技工业计量检定人员管理办法》	国防科工委
8	《国防科技工业计量监督实施办法》	国防科工委
9	《国防科工局关于进一步加强国防军工计量工作的通知》(科工技〔2011〕740 号)	国防科工局
10	《国防军工计量技术规范管理办法》(科工技〔2012〕498 号)	国防科工局
11	《国防军工计量标识印制和使用要求》(局综技〔2013〕52 号)	国防科工局
12	《测量设备计量管理办法》	航天科工集团
13	《专用测试设备计量管理办法》	航天科工集团
14	《靶场大型试验参试测量设备计量监督管理办法》	航天科工集团
15	《中国航天科工集团公司计量监督检查细则》	航天科工集团
16	《计量监督管理办法》	航天科工集团

（3）标准规范目录（见表 5－9）

表 5－9　标准规范目录

序号	标准号	标准名称
1	JJF 1001—2011	《通用计量术语》
2	JJF 1059.1—2012	《测量不确定度评定与表示》
3	JJF 1059.2—2012	《用蒙特卡洛法评定测量不确定度》

续表

序号	标准号	标准名称
4	JJF 1094—2002	《测量仪器特性评定》
5	JJF 1022—2014	《计量标准命名与分类编码》
6	JJF 1117—2010	《计量比对》
7	GJB 2715A—2009	《军事计量通用术语》
8	GJB 5109—2004	《装备计量保障通用要求检测和校准》
9	JJF(军工)1—2012	《国防军工计量检定规范编写规则》
10	JJF(军工)2—2012	《国防军工计量校准规范编写规则》
11	JJF(军工)7—2015	《武器装备科研生产单位计量工作通用要求》
12	JJF(军工)8—2015	《武器装备科研生产单位计量监督检查工作程序》
13	GB/T 27025—2019	《检测和校准实验室能力的通用要求》
14	Q/QJB 217—2018	《型号计量监督检查规范》
15	Q/QJB 137.22—2007	《专用测试设备校准方法》

5.3.12 材料、机械零件保证

材料、机械零件的质量决定着产品质量，确保材料、机械零件优质是确保产品质量与可靠性的根基。材料、机械零件保证就是在型号产品研制和生产全过程中，在型号的整个寿命周期内，为使材料、机械零件满足武器系统功能、性能、环境适应性、安全性、质量与可靠性的要求，确保在选用、试验、评价、采购、复验、使用、失效分析等每一个环节做到过程可控的一系列有计划、有组织的技术和管理活动，是航天产品保证的重要组成部分。

这里的材料指航天产品研制、生产过程中通过采购获得的已知特性的原材料、半成品或成品（固体、气体、液体），且可以通过加工使之成为产品功能元件的物品。按照 GJB 832A—2005《军用标准文件分类》和各行业通行的分类方式，装备所用的材料标准将材料分为金属材料、非金属材料、复合材料、油料、电子信息材料和核工程材料 6 个大类。按功能又可将材料分为结构材料和功能材料两大类。当前功能材料及其应用技术正面临新的突破，诸如超导材料、微电子材料、光子材料、信息材料、能源转换材料及储能材料、生态环境材料、生物医学材料及材料的分子、原子设计等正处于日新月异的发展之中，发展功能材料技术正成为一些发达国家强化其经济及军事优势的重要手段，对装备技战指标的提升甚至是颠覆性技术起到至关重要的作用。机械零件是指在航天产品研制、生产过程中所采用的能完成机械、光学、热学、机电（不包括 QJ 3057—1998 中规定的电气、电子、机电元器件）功能而不能被分解的一个工件（如紧固件、密封圈等）或结合在一起的多个工件（如轴承、尼龙自锁螺母、复合材料成品件等）。

材料和机械零件保证工作不仅通过行政管理，而且通过技术支持，以各种质量保证和

评价措施，使产品与质量、可靠性有关的所有属性都得到保证。在选择、采购、使用等每一个环节中尽量做到过程可控。将每一个环节标准化，按照预期的路线，保证材料和机械零件满足最终任务要求。

材料、机械零件保证工作要贯彻技术与管理相结合的方针，执行统一选用、统一采购、统一监制验收、统一复验筛选、统一失效分析管理要求，实施全过程质量控制。

5.3.12.1　材料、机械零件保证的基本要求

材料、机械零件保证在制定工作计划、建立数据库、选用、评价、新品鉴定、采购、复验、使用、失效分析和偏离等方面提出了基本要求，具体如下：

(1) 制定工作计划

型号应制定材料、机械零件保证工作计划，将其纳入型号工作计划并组织实施。其工作项目表见表5-10。

表5-10　材料、机械零件保证工作项目表

工作项目类型	工作项目名称	方案阶段	工程研制阶段	定型阶段	生产与使用阶段
管理工作项目	制定材料和机械零件工作计划	√	√	√	√
	策划工程研制阶段的材料、机械零件保证工作项目	√	△	×	×
	评审	√	√	√	√
	关键材料、机械零件确认	×	√	√	√
	材料、机械零件偏离审理	×	√	√	√
	选择合格供方	×	√	√	√
设计与分析	使用工况分析	√	√	√	×
	提出材料、机械零件的选择原则	√	○	○	○
	提出主要新材料、新机械零件研制项目	√	△	×	×
	编制材料、机械零件清单	×	√	√	√
	编写关键材料、关键机械零件清单	×	√	√	√
	不合格处理与报警	×	√	√	√
	制定多余物预防和控制措施	×	√	√	√
	开展材料、机械零件工艺攻关	×	√	√	√

注：√—适用；×—不适用；△—根据需要选用；○—适用于设计变更。

(2) 建立材料、机械零件数据库

材料、机械零件保证中的重要工作是建立材料、机械零件选用保障系统或数据库，提供各类材料和机械零件的物理、力学、环境特性。对各种材料和机械零件在其使用环境下做出评估。应在系统中可以获得各种材料、机械零件在不同性能下的等级，还可以通过系统查询到材料、机械零件的鉴定和使用清单。如果需要选用的材料、机械零件不在系统数据库内，则需要开展材料、机械零件研制攻关，履行相应的材料、机械零件性能鉴定程序。

(3) 编制型号材料、机械零件保证大纲

编制各型号材料、机械零件保证大纲，在保证大纲中应明确材料、机械零件的质量等级要求，确定材料、机械零件选用和控制的原则，并经过材料和工艺专家组评审后实施。

(4) 评价

对选用的材料、机械零件是否满足使用要求进行验证，尤其是关键材料、新材料（如复合材料）及新工艺用材料（如增材制造用材料），经材料专家组和工艺专家组评审后使用。

(5) 新品鉴定

无适用老品或进口材料、机械零件需国产化时，可安排型号用新品研制。新品的性能、指标、环境适应性，长期使用及贮存可靠性等由专业院所验证，应满足型号要求。

(6) 采购

材料、机械零件采购统一由院级物资采购部门负责，特殊材料、机械零件可由型号各承制单位物资部门负责，供方应在合格供方范围内选择。

(7) 复验

材料、机械零件入院需经过专业院所统一复验并发放物资准用证，复验合格方可接收使用。

(8) 使用

材料、机械零件应分类进行贮存，并做好明确标识，材料、机械零件使用必须在贮存有效期内。

(9) 失效分析

对失效产品上的材料、机械零件要进行失效分析，明确失效机理，给出失效结论。

(10) 偏离审理

对选定的材料、机械零件经过评价、确认（鉴定）不能满足选择要求的，要进行偏离审理。

5.3.12.2　材料、机械零件选用

(1) 选用原则

1) 严格选择在全寿命周期内和特定环境条件下，满足产品工作要求的材料和机械零件。

2) 尽量利用在其他型号成功应用的材料、零件。

3) 充分利用已有的材料、零件研究成果。

4) 鉴别和控制关键材料和机械零件。

5) 加强多型号成熟技术继承性关键的控制，在方案设计阶段完成从不同型号继承的产品之间和新研制产品间接口部分关键的评价和确认。

6) 在材料、零件的选择、使用控制上以批生产为目标，将各研制阶段的产品保证工作项目尽量提前。

7) 对于借用基本型的弹上产品，不得更改其材料、机械零件，确需更改时，应报型

号两总审批。

(2) 选用要求

1) 材料、机械零件选用控制的目的是在设计源头增加选择的把关控制，以克服选用的随意性，使选材既满足使用要求，又达到便于生产的科学、合理的目的；同时，选用控制还用于鉴别关键，实施重点控制；另外，从成熟性、品种、规格的种类和数量以及供货的持久性等方面，通过选用控制可以为生产提供条件。

2) 型号产品所选用的材料、机械零件应能满足型号的性能要求，包括使用、加工、试验及贮存状态下的力学性能、化学特性和物理特性，如高低温强度、耐冲击性能、低温冲击性能、耐烧蚀性能、耐腐蚀性能、电化学相容性、液体相容性、耐生物污染性能、耐辐射性能等。

3) 对于人造卫星、宇宙飞船等航天器在选择材料、机械零件时，除了考虑上一条的要求外，还应考虑真空、辐射、原子氧、温差、陨石环境等要求；对于载人飞行器还应考虑放气、气味污染、易燃性等要求。

4) 飞行上天的产品系统应尽可能地选用经过飞行试验考验的，地（舰）面设备应尽可能选择经过发射和贮存试验考验的，并成功应用于同类型号产品的材料。

5) 型号产品所选用的材料一般应在规定的选用范围中选取，并优先选用有使用经验、已纳入国标、国军标、航天行业标准，且能保证质量稳定和持续供货的成熟材料。超出选用范围的材料应办理审批手续。

6) 型号产品所选用的材料、机械零件，在满足型号设计、制造和使用要求、不降低可靠性和寿命的前提下，应优先选用加工工艺性好、成本低廉的材料。

7) 型号产品所选用的材料、机械零件应立足于国内研制与生产。选用国外材料的应有论证报告，并经材料和工艺专家评审和主管领导审批。选用关键材料时，应进行充分论证，并由产保部组织院材料和工艺专家组进行评审。

8) 型号产品所选用的材料、机械零件，其牌号、品种、规格和供应厂家应控制到最少，其关键项目应控制到最低限度。

9) 沿用成熟型号的产品，应按成熟型号所用的材料、机械零件选取。使用性能、结构类同成熟型号的产品，应参照成熟型号所使用的材料、机械零件选取。

10) 材料、机械零件选用应纳入型号设计工艺评审。各级、各阶段的设计评审凡涉及材料、机械零件内容的必须有相关的设计师、工艺人员和物资保障单位人员参加，就材料、机械零件可获得性（供应情况）、工艺可行性、继承性等提出建议，并开展相应工作。同样，各级、各阶段的工艺评审应有相关的设计人员参加，设计人员应就材料工艺性及工艺对产品功能实现性、保证性提出建议。

(3) 材料、机械零件清单

1) 在产品研制过程中，设计单位应编写或通过 PDM 系统提取出材料清单和机械零件清单，在此基础上提出关键材料（如果有）和关键机械零件（如果有）项目，形成关键清单。其中，关键材料清单内容应包括有：使用该材料（机械零件）的所有产品代号，使用在该产品上的部位，对选用材料力学性能、物理性能、环境适应性能、工艺性能的特殊要求，材料牌号，特殊力学性能、物理性能及环境适应性能等项目材料所能达到的程度（指标），并标记是否在选用范围之内，对超范围选用的填“超范围”，并说明该项目评价、确认大纲编号；关键机械零件清单与关键材料清单内容类似，应包括使用该机械零件的所有产品代号，机械零件使用在该级产品上的部位及用途，该部位对选用机械零件的承载能力、抗冲击能力、耐高低温、耐潮湿、耐腐蚀、安全临界、可靠性及相关工艺性要求等特殊要求，关键机械零件的规格或型号，特殊性能参数，并标记是否在选用范围之内，对超范围选用的填“超范围”，并说明该项目评价、确认大纲编号。

2）承制单位应将设计师编制、按技术责任制进行审签后的全部材料、机械零件清单，经评审后上报院级主管部门，院主管部门组织专家组对关键材料、关键机械零件进行技术支持。

3）材料、机械零件清单应根据研制阶段按有关规定适时进行修改。经相应的技术负责人审批后的材料、机械零件清单内容纳入相关的设计图样（文件）中使用。

（4）材料、机械零件攻关

设计师在对选用材料、机械零件进行关键性分析和风险性分析的基础上，提出关键材料、机械零件项目并对关键材料、机械零件进行控制。同时根据材料、机械零件类型或用途将其分类。关键材料、机械零件的判定，应符合下列条件之一：

1）所要选用的新材料、新机械零件、新工艺是未被确认的（就机械零件而言，是指未经过鉴定的机械零件）。

2）材料、机械零件和工艺在以前使用过程中已出现过问题但未解决的。

承制单位根据需要组织开展材料和机械零件关键项目攻关。

5.3.12.3　材料、机械零件评价

（1）评价、确认的要求

1）评价是指在材料和机械零件按预定的技术要求进行研制（攻关）后，对其所达到的技术性能指标及环境适应性能进行评定的技术活动。

2）确认（鉴定）是指在材料和机械零件经过评价后，对其所达到的技术性能指标（技术水平）及环境适应能力是否以足够的安全系数和置信度满足型号产品使用要求进行认可的技术活动。确认后的材料和机械零件，应按 GJB 908A—2008《首件鉴定》规定进行首件鉴定。

3）在产品研制过程中，各承制单位应按规定对型号产品关键材料、关键机械零件进行评价和确认。在对关键材料、关键机械零件进行评价时，应编制评价大纲和报告。对每种关键材料、关键机械零件，承制单位应制定确认大纲，然后检查或确定材料、机械零件以合适的安全系数满足飞行要求，即获得确认状态。

（2）评价、确认过程

1）型号产品的所有关键材料和机械零件均应进行评价、确认。未经确认的关键材料和关键机械零件不能在型号产品中使用。

2）材料、机械零件清单经评审、批准后，清单中确立的关键材料、机械零件，设计师系统应逐级编制关键材料、机械零件评价、确认大纲，作为关键项评价、确认的技术依据。

3）当任何状态和使用条件的变更使所用的关键材料、机械零件不能被确认合格时，应按新的评价、确认大纲重新进行确认。

4）评价、确认大纲一般应包括：型号产品关键材料、机械零件名称、代号、规格、使用位置和使用环境条件；与使用有关的材料物理特性、化学特性、功能特性及环境适应性、工艺性、安全性、维修性等；各类性能的试验项目、试验（测试）条件、方法；确认的性能要求项目，确认的条件及方法；确认时的检测、测试项目、方法和要求；确认的合格判据；评价、确认应提供的文件资料等。

5）评价、确认应提供的文件资料有：评价、确认大纲；评价、确认报告；产品关、重特性分析报告；质量分析报告；大纲中规定的各项性能检测、试验报告及记录；生产用全套工艺文件及其评审资料；生产用原材料质量证明文件；生产过程质量跟踪检验记录。

6）评价、确认可一并通过攻关课题的验收评审进行。外购关键材料和机械零件必要时由供方组织评价后提供使用方进行确认。

7）在评价、确认中对材料、机械零件的某些特性产生异议时，应组织专家进行实际测试验证或进行补充试验验证。

（3）新品材料、机械零件的评价

新品材料、机械零件的评价包括材料组分、结构、性能、功能、环境适应性、长期使用及贮存性能等评价，在通过院级专家组评审立项后由专业检测评价机构进行。新品材料、机械零件的评价、确认（鉴定）采用评审的方式进行。

5.3.12.4　采购

（1）选择合格的供方

合格供方的选择按如下要求执行：

1）材料、机械零件的供方应按有关合格分供方名单进行选择。

2）对于超出合格分供方名单的应根据材料、机械零件在产品中的重要性对供方资格进行评价，具体包括：对供方的设施（含设备）、人员或质量保证体系实施情况进行评价，对供方现有的材料、机械零件进行评价，考察供方生产类似材料或机械零件的历史情况、试验结果和应用效果，利用第三方（其他顾客）机构的评价结果等。实施时可选其中的一种或多种方式。

3）对供方的评价应做记录，并编制合格分供方名录作为选用和采购的依据，并应根据评价情况及时进行修订。

4）在合同期间应对供方的质量保证活动进行监督。

（2）材料的采购

材料的采购包括采购文件和进货检验，其中采购文件按如下要求执行：

1）承制单位应根据设计文件要求编制采购文件（合同、技术文件或规范、标准），该文件一般包括规定材料的性能、要求、试验方法和验收准则，还应规定材料包装、运输、贮存和防护要求。

2）采购文件应按规定的程序履行审批手续，并定期审核其有效性。

3）外协、外购单位应明确地接收采购文件的要求。

材料的进货检验要求按如下执行：

1）承制单位对提交的每种材料均应进行进货检验（复验）。

2）承制单位应按 GJB 939—1990《外购器材的质量管理》中第 5.7.2.3 条的规定，对购进材料进行常规、理化、功能特性复验和其他复验。其中金属材料、非金属材料、焊接材料的复验原则、复验项目和取样要求等均应按相关标准执行。

（3）机械零件的采购

机械零件的采购包括采购文件、货源检查和进货检验，其中采购文件按如下要求执行：

1）承制单位应编制采购文件（合同、技术条件或规范、标准）。该文件应规定机械零件的技术要求、试验方法、验收标准、批验收试验、货源检查、接收检验（试验）。机械零件外购单位应明确接收采购文件的要求。

2）采购文件应按规定的程序履行审批手续，并定期审核其有效性。

机械零件的货源检查要求如下：

对与特殊项目研制有关的复杂机械零件，承制单位应规定其所有的货源检验点的类别和检查次数，以外购单位的检验为前提，按有关文件的规定进行货源检查。

机械零件的进货检验要求如下：

1）承制单位应对提交的每种机械零件进行进货检验，其中对提供的关键机械零件应逐件进行检验和试验。

2）对每种机械零件均应按有关标准或图样及设计文件的技术要求和 GJB 939—1990《外购器材的质量管理》中第 5.3 条的规定进行复验。其中，产品用紧固件应按 QJ 3112A—2008《航天产品用标准紧固件入厂（所）复验规定》进行复验。

5.3.12.5 复验

（1）材料复验要求

型号产品采购的材料由物资采购单位委托指定专业机构（厂所）进行复验，复验合格取得物资准用证，关键材料经过评价、确认合格后方能验收。材料入库时复验要求如下：

1）金属原材料、非金属原材料、焊接材料及标准件按照相关标准执行；半成品按照相关工艺文件要求执行。

2）进口非金属材料复验应符合以下要求：直接订货或从其他单位调拨的进口材料，必须有材料生产厂的合格证及其有关质量的文件；合格证提供的材料技术标准，如有相应的国家标准或行业标准，应按相应的标准进行全项目复验，如没有相应的国家标准或行业标准，则按国外标准或使用要求进行复验。

3）凡有特殊要求，可根据使用要求增减检测项目及取样数量，并及时填写“材料复验项目审定表”，对复验规定进行补充更新管理。

（2）机械零件复验要求

1）型号产品采购的机械零件应有合格证，弹（箭、星）上产品采购的机械零件在进货时由物资采购单位委托指定专业机构（厂所）进行复验，取得复验合格证，关键机械零件应经过评价、鉴定，逐件进行进货检验和试验。一般机械零件入库应按种类进行检验和复验，其中型号产品用紧固件按 QJ 3112A—2008《航天产品用标准紧固件入厂（所）复验规定》进行复验；其他件按有关标准或图样及技术要求、GJB 939—1990《外购器材的质量管理》的规定进行复验；超范围的机械零件应办理审批手续。

2）自制件生产严格按照生产过程管控要求执行。

5.3.12.6　使用

（1）确认状态

①材料的确认状态

承制单位应验证用于产品的所有关键材料已被确认。材料的任何更改、使用条件的变化使所用的材料不能被确认时，需要进行补充确认试验。

②机械零件的鉴定状态

承制单位应验证用于产品的所有关键机械零件已被鉴定合格。任何状态或使用条件的更改、变化使所使用的机械零件原鉴定结果无效时，应进行相应的处理，并重新进行鉴定。

（2）可追溯性

①材料的可追溯性

承制单位应按 GJB 726A—2004《军工产品质量标志和可追溯性要求》的标识形式和标识内容对材料进行批次状态标识。材料的标识应是唯一的、永久的。

②机械零件的可追溯性

承制单位应按相关标准对机械零件规定的可追溯性要求执行。另外，承制单位应按 GJB 726A—2004《产品标识和可追溯性要求》规定的标识形式及内容对机械零件进行唯一的标识。

（3）包装、贮存、搬运、防护

1）承制单位应按相关标准的规定对材料和机械零件的包装、贮存和搬运提出具体要求。贮存和搬运过程中应制定并执行用于保证机械零件完好的监控措施和检验规程。

2）承制单位应保证通过各种方法来保护由于暴露于空气、潮湿或其他环境因素中易受损坏、腐蚀或污染的材料和机械零件，确保提供与寿命和使用相一致的最大防护作用。

（4）有限寿命材料的使用

有限寿命材料的使用要求如下：

1）启用前，承制单位应保证所有具有有限寿命特性的材料按批次、炉次准确地做出标志，并清晰地标明制造日期、有效期和本身寿命终止期。超过本身寿命终止期的材料再使用时，必须对其物理、化学特性和其他参数重新进行评价，以证明合格与否。

2）启用后，具有有限寿命的材料的鉴别和控制应考虑贮存寿命和航天产品及有关设备寿命。这些材料应列入关键材料进行评价。

具有有限寿命的机械零件和受磨损的机械零件要求如下：

1）对启用后具有有限寿命的机械零件或受磨损的机械零件（如机械、热引爆器、O型环等）应进行标识和控制，并将贮存和使用寿命考虑在内。

2）应将选择的这类机械零件列入关键机械零件项目进行评价。

（5）洁净度和污染控制

承制单位应根据产品对洁净度的要求，制定有效的防污染和保证洁净度的控制措施。

空气洁净度的级别、级别鉴定和检测方法应按有关标准的规定执行，并应按有关规定进行标识。

当洁净度或防污染的要求对材料、机械零件的应用成为关键时，应建立具体的污染和洁净度控制计划及控制规范（化学的和粒子的）。污染和洁净度控制要求应按有关标准的规定执行。

（6）多余物的预防和控制

承制单位根据航天产品的特点和性能在设计中对材料、机械零件进行选择时，应充分考虑多余物的预防问题。在生产和试验中应制定多余物的预防和控制措施（含外购件和配套件），其具体要求应按有关标准的规定执行。

（7）危险材料、机械零件的安全性控制

在产品全寿命周期内，对具有危险特性的材料、机械零件应按有关标准或设计文件的要求及有关标准的规定进行标识、跟踪，并纳入型号产品保证计划中采取措施进行严格管理。

（8）材料、机械零件的使用问题通告及处理

在研制、试验过程中，承制单位应对材料、机械零件的失效100%进行失效分析，并进行归零。

当遇有下列情形之一时，需及时通告：

1）当观察出的故障或问题具有多种影响时，即可能对不止一个工程项目产生影响，因此需要迅速采取措施时；或者故障或问题已在其他项目的应用过程中出现过，尽管故障和问题是发生在项目合理的使用限制内，但亟待准确规定这些限制条件时。

2）初步的调查已为找出故障或问题的根本原因提供足够的证据。

3）已确认故障或问题都具有随机特征。

通告申请由承制单位提出，经院级相关部门组织核实后报型号总师确定通告范围并进行通告。

材料、机械零件被通告的承制单位，应按质量问题“双五条”归零标准对通告的材料、机械零件进行归零，必要时可成立技术攻关组，在单位的材料、机械零件保证负责人的领导下，通过攻关解决存在的技术问题。

（9）偏离

①材料、机械零件的不合格

材料、机械零件的不合格是指因选用、采购、材料零件自身等造成产品无法满足产品

功能、安全性、寿命等技术要求。不合格的控制应按规定进行型号产品材料、机械零件偏离审理。即，当材料、机械零件选择后，在采购和评价、确认（鉴定）中发生不满足（即偏离）选择要求时，需要进行重新选择处理或让步使用审理。

②偏离的处理要求

1）产生偏离的材料、机械零件，型号产品使用时应办理偏离手续，并经批准后方能在型号产品中使用。经关键性分析、评价和鉴定后，凡不符合产品要求的材料、机械零件，均应办理偏离手续。

2）偏离的材料、机械零件，在偏离审理时应明确其在型号产品中使用时的限制条件。

3）偏离审理一般项目应经型号副主任设计师及以上的技术负责人审批，关键项目应经型号负责人审批。

4）材料规格或技术条件（标准）的偏离审理，应由采购单位的材料采购部门提出申请，提供代用材料的规格和技术条件（标准）的相关资料，由使用单位的型号工艺师或会同型号设计师按有关标准的规定办理材料代用手续；材料验收、复验时的性能偏离应由生产使用单位的工艺部门提出申请，交设计部门按有关标准的规定办理偏离手续。一般机械零件采购时，机械零件品种、规格、材料的偏离应由承制单位提出申请，报型号设计部门重新选择，并按有关标准的规定办理相关手续；一般机械零件复验时的性能偏离应由生产使用单位提出申请交型号设计部门进行偏离审理，并按有关标准的规定办理相关手续。不合格材料、机械零件的控制应按有关标准的规定执行。

5.3.12.7　失效分析

（1）失效分析要求

型号产品在研制、生产、使用过程中产生的因材料问题的失效，必须进行材料的失效分析工作。失效分析后找出失效原因及机理，并作出明确的失效结论，以便采取纠正措施。型号用材料的失效分析工作由指定的专业单位统一负责。

（2）失效分析申请程序

当发现失效现象后，当事人应立即报告本单位有关主管部门进行初步分析，确认失效后，应将失效产品工作状态及失效前后概况连同失效件一起送交有关部门进行失效分析。

（3）失效分析报告

负责失效分析的单位进行失效分析后，应出具失效分析报告，并对失效分析的准确性负责。

5.3.12.8　材料、机械零件故障处理和信息分析

通过有计划地收集材料、机械零件使用期间的各种信息与数据，为产品的使用性能改进及新研产品的论证与研制等提供尽可能充分的信息。

第 6 章　航天项目全寿命周期质量控制

6.1　防空反导武器系统质量控制

6.1.1　产品特点

防空反导武器系统是指用以截击来袭空中飞行目标的防空导弹和为其服务的全部技术装备，包括搜索、识别、跟踪和指示系统，制导系统，指挥控制系统，防空导弹，发射系统和技术保障装备，是现代防空系统的重要组成部分。与其他导弹武器系统相比，防空反导武器系统最大特点在于所攻击目标的复杂性和作战使用环境的严酷性。防空反导武器系统所攻击的目标包括飞机、直升机、无人驾驶飞行器、巡航导弹、掠海导弹、空地导弹、战术弹道式导弹和弹头等。这些目标一般具有高速、高机动、小尺寸和突防能力强等特点。防空反导武器系统所经受的自然环境、作战使用环境和飞行环境都比其他类型导弹武器系统严酷。

防空反导武器系统具体特点有：1）反应时间快。防空导弹从接到发射准备命令到发动机点火的准备时间极短。2）高加速性。防空导弹需以高载荷的速度提前抵达。3）制导精度高。能够保证杀伤半径有限的战斗部有效毁伤目标。4）抗干扰能力强。能够有效应对来袭目标释放的干扰信号。5）具有机动作战能力，能够满足野战伴随防空的需求。6）具有在各种环境条件下的作战能力，能够适应恶劣环境，保证目标拦截效率。

6.1.1.1　防空反导武器系统管理理念和方法

航天科工集团在防空反导武器系统领域具备扎实的工程经验、技术基础和管理方法，形成了“以追求一次成功为目标，以实现卓越绩效为目的，以组织的质量管理体系为横向，以型号的产品保证为纵向，型号产品‘连接点’和‘落实点’”的一次成功矩阵式质量管理模式，各型号以产保系列大纲为指导、质量管控方法为抓手、综合管理机制为保障，在型号研制各阶段实施产品保证，确保飞行试验成功、交付产品用户满意。

集团公司着力加强体系顶层设计，强化体系项目过程质量管理，从体系总体设计和单装融入体系入手，探索装备体系质量管理的方法对策，提升体系可靠性、作战适用性。通过防空反导装备体系类等项目工程实践，促进未来各型防空反导武器系统在体系中的有效融合与高效应用，大力提升装备实战化性能。

当前，竞争性研制成为新常态，重大型号研制周期大幅压缩，研制、生产、鉴定等状态并行，快速设计、验证、升级等成为新模式；大批量采购、阶梯式降价，需从设计源头控成本、提质量；软件同步研制、用户同步使用、需求同步完善的软件“三同步”现象普遍，操作系统和自主可控带来的软件研制难度和质量风险上升；数字化、网络化、智能化的科研生产与质量管控模式带来了新的机遇和挑战。新形势下，航天科工集团坚持问题和目标导向，不断优化质量管控模式，强化设计、验证、管理等工具方法应用，深化供应链、风险、技术状态、飞行试验等方面质量管控，持续提升过程控制能力和系统预防能力。

6.1.1.2　防空反导武器系统研制阶段及主要工作

防空反导武器系统的研制阶段划分为：论证阶段、方案阶段、工程研制阶段、鉴定定型阶段；研制阶段结束后转入批生产阶段和售后服务保障阶段。研制流程图如图 6-1 所示。对于技术比较成熟的系统、分系统或设备、软件，研制阶段可以适当合并或跨越。体系级项目结合实际情况，确定项目研制阶段，方案阶段结束后，部分系统直接进入试样研制阶段。

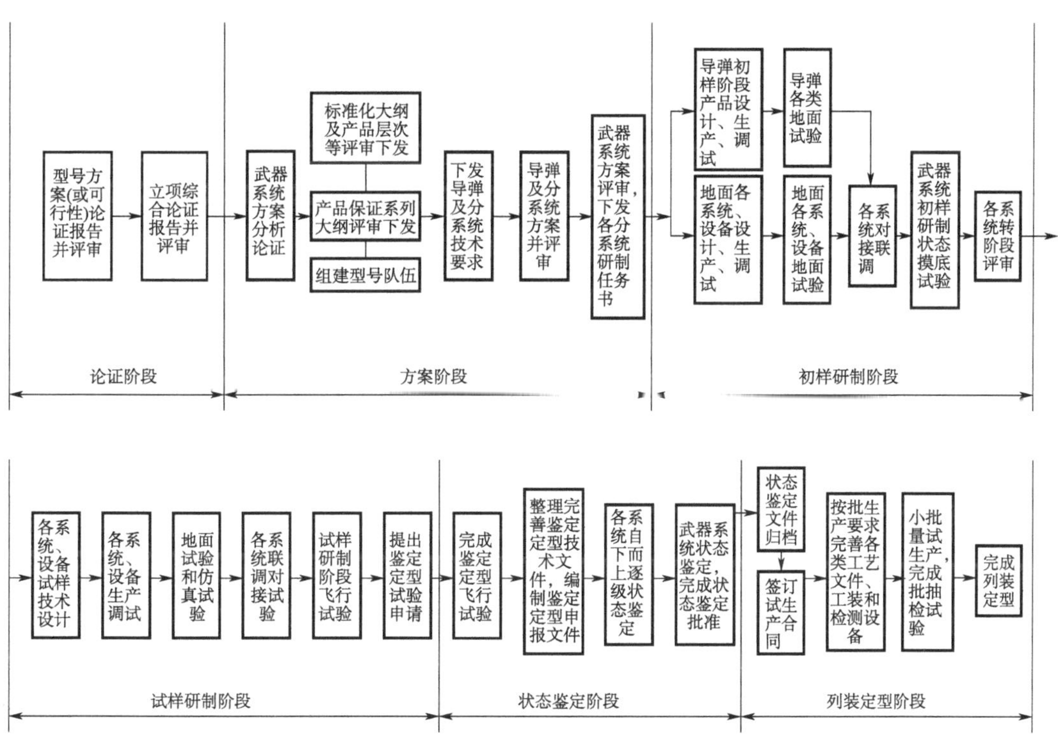

图 6-1　各阶段研制流程图

论证阶段：阶段标记为 L，根据国家武器装备发展规划或防空反导作战需求，开展新型号论证。指定行政和技术负责人，成立项目团队，进行总体、分系统战术技术指标、通用质量特性、工艺、“三化”可行性等论证，论证方案及技术途径的先进性、经济性、可行性、合理性，研制周期及经费概算的合理性和可行性，并形成立项综合论证报告。

方案阶段：阶段标记为 M，制定产品实现的策划、产品保证系列大纲、标准化大纲等；完成系统方案和分系统方案设计，突破关键技术；进行原理性样机研制与验证。型号两总系统确定研制阶段划分，技术状态要求，型号的评审、验证和确认活动，设计和开发的产品保证要求、职责和权限等。方案阶段导弹为模型遥测弹状态。

工程研制阶段：分为初样研制阶段和试样研制阶段，初样阶段标记为C，试样阶段标记为S。工程研制阶段导弹一般经历三种状态，其中初样阶段导弹分为独立回路遥测弹、闭合回路遥测弹两种状态，试样阶段导弹为战斗遥测弹状态。三种状态均需要经历设计或设计优化、产品试制、出厂、地面试验、飞行试验5个环节。地面装备一般从试样阶段开始，可为单一状态。

1）独立回路遥测弹状态：主要考核导弹气动特性、弹道特性、弹上回路飞行控制特性、导弹结构等。

2）闭合回路遥测弹状态：主要考核导弹制导控制回路的性能以及制导精度等。

3）战斗遥测弹状态：主要考核导弹在杀伤区内引战配合性能和单发杀伤概率等。

鉴定定型阶段：分为状态鉴定阶段和列装定型阶段。状态鉴定阶段标记为D，通过“性能试验—状态鉴定”环路考核验证，重点考核研制产品的战术技术指标和作战使用性能达标度；列装定型阶段标记为P，状态鉴定后，由生产单位组织小批试生产，通过“作战试验—列装定型”环路考核验证，重点考核研制产品的作战效能、保障效能、部队适用性、作战任务满足度及质量稳定性。

批生产阶段：制定批生产工作策划，指导全年生产节奏；确定批生产产品技术状态、工艺状态，制定工艺总方案；规范生产过程管控，完成产品检验并出厂交付。参加批抽检飞行试验，检验成批生产的导弹战术技术性能和可靠性，检验产品生产工艺质量的稳定性。

售后服务保障阶段：开展技术培训，确保使用单位了解武器装备的技术性能，掌握武器装备的作战使用，具有一定的技术维修能力；实施重大任务技术保障，确保使用单位正确使用武器装备并顺利完成重大任务；完成售后服务，保证武器装备战备完好率。

6.1.1.3　防空反导武器系统管理数字化转型

航天集团将数字化手段融入产品设计、质量保证、质量基础等各项工作中，进行产品研制生产过程管理。应用计划管理系统（MPM）制定武器系统研制各阶段各级产品的科研生产计划，驱动计划实现；应用产品数据管理系统（PDM，Product Data Management）构建院所两级产品结构树，集中进行型号技术文件、三维模型、技术状态管理；应用试验数据管理系统（TDM，Test Data Management）进行地面试验、飞行试验等数据集中管理，助力问题追溯和数据综合应用；应用制造执行系统（MES，Manufacturing Execution System）进行制造过程管理，按照工艺流程，规范制造过程；应用售后服务系统进行装备使用信息收集、分析，建立售后信息反馈的机制和流程。航天科工集团全面推动数据驱动的质量管控模式，将质量管理流程融入各信息系统，自动获取产品评审、数字样机、检验、归零、出厂、验收等质量数据，形成电子履历，构建全周期产品数据链。

6.1.2　各阶段工作任务和质量控制目标

6.1.2.1　论证阶段

（1）主要工作内容

1）建立型号队伍，任命型号总行政负责人和总技术负责人，组织型号设计师系统进行战术技术指标的可行性论证；

2）参与拟定战术技术指标；

3）开展型号立项的风险分析和评估；

4）编制型号方案（或可行性）论证报告，报告一般应包含以下内容：

a）作战使用要求及主要作战使用性能论证；

b）目标主要特性分析；

c）武器系统及关键分系统初步方案和可能采取的主要技术途径；

d）初步确定武器系统组成，对主要系统、关键软件、关键设备的性能指标提出初步要求和论证报告；

e）开展武器系统及关键分系统通用质量特性论证；

f）开展武器系统综合保障论证工作；

g）开展武器系统作战效能初步分析；

h）确定工程研制前的支撑性项目及其关键技术；

i）提出武器系统、分系统、软件采用的新技术、新材料、新工艺项目和解决的途径；

j）提出型号研制的技术保障条件及需要引进的技术项目和设备；

k）开展武器系统关键技术成熟度与风险分析及论证；

l）开展武器系统体系贡献度分析；

m）编制武器系统及关键分系统论证报告，组织武器系统及关键分系统可行性评审。

（2）质量控制目标

完成型号方案（或可行性）论证报告并上报，配合使用部门完成立项综合论证报告评审。

6.1.2.2 方案阶段

（1）主要工作内容

1）开展总体方案论证，确定总体设计参数；

2）明确主要配套项目，进行关键技术攻关；

3）编制产品保证系列大纲，一般包括产品保证大纲、质量保证大纲、可靠性保证大纲、“七性”大纲、元器件保证大纲、软件保证大纲、材料保证大纲、工艺保证大纲、计量保证大纲、标准化大纲等；编制技术文件完整性要求；形成产品层级报告，确定产品层次、组成和产品代号等；

4）制定武器系统研制技术策划，确定批次状态和大型试验项目，协调各分系统在不同研制阶段的试验要求；

5）确定分系统的技术方案、技术指标和设计要求；

6）提出关键设备、原材料和元器件清单；

7）提出靶场、靶标的技术要求；

8）编制型号研制经费预算；

9）编制形成型号研制方案报告。

方案阶段一般包含武器系统方案设计、导弹系统方案设计、地面装备方案设计。

1）武器系统方案设计一般包括以下工作内容：

a）进行武器系统及分系统技术方案设计；

b）提出分系统研制任务书或技术要求；

c）开展武器系统主要作战使用性能分析论证、建模、数学仿真验证，提倡基于虚拟样机系统进行系统和分系统精度指标分配；

d）完成武器系统产品结构划分；

e）开展武器系统软件总体需求分析和各系统的软件初步方案论证；

f）完成武器系统研制技术策划；

g）按型号研制需要，提出模型遥测弹研制要求；

h）提出武器系统的标准化和“三化”要求；

i）开展典型目标特性分析，提出研制试验对靶场、靶标的要求；

j）按型号研制需要，初步确认安全控制系统方案；

k）论证研制阶段大型试验项目、要求及各阶段研制产品的批次、技术状态；

l）分析论证型号研制中的主要关键技术、关键工艺项目和应采取的措施，开展技术攻关；

m）初步评估武器系统通用质量特性达到情况。

2）导弹系统方案设计一般包括以下工作内容：

a）进行导弹系统、分系统方案设计；

b）建立导弹关键设备、关键软件仿真模型（虚拟样机），开展仿真试验；

c）进行导弹方案分析；

d）根据导弹系统作战使用性能，提出分系统任务书初稿（含软件）；

e）开展方案阶段关键样机研制和试验；

f）开展方案设计的仿真试验；

g）开展导弹系统技术策划；

h）完成地面试车验证试验；

i）开展结构三维下厂。

3）地面装备方案一般包括以下工作内容：

a）依据武器系统主要作战使用性能、研制任务书和相关标准，开展地面装备方案设计；

b）按武器系统作战过程需求和信息交换关系，进行作战软件需求分析和概要设计；

c）开展训练仿真模拟设备和作战过程记录方案设计；

d）开展各分系统的技术指标分解，可视情况提出各分系统配套设备的研制任务书；

e）形成对各分系统的通用质量特性要求，确定主要分系统“七性”定性和定量要求，对通用质量特性要求达到情况进行初步分析论证；

f）开展综合保障需求分析和初步方案设计；

g）开展电子元器件、核心软硬件国产化分析论证；

h）确定采用的关键设备、关键软件，识别出的“九新”风险和解决的途径；

i）开展工艺方案可行性论证，确定采用的主要关键技术、关键工艺项目，进行关键技术攻关和专项评审；

j）开展采用新技术的关键设备、关键软件原理性样机的试制和验证试验；

k）论证并确定研制过程大型试验项目和安排；

l）开展经济性分析；

m）确定初样研制阶段、试样研制阶段的技术状态，并且制定逐步实现定型技术状态的规划；

n）视情况，建立各分系统虚拟样机。

（2）质量控制目标

完成产品保证系列大纲、型号飞行试验放行准则等顶层文件评审及下发；完成武器系统、导弹系统、地面装备和主要分系统方案评审，确定初样研制阶段的技术状态基线；根据型号飞行试验需求，完成模型（虚拟样机）遥测弹产品验收、出厂；完成模型遥测飞行试验大纲评审。

6.1.2.3　工程研制阶段

（1）初样研制阶段

①主要工作内容

1）完善各系统研制任务书（含通用质量特性、综合保障要求），明确各系统初样研制阶段技术状态要求；

2）明确初样研制阶段编制的技术文件完整性要求；

3）完成初样阶段各级产品元器件选用、可靠性设计、工艺性分析专项评审；

4）完成初样阶段各级产品技术设计评审，确认产品技术状态，产品设计文件、设计图样签署等各类技术文件完整；

5）完成武器系统通用质量特性设计分析工作，明确武器系统及各分系统通用质量特性试验要求和验证方法；开展各分系统和产品通用质量特性分析与设计，且完成FMECA；开展武器系统保障性分析；完善细化武器系统使用保障、维修保障等设计；

6）编制武器系统支援保障装备的研制任务书；视情况开展支援保障装备的研制和试验；

7）开展试验保障设备的研制和试验；

8）按软件工程化要求，完成软件分析、设计、实现、测试；

9）针对初样研制阶段试验，提出试验方案或大纲并评审，完成试验结果分析报告；

10）完成地面设备的初样研制和地面试验；

11）完成各系统的地面对接联调；

12）完成导弹飞行试验。

②质量控制目标

完成初样阶段各级产品专项评审、技术设计评审，对评审遗留问题解决落实情况跟踪检查；完成初样阶段各级产品生产过程质量进行控制，完成产品检验、出厂质量、验收；实施初样阶段导弹独立回路和闭合回路飞行试验质量控制，确保一次成功；完成初样阶段转试样阶段评审，明确试样阶段技术状态要求，基本解决重要的工艺技术关键；根据研制工作需要，完成产品保证系列大纲修订。

（2）试样研制阶段

①主要工作内容

1）完善确定各系统研制任务书（含通用质量特性、综合保障要求），明确各系统试样技术状态；

2）完成试样阶段各级产品技术设计评审，确认产品技术状态，产品设计文件、设计图样签署等各类技术文件完整，并评审归档；

3）完善系统可靠性设计模型，开展可靠性试验；

4）完成通用质量特性设计的确认，完善 FMECA 报告；

5）完成保障资源研制，开展保障资源试验；

6）完成导弹研制，完成地（舰）面设备试样的研制和试验；

7）明确试验靶场、靶标及试验保障设备的技术要求；

8）完成武器系统支援保障装备试样的研制和试验；

9）完成导弹（或筒弹）、地（舰）面设备间地面对接联调和通信试验；

10）完成武器系统软件测试、评定；

11）编制试样研制阶段导弹飞行试验大纲；

12）完成导弹飞行试验；

13）完成武器系统及分系统地面摸底验证试验。

②质量控制目标

策划并组织完成试样阶段各级产品技术设计评审，并对评审遗留问题处理情况完成跟踪；完成试样阶段各级产品生产过程质量进行控制，完成产品检验、出厂质量、验收；实施试样研制阶段战斗遥测弹飞行试验质量控制，确保一次成功；武器系统及各系统技术状态满足研制总要求，完成试样阶段转状态鉴定阶段评审；根据研制工作需要，完成产品保证系列大纲修订。

6.1.2.4 鉴定定型阶段

（1）状态鉴定阶段

①主要工作内容

1）按批准的武器系统鉴定试验大纲，明确武器系统性能鉴定试验技术状态和要求，进行武器系统及各分系统性能鉴定试验（含软件鉴定评测）；

2）根据要求对各系统作战软件、使用维护软件、仿真训练软件等进行审查、测试、鉴定；

3）按鉴定技术状态要求整理、完善、审查各级设计状态鉴定文件；

4）按有关规定编制各级产品设计状态鉴定申请报告、研制总结报告、质量分析报告及其他设计状态鉴定（鉴定）文件；

5）按规定自下而上逐级开展设计状态鉴定。

②质量控制目标

完成武器系统（含导弹）状态鉴定试验，性能符合武器系统研制总要求；完成武器系统状态鉴定审查，鉴定设计文件内容完整、正确，满足小批量生产、使用要求；完成武器系统鉴定设计文件的报批，确立设计文件的产品基线。

（2）列装定型与作战试验阶段

①主要工作内容

1）按批准的武器系统作战试验大纲，完成部队作战试验，通过“作战试验—列装定型”考核验证；

2）按设计文件和小批量生产要求，完善工艺文件和工装设计文件，明确工艺验证和工艺试验项目；

3）组织列装定型产品的试生产、工艺验证和工艺试验，稳定生产工艺；

4）按列装定型要求，完善工艺、工装等列装定型技术文件，完成标准化审查；

5）按批量生产要求完善生产线建设，完善检测手段；

6）按列装定型有关规定编制列装定型申请报告、工艺总结报告、质量分析报告、标准化审查报告等列装定型文件；

7）进行各级列装定型审查；

8）完成列装定型审批。

②质量控制目标

完成武器系统作战试验，装备通过规定的作战任务以及部队适用性考核，完成武器系统列装定型审查，提升实战化作战能力；试生产产品质量满足设计文件规定的技术要求，产品质量稳定可靠，自主可控（含满足国产元器件使用要求）、国产化等目标基本实现；工艺文件完整、正确，工艺装备配套，具备批量生产（或稳定生产）的条件。

6.1.2.5　批产阶段

（1）主要工作内容

1）组建批生产型号队伍，明确质量保证组织；

2）制定批生产质量保证大纲，明确采购、生产、试验、交付和售后服务全过程质量控制要求。按批次（年度）制定产品质量保证措施，对产品实现过程和产品质量实施有效的控制；

3）完成批生产工艺总方案、工艺文件的编制与审查确认；

4）按批生产质量保证大纲、批次（年度）制定产品质量保证措施及工艺文件要求，完成生产准备状态检查、生产过程质量控制、产品防护等过程质量控制工作；

5）按产品规范（技术条件、试验大纲）、工艺文件要求完成产品环境应力筛选试验、检验验收试验（包括环境试验）等试验；

6）完成系统总成（装）、导弹总装总调、系统联调等工作；

7）完成武器系统检飞试验，导弹批抽检飞行试验，检验武器系统和导弹战术技术性能和可靠性，检验产品生产工艺质量的稳定性；

8）依据合同、产品规范（技术条件）、工艺文件对产品进行最终检验和军检验收，完成检验验收过程中记录的整理和归档留存；

9）完成产品质量证明文件办理和出厂评审，对产品生产质量进行全面、系统审查；

10）开展库存产品状态维护工作，完成产品交付前的状态检查确认；

11）根据合同与顾客要求，完成产品交付。

（2）质量控制目标

产品质量满足定型（鉴定）图样和合同规定的要求；产品生产和服务提供全过程质量受控；通过武器系统检飞和导弹批抽检试验；通过产品出厂质量评审与用户验收；产品交付一次验收合格率满足既定质量目标；完成顾客反馈的问题处理，确保顾客满意。

6.1.2.6 售后服务保障阶段

（1）主要工作内容

1）完成装备日常维修保障和用户走访；

2）完成重大任务技术保障工作，解决技术保障过程中发现的质量问题；

3）根据合同要求，完成维修器材供应；

4）完成用户技术资料及产品技术状态的控制；

5）根据合同或上级要求，完成备件生产和成套装备的整治修理；

6）编制和逐步改进用户使用手册，开展用户技术培训工作；

7）开展在役装备质量提升、延寿升级改造和退役装备报废处理；

8）对产品交付后出现的质量问题处理进行闭环管理，确保措施落实到设计文件、工艺文件中。

（2）质量控制目标

建立、健全售后服务规章制度；全面完成重大任务在役装备保障；装备故障处理及时、高效，确保顾客满意；开展用户走访调研，及时了解装备使用情况；深化用户培训，提升用户自主保障能力。

6.1.3 质量控制要求

论证阶段主要完成型号方案（或可行性）论证报告并上报，配合使用部门完成立项综合论证报告评审。方案阶段主要开展武器系统和主要分系统方案评审，并确定初样研制阶段的研制基线；根据型号飞行试验需求，完成导弹产品验收、出厂；完成飞行试验大纲评审等质量控制。下面重点介绍研制阶段质量控制要求。

6.1.3.1　策划

(1) 产品实现策划

按 GJB 9001C—2017《质量管理体系要求》有关要求，在方案阶段进行产品实现策划，形成策划报告。其中型号产品保证策划依据项目立项批复和技术策划结果，对质量保证、可靠性系统工程、元器件选用、工艺、软件、标准化工作的策划，形成产品保证系列大纲、放行准则、标准化大纲、“三化”及统一化设计要求、型号产品层次与组成、型号产品名称、代号编制规定、型号标准选用范围、型号技术文件完整性要求等文件。通用质量特性策划方面，应对产品任务剖面进行分析，确定可靠性、维修性、保障性、测试性、安全性、电磁兼容性和环境适应性等各种通用质量特性定性和定量要求及工作项目要求，并制定型号通用质量特性大纲和工作计划。贯彻“通用化、系列化、组合化”思想，将“三化”思维贯穿在型号研制全过程，在方案论证阶段做好型号“三化”设计的顶层策划，优先选用成熟度高的产品，控制采用新技术的比例，并在研制各阶段落实型号标准化大纲的各项要求。在产品型号研制立项、方案论证开始，按照 GJB 5852—2006《装备研制风险分析要求》、GJB/Z 171—2013《武器装备研制项目风险管理指南》规定的方法和要求，分析、识别全寿命周期的进度、技术、经费等各类风险事件并进行分析评估，分析其薄弱环节，规划风险管理资源，制定风险管理计划，采取有效措施应对风险，将风险发生的概率降低到可以接受的水平，并及时将分析和评估的结果提供给顾客。确定型号产品的技术状态基线及其技术状态项，编制技术状态管理计划，并以产品结构为核心，实施基于 PDM 系统的技术状态管理。

工程研制各阶段初期，应根据型号研制具体情况，适时对产品实现策划和产品保证系列大纲及其他顶层文件进行修订。

在立项论证、方案设计、初样和试样研制的转阶段评审前开展技术成熟度评估，并结合技术成熟度、研制进度等具体情况，在各阶段初期完成研制工作策划，主要包括人力资源配置、物资采购、设备补充、工艺装备补充、生产试验场地安排、技术攻关、工艺攻关和优化、产品保证、经费保障、分工定点、外协任务、新品研制、风险管理实施方案及问题解决措施。依据型号质量保证大纲和质量管理体系文件，承制单位应编制产品质量保证大纲/措施/实施细则（质量计划），并纳入研制工作策划及计划管理。

建立型号产品保证评价机制，对产品保证工作实施情况进行量化评价，查找管理、技术、手段、应用等方面存在的问题与不足，并针对性提出解决措施，将产品保证要求贯穿落实于产品研制全过程。

(2) 设计和开发策划

型号各级产品的设计和开发策划，应包括研制阶段划分以及适合于各阶段的评审和验证活动、质量控制点及质量控制方法。设计和开发策划是产品实现策划的一部分，应在方案阶段完成。随着设计和开发活动的进展，如果相关要求（如产品目标、产品要求、标准等）或资源需求等方面因素发生变化，应适时修改或更新策划的输出。设计和开发策划应包含设计与工艺协同工作项目；遵照型号数字化大纲、质量保证大纲和通用特性系列大纲等要求开展；识别“九新”程度、“三化”程度，确定需开展的试验验证项目、仿真试验验证项目、虚拟试验验证项目；充分考虑产品边界条件、极限条件、复杂电磁条件、作战使用等适用性分析，确保策划实施的验证项目能够摸清装备性能底数。

落实技术状态管理计划的措施，编制技术状态文件清单。规定技术状态的标识、控制、记实和审核活动的时机、内容、记录等要求。

运用通用质量特性专业设计技术进行产品的设计和开发，制定和贯彻执行可靠性、维修性等设计准则。

对拟采用的新技术、新器材和新工艺，须经过充分论证、试验验证、鉴定确认、评价和设计师系统审批程序，确认符合要求后，才能引入产品设计。必要时制定并实施关键技术攻关计划。

对元器件等外购器材的选用、采购、监制、验收、筛选、复验以及失效分析等活动进行策划。

实施软件工程化管理，落实软件开发计划的措施，确定软件需求分析、设计、编码、测试等要求，以及测试工作独立性要求，落实需求管理、策划与跟踪、文档编制、测试、质量保证、配置管理等工作。

实施型号产品保证质量控制点前移，在下图生产前、产品出厂前、飞行试验进场前等型号研制生产过程关键节点策划开展系列质量管控活动。下图生产前，研制型号产品分级开展技术设计评审。批生产型号产品要完成技术状态的清理和确认；出厂质量评审前，各级产品必须完成可靠性总结及审查，完成测试覆盖性、验证充分性检查等复查和确认；导弹系统完成软件、元器件的专项复查和评审。批生产型号开展技术状态复查、总装生产过程原材料、元器件、零部件、总装偏离情况复查。飞行试验进场前完成软件、“安全发射、无误发射”、飞行试验风险分析等专项评审。

（3）型号产品放行准则

在进行产品实现策划时，统筹考虑型号各研制阶段飞行试验要求，制定适用于本型号研制飞行试验的放行准则，并履行相应的报批程序。其中型号出厂按总装单位、整机单位对照出厂放行准则分级进行控制、把关。

6.1.3.2 设计和开发控制

（1）设计和开发输入

产品设计师应在方案阶段确定与产品要求有关的输入，形成设计输入文件。随着设计和开发活动的进展，如果相关要求（如产品目标、产品要求/标准等）或资源需求等方面因素发生变化，应适时修改或更新设计和开发输入文件。主要包括描述产品功能性能的文件，如研制总要求、招标文件、合同、协议、任务书等；以前类似设计和开发活动信息，如同类已研制成功的产品的技术信息、可借用产品信息、三化资源信息等；依据实施的标准或规范，如型号产品保证系列大纲、三大规范、标准化大纲等；由产品和服务性质所导致的潜在失效后果，如同类产品故障模式信息、质量案例；工艺要求，如航天禁/限用工艺要求、设计工艺性要求等几个方面内容。

设计输入文件应进行评审，评审其是否完整、清楚、协调，确保充分、适宜。评审采用会议、审签两种形式。采用审签形式进行评审时，由相关专业技术人员对输入文件进行审签，必要时，需要质量、工艺等相关人员会签。

(2) 设计和开发输出

设计和开发输出的方式应适合于对照设计和开发的输入进行验证。设计输出是一套技术文件，包括设计文件、研究试验文件和工艺文件。

在研制初期应策划并形成技术文件完整性要求，设计和开发输出文件应符合型号技术文件完整性要求。在研制各阶段初期或适当时，应修改或更新技术文件完整性要求。

设计输出文件发布前必须签署完整，需经会议评审的文件必须在评审通过并经批准后方可发布实施。

(3) 设计和开发评审

应按设计和开发策划的安排在适当阶段对设计和开发的结果进行系统的评审。在型号研制各阶段初和每年度，根据研制具体情况，策划产品设计评审项目，作为研制过程设计评审开展的依据。评审可采用会议评审、函审、文件审签等方式。

设计和开发评审包括阶段评审［含方案转工程研制阶段评审、工程研制阶段（初样、试样）评审、设计定型（鉴定）阶段评审］、技术设计评审、其他专项评审（含可靠性系统工程评审、元器件评审、标准化评审、工艺性评审、软件评审、重大设计改进评审、关键技术或关键项目的评审、设计复核、复算评审等）。研制型号各级产品必须完成技术设计评审。技术设计评审原则上包括专业预评审、专项评审及正式评审。专业预评审主要确保各项设计、验证符合产品专业设计规范要求；专项评审重点针对可靠性工程、元器件、设计工艺性等方面，落实弹上设备“1＋8＋2”、地面装备“1＋9＋3”工作要求，重点做好 FMECA，建立型号可靠性关键项目等清单，并进行审查把关，必要时开展 FMECA 专项评审。针对装备在海洋环境或高温、高湿（湿热）、高盐雾和霉菌环境下的使用需求，与产品方案设计、技术设计同步开展“三防”设计。试样阶段的评审内容可视产品技术状态成熟度情况进行简化。

6.1.3.3　设计和开发验证

应在设计初期充分考虑产品技术及性能指标测试覆盖性和验证充分性，在相应的设计文件中明确设计验证项目，规定验证方法，并纳入研制计划，安排实施验证。设计验证后应形成报告并归档。对顾客要求控制的验证项目，应通知顾客参加设计验证。

根据试验的真实性、覆盖性以及天地一致性要求强化试验设计，按照系统层级分别细化试验产品、步骤及要求。针对具体试验项目，设计试验方案，确定试验方法，按系统层级分别细化参试产品、被试产品、陪试产品及设备设施，细化试验步骤和控制要求，制定试验数据和多媒体记录要求，并逐一明确责任单位、工作计划。对于实物试验无法达到天地一致性的部分，补充开展专题分析或仿真试验。常用设计验证方法包括：

1）变换方法进行计算；

2）与已证实的类似设计的结果比较；

3）对设计输出结果进行评审，如对产品装配图、产品零件图的评审等；

4）测试覆盖性分析检查；

5）关键技术项目复核、复算；

6）各级各类产品性能验证试验、各产品调试、通用质量特性试验、系统仿真试验（含：数学、半实物等）、导弹结构、电气匹配试验和总装测试、武器系统联调试验、武器系统检飞和飞行试验等。

对于测试覆盖性和验证充分性分析要求如下：在产品技术设计过程中同步开展测试覆盖性与验证充分性分析，分析结果应纳入产品技术设计报告；出厂前应完成测试覆盖性与验证充分性分析，纳入产品质量报告，在产品交付验收时提供；飞行试验进场前应完成武器系统的测试覆盖性与验证充分性检查。

关键技术项目复核、复算的要求如下：在研制阶段，型号两总系统应组织其他型号的同行专家或专业机构，对型号设计关键技术项目进行复核复算。在转阶段或飞行试验前，应对尚未经过试验验证的关键技术、直接影响试验成功和危及安全的问题，组织进行复核复算。关键技术项目的复核复算工作一般在初样、试样设计工作完成后、大型飞行试验前等阶段进行。在初样阶段复核复算工作组织完成后，随着研制工作的深入或者飞行试验要求的变化，设计师系统应在试样阶段继续组织相关项目的复核复算。各项关键项目设计复核复算工作必须在型号出厂前完成，并有明确的结论。

数学仿真和半实物仿真要求如下：经过任务书下发、方案设计、生产集成、试验大纲评审、仿真试验验证、试验总结评审等环节，通常仿真验证结束后进行实装联调验证。其中数学仿真涵盖核心作战模型，主要验证系统作战流程、关键信息交互、主要功能性能、作战效能，可进行实时和超实时仿真、边界能力验证，获取仿真样本数据。半实物仿真应当确保作战装备主要软件与实装一致，硬件平台核心板卡、接口与实装一致，验证系统作战流程、信息交互、时序、配套参数、功能性能。

导弹产品按照相关标准要求开展可靠性试验和环境试验。工程研制阶段弹上首飞产品必须开展可靠性强化试验；技术状态发生变化的，应根据评估意见适时开展可靠性强化试验。型号研制期间的每次火工品点爆、发动机试车试验，必须进行残骸分析，统计关键数据，形成专题分析报告。

6.1.3.4 设计确认/状态鉴定

根据批准的研制总要求（或研制合同）、状态鉴定技术状态要求，采用地面试验或阶段飞行试验等方法对产品满足规定的使用要求或已知的预期用途进行认定和设计确认。确认工作应邀请顾客参加。装备鉴定定型实行分级管理，按照实战要求突出复杂环境适应性试验和边界性能考核，开展装备性能试验、作战试验和在役考核试验的质量控制。

状态鉴定阶段完成状态鉴定试验，试验中的问题进行归零闭环，试验后按相关规定逐级完成状态鉴定。列装定型阶段完成作战试验，期间同步组织对生产工艺和配套供货等进行审查；通过试验考核后，由各级定委按程序报批列装定型，提出批产意见，并随附装备基本情况、性能底数、操作使用和作战运用参考等。通过列装定型后，武器装备方可正式列装交付。

6.1.3.5　试制与生产过程质量控制

研制产品试制前，落实工艺保证大纲和材料保证大纲要求，形成“三单”：产品单元编制材料清单、机械零件清单和工艺清单（以下简称“三单”），明确其关键材料、关键机械零件和关键工艺项目，实施管控。开展工艺攻关，关注工艺技术先进性、工艺优化。实施工艺控制，关注设计工艺性、禁限用工艺，开展工艺验证，关注工艺流程合理性、工艺可靠性，识别关键工序、特殊过程，关注首件鉴定、新材料鉴定。

编制工艺总方案及相关的工艺文件，工艺文件技术状态应与设计文件的技术状态保持一致，工艺文件应内容正确，可以有效指导操作，确保工艺文件完整性、可操作、可检验、可视化、细化、量化，签署完整并按 GJB 1269A—2000《工艺评审》规定开展工艺评审。

研制产品投入生产前，各项准备工作完成后，承制单位在产品试制前应按照“人、机、料、法、环、测”六方面对其生产准备状态进行检查。整车及导弹总装前应召开总装准备工作评审会，对是否具备开装条件进行审定。总装、测试应严格按照工艺规程和测试细则进行操作，确保产品总装和测试质量。武器系统应组织开展联调试验，在试验/生产前进行准备状态检查，并依据签署完整的武器系统联调试验大纲、调试工艺等文件开展。对导弹总装测试和地面系统联调过程中出现的质量问题，严格按照质量问题归零“双五条”要求做好归零工作。按 QJ 2664—1994《关键工序质量控制》的规定对关键工序制定并实施专门的程序和控制措施，形成型号“关键工序目录”，根据工序实行定工艺方法、操作者、仪器和设备的“三定”要求。

执行不合格品管理程序，对不合格品做出分析、评价和审理，并执行不合格品的纠正与预防措施，同时举一反三到型号内的其他产品。

型号质量确认及复查工作应分阶段进行，分系统及以下级产品的质量确认及复查工作应按型号策划在产品出厂前完成，武器系统的质量确认及复查应在武器系统大型试验进场之前完成。

有产品代号并独立交付的组（整）件、设备及其以上级别的产品试制完成后，开展成功数据包络分析和产品质量评审，以评价出厂（所）产品的质量、技术状态的符合性，以及相关试验的充分性。

6.1.3.6　供应链质量控制

承制单位应制定选择、评价和重新评价供方的准则，应在分析是否及时供货、采购品质量稳定等采购风险基础上选择、评价供方，定期按规定的评价要求进行重新评定。顾客要求时，应邀请顾客代表参加对供方的评价和选择。应严格按要求完成采购文件和合同的编制。合同文本应有详细和可核查的质量与可靠性条款，相关技术文件、协议应作为合同的附件。外协外购产品质量管理应纳入承制方和供方的质量管理体系和计划管理。应将型号产品质量保证的各项要求传递至各级供方，并监督供方落实相关要求。

应在全供应链条上落实质量控制点前移的要求，质量管控点要从内部体系延伸至供应链的各级供应商，对外协全过程实施绩效的控制和监视，重点对关重件、可靠性关键项目、不可测试项目、关键密封部位实施监视和控制；落实强制检验点要求、影像记录要求、电子履历要求。包括任务书提出后及时与外协单位技术指标协调、沟通；验收细则、产品规范等供方编制设计文件的会签；参加方案评审、设计评审、元器件选用评审、工艺评审、样机验证和确认试验、质量评审、技术攻关、质量问题归零、鉴定或定型等工作，并留存相关记录。对验收时不可测试项目的形成过程、关键工序、重要试验或检验项目进行控制，严格履行下厂监制。对表面处理、热处理等特种过程在首次验收前进行确认。

应加强与供方的沟通、交流与反馈，建立多层次的沟通渠道。应组织对重要供应商和质量管理薄弱的供应商进行质量培训，包括航天质量管理、产品保证、通用质量特性、标准化、工艺等内容。根据实际情况开展质量管理体系、关键岗位、关键过程、关键产品等的审核。对于质量问题多、合同金额大、技术含量高的重要供应商及其重点二次配套供应商，应根据实际需要开展生产现场检查、专项审核等活动，对供应商的二次配套供应商提出明确管控要求，并将落实情况纳入审核范畴。

当上级合同有要求时，复杂产品应组织建立所（厂）际质量保证体系并开展活动，特别是对研制型号关键重要外协项目的生产，质量信息要及时通报并按要求做好外协产品进入验收之后发生质量问题信息的收集、处理、反馈、储存、使用和上报工作，为保证质量信息系统及故障报告、分析纠正措施系统的有效运行提供支持。

外购产品实行“五统一”管理，按照材料保证大纲、元器件保证大纲等相关要求进行质量管控，阻容感元器件、电连接器原则上以下厂验收为主要管控方式，进口器件实施补充筛选，严格按要求开展型号器件 DPA 试验。对外购产品入院复验、补充筛选、下厂验收等质量信息进行管理，建立信息数据库，保证物资信息的完整性和可追溯性。

落实甲方责任制，成立验收组开展产品验收。开展性能测试和外观检查外，验收组对产品质量与可靠性数据包审查确认，对供应商完成的检验和试验的证据及相关文件检查，对筛选报告、例试报告、失效分析报告、元器件筛选和 DPA 报告、产品证明文件检查，对软件产品开发、测试和试验结论以及评测报告检查，将质量与可靠性数据包作为验收必要项目，实现从产品交付到“产品＋数据”的交付验收转变。

6.1.3.7　技术状态管理

基于 PDM 系统开展数字化技术状态管控。根据项目合同协议、任务书确定的任务范围，对项目的技术状态管理进行策划，明确管理目标、职责权限、所需的过程和活动及其输入输出、技术状态项目和基线等内容，开展技术状态标识、技术状态控制、技术状态记实、技术状态审核等管理活动。方案设计阶段，型号指挥系统组织设计师系统编制武器系统技术状态管理要求和项目清单。

在技术状态文件正式确立后，对技术状态项目的更改，包括技术状态文件更改以及对技术状态产生影响的偏离和超差，进行评价、协调、批准以及实施进行严格控制。经评审、验证和确认后应按有关标准履行各类技术文件更改手续。技术状态的更改应严格执行

“充分论证、各方认可、试验验证、审批完备、落实到位”的原则。涉及产品功能、性能和协调关系的更改，应对产品更改后的预期效果进行充分的论证和试验验证，经评审、确认、批准后才能更改。对影响接口部分的更改必须邀请任务书提出方参加评审和确认。更改后的结果应通知任务书提出方和有关部门。

在产品投产、大型试验进场、转研制阶段等关键活动节点，设计师系统应结合 BOM 建立数字化管控的基线，基于基线对技术状态记录进行整理汇总，编制技术状态记实报告，提交任务书提出方和顾客，并据此管控相关产品的技术状态。在初样阶段转试样阶段和试样阶段转设计定型阶段设计评审后，设计师系统应结合技术状态记实报告，进行深入的分析，评定所采取措施的有效性。已定型产品的更改应按定型工作有关规定办理。

6.1.3.8　风险分析与评估

根据研制情况和需要，在产品实现策划、研制工作策划、型号大型飞行试验（重要地面试验）、质量问题无法按要求归零（进场前）时，进行产品风险评估，分析其薄弱环节，选择并实施应对控制方案，以规避风险，或控制、降低风险使其达到可接受的程度，并及时将分析和评估的结果提供给顾客。常用风险分析方法有 FTA、FMECA、建模和仿真、可靠性预计、“一个序号一个案”飞行试验风险管控方法、风险矩阵法、质量交集分析、“九新”风险分析、测试覆盖性和验证充分性分析、型号独立评估。

在装备立项论证、工程研制转阶段评审和设计定型等系列管理活动中，开展技术成熟度评价，针对评价结果准确识别装备技术状态和研制风险。

6.1.3.9　试验质量控制

将试验工作纳入科研生产计划统筹安排。确保参试设备、设施和物资符合有关规定的要求，并对参试设备的所有项目进行验证，确保正常运行。按 GJB 1452A—2004《大型试验质量管理要求》制定试验大纲，并按规定进行评审和会签。按试验大纲和程序组织实施试验，并落实岗位责任制，对关键岗位实行“双岗制”。在试验过程中严格控制技术状态，对参试产品、软件产品、试验大纲、程序等的更改按规定履行审批程序。按规定建立和保存试验记录，试验数据可通过平台实施统一判读。试验结束后，进行试验总结，对整个试验过程进行描述、分析和评价。及时整理试验数据和试验记录，保证原始数据的完整性和正确性。

型号大型飞行试验进场前落实质量控制点前移措施，对进场前的质量工作系统策划，组织开展软件、元器件、技术状态、风险、质量问题归零、安全性分析等专题审查，“安全发射、无误发射”专题复查，飞行试验“一个序号一个案”风险分析，成功数据包络分析，进场评审等专项审查工作，部分型号还要开展首飞独立评估。进场后对进场测试计量设备进行核查；开展质量“双想”活动，对“双想”提出问题的解决落实情况进行监督检查；开展“安全发射、无误发射”复查及专题质量复查等确认工作；按确保成功的原则制定试验方案及应急预案，并组织评审；开展飞行试验放行准则落实情况检查，组织召开导弹转场评审和飞行试验射前质量评审。飞行试验后，对试验数据系统分析、全面总结，组织开展飞行试验总结评审。

6.1.3.10 售后质量控制

（1）售后服务机制建立

组织在产品交付顾客后应积极开展售后质量管理，形成产品质量数据包，建立并完善售后质量问题反馈应急和处理机制，制定售后服务年度工作策划。

（2）售后服务信息管理

售后服务管理部门接到用户反馈信息后应进行信息分类整理，利用售后服务信息管理系统下发《售后服务调度通知单》；技术服务人员完成维修保障工作后，应在售后服务信息管理系统中填报故障维修和服务保障信息；组织应收集和利用售后产品质量与可靠性信息，不断改进产品设计和工艺技术过程，提供有效的技术保障，不断提高产品质量可靠性水平；售后产品和售后服务质量问题须严格按照航天产品质量问题归零标准实施归零。

（3）演习保障勘验机制

严格落实演习相关任务安排和要求，根据演习计划和现场勘验情况，制定保障方案和应急预案，对参试装备开展技术状态检查和必要的调整维护。运用工艺文件指导技术服务工作，针对现场质量问题启动应急处理机制，迅速响应，高效解决。

（4）售后满意度管理

组织应认真开展用户满意情况的调查、分析和评价。对用户反馈的意见和建议，要及时予以处理、答复和跟踪，改进产品形成过程，不断增强用户满意度。

6.1.3.11 质量信息管理及故障报告、分析和纠正措施系统

应建立型号质量信息系统，并指定专人负责质量信息的管理，组织质量信息的采集、传递、反馈和处理，确保质量信息准确、及时和完整。

应建立型号故障报告、分析及纠正措施系统（FRACAS，Failure Report Analysis and Corrective Action System），并保证其有效运行。承制单位应及时组织收集、报告、反馈、分析和处理质量（故障）问题信息，实现闭环管理，并对质量信息进行全面统计、分析，提出相应的措施和建议。

6.2 空间类产品质量控制

空间类产品是指在地球大气层外的宇宙空间（太空）入轨飞行，执行探索、开发或利用太空等特定任务的空间飞行器及其附属的各级各类产品。

6.2.1 产品特点

空间类产品具有以下5个典型的研制特点：

（1）高新要素多、技术难度大

空间飞行器通常具有较强的探索性、先进性、复杂性，需要集成相关专业的最新研究成果，应用各类新技术、新方法、新材料、新工艺等，并基于系统整体目标，对这些高新

技术要素进行综合优化和集成创新，是最新科技成果的集大成者，因此具有高新要素多、技术难度大的特点。

(2) 产品功能集成度高，贯彻机、电、热一体化设计理念

考虑到发射成本与重量紧密相关，客观上要求空间类产品集成度更高、功能密度大，因此在产品设计上需要贯彻机、电、热一体化设计理念。相比导弹武器系统，设备接口关系复杂，因此总体专设有机、电、热总体，对空间类产品机、电、热等接口状态及参数进行规范化、集中化、可视化管理。

(3) 在轨时间长，产品寿命及可靠性要求高

空间飞行器在轨运行时间长，部分寿命要求达到十几年以上。与导弹类产品相比，空间类产品对寿命及可靠性的要求更高。在产品实现中，往往通过选用更高等级的元器件，硬件系统上采取多重备份、避免单点失效，软件上需充分考虑各种故障情形和应急模式，采取冗余设计，从而提高空间任务可靠性。

(4) 空间环境严酷，研制风险高

空间飞行器在近乎无维护支持的情况下，以自主运行模式完成任务，并达到高性能、高质量和高可靠要求，还得适应严酷的空间环境。因此空间类产品研制过程中需要经过反复综合集成和设计优化，各专业技术特性存在高度的交互关联关系，某个局部的细微问题或异常，均可能导致系统整体的功能衰减甚至系统失效，进而产生严重的影响。空间飞行器严酷的工作环境、独特的自主运行模式、高度的技术特性耦合，决定了空间飞行器研制的高风险特性。

(5) 分步迭代，并行验证

空间类产品初样阶段一般通过结构热控器、电性器、鉴定件三轮迭代，通过各种试验深入开展产品设计及工艺优化验证工作，小步快走，并行验证，逐步明确产品的技术状态。另外结构热控器和电性器可并行开展不同类别的验证试验，快速达到验证目的，可以有效降低研制成本，缩短研制周期。

6.2.2　各阶段工作任务和质量控制目标

对于全新研制的空间飞行器，其研制过程一般包括方案论证阶段（A 阶段）、方案设计阶段（M 阶段）、初样研制阶段（C 阶段）、正样研制阶段（Z 阶段）、在轨测试和应用阶段（D 阶段），其中初样研制阶段包括结构热控器、电性器和鉴定件的研制、生产和试验验证工作。每个阶段工作具有独立性，在各阶段末期应进行评审，做出决策，并作为该阶段任务完成的标志。

空间类产品研制阶段的划分和确定应遵循以下原则：

1）空间飞行器应依据研制进度、平台类型、技术成熟度等具体情况，在空间飞行器产品实现策划中明确研制阶段任务、技术状态达到情况及质量控制要求。

2）空间飞行器应按照产品层次进行分级管理，整器、分系统、单机设备、软件等的研制阶段划分，应与其上一层次产品相协调，下一层次产品的技术成熟度应同于或高于上

一层次产品。

3）各空间类产品研制阶段划分应依据本产品研制的工作内容和应达到的技术状态确定，应有利于产品技术状态和研制风险的控制和管理。

4）各空间类产品研制阶段划分应适应任务要求和自身风险承受度，对于技术比较成熟的系统、分系统或设备、软件，研制阶段可以适当合并或跨越。

5）直接沿用其他型号的产品或直接采购成熟货架产品的，可使用原项目的产品名称、产品代号，无适应性修改的可以直接进入正样研制阶段。

6）继承型号是指空间飞行器平台或其设备在技术上全部或部分采用了成熟技术和货架产品，但根据任务需求对使用平台及其设备软硬件进行适应性改进。由于使用了成熟技术和货架产品，其研制阶段在研制风险可控的前提下可适当优化。

7）一批包含多颗空间飞行器的研制型号中，首颗空间飞行器发射成功并在轨交付后，其他空间飞行器的研制不再经过方案论证阶段、方案设计阶段和初样研制阶段，可直接进入正样研制阶段。

8）软件研制阶段与硬件不同，软件研制阶段可分为系统分析与软件定义阶段、软件需求分析阶段、软件设计与实现阶段、软件内部测试阶段、软件外部验证及验收阶段。

6.2.2.1 方案论证阶段

方案论证阶段完成市场调研、指标论证和关键技术梳理，初步确定空间飞行器使用要求和技术指标，开展新技术、新材料、新工艺解决途径的可行性分析，进行通用质量特性和研制风险的预测分析，完成分系统及整器方案论证，从技术可行性、技术风险、研制经费和周期、资源保障等方面综合论证分析，完成立项综合论证报告。

1）研制任务包括：

a）对空间飞行器进行任务分析，确定空间飞行器使用要求和技术指标，一般包括：飞行轨道高度、飞行器外形尺寸、质量、姿态控制精度、轨道机动要求、测控体制、测控和数传速率、数据存储容量、寿命、可靠性，以及与有效载荷相关的用户使用指标等，并按规定建立功能基线；

b）选择满足任务要求的任务轨道或星座，并完成初步分析，确定具体轨道参数；

c）完成分系统方案论证，通过多方案比较给出论证结果，提出分系统组成、功能，确定或分配性能指标；

d）完成有效载荷方案论证，提出有效载荷的实现技术途径，确定或分配性能指标；

e）完成空间飞行器基本构型初步设计，包括外形选择、主结构论证、总体布局初步设计和质量特性计算等；

f）完成总体性能指标初步预算，包括质量、功耗、推进剂、可靠性、精度、测控链路、能源平衡分析等；

g）按照平台类型，拟定研制阶段划分、目标任务和研制周期；

h）对运载火箭、发射场、测控系统和地面应用系统等进行支撑性分析，并提出初步技术要求；

i）根据空间飞行器的可靠性要求和寿命要求，初步提出飞行器用元器件的选用等级要求；

j）在任务分析的基础上，确定关键技术和关键项目，分析在系统层次上的作用，对技术性能、不确定性和风险程度进行预测，同时开展关键技术攻关，必要时开展地面模样件研制，开展模样地面试验验证；

k）进行研制经费可行性论证，完成经济可行性论证报告；

l）从技术可行性、技术风险、研制经费和周期、资源保障等方面综合论证分析，完成立项综合论证报告；

m）提出各分系统方案设计技术要求。

2）质量控制目标包括：

a）完成任务需求协调；

b）组织队伍，落实研制人员；

c）组织人员对研制经费进行论证；

d）完成关键技术调研、攻关，并有明确的结论；

e）完成对关键项目攻关的验收和总结；

f）完成研制经费概算和研制周期预估；

g）完成空间飞行器可行性方案论证报告和经济可行性论证报告的评审；

h）完成空间飞行器研制初步技术流程和计划流程编制，完成研制计划安排。

6.2.2.2　方案设计阶段

方案设计阶段是型号立项后确定总体具体方案的重要阶段，应开展型号全寿命产品保证工作策划，制定型号产品保证系列大纲、方案阶段质量工作相关要求，开展空间飞行器总体方案设计，建立空间飞行器功能基线，明确空间飞行器设计与建造规范、环境试验规范和电磁兼容性试验规范，提出空间飞行器对运载火箭、地面测控、发射场和地面应用系统等的技术要求，向各分系统提出研制技术要求，开展关键技术攻关、实施各分系统方案设计及工艺可行性分析，进行关键技术原理性试验，完成方案阶段研制总结。

1）研制任务主要包括：

a）参与空间飞行器研制总要求的编制，包括空间飞行器任务概况、使用要求、主要技术指标、工程大系统的组成及其功能，确立功能基线；

b）确定空间飞行器总体技术方案；

c）进行空间飞行器总体方案设计，完成空间飞行器研制方案报告的编制；

d）建立空间飞行器系统的分配基线，并与空间飞行器研制总要求的技术内容协调一致；

e）论证分系统的功能和技术要求，确定分系统的功能基线和分配基线，完成分系统方案论证；

f）论证并确定空间飞行器各设备的成熟度类别；

g）完成空间飞行器软件总体方案，确定软件的关键等级；

h）进行空间飞行器可靠性和安全性的初步设计，完成空间飞行器系统故障模式及影响分析；

i）编制型号设计与建造规范、环境试验规范、电磁兼容性试验（EMC 试验）规范等顶层文件；

j）协调确定与工程大系统中各个系统接口设计，编制空间飞行器与运载火箭、发射场、航天测控系统和地面应用系统的接口要求；

k）进行地面大型试验项目的论证，确定地面大型试验项目；

l）编制飞行器全周期的研制技术流程和系统试验策划；

m）完成关键技术攻关及总结；

n）提出各分系统初样研制技术要求。

2）质量控制目标包括：

a）组织完成产品实现策划编制，确定研制阶段划分及目标任务，提出研制技术流程和计划流程；

b）按规定编制飞行器研制计划流程，确定各系统研制周期和计划安排；

c）制定型号标准化大纲、产品层次与组成、名称与代号、文件体系表等顶层标准化文件，确定产品研制依据相关标准及规范等，并根据需要补充编写型号特定执行要求文件；

d）编制或确定型号产品保证顶层系列要求，一般包括产品（质量）保证、可靠性保证、空间环境适应性保证、安全性保证、电磁兼容性保证、维修测试保障性保证、元器件保证、软件保证、工艺保证等内容；

e）完成主要关键技术的攻关，形成技术攻关总结；

f）组织空间飞行器总体方案和有关分系统的转阶段评审；

g）组织对方案阶段飞行器系统、分系统技术状态基线的评审；

h）组织对被评项目待办事项的落实与跟踪，实现闭环管理；

i）组织方案阶段技术文件归档。

6.2.2.3　初样研制阶段

初样研制阶段是型号产品设计、试制与试验的最重要阶段，应按质量保证大纲及研制任务书要求开展各级产品技术设计，建立空间飞行器研制、分配基线，组织开展各类地面试验策划，进行各级产品设计验证，开展研制性试验、大系统对接试验等，完成单机和系统级鉴定试验，完成关键技术攻关、工艺攻关，建立产品基线，完成初样转正样设计评审。

（1）研制任务

研制任务包括设计任务、生产任务和试验任务，详述如下。

1）设计任务包括：

a）完善各系统或单机研制任务书（技术要求），明确分系统的初样技术状态要求；

b）完成空间飞行器总体和分系统的详细设计；

c）开展 FME（C）A 分析，识别Ⅰ类、Ⅱ类故障模式，并制定有针对性、可测量的设计和验证措施；

d）完成空间飞行器可靠性工程设计，单机完成“1＋6＋2”设计；

e）完成空间飞行器在轨试验方案和飞行程序设计；

f）完成空间飞行器总体和分系统及分系统之间的机、电、热、信息和其他接口设计，编写各设备接口数据单；

g）完成空间飞行器软件模型设计，提出软件研制任务书，开展软件工程化研制；

h）确定初样阶段各产品，如结构热控器、电性器的技术状态要求，提出各产品的试验方案或大纲；

i）提出地面支持设备的技术要求，进行地面支持设备的设计、研制；

j）提出整器及部组件的环境试验规范和电磁兼容性试验规范，明确初样阶段各级各类产品的试验要求；

k）梳理并确定空间飞行器用元器件和原材料清单；

l）建立空间飞行器系统的产品基线，作为产品生产的依据；

m）按规定编制飞行器初样阶段的研制技术流程；

n）完成姿轨控分系统（GNC 分系统）等系统建模，进行数学仿真和半实物仿真试验；

o）提出地面应用系统设计需求，进行地面应用系统的设计、研制；

p）完成软件设计验证，并开展软件评测。

2）生产任务包括：

a）完成元器件和原材料的齐套；

b）完成初样设备的生产、验收、交付；

c）完成初样主结构生产、验收；

d）完成地面支持设备的生产；

e）完成飞行器综合测试系统及设备的研制或准备；

f）编写总装工艺总方案及配套文件；

g）完成初样飞行器的总装。

3）试验任务包括：

a）完成环境试验设备（振动台、热真空模拟器等）、EMC 试验设备、质量特性测量设备的准备；

b）开展设备级研制试验，如 D 类设备鉴定级环境试验、单机技术验证试验等；

c）开展分系统级研制试验，如 GNC 半实物仿真试验、推进系统试车试验、主结构静力学试验、电源系统匹配试验等；

d）开展结构热控器试验，完成整器模态试验、振动试验、运输振动试验、热平衡试验、热真空试验；

e）开展电性器试验，完成整器电性能综合测试、EMC 试验、磁测试；

f）如有必要，开展鉴定器试验，完成鉴定器的电性能综合测试和其他专项试验；

g）开展与运载火箭匹配试验，完成与运载火箭机械接口对接试验、电性能匹配试验、电磁兼容试验、器箭分离试验、模态试验和联合振动试验等；

h）开展初样阶段测控对接试验、应用对接试验；

i）开展专项试验，如太阳翼点爆展开试验、通信系统内外场联调试验、真空充气展开试验等。

（2）质量控制目标

a）组织完成初样研制阶段的技术设计评审；

b）组织完成可靠性工程、元器件、软件、工艺等专项评审；

c）组织完成对产品可靠性数据包策划的评审；

d）在验收过程中，组织完成初样设备的验收和对产品可靠性数据包检查；

e）组织对飞行器系统各种大型试验进行策划，完成初样器总装测试和地面各种大型试验，达到测试试验大纲的要求，进行试验总结，并通过评审；

f）对初样研制中出现的质量问题完成归零；

g）组织初样总体及各分系统转阶段评审，确定正样器的技术状态；

h）组织对被评项目待办事项的落实进行跟踪，实现闭环管理；

i）完成初样研制技术文件的验收及归档。

6.2.2.4 正样研制阶段

正样研制阶段是型号产品试验、上天产品生产、验收及进行发射及在轨试验的重要阶段，应实施单机产品的生产和试验，整器部装、总装、测试和试验，确定飞行程序、制定空间飞行器在轨故障预案，按程序完成出厂质量评审，开展正样器在发射场发射区总装测试工作并实施正样器发射试验。

（1）研制任务

研制任务包括设计任务、生产任务和试验任务，详述如下。

1）设计任务包括：

a）完善各分系统或单机设备研制任务书，明确分系统的正样技术状态要求；

b）完成空间飞行器发射任务与运载火箭和发射场系统技术协调，确定空间飞行器的发射窗口、入轨点参数及精度、发射场工作流程、发射飞行时序等，完成发射飞行试验大纲的编写；

c）完成与航天测控系统技术协调，确定空间飞行器发射阶段对测控系统需求，完成空间飞行器对测控系统技术要求、飞控程序、发射与在轨故障预案的编写；

d）完成空间飞行器总体和分系统正样技术设计，确认、完善正样单机接口数据表（IDS 表）；

e）完善空间飞行器系统的产品基线，作为产品生产的依据；

f）完成空间飞行器系统的软件研制和验证，确保在落焊前完成第三方评测；

g）完善正样器技术状态要求，提出正样器试验方案或大纲；

h）完成分系统、整器正样研制总结；

i）完成进场发射试验准备工作，编写发射场文件，包括发射场技术阵地工作流程、发射阵地工作流程、空间飞行器在轨测试大纲和细则、在轨试验大纲和细则等。

2）生产任务包括：

a）完成元器件和原材料的齐套；

b）完成正样设备的生产、验收、交付；

c）完成正样主结构的生产、验收；

d）完成正样器的总装。

3）试验任务包括：

a）完成设备验收试验，包括力学、热真空、热循环、冲击等；

b）开展正样器验收级试验，包括整器电性能综合测试、力学环境验收试验、真空热试验、磁试验、电老炼试验等；

c）开展空间飞行器与运载火箭匹配试验，正样阶段测控对接试验、应用对接试验；

d）完成发射场测试及射前试验准备工作；

e）完成发射试验。

（2）质量控制目标

1）组织完成正样技术设计评审，明确正样产品的投产状态；

2）通过技术状态、软件、元器件、可靠性工程、质量问题归零等专项评审；

3）按规定组织飞行器各种大型试验总结评审；

4）组织设备和软件的验收；

5）组织软件第三方评测；

6）正样阶段出现的质量问题完成归零；

7）组织完成设计复核、复审和质量复查；

8）组织对被评项目待办事项的落实进行跟踪管理；

9）组织完成正样器出厂质量及进场评审；

10）组织正样器在发射场技术区的测试工作总结及飞行器加注和转场评审；

11）通过了正样器发射场发射区测试工作评审；

12）组织实施正样器发射试验，与运载火箭可靠分离、进入轨道，建立在轨运行状态。

6.2.2.5　在轨测试和应用阶段

在轨测试和应用阶段的主要工作是配合地面测控系统实施主动段、入轨段、返回段等空间飞行器的飞行控制，按程序完成向用户的交付。

1）研制任务包括：

a）提交空间飞行器在轨运控文件，包括有效载荷使用说明、用户使用手册等；

b）完成飞行器在轨测试总结及评审；

c）协助用户处理飞行器在轨异常问题；

d）根据用户需求完善数据应用处理功能。

2）质量控制目标包括：

a）完成空间飞行器在轨测试总结及审查；

b）组织在轨测试及应用阶段中出现的质量问题归零；

c）组织完成在轨测试总结及审查；

d）组织完成在轨测试和应用阶段技术文件归档；

e）组织对用户使用技术支持；

f）完成在轨应用，确保空间飞行器寿命满足研制总要求。

6.2.3 质量控制要求

空间类产品全寿命各阶段质量保证工作应遵循“严肃认真，周到细致，稳妥可靠，万无一失”的指导原则，以“零缺陷”系统工程为指导思想，落实甲方责任制，通过系统策划质量保证活动、有效推进质量控制措施，严格开展质量监督考核、持续完善空间类产品质量保证体系，确保空间类产品满足任务要求。

6.2.3.1 承制单位要求

各承制单位要将空间类产品纳入本单位质量管理体系，结合科研生产任务开展质量审核，持续改进质量管理体系运行的有效性，实施质量管理体系有效性监督。各承制单位要充分结合空间类产品高新要素多、技术风险大的研制特点，以用户关注为焦点，充分发挥领导作用，坚持全员参与，系统策划，统筹管理，深入开展技术风险分析与控制，有效实施产品保证活动，确保空间产品研制风险在地面阶段得到释放。各承制单位要深化产品研制生产过程中的质量信息化集成应用，加强质量管控、设计分析、虚拟验证和集成制造等方面的信息化能力和手段建设，推进过程质量控制嵌入数字化设计、试验、制造、检测的流程，实现质量管理流程化、数据采集自动化，支撑质量大数据工作，推广运用质量大数据平台，应用大数据技术，监控体系运行，寻找薄弱环节，落实闭环管控要求。

6.2.3.2 质量策划

在方案阶段组织相关部门进行产品实现策划，产品实现策划报告由科研管理部门牵头、各相关部门配合完成编写，具体包括：设计与开发策划、产品保证策划、技术状态管理策划、分工定点、进度策划、经费策划、研制保障条件策划、人力资源策划、风险管理策划及其他管理策划。工程研制各阶段初期，应根据空间飞行器研制具体情况，适时对产品实现策划进行修订。

各承制单位应依据本标准或项目质量保证大纲/要求，编制承制产品质量保证措施/实施细则/质量策划，顾客有要求时，编制与调整应征得顾客同意。

各承制单位主管领导在项目研制过程各阶段初期和每年度初完成研制工作策划及研制工作计划，具体包括人力资源配置、物资采购、设备补充、生产试验场地安排、技术攻关、工艺攻关和优化、产品保证、经费保障、分工定点、外协任务、新品研制、风险管理实施方案及问题解决措施。

设计师系统应依据阶段研制目标和产品特点进行设计和开发策划，包括确定设计阶段以及适合于各阶段的评审和验证活动、质量控制点及质量控制方法。设计和开发策划还应根据本产品任务剖面、产品特点和实际使用、保管环境条件，开展试验策划和设计工作，深入进行试验的充分性、覆盖性分析，制定试验矩阵和试验计划，统筹安排不同阶段、不同层次产品的试验验证和确认工作，重点关注空间环境适应、寿命、测控通信等专项试验，确保地面仿真试验、可靠性试验充分。设计和开发策划通常按照阶段或年度进行策划，并根据实际研制情况进行适当调整。

质量管理部门根据项目质量目标和产品保证要求，进行质量风险识别，按照阶段或年度编制产品保证工作策划，确定质量工作项目、时间节点、责任部门和人员及完成标志物。将质量工作措施纳入项目研制工作策划，实现同步考核。顾客有要求时，产品保证工作策划内容应征得顾客同意。

科研计划部门应对空间飞行器技术状态管理进行策划和实施，明确技术状态项目和基线，组织开展技术状态标识、技术状态控制、技术状态记实、技术状态审核等工作。

6.2.3.3　设计和开发控制

产品设计师应在方案阶段确定与产品要求有关的输入，形成设计输入文件。随着设计和开发活动的进展，如果相关要求或资源需求等方面因素发生变化，应适时修改或更新设计和开发输入文件。设计输入文件应进行评审，评审其是否完整、清楚、协调，确保充分、适宜。评审可采用会议或审签形式，采用审签形式进行评审时，由相关专业技术人员对输入文件进行审签。设计输出的方式应适合于对照设计和开发的输入进行验证。设计输出包括设计文件、研究试验文件和工艺文件。

在研制初期应策划并形成技术文件完整性要求或技术文件体系表，设计和开发输出文件应符合技术文件完整性要求，并在研制各阶段初期或适当时间修改或更新。

应按设计和开发策划的安排在适当阶段对设计和开发的结果进行评审。在空间飞行器研制各阶段初和每年度，根据研制具体情况，策划产品设计评审项目，作为研制过程设计评审开展的依据。本着管控方法与引入风险相适应的原则，按照单机设备不同成熟度，对空间产品设计评审实施分级分类管理。针对 A、B 类等货架产品，做好继承性分析和技术状态确认工作；针对 C、D 类等新研设备，贯彻可靠性“1＋6＋2”工作要求，做好元器件、特性分析、设计工艺性等专项评审，重点关注产品“九新”的识别和把控，组织专家专题评估，确保各项设计、验证符合产品专业设计规范要求。A 类、E 类设备完成投产前技术状态确认后直接进行正样投产；B 类设备可直接开展正样技术设计评审，补做鉴定试验的 B 类设备还应开展补充鉴定试验评估；C 类设备需要提供方案报告，纳入分系统方案进行评审；D 类设备严格按照“方案-初样-正样”完整的研制阶段开展设计评审，详细情况见表 6－1。

表 6-1 不同成熟度单机设备评审要求及提供报告

单机类别	定义	总体输入	方案	初样	正样	提供报告
A 类设备	完全继承已经通过鉴定的设备，在设计、制造、元器件、工艺、材料、生产单位等方面没有更改，其设计规范和技术要求(包括性能、可靠性、设计寿命、环境条件等)均不高于被继承设备，符合 GJB 1027A—2005《运载器、上面级和航天器试验要求》中相似性鉴定的 8 项要求，不需要进行鉴定试验	技术要求	—	—	●	A 类设备投产前技术状态确认报告、装机元器件清单、接口数据单等
B 类设备	继承已经通过鉴定的设备，在设计、制造、元器件、工艺、材料、生产单位等方面均没有较大的更改，当继承设备的使用环境或性能要求不高于被继承设备时，可以不进行鉴定试验；当继承设备的使用环境或性能要求高于被继承设备时，需要进行准鉴定试验或补充鉴定试验	技术要求	—	○	●	B 类设备可直接进行正样技术设计工作。技术设计报告[包括可靠性工程、设计工艺性、FME(C)A 分析报告、特性分析报告等内容]、元器件装机清单、接口数据单等。补做鉴定试验的 B 类设备还应开展补充鉴定试验评估报告
C 类设备	继承已经通过鉴定的设备，但在设计、制造、元器件、工艺、材料、生产单位等方面有较大更改的设备，需进行相应的补充鉴定或全面的鉴定试验	研制任务书	单机提供方案报告	●	●	C 类设备向分系统提供方案报告纳入分系统方案进行评审，但应开展初样技术设计评审工作[技术设计报告、设计工艺性分析报告、可靠性工程设计报告、FME(C)A 分析报告、特性分析报告、元器件选用分析报告、接口数据单等]和转阶段工作
D 类设备	无现有设备基础，需要重新研制并进行全面鉴定试验的设备	研制任务书	单机进行方案评审	●	●	D 类设备应单独进行方案评审和技术设计评审[技术设计报告、设计工艺性分析报告、可靠性工程设计报告、FME(C)A 分析报告、特性分析报告、元器件选用分析报告、接口数据单等]和转阶段工作
E 类设备	国外引进设备，原则上为已通过鉴定的设备	技术协议	—	—	●	有功能或产品基线的类似报告、装机元器件清单、接口数据单、试验总结、安全性影响分析报告等

注：●必做工作项目；○选做工作项目；—不涉及。

设计师系统在相关设计文件中应明确力学试验、热试验、磁试验等设计验证项目，规定验证方法，并纳入研制计划，安排实施验证。设计和开发验证工作包括：测试覆盖性与验证充分性分析检查；关键技术项目复核、复算；各类计算、分析、仿真以及试验等验证工作。

为确保空间产品质量，实施质量控制点前移，突出重点，在下图生产前、产品出厂前、飞行试验进场前等型号研制生产过程关键节点，对文件完整性、禁用和限用工艺、关键工序、特殊过程、Ⅰ级和Ⅱ级焊缝、密封件、火工品等关键内容进行全面清理和确认，确保质量管控活动制度化、刚性化，管控要求细化量化、表格化。

6.2.3.4 技术状态管理

严格遵循设计程序和标准规范，充分利用 PDM 等信息化管理手段，开展线上技术状态管控，确定技术状态项目，建立技术状态基线，形成技术状态基线及文件清单。遵循“充分论证、各方认可、试验验证、审批完备、落实到位”的原则，严格控制技术状态更改。在大型试验进场、转阶段时设计师系统应对技术状态记录进行整理汇总，开展技术状态记实工作，向提出方和顾客提交任务书。在转阶段设计评审后，设计师系统应结合技术状态记实工作，进行深入的分析，评定技术状态更改的有效性。

强化产品技术设计和验证，本着“质量控制点前移”原则，在产品初样研制完成时做到产品技术状态仿真、测试和验证全覆盖，不遗留技术问题和隐患。

强化产品数据包管理、强化接口数据单管理，对产品设计投产、产品生产实现、产品测试验证和产品验收等过程，做到“做事有依据，做事按依据，做事留记录”，确保产品质量受控、过程可追溯。定期开展技术状态审核，确保产品与技术状态基线的符合性、技术状态记实的有效性、技术设计文件的完整性、技术状态更改的正确性。

6.2.3.5 生产控制要求

在产品投产前要开展生产策划，进行投产前技术状态（含工艺技术状态）的清理及确认，做好相关评审和批次管理。在研制产品投入生产前，应开展生产准备状态检查，按照“人、机、料、法、环、测”六方面对生产准备状态进行检查。承研单位要以工艺总方案指导生产策划，以工艺流程指导生产组织，以工艺规程指导生产操作，以工艺装备保证产品质量，落实工艺量化细化、多媒体记录、在线检测、工装 100%配套等各项要求。对于需要在生产过程中进行控制的不可测项目要加强检查，合理设置检验控制点；对不可逆过程或重点关注部位进行数字影像记录，保证可追溯性；按照设计文件、工艺文件落实好生产过程关键环节控制，严格执行强制检验点、关键工序、特殊过程、多余物控制、极性控制要求。

设计师系统应在空间飞行器产品的各研制阶段，按产品单元编制材料清单、零件清单和工艺清单，明确其关键材料、关键零件和关键工艺项目，并从编制关键项目清单开始，在研制各阶段逐步完善。

各承制单位要建立健全检验制度，检验员须经培训、考核合格、取得资质证书后各单位方可聘用。加强检验过程控制，独立交付的产品应建立产品质量履历书或产品证明书，保证产品质量可追溯。

各单位要建立不合格品识别、隔离和控制管理的制度，明确不合格品审理组织及其职责、权限，对不合格品进行分级审理和处置，严格控制生产过程中出现的各种偏离。

空间飞行器产品承制单位应对产品生产过程的环境因素进行控制，严格制定控制多余物的具体措施，在产品组装、总装和试验时，确保温度、湿度及洁净度满足空间飞行器产品要求。制定控制产品生产环境的管理规章，对于有特殊环境要求的产品，在装卸、运输、贮存和试验操作期间应设计、制造专用的防护措施。对有静电要求的产品，应制定静电防护控制措施并严格执行。

产品承制单位应严格落实产品质量与可靠性数据包要求，在设计阶段形成型号产品质量与可靠性数据包实施策划，在产品实现全过程实施数据包管理，对于关键（强制）检验点、关键（重要）过程、不能检测、不能复查确认、有多余物控制要求的产品（如管阀泵箱），应在实施策划中明确保留照片或视频记录的具体环节和记录内容。执行数据包验收制度，数据包验收合格后随产品交付。依托质量大数据平台的建设工作，利用信息化手段收集与整理产品质量与可靠性数据，保证产品质量受控，提高管理效率。

各单位产品交付前，应按照要求完成产品的出厂检验工作，并按规定组织交付前质量评审，通过质量评审的产品方可交付。严格控制产品的紧急放行或例外放行，并按照规定办理相关手续。

6.2.3.6 试验控制要求

试验控制应确保试验项目的全面性、试验内容的覆盖性、试验方案的合理性、试验方法的正确性和试验验证的充分性。

试验前编制试验大纲，试验实施单位负责编写试验实施细则，组织开展试验准备状态检查和技术安全检查，要重点确认供电、接地安全性。试验过程落实岗位责任制，严格按确认后的大纲和细则实施，严格控制技术状态，对参试产品、软件产品、试验大纲、程序等的更改应按规定履行审批程序，按规定建立和保存试验记录。试验中出现的问题应及时进行闭环处理，对试验过程中发生的质量问题应严格开展归零工作。试验结束后及时对试验数据进行综合分析，对试验结果做出评价，在数据分析基础上形成试验总结和试验结果分析报告，必要时组织专家对试验结果进行评审。在转阶段或飞行试验前，应对尚未经过试验验证的关键技术、直接影响试验成功和危及安全的问题、空间产品试验考核的充分性组织有关专家进行专题确认。

飞行试验前，试验队应制定专项试验计划。针对飞行试验特点，项目应开展出厂前各项专项工作，同时对试验存在的风险进行辨识，制定风险应对措施。按照进场前质量工作相关要求，系统开展技术状态、元器件、软件、质量问题归零、风险分析等专项评审，对总体软件设计正确性、半物理仿真验证、器箭接口匹配性、设备安装极性正确性、测控分系统试验验证充分性等影响飞行试验成功的突出问题进行专项复查，确保无隐患进场。空间飞行器出厂质量评审会，对参、受试产品研制情况、质量控制情况以及试验准备情况进行审查，通过后方可进场实施飞行试验。试验队在发射场应开展技术和发射阵地质量管理工作，并严格按照放行准则的要求完成加注、转场评审。在轨试验应专门成立在轨试验队，明确岗位职责，制定故障预案，提前开展在轨试验演练。在轨试验期间，试验队负责监视空间飞行器各分系统遥测数据并进行判读、复核上注指令、联合测控系统执行在轨试验期间各项飞行器上操作等工作。空间飞行器在轨阶段以自主健康管理和地面系统遥控干预保证其维修测试性，在轨试验要按要求开展试验评估和总结。

6.2.3.7　元器件控制要求

空间飞行器装机元器件应贯彻技术和管理相结合的方针，遵循元器件“统一选用，统一采购，统一监制验收，统一复验筛选，统一失效分析”的原则，实施元器件选用、采购、监制验收、复验、补充筛选、元器件破坏性物理分析（DPA）、元器件物理特征分析（PFA）及失效分析等全过程管控。

在空间飞行器不同的研制阶段，元器件保证应综合考虑研制进度、质量成本和可靠性等因素，在确保产品质量的基础上，对于元器件质量等级或要求可以合理调整。针对电性件产品，在确保电性能指标满足设计要求的前提下，初样电性件产品用元器件的质量等级、复验筛选及超目录审批等不做要求，但须考虑正样产品用元器件的一致性和可获得性。鉴定件元器件选用原则上与正样产品保持一致，对于辐射敏感元器件，应根据实际使用环境的辐射强度及辐射总剂量选择其辐射强度保证等级（RHA）。在质量和进度满足要求的前提下，优先选用国产元器件；选用进口元器件时，需充分考虑进口元器件的国产化替代工作和物资禁运风险；最大限度地使用有成功飞行经历的和有可靠性数据的元器件。在研制各阶段，应加强限用元器件的选用控制，禁止选用禁用元器件。

对于不同质量等级的元器件可采取不同的复验筛选要求和条件。型号可结合任务要求和元器件特点，在风险可控的前提下，对于电连接器、开关、线缆、面板元器件、断路器、接触器、风机等机电元（组）件只进行复验；对于宇航级（或相当等级）元器件可不再进行筛选；对于国军标等级以上的电阻器、电容器和电感器，可不再进行筛选；其他元器件需要免筛的，可由承研单位报空间飞行器总体批准审批。超过有效贮存期的元器件应进行超期复验，合格后方可使用。对于不可筛测器件，应在板级和整机级筛选试验时有针对性地进行考核。复验、筛选时允许不合格率（PDA）超出规定时，该批元器件不得使用。

元器件装机前应存放在满足Ⅰ类贮存环境的库房，贮存和传递过程中应保持器件的包装完整，符合要求。电装齐套环节应开展元器件质量符合性审查，审查齐套元器件是否筛选，下厂验收元器件是否核发装机许可证，不能筛选的元器件是否经装机老炼或办理审批手续，是否存在元器件超期问题，记录审核结果并确保可追溯，经审查合格的元器件方可出库进入生产环节。元器件装机时应严格按操作规程进行，操作规程中应有防止施加机械过应力、热过应力和电（静电、放电）过应力等措施。非密封湿度敏感元器件严格按标准规定做好保管工作，确保装机元器件的车间寿命不超期，超过车间寿命的元器件重新处理后装机使用。

空间飞行器在转阶段和出厂前，应对装机元器件质量状态及过程控制情况进行专项评审，确保装机元器件满足型号大纲要求。评审重点内容为：元器件质量状态及过程控制情况；元器件代用情况；目录外和首飞元器件控制情况；超期元器件控制情况；元器件失效和举一反三情况。

6.2.3.8 软件控制要求

空间飞行器应按照软件工程化要求实施软件质量保证管理，进行软件策划、开发、验证、测试、改进、更改、评审、配置和质量管理工作，开展配置管理、质量管理、设计验证、设计评审、测试和评测等技术和管理活动，确保软件产品质量。

设计师系统根据空间飞行器配套软件失效后对空间飞行器安全和功能影响程度，对软件等级进行定义；各软件研发单位应根据软件重用程度划分软件研制类型并经空间飞行器总体认可。软件设计人员可根据软件等级、规模、研制类型不同分类开展相应类别的软件研制和产品保证工作，详细要求见表 6-2。

表 6-2 单机软件研制类型及文档要求

类型编号	类型名称	说明	需要新产生的软件配置管理项
Ⅰ类	沿用	已完成沿用可行性分析与审批，不加修改即可再次使用的软件[现场可编程逻辑阵列（FPGA）软件要求 FPGA 器件、代码、布局布线、时序等，均与被沿用产品一致]	软件沿用分析报告、沿用申请单、软件测试报告（视情况）、软件（阶段）研制总结报告（含配置管理、质量保证等）
Ⅱ类	仅修改装定参数	不修改软件可执行代码或 FPGA 软件逻辑代码的内容，仅修改装定参数即可满足任务要求的软件	软件研制任务书、软件更改可行性与影响域分析、软件测试报告、软件第三方评测报告（如有必要）、软件（阶段）研制总结报告（含配置管理、质量保证等）
Ⅲ类	适应性修改	根据任务要求进行适应性更改、完善设计的软件；或与被继承的 FPGA 软件在功能和使用方式上一致，相对被继承的 FPGA 软件进行适应性更改，不影响原有 FPGA 软件的体系结构。适应性修改引起的代码更改行数不超过 20%	软件研制任务书、软件需求分析报告、软件开发计划（含配置管理、质量保证等）、软件更动可行性与影响域分析、软件设计报告（含概要设计、详细设计）、软件回归测试报告（含全部测试环节）、软件安装说明、软件使用及版本说明、软件第三方评测报告、软件（阶段）研制总结报告（含配置管理、质量保证等）
Ⅳ类	新研制	不属于上述三类的新研制的软件	全套文件

严格“三库”（开发库、受控库、产品库）管理，开展软件技术状态管控和软件配置管理活动，保持软件在全生存周期内的完整性和可追溯性。强化软件可靠性安全性等通用质量特性设计。推进基于模型的软件研制模式应用，逐步推广应用基于模型的软件开发工具，开展系统建模、需求建模、模型仿真、设计建模、代码自动生成、测试验证、文档生成等工作。

各级别的软件内部测试应 100%覆盖相应输入的功能、性能、约束等需求，以及可靠性和安全性等通用质量特性要求，重点加强对异常、余量、边界和极限条件下的测试验证；加强软件测试，针对软件的需求，测试应 100%覆盖其功能、性能、接口，以及逻辑、时序、安全性、边界等需求，通过测试需求的获取、测试用例的设计，在特定运行和使用环境下测试用例的执行，达到充分和有效测试软件的目的。

参加整器系统联试、验收测试、软硬件集成测试所需的软件产品至少从受控库提供，但可不固化、落焊；软件产品固化、落焊前应履行审批手续并取自产品库，软件固化落焊时应记录落焊工作状态，填写软件产品落焊工作记录单；软件第三方评测所发现的问题都应予以更改，并按要求完成回归测试，不更改的问题应组织进行专题风险分析。加大硬件功能由软件替代的研究应用力度，对软件密集型产品强化软件重用等新技术在型号研制中的应用。

在轨运行阶段，软件工作应支持系统对空间飞行器工作状态进行报告、分析和纠错，建立软件质量信息数据库，按要求对在轨运行阶段因软件发生的问题开展技术分析或归零工作。对软件研制能力等级要求为 3 级及以上的Ⅲ类及Ⅳ类软件产品原则上须具备在轨维护功能，其余软件产品根据总体要求确定是否具备在轨维护能力；针对在轨不可重构的软件配置项，应配合各级系统开展地面相关设计验证，如需要进行软件更改的在开发库中进行，仅作为相关技术分析和材料支持，不得用于项目产品使用。

6.2.3.9　供方质量控制要求

加强甲方主体责任制的落实，及时把相关技术和管理要求逐级传递到外协单位，开展技术要求确认、生产过程控制及验收交付实施全过程管理。严格控制二次外协和关键工序的外协。加强外协外购产品形成过程的监督检查和质量审核，确保过程受控。针对关键、核心不在手的产品要加强跟产监督，设置研制、生产关键质量控制点和强制检验点。

建立对供方实施从准入、分类到考核评价、退出的全寿命周期管理制度，优化供应商绩效评价制度，加强供应商全寿命周期管理，对供方从质量、进度、成本、体系等儿方面综合开展动态评价，对供方实行分类管理并充分体现奖惩，对优选供方采取资金倾斜、降低质量保证金比例、提供全面任务对接等奖励性措施，对慎选供方、限选供方，采取加大过程跟踪力度、提高质量保证金比例、上升问题通报层级、合同扣款、限制后续任务等组合措施，落实供方主体责任。

严格外协外购合同管理，合同文本应有详细和可核查的质量条款，在合同中纳入质量保证金要求。相关技术文件、协议应作为合同的附件。外协外购产品质量管理应纳入甲方和供方的质量管理体系和计划管理。

6.2.3.10　产品保证控制活动

空间飞行器在研制生产过程中，应结合空间飞行器研制特点和研制技术流程，组织对型号系统级关键节点和关键专业节点进行梳理，依托产品保证专家组参与进行强制把关，确保产品保证控制活动规范、合理。

元器件产品保证工作从元器件选用开始介入，可靠性工程保证工作从初样可靠性安全性设计开始介入，工艺及材料保证工作从设计工艺及材料性审查开始介入，软件保证从软件沿用可行性分析开始介入。

对于表 6－3 中的节点，各型号必须纳入研制流程，邀请产品保证专家参与把关，并有专家签字；对于表中标注“产品保证专家任组长”的节点，各型号（正式立项型号和参加在轨飞行的型号）须将工作计划报产品保证工作组，由产品保证工作组负责组织专家评审把关。

表 6-3 产品保证控制活动

<table>
<tr><th>分类</th><th>阶段</th><th>把关点</th><th>参加人</th><th>备注</th></tr>
<tr><td rowspan="6">系统级
关键节点</td><td>M/C/Z</td><td>各阶段产品保证策划</td><td>产品保证专家组</td><td>评审，产品保证专家组任组长</td></tr>
<tr><td>M</td><td>系统级方案设计</td><td>产品保证专家组</td><td>参加</td></tr>
<tr><td>C</td><td>系统级详细设计</td><td>产品保证专家组</td><td>参加</td></tr>
<tr><td>C/Z</td><td>系统级阶段研制总结</td><td>产品保证专家组</td><td>参加</td></tr>
<tr><td>M</td><td>型号关键单机方案设计</td><td>产品保证专家组</td><td>参加</td></tr>
<tr><td>M/C/Z</td><td>Ⅱ/Ⅲ类技术状态更改评审</td><td>产品保证专家组</td><td>参加</td></tr>
<tr><td rowspan="4">元器件
关键节点</td><td>M</td><td>型号元器件保证大纲</td><td>元器件专家组</td><td>评审，元器件专家任组长</td></tr>
<tr><td>C</td><td>型号元器件选用报告</td><td>元器件专家组</td><td>评审，元器件专家任组长</td></tr>
<tr><td>Z</td><td>型号正样元器件工作总结报告</td><td>元器件专家组</td><td>评审，元器件专家任组长</td></tr>
<tr><td>C/Z</td><td>元器件归零和失效分析</td><td>元器件专家组</td><td>评审，元器件专家任组长</td></tr>
<tr><td rowspan="7">可靠性
工程关键
节点</td><td>C</td><td>型号可靠性安全性设计报告</td><td>可靠性工程专家组</td><td>评审，可靠性工程专家任组长</td></tr>
<tr><td>C/Z</td><td>供电安全性检查</td><td>可靠性工程专家组</td><td>评审，可靠性工程专家任组长</td></tr>
<tr><td>C/Z</td><td>型号“1+6+2”设计复查</td><td>可靠性工程专家组</td><td>设计检查，可靠性工程专家任组长</td></tr>
<tr><td>C/Z</td><td>供电安全性检查</td><td>可靠性工程专家组</td><td>设计检查，可靠性工程专家任组长</td></tr>
<tr><td>C/Z</td><td>分离可靠性检查</td><td>可靠性工程专家组</td><td>设计检查，可靠性工程专家任组长</td></tr>
<tr><td>C/Z</td><td>系统级可靠性试验总结评审</td><td>可靠性工程专家组</td><td>参加</td></tr>
<tr><td>M</td><td>系统级空间环境设计报告评审</td><td>可靠性工程专家组</td><td>评审，可靠性专家任组长</td></tr>
<tr><td rowspan="2">工艺及
材料关键
节点</td><td>C/Z</td><td>工艺总方案评审</td><td>工艺及材料专家组</td><td>评审，工艺专家任组长</td></tr>
<tr><td>C</td><td>设计工艺性审查</td><td>工艺及材料专家组</td><td>评审，工艺专家任组长</td></tr>
<tr><td rowspan="5">软件关键
节点</td><td rowspan="5">不分 M/C/Z</td><td>软件沿用可行性分析评审</td><td>软件专家组</td><td>评审，软件专家任组长</td></tr>
<tr><td>软件需求分析、软件项目策划评审</td><td>软件专家组</td><td>评审，软件专家任组长</td></tr>
<tr><td>软件三方评测评审</td><td>软件专家组</td><td>评审，软件专家任组长</td></tr>
<tr><td>其他软件评审</td><td>软件专家组</td><td>参加</td></tr>
<tr><td>软件归零</td><td>软件专家组</td><td>参加</td></tr>
</table>

6.3　飞航导弹类产品质量控制

6.3.1　产品特点

6.3.1.1　飞航导弹定义

导弹是依靠自身动力装置推进，由制导系统控制导引、控制其飞行弹道，将战斗部导向并摧毁目标的武器。飞航导弹主要以巡航状态在大气层内飞行，可从地面、空中、水面或水下发射，可实现对陆、对海、对空目标远程精确打击。

6.3.1.2　飞航导弹特点

飞航导弹与以往装备相比，射程和作战范围大幅度提高，导弹命中精度可实现对敌重要战略、战术目标实施“点穴式”精确打击，是一种能实施大纵深、高精度的战场压制、削弱敌作战能力和战争潜力的“撒手锏”武器。飞航导弹由于其自身特点和采取多种技术方式，实现灵活多变的特殊飞行航迹，敌方难以预测和实施探测，同时规避敌防御火力单元，从而实现敌方难以拦截的目标。飞航导弹灵活使用多种模式，采用多种技术手段，不依赖外部电磁信号，全程自主工作，从原理上规避了复杂战场电磁环境对导弹飞行性能的影响，可对抗电磁干扰装备。

飞航导弹武器系统研制涉及飞行力学、空气动力学、导航与控制、复合材料、电子与通信工程、地理信息、图像处理等十余项基础理论学科，全国航空、航天、兵器、电子、船舶、机械、石化等行业数百家单位和国内数十所高校参与研制，其成功研制是各行各业大力协同、集智攻关、自主创新、军地协作的成果。

飞航导弹武器系统从概念研究开始，经过可行性研究、方案论证和工程设计、试制试验、研制靶试等多个研制阶段，直至状态鉴定、列装定型、批量生产和售后使用，在此过程中边研制、边试用、边定型、边生产、边改进、边交付，具有科研生产联合体的研究、开发、设计、试验、生产交叉并行一体化的显著特点。

飞航导弹按照多用途设计思想，使用数字化、信息化技术，落实通用化、系列化、模块化原则，实现自身的多用途并为发展多用途飞航导弹武器系统系列奠定基础。其是最早按系统设计理论和思想对武器系统方案和结构设计统筹考虑的系统之一，从方案论证阶段就统筹考虑基本型和改进型系列化发展，将飞航导弹设计成为既可满足多种作战任务需要，又可随着打击目标和战场环境的改变而不断加以改进和提高的武器装备。

飞航导弹武器系统的研制促使武器装备的研制试验和鉴定验收试验在试验项目、程序、内容、方法等诸多方面均发生变化，主要体现在以减少重复试验次数的试验项目最优化、考核导弹武器系统典型作战环境条件下的作战能力鉴定考核项目综合化、采用先进技术和方法的试验方法现代化。

6.3.2　各阶段工作任务和质量控制目标

飞航导弹武器系统研发阶段的划分需要根据具体情况来选择，一般来说，导弹武器系统研发主要包括论证、方案、研制、状态鉴定、列装定型、批产和售后服务阶段。各研制阶段针对关注内容不同，质量控制要素及方法各有差异。

论证阶段，论证出导弹初步总体参数和性能分析，充分考虑现有技术水平和基础，从技术能力、方案设想、研制周期、经费预算等方面，对使用方提出的技术指标满足性情况进行论证。

方案阶段，在明确了技术指标后，开展导弹方案论证和设计，在各分系统论证与设计的基础上，通过多方案对比分析，选择综合比较结果较好的方案，突破导弹关键技术，初步选定总体和分系统主要性能参数。

研制阶段，包括初样阶段和试样阶段。初样阶段，通过工程样机的研制，对总体方案的工程实现性进行验证，主要协调设计参数匹配性、工艺可操作性等，完成初样的各种试验，具备转入试样的技术状态。试样阶段，主要是通过飞行试验来验证武器系统的设计和工艺可实现性，在开展飞行试验前需要完成系统仿真与模拟试验、全弹振动试验、全系统对接试验等地面试验。

状态鉴定阶段，根据武器系统研制任务书和定型试验大纲完成定型地面试验和相关飞行试验，完成相关文档整理，经定型委员会批准可状态鉴定。

列装定型阶段，承研（制）单位完成部分导弹生产及试验考核后，向定型委员会申请列装定型，批准后可转入导弹批量生产。

批产阶段，根据产品订购合同，按照定型工艺文件完成产品生产，按照批抽检飞行试验大纲要求完成相关飞行试验。

售后服务阶段，按照阶段工作计划组织开展技术培训、任务保障及售后服务，确保使用单位掌握武器装备的作战使用能力，具有一定的技术维修能力，确保使用单位正确使用武器装备并顺利完成重大任务。

6.3.2.1 论证阶段

（1）论证任务及依据

配合顾客方上报型号战术技术指标，进行战术技术指标的技术、经济可行性论证，并形成论证报告。

论证依据为：

1）导弹装备中、长期发展规划；

2）顾客提出或上级批准的武器装备作战、使用性能要求；

3）相关的预研成果；

4）顾客方提出的型号初步战术技术指标。

（2）主要工作内容

论证阶段主要工作内容应包括：

1）作战使命、作战对象、作战方式、典型目标、装载对象、发射方式、有效射程、飞行速度、飞行高度、作战威力、动力体制、制导体制、命中精度、突防能力、外形尺寸及重量、使用保管环境条件、贮存寿命、可靠性指标、维修性及各分系统技术指标等；

2）提出可选择的方案设想及主要技术途径与国内、外水平对比分析；

3）拟采用的关键技术和预先研究成果的可用性；

4）拟采用的新技术、新材料、新器材及新工艺项目；

5）重大的技术改造项目及引进项目；

6）研制周期及研制经费概算。

（3）质量控制目标

①战术技术指标论证

型号总体单位根据顾客提出的研制任务书等输入文件，列出本系统主要的功能要求、效能要求、性能要求、使用要求、保障要求及质量保证要求等定性战术技术要求开展论证工作。论证阶段应当提出武器装备可靠性等“六性”定量、定性要求。此阶段要充分考虑部队实战化、体系化以及未来作战背景需求。

②总体及分系统方案论证

型号总体单位进行系统总体方案选择、论证，通过对比分析，确定优选技术方案。针对优选确定的主技术方案，根据系统的构成关系，分层次对本系统及其分系统依次进行论证。先详细论证系统的技术方案，然后再论证该技术方案中各组成分系统的技术方案。针对技术成熟度等级，对拟采用的新技术、新材料、新器材及新工艺项目进行论证。

③工艺可行性论证

型号结构系统及总装单位根据优选确定的主技术方案，对系统的可制造工艺性、检查性进行分析，提出关键环节及解决途径，并在总体论证报告中形成独立章节进行工艺性分析。

④编制型号立项论证报告

型号总体单位负责报告编制。武器装备研制方案论证报告应当包括：达到可靠性与维修性指标及相关要求必须采取的技术方案分析；与技术方案相适应的可靠性与维修性工作项目；可靠性与维修性经费预算的依据。

（4）完成标志

通过论证报告评审并上报，主要审查论证项目的完整性和协调性，审查论证初步方案及技术途径的先进性、经济性、可行性、合理性，审查研制周期及经费概算的合理性和可行性。

6.3.2.2　方案阶段

（1）工作任务及依据

完成型号研制方案论证与初步设计，进行原理性样机研制与验证，突破关键技术，并报批武器系统方案论证报告及研制任务书。

工作依据为：

1）顾客方提出或上级主管部门下达的型号战术技术指标和指令性计划；

2）有关标准、规范和法规等。

（2）主要工作内容

方案阶段主要工作内容包括：

1）建立设计师系统和行政指挥系统，并组织研制队伍；

2）完成型号总体方案论证及总体和各分系统初步设计；

3）提出可靠性、维修性指标论证报告，完成指标分配和预计，编制可靠性、维修性大纲及工作项目计划；

4）编制型号质量保证大纲和标准化大纲；

5）编制电磁兼容性大纲与安全性设计和分析要求；

6）进行武器系统精度估算与分配；

7）解决引进的技术、设备、关键元器件等项目；

8）提出型号研制经费预算和技术改造经费预算；

9）编制型号研制程序及网络图，确定研制产品总数量及各状态的数量；

10）提出系统配套项目及定点研制单位；

11）提出导弹试制工艺总方案论证报告；

12）进行分系统原理样机研制及试验验证，完成关键技术攻关；

13）提出分系统研制任务书；

14）提出型号试验靶场试验要求；

15）编制型号总体方案报告，完成型号总体方案评审，起草研制任务书。

（3）质量控制目标

①组织产品实现策划

型号研制立项后，型号总承包单位应依据研制批复要求组织制定全寿命周期的产品实现策划，明确研制程序、研制阶段、研制途径、配套单位选择等主要内容，并按阶段开展设计和开发策划。

②飞航导弹武器系统方案设计

总体和分系统单位提出引进的技术、设备、关键元器件等项目，多方案对比优化后完成型号总体及各分系统初步设计，总体单位提出系统配套项目及定点研制单位；编制可靠性、维修性指标论证报告，完成指标分配和预计，并制定可靠性、维修性大纲及工作项目计划。编制型号质量保证大纲和标准化大纲；进行武器系统精度估算与分配。编制型号研制程序及网络图，确定研制产品总数量及各状态的数量。分系统单位提出导弹试制工艺总方案，进行分系统原理样机研制及试验研制，完成关键技术攻关。

总体单位编制型号总体方案，完成型号总体方案评审，起草研制任务书。各分系统单位负责组织分系统级设计评审、设备或整机级设计评审、专项评审。

③方案转工程研制阶段

编制转初样阶段评审要求，明确转工程研制阶段条件、设计评审组织管理要求、会议文件及其编制要求与评审项目、计划等，转阶段评审通过后方可进入初样阶段研制工作。转阶段评审按照整机、分系统、武器系统的顺序进行，正式立项型号转阶段评审应邀请顾客代表参加。

(4) 完成标志

完成总体方案评审，完成并上报研制任务书。

6.3.2.3　研制阶段——初样阶段

(1) 工作任务及依据

完成初样阶段设计工作，通过地面试验和考核验证，研制产品的主要功能特性和物理特性，基本达到研制任务书规定的要求，环境适应性满足研制试验要求。

工作依据为：

1) 型号总体方案；

2) 型号研制任务书及分系统研制任务书（或研制合同）；

3) 标准化大纲中规定的标准及规范。

(2) 主要工作内容

主要工作内容包括：

1) 编制本阶段的研制计划流程图；

2) 完成初样设计、工艺总方案设计及工艺文件，并通过评审；

3) 完成导弹、火控系统和地面保障设备及所属分系统的初样设计，完成设计及研试文件资料齐套；

4) 完成试制工艺和工装准备，通过工艺评审，完成初样试制；

5) 进行大型试验主要项目有：风洞试验、动力系统试验、静力及振动模态试验、弹上各分系统的初样工程样机试验、火控系统工程样机试验、地面保障设备工程样机试验、仿真试验、电磁兼容性试验、可靠性和环境适应性试验等，并根据试验结果修改完善初样设计；

6) 进行总体和分系统以及分系统之间的技术协调；

7) 提出维修、检测设备的总方案；

8) 提出测试、计量和遥测技术要求，进行测试设备和遥测设备方案设计；

9) 进行系统、分系统和设备的可靠性建模、指标分配和预计，完成设计与分析；

10) 编写初样阶段研制报告；

11) 完成初样阶段评审。

(3) 质量控制目标

①设计质量控制目标

编制年度产品质量策划，明确每年度的产品保证工作要点和产品保证工作项目，并按计划节点开展相关工作。完成系统及分系统初样设计，并通过评审。编写初样阶段研制报告，重点对初样设计、安全性、可靠性设计进行复核复算。设计师系统在进行产品性能设计时，必须按照可靠性与维修性大纲和工作计划以及有关标准、规范等，开展各项可靠性与维修性设计、分析和试验活动，安排可靠性要求高、功能复杂、技术风险高的产品开展可靠性强化或增长试验。

②试制质量控制目标

制定产品试制生产过程策划，确定总体生产能力、技术状态、关键件和重要件生产能力、外协外购配套情况、质量保证、经费需求、综合保障能力等，进行投产产品风险分析，合理划分生产批次，明确管理和控制方式，形成生产策划报告。根据产品的技术要求、生产类型和生产条件编制工艺总方案和配套工艺文件。根据设计文件确定的关键件、重要件清单，结合工艺总方案要求，编制关键工序等相关工艺文件。产品在研制过程的试制前和生产阶段的生产前，承制单位应对试制或生产的准备状态进行全面系统的检查，对其开工条件做出评价，以确保产品能保质、保量、按期交付并规避风险。

③试验质量控制目标

设计师系统编写试验大纲，主要包括试验性质、试验目的、试验产品技术状态、试验条件、试验方案、故障判据、试验要求评定标准、组织分工、试验安排、试验设备及资料配套清单、试验风险分析和故障处理预案等方面。试验实施单位负责编写试验实施细则，并组织开展试验准备状态检查。试验队员必须按大纲规定的方法、程序和实施细则操作，岗位人员不得随意更改技术要求和操作规程，必须更改时由责任单位填写技术通知单或更改单，按规定的审批程序进行。参试队员按照试验流程开展试验，并保留完整的试验过程记录。试验结束后，试验总体单位和各承研承制单位对试验数据进行整理、分析、总结和评价，形成试验总结报告。

④初样转试样阶段工作质量控制目标

全面策划初样阶段转试样阶段工作，依据有关标准、规范和法规，贯彻产品保证系列大纲、标准化大纲及其引用文件和标准要求，明确初样转试样设计评审的依据和工作要求。根据型号产品层次与组成以及产品研制实际情况，明确初样转试样的评审项目、评审级别和评审时间。对照初样阶段研制合同和任务书等输入文件，按照相关文件编制要求，规范初样转试样设计评审上会文件，并编写转阶段相关报告（研制总结报告、质量分析报告、工艺总结报告等），全面总结初样阶段产品研制情况。初样阶段转试样设计评审一般在初样阶段工作结束，试样阶段工作尚未开展之前进行。

（4）完成标志

完成初样阶段的试制和试验工作，完成初样阶段的总结及评审。

6.3.2.4　研制阶段——试样阶段

（1）工作任务及依据

试样研制的主要任务是：在修改初样设计的基础上进行设计、研制和试验。对火控系统和地面保障设备研制，分阶段检查产品设计、技术设计和工艺质量，检验型号飞行性能及武器系统工作协调性、可靠性和命中精度，为设计定型阶段研制工作奠定良好的基础。

工作依据为：

1）上级主管部门批准下达的型号研制任务书（或研制合同）和指令性计划；

2）初样研制总结报告；

3）标准化大纲中的标准及规范。

(2) 主要工作内容

1) 编制试样阶段研制计划流程图；

2) 进行导弹和各系统及分系统的试样设计；

3) 完成试样阶段的工艺装备、生产准备；

4) 开展设计工艺协同，进行试样设计评审及工艺改进评审；

5) 完成试样产品试制；

6) 进行系统仿真试验；

7) 进行弹上系统地面联试；

8) 进行弹上系统电磁兼容性试验和武器系统电磁兼容性试验；

9) 进行全弹环境试验及其他试验；

10) 进行全弹试车；

11) 进行武器系统地面（空中）对接试验；

12) 进行火控系统陆上对接联调试验、系统静态精度试验、系统动态精度试验等；

13) 进行地面保障设备对接联调试验、环境试验及导弹与系统对接试验等；

14) 进行飞行试验，完成试验结果分析，编写试验分析报告；

15) 对可靠性指标完成情况进行评估，提出可靠性增长计划，完成增长试验；

16) 整理、完善设计和工艺技术资料；

17) 编制型号试样研制报告；

18) 提出设计定型技术状态；

19) 完成试样阶段评审；

20) 提出设计定型试验申请报告。

(3) 质量控制要求

①设计质量控制目标

根据初样阶段研制情况和试样阶段研制要求，特别是变化情况和新的要求，更新产品实现策划、设计和开发策划、产品质量策划等文件，明确型号研制年度目标、重点工作、关键技术及相应措施、重大试验策划、技术状态管理、产品保证策划要求、文件要求、软件工程化要求、资源保障要求和风险分析及措施等，并按计划节点开展相关工作。策划工作要充分关注“技术状态有变化、质量出现过问题、测试覆盖不到、单点连接失效”质量交集状况，采取强有力措施加以预防和解决。

②试制质量控制目标

制定产品产出的整个试制生产过程的策划，确定总体生产能力、技术状态、关键件和重要件生产能力、外协外购配套情况、质量保证、经费需求、综合保障能力等，进行投产产品风险分析，合理划分生产批次，明确管理和控制方式，形成生产策划报告。生产单位工艺技术部门应依据生产任务书或合同、产品设计文件、试样阶段设计方案、生产类型、规模，本单位的生产条件和工艺技术水平及产品的特点，组织编制试样阶段工艺总方案。试样阶段试制前，承制单位应对生产准备状态进行全面系统的检查，对其开工条件做出评价，以确保产品能保质、保量、按期交付并规避风险。

③产品出厂交付质量控制目标

完成技术文件及随机资料的齐套准备，确认产品完成任务书等输入文件规定的工作。组织检验等相关人员（必要时邀请顾客代表），按照检验依据文件对产品进行检验，并形成检验记录和产品质量证明文件。型号各分系统负责组织完成弹上各分系统的试样产品整机试验。生产单位在产品试验、检验合格并办理好质量证明文件后发起验收活动，邀请设计单位、外协委托单位和顾客代表等组成验收组。验收组会同生产单位按照产品技术条件开展验收试验，同步核查生产过程质量控制情况和整机试验报告等。

质量管理部门负责组织质量评审的实施，设计、质量人员需提供评审材料。设计师系统对评审中提出的遗留问题，进一步分析研究，提出解决措施并落实。承制单位质量管理部门负责对评审遗留问题落实情况跟踪和监督，必要时向顾客或其代表以及上一级质量管理部门通报。导弹出厂质量评审分为院（基地、公司）质量评审和集团公司质量评审（或审查）。院（基地、公司）组织出厂质量评审前需组织完成有关专项评审，一般为技术状态、元器件、软件、质量问题归零、安全发射、无误发射等。

④大型地面试验质量控制目标

针对两个及以上分系统参加的大型地面试验工作，试验技术单位设计师系统应编制试验大纲，试验组织单位必须组织试验大纲评审，邀请同行专家、参试单位相关人员以及顾客代表参加。参试单位设计师系统根据试验内容和具体情况，编制测试细则或操作规程等技术文件。应策划试验的质量控制点，对试验全程进行质量管理。试验组织单位质量管理部门在试验开始前应组织试验准备状态检查，对试验组织机构的建立情况、参试产品的技术状态、试验设备及计量测试设备、试验使用文件、试验环境、技安和质量保证措施落实情况等进行核查，确保其满足相关规定和试验要求。

试验人员应严格按试验大纲和相关测试细则、操作规程等开展试验，试验过程变更时应出具正式的技术文件，并征得顾客代表同意。试验人员应按照试验大纲的规定观察试验现象，收集整理试验数据和原始记录，并签署完整以及试验过程记录。试验结束后，试验总体单位和各承研承制单位对试验数据进行整理、分析、总结和评价，形成试验总结报告。

⑤飞行试验质量控制目标

总体单位设计师系统依据研制总要求（合同）编制飞行试验大纲，并按照设备级、分系统级、系统级逐级开展产品质量复查及确认工作，各级质量管理部门负责组织专家对复查及确认结果进行审查把关，型号两总对武器系统质量复查及确认结果的正确性和有效性负责。

进场前要完成试验队组建，明确试验队组成人员、组织机构、分工和职责，试验队组织机构由领导小组、调度组、质量组、技术组、技安组等组成。其中，质量组由质量管理部门、参试单位质量管理人员或指定人员组成，负责试验的质量管理工作。试验队负责组成检查组，对在试验现场使用的所有参试测量设备逐台进行检查，符合要求的粘贴“合格”标识，否则粘贴“禁用”标识并组织整改。承研承制单位开展技术文件配套的准备工作，编制系列试验管理文件，包括计划调度管理、质量、技全、保卫、保密等，作为试验队组织管理工作的依据。

试验队管理人员负责组织试验前准备状态检查，应严格按照飞行试验大纲、质量保证措施、试验程序和操作细则进行进场后测试及质量复查。试验队管理人员组织试验前质量“双想”活动。按照型号特点，型号在产品技术阵地转发射阵地前，试验队管理人员组织技术阵地转发射阵地转场评审。参试人员按大纲规定的方法、程序和实施细则操作，岗位人员不得随意更改技术要求和操作规程，参试队员按照试验流程开展试验，并保留试验过程记录。试验队负责收集、整理试验记录和全部原始数据，汇总处理后按要求反馈型号总体单位设计师系统。飞行试验结束后，总体单位牵头完成试验总结报告。

⑥试样转定型阶段工作

试验阶段工作全部完成后，转定型阶段前，全面开展转阶段策划工作，提出试样转定型阶段评审依据和评审原则，明确技术状态控制基线，明确试样转定型阶段评审项目、评审级别和评审计划，发布转阶段评审报告的格式要求及转定型阶段评审要求。型号队伍应全面总结试样阶段产品研制工作，形成试验阶段研制总结报告、产品质量分析报告、工艺总结报告等文件。转阶段评审按照整机、分系统、武器系统的顺序进行，一般由上一级任务书提出单位会同研制单位组织开展，其中导弹武器系统的转阶段评审由型号总承包单位组织开展。国家正式立项型号的转定型阶段评审应邀请顾客代表参加。

(4) 完成标志

1) 完成飞行试验大纲要求的研制飞行试验；

2) 完成试样阶段的评审；

3) 提出设计定型试验申请报告。

6.3.2.5　状态鉴定阶段

(1) 工作任务及依据

完成状态鉴定研制阶段的设计与试制；通过考核型号战术技术指标的飞行试验；按有关规定完成状态鉴定审查。

工作依据为：

1) 立项批复、研制总要求、型号研制任务书（或合同）；

2) 试样阶段研制总结报告；

3) 装备鉴定试验总案；

4) 上级主管部门下达的指令性计划。

(2) 主要工作内容

1) 单独或会同使用方代表机构提出性能鉴定试验申请，并配合使用方编制鉴定试验大纲；配合使用方实施并完成性能鉴定试验，包括武器系统的功能性能试验、通用质量特性试验和软件测评等。

2) 在性能鉴定试验过程中承担技术服务保障、技术问题处理等工作，完成试验数据收集、分析和总结，针对试验过程中的质量技术问题完成归零、验证和审查，并完成系统改进和完善。

3）配合使用方开展装备中期作战评估。

4）单独或会同使用方代表机构提出状态鉴定申请，配合使用方完成状态鉴定审查，确定产品基线。

（3）质量控制目标

①工作策划

根据《鉴定状态鉴定试验总案》《装备试验鉴定条例》《装备状态鉴定工作指南》等相关文件要求，确认装备状态鉴定试验指标、方案及安排等工作要求，编制装备研制总要求，型号队伍根据武器系统总体工作要求，梳理状态鉴定阶段的技术设计、产品状态、产品生产配套、靶场条件建设、鉴定试验安排等工作内容，组织制定状态鉴定阶段工作策划。

②鉴定试验安排

根据《试验总案》《研制总要求》，会同用户确认鉴定试验、作战试验、在役考核工作安排，组织编制鉴定试验方案、作战试验建议方案和在役考核工作建议，开展各级产品及型号武器系统试验方案设计，并编制鉴定试验申请报告，报送军工产品状态鉴定委员会审批。鉴定试验前，需根据飞行试验放行准则，对进场前的产品研制情况进行确认，确定是否符合进场要求。在靶场完成全部技术准备工作及转场评审后，组织实施飞行试验。

③鉴定审查及批复

依据状态鉴定文件完整性和规范性要求，完成各级产品状态鉴定会议文件及全套研试文件、设计文件、工艺文件、软件文档的编写、整理。型号队伍会同顾客代表一同汇总状态鉴定审查报告，包括装备研制总结、装备验收规范、装备操作使用说明等文件，报送状态鉴定委员会审批。承研单位管理部门组织设计师系统接受鉴定审查。通过审查后，承研单位管理部门负责获取相关的批复文件。

（4）完成标志

完成鉴定飞行试验，通过定型/鉴定审查会审查。

6.3.2.6 列装定型阶段

（1）工作任务及依据

申请作战试验任务，配合使用方完成作战试验，并通过使用方组织的列装定型审查。

工作依据为：

1）立项批复和研制总要求；

2）装备鉴定定型试验总案；

3）状态鉴定状态的技术资料；

4）上级主管部门下达的指令性计划。

（2）主要工作内容

1）完成小批量产品生产及交付验收；

2）作战试验产品满足要求并通过技术状态确认；

3）会同使用方代表机构适时提出作战试验申请，并配合使用方编制作战试验大纲；

4）配合使用方实施并完成作战试验，主要考核导弹武器系统的作战效能、保障性、部队适用性、作战任务满足程度、质量稳定性等；

5）在作战试验过程中承担技术服务保障、技术问题处理，完成试验数据收集、分析和总结，并参与作战运用研究等工作，针对作战试验暴露的问题，完成系统改进与完善；

6）配合使用方开展批量生产条件、生产工艺等审查，完成工艺定型；

7）单独或会同使用方代表机构提出列装定型申请，配合使用方完成列装定型审查。

（3）质量控制目标

①生产现场检查

作战试验产品/小批量产品生产前，承制单位编制专用工装、检验检测设备及非标准设备的配套表，编制关键工序、特种工艺及工艺装备配置表，提供现场检查。生产单位准备好所有产品检验记录，并做好抽查产品性能所需设备清单。

②试生产

生产单位按照军方（顾客）列装定型实施细则，开展试生产策划，主要包含：任务来源、试生产主要过程、产品工艺和生产条件考核情况、批量生产条件、用户使用产品情况、状态鉴定时提出的工艺和生产问题的落实、技术文件更改和增补，以及工艺文件完整和正确性、相关标准等内容。

在生产过程中，按照“完整、正确、统一、协调、清晰”的要求和稳定工艺与产品制造质量、提高批生产能力及降低消耗的原则，认真验证和考核全套工艺文件。重点验证工艺过程质量控制措施，关键件、重要件、关键工序的工艺保证措施，数控程序和测试软件等。按照工艺总方案的要求和《首件鉴定目录》确定的项目，在生产过程中完成首件鉴定。

试生产结束后，应对产品制造工艺薄弱环节的解决情况进行总结，进一步完善工艺。属于产品设计方面的问题，及时反馈给设计部门进行协调、修改，以适应批生产工艺要求。

③工艺定型

根据状态鉴定设计文件和工艺定型要求，对状态鉴定后的全套工艺文件、专用工装和非标准设备等进行清理、复查，重点是工艺技术状态与状态鉴定设计文件的符合性、工艺文件的完整性、工艺规程的可操作性、数控程序版本的正确性、产品质量的稳定性、质量问题归零措施在工艺上的落实情况、尚存在的工艺难点或短线等。

型号产品所有承制单位、外协配套单位都要按照工艺定型实施方案的要求，审定全套定型的工艺文件（含专用工装和非标准设备设计文件），全面检定专用工装、专用检测设备和非标准设备，组织完成三级及三级以下工艺定型，形成工艺定型报告及明确结论。

型号产品二级工艺定型鉴定会、一级工艺定型审定会都要成立相应的鉴定（审定）委员会，下设工艺文件（资料）审查组、生产现场与产品质量检查组。工艺文件（资料）审查组、生产现场与产品质量检查组要分别在鉴定（审定）会之前做好检查工作，写出书面意见向鉴定（审定）委员会报告。

鉴定（审定）会上要向鉴定（审定）委员会提供全套工艺文件（资料）用于审查。一级工艺定型被批准后，工艺定型产品各承制单位、外协配套单位的全套工艺文件（资料）的封面必须加盖工艺定型印章，并填写工艺定型的批准时间。印章由型号总承包单位制定。工艺定型完成后，工艺定型产品各承制单位、外协配套单位要按照资料归档要求，组织完成全套工艺文件（资料）的归档工作。

④作战试验

被试装备通过装备状态鉴定，且小批量产品通过验收、满足作战使用要求时，装备研制单位以书面形式向装备部门提出作战试验申请，顾客出具书面意见。装备部门应组织试验单位和承担作战试验任务的单位，编制贴合实战要求的作战试验大纲，明确作战试验任务、编写作战试验想定、筹划作战试验评估、设计作战试验科目等内容。试验单位和承担任务的单位按照指挥协同程序和试验实施方案有序推进试验实施，完成试验任务。

⑤列装定型申请及审查

装备列装定型工作实施分级管理，重要装备实行一级定型，一般装备实行二级定型，装备配套军工产品应随装备同时进行列装定型。当产品通过工艺和生产条件考核、作战试验以及部队试用后，承研承制单位认为达到列装定型条件时，会同军事代表机构或军队其他有关单位，向定型委员会提出书面列装定型申请，管理部门组织好审查工作。

（4）完成标志

1）通过列装定型检查验收；

2）批准列装定型报告；

3）定型委员会批准列装定型，技术文件加盖定型章。

6.3.2.7 批产阶段

（1）工作任务及依据

完成批产任务及批抽检试验，保质、保量交付顾客满足合同要求的产品。

工作依据为：

1）上级下达的计划任务书或产品订购、协作合同；

2）产品设计文件及批生产工艺总方案；

3）相关标准及规范。

（2）主要工作内容

1）完成批生产工作策划；

2）整理和完善工艺总方案；

3）完成产品批生产工艺短线梳理和工艺状态清理，确定批生产工艺状态；

4）开展与批生产任务相适应的稳定工艺、降本增效的工艺优化；

5）开展生产准备状态检查；

6）配合生产，协调处理现场技术问题；

7）完成批抽检飞行试验；

8）编制工艺可行性分析报告，给出工艺可行性与否的结论。

（3）质量控制目标

①生产工作策划

科研生产部门负责组织批产产品（含军贸产品及软件）的工作策划，形成生产策划报告，负责编制相应的生产计划，落实关于型号批生产的策划要求，并对策划的实施情况进行监督。质量管理部门负责组织产品质量保证的策划，负责根据产品及技术、工艺和管理文件规定，确认产品所要求的验证、确认、监视、测量、检验和试验活动，组织编制有关产品质量保证大纲，确保批生产过程得到有效运行和控制。工艺管理部门负责产品技术状态和工艺技术保障的策划，负责编制工艺总方案、标准化要求相关文件。参与并落实产品可靠性、维修性、保障性、测试性、安全性和环境适应性等设计要求，为促进产品的实现质量，提出相关的主要工艺管理内容要求。物资供应管理部门负责策划外购物资齐套情况及关重和瓶颈短线外购控制要求等内容。

②工艺文件准备

工艺管理部门负责编制工艺总方案并组织评审，指导工艺设计，提出保证产品质量的主要工艺措施，规范批生产工艺准备工作，为产品批生产线的建立与调整、设备配置、技术改造等提供依据，强调重视顾客代表对批生产过程的监督。

③投产前生产准备状态检查

科研生产部门为型号产品生产准备状态检查的主管部门，负责生产准备状态检查的组织、协调、总结等工作。在投产前应根据产品的特点、生产规模、复杂程度以及准备工作的实际情况等，组织开展产品的生产准备状态检查。物资供应管理部门负责生产任务的原材料、外协外购产品的准备，对采购产品的质量、供货数量和到货期已做出明确规定。工艺管理部门负责生产任务的图样资料、工艺文件和工艺装备等技术状态控制，确保现场使用的设计图样、工艺规程和其他作业指导文件和质量保证文件配套齐全、现行有效。生产设备管理部门负责生产任务使用的加工设备、计量、测试设备等状态控制，确保批生产所必要的检验、测量和试验设备配套齐全，并在检定有效期内。质量管理部门负责生产任务质量要求、产品验收文件及外协外购产品验收文件检查。确保关键过程、特殊过程、技术状态更改、不合格品审理等控制程序得到有效的落实。人力资源管理部门负责生产任务需要相关人员的培训、考核等。确保负责配合现场生产的设计、工艺等技术人员和管理人员具备相应的资格；应按产品生产的过程和各工序及工种的要求，配套足够数量、具有相应技术水平的操作、检验和辅助等人员。技安环保管理部门负责工业卫生、生产安全条件、环境保护和生产环境条件的状态控制。

④出厂评审

质量管理部门是产品出厂质量评审的主管部门。负责组织产品出厂前的质量复查，负责对有贮存期要求的弹上产品和地面设备的有效期复查，确保其贮存期符合要求。有使用寿命要求的弹上产品和地面设备，其寿命满足交付后的使用要求。负责组织生产质量总结报告的编制及审查。负责组织出厂质量评审会，并对产品出厂质量评审中有关事项的落实情况实施监督检查。

技术管理部门负责复查技术状态的符合性，关键过程、特殊过程质量控制情况等，负责不合格品审理意见的有效性。

科研生产部门负责对产品组批情况、生产过程控制进行复查。

物资供应管理部门负责对原材料、元器件、外购产品采购情况、外协产品控制进行复查。

⑤批抽检飞行试验

使用方（或委托试验方）负责编制批抽检飞行试验大纲，并组织评审，报飞行试验大纲审定单位批准，监督飞行试验的实施和有关协调工作。承制方负责导弹及其他被试设备的技术状态符合飞行试验大纲和制造验收技术条件的要求，并通过质量评审；负责向试验方提供飞行试验大纲规定的技术资料齐套；负责参试的仪器、设备均应符合各自技术条件的要求，并在计量校准有效期内。试验方负责组织和实施飞行试验，明确岗位责任制，编制试验实施细则、试验计划、发射应急处理预案等，并确保靶场具备试验条件。

（4）完成标志

按照投产任务或合同完成产品交付，完成批抽检飞行试验。

6.3.2.8　售后服务阶段

（1）工作任务及依据

组织开展技术培训，确保使用单位掌握武器装备的作战使用能力，具有一定的技术维修能力，确保使用单位正确使用武器装备并顺利完成重大任务。

工作依据为：

1）军地双方关于武器装备技术支持的合同或有效约定；

2）武器装备的定型技术文件和装备使用维护信息；

3）武器装备测试和发射流程文件；

4）关于武器装备保障性的有关标准。

（2）主要工作内容

1）完成售后阶段工作策划及售后服务计划，明确型号产品售后服务的工作内容及实施措施；

2）编制产品交付后的安装调试、技术培训、维护修理等技术资料，完成售后任务、重大军事演习、训练任务和支援保证等任务的工作准备；

3）参加产品交装培训，提供重大军事演习、训练任务和支援保障等任务技术支持和保障服务工作，提供延寿实施、退役及处理工作技术保障；

4）及时收集产品在用户使用过程中的质量与可靠性、保障性等方面的案例和信息，对发生的售后质量问题进行处理。

（3）质量控制目标

①技术培训

型号总承包单位（院、基地）装备技术保障管理部门应根据顾客提出的培训需求，结合型号实际使用与维护需要，策划装备的技术培训工作，编制技术培训教材，并与顾客协商一致，经总师或有关领导批准后下发各培训承担单位。组织对学员的培训考核，并根据考核结果颁发相应的证书。技术培训结束后，应组织填写技术培训信息反馈表，记录培训的科目、教员、学员、课时、主要内容、培训效果和用户意见，并录入武器装备技术保障数据库，作为培训改进的依据。

②重大任务技术保障

武器装备总承包单位装备技术保障管理部门应策划重大任务技术保障工作所需的人员、经费、周期、装备、备件等，参考大型试验管理模式，制定专项技术保障工作计划，发布成立组织机构和人员的文件。

参与重大任务技术保障时，承研承制单位要组织对重大任务方案（演习、靶训方案）进行深入研究，结合型号装备技术条件及实际状态，向演习任务组织方或参试单位提出技术分析意见。武器装备总承担单位装备技术保障管理部门会同质量管理部门，根据型号装备技术条件及实际状态，安排针对性的质量复查工作，并发布复查计划。各责任单位应认真核实装备的技术状态和交付后的维修测试状况，按照复查要求形成专项复查报告，对各项工作的复查情况和复查结论予以明确。

试验队组织按照靶场工作程序和安全性工作计划开展工作，在演习靶试保障工作过程中，承研承制单位、型号两总系统要认真组织检查演习靶试方案、参试装备是否满足发射使用条件，发现问题要及时上报并按规定程序处理。对靶场试验环境、各项准备工作开展情况、岗位设置情况、操作规程和口令的校核情况、工作要求的执行情况等进行检查，形成检查记录表格。飞行试验前应对靶场开展的工作情况进行“安全发射、无误发射”确认。

③售后服务

承研承制单位根据型号交付情况和特点，组建相应的技术保障团队，承担售后服务工作。

总承包单位（院、基地）装备技术保障部门按照年度策划售后服务工作，了解使用单位对装备的使用和消耗情况，对备件生产、升级改造、顾客走访和装备巡检、维修保障、装备报废处置、工作经费等进行策划，发布年度售后服务工作计划等。生产单位应按照售后服务计划和装备保障方案的要求，组织备件的生产。

总承包单位装备技术保障部门一般应每年至少组织一次到顾客现场的走访交流和装备巡检。参加单位应通过走访巡检、座谈、问卷等方式，认真开展顾客满意度调查、分析和评价。对顾客反馈的意见和建议，要及时予以处理、答复和跟踪。

对有定期测试、保养、维护的顾客财产，承制单位应按照产品技术文件规定的周期、技术项目进行工作，并做好记录。

武器装备需升级改造时，总承包单位装备技术保障部门应组织装备升级改造技术方案的评审，评审通过后将其作为升级改造的依据性文件。条件具备时，总承包单位装备技术保障部门应发布装备升级改造工作计划并组织实施。

承制单位负责建立并完善售后质量问题反馈应急和处理机制，及时响应使用单位反馈的产品使用和质量问题并闭环处理，视情况完善文件资料并补充培训，对问题产品组织现场维修或返厂维修。因其他产品质量问题归零举一反三涉及已交付产品的，应组织与使用单位进行沟通，做出即刻处置、结合巡检巡修择机处置的安排并予以实施。

各研制单位售后服务管理部门应在技术培训、重大任务技术保障、顾客走访和装备巡检、产品问题处理等过程中，广泛收集产品售后服务信息，积极获取顾客对装备设计、使用与维护方面的意见和建议，收集产品的质量与可靠性、保障性方面的案例和信息，分析发生的原因，提炼设计准则，开展培训教育等工作，汲取经验教训，定期向其他研制队伍进行反馈，以不断改进产品的设计能力。

(4) 完成标志

按照培训计划完成培训工作，使用单位人员通过培训考核。按规定完成重大任务技术保障，完成各年度售后服务计划。

6.3.3 质量控制要求

近年来，随着国际形势快速变化，顾客对新型飞航导弹武器装备研制需求愈发迫切，型号从立项到定型研制周期大幅缩短，技术迭代快、领域探索性强，关键技术攻关与产品研制生产高度并行，难度之大前所未有，对质量的迫切需求空前之高。为保证型号产品质量可靠、研制工作一次成功，飞航导弹研制过程中，始终坚持将基于风险防范的质量管控贯穿于研制生产全过程、全要素、各专业、各环节，规范和强化研制、生产、试验等全寿命周期质量管理。

6.3.3.1 设计过程质量控制

1) 型号技术方案确定后，结合战标以及未来作战条件下的复杂战场、复杂电磁、复杂地理、复杂气象等环境实际，围绕贴近实战的极限条件、边界条件、体系对抗条件，针对任务剖面充分开展设计先进性、合理性评估及系统分析，确定环境要求，制定产品保证大纲和可靠性、安全性、环境适应性、测试性等顶层配套大纲文件，明确在上述方面的定性和定量要求以及设计分析要求和试验项目等，充分指导型号技术设计，确保武器装备实战适用性。

2) 设计策划工作中，一方面通过应用“通用化、系列化和组合化”设计思想，充分吸收借鉴同类装备设计思路和研制经验，优先采用经过飞行试验验证的成熟产品和成熟技术，对性能、质量、可靠性、风险等因素进行综合权衡，开展优化设计。通过设计分析研究，确定产品特性、容差以及必要的试验和检验要求，对关键、重要特性提出保证措施。另一方面，在沿用或借鉴其他型号产品成熟技术时，应具体分析本型号与其他型号实际应用环境、使用条件的差异，充分评估原设计方案对于新使用环境的适应性，严格论证每项指标参数，并充分开展仿真和试验验证。

3）强化专业间设计协同。当前型号研制周期大幅缩短，各分系统高度耦合，需通过数字化的手段提升专业间设计协同能力。方案阶段首先确定目标方案和目标状态，确定参加飞行试验产品的配套，确保方案可实现、指标可闭合、系统可匹配。研制阶段按照状态一步到位、试验分步验证的思路进行系统设计，充分运用 MBSE、MBD 等方法手段，对影响产品质量特性的全部环节实现可量化、可仿真、可计算，对专业间协调匹配接口充分开展仿真验证及单机测试，将薄弱环节暴露在交付之前。

4）抓好产品设计输入和设计输出的确认审签，明确产品功能特性、物理特性、环境要求、使用要求、借鉴的成熟技术、设计验证与确认要求等必要设计输入要素，开展设计输入评审确认，保证设计输入完整、有效。加强设计输出审查把关，对设计输入要求进行分解、量化，确保设计输出全面符合和覆盖设计输入要求。实施分级、分阶段的设计评审，方案阶段重点关注产品的通用质量特性设计、功能性能符合性等，研制阶段重点关注产品技术设计、试制及试验满足产品技术要求情况，以及技术状态与设计方案的符合性、设计图纸正确性等。同时，研制各阶段应充分运用集合多型号质量问题信息的知识图谱应用系统，对系列型号、同类别产品的历史质量问题进行学习借鉴，从设计源头规避问题再发生。

5）严格元器件、原材料、标准件、通用件等配套产品的质量控制，承制单位要加强对配套产品的质量监督。对元器件要实行“统一选用、统一采购、统一监制验收、统一筛选复验、统一失效分析”的“五统一”管理。执行进口元器件选用控制要求，严格元器件质量控制和可靠性试验，重点型号的关键元器件应做破坏性物理分析（DPA）、颗粒噪声多余物检测试验（PIND），确保装机元器件质量。严格控制目录外选用，产品目录外选用元器件、原材料须经过项目负责人审批。采购的元器件、原材料要进行复验和筛选。

6）深入贯彻“吃透技术、吃透状态、吃透规律”的工作准则，技术设计完成后，围绕新技术、新材料、新环境等技术细节抓好设计正确性、合理性的分析和验证，对关键参数、重要环节、时序接口、产品环境适应性、软硬件接口匹配性、单点失效环节等开展全面深入的复核复算，必要时采取专家“背靠背”方式进行重点复核，确保产品设计一次到位。同时充分考虑设计工艺一体化，确保设计的可制造性。

6.3.3.2　技术状态控制

严控产品技术状态。一是型号完成技术设计后，总体及时向全系统传达技术状态文件，明确技术状态基线。投产的全部产品（包括试验件）统一按照正式产品进行管理，确保飞行试验产品同地面例试、系统级试验等状态一致。二是技术状态更改应遵循“充分论证，各方认可，试验验证，审批完备，落实到位”的原则执行，严禁通过口头沟通或邮件等非正式渠道明确产品状态，设计评审后所有状态更改要严格落实审批手续，总体专业牵头充分做好技术状态更改记录，形成技术状态更改清单。技术状态基线确认后，任何技术状态更改均要报总师认可。三是在产品交付前、总装测试前、大型试验实施前及技术状态变化较多时，深入运用“九新”（新技术、新材料、新工艺、新状态、新环境、新单位、新岗位、新人员、新设备）工作方法，有效识别技术风险和隐患，采取针对性控制措施和预案及时开展全面的技术状态清理及确认，重点针对实物与技术文件的一致性进行细致复查，确保产品状态文实一致，各项更改有效落实。

6.3.3.3 技术风险识别与控制

1）从方案论证直至飞行试验前，充分运用“五量”分析、“一次成功”技术保障分析、测试覆盖性分析、不可检不可测项目识别与控制方法等技术风险分析方法，多轮次系统开展覆盖全过程各专业的技术风险识别与管控工作。在确定方案的同时形成全系统风险管控清单，明确风险项目、风险内容以及规避风险的措施和控制风险的实施计划，将风险管控作为系统工作的抓手，推进风险管控工作落地实施。定期对风险管控工作的完成情况进行检查确认，并适时对风险管控清单进行迭代更新。

2）工程研制阶段，重点对技术风险、产品风险、操作风险和管理风险进一步辨识，深挖新技术、新材料、新工艺应用所带来的潜在风险点，针对风险点形成专题工作安排，推进技术风险的降级和化解。组织各单位、各专业严格落实风险管控措施，重点针对产品实现过程重大技术问题解决情况、工艺技术攻关情况、产品与设计一致性等方面的技术风险进一步开展分析和管控。对于高/中等风险，作为质量控制里程碑内容进行严格管控，对于低/极低风险，做好监控、跟踪和记录，防止等级上升。

3）飞行试验前，组织各单位、各专业逐层逐级审查风险闭环工作，确保有效消除技术风险隐患和问题，将技术风险降低至可接受水平。对于确实无法采取措施的技术风险，经两总系统逐级确认，并通过院级以上专家审查后准予放飞。

6.3.3.4 工艺和生产过程质量控制

1）强化工艺参与设计过程，确保工艺的设计符合性。产品技术设计完成后，及时组织型号工艺工作策划，充分识别制造风险点并制定应对措施，确定产品制造的关键工序和特殊过程，形成量化控制参数，加强过程管控。根据产品制造瓶颈和难点，确定工艺技术攻关项目，并针对性制定技术攻关措施和工艺评审计划。强化工艺仿真工作，在高价值、高风险工序实现100%工艺仿真。

2）严控禁、限用工艺选用及使用。强化设计人员和工艺人员的意识，从设计源头杜绝禁用工艺使用，严控限用工艺的选用，限用工艺100%履行审批手续。产品试制后，即开展工艺合理性和潜在制造风险分析识别，机电类产品结合例试、可靠性试验等环节及时邀请电装设计和工艺专家进行开盖检查，眼见为实，对检查出的问题及时更改，闭环落实。生产实施过程中应严格执行工艺纪律，杜绝低层次、人为、批次性质量问题的发生。工艺管理部门负责按规定组织工艺纪律检查，对发现的问题进行闭环管理。

3）产品在研制过程的试制前和生产阶段的生产前，从人、机、料、法、环、测等方面进一步强化生产过程精细化管理，承制单位应对试制或生产的准备状态进行全面系统的检查；生产过程中强化对人、机、料、法、环、测等方面变更项的识别和控制，形成变更清单及应对措施，确保变更过程质量稳定。对其开工条件做出评价，以确保产品能保质、保量、按期交付并规避风险。

4）将质量控制工作嵌入到产品生产、总装过程中，按产品制造过程、产品交付过程、产品总装过程三个阶段逐级分解落实质量控制要求。产品制造阶段，及时针对产品规范落实情况、生产过程“三单”（设计更改单、现场问题处理单、技术通知单）、关重工序及特殊过程确认、产品质量证明文件等内容开展产品现场检查，强化产品生产过程质量把关能力；产品交付过程，对验收项目覆盖性、测试方法有效性深入清理，进一步细化产品验收表格，产品实物和相关证明材料应眼见为实，确保产品交付质量合格且有可追溯的记录；产品总装过程，总体、结构、电气、总装厂共同确认总装过程控制表。对于设计上未采取防差错项目和不可检、不可测项目，有可靠的工艺辨识方法或检验保证措施，对于难操作项目，在装配环节有可追溯的操作过程记录，对于发动机、油箱、伺服机构、活动部件等多余物敏感产品，有专项防控措施。产品完成总装后，各成件配套单位以及总体、结构、电气专业要对总装多媒体记录以及焊接、热防护粘接等特殊过程中的无损检测记录进行确认，对火工品安全点火、紧固件防松措施、接插件连接可靠性等方面及时开展专题复查。

6.3.3.5　软件质量控制

1）型号软件严格按照 GJB 5000B—2021《军用软件能力成熟度模型》和软件工程化相关要求，执行软件研制“三库”（开发库、受控库、产品库）管理，制定型号软件产品保证大纲，规范型号软件研制、设计定型、运行维护等全生存周期软件工作，提高软件研制能力，保证软件严格按照独立产品进行管理，使之规范化、系统化、工程化。

2）软件研制初期严格开展需求及协议审查，包括各设备需求的协调性、一致性审查。软件设计过程充分借鉴其他型号成熟软件，对软件结构框架进行优化设计，避免因参数调整导致软件出现较大更改。强化软件测试的逐级覆盖性，交付前进行充分的内部测试，避免因单机功能性能不符合要求影响系统级试验。软件系统级试验中，重点加强对软硬件协调性、系统接口及时序匹配性、边界和异常处理等方面的验证。进场前向型号两总全面汇报软件状态更改及验证情况，确保各项更改有益无害。

3）代码审查深入、全面。一是组建代码审查专家团队，选取经验丰富的软件开发和测试人员开展代码审查，确保两总队伍、总体、上游专业、审查专家、项目组成员等全面参与；二是在全系统完成首轮地面联试后，开展第一轮软件代码审查，确认软件状态基线；三是型号总装测试后进行第二轮软件代码审查，确定软件最终状态。针对关键、重要软件产品代码以及不可逆流程软件代码，对审查范围、审查内容、具体规范进行重点明确，确保型号软件产品代码审查细致、覆盖全面。

4）软件测试及第三方评测严谨、规范。一是软件承研单位在设计阶段提前进行软件第三方评测策划，根据软件的关重等级、集成复杂度和研制进度，制定软件评测策略和实施计划。二是加强分系统级动态测试，关重软件须在审查需求规格说明和测试用例后开展动态测试。三是严格开展软件评测总结评审，软件评测中每一项意见要有明确答复，对第三方评测发现的问题不采纳的要逐级审签，由型号分管软件的副总师批准确认。

6.3.3.6 试验过程质量控制

1）研制初期严格开展全系统试验策划，按照全寿命周期使用流程，对导弹/分系统/设备需要具备的功能、性能、通用质量特性进行系统梳理，确保试验项目设置合理，重点风险得到释放；研制阶段充分按照 GJB 450B—2021《装备可靠性工作通用要求》开展可靠性试验与评价，以便发现和排除不良元器件、制造工艺和其他原因引入的缺陷，不断提升装备质量可靠性。过程中结合型号技术成熟度，针对性开展综合环境应力、全弹沉积静电、产品机载带飞等大型试验项目，对武器装备质量进行全面验证。

2）沿飞行试验流程对无法真实模拟或覆盖实际工作条件的因素进行甄别，分析对试验有效性的影响，一方面要通过仿真分析回答可实现性，另一方面要从设计上通过提高裕度的思想进行匹配性设计，确保试验的真实性、覆盖性得到有效策划。过程中邀请专家对试验项目、试验条件、试验状态、参试产品状态以及试验应急预案完整性和可操作性等进行严格审查把关，确保试验验证充分到位，各项风险受控。

3）试验过程要严格按照试验大纲、细则规定开展，重点是试验前确认试验状态，试验中流程规范、数据记录详细，试验后及时检查产品状态及功能性能。试验结束后，及时编制试验总结报告，重点对试验真实性进行评价。在试验策划、试验总结、型号进场前等时机，组织开展试验真实性、覆盖性、有效性专题分析，确保飞行试验过程风险得到全部释放。

6.3.3.7 外协质量控制

持续跟踪外协单位（含二次外协）在产品实现环节的质量保证情况，确认技术状态控制、生产过程管理的符合性，视情采取警示手段。一是对供应链产品任务书/技术要求、制造验收技术条件和产品复验条件审查确认，严把源头，避免总体对产品技术要求不完整、不准确和测试验收不覆盖的现象出现。二是梳理、制定各专业供应链产品现场检查细则，常态化开展面向产品的供应链监督检查工作，邀请质量审核、工艺、结构、电装等方面的专家赴现场把关。三是开展供应链管控过程中各项信息的收集，建立供方质量负面清单，提出并落实对部分供应商的考核建议，包括质量保证金扣除、发函警示、挂牌、供应商名录降级或剔除等措施，持续监督并改进供应链产品质量。四是严格管控产品交付验收环节，对于不符合验收要求的立刻通报，由设计师和两总系统决策后续工作。五是型号进场前除供方开展复查工作外，各委托方编写本单位供应链产品质量监督检查报告，并给出检查意见，各单位行政指挥和技术负责人对本单位供应链产品质量检查报告进行签字确认，切实做到“谁外协、谁负责”。

6.3.3.8 质量监督、把关及闭环管理

1）型号质量主管是研制过程一线质量监督者，应严格按照产品质量保证大纲及型号年度质量工作策划开展日常监督工作，定期组织召开质量例会，时刻掌握型号质量策划工作落地情况、产品质量符合性情况以及过程质量问题归零排查情况。型号进场前全面细致开展质量复查确认工作，通过应用“一次成功技术保障分析”“五量分析”“试验真实性覆

盖性分析”“测试覆盖性分析”等质量保证方法，逐级、系统开展质量复查活动，确保型号不带问题进场、不带隐患上天，各项风险得到全部确认。

2）充分发挥型号外伴随专家组、专业内平行验证组经验优势，及时发现并解决隐患。组织重点专业围绕总体方案、技术风险适时开展独立评估工作，根据型号特点有针对性的形成评估专家组。型号研制历程中，在质量复查审查、问题归零、各分系统/设备出厂评审、武器系统出厂/进场评审、飞行试验射前评审等重要环节，充分借助专家力量对研制工作进行严格审查，重点对产品质量可靠性、技术状态正确性、单机及系统级测试和试验验证充分性、元器件和软件质量符合性、质量问题归零彻底性等方面进行把关确认，对专家提出的意见拉条挂账并逐项闭环，确保技术风险识别充分、控制到位，质量隐患解决彻底，产品质量满足要求。

3）强化质量信息通报及时性、准确性和完整性。型号做好技术质量问题一本账，及时通报型号产品故障、分析问题原因、制定纠正措施并监督各项措施闭环落实。针对产品交付前的批次性问题、例试问题，以及产品交付后总装、大型试验等过程中发生的问题，严格按照航天归零“双五条”强力推进；对于研制过程中一般性技术问题、地面联试基线状态建立前的协调匹配性问题，按照问题归零工作思路高效解决。

4）研制过程中常态化开展系统内、型号间质量问题举一反三工作，本型号问题坚持全系统通报，其他型号问题第一时间进行故障剥离。持续关注内部、外部型号产品质量态势，扩大举一反三范围，充分吸取其他型号的经验及教训。

6.4　无人机类产品质量控制

6.4.1　产品特点

6.4.1.1　无人机定义及组成

无人机是指无人驾驶、有动力、可重复使用并可携带任务载荷完成指定任务的航空器系统。由于无人机种类较多、任务样式多样，本书所述无人机范围为起飞质量大于 200 kg 的中大型无人机。

无人机系统一般由“机”（包括所搭载的任务载荷）、“站”（指挥控制站）、“链”（数据链）及地面综合保障系统组成。无人机是完成整个无人机系统预定作战任务的主体，其由机体结构、动力系统、飞行控制系统、航电系统、机电系统、任务管理系统、任务载荷系统和机载数据链系统组成。

6.4.1.2　无人机特点

无人机具备侦察监视、通信传输、目标打击和毁伤效果核查等多种功能，是未来战争的主要作战装备形态，并在近期几次局部战争中成为赢得战争的重要力量。无人机装备形态及功能多样，其具有以下主要特点：

（1）开放式体系设计特征

首先，除无人机平台本身涉及的专业技术外，根据不同的作战任务，无人机配置的任务载荷主要包括：可见光/红外摄像和照相、多光谱成像、雷达成像（SAR）、电子侦察等侦察设备，电子对抗设备，敌我识别、空中交通管理等设备，各类机载武器，各类搭载试验设备以及它们的不同组合等，涉及的专业领域极其广泛，对各专业的人员配置和过程质量管控也有较高的要求。其次，无人机空载、配置不同任务载荷以及机载武器等挂装和投放后，均会改变无人机的构型和动力外形，无人机的油量加注量也与其飞行参数息息相关，因此需要无人机采用开放的设计构架，软硬件可根据载荷配置进行适应性配置，注油量、载荷配置、航程设定以及必要的配重、刹车量等指标均需进行灵活、有效和安全的多方案设计。最后，即使同一架飞机，在不同的任务条件下也会有多个技术状态，技术状态控制和质量管理难度相对较大。

（2）重复使用的特点

无人机需要多次重复使用，对系统维护保养设计、设备可靠性维修性要求更高。

1）机载设备需要考虑冗余备份和系统重构，确保部分设备故障后仍能够安全降落；

2）所有设备需考虑全寿命周期内方便维护、保养和更换；

3）必须考虑各种实战条件下的存放、保管和使用，需要考虑适应颠簸运输、自行转场以及电磁、雨雪、风沙、太阳照射、温度和气压陡变等复杂的环境条件；

4）避免或降低对特殊人力和保障条件的依赖。

（3）人在回路实时操控的特点

首先，无人机飞行时间一般在几小时到几十小时之间，在无人机起飞、空中及降落阶段，均有可能出现由于空中管制或气象条件变化需改变无人机飞行状态或做出响应应急处置的情况，地面操控人员应能够及时进行应对。其次，由于无人机系统面临的战场和任务形势瞬息万变，需要与其他地面或空中作战系统实施密切配合，受到来自航线、空域、气象及航空管制等因素的动态约束，使其与导弹武器相比飞行剖面更为复杂，需满足空域、航线和任务随时调整的要求，具备在线规划和更改作战任务、应急返航等能力。进而，无人机既要具备按照既定程序执行任务的能力，也需要保持数据链路通畅，以便地面人员能够对无人机和任务载荷进行实时操控。

（4）技术状态多样化特征

无人机系统通常具有相对状态稳定的平台和不断迭代升级的载荷系统组合的特征。因而其既与其他装备一样需要经历从概念研究开始，经过可行性研究、方案论证和工程设计、试制试验、研制靶试等研制阶段和性能试验、状态鉴定、列装定型、批量生产和售后使用等过程，同时长期处于基于一款平台加不同载荷及相应改进的边研制、边试用、边定型、边生产、边交付的历程，具有科研生产联合体的研究、开发、设计、试验、生产交叉并行一体化的显著特点。

（5）试验-鉴定目标综合化特征

无人机系统的研制促使武器装备的研制试验和鉴定验收试验在试验项目、程序、内容、方法等方面均发生相应变化，主要体现在不断追求以减少重复试验次数的试验项目最优化、考核无人机系统典型作战环境条件下的作战能力鉴定考核项目综合化、采用先进技术和方法的试验方法现代化。

6.4.2　各阶段工作任务和质量控制目标

依据装备研制项目工作流程，无人机系统全寿命周期阶段一般划分为型号立项阶段、工程研制阶段、鉴定定型阶段以及交付和服务保障阶段。

型号立项阶段含综合论证和立项报批，阶段标记为“M”；工程研制阶段含方案设计、样机研制、性能试验，可进一步划分为初样阶段（阶段标记为“C”）和试样阶段（阶段标记为“S”）；鉴定定型阶段含状态鉴定和列装定型，阶段标记为“D”。

全新研制的无人机系统，技术难度较大，通常以型号立项阶段或工程研制阶段的初样阶段为第一个小阶段。改进研制的无人机系统，技术比较成熟，可以以工程研制阶段的试样阶段为第一个小阶段。沿用的成熟研制成果（如文件、图样、软件等）应作为重要输入之一纳入设计和开发输入清单。

无人机系统的研制阶段与无人机系统分系统、无人机系统配套设备的研制阶段无须强制关联，初样阶段的无人机系统可以选用成熟的试样阶段的配套设备或已定型的配套设备。试样阶段的无人机系统中也允许存在各个阶段的配套设备。通常，将试样阶段产品交付用户使用的，要履行审批手续并征得顾客同意。

6.4.2.1　型号立项阶段

（1）工作任务

型号立项阶段重点工作主要有：建立两总系统，组织研制队伍；完成总体方案论证和各分系统初步设计；编制通用质量特性大纲；提出研制周期及经费概算；提出分系统研制任务书；完成型号综合论证；完成型号立项报批等工作。

（2）质量控制目标

①综合论证

按照 GJB 8892—2017《武器装备论证通用要求》开展论证工作，形成可行性研究报告；明确任务需求书或研制总要求；将任务需求转化为无人机系统的技术需求和基本方案，确定系统的基本构型及功能、性能和使用、保障要求。

可行性论证应该从正反两个方向进行。首先应开展必要的不可行性论证，全面论述项目的问题、风险，确认是否存在不可接受的资源浪费、资金投入和汇报预期以及竞争劣势、对其他项目的干扰、漫长的关键技术攻关周期、关键设备的配套难题、环境适应等方面的问题等。可行性论证的重点包括明确合作关系、确定风险等级、拟订实施方案、进行资源测算、提出组建项目组方案、明确质量要求和投资目标等。

②立项报批

项目通过论证后，提交项目立项建议书，按照项目的主管权限经审批后，可启动后续研制程序。正式组建研制团队，提出无人机通用质量特性要求，制定通用质量特性大纲和考核标准；进行质量策划并制定产品质量保证大纲；形成研制方案报告；根据批准的无人机系统研制任务书、协议书和合同的要求，对系统方案的正确性、先进性、适用性、可行性和经济性进行评审。

③方案论证

输出无人机系统的具体技术要求，包括起飞重量、载荷等在内的数量指标，精度、分辨率等在内的质量指标，高程、航程、作战半径等在内的作用范围指标，响应和飞行速度等在内的时间指标，使用可用度、准备时间、撤收时间等在内的可用性和效能指标等。

充分了解和分析任务需求，明确无人机应完成的任务和达到的性能以及工作方式，明晰预期的地面和空中环境条件，确定任务剖面及无人机的使用率，建立无人机系统效能的可用性和完好性等效能评估准则，了解系统可能的部署计划和应用方案，如每一单元的装备数量、保障和补给距离、转场方式等，基于质量功能展开质量保证需求分析。

④方案确定

分析指标要求并完成相关的性能分析、预算、表征特性、进度分析等，细化无人机系统的功能、性能指标和参数、任务规划能力、载荷和武器的选择及能力、隐身性、编队能力等要求，实施无人机系统构型的管理，建立构型更改的控制和审核管理程序。

明确无人机研制所必须遵循的标准规范体系；明确型号研制技术流程、研制计划流程和需要的资源。

开展系统综合和结构设计，建立满足要求的设计结构和功能分配。输出分系统和单机任务书，确定各分系统方案、技术指标和接口、协调关系，提出结构布局、接口、构型、包装和运输仿真要求，将系统的接口复杂度减至最小，安装操作便捷，无结构干涉，重心等指标符合要求。

提出无人机通用质量特性要求，制定通用质量特性大纲和考核标准；进行功能失效模式和影响分析（FMEA），根据需要选用降额、冗余、防差错、电磁兼容等技术；提出系统及分系统地面测试方案和地面电气和机械支持设备；制定设计和制造规范、设计准则；提出关键技术，确定攻关项目并开展攻关。

依据 GJB 1406A — 2005《产品质量保证大纲要求》进行质量策划并制定产品质量保证大纲。明确采购项目、引进技术和必要的进口物资需求，完成技术规范和质量协议制定，明确接口要求、软件及质量管控要求、元器件质量管控要求等，同时根据考察确认供方，建立供应链。制定元器件质量管理规定和元器件选用目录，明确质量等级和筛选要求。确定金属、非金属原材料选用范围和检测要求。参照 GJB/Z 114A — 2005《产品标准化大纲编制指南》制定标准化大纲和“设计选用标准目录”，建立标准化工作系统。

形成研制方案报告，内容包括：项目的概述，类似产品设计的信息或资源，总体技术方案及系统组成，主要技术指标和使用要求及实现的依据，关键技术和解决途径，方案的经济性，技术风险分析。各系统设计方案应包括：基本原理、依据的标准或依据、设计方案、工艺方案、可靠性与安全性设计及方法、成本工程方法、设备设施和材料需求、经费预算、实施计划、试验方法、保障工作和风险分析等内容。

⑤方案评审

根据批准的无人机系统研制任务书、协议书和合同的要求，对系统方案的正确性、先进性、适用性、可行性和经济性进行评审。评审一般在完成方案设计工作后，在转入工程研制阶段之前进行。同时本阶段还应进行系统可靠性、安全性、维修性、保障性、测试性、环境适应性大纲及工作计划、产品质量保证大纲及标准化大纲的评审。

6.4.2.2　工程研制阶段

(1) 工作任务

工程研制阶段的主要任务可分为初步设计（初样）、详细设计（试样或正样）、生产准备、试生产、试验和评审等。最终形成通过性能试验的无人机系统产品、配套的保障系统和成套的技术资料与文档。

①初样阶段

初样阶段包括初样设计、初样试制、初样试验和初样评审，用以对设计、工艺方案及地面支持设备完成试验验证，进一步完善方案，为试样研制提供完全、准确的依据。初样试验的目的是在模拟条件下验证设计方案，考验工艺质量，获得性能参数，为改进设计、工艺，编制技术文件，评估产品可靠性提供依据。试验工作在理论的指导下，遵循先数学仿真后实物仿真，先局部试验后综合试验，循序渐进的原则，保证总体、分系统和单机不带技术疑点转入正样（试样）阶段。

②试样阶段

试样阶段为无人机系统的详细设计阶段，随着详细设计的完成，需开展样机试制和试验，一般可投产 2～4 架无人机开展飞行试验，以全面检验产品的性能，鉴定产品的设计和工艺。

(2) 质量控制目标

①设计和开发策划

结合型号实际，按照 GJB 9001C—2017《质量管理体系要求》和型号科研生产管理等有关规定，积极落实模块化、标准化、系列化要求，推进装备体系化、体系智能化、智能实战化，坚持聚焦战略、实战、用户和市场，加强顶层谋划和强化产品实现及设计、工艺策划，涵盖技术、质量、进度、经费、风险及重点关注竞争性研制、用户参与、服务保障以及性能、作战鉴定要求和竞标考核、在役考核等要点，明确研制保障条件、人力物力和财力资源，实施风险管理，明确合作分工，形成工作计划和质量控制要求。按照标准化模板，输出《无人机系统设计和开发策划报告》。

按照策划，应完成如下文件的编制和评审：总体设计方案、任务书（或技术要求）和分系统设计方案，无人机系统通用质量特性大纲、使用保管环境条件，地面设备使用保管环境条件、质量保证大纲、标准化大纲，成套设计图纸资料，工艺总方案、验收细则、工艺规程等。

②研制技术流程

总设计师负责组织编制、评审和批准技术流程。总体单位和各参研单位的设计师系统编制、制定和执行技术流程。技术流程按产品结构分解可分为系统级、分系统级和设备级。按研制过程可分为全过程技术流程、阶段技术流程和专项技术流程。

技术流程的编制要求：

1）分层次、分阶段编制，顶层技术流程是系统级研制全过程的技术流程，根据各阶段的研制内容，确定各阶段的工作项目；

2）技术流程的起点为方案设计，终点是交付使用，将确定的工作项目按研制程序进行编排；

3）确定各阶段研制的关键节点，紧急线应该突出明示。

③产品质量保证策划

按照 GJB 1406A—2005《产品质量保证大纲要求》及总体和各承制单位质量管理体系有关要求，针对用户需求和产品特点进行产品质量保证策划（主要内容包括可靠性、维修性、安全性、测试性、保障性、环境适应性，电磁兼容性可单独或纳入环境适应性），编写产品质量保证大纲，明确质量目标、质量工作要求和控制要求。编制产品通用质量特性大纲，明确通用质量特性具体要求和工作项目、工作计划。签署配套、协作合同（或协议），明确和传递质量保证要求和需贯彻执行的成套标准、规范和规章制度。型号总体参加分系统配套和协作单位产品质量保证大纲的评审并会签文件，各级产品均向下参加配套单位产品的质量保证大纲的评审并会签文件，逐级落实质量保证责任制。

④风险管理

无人机工程研制主要的技术风险因素可能有：技术指标要求过高或缺乏关键技术支撑；缺乏技术储备和人才；未吃透用户需求或技术；设计或试验策划不完整；设计失误和考虑不周；技术协调不充分；技术状态控制不严；试验验证不充分；工艺不成熟或无法及时完成攻关；设计与工艺协调和技术交底不够；软件产品管理不到位；原材料或元器件存在质量性能问题等。技术风险也是导致经费风险和进度风险的主要因素。而工程研制的风险来自技术、经费和进度风险的综合，主要原因包括决策、人、机、料、法、环、测、管和形势、任务影响等。

风险管理包括风险评估和风险处理。其中风险评估分三个步骤：风险识别、风险分析排序和风险评价。通常，军用无人机系统按照 GJB/Z 171—2013《武器装备研制项目风险管理指南》、GJB 5852—2006《装备研制风险分析要求》实施风险管理，民用项目可参照军标或按照 GB/T 24353—2009《风险管理 原则与实施指南》、GB/T 27921—22011《风险管理 风险评估技术》等标准开展技术风险分析、评估和控制工作。

风险管理应融入产品实现策划的全过程，总体和所有配套产品都要 100％开展风险评估，技术风险分析和可靠性评估工作植入项目计划。高度重视新研产品天地一致性、沿用产品环境适应性和试验覆盖性分析和确认，边界、极限条件试验验证与仿真分析，落实“安全发射（回收）、无误发射（回收）”要求，认真开展试验真实性、覆盖性、有效性分析，数据一致性分析，不可检测项目分析等工作，严格进场把控，试验验证不充分、风险防控不到位的，不得进场飞行。

结合产品设计和开发策划还需实施生产工艺风险、外协外购风险、进度风险、保障风险、成本风险等识别、分析和评价工作，并针对风险研究制定具体措施，纳入技术流程和计划流程进行管理。逐级编制《风险分析报告》（含风险源清单、风险排序清单）并进行审批。产品研制各阶段或者产品技术状态发生重大改变时，根据要求应单独或结合有关方案、技术文件等进行风险分析评估，评估结果以及相关设计风险控制措施应在设计过程中体现落实。根据设计、制造、试验、使用等阶段的风险源，应在质量形成的相应环节落实质量控制措施。在产品设计完成后，无人机系统和分系统 100％开展故障模式影响与危害度分析（FMECA 分析）。

⑤标准化策划

无人机系统、分系统和主要设备应依据用户标书规定的主要战术技术指标，标书和系统总方案提出的标准化要求，按照 GJB/Z 114A—2015《产品标准化大纲编制指南》编制产品标准化大纲。分系统和设备应依据系统层次的大纲和分系统研制方案、合同及技术协议提出的标准化要求编制标准化大纲。上层次大纲对下层次大纲起指导和约束作用，下层次产品大纲应贯彻和细化上层次大纲的规定和要求。

产品标准化大纲应认真贯彻有关标准，落实武器装备研制生产标准化工作有关规定，特别是落实有关军用无人机的标准。产品标准化大纲应自方案阶段开始随产品研制方案同步协调编制，并按 GJB/Z 113—1998《标准化评审》规定的程序和要求进行评审、会签和批准后实施。

⑥试验验证

1）试验项目：无人机试验验证项目由地面试验和飞行试验项目组成，具体依据研制总要求、研制任务书、产品规范、GJB 3728—1999《无人机地面试验要求》、GJB 5434—2005《无人机系统飞行试验通用要求》等规划试验项目和科目。

无人机地面试验主要包括设计研制试验和预生产试验，风洞吹风试验，刚度、静强度、疲劳、损伤容限试验，整体油箱试验，振动、冲击试验，气密、油密试验，分系统试验，系统仿真试验，系统联调联试试验，模态试验，伺服弹性试验，通用质量特性试验，热试车试验，地面滑行试验等。

无人机飞行试验可分为科研飞行试验、性能验证飞行试验。

2）试验大纲：无人机地面试验大纲按照 GJB 3728—1999《无人机地面试验要求》规定的“试验大纲”要求和型号研制总要求、产品规范的项目要求制定。

无人机飞行试验大纲按照型号研制总要求、产品规范、飞行试验方案和 GJB 5434—2005《无人机系统飞行试验通用要求》、QJ 3190—2004《大型试验检测记录要求》制定，并参照 GJB 1015A—2008《军用飞机验证要求》等标准。

3）飞行试验管理：飞行试验管理内容主要包括进场动员、进场评审、试验风险分析、准备状态检查、质量复查、应急预案审查和演练、放飞评审、试验过程管理、试验数据分析、试验问题处置、试验总结评审等工作。

试验过程中，技术人员负责按照试验大纲规定进行试验记录，认真判读试验数据，试验队技术组进行试验数据分析，明确试验结论，提出后续飞行的试验意见和应急预案调整意见，形成架次飞行试验报告提交两总审查确认。

试验队要严格按照试验大纲规定开展无人机架次间检查、检测和维护工作。试验期间，无人机系统的库存、停放及其防护应符合技术要求、试验大纲要求。

无人机飞行试验过程各岗位要严格按照飞行试验大纲、细则和口令实施指挥和操作，落实质量安全性措施和应急预案要求，确保飞行试验质量和安全。无人机如未正常回收，要做好残骸回收，并深入开展残骸解剖分析，搜集统计关键数据，完成质量问题归零。飞行试验因故中止、撤场后的再次恢复、返场等工作需经试验组织单位领导和两总同意后，方可实施。

6.4.2.3 鉴定定型阶段

(1) 工作任务

开展性能鉴定试验策划，完成试验样机生产和试验所需技术文件准备；配合制定性能鉴定试验大纲，按照试验大纲要求完成性能鉴定试验内容；提出状态鉴定申请，按要求组织状态鉴定文件、图纸、资料的编写、整理、提交，完成状态鉴定审查工作。

按状态鉴定技术状态开展小批量试生产；配合制定作战试验大纲，按照试验大纲要求完成作战试验内容；提出列装定型申请，按要求组织列装定型文件、图纸、资料的编写、整理、提交，完成列装定型审查工作；按照审查意见修改完善列装定型文件后报批。

(2) 质量控制目标

①性能鉴定试验

在规定的环境和条件下，检验无人机系统是否达到研制立项和研制总要求明确的战术技术指标，验证边界性能，主要考核无人机系统性能的达标程度，确定技术状态，为状态鉴定和列装定型提供依据。参加性能鉴定试验的产品需通过规定的性能验证试验和软件测试，试验样机的技术状态经评审确认，通过军事代表机构符合性检验。试验样机、消耗品、备件的数量需按照性能鉴定试验要求进行策划和生产，试验所需产品规范、试验报告、技术说明书、使用维护说明书、软件使用文件、产品图样等技术文件需满足性能鉴定试验实施要求。

②状态鉴定审查

性能鉴定试验通过后，研制单位向装备部门提出装备状态鉴定申请。配套分系统、设备等通过性能鉴定试验后，研制单位可根据装备部门的要求，向相关装备试验鉴定管理机构、装备研制管理机构或装备项目管理机构提出状态鉴定申请。会议审查前，需组织完成小批量试生产工艺和生产条件审查，按要求编写研制总结、性能鉴定试验报告等状态鉴定文件。提供状态鉴定审查的图样（含软件源程序）和技术文件完整、准确、协调、规范，软件文档符合有关标准的规定，能够指导小批量试生产；技术说明书、使用维护说明书等用户技术资料基本满足用户使用维护需求；无人机系统配套齐全，能独立考核的配套设备、部件、器件、原材料、软件已完成逐级考核；小批量试生产工艺和生产条件已通过审查，具备小批量试生产条件；配套产品质量可靠，并有稳定的供货来源，国产化替代方案可行。

③作战试验

在近似实战环境和对抗条件下，对无人机系统体系作战效能和作战适用性等进行考核与评估，检验无人机系统完成规定作战任务的满足程度以及使用单位适用性，摸清在特定作战任务剖面下的战术技术指标和能力底数，其结论是列装定型审查的重要依据。作战试验考核对象是通过状态鉴定的小批量试生产产品，或经装备部门批准、符合状态鉴定技术状态的正样机（试样机）。批量试生产数量、技术状态需满足作战试验要求，配套的消耗品、备件等保障资源需通过技术状态确认。试验所需的产品规范、技术说明书、操作使用说明书、软件使用文档，以及性能鉴定试验报告和中期作战评估报告等技术文件需满足作战试验实施要求。

④列装定型审查

作战试验及专项评估完成后，研制单位向二级单位提出列装定型申请，列装定型申请报告应按 TE - BTBC - 004 - 2021 的有关要求进行编制。研制单位提交列装定型审查的文件资料包括性能试验大纲和试验报告、研制总结、试生产总结、产品像册（片）、录像片（列装定型）、产品设计文件、软件文档、通用特性文件、质量文件、标准化文件、经济性文件、工艺文件、自主可控文件、用户技术资料等。通过列装定型审查后，研制单位应按照列装定型审查组提出的审查意见和相关要求，及时修改、补充、完善相关列装定型文件资料。列装定型批复后，研制单位应按 TE - BTBC - 001 - 2021 的有关规定将相关纸质和电子文件资料上报装备定型管理机构或其指定的技术支撑单位。

6.4.2.4　交付和服务保障阶段

（1）工作任务

开展无人机系统交付验收；向用户提供培训和技术支持；对产品开展维修、维护等工作。

（2）质量控制目标

①验收与交付

无人机系统交付前要经检验验收合格，并按要求完成例行试验，随机工具、设备、备件和文件资料合格、完整、齐套。

科研生产部门组织总体或承制单位按照合同要求并参照 GJB 3505—1998《军用飞机检验验收规范》规定的程序和方法，实施无人机交付验收。需要实施交付飞行验收的要编制试验大纲组织交付飞行试验。交付验收活动须通知顾客代表参加。

②服务与保障

按照采购、服务合同和有关标准要求，提供产品技术、培训资料和保障条件。如参照 GJB 5563—2006《飞机维护规程编制要求》编制无人机维护规程，建立产品维修维护履历。各机载设备供方参照 GJB 5570—2006《机载设备故障分析手册编制要求》编制故障分析手册，参照 GJB 5572—2006《机载设备维修手册编制要求》编制维修手册等。非军方用户的交付、服务按照合同约定执行。

产品技术状态更改、软件升级要与无人机试验、训练和服役状况相适应，需进行关系飞行安全的更改和升级时，要经两总同意后通知有关方面暂停飞行。

6.4.3　质量控制要求

无人机类产品设计过程质量控制要求、技术状态管控、技术风险识别与控制、工艺和生产过程质量控制、软件质量控制等通用管理要求与飞航导弹类产品基本相同，此处不再赘述。以下针对无人机重复使用、人在回路、技术状态多样性等特点提出质量控制要求。

6.4.3.1　技术状态控制

1）按照 GJB 3206B—2022《技术状态管理》规定，对技术状态标识、控制、记实和审核等实施严格管理，确保全寿命周期内无人机产品的功能特性、物理特性与产品需求、技术状态文件的规定保持一致，确保产品制造过程中工艺技术状态满足产品状态要求、生产过程受控、产品质量稳定一致。

2）在方案确定的同时，总体单位应依据 GJB 2116A—2015《武器装备研制项目工作分解结构》提出无人机系统分解结构，科研生产管理部门组织总体单位编制产品配套表和技术状态项清单，规定技术状态项的承担单位、主管部门和人员，报两总批准，并提交顾客认可。

根据无人机系统研制总要求、方案报告和研制程序，确定不同阶段技术状态控制项目，由科研生产管理部门组织总体单位编写无人机系统《技术状态》和《设计文件完整性清单》，《设计文件完整性清单》应包括各系统完成技术设计所构成的所有文件、图样目录，总设计师批准后作为该阶段技术状态的功能基线。

3）分系统与设备承制单位，应根据无人机系统《技术状态》《设计文件完整性清单》和通用质量特性大纲等，编制技术状态的配套文件，技术状态管理计划中确定技术状态项和两总要求的分系统、设备应编写《技术状态》。《技术状态》与其他设计文件、图样共同构成产品的分配基线。

4）科研生产管理部门负责组织设计师系统按研制阶段，对设计开发过程中的技术状态控制和更改实施情况进行汇总和确认，并对落实情况进行监督检查。《无人机系统技术状态更改情况汇总表》纳入各阶段技术状态审核报告中。

科研生产管理部门在飞行试验进场前，组织完成无人机系统技术状态总结报告，在转入下一阶段研制工作前，组织完成当前阶段产品技术状态清理并纳入产品阶段研制工作总结报告。

6.4.3.2　软件质量保证

（1）验收与交付

软件验收分两级进行，分系统对单机软件的预验收和系统总体对分系统软件的验收交付。在分系统测试前完成分系统对单机软件预验收，在试验验证后完成系统总体对分系统软件验收交付。软件在参加各种大型试验（飞行试验、系统地面对接试验、机载设备地面联试、无人机分系统级以上设备的系统仿真试验等）前，开发单位应准备软件研制总结报告、版本说明、产品规格说明，开展出厂验收。

(2) 外协软件管理

委托方在对外协单位进行资质审查时，应对其软件工程化程度和软件开发能力资质进行评估。合同中应当明确外协软件研制要求及第三方评测工作。委托方应跟踪监督其软件开发活动，发现问题应及时采取纠正措施确保问题闭环。委托方要参加外协产品软件的研制任务书、需求规格说明评审。在接收外协单位软件产品时，应确保其已满足合同需求，应完成软件的验收评审、测试和配置审核。

开发单位需要外购软件时，需按照要求进行选型，应使用正版软件。必要时对外购软件组织测试，并进行安全性、可靠性审查。

6.4.3.3　人因工程质量控制

1）无人机系统设计过程中应合理降低无人机系统任务实施过程对人员数量和素质的依赖度，如增加自主驶入驶出功能、采用系统级 BIT（Built－in－Test，机内测试）、合理设置最小维修单元等。

2）无人机的通用质量特性设计均要与人因工程紧密结合。通过实施“三化”设计、简化设计，减少人员的附加保障和防护措施，确保指挥、维修检测、训练和运输等过程便利，训练、保养、转场和作战使用操作简便高效，机体、设备和方舱空间等因素适于人员工作和操作，减少复杂工具和流程的拆装、插拔等作业，人机界面友好。

3）无人机“人在回路”控制包括数据链、地面站及操控人员三个环节。数据链设备包括机载数据终端和地面数据终端，机-地配合完成数据传输；地面站一方面接收地面数据终端传输的遥测数据和任务载荷数据并进行处理和显示，供操控人员判断和决策无人机状态，另一方面产生操控无人机和任务载荷的控制指令，通过地面数据终端对无人机及任务载荷进行控制；操控人员根据遥测数据和任务需求对无人机及任务设备进行操控。

数据链设备按照 GJB 6703—2009《无人机测控系统通用要求》进行设计，符合相关通用设计规范和要求。机载数据链终端和地面数据链终端设备分别按照相关要求进行设计、生产和试验，并实施全寿命周期质量管控。为确保“人在回路”控制有效、可靠，一般无人机设计多个冗余的链路通道，并进行抗干扰、加密等设计。

地面站按照地面设备相关要求设计、生产和试验，保证其与数据链地面终端及上级指挥系统有良好的网络通信。

操控人员是“人在回路”控制的核心环节，研制阶段由设计人员进行操控，研制后期和交付用户后可由专职试验保障人员或用户进行操控。产品应编制详细的操作手册，在飞行前，操控人员需进行系统培训，经过地面操控模拟训练，并经考核合格后方可进行无人机操控。操作手册在使用前需进行评审，并经过地面操控模拟训练验证其有效后投入使用。

6.4.3.4　首飞质量控制

按照 GJB 5434—2005《无人机系统飞行试验通用要求》的规定，在按照试验大纲完成无人机全系统飞行前全部地面试验后，无人机首次升空飞行前，要由试验队组织专家、有关单位人员、试验队人员（合同项目邀请顾客代表参加，必要时邀请试验承担、保障服务单位人员参加）对全系统技术准备是否达到首飞要求进行评审，通过后方可进行首飞。

总体专业牵头编制首飞技术准备总结报告，内容包括进场后地面检验和试验情况，出厂和进场评审遗留问题的处理情况，飞行方案和应急预案的制定、审查和风险分析情况，试验口令、流程及其操练情况等。

6.4.3.5 架次间试验技术准备确认

鉴于无人机与飞航导弹等装备相比，试验架次多、频次高和准备周期短，有些科目需要多次重复飞行，因而对放飞的确认形式提出更加简捷高效的要求。首飞后的后续试验需要根据实际情况，由两总明确是否进行放飞的会议评审，不需放飞会议评审的，由总体牵头编制前次飞行试验总结和本次飞行技术准备报告，两总审批同意后可开展后续飞行试验。

6.4.3.6 飞行试验应急预案和演练

飞行试验要单独编制应急处置预案，由型号两总、飞行专家和试验队成员参加评审和审查把关，飞行应急处置预案由两总审批。飞行试验应急预案内容主要包括：无人机飞行的场地、空域、禁飞区域、时间、项目、科目、构型、剖面、设备（含备用设备）等信息；无人机系统构成、场地、飞行剖面图，指令表；无人机自主判断处置、人机协同判断处置、人工接管处置的界面划分和原则；所有的异常飞行情况和故障类型的应急处置程序。

建立标准处置程序，包括：各类故障和应急返航的判断标准，必须迫降的判断标准，应急返航和迫降的地面保障响应程序，执行应急返航后机上无关设备的关闭程序，异常关机设备的重启程序，软件异常的复位程序，双发、冗余设备单路、多路故障的处置程序，前、后（或同时）起落架放下故障处置程序，起飞滑跑过程异常处置程序（紧急制动、起飞后返航等），待机返场程序，立即返场程序，常规故障处置程序，任务失效故障处置程序，信息安全处置程序等。

建立故障处置层级和优先级，结合风险分析形成的故障处置层级，给出无人机故障处置层级优先级表、对应的处置措施、返航时机、人工介入方式以及对应的常规程序。故障处置原则为：不允许无人机带故障起飞；在飞行过程中，在确保无人机安全的前提下，地面指挥员要以任务优先的原则决策是否返航，对于威胁无人机安全的故障，由飞控计算机控制无人机自主返航；发生故障时，地面人员要密切关注无人机高度、速度、姿态等参数，如果自主处置失效，则须及时人工干预。

如果多个故障同时或先后出现，飞控计算机在进行故障的应急处置时要遵循如下原则：当同时出现两个或两个以上的故障时，处置优先级最高的故障；如为相同优先级，按最先出现的故障处理；在故障处置过程中出现相同优先级的故障时，不中断当前处置程序；在故障处置过程中出现更高优先级的故障时，中断当前处置程序，按优先级更高的故障进行处置；如地面控制站中断当前的故障处置程序，飞控计算机不再自动处置该故障，除非该故障的优先级高于链路中断故障的优先级且链路中断。

应急处置程序要全面给出无人机在故障情况下的判据、对飞行安全及任务执行的影响分析和相应的处置方法。要建立地面控制站的告警显示清单；给出起飞滑跑前的故障处置、滑跑后中断决策速度前的故障处置策略；建立空中动力系统故障处置判断标准和处置策略。

人工处置故障内容包括：控制失效、需要人工处置的分系统故障、飞机制动后的排故和维护类型。

应急预案制定后，要实施演练和训练，确保参试人员熟悉应急要求和流程。

6.4.3.7　质量复查与分析

在无人机产品出厂、转阶段、飞行试验前或研制、生产、试验的必要阶段，组织实施质量复查与分析工作，复查与分析的结果作为质量评审和风险管控的依据。通过质量复查与分析，及时有效解决发现的问题，管控有关风险，保证产品质量。

无人机型号复查与分析工作分为设备级、分系统级、系统级三个层级进行，各层级可单独开展，也可同时开展，具体由型号两总系统确定。质量管理部门组织专家对复查结果进行审查或专题评审，设计师系统、各承研（制）单位对复查出的问题制定整改措施，实施闭环管理。

需重点开展的质量复查工作：

（1）试验真实性、覆盖性、有效性分析

在无人机系统、分系统和设备试验项目策划、产品出厂和飞行试验前，设计师系统应开展试验真实性、覆盖性、有效性分析工作，针对分析结论为不真实、不覆盖或覆盖不真实以及有效性敏感（影响极大）、比较敏感（影响较大）的项目提出补充验证措施，实施风险控制。

（2）测试覆盖性分析

设计师系统要分析和识别产品的不可检不可测项目，并按要求实施控制。在样机研制阶段，通过开展产品故障模式分析等工作，将输出的Ⅰ、Ⅱ类故障模式清单作为识别和确定不可检不可测项目的依据，并随无人机系统研制和分析进程逐步改进。各设备、分系统不可检不可测项目清单逐级上报，由总体汇总形成无人机系统不可检不可测项目汇总表，并明确各级不可检不可测项目控制要求，提交两总确认。各级不可检不可测项目控制要求的落实情况应形成质量记录，纳入产品数据包，由生产、调试单位填写不可检不可测项目控制情况汇总表。设备、分系统、系统逐级上报各级不可检不可测项目控制落实情况，上级单位应结合产品验收等环节对下级产品的落实情况进行检查。

6.4.3.8　外协质量控制

（1）供方管理

无人机系统各承研（制）单位要建立合格供方名录，在名录内选择供方。各承研（制）单位组织制定型号外协配套定点方案，并按规定履行审批手续。实施供方评价准入机制，从质量诚信、质量体系、设计过程控制、生产工艺控制、试验过程控制、次级供方管理、售后服务质量、质量赔偿等方面，对供应商实施多维度、多要素的质量控制、评定、考核及审核，提升供应链质量管控能力。各单位质量管理部门负责厂际质量保证体系建设，组织开展二方质量审核，组织供方质量问题收集和督促供方完成质量问题归零。

（2）合同控制

按照各承研（制）单位合同管理办法实施外协外购合同制定、审批和评审。合同应明确产品的技术标准、验收技术条件、验收细则、技术质量协议以及下厂监制、验收等内容。对具有关键（重要）特性的外购产品，规定针对性的质量保证要求和控制方法。合同应附带产品研制任务书或技术要求、协议、设计图样、复验技术条件等文件，委托（采购）方应同步传递外协外购质量管理、产品质量保证、产品质量问题归零等要求，明确供方的数据包管理要求。外协外购产品数据包主要包括：交付项目清单、硬件产品数据包、软件产品数据包、次级供应商的产品数据包等。委托（采购）方应与供方共同明确数据包各项目内容，且有唯一标识，确保数据包完整、正确和可追溯。

（3）过程控制

各单位在方案阶段开展供应链策划，在质量保证大纲中明确供应链保证要求。科研生产管理部门应将外协外购任务纳入无人机型号科研生产计划统一调度管理。委托方应参与供方的研制过程，严格产品技术状态控制、研制生产过程控制和批次管理，严格产品的配套设计文件和工艺文件的程序管理，落实设计、工艺评审要求。有关要求应向次级供方延伸。

（4）产品验收

委托方科研生产管理部门负责组织开展外包产品验收和问题协调工作。设计或工艺部门负责按照研制任务书、产品技术条件、产品规范等制定外包产品验收技术文件，要确保对供方产品的要求和验收条件正确、完整、准确、有效，并根据产品特点，对交付项目清单、硬件和软件产品数据包、次级供应商的产品数据包等提出工作要求。质量部门负责会签产品验收技术文件，负责产品验收检验和监督质量问题归零。技术部门参加外包产品验收，负责协调、处理验收过程中出现的技术、质量问题。

委托方精准定制、有效监督各数据包的关键控制点和风险点，加强对供应链产品关键工序、关重件及关键节点的测试或检验数据验收，确保数据包全面性、准确性和有效性。实施数据包动态管理，及时发现隐患和问题，及时彻底整改。

验收中出现质量问题，应中止验收。供方应完成质量问题归零后重新提交验收，委托方应重点检查归零措施的落实情况。让步接收、紧急/例外放行均须严格按照规定办理手续。对让步接收的产品，委托方应监督供方制定并落实纠正措施，防止再次发生。

6.5 弹道导弹类产品质量控制

6.5.1 产品特点

按预定弹道飞行的导弹称为弹道导弹。随着全程制导技术应用，同时为满足突防、目标多样性要求，主流的弹道导弹产品已经突破了传统惯性弹道，而采用机动多变的轨道。随着人工智能技术应用，将进一步发展成为智能弹道。

弹道导弹产品特点之一是种类繁多、型谱丰富。可以从不同角度进行分类。按照其作战使命，可以分为战略弹道导弹和战术弹道导弹；按照射程，可以分为近程、中程、远程、洲际弹道导弹；按照发射区域与目标点区域，可以分为面面（含地对地、陆对海、海对陆、舰对舰等）弹道导弹、空面（含空对地、空对舰等）弹道导弹；按照目标特点，可以分为固定目标、移动目标弹道导弹；还可以从发射平台、动力特性、突防特性、轨迹特性、电子对抗特性、协同特性等方面进行分类。

从产品使用角度看，弹道导弹产品特点较为明显。一是攻击性，属于主动打击装备；二是迅速性，其机动地面发射平台准备时间短，起飞后的大部分区间处于高超音速状态；三是高效性，其携带战斗部威力较大，对目标毁伤效果明显；四是威慑性，其远距离核常兼备精确打击能力是制衡强敌、丰富战略威慑选项、增加战略回旋余地的重要手段。

从产品组成角度看，除固定式发射以外的机动式发射产品，一般一车即为一个火力单位，由导弹、发射车、指挥通信单元组成。产品组成简洁、机动性能好。导弹主要由结构、动力、控制、突防、战斗部等分系统组成。发射车则主要由载车、综合测试设备、发射装置等组成。指挥通信单元则用于与上级通信。

从产品研制角度看，弹道导弹属于大型复杂产品，涉及专业门类多、试验验证项目多，火工安全要求高，产品贮存期长、可靠性要求高，研制周期较长，研制成本较高。研制过程一般采取分段研制、迭代考核，最终达到指标要求。在研制阶段一般采用遥测系统获取飞行试验数据，并将该状态称为遥测弹，第一发飞行试验产品称为“遥一”，依次类推。

6.5.2　各阶段工作任务和质量控制目标

一般情况下，弹道导弹的全寿命周期需经历论证阶段、工程研制阶段、列装定型阶段、批产阶段、售后服务保障阶段（在役考核）等几个阶段。其中，工程研制阶段一般细分为方案阶段、工程样机阶段、状态鉴定阶段，工程样机阶段又进一步划分为初样机阶段、试（正）样机阶段。状态鉴定阶段则需经历性能鉴定试验、状态鉴定审查。列装定型阶段则需要经历小批量试生产、作战试验、列装定型审查。工艺定型一般与列装定型审查合并进行，若型号不安排列装定型时工业部门可根据需要开展产品工艺定型。全寿命周期历程如图 6－2 所示。根据产品成熟度不同，在风险分析基础上，可以缩减研制阶段，或进一步细分研制阶段。

6.5.2.1　论证阶段

（1）主要任务

论证阶段工作以用户为主导，工业部门应积极主动配合用户开展论证工作，主要任务一般包括：

1）调研、收集、整理与弹道导弹武器装备论证有关的信息资料；

2）分析、提出弹道导弹武器装备建设的军事需求；

3）分析国内外弹道导弹武器装备建设的现状与发展趋势；

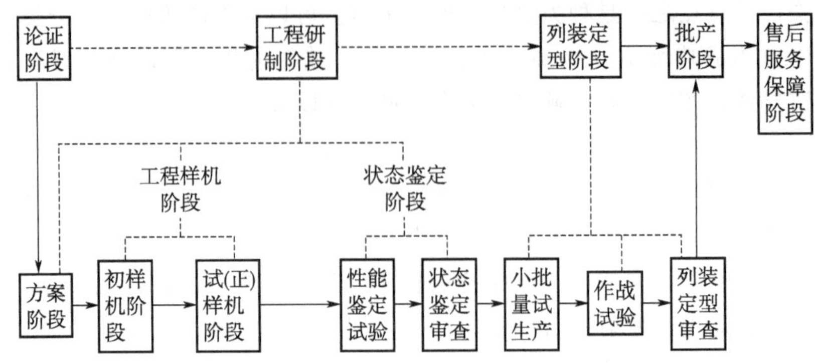

图 6-2 全寿命周期历程

4）提出弹道导弹武器装备建设的目标、方向、重点和相关指标要求；

5）提出弹道导弹武器装备建设的方案、步骤安排；

6）明确弹道导弹武器装备的研制分工、质量、周期、进度、经费和相关配套保障要求；

7）分析、评估弹道导弹武器装备建设的可行性；

8）分析、评估弹道导弹武器装备的作战效能；

9）提出相关措施与建议；

10）撰写相关论证文件，通过可行性论证评审；

11）提出关键技术项目，进行关键技术的研究与分析；

12）对拟采用的新技术、新材料、新工艺等及其解决途径的可行性进行分析。

随着竞争性立项论证、竞争性演示验证、竞争性实物比测工作的常态化，参加预先研究演示验证、实物比测产品具有了工程样机属性，可参照方案阶段、初样阶段的控制要求实施质量控制。

（2）质量控制目标

弹道导弹武器论证阶段实施全过程质量管理。论证单位应在论证工作计划或任务书中明确论证工作的质量要求。

1）按计划开展项目立项论证。从论证项目立项的必要性、主要研究内容、国内已有的相关项目的研究情况、项目承担单位和人员、研究工作进度、经费需求等方面论证。要求立项论证报告内容完整、立项必要性论证充分、研究方案合理、可行。

2）按计划实施论证项目开题，论证单位成立课题组，确定课题组成员。拟制研究内容大纲、要点和工作计划，明确重点难点问题及解决思路，安排专项研究项目、研究人员分工、研究进度安排、经费使用安排、主要协作单位等。要求开题报告内容完整；研究内容符合任务要求；难点问题解决思路正确、可行；人员、进度、经费安排合理。

3）按计划实施论证项目中期检查。课题组根据论证项目工作安排，进行调研、资料收集、专题论证和实验研究等工作，形成论证报告初稿。要求研究工作符合进度要求；调研工作和相关资料收集充分；研究方向正确；难点问题已得到初步解决；已形成论证报告初稿。

4）论证报告送审。在系统总结各项专题研究成果基础上，经过综合研究形成论证报告。必要时向有关单位或专家征求意见，形成论证报告送审稿及相关专题报告。要求已完成必要的专题论证、实验；征求意见充分；已形成论证报告送审稿；论证报告内容全面、结构合理、论点清晰、论据充分、结论明确；论证报告格式符合规定要求。

5）论证项目结题。根据专家意见和评审会指出的问题，对送审稿及相关论证文件进行修改完善，形成上报稿，并撰写研究工作总结。要求专家和评审会提出的意见得到妥善处理；已形成论证报告上报稿；研究内容符合任务书要求，文档齐全。

6）论证文件归档。整理论证过程产生的文件资料，按照相关科研管理固定及存档要求，形成归档文件。

6.5.2.2　方案阶段

（1）主要任务

在论证阶段工作成果基础上，方案阶段（符号“M”）需根据“武器系统研制总要求”、研制合同和论证阶段初步总体方案，进行综合分析，开展方案设计。主要任务一般包括：

1）建立型号研制队伍，建立型号设计师系统和行政指挥系统，明确行政管理序列与职责，明确各级设计师职责。

2）开展型号总体策划，明确型号阶段划分和研制规划，产品的主要组成与分系统划分，明确主要承担单位职责，制定方案阶段工作计划。

3）确定方案阶段需攻克的关键技术项目、攻关指标、验证方式，进行模样试制，制定模样样机研制计划和验收标准。

4）提出技术要求。型号总体与分系统、分系统与分系统之间的各项技术要求都应形成设计文件。相互技术协调的结果应及时反馈到有关设计文件中去。

5）开展系统、分系统方案设计，形成方案论证报告。

6）提出拟开展的大型地面试验和飞行试验的初步方案，并对发射场及测控系统等提出要求。

7）确定型号产品层次与组成。

8）提出型号质量保证大纲、通用质量特性保证要求、标准化要求。

9）开展方案阶段工作总结，形成方案设计总结报告，实施转阶段评审。

（2）质量控制目标

弹道导弹武器方案阶段工作质量实施全过程管理。在方案阶段，要开展型号综合策划工作，制定型号产品质量保证大纲和通用质量特性要求，完成方案论证评审，开展方案设计、工艺可行性分析，进行关键技术攻关，完成方案转初样阶段评审。

1）完成型号总体策划。明确产品的主要组成与分系统划分，明确主要承担单位分工职责，确定型号研制阶段划分，确定飞行试验初步方案，制定方案阶段工作计划。要求形成策划报告，策划报告内容、要素齐全，策划报告经批准发布。

2）提出技术要求或研制任务书。总体向分系统、分系统向单机提出模样技术要求或研制任务书；明确分系统功能、性能、使用要求，明确分系统通用质量特性要求，明确产品验证、验收要求；技术要求经承制方会签。

3）完成方案论证评审。方案论证报告内容完整，对关键技术攻关的不同途径进行了分析比对，方案阶段工作项目与工作计划清晰，工作进度满足总体要求。

4）进行工艺可行性分析。根据产品设计方案，分析产品的可制造性、可使用性，提出工艺预研及攻关课题，开展项目研究。

5）开展关键技术攻关。建立关键技术攻关组织。分析比对不同的关键技术攻关途径，确定关键技术攻关途径。开展原理样机硬件设计、工艺试验，进行模样样机生产，需要时开展算法研究、编制应用程序。利用模样样机开展功能、性能验证。形成关键技术攻关总结报告。

6）提出型号质量保证要求。提出型号质量保证大纲、软件质量保证大纲，提出型号产品可靠性大纲、维修性大纲、保障性大纲、环境适应性大纲、安全性大纲、测试性大纲，明确环境应力筛选试验要求。建立可靠性工作系统。

7）明确型号产品层次与组成。编制形成导弹、地面设备、指挥系统层次与组成文件，评审后发布实施。

8）通过转阶段评审。完成方案阶段计划项目，完成方案阶段工作整理、总结，完成方案总结报告编制。方案总结报告通过评审，评审提出的意见得到妥善闭环处理。

9）归档。整理方案阶段产生的设计文件、试验过程记录、总结报告并归档。

6.5.2.3 初样阶段

初样样机阶段，一般简称初样阶段（符号“C”），是弹道导弹类武器系统工程样机研制阶段的开始阶段，是武器系统各层级产品全面开展工程设计、生产试制、试验验证的重要阶段。根据需要还可以进一步细分为 C1、C2 等阶段。

（1）主要任务

初样阶段的主要任务一般包括：

1）总体和分系统及单机全面开展初样阶段产品设计；

2）初样样机研制；

3）初样样机单机、分系统、全系统地面性能试验、可靠性试验和使用性能试验等；

4）提出飞行试验方案草案。

（2）质量控制目标

初样阶段是产品质量形成的重要时期，核心的质量控制要求是初样样机的物理特性、功能特性满足技术要求。

1）开展总体策划。武器系统总体制定初样总体研制策划，明确总体及各分系统的主要研制计划、生产配套数量、地面试验项目与场地，进行风险分析，并提出飞行试验方案草案。要求形成总体策划报告，策划报告内容完整，策划的单位分工界面清晰，计划的初样样机数量、时间清晰，策划的人力资源、场地设施、物料齐套周期可行；总体策划报告向分系统、主要配套单位进行了宣贯；向分系统、主要配套单位宣贯了型号质量保证大纲等总体要求。

2）完成总体设计任务。应按计划开展武器系统总体设计工作，完成弹道设计、气动设计、大型地面试验规划等总体设计工作；完成可靠性、维修性、保障性、安全性、测试性、环境适应性、电磁兼容性等总体设计工作，完成型号数字化研制大纲（要求）、型号软件质量保证大纲（要求）等设计工作，并向全型号宣贯；提出分系统初样阶段设计技术要求，分系统之间、设备之间的技术接口协调形成记录并保存；进行导弹可靠性等通用质量特性分配，开展分系统之间技术接口协调。

3）完成分系统设计任务。开展分系统设计，按计划完成分系统配套表、总图等设计文件；提出整机设计技术要求，并经承制方会签；开展分系统可靠性分配、预计，形成报告。

4）开展关键技术攻关。武器系统总体和分系统在方案阶段关键技术攻关基础上，进一步梳理、识别有待攻关的关键技术，明确其攻关技术途径、验证方法、验收准则。攻关成果可验证，攻关实现的样机或算法或材料等成果可进行试验验证；攻关结果满足技术指标要求。

5）完成初样样机设计。按计划完成初样样机软、硬件设计，编制完成软件文档、硬件图样、产品规范等设计文件。生产用设计文件经工艺性审查，完成软件任务书、软件需求规格评审，实施软件版本控制，建立“开发库”“受控库”“产品库”。完成元器件、原材料选用评审，评审意见得到妥善闭环处理。关键整机完成故障模式、影响和危害性分析。按照分系统要求完成整机可靠性预计。

6）完成初样样机工艺设计。开展初样样机工艺设计，确定工艺流程与方法。完成初样产品工艺性审查；编制完成工艺规程；工艺规程具有可操作性、可检验性，多媒体记录要求清晰，质量检验特性要求明确；识别特殊过程、关键工序，完成特殊过程工程确认，形成关键工序明细表；识别禁、限用工艺，制定限用工艺质量保证措施，并开展替代工艺研究；按计划开展工艺攻关，完成工艺试验，形成工艺攻关总结报告；按计划完成工装设计，并通过工装验证。

7）初样样机生产过程控制。开展物资采购，实施采购评审；实施生产过程质量跟踪卡制度，跟踪卡填写（或录入）及时、准确；实施代料审批；电子设备样机 100%通过环境应力筛选。环境应力水平符合产品规范要求；环境应力筛选试验中、试验后的单机检测结果满足技术要求；外协产品按照产品规范要求实施下厂验收和入厂复验。外协产品的配套情况、物理特性、功能特性应满足生产合同（或协议）、产品规范要求，外协产品生产过程控制应满足型号质量保证大纲要求；外购产品实施入厂复验制度，复验结果满足要求方可流向生产环节；生产过程注入的软件实施了版本控制，版本记录清晰；不合格品审理流程运行正常。

8）开展地面性能验证试验。单机功能测试结果符合调试细则、产品规范（技术条件）要求；分系统功能、性能综合测试（综合试验）的试验大纲通过评审，试验准备情况通过了状态检查，实施了试验过程跟踪记录制度，试验过程中出现的质量问题进行了闭环管理，通过了试验总结评审；导弹全系统桌面联合测试（匹配试验）试验大纲通过评审，试验准备情况通过了状态检查，实施了试验过程跟踪记录制度，试验过程中出现的质量问题进行了闭环管理，通过了试验总结评审；发射车全系统桌面联合测试（匹配试验）试验大纲通过评审，试验准备情况通过了状态检查，实施了试验过程跟踪记录制度，试验过程中出现的质量问题进行了闭环管理，通过了试验总结评审；可靠性试验的产品状态符合技术要求，试验过程实施了试验过程跟踪记录制度，试验过程中出现的质量问题进行了闭环管理，通过了试验总结评审。

9）总装、总调过程控制。编制完成初样阶段导弹、发射车总装总调工作程序、技术要求、测试细则等设计文件；编制完成导弹总装、总调工艺总方案，并通过评审；编制完成发射车总装、总调工艺总方案，并通过评审；通过生产准备状态检查；实施总装、总调过程质量跟踪卡制度，跟踪卡填写（或录入）及时、准确；实施质量问题反馈制度，对总装、总调过程出现的质量问题反馈、跟踪、处理、闭环管理；完成初样阶段导弹、发射车总装总调工作总结，并通过评审。

10）车弹联调过程控制。编制完成初样阶段车弹联调试验大纲，并通过评审；编制完成车弹联调测试细则；实施联调过程质量跟踪卡制度，跟踪卡填写（或录入）及时、准确；实施质量问题反馈制度，对总装、总调过程出现的质量问题反馈、跟踪、处理、闭环管理；完成初样阶段车弹联调工作总结，并通过评审。

11）转阶段评审。按照单机、分系统、系统的先后顺序进行转阶段评审；满足转阶段的基本条件：完成了策划的设计、生产、试验任务，技术文件齐套、有效，过程记录得到保持；初样出现的问题均已解决或者有不影响试样研制的结论；试样产品技术状态清晰。初样研制总结报告通过转阶段评审，评审提出的意见得到妥善闭环处理。

12）归档。初样阶段全部设计图样、工艺文件、试验报告、总结报告等均在云端产品数据管理（CPDM，Cloud Product Data Management）系统保存，阶段标记正确，签署完整；初样阶段产生的复验记录、生产过程质量跟踪卡（或生产过程卡、检验记录）、试验记录、试验报告（或检测报告）等过程记录完整，真实有效。

6.5.2.4 试（正）样机阶段

试样阶段（符号“S”）是在初样研制成果基础上，各层级产品全面开展工程设计、生产试制、试验验证以及性能验证飞行试验。根据需要还可以进一步细分为 S1、S2 等阶段。

（1）主要任务

试样阶段的主要任务一般包括：

1）总体和分系统以及单机全面开展试样阶段产品设计；

2）试样产品的研制；

3）试样单机、分系统及全系统综合、匹配等地面试验；

4）性能验证飞行试验。

（2）质量控制目标

试样阶段是产品性能飞行试验验证的重要时期，核心控制要求是确保实现飞行试验考核目标。试样阶段实施全过程质量控制。

1）开展总体策划。武器系统总体制定试样总体研制策划，明确总体及各分系统的主要研制计划、生产配套数量、地面试验项目与场地，制定飞行试验考核方案。形成总体策划报告，策划报告内容完整；总体策划报告向分系统、主要配套单位进行宣贯；飞行试验方案向军方汇报并经批准。

2）完成总体设计任务。按计划完成弹道设计、气动设计、大型地面试验规划等总体设计工作；完成可靠性、维修性、保障性、安全性、测试性、环境适应性、电磁兼容性等总体设计工作；按计划完成型号数字化研制大纲（要求）、型号软件质量保证大纲（要求）等设计工作；分系统之间、设备之间的技术接口协调形成记录并保存；按计划提出分系统试样阶段设计技术要求，技术要求经承制单位会签。

3）完成分系统设计任务。开展分系统设计，按计划完成分系统配套表、总图等设计文件；提出分系统设计文件完整性清单并发布；提出整机设计技术要求，并经承制方会签；开展分系统可靠性分配、预计，形成报告。

4）开展试样样机设计。按计划完成试样样机软、硬件设计，完成设计文件完整性要求的全部文件编制、审签；生产用设计文件经工艺性审查；完成软件任务书、软件需求规格评审，实施软件版本控制，建立“开发库”“受控库”“产品库”；完成元器件、原材料选用评审，评审意见得到妥善闭环处理；按照 GJB 3206A—2010《技术状态管理》实施技术状态控制；关键整机完成 FMECA；按照分系统要求完成整机可靠性预计；开展“九新”识别与控制。

5）完成试样样机工艺设计。编制完成工艺总方案，并通过评审；完成试样产品工艺审查；按照 QJ 903B—2011《航天产品工艺文件管理制度》工艺文件完整性要求编制全套工艺文件；工艺规程具有可操作性、可检验性，多媒体记录要求清晰，质量检验特性要求明确；实施工艺规程量化、细化、信息化检查；识别特殊过程、关键工序，完成特殊过程工程确认，形成关键工序明细表；开展“九新”识别与控制；识别禁、限用工艺，制定限用工艺质量保证措施，并开展替代工艺研究；实施首件鉴定，按照 GJB 908A—2008《首件鉴定》要求开展首件鉴定；按计划完成工装设计，并通过工装验收、生产验证。

6）试样样机生产过程控制。编制物资采购文件，通过物资采购评审；实施生产准备状态检查；生产过程质量跟踪卡填写（或录入）及时、准确；实施代料审批；试样电子设备样机 100％通过环境应力筛选。环境应力水平满足产品规范要求；环境应力筛选试验中、试验后的单机检测结果满足技术要求；外协产品按照产品规范要求实施下厂验收和入厂复验。外协产品的配套情况、物理特性、功能特性应满足生产合同（或协议）、产品规范要求，外协产品生产过程控制应满足型号质量保证大纲要求。外购产品实施入厂复验制度，复验结果满足要求方可流向生产环节。生产过程注入的软件需从“产品库”获取，注入过程版本记录清晰。实施产品初样转试样控制，办理产品转批审理；实施技术状态控制，实行更改单、偏离单制度。不合格品审理流程运行正常；实施产品证明书（或合格证）、产品履历书制度，产品证明书（或合格证）、产品履历书填写及时、正确。

7）地面性能验证试验过程控制。单机功能测试结果符合调试细则、产品规范（技术条件）要求。分系统综合测试（综合试验）、全系统桌面联合测试（匹配试验）、发射车全系统桌面联合测试（匹配试验）试验大纲通过评审，试验准备情况通过了状态检查，实施了试验过程跟踪记录制度，试验过程中出现的质量问题进行了闭环管理，通过了试验总结评审。可靠性试验的产品状态符合技术要求，试验过程实施了试验过程跟踪记录制度，试验过程中出现的质量问题进行了闭环管理，通过了试验总结评审。试验过程实行更改单、偏离单制度。

8）总装、总调过程控制。编制完成试样阶段导弹、发射车总装总调工作程序、技术要求、测试细则等设计文件；编制完成导弹总装、总调工艺总方案，并通过评审；编制完成发射车总装、总调工艺总方案，并通过评审；编制完成总装、总调过程全套工艺文件，并签署完整；实施工艺文件量化、细化、信息化检查；识别特殊过程、关键工序，完成特殊过程工程确认，形成关键工序明细表；开展“九新”识别与控制；通过生产准备状态检查；实施总装、总调过程质量跟踪卡制度，跟踪卡填写（或录入）及时、准确；实施质量问题反馈制度，对总装、总调过程出现的质量问题反馈、跟踪、处理、闭环管理；实施技术归零、管理归零；实施技术状态控制，实行更改单、偏离单制度。完成试样阶段导弹、发射车总装总调工作总结，并通过评审。

9）车弹联调过程控制。编制完成试样阶段车弹联调试验大纲，并通过评审；编制完成车弹联调测试细则；实施联调过程质量跟踪卡制度，跟踪卡填写（或录入）及时、准确；实施质量问题反馈制度，对总装、总调过程出现的质量问题反馈、跟踪、处理、闭环管理；实施技术归零、管理归零；完成试样阶段车弹联调工作总结，并通过评审。

10）性能验证飞行试验。根据飞行试验考核方案，确定不同考核目的导弹的技术状态、试验顺序，并分别制定飞行试验大纲、靶场工作程序，完成飞行试验安全性分析。飞行试验大纲通过评审；导弹通过出厂评审，发射车通过出厂评审；通过独立评估；完成产品进场前质量确认（复查）；开展“双想”活动；按照靶场工作程序开展工作，实施工作日报制度；实施靶场工作质量跟踪制度、质量问题反馈制度，对靶场出现的质量问题反馈、跟踪、处理、闭环管理，实施技术归零、管理归零；实施技术阵地转发射阵地评审；实施实际发射弹上产品、地面产品、航区保障系统技术状态确认；通过安全发射、无误发射审查；实施主要承制单位飞行试验承诺制度。飞行试验总结通过评审。

11）转阶段评审。按照单机、分系统、系统的先后顺序进行转阶段评审。确定转阶段基本条件：完成了策划的设计、生产、试验任务，技术文件齐套、有效，过程记录得到保持；试样出现的问题均已解决；试验鉴定产品技术状态清晰；性能验证飞行试验取得圆满成功，无遗留问题；或者遗留问题有明确的处置结论且不影响试验鉴定产品技术状态。试样研制总结报告通过转阶段评审，评审提出的意见得到妥善闭环处理。

12）归档。试样阶段全部设计图样、软件文档、工艺文件、试验报告、总结报告等均在 CPDM 系统保存，阶段标记、版本正确，签署完整；试样阶段产生的复验记录、生产过程质量跟踪卡（或生产过程卡、检验记录）、试验过程记录、试验报告（或检测报告）、多媒体记录（包括飞行试验影像）等过程记录完整、签署有效，多媒体记录文件编号清晰、易检索；试样阶段产生的研制计划、生产任务单（或协议书）、协调纪要、合同、评审证书、产品履历书、产品证明书（或合格证）等过程记录完整、签署有效；存档介质、标识、数量符合科研项目文档管理要求。

6.5.2.5　状态鉴定阶段

（1）主要任务

状态鉴定阶段的主要任务包括：

1）性能鉴定试验产品技术状态确认、生产；

2）性能鉴定试验；

3）状态鉴定审查。

（2）质量控制目标

状态鉴定阶段是弹道导弹类产品性能、效能满足研制总要求的考核确认阶段，是固化产品技术状态的时期。状态鉴定阶段实施全过程质量控制。

1）完成总体策划，明确总体及各分系统的主要研制计划、生产配套数量、性能鉴定项目、性能鉴定飞行试验方案。策划报告内容完整，策划的试验鉴定产品数量、时间清晰；总体策划报告向分系统、主要配套单位进行了宣贯；性能鉴定飞行试验方案向军方汇报。

2）试验鉴定产品技术状态得到确认，技术状态确认报告经过评审，评审意见得到妥善闭环处理。

3）完成试验鉴定产品设计、工艺设计，实施试验鉴定产品生产过程控制，通过产品出厂评审。

4）完成性能鉴定试验策划。按计划编制各级产品性能鉴定试验大纲。性能鉴定试验大纲通过评审，对评审意见采取了妥善的闭环处理。

5）性能鉴定试验准备。试验单位应按照试验总案、性能鉴定试验大纲和试验合同等文件的要求制定试验计划。试验计划应对试验过程进行分解，明确过程控制要求，识别和评估试验过程中的风险，明确相关单位和人员的职责与权限，确定试验资源需求和分配。必要时，宜单独制定试验质量计划。参试设备、设施及试验环境控制准备应满足技术条件。试验单位应对被试装备和陪试装备交接过程进行控制，通常情况下应进行点验、状态确认、签收。被试装备进场试验时其技术状态已固化，与产品图样、技术文件相符合，且符合试验大纲的要求；被试装备通过进场前质量评审，具有相应质量合格证明，且与实物相符。

6）性能鉴定试验实施。试验准备工作完成后，试验单位对试验准备情况进行检查、评审，合格后，经批准方可进行试验。对检查、评审中发现的问题应采取适当的措施，并保留相应记录；实施试验过程控制。试验单位应根据试验实施方案、任务单和作业指导书等对试验过程实施控制，确保试验在受控条件下进行。被试装备在试验过程中出现的质量问题及改进建议应进行反馈与处理。

7）完成性能鉴定试验总结。试验结束后，试验单位应对试验工作进行全面总结，需要时，编制试验总结报告。试验单位应将纸质和电子版试验文件和记录、原始测量数据和音视频、照片等试验资料整理归档和妥善保存，保存期限应不低于被试装备的寿命周期。

8）通过状态鉴定审查。建立状态鉴定工作组织；确定状态鉴定层级、项目及鉴定审查计划并发布实施；按计划、按鉴定层级从下往上逐级鉴定；状态鉴定文件、审查结论、审查记录得到保存。装备状态鉴定应符合下列标准和要求：

a）试验总案规划的性能鉴定试验考核内容已全部完成，装备性能达到研制立项批复、研制总要求以及相关标准规定的要求，性能底数清楚；

b）符合全军装备体制、装备技术体制和通用化系列化组合化要求，技术状态清楚；

c）图样（含软件源程序）和技术文件完整、准确、协调、规范，软件文档符合有关标准的规定，能够指导小批量试生产；技术说明书、使用维护说明书等装备用户技术资料基本满足用户使用维护需求；

d）装备配套齐全，能独立考核的配套设备、部件、器件、原材料、软件已完成逐级考核；小批量试生产工艺和生产条件已通过审查，具备小批量试生产条件；

e）配套产品质量可靠，并有稳定的供货来源，满足元器件、原材料国产化使用要求，国产化方案可行；

f）性能鉴定试验反馈问题已解决或有明确结论，暂未解决的问题、尚未完成的工作等应有解决措施和计划；

g）装备研制单位具备军队（或国家）认可的装备承制资格（资质），军地试验机构使用、试验采购服务符合相关规定。

6.5.2.6　列装定型阶段

（1）主要任务

列装定型阶段完成的主要任务如下：

1）小批量试生产；

2）作战试验；

3）列装定型；

4）归档。

（2）质量控制目标

列装定型阶段是固化产品技术状态、稳定生产条件的重要时期。其核心质量控制要求是实现产品实战化考核目标。状态鉴定阶段实施全过程质量控制。

1）实施小批量试生产工艺设计控制。制定并评审小批量试生产工艺总方案。编制全套工艺文件，工艺规程具有可操作性、可检验性，多媒体记录要求清晰，质量检验特性要求明确；实施工艺规程量化、细化、信息化检查；识别特殊过程、关键工序，完成特殊过程工程确认，形成关键工序明细表；开展“九新”识别与控制；识别禁、限用工艺，制定限用工艺质量保证措施，并开展替代工艺研究；首件鉴定；实施技术状态控制。按计划完成工装设计，并通过工装验收、生产验证。

2）小批量试生产过程控制。编制完成生产策划报告并发布实施；编制物资采购文件，通过采购评审；进行生产准备状态检查；生产过程质量跟踪卡填写（或录入）及时、准确；实施代料审批；电子设备样机100％通过环境应力筛选，应力水平符合产品规范要求，筛选试验中、试验后的单机检测结果满足技术要求。外协产品的配套情况、物理特性、功能特性应满足生产合同（或协议）、产品规范要求，外协产品生产过程控制应满足型号质量保证大纲要求；外购产品实施入厂复验制度，复验结果满足要求方可流向生产环节。生产过程注入的软件需从“产品库”获取，注入过程版本记录清晰；实施技术状态控制，实行更改单、偏离单制度；不合格品审理流程运行正常；产品证明书（或合格证）、产品履历书填写及时、正确；产品顾客代表检验验收合格；通过产品出厂评审。

3）作战试验。实施作战试验申请条件控制，装备研制单位以书面形式向装备部门提出作战试验申请。作战试验大纲应完成报批；试验单位、试验部队按照大纲完成试验准备、试验实施、试验总结。对作战试验反馈的问题，按照问题分类实施处理，必要时完成质量问题技术归零、管理归零。

4）通过列装定型审查（若型号不实施列装定型，可根据需要开展产品工艺定型）。列装定型审查应制定工作计划，并发布实施；按计划、列装定型层级从下往上逐级定型；列装定型文件、审查结论、审查记录得到保存。装备列装定型审查应符合下列标准和要求：

a）试验总案中规划的性能鉴定试验、作战试验考核内容已完成，装备作战效能、适用性及性能达到研制立项批复、研制总要求以及相关标准规定的要求，性能底数和效能底数清楚，具备完成规定使命任务的能力。

b）符合全军装备体制、装备技术体制和通用化系列化组合化要求，技术状态清楚。

c）图样（含软件源程序）和技术文件完整、准确、协调、规范，软件文档符合有关标准的规定，能够指导装备批量生产（或稳定生产）和验收；装备作战运用参考、技术说明书、使用维护说明书等交付用户的技术资料满足用户使用维护需求，可支撑作战筹划运用。

d）装备配套齐全，能独立考核的配套设备、部件、器件、原材料、软件已完成考核；批量生产（或稳定生产）工艺和生产条件已完成审查，具备批量生产（或稳定生产）条件。

e）装备质量稳定，配套产品质量可靠，供货来源稳定，满足原材料、元器件国产化使用要求，国产化等目标基本实现。

f）状态鉴定遗留工作（问题）、作战试验反馈问题、小批量试生产暴露问题等已解决或有明确结论，暂未解决的问题、尚未完成的工作等有解决措施和计划，装备缺陷可弥补、可让步接受。

g）装备研制单位具备军队（或国家）认可的装备承制资格（资质），质量管理体系运行有效；军地试验机构使用、试验采购服务符合相关规定。

6.5.2.7 批产阶段

(1) 主要任务

批产阶段的主要任务包括：

1）按照订货合同（或协议）开展批产策划；

2）完成批产产品生产；

3）完成批产产品交付；

4）必要时开展战训遥测产品生产、加装、测试；

5）完成抽检飞行试验。

(2) 质量控制目标

批产阶段是弹道导弹类产品形成战斗力、交付用户使用的重要阶段，其质量控制的核心是保持产品质量的一致性、稳定性。批产阶段实施全过程质量控制。

1）开展生产策划。各级次产品生产单位，按照合同（或协议）批次开展生产策划，必要时统筹多个任务批次进行策划，编制、发布生产策划报告。策划报告内容完整，对人力资源、设施设备、试验保障条件做出了安排；对批次管理、技术状态管理做出了规定；对生产配套计划、分组计划、试验计划、交付计划做出了安排；进行风险分析，制定了应对风险的措施。

2）工艺总方案评审。按任务批次（或合同）制定工艺总方案，并通过评审；工艺总方案内容完整，符合航天产品工艺管理制度文件要求；相对于上一批次任务，本批次工艺总方案对设计技术状态、工艺技术状态、生产环境、配套关系等变化情况进行了总结、分析，并作为评审重点。

3）生产准备状态检查。各级次产品生产单位组织进行生产准备状态检查，本单位负责该产品生产的行政领导做检查组长；承担整机及整机以上级产品生产的单位应形成生产准备状态检查报告，对人、机、料、法、环、测、软件等生产要素进行全面的准备状态检查，以确定是否符合开工条件。

4）采购评审。按任务（合同）批次编制了采购文件，必要时可以统筹多个批次编制采购文件，通过采购评审后实施采购。

5）生产过程控制。在零部组件、整机、分系统联调、总装、总调等不同层级生产过程中，均应严格执行过程质量控制。过程依据的设计文件、工艺文件现行有效，生产过程质量跟踪卡填写（或录入）及时、准确；建立了独立职责的检验队伍，实行检验印章管理；按照技术文件实施多媒体记录；建立、实施质量问题反馈、处理、闭环管理制度；必要时实施技术归零、管理归零；适用时，实行车长制、弹长制，责任到人，队伍稳定；进行生产质量总结。

6）出厂试验控制。按照产品规范或验收技术要求，100％完成出厂试验项目；产品在试验过程中、试验后的测试结果满足技术要求；试验过程记录得到保存；形成出厂试验总结报告，或者在出厂质量评审报告中设置专门的出厂试验总结章节。

7）出厂评审。在产品终检、军检完成之后，交付之前，完成产品质量分析报告编制，并签署完整；整理形成产品数据包；产品质量分析报告、生产过程原始记录、试验记录等资料提供出厂评审会议；产品应通过出厂评审。

8）产品交付。按照合同（或协议）约定的时间、地点、数量交付产品。通过齐套性检查；办理了交接清单，交、接双方签字确认；交接清单得到保存。

9）抽检飞行试验。飞行试验大纲通过评审；导弹通过出厂评审，发射车通过出厂评审；通过独立评估；完成产品进场前质量确认（复查）；开展“双想”活动；按照靶场工作程序开展工作，实施工作日报制度；实施靶场工作质量跟踪制度、质量问题反馈制度，对靶场出现的质量问题反馈、跟踪、处理、闭环管理，实施技术归零、管理归零；实施技术阵地转发射阵地评审；实施实际发射弹上产品、地面产品、航区保障系统技术状态确认；通过安全发射、无误发射审查；实施主要承制单位飞行试验承诺制度；飞行试验总结通过评审。

6.5.2.8　售后服务保障（在役考核）阶段

（1）主要任务

售后服务保障阶段的主要任务一般包括：

1）产品技术资料提供与培训；

2）产品信息收集、整理与处理；

3）产品整修；

4）用户走访交流；

5）重大任务技术保障；

6）产品改进；

7）备件供应；

8）延寿与退役处置；

9）综合保障研究。

（2）质量控制目标

售后服务保障阶段是弹道导弹类产品维持战斗力、保持产品质量信誉的重要阶段，其质量控制的核心是保持产品可用性。售后服务保障阶段实施全过程质量控制。

1）建立售后服务保障队伍，制定并发布售后服务保障规章制度，建立军地信息收集、整理、反馈工作机制。

2）技术培训。实施装备接装培训、跟产培训、用户现场培训。培训记录得到保存。

3）产品返修质量控制。编制返工或返修工艺文件，并签署完整；当故障处理同时涉及两种以上整机产品时，应先制定返修工艺方案，并通过评审。返工或返修操作过程实行生产过程质量跟踪，跟踪卡填写及时、准确；按照产品规范或临时设计文件要求完成返修产品检测或试验，试验过程中、试验后的产品检测结果满足技术要求；返工或返修过程在产品证明书中做了记录；再次交付。办理了交付清单，交、接双方进行了签字确认。

4）用户走访交流。制定年度走访、交流计划，并发布实施；形成了走访、交流记录并得到保存；对走访、交流获得的意见和建议及时组织研究落实，以促进产品性能、质量和服务质量的不断提高。意见建议闭环落实的记录得到保持。

5）备件生产。按照合同要求制定备件生产计划，并发布实施；备件生产依据的设计文件、工艺文件现行有效；实行了生产过程质量跟踪制度，跟踪卡填写（或录入）及时、准确；备件功能检查、性能测试合格；通过了出厂评审。

6）产品整修过程控制。按照整修方案编制了设计文件、工艺文件，并签署完整；整修现场依据的设计文件、工艺文件现行有效；整修过程实行质量跟踪制度，质量跟踪卡填写（或录入）及时、准确；依照整修工艺文件实施多媒体记录；整修后产品按照整修方案进行检测、试验，产品功能、性能应满足要求。整修后的产品通过出厂评审。

7）武器装备的重大任务技术保障。按照重大任务装备保障要求建立具备相应技术能力的现场保障团队；按照用户要求完成现场保障任务，形成并保持保障过程记录；编制完成重大任务装备保障总结报告，存档保存。

6.5.3 质量控制要求

弹道导弹武器系统在各研制阶段均应实施全过程、全要素质量控制。承担弹道导弹型号总体设计、分系统研发、整机或装置研制、导弹总装、发射车总装等任务的单位（以下简称“主要承制单位”）应对弹道导弹产品实施综合质量控制。

6.5.3.1 全过程、全要素数字化技术状态控制

（1）实施全流程数字化技术状态管理

主要承制单位应将弹道导弹产品全要素、全流程纳入信息化、数字化平台进行管理。以 CPDM 为基础，实现工程物料清单（EBOM，Engineering Bill of Material）、工艺物料清单（PBOM，Process Bill of Material）、制造物料清单（MBOM，Manufacture Bill of Material）流程贯通，型号产品研制全过程产生的技术文件、试验报告等数据在信息系统中生成、传递、审签、更改、发布。

（2）实施全要素数字化控制

贯通 CPDM、企业资源计划（ERP，Enterprise Resource Planning）、制造执行系统（MES，Manufacturing Execution System）。实现基础设施、设备、工装的申请、采购、验收过程数字化，实现设施编码、状态管理、台账管理平台化。实现物料需求清单生成、采购过程、消耗过程数字化、看板化；实现设计文件、工艺文件、生产过程质量跟踪卡电子化、屏幕化、平板化。实现产品制造过程的工序流转、检测数据、不合格品审理数字化。实现人力资源流程角色化，人在流程中，干流程节点活。

（3）实施跨单位异地网络协同技术状态控制

主要承制单位之间实现信息平台联通，在总体与分系统、设计单位与生产单位之间形成 CPDM 平台互联，实现技术文件跨单位审签、会签，实现 EBOM 到 PBOM 唯一源数据发布，实现跨单位之间偏离、更改落实凭证的逆向闭环。

6.5.3.2　开展全级次、全寿命工作策划

（1）实施全级次策划

导弹武器系统总体、分系统、整机均应进行产品实现策划，并形成策划报告。作为总体策划成果的一部分，应发布、宣贯型号质量保证大纲、型号工艺保证大纲、型号数字化保证大纲，确定型号的整体质量保证要求。

（2）实施全寿命过程策划

从方案阶段一直到售后服务保障阶段，均应进行产品实现策划和产品服务策划。

（3）实施全要素策划

既要进行设计、工艺、生产、检验、计划调度、质量管控策划，也要进行保密安全、人力资源、设备设施、交通运输、食堂后勤等相关专业策划。在具体策划时，既要进行产品实现过程规划、确定过程完工准则、确定通用质量特性实施计划，又要进行设备实施、人力资源、供应链保证能力策划，还要进行风险点识别、制定风险应对措施。

6.5.3.3　实行通用质量特性统一管理

（1）发布“七性”大纲

从方案阶段开始，型号总体发布可靠性、保障性、维修性、安全性、测试性、环境适应性、电磁兼容性等通用质量特性大纲，提出环境应力筛选试验条件、力学环境试验条件、可靠性增长试验要求。各分系统发布大纲实施细则。在初样阶段前期应完成针对各分系统主要技术人员的通用质量大纲宣传、培训。

（2）贯彻落实通用质量特性大纲要求

1）总体、分系统、设备都应建立相应的可靠性模型，实施可靠性分配、预计。各级设计师应将可靠性设计准则落实到具体的产品图样中。

2）设备、分系统、系统都应进行 FME（C）A，系统、分系统和关键设备应进行故障树分析（FTA，Fault Tree Analysis）。通过绘制危害性矩阵（横坐标是严酷度类别，纵坐标是故障模式发生概率等级）和定量计算故障模式危害度，提出严酷度为Ⅰ、Ⅱ类的故障模式和危害度较高的故障模式，并据此列出关键件、重要件清单，采取相应的补偿措施。

3）按照大纲要求实施可靠性试验，在试验验证基础上完成可靠性评定。

4）按照大纲要求开展各研制阶段的维修性、保障性、安全性、测试性、环境适应性、电磁兼容性设计与试验验证，分别形成试验验证报告。

（3）实施可靠性数据统一管理

针对可靠性、维修性、保障性、环境适应性、测试性、安全性、电磁兼容性等“七性”通用质量特性，主要承制单位应建立并实施型号统一的可靠性数据管理系统。在型号“七性”分配、预计、评估，FMECA、FTA、可靠性关键工作项目分析、可靠性增长试验、可靠性强化试验以及加速贮存寿命试验等可靠性数据采集、分析、结构化基础上，通过系统性梳理和研究型号可靠性工作事项、流程与数据，构建可靠性数据管理系统，实现全型号质量可靠性数据统一结构化管理，全面提升型号可靠性管理能力。

6.5.3.4 外协外购质量控制

(1) 准入制度

弹道导弹产品承制单位应建立专门的机构实施合格供方目录管理，明确供方准入门槛并实施准入打分制度，实施供方考核制度并将供方考核纳入质量管理体系管理评审，动态调整合格供方目录。

(2) 甲方责任

甲方提供的技术要求、生产图样、试验大纲等输入性技术文件应经乙方会签确认。甲方应按照质量管控策划，对乙方实施质量管理体系二方审核、型号产品专项审核、工艺纪律检查。

(3) 质量保证金

在合同中应明确质量保证金数额或比例，明确违约条件，明确质量保证金扣除步骤。

(4) 下厂验收与复验

使用下厂验收软件完成产品验收数据电子化、结构化。下厂验收过程，不仅仅对产品技术指标进行充分检测，还要对产品实现过程的质量保证能力进行复查、确认。

6.5.3.5 设计质量控制

设计是产品质量保证活动的源头，决定了产品技术状态，决定了产品使用方式、寿命、可靠性、可用度，设计质量控制是产品质量控制的核心环节。可从以下方面着手实施控制：

(1) 计划完成率

型号总体设计、分系统设计、整机设计、软件设计，以及以部、组件单独交付的产品设计工作均应制定工作计划，明确责任人、完成时间、前驱条件，并列入单位考核计划。设计师按照计划开展设计工作。

(2) 技术重用度

坚持“三化”设计，坚持继承性与创新性的协调统一，在满足技术要求条件下，尽可能使用成熟技术。

成熟技术重用度可以从多个层级进行统计、控制。整弹可以从弹道、气动、突防、结构、电气、弹车接口、环境适应能力等方面进行重用度控制；整车可以从底盘驱动、车弹布局、通过性、定位定向、测试模式等方面进行重用度控制；分系统、整机、部（组）件则主要从其组成结构、软件代码、元器件、原材料、测试方式等方面进行重用度控制。

(3) 技术指标测试覆盖率

设计输出应覆盖设计输入要求的技术指标。型号总体设计对应用户的研制总要求；分系统设计对应型号总体的技术要求；整机设计对应分系统技术要求；部（组）件设计对应整机技术要求。与型号的技术状态项相呼应，与型号产品层次与组成相呼应，形成整个武器系统的指标覆盖体系。下一级实现的技术状态项目应多于或等于上一级的技术要求，下一级实现的技术指标应符合上一级的技术要求。

(4) 摸底试验早安排

有一些试验考核项目可能会导致设计方案反复，如环境适应能力不足可能需要更换元器件、原材料、工艺方法，电磁兼容能力不足可能需要更改产品结构形式、更换原材料规格甚至增加元器件种类，所以这些不托底的产品性能应尽可能早地安排摸底试验。尽可能在方案阶段采用原理样机、初样阶段采用初样机开展摸底试验，以便于为设计方案反复提供时间条件。

(5) 产品工艺性

产品设计过程应重视可制造性、可使用性。尽可能采用成熟、可靠、易加工的结构形式、元器件、原材料，生产用设计文件应通过工艺性审查后方可投入生产线使用。

设计过程应贯彻落实多余物预防与控制要求，采用多余物易于清理的结构形式。

(6) 自动化判读

实施产品数据分析与自动判读。对于弹道导弹产品的关重特性数据，以及在总装厂、靶场总检查过程中需要判读的数据，应从初样阶段开始建立测试数据库，实施数据积累，并结合之前类似产品经验数据，实施数据自动判读。

(7) 国产化率

从国家安全、大国竞争的战略角度看待供应链国产化的重要性，落实型号研制总要求的国产化率指标。

从部（组）件、整机、分系统、全系统逐级统计形成元器件、原材料国产化率，并将其作为状态鉴定审查、列装定型审查是否通过的否决项。

(8) 体系贡献度

弹道导弹作为我军作战体系的组成部分，从型号论证阶段开始，应从基于模型的系统工程（MBSE，Model Based System Engineering）出发，将产品使用条件约束、火力布置约束、毁伤效果、性能保持期等与作战体系需求结合起来，将其体系贡献度作为重要的产品质量控制指标。

6.5.3.6　工艺与生产过程控制

(1) 工艺总方案

在各批产品投产前，根据生产任务情况制（修）订批生产工艺总方案，编制要求按 QJ 903.8B—2011《航天产品工艺文件管理制度　第 8 部分：工艺总方案编制规则》的规定执行，按要求评审并经主管工艺工作领导或总工艺师批准后方可下发执行。

批生产工艺总方案应重点明确本批工艺技术改造、工艺布局及生产线调整、工艺技术状态控制及工艺装备配置等工艺工作要求，提出首件鉴定项目。批生产工艺总方案应对各工艺规程及临时工艺的编制提出多媒体记录要求和数据包络分析要求，并执行航天科工集团工艺量化控制要素要求。

(2) 工艺细化与量化

1) 以航天科工集团发布“工艺量化控制要素目录”为依据，开展工艺量化、细化工作，逐步形成集团公司、院的工艺量化、细化标准体系。

2）丰富工艺知识库，以典型工序重用方式推动工艺量化细化。依托数字化工艺平台，基于已形成的工艺量化细化标准、工艺量化规范等内容，根据配套产品生产工艺实际情况，开展各类工艺资源库、工艺知识库、工艺参数库、工艺模板库、工艺规范库的研究和补充完善，逐步实现工艺量化细化知识的推送和重用，用于指导各类专业工艺文件编制。

（3）禁、限用工艺控制

1）严格执行航天科工集团发布的“禁限用工艺目录”。在任何条件下，严禁选用和使用禁用工艺。在一定条件下，必须选用或使用限用工艺的，设计人员及工艺人员要对限用工艺必要性和可行性进行分析，制定严格的控制措施并通过验证，单独编制禁限用工艺分析报告，组织设计、工艺等相关人员进行评审，评审通过后方可使用。

2）各单位应及时组织学习宣贯集团公司禁（限）用工艺目录，将禁（限）用工艺目录传递到设计师、工艺师等型号研制相关人员，在型号工艺性审查、工艺策划、工艺设计、工艺评审、工艺总结、工艺复查、工艺监督检查、外协工艺管控等过程中严格贯彻执行，定期监督检查禁（限）用工艺及质量控制措施落实情况。

3）通过信息化手段构建禁（限）用工艺知识库和数字化管控流程，从源头和过程中控制禁（限）用工艺的选用和使用。

4）推进先进工艺技术研究和推广应用，从方法手段上逐步消除禁（限）用工艺的使用。

（4）关键工序与特殊过程

1）关键工序设置应按照 QJ 2664—1994《关键工序质量控制》规定的准则识别出来，并编制关键工序明细表。关键工序评审通过后方可指导生产。关键工序应在工艺规程、质量跟踪卡的工序名称前加注“关键工序”标识。关键工序应编制质量控制卡，明确控制指标、质量控制点。关键工序实行定人、定设备、定方法“三定”制度。

2）特殊过程应由设计师、工艺师、质量管理人员予以识别，并形成特殊过程目录。特殊过程应进行工程确认，在特殊过程确认表中明确人、机、料、法、环、测等生产要素的要求，尤其工艺参数应定量化。同时严格按照单位管理制度规定的条件实施特殊过程再确认。

（5）返工返修过程控制

1）对于返工返修等偏离原工序流程的生产过程，必须形成明确的返工返修依据（返修工艺、临时工艺等）后方可开展返工返修工作，并且所执行的返工返修依据需经相关方分析、确认并获得各方认可和签署。

2）关键或结构复杂的部组件和整机开展返工返修时，返工返修工艺文件应开展由设计、工艺、操作者、检验共同参加的评审，在满足产品设计性能的基础上，需确保返工返修工艺方法及操作流程的合理性和准确性，需确保返工返修过程对产品的局部和整体质量均无影响或风险受控。

3）关键或结构复杂的部组件和整机返工返修工艺中应包含返工返修准备、拆卸或开盖、安全防护、返修、重新装配、检测、多余物检查、测试、检验等全过程，尤其要重点提出返修部位返修前后和安全防护的多媒体记录和质量记录要求等。

4）关键或结构复杂的部组件和整机返工返修前，工艺人员应与操作者、检验人员进行技术交底，并现场指导。

5）针对返工或返修后的产品，检验人员应按文件的规定重新检验产品，经检验、补充测试合格并做出合格与否的结论后，履行相关手续才能继续使用。

（6）生产准备状态检查

应做好生产计划、工艺技术、文件齐套、过程能力、辅助材料、公共设施、环境条件、检验和技术条件、人员培训方面的生产准备工作。产品生产准备状态检查按 GJB 1710A—2004《试制和生产准备状态检查》和单位程序文件执行，对检查中发现的问题必须逐条落实和处理。

生产前应已制定本单位本批次产品的质量保证策划，并下发、宣贯。型号“两总”系统应组织对重要整机单位开展质量工作策划及生产准备状态专项检查。

（7）生产过程跟踪与控制

1）按照 QJ 1717A—2001《生产过程质量跟踪卡的编制要求》、Q/QJB 316—2018《生产过程质量跟踪卡的编制要求》建立并实施生产过程质量跟踪卡制度，跟踪记录产品实现全过程。

2）批产阶段应按照 GJB 1330A—2019《军工产品批次管理的质量控制要求》规定实行批次管理，落实“五清、六分批”要求：产品批次清、质量状况清、原始记录清、数量清、炉（批号）清，要分批投料、分批加工、分批转工、分批入库、分批装配、分批出厂。

3）元器件质量控制。元器件的质量控制按型号元器件质量保证大纲的要求执行。元器件在采购前应进行采购评审。应对元器件采购进行批次管理，尽可能压缩元器件的批次数量。元器件贮存期和超期复验按 QJ 2227A—2005《航天元器件有效贮存期和超期复验要求》执行。进口元器件、低于“七专”技术条件和不满足型号元器件质量保证大纲要求的国产元器件应按规定要求进行补充筛选。

4）原材料的质量控制。严格按照合格器材供应单位和型号优选目录实施采购。杜绝非物资部门自行采购型号配套物资。严格控制非金属材料的生产日期，禁止使用超过保管期限的非金属原材料。落实原材料复验的责任单位，根据 QJ 1386B—2011《金属材料复验规定》、QJ 977B—2005《非金属材料复验规定》要求和实际需要，制定具体复验项目标准。

5）软件质量管理。型号用各级软件文档的编写按照型号用软件文档编制规定执行。软件产品证明书、软件质量履历书按 QJ 3096A—2011《航天型号软件产品证明书的编写规定》和 QJ 3097A—2011《航天型号软件质量履历书的编写规定》执行。各软件承制单位应按照 GJB 5000B—2021《军用软件能力成熟度模型》要求，通过严格的管理程序，建立软件开发库、受控库和产品库，并对应实施管理，确保软件在型号批生产中处于受控状态。加强总装现场软件管理，总装厂负责组织各单位对总装及测试阶段的软件版本进行确认并形成记录。

6）关键过程控制。按 GJB 467A—2008《生产提供过程质量控制》要求严格执行关键工序的工艺规程和质量控制程序。

7）特殊过程控制。按 GJB 467A—2008《生产提供过程质量控制》要求严格执行特种工艺技术文件和质量控制措施。

8）首件鉴定。按 GJB 908A—2008《首件鉴定》实施首件鉴定，防止批次质量问题发生。

9）多余物预防与控制。按 QJ 2850A—2011《航天产品多余物预防和控制》要求执行。各承制单位应持续强化多余物防控管理能力和技术手段，实施管、泵、阀、箱多余物的在线检测，解决传统人工检测方法带来的漏检、误检等问题。

10）无损检测。应按 GJB 466—1988《理化试验质量控制规范》和 GJB 1580A—2004《变形金属超声检验方法》、GJB 1187A—2001《射线检验》、GJB 2028A—2007《磁粉检测》、GJB 2367A—2005《渗透检验》有关规定对无损检测进行控制，相关岗位人员应按照 GJB 9712A—2008《无损检测人员资格鉴定与认证》要求进行认证。

11）检验。检验工作应严格执行标准、规范、产品图样、工艺规程等技术文件，对产品质量符合性做出科学、客观的判断和结论。确保不合格器材不投产，不合格的在制品不继续运行，不合格的零、部件不装配，不合格的产品不出厂。检验工作要求按 GJB 1442A—2006《检验工作要求》执行，做好原始记录。

12）数据包络分析。按照型号产品数据包络分析要求对关键原材料、元器件、重要过程检验数据和最终检验数据开展包络分析，统计成功数据包络、批组内产品数据包络、批组间产品数据包络，将待分析产品的数据与包络边界进行比对，对关键特性数据出现超包络、超包络趋势或有数据奇点等异常情况，并反馈工艺和质量管理等相关人员开展分析、验证和处置，并在出厂评审时进行数据分析总结。

13）不合格品审理。承制单位应制定不合格品审理程序，成立审理工作机构，按 GJB 571A—2005《不合格品管理》实施不合格品审理。

14）例外放行。对于没有完成所有检验或试验项目的产品，如需放行，应办理紧急或例外放行手续。放行时，应注明停止点和放行依据。检验员对紧急或例外放行产品进行跟踪，当完成全部工作并合格后，方可办理合格证明。关重特性不允许让步使用。

15）标识与可追溯性。严格按照 GJB 726A—2004《产品标识和可追溯性要求》型号批生产产品标识要求对产品标识和有可追溯性要求的产品进行控制，并落实“产品二维码编码规范”“产品交付电子数据规范”要求。

16）包装、运输、贮存、防护。产品防护按 GJB 1181—1991《军用装备包装、装卸、贮存和运输通用大纲》等相关标准要求执行，确保产品在包装、运输、贮存等环节中不产生锈蚀、霉菌、损坏现象。

(8) 出厂评审

出厂质量评审前应由任务提出方明确产品生产过程与型号质量保证大纲及相关管理要求的符合性，并对产品过程质量进行再确认。明确交付产品符合型号出厂放行准则的结论，导弹出厂前不允许有例外放行的整机产品；明确产品需提供的各类文件齐全。产品满足上述要求且依据产品规范（技术条件）最终检验合格后，交付试验或交付出厂之前应进行产品质量评审，以评价出厂产品的质量、技术状态的符合性以及相关试验的充分性。

在评审前应进行“三查”，即查设计文件技术状态更改记录，查工艺文件更改记录，查生产过程质量记录（含多媒体记录）。

出厂评审管理程序按 GJB 907A—2006《产品质量评审》进行。各产品的技术负责人、设计师、工艺负责人、工艺师、质量管理人员、用户代表、任务书提出单位设计师以及同行专家均应参加出厂评审。

(9) 交付控制

1) 交付准备。供方应保证产品在最终检验合格、必要时军检合格后，按照规定的方法进行了产品包装并且包装检验合格后，方具备产品交付条件。合同要求时，产品包装防护应延续到交付的目的地。

2) 标记和标签。供方应保证根据文件规定对产品包装、运输、贮存进行标记和标签。

3) 交付要求。已进行了产品质量评审；并按规定附有产品合格证明文件；随产品交付的配套件、备件、附件、工具等应配套齐全；交付时应履行交接手续并签字。

6.5.3.7　试验过程控制

(1) 试验管理

编制试验大纲和试验要求并进行评审。武器系统大型地面试验、抽检弹靶场飞行试验应由总体部编制试验大纲并经过评审，报总师批准；其他大型地面试验由相应分系统单位编制试验大纲并经过评审，报副总师批准。

型号总体院质量部门负责编制武器系统大型地面试验、靶场试验质量控制要求。总体及各分系统大型试验应由责任单位编制质量控制要求。

靶场飞行试验进场前，各单位应按要求完成进场前的质量复查。导弹由总装厂进行质量评审，具有产品质量满足进场试验条件的明确结论，型号总体院组织对武器系统进场前产品质量进行评审。

(2) 实施质量确认与质量复查

一般在飞行试验进场前安排进行质量复查与质量确认。型号“两总”可以根据需要适时安排开展全面质量复查与质量确认工作，也可以适时安排专项质量复查与质量确认工作。

1) 自查督查并行。各承制单位对产品要认真组织复查工作，主要领导亲自主持，组织型号内人员深入开展自查、型号外相关专家进行复查确认；同时组织型号外责任心强、业务素质过硬的人员组成“厂所级质量督查组”，深入一线查问题、查隐患，对发现的问题拉条挂账，督促型号队伍逐条解决闭环。

详细清理相对复查基线有技术状态变化的项目，分析验证工作的充分性，并与其他相关型号进行比对，清理范围要覆盖设计、工艺、元器件、原材料、工序等层级，将技术状态变化的分析确认工作做扎实。针对软件产品开展更改质量复查，重点复查新采用的算法、更改代码的正确性、内部测试和第三方测试问题的闭环、试验验证和总装测试充分性等。

实物产品质量复查要眼见为实，逐台产品、逐项参数进行包络分析，并再次核实包络值的正确性；对多媒体记录和探伤影像逐张进行复查，与之前批次进行比对；向试验测试人员核实筛选试验和例行试验过程是否有未记录的异常现象，对例行试验件进行再检查，对试验残骸的解剖情况进行再确认；对产品相关的更改单、通知单、不合格审理单等进行清理和确认，确保实物质量合格、放心。

2）深入开展举一反三，排查同类问题隐患。承制单位对照下发的集团公司大型试验故障启示录、总体院近三年型号产品故障启示录以及本单位近三年质量问题案例认真开展举一反三，对工程研制阶段以来各产品发生过的质量问题归零情况回头看，检查相关措施在后续产品的落实情况。举一反三工作应按照分系统或单位形成独立的举一反三报告，说明适用的案例、排查情况，并给出举一反三的结论。

3）开展质量复查审查，逐级履行质量承诺。各单位要认真组织质量复查审查，报告要经过本单位行政指挥和技术负责人共同签字批准，由主要领导亲自主持审查，组织型号外相关专家、伴随专家组等参加审查会，形成正式审查意见后报总体院。重点产品和复查项目，应有院级专家参与审查。

飞行试验前，各单位汇总质量复查审查情况，按要求逐级履行质量承诺，由单位一把手签字确认，并向总体院领导汇报。

（3）试验现场控制要求

大型试验要成立技术质量组，负责试验现场的质量控制和信息收集及上报工作。各项试验前对试验准备工作进行审查，试验中要严格按试验大纲进行，明确岗位责任制，严防质量与安全事故发生，并认真做好信息收集和反馈处理。

试验质量问题的收集和反馈按各参试单位、试验责任单位、总体部、型号两总，分级进行汇总和上报。

（4）试验总结要求

试验后应及时完成试验总结报告，并通过评审。总结报告应对试验过程、出现问题后采取的措施进行总结，应对试验数据、试验结果进行有效性分析。试验总结报告应及时存档。

6.5.3.8 质量监督与独立评估

（1）顾客代表全过程监督

牢固树立“顾客为关注焦点”的思想，积极配合、支持顾客代表监督工作。承制单位要结合本单位产品特点会同军代室制定批生产产品军检验收细则，在批生产质量工作中要坚持军地一体机制，进一步加强与军方的沟通和协调，出现问题及时向军代室汇报，充分发挥军地一体、联合监督的作用。

各单位应就合同、技术状态变化、产品生产情况、产品质量问题、反馈意见、质量体系变化等内容及时与顾客（合同甲方和军代表）沟通，并留有相关沟通记录。

(2) 集团公司全面质量监督

贯彻落实航天科工集团质量监督工作管理办法，在弹道导弹类产品承制总体院、主要承制单位设立质量监督代表室，对产品研制、生产全过程实施质量监督。

质量监督代表聚焦型号（产品）研制、生产、试验的关键过程和影响型号任务成败的关键节点，以研制阶段为主，兼顾批产阶段重大质量问题和客户反馈的共性质量问题，有侧重地开展质量监督：

1) 坚持独立性、权威性、有效性、规范性和及时性；

2) 突出重点，抓住关键，由点到面，识别风险环节；

3) 关注源头，勤跟现场，深挖问题，监督闭环到位；

4) 沟通融合，紧前预防，举一反三，推动持续改进；

5) 不负责处理质量监督中发现的问题，不替代型号指挥系统和设计师系统决策，不改变型号指挥系统和设计师系统的质量责任。

质量监督室应制定并发布质量监督大纲，作为开展监督工作的依据。质量监督室应制定年度工作策划，明确年度监督的重要项目、时间节点、监督方法。

(3) 独立评估

弹道导弹类产品按照航天科工集团统一要求实施独立评估。独立评估是由独立于型号的专家团队，在型号的特定阶段对被评估型号的重大技术风险进行识别、分析与评价。独立评估一般在型号研制生产的初样、试（正）样阶段开展，并列入集团公司型号研制工作计划。独立评估应遵循独立、专业、客观、深入的工作原则。独立评估工作结果是型号出厂、进场、首飞前评审、决策的主要参考依据。

6.6 固体运载火箭产品质量控制

6.6.1 产品特点

固体运载火箭一般由火箭本体、机动发射系统和地面支持系统组成，作为航天运载工具的一种，主要用于卫星等航天载荷的发射。相较于液体火箭，因其动力系统采用固体发动机，具备固体火箭机动能力强、发射准备时间短、易贮存、维护相对简便等特点，这些特点使固体运载火箭在应急发射快速进入空间、超距载荷投放等领域具备了特殊的优势。除军事用途之外，固体运载火箭也应用于商业航天发射，特别是国内近些年商业航天的发展，固体运载火箭在其中占有重要位置。

固体运载火箭研制及发射服务作为一项高投入、高风险、复杂组成的系统工程，主要有以下特点：

1）固体运载火箭产品集设计、试制、试验、生产、服务于一体，专业涵盖运载火箭总体（含气动、弹道、环境等）、结构、动力、姿轨控、制导与控制、遥测以及制造技术、试验技术、机动发射技术等专业领域，专业面广，学科体系复杂，具有高度的系统性、复杂性、集成性特点。

2）固体运载火箭研制具有高投入、高风险的特点。任务使命与“体量”决定了固体运载火箭研制投入动辄以亿计，同时所发射的卫星载荷也动辄以千万计，巨大的投入对于研制单位是巨大的财务风险，同时发射任务安全性和可靠性风险影响范围大，一旦失利，除财产直接损失外，还可能会危及人员生命安全，并会对企业造成巨大的声誉损失。

3）固体运载火箭发射具有“成败型”的特点，“一次成功、次次成功”既是目标追求，也对其产品质量与可靠性提出了更高的要求。作为一项复杂系统工程，火箭产品涉及数以万计的元器件、零部件和软件产品，产业链长，涉及成百上千家协作配套单位，产品与管理环节多，实现过程复杂，有效实施质量控制和确保可靠性要求的难度大。

4）固体火箭早期多用于导弹武器等军事用途，随着固体运载火箭拓展应用于商业航天领域，内外部因素和相关方及其要求也在发生变化。面向各类市场，接受市场的检验，平衡并把握好质量与成本的关系，以高质量和高可靠性产品保证“次次发射成功”是航天企业在市场立足的根本之一，这对固体运载火箭产品质量管理的继承与创新发展提出了迫切需求。

5）固体运载火箭研制周期长，寿命周期从概念研究开始，历经设计开发、生产制造、发射应用，直到退役处置。其寿命周期早期的活动对于后期的结构和功能有重要影响。在设计开发阶段，就要将固体运载火箭全寿命历程的所有环节因素进行综合规划和设计，把全寿命周期作为整体进行管理，使全寿命周期内各个阶段的工作互相协调、彼此衔接，在确保固体运载火箭的技战术性能的同时，提高综合保障能力，降低全寿命周期费用，以系统工程的方法，实现整个研制过程进度、经费和性能指标的平衡。

固体运载火箭系统研制程序流程及阶段划分如图 6－3 所示。

固体运载火箭寿命周期阶段划分体现了系统工程的“时间维”特征。为了协调、有序地开展工作，将系统的寿命周期分为若干阶段，不同的寿命周期阶段有不同的目标，不同的阶段表示系统的不同成熟状态。阶段的划分提高了项目和技术过程管理控制能力，实施阶段管理，可以更好地管理与成本、进度和功能相关的不确定性和风险。在各阶段的工作中，既要保证本阶段任务目标的实现，又要充分考虑本阶段工作对系统总目标的影响以及对系统寿命周期其他阶段的影响。

航天产品研制是一项复杂的系统工程，参考各类标准中有关阶段的划分，可以将其系统寿命周期模型的阶段细分为：概念研究，先期技术开发，可行性论证，方案论证，方案设计，初样设计，试样设计，生产、集成装配与试验，鉴定，发射应用，使用维护和退役处置等阶段。这是一个比较细的阶段划分方法。为便于叙述，本文有关固体运载火箭寿命周期阶段划分为论证阶段、方案阶段、初样阶段、试样阶段、发射应用阶段。

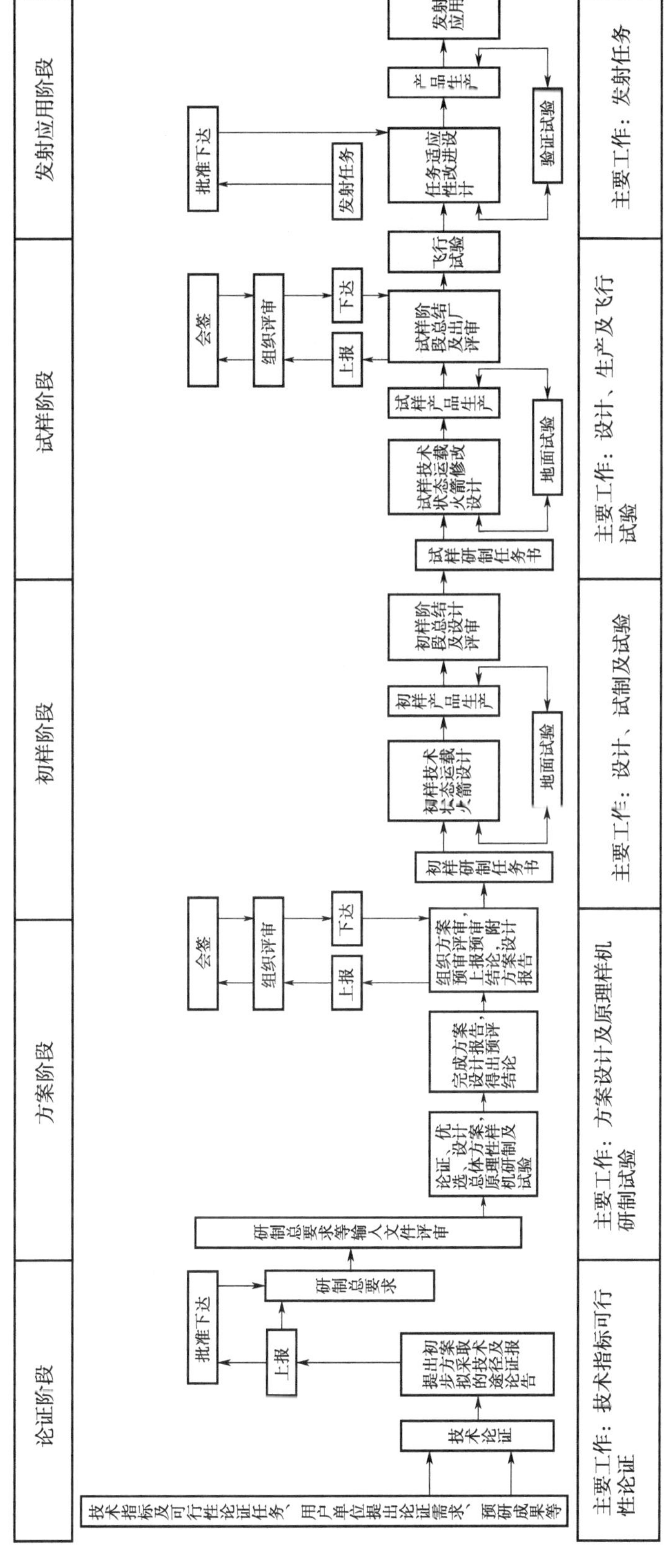

图 6－3　固体运载火箭系统研制程序流程及阶段划分（参见 QJ 20783）

6.6.2 各阶段工作任务和质量控制目标

6.6.2.1 论证阶段

(1) 主要任务

论证阶段是用户部门和研制部门共同对符合战略发展方向的固体运载火箭项目进行经济与技术可行性论证和详细的风险分析的阶段。在此阶段应明确研究目标，提出新项目和新系统设计初步方案，并在论证可行的基础上形成立项建议。

论证阶段要完成有关新固体运载火箭项目的调查研究、资料收集、综合分析、科学实验、理论计算、评审文件编制、组织协调等一系列活动，提出对新系统的使用要求和技术指标，同时提出新项目研制进度计划、经费预算和研制保障条件等。

(2) 工作目标

结合当前技术发展现状选择技术方案，完成可行性论证。

(3) 输入

1) 上级下达的可行性论证任务及技术指标；

2) 用户/合作单位提出的论证需求或合同；

3) 研制部门预先研究成果（概念研究和先期技术开发的成果）；

4) 有关标准、规范等。

(4) 主要工作活动

①论证工作内容

1) 分析系统及任务要求，提出可达到的技术指标（合理性及先进性）；

2) 进行任务和系统分析研究，制定初步总体技术方案和拟采取的主要技术途径；

3) 确定需突破的关键技术；

4) 拟采用的新工艺、新材料、新型元器件；

5) 大型试验策划及初步方案；

6) 保障条件分析，提出必须采用的新设施设备，需要改造、引进的项目；

7) 研制计划，周期的分析，提出研制周期及初步的实施计划安排；

8) 研制经济性分析（含财务分析），开展型号经费总估算和方案阶段经费预算等；

9) 进行总体技术方案评审、优化、权衡和选择，进行项目风险评估；

10) 提出系统研制总要求。

②论证评审

1) 研制部门组织可行性论证预审会，初步结论呈上级审查；

2) 上级使用部门组织可行性论证会，在充分讨论、协调的基础上，研制部门和使用部门共同对可行性论证做出结论；

3) 由使用部门组织，研制部门参加，拟定固体运载火箭研制总要求，呈上级审查批准。

(5) 输出及完成标志

完成可行性论证报告和项目建议书，并通过评审。

(6) 质量控制目标

论证阶段质量保证的重点是论证过程的科学、合理、充分，质量控制的重点是对任务需求分析论证的管理，重点控制环节是论证评审。

1）对型号或系统所要完成的功能、用途以及从提供产品开始到完成规定任务过程中可能经历的事件和环境进行描述，对任务有明确、统一的规定和理解。

2）对国内外同类技术和产品现状及发展趋势进行分析，为项目研制创新过程中的“路径标杆”。

3）对拟采用的新技术、新材料、新器件、新工艺等及其解决途径的可行性进行分析，确保经过试验、鉴定后方能应用于型号产品设计。

4）对拟采用的成熟技术、成熟工艺进行适应性分析；“型谱建设”及“产品货架”管理是控制研制风险、降低研制成本和增进产品质量的有效途径。

5）进行可靠性、安全性、维修性和保障性的预测分析，初步拟定可靠性和安全性要求，并将定性要求反映到研制总要求和将要签订的研制合同中，以保证研制方和使用方的理解一致。

6）预先研究的技术储备对于降低研制风险作用巨大，应提前开展，实施技术成熟度评估。

7）充分识别影响项目研制的约束条件和环境要求，识别技术难点，所确定的项目研制关键技术项应具备解决能力。

8）经过充分调研、分析对比以及必要的试验（或模拟试验），对总体技术性能指标实现的可行性进行分析论证，提出总体和分系统技术方案和主要技术途径，提出项目任务成败判断准则等。

9）进行技术经济性分析，提出资源条件等要求，提出初步的大型试验验证项目，拟定研制周期、阶段及早期计划，对国内相关应用技术研究状况进行分析，提出研制分工和协作定点建议，这是项目能否立项开展研制的重要内容。

10）论证工作的充分性、完备性对于后续项目研制影响巨大，多层级、全方位的论证评审是保证论证质量的重要关口，应严格控制。重点审查需求分析是否充分、规范；技术性能指标是否合理可行；系统研制总要求是否充分、准确、完整；所使用信息数据是否准确可靠；方案及技术途径是否恰当；研制关键技术难点是否明确等；另外需要注意的一点是评审的组织，评审专家应具有代表性，并为评审专家审查报告等预留充足的时间。

11）为保证论证工作的充分性，根据需要策划开展重要分系统和关键单机产品的论证及评审工作。

12）按技术状态管理要求，适时开始建立型号技术状态功能基线。

13）根据论证需要，应用适当的质量工具，如质量功能展开、技术成熟度评估、QC 新七种工具、故障树分析、故障模式、影响及危害性分析等。

6.6.2.2 方案阶段

（1）主要任务

依据研制总要求，按照论证阶段综合分析论证结果选择最优方案开展方案设计和模样研制，提出对各系统的技术要求和接口文件，形成研制任务书，拟定大型试验的初步设计方案，对关键的技术、单机和系统进行攻关，开展分系统方案设计，完成原理样机研制及验证性试验等。

方案设计工作首先由总体设计团队（系统工程师）进行任务分析，将使用要求转换为系统级功能、性能规范，完成总体方案设计。经过系统功能评审，建立功能基线。通过对系统和分系统反复权衡分析，将系统级规范分解到分系统及主要部件，建立完整的系统和分系统设计规范，完成系统方案设计。经过方案设计评审，建立分配基线。

方案阶段将扩展组建项目团队，明确研制分工，制定项目管理计划、系统工程管理计划、资源保障计划，编制质量和可靠性保证大纲、标准化大纲等纲领性文件。

方案阶段须完成关键技术攻关工作。

（2）工作目标

完成方案设计、关键技术攻关、原理样机研制及验证性试验，完成总体方案设计评审。

（3）输入

1）固体运载火箭技术要求（任务书）；

2）前一阶段论证结果；

3）有关标准、规范等。

（4）主要工作活动

①主要设计工作

1）总体方案设计，确定总体方案；

2）主要技术指标分析与分配；

3）技术途径选择；

4）协调、提出分系统方案设计技术要求（研制任务书）；

5）编制可靠性、安全性、维修性、测试性、保障性、环境适应性等通用质量特性指标论证报告，完成指标分配和预计，编制通用质量特性大纲及工作项目计划；

6）编制质量保证大纲和标准化大纲；

7）模样产品设计与评审；

8）软件产品研制策划；

9）拟定各研制阶段仿真、大型试验项目和初步方案；

10）提出各系统初样设计技术要求（研制任务书）。

②产品试制工作

1）完成火箭试制工艺总方案论证报告；

2）确定工艺路线表，确定主要产品（配套件）试制生产单位；

3）提出关键设备、材料、元器件项目并落实解决途径；

4）关键工艺和检测计量技术攻关；

5）模样阶段产品试制。

③组织协调工作

1）编制型号设计开发策划和产品实现策划；

2）协调研制分工等；

3）提出型号研制必须解决的技术改造、技术措施项目；

4）提出型号研制经费预算和技术改造经费预算；

5）开展火箭与卫星、发射场、测控等系统间接口初步协调。

④方案阶段试验

方案阶段试验的目的是验证方案设计的正确性和关键技术的可行性。一般包括气动外形风洞试验、级间分离原理性试验等关键系统或关键环节的试验。

⑤方案设计工作评审

方案阶段研制工作完成后，型号设计师系统编制方案设计工作报告，完成方案设计工作评审，主要评审条件如下：

1）涉及型号方案的关键技术已经突破；

2）型号方案原理性验证得出肯定结论；

3）设计方案经济性得到认可；

4）方案阶段的研制工作完成；

5）完成方案设计工作报告。

（5）输出及完成标志

1）突破涉及型号方案的关键技术；

2）完成型号总体方案设计工作评审；

3）提出各系统初样设计技术要求（研制任务书）。

（6）质量控制目标

固体运载火箭项目方案阶段是整个型号研制工作承上启下的一个阶段，相关研制工作从本阶段开始全面展开。为保证项目研制有序开展，方案阶段应根据新研固体运载火箭系统的特点，开展项目全寿命周期的工作策划（含质量策划），并按策划开展相关研制工作，即“做正确的事，正确地按标准做事”，实现项目产品研制“一次成功”。

1）系统开展质量保证策划。自上而下开展系统级、分系统级、单机级产品实现全过程的质量保证策划，提出质量保证工作目标，明确设计研制所依据的标准规范、工作程序、设计准则，明确各阶段的质量保证工作项目、计划、要求、控制节点等，编制下发包括质量保证大纲、通用质量特性保证大纲、软件保证大纲、元器件保证大纲、标准化大纲等相关质量保证文件。

2）配置质量保证工作资源需求，建立有效的项目质量保证工作体系和工作机制，落实好型号研制队伍质量保证主体责任。

3）根据技术方案的要求和特点，确定关键技术及攻关项目，组织开展关键技术攻关和关键项目的复核复算，对关键项目、重大技术问题、攻关成果进行专项评审。

4）全面梳理用户要求，进行详细任务分析，优选方案开展并完成系统方案设计工作，完成型号项目系统级功能性能指标的分解，形成对分系统的设计技术要求，并完成分系统方案设计。

5）加强模样产品研制的质量控制，做好总体与分系统间、分系统与分系统间的技术协调工作，对协调确定的重大问题，实施清单问题闭环管理。所用原材料、元器件应按质量保证和配套要求选用、采购，并尽量在已有的优选目录中选用。

6）进行可靠性指标分配，可靠性初步预计，开展 FMEA 分析。

7）突出方案阶段的质量保证重点，重点针对新技术、新环境、新产品、新协作单位等开展“九新”分析和风险控制工作。

8）开展型号系统级、分系统级、单机产品数据包的策划，并分别形成控制清单。

9）开展型号工艺保证策划，进行设计方案工艺性分析，开展技术交底、工艺试验、工艺攻关等工作，编制工艺总方案。

10）以方案阶段初期确认的型号技术状态研制基线，开展技术状态标识、控制、记实、审核等管理；方案阶段后期建立型号的初样技术状态研制基线。

11）按策划开展输入评审、技术评审、专项评审等评审工作；全部方案阶段研制工作完成后，组织开展方案设计转阶段评审，为型号是否转阶段提供决策依据。评审重点是设计方案的正确性，新技术（新工艺、新材料）采用的必要性和试验、鉴定的情况，可靠性预计、分析是否合理恰当，重大关键技术的解决情况，大型试验的统筹安排是否合适。方案阶段遗留问题必须有不影响后续研制的明确结论。

12）根据方案阶段研制工作需要，应用适当的质量工具，如 QC 新七种工具、质量功能展开、田口方法、技术成熟度评估，故障模式、影响及危害性分析等。

6.6.2.3　初样阶段

（1）主要任务

初样研制主要是验证固体运载火箭产品设计的正确性和性能指标的符合性及满足程度，考核产品实现工艺的可实施性，以及新研产品的可靠性、安全性等，并验证系统间的接口协调匹配性和正确性。

在方案设计与模样产品试验的基础上，进行总体和分系统、单机产品的初样设计，自下而上进行各级初样设计评审，建立初样产品基线，包括产品规范（技术要求）、配套表、材料规范、工艺规范、图样以及生产所必需的所有信息；完成工艺准备，进行初样产品生产及验证试验；进行各种地面性能试验、对接试验和可靠性摸底试验；根据试验数据，初步评估产品可靠性；拟定试样飞行试验方案，确定试样投产数量；进行初样研制设计工作评审，确定试样状态，向分系统提出试样设计技术要求（研制任务书）。

（2）工作目标

进行初样产品的研制和试验，验证设计的正确性、工艺的合理性和系统的协调匹配性，为试样研制提供依据。

(3) 输入

1) 初样设计技术要求（研制任务书）；

2) 型号总体方案；

3) 上一阶段的设计研制成果；

4) 有关标准、规范等。

(4) 主要工作活动

①主要设计工作

1) 初样产品的原材料、元器件选择；

2) 确定初样产品设计技术状态；

3) 提出大型试验方案；

4) 确定试样技术状态，提出各系统试样设计技术要求（研制任务书）。

②生产相关工作

1) 初样产品的生产；

2) 制定工艺总方案；

3) 完成试制工艺和工装准备，进行合练产品试制。

③组织协调工作

1) 协调提出试样研制标准化、质量控制要求；

2) 配合发射场首区、航区勘察和发射场建设；

3) 开展火箭与卫星、测控等系统间接口对接验证；

4) 完成接口控制文件的编制和签署，按照 GJB 4231—2001《装备环境工程通用要求》中有关规定执行；

5) 提出初样技术状态表，编制计划和实物配套表。

④初样阶段试验

初样阶段试验的目的是验证设计和工艺质量，获取性能参数，初步评估可靠性指标，初样试验一般包括：

1) 结构系统试验，包括静力试验、模态试验、振动试验、结构模装试验等；

2) 固体发动机试验，包括完体水压爆破试验、温度循环试验、热试车等；

3) 控制系统试验，包括单机环境试验、桌面联调试验、半实物仿真试验等；

4) 测量系统试验，包括单机环境试验、系统综合试验等；

5) 姿控动力系统试验，包括振动试验、贮箱排放试验、发动机试车（含地面、高模）、全系统试车等；

6) 分离系统试验，包括级间分离试验、整流罩分离试验、星箭分离试验等；

7) 发射平台相关试验，包括发射台加载试验、跑车试验、起竖试验、车箭协调试验、弹射试验（发射）；

8) 地面设备试验，包括单机功能验证试验、系统间接口匹配试验等；

9）单机、部组件可靠性摸底试验；

10）系统级试验，包括火工品匹配试验、全箭电磁匹配试验、全流程仿真试验等。

（5）初样设计工作评审

根据初样设计工作报告完成初样设计工作评审，主要评审条件如下：

1）完成初样阶段试验，指标满足设计要求；

2）完成工艺总方案评审；

3）完成初样设计工作报告。

（6）输出及完成标志

1）完成初样设计工作评审；

2）提出各系统试样设计技术要求（研制任务书）。

（7）质量控制目标

围绕初样研制工作目标，针对固体运载火箭初样产品设计、生产、测试、装调、试验和改进等过程，开展有组织、有计划的质量保证活动，系统、全面地对产品设计的符合性和可行性进行验证，开展可靠性设计、分析和试验，完成工艺攻关和验证，确保产品性能满足要求，生产工艺稳定可行。通过初样转试样评审，为固体运载火箭下一阶段的试样研制工作打下坚实基础。

1）在方案阶段质量保证体系和工作机制的基础上，根据阶段项目任务和质量保证工作需要，进一步健全质量保证工作组织，完善初样阶段质量保证资源配置，保障项目团队成员质量保证主体责任的落实。

2）在方案阶段全寿命周期质量保证策划的基础上，开展初样阶段质量保证策划，制定初样研制质量保证计划，确定初样阶段质量控制点，明确设计所依据的标准、规范、设计准则和生产、试验规范，按计划开展质量保证活动，实施质量控制；需要时，修订质量保证大纲和标准化大纲等文件。

3）落实并解决方案阶段遗留所有问题，对问题解决情况进行确认。

4）依据通用质量特性保证大纲、工作规范和相关设计准则，开展可靠性、安全性、维修性、保障性、测试性、环境适应性以及电磁兼容性等的设计、分析和试验工作。落实初样可靠性等工作计划与要求，开展可靠性设计分析，明确可靠性试验验证项目，开展可靠性增长试验、维修性、安全性摸底试验，并根据初样和以往统计数据进行产品可靠性初步评估，补充完善并落实相应预防措施。

5）根据设计准则开展热设计、冗余设计、防护设计和潜通路分析，组织开展初样设计复核复算。

6）按飞行时序和关键节点（接口关系、相互间的影响、时序关系等）开展分系统、总体的 FMEA，开展“九新”分析，分析识别技术风险，制定风险应对和管理措施。

7）使用 FMECA 分析技术工具，进行功能特性分析，确定关键件（特性）、重要件（特性），标识在设计文件中并对其实施重点控制。

8）制定保证措施进行关键技术项目攻关，技术攻关应有明确的攻关结论，阶段内相关关键技术应全部解决，满足技术要求（研制任务书）的全部要求。

9）进行技术状态管理，以初样阶段初期技术要求（研制任务书）确定的技术状态为基线，实施技术状态标识、控制、记实和审核，按有关规定开展设计更改、偏离的控制，严格执行三级审签制度，工艺、质量会签制度和标准化检查制度；在初样阶段后期建立型号试样技术状态研制基线。

10）开展初样设计文件工艺性审查，制定工艺总方案并评审；进行工艺试验、工艺攻关，新工艺（工艺攻关）项目必须经过评审或试验鉴定方可应用于产品。

11）对研制阶段地面试验、仿真试验等进行全面的设计，确定验证试验的项目、要求和试验方案，充分考虑地面试验项目和试验方案设置的合理性、试验内容的充分性和试验结果的有效性；按单机、系统、全箭逐级进行测试覆盖性分析和试验充分性分析，提出不可测项目，分析并落实到相应的技术文件中。

12）编制初样试验大纲并进行审查，严格依据试验大纲和试验规范开展初样阶段各项试验，加强试验过程质量控制，执行岗位责任制、留名制，做好试验准备状态检查、试验数据判读、试验过程异常处置、试验结果审查和试验总结等环节的控制。

13）相关设计文件应提出对元器件筛选、环境应力筛选和产品老化的技术要求，元器件应经过筛选后装机，整机须经过老炼试验，系统应经过模拟试验和接口匹配试验考核。

14）按软件工程化要求完成软件的设计、实验、测试和联试工作，建立软件产品开发库和受控库，编制软件使用说明，形成软件文档及证明文件。

15）组织对初样研制中出现的质量问题进行归零和审查，地面试验中出现的质量问题必须归零或有不影响下一阶段工作的明确结论。

16）对需交付的初样产品应明确重点验收项目和参数，开展产品验收和质量评审，以确保初样产品状态和产品质量满足试验要求。

17）按有关规定开展设计评审、工艺评审和产品质量评审。

18）开展并完成单机、分系统、系统级初样设计转阶段评审工作，确定初样阶段遗留问题及其解决方案，初样阶段遗留问题必须有不影响后续研制的明确结论。

19）对各研制单位型号质量保证执行情况、型号研制各保证大纲实施情况进行监督检查，落实大纲的各项要求。

20）建立并依托质量、可靠性信息管理系统，开展信息收集、统计、分析、传速和处理工作。

21）根据初样阶段研制工作需要，应用适当的质量工具，如 QC 新七种工具、QC 老七种工具、质量功能展开（QFD）、田口方法、试验设计（DOE）、统计过程控制、技术成熟度评估、质量问题归零、故障树分析，以及故障模式、影响及危害性分析等。

6.6.2.4　试样阶段

（1）主要任务

试样阶段是通过对固体运载火箭发射飞行试验产品的设计、生产制造和试验，全面检查型号系统性能的阶段。

试样研制的主要工作内容包括进行总体和分系统、配套产品的试样设计；根据产品基线进行试验产品的部件、分系统和系统的生产、装配、集成试验、合练和总装测试，对系统和分系统进行功能、主要性能参数以及相关接口的检查测试，确认系统功能、性能和状态符合或满足设计和发射要求；开展发射场合练；完成型号研制性发射飞行试验；根据试验结果，完成飞行试验结果分析，进行产品可靠性评估；对试样阶段设计文件、工艺文件进行整理，开展工程研制阶段评审。

（2）工作目标

完成试样产品的研制和试验，全面检验设计的正确性和工艺的合理性，验证各系统间接口的协调性、系统的可靠性和各项技术指标等，并完成飞行试验验证。

（3）输入

1）试样设计技术要求（研制任务书）；

2）型号总体方案；

3）有关标准、规范等。

（4）主要工作活动

①试样研制的主要设计工作内容

1）初样状态改进；

2）明确首飞技术状态；

3）对可靠性指标完成情况进行评估，提出可靠性增长计划；

4）提出总装厂工作流程和发射场工作流程；

5）提出测试操作规程；

6）编制飞行试验大纲；

7）编制各项试验结果分析报告；

8）编制总装厂、发射场和使用操作等技术文件。

②生产相关工作

试样产品生产。

③组织协调工作

1）提出试样技术状态表，编制计划、实物配套表；

2）完成火箭与卫星发射场、测控等系统间相关工作实施方案；

3）完成接口控制文件的修订和签署，按照 GJB 4231—2001《装备环境工程通用要求》中有关规定执行；

4）发射场建设验收。

④试样阶段试验

试样阶段试验的目的是全面考核产品性能、可靠性、系统的协调性和检验型号满足固体运载火箭研制总要求程度的试验。试样试验一般包括：

1）软件测评；

2）仿真试验（数字、半实物、全流程）；

3）关键产品可靠性增长试验；

4）模态试验；

5）弹射试验（冷发射）；

6）电气系统综合试验；

7）火工品匹配试验；

8）环境试验；

9）电磁兼容性试验；

10）全箭（含卫星）电磁匹配试验；

11）星箭联合试验，包括星箭分离、电磁兼容、接口匹配试验等；

12）飞试箭总装测试；

13）发射流程试验；

14）发射飞行试验。

（5）出厂评审

火箭产品设计、生产、试验和出厂前的各项准备工作完成后，内部型号设计师系统组织型号预先评审，预审结论呈上级单位审查。根据出厂评审报告和预审结论完成出厂评审。主要评审条件如下：

1）设计及工艺状态已确定；

2）设计、生产过程无技术遗留问题；

3）主要性能指标满足固体运载火箭研制总要求；

4）完成出厂评审报告和专项复查报告。

（6）输出及完成标志

完成出厂评审和飞行试验，满足飞行试验大纲要求。

（7）质量控制目标

试样研制阶段是型号产品试验、飞试产品生产、验收及飞行试验的重要阶段，要完成试样产品生产、验收及评审，开展匹配试验、综合环境试验、总装测试、合练及发射飞行试验质量控制，完成飞行试验结果审查，试样设计工作评审等工作。

1）结合试样研制阶段特点，开展试样研制质量保证策划，明确试样阶段质量保证工作项目和质量控制点，提出质量保证计划，按计划开展质量保证活动，对试样产品的设计和生产制造实施严格质量控制；需要时，修订完善相关保证文件。

2）落实并解决初样阶段遗留的所有问题，对问题解决情况进行确认。

3）对试样设计技术要求（研制任务书）进行相应级别的审查，确保设计的原始依据、设计要求和各种参数完整、准确、协调。

4）试样阶段原则上不再引入未经初样考核的新技术、新器材和新工艺，确需采用时应经充分论证、试验或鉴定，并提高一级审批级别。

5）落实试样可靠性等通用质量特性工作计划和要求，补充进行可靠性分析，根据安全性大纲对单机（及接口）、分系统、系统进行安全性设计分析，识别影响发射飞行成败的故障模式，分析可能发生的原因，采取应对措施。

6）进行可靠性增长试验和维修性、安全性、环境适应性及电磁兼容性等验证试验，确保试验数据的完整、准确，开展可靠性评估，针对可靠性薄弱环节提出解决措施。

7）进行测试覆盖性、试验充分性分析，重点关注地面试验及产品测试、检查的充分性、有效性和覆盖性，并对全箭测试覆盖性进行检查确认。

8）大型地面试验应编制试验大纲并通过评审，作为试验准备、试验实施和评定试验结果的依据。试验前进行状态检查确认，并按试验大纲的要求和程序进行试验，所有试验结果应按规定进行评审。

9）开展试样产品功能试验、可靠性增长试验、可靠性验证试验、环境试验等，地面系统试验、环境适应性试验，应充分并真实地模拟实际情况，依据试验结果和数据进行可靠性评估。

10）按软件工程化要求完成软件的设计、实现、测试、联试和确认测试工作，软件文档符合配置管理要求，组织开展软件源代码审查，参加发射飞行任务的 A、B 级软件应通过第三方独立评测。

11）按试样阶段初期技术要求（研制任务书）确定的型号试样技术状态基线，开展技术状态标识、控制、记实、审核管理，凡是经系统总体验证可行的技术状态应予以固化，凡经试验已达到设计指标的产品应冻结技术状态，已经确定的总体与分系统、分系统与设备的接口参数不能随意改动，严格并有效控制技术状态更改与偏离。总体单位应清理统计型号技术状态变化情况和项目，编制飞行试验产品技术状态报告。

12）进行试样设计工艺性审查，开展试样产品工艺设计，形成较为稳定的工艺规范，确保工艺技术状态满足试样设计要求，对试样产品生产进行控制，生产单位应保证产品符合试样设计的规定。

13）进行试样产品生产准备评审（含总装测试前准备评审），生产、试验、测试设备和工艺设备应确保状态完好，生产用原材料、元器件应符合要求，元器件必须经过二次筛选方允许装机；工作环境符合规定，特种工艺、关键工序的人员经过培训考核合格，确保人员资质满足岗位要求，重要部组件在生产前应进行生产准备状态检查，保证生产条件满足产品生产要求，并处于受控状态。

14）试样研制过程中出现的质量问题必须完成归零，或有不影响飞行试验的明确结论。

15）加强产品（含外协产品）质量控制，按单机、分系统逐级开展产品验收，严格产品验收管理，以表格化进行验收确认，产品质量评审前应首先完成数据包的检查验收。

16）交付总装测试的试样产品须经过验收评审，质量证明文件齐全，严格按有关技术文件开展总装测试的检查、记录、数据判读。

17）编制飞行试验大纲并进行评审，飞行试验大纲应明确技术要求和质量保证措施。

18）型号产品出厂前应根据要求完成必需的专项评审和型号出厂评审，并按出厂放行准则要求完成出厂前规定的工作内容；飞行试验前组织完成对设计文件，使用文件和资料、各种试验资料、生产报告和记录的质量复查。

19）对发射场质量工作进行策划并开展质量控制，组织开展“双想”等质量活动，按放行准则要求完成转场、发射前需要完成的规定工作内容，组织完成型号发射飞行试验，完成飞行试验结果分析、总结和评审。

20）确定试样阶段遗留问题及其解决方案。

21）完成试样设计工作评审。经过飞行试验验证可行的技术状态，设计指标达到稳定的产品，通过试样设计工作评审后，应冻结技术状态，确需更改必须提高一级评审。

22）根据初样阶段研制工作需要，应用适当的质量工具（同初样阶段）。

6.6.2.5　发射应用阶段

（1）主要任务

发射应用阶段主要工作内容是基于已有固体运载火箭产品，根据用户载荷要求进行部分硬件产品及软件产品的适应性定制开发，完成适应性开发产品的设计、生产、验证试验，系统集成测试，完成固体运载火箭系统总装测试，完成任务发射及发射后的分析总结。

（2）工作目标

根据发射任务，针对星箭接口相关要求，完成火箭产品适应性改制、验证试验、生产和应用飞行。

（3）输入

1）发射合同或任务书（卫星对固体运载火箭技术要求）；

2）有关标准、规范等。

（4）主要工作活动

①主要技术工作

1）提出发射任务技术状态；

2）任务适应性改进；

3）设计任务可行性分析；

4）提出发射任务大纲；

5）完成总装厂、发射场使用操作等技术文件；

6）完成产品齐套及总装测试。

②生产相关工作

1）完成改进试制工艺和工装准备；

2）产品生产。

③组织协调工作

1）提出技术状态表，编制计划和实物配套表；

2）与卫星方协调卫星对固体运载火箭的要求；

3）与发射场协调发射任务保障条件；

4）与测控系统协调发射任务测控需求；

5）完成接口控制文件的编制和签署，按照 GJB 4231—2001《装备环境工程通用要求》中的有关规定执行；

6）编制总装厂、发射场使用操作等技术文件。

④发射应用阶段试验

目的是考核产品任务适应性改进的性能和系统协调性。试验一般包括：

1）适应性改进产品验证试验；

2）仿真试验（数字、半实物、全流程）；

3）星箭联合试验，包括星箭分离、接口匹配、模态试验等；

4）全箭（含卫星）电磁匹配试验；

5）火箭总装测试试验；

6）发射流程试验；

7）正式发射。

⑤出厂评审

根据发射任务方案设计工作报告和出厂评审报告完成出厂评审。主要评审条件如下：

1）完成所有接口协调，主要性能指标满足接口控制文件要求；

2）完成所有产品生产和测试；

3）完成发射任务方案设计工作报告、出厂评审报告和专项复查报告。

（5）输出及完成标志

完成发射应用，满足发射任务大纲要求。

（6）质量控制目标

发射应用阶段是根据用户载荷需求，基于固体运载火箭型号产品进行适应性定制开发，提供发射服务的过程。发射应用阶段的质量保证重点是需求分析与管理，适应性定制产品的设计、生产、试验的控制，配套产品生产质量控制，系统集成测试控制和发射场发射飞行试验质量控制。

1）结合发射应用阶段任务特点，制定和实施发射应用阶段固体运载火箭发射应用质量保证策划和计划，明确质量控制点和要求，按计划开展产品质量保证工作。

2）充分沟通了解用户需求和利益相关方，对需求进行分析、评审，做好需求变更的控制与管理。

3）根据需求，围绕发射任务开展系统设计，提出适应性定制产品设计技术要求，借鉴并基于既有产品技术，开展相关产品的方案设计及评审，进行产品生产、试验、测试。

4）按软件工程化要求进行定制产品软件设计、实现、测试，联试和确认测试工作，对软件文档等实施配置管理，参加发射任务的 A、B 级软件应通过第三方独立评测。

5）完成配套产品的生产，按规定对产品生产质量进行控制；严格控制产品包括设计、工艺技术状态在内的“九新”变化；落实数据包管理、多媒体记录管理等要求，产品质量评审前应严格进行验收审查。

6）根据发射任务，系统策划地面试验项目，重点从测试覆盖性、接口匹配性、环境适应性等方面进行识别控制；编制试验大纲，按大纲的要求和程序完成系统仿真、接口匹配、星箭联合等地面试验，对试验过程进行控制，做好试验数据判读和试验总结。

7）加强总装测试控制，参加总装测试的产品应通过验收评审，质量证明文件齐全，总装测试中检查、记录、判读应全面表格化管理，总装测试后应对总装测试结果评审。

8）对于用户方的卫星等顾客财产，在检验并确认其符合合同规定要求后，填写交接记录，做好交接管理。

9）按要求完成产品质量复查，出厂前应根据要求完成必需的专项评审和型号出厂评审，并按出厂放行准则要求完成出厂前规定的工作内容。

10）编制发射任务大纲，按大纲开展相关发射任务工作；对发射场质量工作开展策划并进行质量控制，按放行准则要求完成转场、发射前需要完成的规定工作内容和计划；组织开展“双想”等专项质量活动，确保实现“安全发射、无误发射”。

11）发射任务完成后，及时完成发射任务试验数据分析和任务总结，并进行评审；发射应用阶段发生的所有质量问题，应严格进行归零。

12）与用户建立信息渠道，主动征求用户意见，重视用户的投诉、要求和建议，对重大的质量事故和安全问题，及时采取有效的改进措施。

6.6.3　质量控制要求

固体运载火箭研制发射全寿命周期应深入贯彻落实航天发射高质量要求，践行全员“零缺陷”质量理念，建立完善的产品质量保证工作系统，压实质量责任，坚持以系统管理和预防为主，实施固体运载火箭产品研制生产过程全层级、全过程、全要素质量控制，把握好技术继承与创新以及成本控制与质量的关系，有效识别各类风险并进行控制，将规范化的产品质量保证管理和技术活动贯穿于型号研制全过程，统一计划与实施，确保产品质量满足规定的要求，确保研制飞行试验一次成功，确保履约发射次次成功。

6.6.3.1　全寿命周期研制生产以及履约发射策划的控制

固体运载火箭的全寿命周期策划工作是一项在组织质量体系框架下，分析相关方需求，识别过程与风险，提出要求，配置资源，明确活动计划的过程。有效的策划管理与控制，对指导固体运载火箭研制生产有序开展具有重要作用。

1）在方案阶段，依据固体运载火箭系统层级产品结构，组织各承研承制单位完成有关策划工作。包括设计和开发策划、研制工作策划、质量策划、通用质量特性工作策划、技术状态管理策划、风险管理策划、研制保障条件策划、分工定点策划，以及软件、元器件等其他专项管理策划。

2）加强对策划输出的控制，上一级策划应对下一级的策划输出提出明确的要求并进行检查控制；形成的策划报告应进行评审，充分识别各类风险，并采取有效措施控制风险。

3）应策划形成可实施的工作计划，纳入科研计划同步推进，同步考核。

4）工程研制各阶段，应对策划执行情况进行全面的检查评估。随着研制生产以及发射任务进展，当相关要求或资源需求等方面因素发生变化时，应适时修改或更新策划的输出，并根据需要在转阶段时重新进行评审，实施动态管理。

5）依据研制阶段划分进行设计开发的策划和控制，包括确定设计阶段以及适合于各阶段的评审和验证活动、质量控制点及质量控制方法。

6）同步开展技术风险分析与控制工作策划，形成技术风险分析与控制工作计划，纳入科研计划管理，技术风险分析与控制工作应贯穿于型号研制生产各阶段。

7）从产品论证开始，应策划进行产品“九新”要素分析与评价工作，在转阶段评审及产品出厂时，开展“九新”要素分析与评价工作的总结与评价。

6.6.3.2 设计和开发的控制

（1）设计和开发输入的控制

设计和开发各研制阶段，应确定与产品要求有关的输入，并对设计输入文件进行评审。随着设计和开发活动的进展，在相关要求发生变化时，应及时更新设计和开发输入文件。

（2）设计和开发输出的控制

设计和开发输出包括设计文件、研究试验文件和工艺文件，文件完整性、编制与签署应符合相关标准化大纲的要求。

设计和开发输出形式应满足设计和开发输入的要求并适合于对照设计和开发的输入进行验证，给出采购、生产和服务提供的适当信息，规定安全和正常使用所必需的产品特性和产品接收准则；编制通用质量特性设计报告。编制风险分析报告，制定风险控制措施。

（3）设计和开发评审的控制

应按设计和开发策划的安排在适当阶段对设计和开发的结果进行系统的评审。做好评审工作策划，合理确定评审的项目、方式、级别和时机，作为研制过程设计评审开展的依据。评审项目主要有：阶段评审和专项评审（含设计输入评审、重要试验设计评审、软件设计评审、元器件选用评审、通用质量特性设计评审、关键技术或关键项目的评审、重大技术状态变更评审、技术风险分析专项评审、产品虚拟样机评审、标准化评审等）。

各类评审遗留问题和专家意见均需形成清单并确保闭环。

（4）技术状态管理

按 GJB 3206B—2022《技术状态管理》要求对技术状态进行管理，策划制定技术状态管理计划，针对所确定的技术状态项和基线，开展技术状态标识、技术状态记实、技术状态审核。

在技术状态文件正式确立后，对技术状态项目的更改，包括技术状态文件更改以及对技术状态产生影响的偏离和超差，进行评价、协调、批准等严格控制实施。

所有产品的技术状态更改都必须严格执行“充分论证、各方认可、试验验证、审批完备、落实到位”的原则。技术文件严格履行三级审签和技术文件会签制度。

对影响接口部分的更改必须邀请任务书提出方参加评审和确认，经过更改论证评审，且走完更改审批手续才能实施更改。更改后的结果应通知任务书提出方和有关部门。

6.6.3.3　设计和开发验证、确认的控制

设计师系统应在设计文件中明确设计验证项目，规定验证方法，并纳入研制计划，安排实施验证。设计验证后应形成报告并归档。

(1) 设计和开发验证工作

1) 测试覆盖性、验证充分性分析和检查；

2) 关键技术型号复核、复算；

3) 其他计算、分析、仿真等验证工作；

4) "1+8+2 分析"或"1+9+3"可靠性工作项目；

5) 产品调试、性能验证试验、可靠性增长摸底试验（或可靠性强化试验）、环境试验、集成测试、联调试验、导弹匹配试验和总装测试、半实物仿真试验等地面试验和飞行试验；

6) 产品设计、工艺评审等。

(2) 测试覆盖性与验证充分性分析

1) 在产品技术设计过程中同步开展测试覆盖性与验证充分性分析，分析结果应纳入产品技术设计报告；

2) 产品出厂前应完成测试覆盖性与验证充分性检查，形成检查报告，在产品交付验收时提供；

3) 飞行试验进场前完成测试覆盖性与验证充分性检查，并经审查确认。

(3) 关键技术项目复核、复算

为确保型号研制工作顺利进行或大型飞行试验圆满成功，应根据研制需要组织其他型号的同行专家对型号设计关键项目进行复核、复算，复核、复算关键技术项目和时机由型号总师或专业副总师确定，指挥系统负责复核、复算工作的组织。

关键技术项目的复核、复算工作时机一般在初样、试样设计工作完成后、大型飞行试验前等阶段进行，并随着研制工作的深入或飞行试验要求的变化，持续组织开展。

各项关键项目设计复核、复算工作必须在型号出厂前完成，并有明确的结论。

6.6.3.4　生产过程质量控制

产品投产前认真开展生产策划，确定总体生产能力、技术状态、关键件和重要件生产能力、外协外购配套情况、质量保证、经费需求、综合保障能力等，进行投产产品风险分析，合理划分生产批次，明确管理和控制方式。根据产品保证大纲要求，结合研制生产计划，开展生产质量工作策划，细化并明确生产过程中质量控制点、控制方法、时间节点、责任人及完成标志物，纳入型号研制计划，实现同步考核。

(1) 工艺控制

开展工艺策划工作，重视设计与工艺协同，审查工艺技术难、质量风险大、制造成本高以及制造周期长的物料采购或制造方案，对新技术、新材料、新工艺明确必要的攻关措

施如下：

1）结合产品制造需求，梳理识别手工操作工序，优先选用自动化设备保证质量，通过工艺装备、定量检验验证要求等降低人为风险。持续优化工艺制造方案、优化工艺流程、优化工艺装备设计、提高材料利用率。

2）认真做好生产工艺准备工作，对生产、试验设备，各类工艺装备、计量器具和测试设备进行检查、检定，确保其型号、精度、数量和检定有效期满足批生产要求。

3）在产品的各研制、生产阶段，应明确其关键材料、关键零件和关键工艺项目，并从编制关键项目清单开始，在研制各阶段逐步完善，在试样时形成完整的清单。

4）产品生产过程要编制工艺总方案和配套工艺文件，结合产品功能特性和产品质量控制的难易程度，严格进行关键件和重要件的质量控制，识别和实施特殊过程管理。

5）生产实施过程中认真组织开展“技术交底”和“回头望”工作，严格工艺过程和工序质量控制，严肃工艺纪律，严格工装管理和质量把关，杜绝低层次、人为、批次性质量问题的发生。

6）研制各阶段，做好设计工艺性审查分析工作，按照 QJ 1885—1990《航天产品设计文件工艺性审查》开展工作，对设计方案的合理性、经济性、工艺可实现性、可维修性等方面提出改进建议和意见。

（2）首件鉴定

产品生产过程中研制或批产的首件，为验证产品工艺符合性，必须按 GJB 908A—2008《首件鉴定》进行首件鉴定。首件产品的检测要素要全面，并记录实测值。需要首件鉴定的项目应由工艺技术部门编制首件鉴定目录并经质量部门会签。

（3）批次管理

根据产品特点、技术条件以及合同等要求确定批次管理的范围，按 GJB 1330A—2019《军工产品批次管理的质量控制要求》和 GJB 726A—2004《产品标识和可追溯性要求》执行。

对需转批使用的零件、部件、组件及成品，严格履行转批手续。

（4）生产准备状态检查

研制产品投入生产前，按 GJB 1710A—2004《试制和生产准备状态检查》对其生产准备状态从“人、机、料、法、环、测”等方面进行检查，并做好检查记录。对生产、试验设备，各类工艺装备、计量器具和测试设备进行检查、检定，确保其型号、精度、数量和检定有效期满足产品装调要求。

（5）工序质量控制

按 GJB 467A—2008《生产提供过程质量控制》执行，对技术文件、器材、设备、工装、计量器具、方法、人员和环境实施有效控制，以确保产品质量。

1）对关键件、重要件和关键工序执行 GJB 909A—2005《关键件和重要件的质量控制》、QJ 2664—1994《关键工序质量控制》标准。根据产品关键件和重要件汇总表提出关键工序项目并编制关键工序明细表。对关键工序要进行“关键工序”标识、设置质量控制点及控制要求，实行“三定”（定工序、定人员、定设备）。对关键或重要特性实施百分之百检验。

2）设置必要的关键检验点或强制检验点，并在工艺文件或测试及专项试验细则中进行明确，在生产过程中进行落实。关键检验点、关键尺寸、强制检验点的检验，执行“三检制”（自检、互检、专检）并详细记录实测数据，设计师、工艺师对检验数据进行复核确认，必要时进行复验，保证检验数据的完整性、真实性。原则上，对关重件的关键检验点、关键尺寸、强制检验点的不合格不得降级使用、让步接收处理。

3）按 GJB 467A—2008《生产提供过程质量控制》，对特殊过程实施质量控制。特殊过程应该明确工艺流程、工艺参数，编制操作过程检查记录表，并纳入工艺文件；操作人员要经过培训并持有上岗操作证。

4）做好首件检验和终检工作，认真填写检验原始记录。未经检验或检验不合格的产品，不得转工序或交付。

5）按 GJB 5296—2004《多余物控制要求》和 QJ 2850A—2011《航天产品多余物预防和控制》对多余物进行严格控制。

6）做好电子元器件的防护，严格防止静电敏感的电子元器件及产品从筛选、入厂复验、生产、调试、包装、运输等各环节的静电损害。

7）产品的搬运、贮存、防护、包装、运输按 GJB 1443A—2015《军品包装、装卸、运输、贮存的质量管理要求》执行。

8）严格控制金属零件及产品生产过程的表面质量。

9）对于经确认易老化或易受环境影响而变质的产品，要有适当的标记加以标识，并注明相应的日期。周转、存储环境要满足产品要求。

（6）装配质量控制

1）承担装配任务的单位应编写详细的装配规程和测试细则，组织操作人员进行必要的岗位培训和质量意识教育，备齐必要的设备、工具、材料、标准样件及辅助制造设备等，并对装配过程进行监督，加强工艺纪律检查，保证按批准的方法、程序及特殊要求进行装配，以确保产品一致性和稳定性。

2）总装总成单位应对齐套交接的整机产品进行外观检查、复测或复查产品技术性能指标、检查交付的产品证明文件，并记录产品质量状况，如发现产品不符合要求，应拒收产品。

（7）不合格品控制

不合格品的管理按 GJB 571A—2005《不合格品管理》执行。

1）交付后整机产品的不合格返回承制单位审理，并进行归零。

2）应制定并执行不合格品的纠正与预防措施，同时举一反三到型号内的其他产品。

3）承制单位不合格品审理常设机构和不合格品审理委员会凡审理的“让步接收”和“降级使用”，均须提请设计师系统签字认可。

4）关键、重要特性的让步接收应提高一级审批。

6.6.3.5 外协外购质量控制

外购产品坚持“谁采购，谁负责”的原则，开展外协产品的管理，规范供方选择、合同管理、外协产品管理过程，保证外协产品质量受控。

1）开展供方选择、评价供方，定期按规定的评价要求进行重新评定。推行承制单位信誉等级评价制度，建立质量失信黑名单。

2）合同或任务书必须有质量条款，必须向供方明确型号产品质量相关要求。

3）严格外协外购合同管理，关键、重要产品应签订质量保证协议、预留质量保证金、明确质量追责条款。与合同相关的技术文件、质量保证协议应作为合同的附件管理。

4）严格按照外协合同等要求认真组织验收工作。

5）严格实施合格供方目录管理，超范围选取应按要求办理审批手续。各单位应结合本单位产品特点，按照选用优秀厂家、优质系列、优质产品的原则，制定优选目录并及时更新，有效控制元器件、原材料的厂家、品种和规格。

6.6.3.6 电子元器件质量控制

电子元器件实行“五统一”管理，按照型号元器件保证大纲及相关标准进行管理。

1）按要求开展电子元器件的选用和选用评审。严格控制电子元器件目录外选用，产品目录外选用元器件须经过审批。

2）按要求开展电子元器件筛选和电子元器件破坏性物理分析（DPA）。

3）超过有效贮存期的元器件，应要求进行超期复验。

6.6.3.7 试验质量控制

（1）试验前质量控制

1）按 GJB 1452A—2004《大型试验质量管理要求》要求制定试验大纲或程序等文件，并按规定进行评审和会签；

2）应组织进行试验准备检查，必要时，应组织对试验准备情况进行评审；

3）参试产品必须经验收合格，具有合格证明，技术指标及性能满足试验要求；

4）参试地面设备、工装、工具配套齐全；

5）参试测量仪器设备应计量检定合格，具有相关计量标识，有效期能满足预期使用要求。

（2）试验过程质量控制

1）按试验大纲和程序组织实施试验，落实岗位责任制，对关键岗位实行“双岗制”。

2）在试验过程中应严格控制技术状态，对参试产品、软件产品、试验大纲、程序等的更改应按规定履行审批程序。

3）按规定建立和保存试验记录。

4）试验中出现的问题应及时进行处理，对试验过程中发生的质量问题应严格开展归零工作。

(3) 试验后质量控制

1) 试验结束后，应及时整理试验数据和试验记录，保证原始数据的完整性和正确性，进行试验总结，编制试验报告，对整个试验过程进行描述、分析和评价。

2) 做好质量问题的梳理，组织完成试验遗留质量问题的归零工作以及归零措施的清理和落实。

6.6.3.8　飞行试验质量控制

参加总装测试和发射场工作阶段的管理、技术、操作、测试、检验等各岗位人员应满足任务岗位需求，并熟悉管理要求、技术文件、操作规程、应急措施等，新人员应经培训并获得所在部门认可；参与进场前产品设计、操作、测试、复查等人员应向进场人员实施工作交底，确保进场人员对技术状态、实物质量、产品履历等了解充分。进场后，试验队根据发射任务剖面，明确各系统技术负责人。

在总装测试和发射场所有操作必须由文件明确，严格“一令一动”要求，每完成一步、记录一步、确认一步，坚决做到“五不准”，即“任务不明不操作”“设备故障不操作”“准备工作未完成不操作”“协调不明不操作”“口令不清不操作”。指导各专业操作、测试的文件实施表格化管理，涵盖安装操作、测试状态准备、测试状态检查、测试操作、结果记录等相关工作流程。

1) 试验队质量组长应根据总装测试和发射任务特点，在总装前和进场前策划质量管控措施，明确岗位质量职责、过程质量管控要求、质量复查、双想内容和计划、质量问题处理要求、专家意见闭环要求等，进场后经试验队领导批准，组织实施各项质量管控活动。

2) 飞行试验进场前，应按要求完成逐级确认和承诺工作，组织对试验准备状态进行检查，对进场的测试计量设备进行核查。

3) 进场后开展并落实试验前的质量“双想”工作，降低试验的风险，深入开展试验、测试覆盖性分析，强化“安全发射、无误发射”分析验证，加强成功数据包络分析验证。

4) 飞行试验应按放行准则的要求，完成技术阵地和发射前各项工作，组织完成转场前评审，如出现不满足型号放行准则要求的，应组织开展分析，办理相应的审批、确认手续，并按时限和要求完成相应工作后实施转场工作。

5) 飞行试验后，试验组织部门负责组织根据试验结论进行试验总结工作，完成报告编制、评审和签署。

6.6.3.9　软件质量控制

软件（含嵌入式软件）的策划、开发、验证、测试、改进、更改、评审、配置和质量管理工作，包括开展配置管理、质量管理、设计验证、设计评审、测试和评测等技术和管理活动，确保软件产品满足规定要求。

为了确保软件满足使用要求，同时满足 GJB 5000B—2021《军用软件能力成熟度模型》的要求，对软件实施工程化开发与管理。软件产品开发应纳入工作计划，飞行试验前或地面装备验收试验前，完成 A、B 级软件第三方独立测评。

6.6.3.10 质量复查确认

产品质量确认工作按设计、工艺、生产和交付四部分内容进行。其中，设计复查是对产品功能特性、物理特性符合产品研制任务书（相关接口文件）等技术状态基线的检查、确认活动。产品质量复查是对产品形成过程中的质量控制情况以及产品最终质量进行的检查、确认活动。

质量复查确认应全面、系统，核对实物及相关质量记录，查看原始凭证及实测数据，必要时，应补做检测或试验。每次确认均应做好详细、准确的记录。对于生产、调试和试验过程中关键（强制）检验点、关键（重要）过程和不能检测、不能通过复查确认、有多余物控制要求以及甲方提出需提供影像资料的产品，应保留照片或视频记录，能够真实、完整、清楚地反映产品实际状况，作为质量复查确认的依据。

发射任务进场前的质量复查工作，除各系统、各单位设计和产品质量复查外，总体单位应组织开展专项设计质量复查、复核、分析及相关审查工作：基线管控复查、风险分析与控制措施、测试覆盖性分析、试验充分性分析、成功数据包络分析、环境适应性分析、可靠性分析、天地差异性分析，由总体单位组织审查，确保各项工作全面、深入、彻底。质量复查的工作重点如下：

1）质量复查要涵盖产品实现的全过程，以及设计、工艺和产品实物质量复查的要求和内容。

2）明确技术状态管理的组织、策划及监督，技术状态标识，技术状态控制，技术状态记实，技术状态审核五个方面的工作内容。

3）当进行设计和工艺更改时，对可能带来的负面影响要进行分析，分析遵循“论证充分、各方认可、试验验证、有益无害、审批完备、落实到位”的原则，分析流程和内容。

4）测试项目设置应遵循“单机覆盖分系统，分系统覆盖全弹（箭），出厂覆盖靶场，地面覆盖飞行”的原则，按照“四不到四到”（产品测试不到要验收到、验收不到要工序检验到、工序检验不到要工艺保证到、工艺保证不到要人员保障到）开展分析。

5）明确技术风险辨识，分析方法，不同等级风险的控制措施等。

6）从设计、生产环节对目前条件和现有测试手段下无法覆盖、测试不到的项目进行识别，并采取必要和可行的措施予以控制。

7）对研制涉及的“九新”要素，作为影响型号产品质量的重要因素予以分析评价和控制。

8）以火箭发射阵地测试流程及飞行时序为主线，梳理发射准备、点火发射、飞行直至飞行结束的发射飞行全过程，以每一个时序动作为牵引，从动作要求、动作实现到动作执行进行完整闭合的推演分析，以清楚明晰及规范的工作展现方法，对型号系统及产品的技术状态、验证试验及仿真计算情况、输入输出的一致性、设计余量、可靠性措施、环境及相关影响等进行质量确认。

9）坚持眼见为实，细致做好产品质量确认。在产品出厂质量复查阶段，由各分系统总体技术负责人开展各分系统产品（含外协）质量确认，通过查看实物、检查产品原始测试试验记录、多媒体装配记录、关键工序（特殊过程）控制记录、检测底片等多种方式，对产品实物的每一个环节进行审查把关。

6.6.3.11　风险分析与评估

根据研制情况和需要，在型号研制初期开展产品实现策划阶段、各阶段研制工作策划阶段、型号大型飞行试验（重要地面试验）进场前、质量问题在试验进场前无法按要求归零等时机，进行产品风险评估，分析其薄弱环节，选择并实施应对控制方案，以规避风险，或控制、降低风险使其达到可接受的程度，并及时将分析和评估的结果提供给用户。

6.6.3.12　质量记录与质量信息管理

（1）记录控制

制定并实施产品形成过程的可追溯性系统，并确保产品寿命期间系统正常运行；应规定质量记录的标识、收集、编目、查阅、归档、贮存、保管和处理；应对产品实施唯一性标识。

编制适合产品特点的生产过程质量跟踪卡，系统、完整、正确、有效地记录产品在生产全过程中的质量状况，并能追溯到入厂检验、制造、装配、总装和试验全过程的情况，具体按 QJ 1717A—2001《生产过程质量跟踪卡的编制要求》的规定执行。

有产品代号并独立交付的组（整）件、设备及其以上级别的产品，参照有关标准的规定编制产品质量履历书和产品证明书。

（2）质量与可靠性数据包

产品质量与可靠性数据包是各阶段数据包的集合，是所有工作项目要求、执行情况、执行记录和确认的集合。各阶段数据包应起始于产品研制的策划阶段，闭环于每个研制阶段的完成时。在产品研制过程中，应及时做好产品质量与可靠性信息的记录和处理、归档，确保数据包内容的规范性、完整性、正确性。

数据包依据型号产品层次与组成，以有产品代号的组合产品为基本单元，每个实物产品对应交付一套产品数据包。

1）数据包内容为记录类的应按照本单位制定的格式要求填写完整，对于关键（重要）工序、新工艺、新材料、新设备、新环境等环节应形成质量记录，对有量值要求的要填写实测数据。

2）对于关键（强制）检验点、关键（重要）过程和不能检测、不能通过复查确认、有多余物控制要求、需提供影像资料的产品，都应保留照片或视频记录，要能够真实、完整、清楚地反映产品实际状况，具体拍摄时机、位置、分辨率等要求应在工艺文件中明确。照片应包括产品全局照片和各组合（组件）及模块照片，至少包括点胶（固化）前和点胶（固化）后两个阶段的内容。

3）产品出厂质量评审会议时，必须提供产品质量与可靠性数据包作为会议备查材料。

4）总体单位做好产品实物下厂验收工作，各专业整理各专业产品（含外协）质量与数据包要求和内容，形成专业数据包要素表。在实物质量确认时参照各专业数据包要素表规定采集、整理，外协产品数据包应延伸至二次乃至最末端外协产品，并应经负责该系统产品的总体单位总（副）师或技术负责人在产品评审前审查确认。

5）产品交付后，交付和接收数据包的单位均应按产品文档的存档管理要求将数据包归档备查。

（3）质量信息管理

建立型号质量信息系统，及时组织质量信息的收集、报告、反馈、分析和处理，实现闭环管理，确保质量信息准确、及时和完整。加强质量信息利用，通过定期统计、分析，提出相应的改进措施和建议。

第7章　设计质量控制

7.1　设计和开发策划

7.1.1　概述

设计和开发过程是产品质量的源头和基础。它将决定产品的特性（如功能的、性能的、物理的和感官的特性等）或规范（如产品规范、服务提供规范、材料规范、图样等），为产品实现的其他活动和过程（如采购、生产、服务、监视和测量等）提供依据。设计和开发策划是整个设计和开发过程中的一个全局性、纲领性的研制活动。因此，需要对设计和开发活动进行充分、全面考虑，并做出有序安排，使设计和开发过程在受控条件下实施，以确保实现设计和开发的预期效果。

设计和开发策划应依据组织所确定的设计和开发输入要求和组织建立的设计和开发过程，考虑组织自身能力及风险进行策划。一般来说，航天产品的设计和开发策划依据由两大类组成：第一类为标准规范，包括但不限于：GJB 9001C—2017《质量管理体系要求》、GJB 5000B—2021《军用软件能力成熟度模型》、GJB 3206B—2022《技术状态管理》、GJB 190—1986《特性分类》、GJB 909A—2005《关键件和重要件的质量控制》以及各单位内部的相关标准规范；第二类为型号顶层文件，包括但不限于：型号工作计划、型号研制技术流程、型号接口网络图、型号标准化大纲、型号产品保证大纲、型号材料机械零件和工艺保证大纲、型号元器件保证大纲、型号软件产品保证大纲、型号可靠性工程保证大纲等。

7.1.2　职责

设计和开发策划过程中，单位负责人负责组建设计师系统和行政指挥系统或任命项目负责人，明确各级的岗位职责、权限。其中设计师系统承担设计和开发策划的主体责任：项目核心团队负责项目总体策划，总体部门按型号任务书要求确定并编制本型号（项目）的研制程序，划分研制阶段。业务部门在设计和开发策划中承担支撑作用，针对项目进行计划管理，组织实施质量控制和质量监督。

7.1.3　管理

总体单位根据各单位承担产品设计和开发的任务，确定各单位的职责及其相互关系；任务承担单位对计划进度、经费进行风险分析及评估，提出产品经费概算，明确各阶段的经费需求，以及适时制定技改计划与物资、仪器设备等保障计划。

型号各系统、分系统产品在立项时形成产品设计和开发策划，并在转阶段时进行更新；每年按下发的型号年度计划，分解形成各系统、分系统年度设计和开发策划及工作计划（制定二级计划），一般包括编制年度型号研制计划（规定各项设计输出要求）、绘制各型号计划和接口网络图，并经审批、下发。

设计和开发的策划工作，应进行动态管理，在产品设计和开发过程中，要逐步补充、修改和完善。研制计划应根据任务变更及时进行调整，年度计划的调整在月度计划分解中落实。

7.1.4 策划要素

GJB 9001C—2017《质量管理体系要求》中 8.3.2 设计和开发策划包含 24 条内容，每一条在设计和开发过程中需要考虑的因素如下：

1）设计和开发活动的性质、持续时间、复杂程度。“性质”是指改进或创新类型，如新概念产品、新型产品、改进产品，范围包括：产品的设计和开发、服务的设计和开发或过程的设计和开发。设计和开发的具体内容，可以是装备系统论证、系统设计、分系统及分机设计、部组件或器件设计、修理类设计、试验类设计等。

持续时间和复杂程度往往是与产品或服务的性质相关联。新概念产品、新型产品的持续时间长，复杂程度高，应予以充分策划；改进产品的持续时间短，复杂程度较低，可根据实际情况予以策划。但也有的新型产品因急需应对某种作战需求而考虑持续时间短的情况。

2）所需的过程阶段，包括适用的设计和开发评审。不同产品和服务可根据行业特点、产品性质、相关标准确定其设计和开发阶段。武器装备按照《常规武器研制程序》《战略武器研制程序》等规定的阶段进行确定，常规的设计和开发过程包括论证阶段、方案阶段、工程研制阶段、定型（鉴定）阶段。例如，舰船的设计和开发过程包括方案设计、深化方案设计、技术设计、施工设计、生产设计、完工设计等阶段。适用的设计评审包括方案设计评审、技术设计评审、工艺评审等。

3）明确规定在设计和开发的各个阶段需开展的设计验证和确认活动。这些活动由组织或由组织和顾客共同按照合同或技术协议的要求实施。

4）设计和开发的职责和权限包括参与设计和开发的单位、部门、人员、外部供方之间的职责、权限、接口关系以及控制需求。大型军队装备或复杂系统的设计和开发可能需要成立“三师”系统，应考虑顾客及外部供方的参与程度和控制水平，如战技指标的确定与批准，设计和开发的更改及批准，转阶段评审及技术状态的批准，试验大纲、试验活动的批准及参与等，外部供方参与研制的项目应涉及工艺会签等。

5）设计和开发所需的内、外部资源包括组织的人员、设备设施、运行环境、知识水平、情报信息、以前类似设计和开发的技术基础等。当组织的资源不足时，应考虑从具有能力的外部供方获取所需的资源。

6）根据项目参与人员的职责和权限，明确相互之间的组织接口和技术接口控制要求及沟通方式，确保总体、系统和设备设计意图贯穿一致。

7）在设计和开发过程中，均需通过与顾客和使用者协商和沟通，明确其参与的活动项目、时机、方式，包括参与设计和开发评审、验证、确认，参与监督和评价活动。

8）将后续产品和服务提供的要求（包括产品设计的工艺性和服务作业规范的合理性、可行性等）作为设计和开发策划的依据，以确保设计和开发的产品和服务提供的质量、进度、经济等符合要求。

9）为达到顾客和其他相关方对设计和开发过程期望的控制水平，组织应采取技术的、管理的措施。

10）明确规定在设计和开发过程的每个阶段应保持、保留的成文信息，作为证实设计和开发要求得到满足的证据。如：设计和开发计划、成套技术文件目录、软件文档目录、设计评审、设计验证、设计确认、设计更改以及试验等记录清单。为此，可能需要策划、建立必要的成文信息的格式或表格。

11）设计和开发人员应包括设计、生产和服务等方面的人员，有利于相关工作尽早展开和协调，将维修和使用中的问题反映到设计过程中，有助于改进，确保提高产品和服务设计的成功。同时，也有助于产品和服务及其保障性资源设计和开发的成熟性，产品和服务易于制造、使用、维修和保障。

12）按照 GJB 190—1986《特性分类》要求，对产品进行特性分析。通过有效策划，安排军队装备的系统、装置及其部件、组件、零部件的特性分析工作，较准确确定影响总体性能、作战特性以及可靠性、安全性等产品的关键件（特性）和重要件（特性）。通过设计输出的关键件（特性）和重要件（特性）明细表，对生产和服务提供的关键过程、重要环节进行重点控制，有利于抓住质量控制的主要环节，保证产品质量。

13）根据军队装备的研制性质和特点，结合组织的技术水平和能力，确定设计和开发过程中的关键技术和可能存在的技术难点、生产、试验、服务保障等能力上的薄弱环节进行风险分析和评估，形成风险清单、确定风险接受准则和风险控制措施，并在设计和开发各阶段进行跟踪、调整和实施控制，确保研制风险得到充分识别和化解。

14）根据《装备全寿命标准化工作规定》，开展产品通用化、系列化、组合化工作，确定适用于产品和服务所需的标准、规范以及标准件、元器件、原材料的选用范围要求，实施标准化管理。

15）根据 GJB 3206B—2022《技术状态管理》的要求，实施军队装备研制过程的技术状态管理。在设计和开发策划中制定技术状态管理计划，编制技术状态清单。规定技术状态的标识、控制、记实和审核活动的时机、内容、记录等要求。计算机软件的技术状态管理，可以按软件配置管理计划实施。

16）根据军队装备特点和组织研制能力，综合运用优化设计、通用质量特性设计、人因工程设计等专业工程技术进行产品设计和开发实践，确保设计和开发综合优化。

17）提出对设计和开发过程实施监视和测量的要求。包括：设计和开发过程的文件审查、设计评审、验证、确认，以及转阶段的技术状态控制等。监视和测量的节点、方式、方法等需要根据产品的性质和特点进行识别和提出，保证设计和开发过程满足要求。

18）对军队装备研制过程中采用的新技术、新器材、新工艺进行识别，保证其论证、试验、鉴定和评价按有关程序实施控制。

19）当产品交付需要提供保障性资源时，组织应在策划时予以确定并随同进行设计和开发。这些保障性资源包括使用维护说明书、备品备件清单、专用工具清单等。

20）明确对参与设计和开发的外部供方的控制方式、程度和控制措施，确保供方承担的产品设计满足规定的要求。如签订技术协议、签订设计和开发任务书、参加其转阶段评审、审批其产品试验大纲、审批其设计和开发更改等。

21）对元器件等外购器材实施控制，包括对选用、采购、监制、验收、筛选、复验以及失效分析等活动进行策划，规定相应标准和接受准则。

22）按软件工程化方法实施软件产品设计和开发过程策划，包括编制软件设计和开发计划、软件设计开发阶段的配置管理计划等。规定对软件的需求分析、设计、编码、测试、人员及其接口关系等管理要求，包括所需的文档。明确软件内、外部测试要求等。

23）需要时，对可以预测的设计和开发的产品和服务的改进项目做出安排。如军队装备的原型状态、定型状态、成熟期状态，及其功能性能的后续提升等，在策划时必须做出安排，如预留空间、重量、位置和接口等。

24）对采用数字化设计、制造、试验和修理技术的产品，确定信息传递、数据转换和技术状态管理等过程控制的职责、方法、记录、数据和信息储存等控制要求和设计准则。

7.1.5 策划

下面以航天行业型号产品全寿命周期设计和开发策划为例，介绍具体的策划方法。对于年度设计和开发策划，可在此基础上根据具体情况进行适当调整。

7.1.5.1 研制阶段划分

综合考虑设计和开发活动的性质、持续时间和复杂程度，确定并说明研制阶段划分及时间。

7.1.5.2 各阶段主要工作

主要内容需要包含：

1）说明各阶段主要工作内容，包括所需开展的设计及其依据的设计准则（含通用质量特性的相关要求）、评审、验证、确认活动，任务分工，形成的成果、文件、记录等。

2）落实13个产保大纲各研制阶段工作项目，包括产品保证、质量保证、可靠性保证、维修性保证、保障性保证、电磁兼容性保证、安全性保证、环境适应性保证、材料、机械零件和工艺保证、元器件保证、软件产品保证、计量保证、测试性保证各大纲规定的工作项目；研制阶段包括方案设计、工程研制、设计定型（鉴定）阶段。

3）需要时，应对产品和服务的改进做出安排。

4）在与顾客和使用者协商沟通后，明确其参加的工作内容。

5）明确需设计、生产和服务等人员共同参与的设计和开发活动。

6）明确提出产品特性分析要求，以及形成特性分析报告。

7）在策划各阶段工作的时候，还应考虑交付后产品和服务所需提供的维修保障要求。

8）确定各阶段质量控制点（评审、复核复算等，其中新技术、新器材、新工艺必须经过论证、试验和鉴定），将顾客和其他相关方所期望的对设计和开发过程的控制水平纳入质量控制点中。

9）对于数字化设计、制造的产品，提出信息传递、数据转换、技术状态控制等过程控制要求，如编制信息化大纲、结构数字样机要求。

10）技术状态控制。

11）关键技术识别、风险管理。

12）对于外协供方的质量控制应符合质量管理要求，满足各级标准、型号“七性”大纲。对已确定的技术状态，供方在有变更时要及时通知任务提出方并确认。针对关键项目、关重件和强制检验点的控制措施应制定专项管理计划并落实。承制方应邀请任务提出方参加关键工序的检验或通报情况。

上述内容可参考表 7－1 或按照自己的方式形成。软件相关的工作也可在软件工程化策划中统一描述。

表 7－1　各阶段主要工作

序号	工作内容	输出结果	评审	验证	确认	是否质量控制点	参与相关方	备注
填写说明	××技术设计评审、××转阶段评审、复核复算审查等	××报告/××软件/××记录（如评审记录、检验记录、试验记录）	是填“√”，否填“/”	是填“√”，否填“/”	是填“√”，否填“/”	是/否	如顾客、使用者、工艺人员等	
	……							

7.1.5.3　年度研制重点工作策划

根据产品设计开发流程确定研制重点工作，重点工作策划需要包含：

1）设计输入；

2）重点形成的成果、文件；

3）确定适合于各阶段评审、验证和确认的质量控制点（评审、复核复算等，其中新技术、新器材、新工艺必须经过论证、试验和鉴定），并明确团队的职责和权限；

4）识别可靠性、维修性、保障性、测试性、安全性、环境适应性等专业工程技术进行的设计和开发活动；

5）明确提出特性分析的要求并形成特性分析报告；

6）识别年度工作中自研或外协任务，并提出对外协供方的质量控制要求；

7）对于有设计更改的，需要明确设计更改质量控制要求；

8）对于有新产品试制的，需要明确新产品试制的质量控制要求。

建议采用“设计开发流程图＋工作计划表”的形式进行重点工作策划，以某型号GNC系统方案阶段为例。

典型的设计开发流程图如图7－1所示。

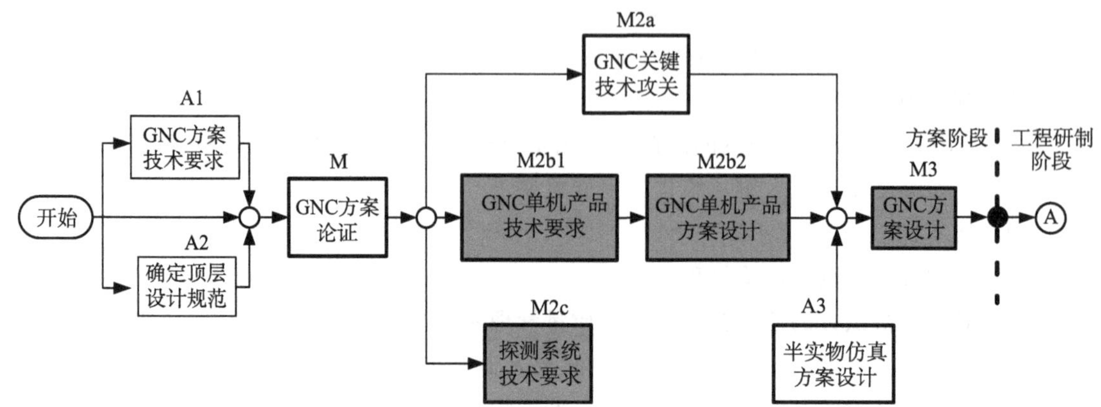

图7－1　制导控制系统设计开发流程图（方案阶段）

图中深色框中内容需要经过评审、验证和确认，图中的“○”表示研制工作任务节点，图示规则是：当工作节点仅有两个箭头进出时，节点省去不画出；当工作节点有两个以上的箭头进出时，节点以“○”画出。“●”表示研制过程中的关键控制点，需要加强过程控制。

典型的工作计划表见表7－2。

表7－2　年度工作计划表

序号	工作内容	输出结果	评审	验证	确认	是否为质量控制点	参与相关方
1	制导控制系统方案设计评审	设计报告评审记录	√	√		是	顾客、型号两总、任务提出方等
2	某产品接口数据单签署	接口数据单签署			√		相关方等
3	……						

7.1.5.4　关键技术、薄弱环节识别

关键技术是指在项目研制中不可或缺且具有较高挑战性的技术。在设计和开发策划中，应识别制约产品设计和开发的关键因素和薄弱环节，确定关键技术，对关键技术的成熟等级进行评估，明确针对关键技术需要开展的工作和时间节点。开展的工作内容需包括设计工作和试验验证工作。应对进行全面的设计及试验验证工作后技术成熟等级的提升进行预计。

按阶段进行关键技术总结和成熟度评估，经过专项试验或飞行试验验证后，能满足性能指标要求，完成关键技术总结验收。

7.1.5.5　重大试验内容

根据型号研制工作目标完成重大试验策划，策划要对参试设备、工艺工装的技术状

态、接收准则提出具体要求。

其中，由武器系统负责的重大试验有：各阶段飞行试验、性能鉴定试验、对接联调试验、动态校飞试验、抗干扰试验、通用质量特性试验、电磁兼容性试验、半实物仿真试验等；由导弹系统负责的重大试验有：对接联调试验、弹射试验、抗干扰试验、通用质量特性试验、电磁兼容性试验等；由制导控制系统负责的重大试验有：半实物仿真试验、数学仿真试验等。

7.1.5.6　技术状态

按照 GJB 3206B—2022《技术状态管理》的规定，落实产品实现策划中提出的技术状态管理计划的措施，编制技术状态文件清单，对技术状态标识、技术状态控制、技术状态记实、技术状态审核提出明确的要求，在型号研制过程中严格实施技术状态管理。技术状态文件清单见表 7－3。

表 7－3　技术状态文件清单

序号	基线文件名称	产品代号/文件代号	阶段标记	编制单位	设计/编写人	会签方	备注
	××						功能/分配/产品基线文件

7.1.5.7　产品保证技术活动

按相关标准及产品保证系列大纲的要求，落实产品保证策划相关工作，应明确需遵循的产品标准、规范，以及标准件、元器件、原材料的选用范围；策划元器件等外购器材的选用、采购等活动；提出所运用的专业工程技术，如通用质量特性设计；识别产品是否存在“九新”（新技术、新材料、新工艺、新状态、新环境、新设备、新单位、新岗位、新人员）并应提出管控措施等。

7.1.5.8　文件要求

明确文件完整性要求、输入文件清单（可参见表 7－4）、输出文件清单，以及相关接口关系。

表 7－4　设计和开发输入文件表

序号	类别	设计输入文件名称	版本(日期)
1	功能和性能指标要求	研制总要求	
		综合保障要求	
		作战性能指标要求	
		合同	
		研制任务书	
		……	
2	来源于以前类似设计的信息	××产品方案报告	
		……	

续表

序号	类别	设计输入文件名称	版本(日期)
3	与产品有关的法律、法规和标准要求	军方相关技术标准	
		型号研制相关标准，如产品保证系列大纲、工艺标准化综合要求、技术文件完整性要求、技术状态管理要求、军方下发的通用标准等	
		……	
4	承诺实施的标准或行业规范，设计和开发所必需的其他要求	航天产品安全性保证要求	
		……	
5	由产品和服务性质所导致的潜在的失效后果分析	FMECA 报告	
		……	
6	外部接口和数据	接入空军××网的协议要求、舰载接口通信协议等	
		……	
7	工艺要求	……	

设计输入文件都要经过评审，评审需要形成明确结论，如果依据文件发生变化，要及时修改设计输入清单。

设计和开发策划的输出，包括但不限于各阶段文件完整性要求的内容，应形成文件。在适用时包括：设计和开发计划或设计和开发方案、接口关系文件、特性分析报告、风险分析报告及其应对措施预案、技术攻关计划及措施、开题报告、项目开发计划（计划网络图）、软件开发计划、装备试修计划、装备试验开发计划，以及确保设计和开发过程的有效实施和控制所需的质量计划、通用质量特性工作计划、标准化工作计划、技术状态管理计划、风险管理计划、设计准则等。

7.1.5.9 软件工程化内容

含有软件的产品，应按照 GJB 5000B—2021《军用软件能力成熟度模型》、企业软件开发相关标准或型号软件产品保证大纲的规定，对列入产品配套表的配置项软件的需求分析、设计、实现、测试、验收、交付和使用的全过程活动进行策划，并明确需求管理、策划与跟踪、文档编制、测试、质量保证、配置管理等工作要求。

7.1.5.10 资源保障内容

提出人力资源、设备保障、场地保障、产品交付时需要配置的保障资源以及其他保障条件策划（注明自研或外协），团队的职责和权限见表 7－5。

表 7－5 团队的职责和权限

序号	姓 名	工作岗位	级别	参与度
1	×××		副总设计师	×××
2	×××		主任/副设计师	
3	×××		主管设计师	

7.1.5.11　监视和测量内容

提出对设计和开发过程活动进行监视和测量的要求，应明确节点、方式和方法等。常用的监视和测量方式包括对任务关键点完成情况的检查、设计评审、验证、确认、试验数据分析等。

7.1.5.12　“三化”内容

对产品“三化”（通用化、系列化、组合化）工作进行策划，对“新三化”（结构与功能一体化、系统与分系统集成化、软件硬件相互渗透化）、微系统、型谱化等新要求进行策划，明确“新三化”、微系统、型谱化等产品开发及货架产品应用要求。

7.1.5.13　成熟度内容

如有技术成熟度、制造成熟度、保障成熟度的评估要求，应在策划中明确。

7.1.5.14　风险分析及措施

围绕制约产品设计和开发的关键因素、薄弱环节、型号重点工作的完成和型号研制关键技术的突破进行产品实现风险分析和评估，形成风险清单，确定风险接受准则，制定并实施应对方案。具体步骤如下：

（1）风险评估

参照GJB/Z 171—2013《武器装备研制项目风险管理指南》、GJB 5852—2006《装备研制风险分析要求》等标准的要求，开展风险评估活动，主要包括风险识别、风险发生的可能性及后果严重性分析和风险排序。

根据识别分析的结果形成的风险清单内容可参见表7-6。

表7-6　风险清单示例

序号	风险事件	发生概率	影响程度	风险指数	风险级别	隶属系统	风险类别	控制措施
1	××产品技术风险，可能影响悬吊悬浮试验	4(高)	4(危险的)	16	高风险	动力系统	技术、进度	
2	××产品不稳定燃烧风险	3(中等)	3(重大的)	9	中风险	导弹系统	技术、进度	

（2）风险接受准则

已排序的风险应按照风险接受准则确定其可接受或不可接受。按照风险评价指数排序法进行风险排序所确定的风险接受准则示例见表7-7。选择其他方法的按照其得出的结果确定哪种级别可接受。

表7-7　风险接受准则示例

序号	风险指数	风险级别	说明	备注
1	$R \geqslant 20$	最大风险	不可接受，必须采取新的措施	
2	$15 \leqslant R < 20$	高风险	不可接受，必须积极地管理和考虑备选措施	
3	$10 \leqslant R < 15$	中等风险	不可接受，需控制和监控	

续表

序号	风险指数	风险级别	说明	备注
4	$4 \leqslant R < 10$	低风险	经评审后可接受	
5	$R < 4$	最小风险	不经评审可接受	

(3) 风险控制措施

根据面临的风险类型与风险级别制定相应的风险控制措施，降低风险的发生概率和影响程度。风险控制措施应纳入研制计划统一管理，以确保得到有效落实。

7.2 技术风险识别与控制

依据 GJB 5852—2006《装备研制风险分析要求》，在方案、工程研制、定型鉴定和批生产等型号全寿命周期各阶段，从技术风险识别方法、风险分析方法、风险排序方法、风险控制措施等方面开展技术风险识别与控制。

技术风险是在规定的技术约束条件下，对不能实现型号研制目标的可能性及所导致的后果严重性的度量。技术风险对任何项目都是固有的，在型号研制的任何阶段都可能产生。在型号研制全寿命周期中，风险贯穿方案、工程研制、定型鉴定等各研制阶段。风险分析过程如图 7-2 所示。

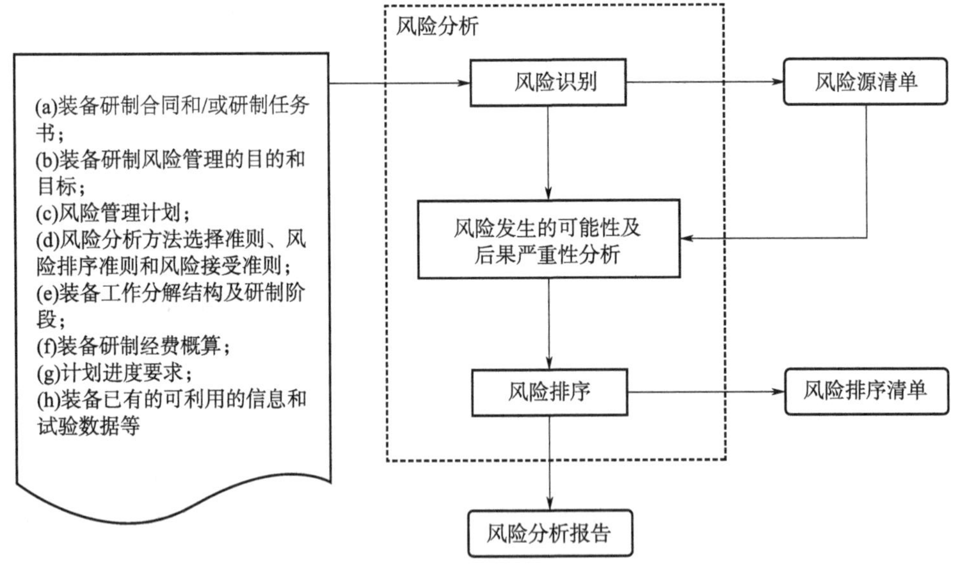

图 7-2 风险分析过程

7.2.1 风险管理策划

应在型号产品实现的全过程实施风险管理。在型号产品实现的各阶段，应从产品要求的确定、设计和开发、采购到生产和服务提供，包括交付后的活动，对有关技术风险进行评估，识别需关注和控制的薄弱环节，制定控制和降低风险的措施并实施。适时形成各阶段风险评估文件并按要求提供给顾客。风险分析作为风险管理的关键过程之一，应按风险管理计划开展，随着研制的进展反复迭代、不断深入，并贯穿于整个研制的全过程。

风险管理策划的形成时机主要是在型号方案阶段。在型号方案阶段，从产品全寿命周期的工作进行风险策划，考虑制定风险管理的要求，策划各阶段应开展的风险管理活动，明确提供的资源保障和相关安排，形成风险管理计划；在工程研制、定型鉴定等各阶段根据研制进展情况和风险状况变化，适时更新风险管理计划。风险管理计划的格式按照 GJB/Z 171—2013《武器装备研制项目风险管理指南》附录 B 的要求执行。

按照型号研制要求、合同等，策划确定型号管理过程和产品实现过程中的风险管理各项活动，为风险管理提供基础和安排，最终形成风险管理策划并进行维护。风险管理策划一般按如下步骤实施：

1）明确型号环境信息，一般指内、外部环境信息，包括（但不仅限于）：外部的竞争环境、外来战场环境、任务、规模与特点，装备使用信息，同类产品信息等；内部的研制总要求、资金、进度、人力资源等信息。

2）确定风险管理角色与职责。

3）定义风险准则，一般包括可能性等级判定准则、后果等级判定准则、风险接受准则等。

4）策划风险管理资源：主要包括人员、预算、时间安排、风险管理方法工具以及文件等要求。

5）制定并维护风险管理策划。

风险管理策划应由型号的行政负责人审批，必要时可提交顾客确认。风险管理策划可用于产品、型号的整体或部分。

7.2.2　风险评估

风险评估是进行风险识别、风险发生的可能性及后果严重性分析、风险排序的过程，是风险管理的一部分。风险评估过程分为三个步骤，即风险识别、风险发生的可能性及后果严重性分析和风险排序。

风险评估作为风险管理的关键过程之一，按照风险管理计划开展，随着型号研制的进展反复迭代、不断深入，并贯穿于整个型号研制的全过程。

风险评估的输入至少应来源于如下内容：

1）型号的方案、风险分析报告等；

2）型号研制任务书；

3）型号研制风险管理目的和目标；

4）型号风险管理策划；

5）型号研制阶段；

6）型号研制计划进度要求、研制经费概算；

7）型号试验数据；

8）型号研制过程中的变更分析及控制、质量问题、专家意见；

9）业务相关方的风险承受能力或容许度、提供的风险信息等；

10）相似型号的经验教训及有关数据等。

风险评估的输出结果为风险源清单、风险排序清单和风险评估报告。其中，风险评估报告应能描述风险源识别的正确性、风险处理方法的合理性、风险控制措施及实施要求，报告的具体格式按照 Q/QJB 137.17—2007《设计文件与研究试验文件编写规定　第 17 部分：风险评估报告》的要求执行。

7.2.2.1　风险识别

风险识别贯穿在型号研制的各阶段，按照装备的工作分解结构逐一仔细辨识风险，是对型号研制的各个方面，特别是关键技术过程进行考察研究，从而识别和记录风险源的过程，即确定风险。风险源识别是风险评估工作的基础。

根据型号风险管理目标、可利用信息和试验数据等，包括使用的条件和性能指标、关键参数，运用风险识别方法，从技术、资金、进度、质量等方面进行识别，确定出可能对系统、分系统或组成部分产生不利影响的事件，并记录风险识别结果，记录的形式为风险源清单等。

风险识别应充分考虑“人、机、料、法、环、测”等环节的因素，包括但不仅限于以下方面：

1）对研制过程的关键技术、通用质量特性、重大技术状态更改等进行风险识别。

2）适时开展技术成熟度评价和制造成熟度评价，针对评价结果进行风险识别。

3）对型号大型飞行试验、重要地面试验过程进行风险识别。

4）对采用的新技术、新材料、新工艺进行风险识别。

5）对新状态、新环境、新单位、新岗位、新人员、新设备等其他环节进行风险识别。

6）对未完成设计定型的装备需提前投产等特殊情况进行风险识别。

7）对新增、更换供方等情况进行风险识别。

8）对自身能否提供满足顾客需求产品的能力等进行风险识别。

风险识别参考相似型号的研制经验，发挥专家和集体智慧。风险识别方法一般采用检查表法及对历史数据或文件的评审、头脑风暴法等：

1）检查表法：根据经验和可获得的信息，将型号研制可能的风险源列在检查表上，检查型号研制是否存在检查表中所列出的类似风险源并统计汇总。型号研制各阶段识别风险源线索见表 7－8。

表 7－8　型号研制各阶段常见风险

序号	研制阶段	风险源
1	立项论证阶段	关键技术元素特征在产品上应用的可行性估计不足
2		技术成熟度评估不到位或未开展
3		产品成熟度评估不到位或未开展
4		未开展“三化”应用

续表

序号	研制阶段	风险源
5	方案阶段	方案论证中新技术成分采用过多
6		任务书要求不明确，质量条款不全面
7		方案论证报告未邀请相关专业专家进行评估
8		方案论证各种大型试验考虑不当
9		方案论证不充分，对难点与困难认识不足等
10		不重视保障性要求
11		采用不成熟的新技术
12		参数设计缺少优化
13		更改过多控制不严
14		引用标准裁剪不准
15		设计周期不能保障
16		未及早制定切实可行的费用目标
17		进度目标不切实际，难以实现
18		资源供应不能满足进度要求
19		权衡研究未考虑进度问题
20		方案阶段未充分考虑各种影响因素
21		方案论证未经不同方案对比和优选
22		未开展工艺可行性分析
23		技术风险对费用和进度的影响不够等
1	工程研制阶段	任务书要求不明确，质量条款不全面
2		设计输入评审未开展或识别不全面
3		技术设计内容不完整
4		未对“九新”、产品特性进行识别和评估等
5		元器件选用不合理，未按要求对 B 类、C 类进行更换
6		超目录元器件未进行审批
7		未识别关键件、重要件并制定相应的控制措施
8		关键技术攻关能力不足
9		设计输出不满足设计输入要求
10		设计更改类别不清，类别管理不一致
11		未按设计策划控制节点，进行技术设计评审、转阶段评审或专项评审等
12		关键技术攻关评审未邀请同行专家
13		工艺总方案制定不合理
14		工艺文件中部分参数不量化、不可操作
15		工艺文件编写不合理，不能指导生产，未设置关键检验点

续表

序号	研制阶段	风险源
16	工程研制阶段	工艺更改未履行审批手续或未进行全面验证
17		软件需求识别不完整
18		软件代码未完全遵守编写规范
19		软件更改后的回归测试不到位
20		未制定试验大纲或大纲内容不完整
21		技术状态基线未建立
22		技术状态更改未按要求确定更改类别
23		技术状态标识不清
24		技术状态记实不全面
25		技术状态审核不到位
26		测试的覆盖性和验证的充分性识别不到位
27		质量问题归零措施落实或举一反三不到位
1	定型鉴定阶段	前期对军方需求、实战条件考虑不够，靶场外试验问题较多
2		地面设备联调不充分
3		定型飞行试验失利
4		定型文件不完善
5		试验未考虑最终使用环境，未考虑使用周期的极端情况和最恶劣的环境条件
6		重大更改或改型后未进行验证
7		定型试验不充分
8		技术风险对费用和进度的影响考虑不够等
1	批生产阶段	外协工艺导致的质量问题较多
2		工艺总方案制定不合理
3		工艺状态未固化
4		工艺装备不齐全、不完备

2）流程图法：给出型号研制的工作、各个阶段之间的相互关系，帮助风险识别人员分析和了解型号研制的具体环节，通过对型号研制流程的分析，发现和识别存在风险的环节。

3）头脑风暴法：采用会议的方式，与会者提出自己的意见，充分交流，互相启迪，总结归纳形成结论。

4）反复函询法：将风险识别有关的问题征求专家意见，并将反馈意见经过整理、归纳，将结果反馈给专家，再次征求意见，如此反复直到专家的意见稳定。

7.2.2.2 风险分析

风险分析是对型号各研制阶段设计、试验、生产等过程辨识出来的风险特别是重大风险进一步分析，找出风险的致因，判定可能出现的情况及关键过程对预期目标偏离的程度，确定每个风险事件发生的可能性（风险发生的概率、预计发生的时间和频率）和后果（风险影响的性质、范围和程度），从而评定风险的大小。风险分析的结果为风险评价和风险应对提供必要信息。风险分析的过程应记录在风险评估报告中。

风险分析方法可以是定性的、半定量的、定量的或以上方法的组合。一般风险分析的方法主要包括如下 11 种：

1）故障树分析（FTA）：是一种逻辑因果关系图，描述系统中各种事件之间的因果关系，将拟分析的重大风险作为“顶事件”，“顶事件”的发生由于若干“中间事件”的逻辑组合所导致，“中间事件”又由各个“底事件”逻辑组合所导致。这样自上而下地按层次进行因果逻辑分析，逐层找出风险发生的必要而充分的所有原因和原因组合。

2）故障模式影响及危害性分析（FMECA）：确定所有可能的故障，根据对一个故障模式的分析，确定故障模式的影响，找出单点故障，并按故障模式的严酷度及其发生概率确定其危害性。FMECA 分两个步骤完成，即故障模式及影响分析（FMEA）和危害性分析（CA）。

3）建模与仿真：在计算机上或实体上建立系统的有效模型，虚拟地复制产品或过程，并在较容易获得和易于操作的真实环境中模仿这些产品或过程，采用建模和仿真发现系统或过程存在的问题，作为分析风险问题的有力手段。

4）可靠性预计：根据以往积累的信息，运用自上而下综合的方法对未来的产品的可靠性进行预先计算的过程。可靠性预计作为风险评估的一种方法，找出须重点关注的单元和环节并确定其影响程度，进行定量分析，作为进行风险处理的依据。

5）风险评价指数法：由熟悉装备每个风险区及产品分解结果的风险问题的专家，在进行风险识别的基础上，分析风险发生的可能性及其后果严重性，确定风险等级及风险处理的优先次序。

6）质量交集分析：以整机产品为分析对象，对“技术状态有变化、质量有前科、单点失效、测试不覆盖”四类情况进行分析，把存在每一类情况的产品作为一个集合，分别存在四类情况的产品作为四个集合，对四个集合的相交情况进行分析。若产品存在上述两个及两个以上方面交集，则风险很大，应该尽量避免，坚决杜绝四交集的发生。应根据交集级别（相交数量）设置风险处理方法和监控级别，确保产品的最终质量。

7）成功数据包络分析：将产品关键参数与经过实际试验验证成功子样的对应数据所构成的数据范围（即包络范围）进行比对，判定待分析数据是否落在包络范围内，评估产品是否满足执行任务的能力，找出风险点，制定有效的控制措施，以确保研制任务的最终完成。

8）飞行时序动作分析与确认：以飞行时序动作为牵引，对影响成败的每个动作的输入条件、输出结果、设计指标及满足情况、设计余量、可靠性措施、环境及相关影响、试验验证或仿真、计算等工程分析情况进行系统梳理，查找需要进一步分析和确认的问题，从而消除或降低可能存在的技术风险和隐患，最终得出从设计要求、设计结果到飞行实现能够完整闭合的推演分析结论。

9）“一个序号一个案”飞行试验风险管控方法：基于“吃透变化、吃透环境、吃透成功”的“三个吃透”原则，依据飞行试验成功考核判据，逐级分析成功保障条件，以型号成功的飞行试验产品状态、测试数据、外部环境为参考基准，对本序号飞行试验进行对比分析，形成应对措施和处理预案，从技术和管理上控制飞行试验风险。

10）“九新”风险分析方法：在产品研制生产过程中，对涉及的“九新”要素（新技术、新材料、新工艺、新状态、新环境、新设备、新单位、新岗位、新人员）所带来的风险，深入细节，有针对性地进行风险识别、分析和控制的一种方法。

11）型号独立评估：由独立于型号的专家团队，在型号的特定研制阶段，对被评估型号的重大技术风险进行识别、分析与评价的活动。

7.2.2.3　风险排序

风险排序是对风险发生可能性及后果严重性的综合量化结果进行排序，找出关键和重要的风险。除考虑综合影响外，对于发生的可能性大或后果影响严重的风险给予特别的关注。风险排序清单是风险处置的依据。

风险排序方法主要有：

1）专家多次投票法：专家组成员分别对每项风险的顺序进行投票，统计投票结果，并将投票结果反馈给专家组，专家组成员则再次投票，如此反复直到结果不再有任何变化。一般只经过几次投票就会产生最后的结果。如果风险数目很大，可将风险分为若干组进行排序。一般情况下，每次投票中需要排序的对象不超过 10 项。

2）专家会签法：专家组成员分别对每项风险进行打分，汇总各位专家打分的结果，统计每个风险所得分数的总和，按得分的多少排序。

3）两两比较法：专家组集体讨论，将各待排序的风险两两比较，将比较结果进行矩阵运算，获得各风险的排序。

4）风险评价指数排序法：对型号研制的风险进行排序，排序的过程是对风险进一步评价的过程，从风险发生可能性的大小及可能造成后果的严重性进行综合度量。

已排序的风险按照风险接受准则确定其可接受或不可接受。综合考虑风险发生的可能性及后果的严重性，根据风险接受准则，对已识别的风险按照采取措施的优先次序排序，形成风险排序清单。

7.2.2.4　风险评价

风险评估过程所进行的活动和分析结果应记录在风险评估报告中。风险评估报告应履行审批手续。

风险评估报告至少包括如下内容：

1）概述：描述被分析对象的名称、功能特点、任务要求、工作分解结构中所处位置、所处的研制阶段等。

2）风险评估过程：描述进行风险评估的过程及分析方法、风险等级划分准则、风险排序准则和接收准则等。

3）分析结果：列出风险源清单和风险排序清单（可作为附件），必要时可对高风险项目提出处置措施建议。

4）结论：总结风险评估工作，得出结论和建议。

5）附件。

风险评估报告应作为年度型号任务策划的依据和输入文件。

7.2.3　风险控制

风险控制是型号研制管理的核心内容，贯穿于型号研制全过程，必须结合项目的特点、研制程序、承研单位和人员的经验与能力状况，根据风险评估的结果，制定并实施针对性的风险应对措施。重点是针对风险控制措施落实和闭环纳入型号研制计划管理，必要时考虑对严重风险开展专项计划和专项审查，考虑阶段性回头看，风险控制措施是否闭环管理、是否存在新增风险等。

考虑到项目研制各阶段特点以及工作侧重点的不同，研制各阶段的主要风险有所差异，必须相应地采取不同的风险控制措施，将风险控制在相关方可接受的范围内。

风险应对措施的类型一般可分为以下四类：

1）风险规避：消除风险源，如更改设计方案、技术要求、规范等，即取消某项不确定性因素。要实现风险规避，需了解各种要求和约束条件之间的关系，与要求分析同时开展。该措施多用于不可接受区域的风险。

2）风险降低：承认风险，并尽力减小风险发生的可能性，或后果的影响程度或范围。选择风险降低措施应对相应的资源投入和预期效益进行权衡分析，整体评估应对效果，关注剩余风险或可能产生的次生风险。

3）风险转移（分担）：将风险可能产生的后果全部或部分有偿地转移（分担）给其他业务相关方，如分包或保险；风险也可以转移或重新分配到不同的工作分解结构单元或工作包中。应分析采用风险转移（分担）措施可能产生的次生风险。

4）风险承担（接受）：判定风险可以容忍并予以接受。该措施多用于可接受区域的风险，在特殊需求下，也可能用于其他区域的风险。

选择风险应对措施时，应考虑措施的及时性、有效性，及其与风险重要性或优先序的匹配度，评估采取措施后的剩余风险的性质和程度，同时还应考虑可能产生的次生风险，并对次生风险开展评估、应对和监督。

型号研制的设计和开发过程是风险控制的关键过程，根据设计和开发过程的风险源识别风险事件，结合不同研制阶段的特点分析并找出其致因，确定其与其他风险的关系并用发生概率和后果表征其影响；确定并评价风险应对方法，实施风险控制措施，消除或减少其对型号研制的影响。通常应根据型号特点及不同研制阶段的特殊要求，结合但不仅限于下列工作的结果，实施研制过程的风险控制：

1）武器系统风险分析；

2）可靠性预计；

3）故障模式影响及危害度分析（FMECA）；

4）故障树分析（FTA）；

5）杀伤概率计算、引战配合效能计算；

6）引战配合效能、武器系统作战过程、控制系统和制导精度仿真；

7）安全性分析；

8）各分系统的专业验证试验、可靠性验证试验等；

9）元器件选用、采购风险分析；

10）软件参加飞行试验任务和型号转阶段前的验证和确认测试，并按 QJ 2236A—1999《航天产品安全性保证要求》将软件按其失效可能产生的风险及危险的严重性实施分级、分类管理。

7.2.3.1 方案阶段

方案设计的合理可行对型号全寿命周期研制工作的规范、有序开展至关重要。型号研制方案阶段的主要风险是方案设计风险，包括方案选择的不合理、关键技术攻关不彻底、原理性的试验不成功等风险主要发生在方案阶段。为了保证方案设计合理可行，主要制定如下风险控制措施：

1）加强承研单位审查：组织工程技术人员、产品保证人员、计划管理人员等多方面人员，从不同角度对承研单位进行全面考察，综合考虑工程技术能力、产品保证能力、组织管理能力等，审查管理制度、技术标准和规范是否健全，现场组织管理是否到位，过程文件、数据包、风险及不合格处理情况是否考虑周全，类似产品实物质量状况等。加强对承研单位重要专业技术配套情况、产品保证技术配套情况、设施设备配套情况、核心岗位人员配套情况等能力状况的审查。组织对承研单位产品全寿命周期研制策划、方案阶段研制工作策划、产品保证及其他重要工作的专题策划等进行审查，对方案阶段形成的重要研试文件进行评审。

2）加强人员培训：结合项目特点、难点，选择有经验的设计师参与项目研制，并加强对核心设计师的针对性培训；对于复杂产品，建立跨学科的设计团队，避免由于学科盲区、专业盲点导致的技术风险识别遗漏，弥补个人工作能力与工程经验的不足。高度关注产品保证体系建设，确保各类产品保证人员配置到位，并组织设计师质量管理与可靠性培训。

3）加强关键技术攻关：进行优化设计和可靠性指标分配；充分听取各方专家意见，合理选择方案；严格控制新技术应用的比例，避免方案重大修改带来的风险损失。

4）控制新技术新工艺占比：在技术途径和工艺方法的选择上，正确处理继承和创新的关系。严格控制新技术应用的比例，全面权衡方案的先进性与现实的可行性以及与项目资源约束之间的关系，既不能设计得太简单而导致其性能指标无法满足要求，又不能设计得太复杂而使研制面临太大的风险。

5）强化产品分类管理：对于沿用产品，要做好产品适用性分析确认；对于非完全沿用的产品，要逐一分析产品的技术状态基线和鉴定条件对项目要求的适用性，包括使用的元器件、材料、工艺情况，适用环境，鉴定条件等。

6）开展风险点识别：开展新技术、新材料、新工艺等的风险识别，组织专家对方案阶段重要技术活动及其结果进行评审。细化项目研制技术要求、环境试验条件、产品保证要求等。加强针对性的产品保证技术与方案研究，保证相关工作的科学性和有效性。

7）严格采购控制：加强特殊材料与元器件选用控制，特殊材料与元器件考虑备份采购渠道，相关材料与元器件超前储备；提前开展新材料与新元器件的研制与鉴定。

8）制定各类依据性文件：制定可靠性、安全性、测试性、维修性、保障性大纲，设计准则，标准化大纲，标准化选用范围等。

7.2.3.2　工程研制阶段

型号研制过程是风险控制的关键过程，技术设计的正确性、设计验证的充分性等，对型号质量与可靠性的形成、产品生产基线的建立等至关重要。在工程研制阶段，项目研制工作全面展开，面临的技术风险种类繁多，比如设计可靠性欠缺、接口不协调、测试覆盖性不全、设计差错等，根据风险评估，识别设计和开发过程中的风险源，结合不同研制阶段的特点分析并找到其致因，确定其与其他风险的关系并用发生概率和后果表征其影响；确定并评价风险应对方法，实施风险控制措施，消除或减少其对型号产品的影响。

主要的风险控制措施有：

1）加强对承研单位研制过程的监督检查：对承研单位的研制工作策划、产品保证策划、产品研制验证试验策划、产品检验计划等进行评审，确保策划工作充分、研制计划周密。对承研单位工程研制阶段形成的重要研试文件进行评审。要关注承研单位的研制与生产管理制度是否健全，技术状态管理、多余物控制等过程管理制度是否配套，相关风险控制措施是否精细周密。加强对承研单位研制过程中涉及的风险项目监督、例外问题控制、不合格审理的把关。

2）强化多部门协同合作：强化设计人员、产品生产人员、产品保证人员的协同，确保产品一次研制成功，避免研制工作反复。加强设计人员、工艺人员、检验人员的协同，保证产品工艺性、测试性、维修性、保障性等在产品研制过程中的统筹考虑，在产品详细设计时，保证相关要求的有效落实。进一步健全产品保证队伍，加强产品保证专业队伍配备，如增加可靠性保证工程师、元器件保证工程师等。

3）强化七性在研制过程的体现：关注可靠性、安全性、工艺性、测试性、维修性、保障性等方面的产品保证技术与方法研究，确保工程研制阶段产品保证工作的充分性。强化故障模式与影响分析（FMEA）、故障树分析（FTA）等方法的综合运用，确保风险识别的全面性。在开展 FMEA 和 FTA 时可以组建跨学科工作团队，由具有不同专业知识的团队进行协同分析。策划和安排型号研制涉及的新的工艺技术、特殊的检验技术、测试技术、试验技术以及专用设备的计量校准技术等研究。加强产品风险技术特性分析、关键技术特性识别与控制，确保设计关键特性、工艺关键特性、工程控制关键特性等三类关键特性识别充分到位，风险控制措施科学合理，并在工程研制阶段得到有效验证。加强工程研制阶段试验验证，通过试验有效验证设计的正确性，量化设计裕度，掌握新技术特性，把握以前未认识到的新风险。为保证设计验证的充分性，编制设计验证矩阵。加强技术标准、研制规范的建立和执行，设计分析仿真环境与工具的建立与应用，充分发挥团队作用和专家力量，开展复核复算、独立评估等。

4）细化设计工作：强化产品详细设计工作，确保产品环境适应性、接口协调性和各方面的工程约束条件得到充分落实和验证；确保产品功能性能、可靠性、安全性、工艺性、测试性、维修性、保障性等得到全面统筹考虑；确保产品关键技术特性分析到位，风险技术特性识别充分；确保产品设计参数准确协调，工艺参数细化量化；确保产品技术状态变更验证充分。加强产品研制验证，对于复杂产品，需要从材料、元器件、工艺、组合等一直到整机、主机开展研制试验策划，并加强整机产品拉偏试验、极限摸底试验、寿命试验等。加强关键件与重要件的确定和过程控制，强化产品不可测、不可检环节识别与控制，合理设置关键检测点和强制检测点，加强相关控制措施和方法在工程研制阶段的验证。做好产品数据包策划，工程研制过程数据的记录、分析，以及产品质量可追溯性评价工作。

5）尽量采用成熟技术、器材和工艺：对于无适用老品或进口元器件需国产化时，可安排新品研制。对拟采用的新技术、新器材和新工艺，须经过充分论证、试验验证、鉴定确认、评价和设计师系统审批程序，确认符合要求后，才能引入产品设计。必要时制定并实施技术攻关计划及风险管理计划。

6）制定可靠性保证要求：开展可靠性设计、分析、试验和管理工作，包括修订可靠性、安全性、维修性等大纲，可靠性、安全性、维修性指标的修订与再分配，开展可靠性、安全性、维修性等分析，进行可靠性增长试验，开展研制要求固定的各类可靠性评审等。

7）完善审查审核流程：开展设计复核复算工作，开展设计与生产的检查确认，进行大型地面试验质量评审、质量问题归零及举一反三、技术状态更改审查，制定软件工程化实施大纲并开展软件工程化管理工作。

8）加强设计与工艺的结合并提高制造能力：制定工艺总方案并通过评审；开展设计文件工艺性审查，及早发现关键工艺技术问题；开展关键工艺技术项目攻关，解决型号研制阶段制造工艺中的关键技术问题；进行工艺检查确认及工艺评审；开展工艺预研，加强工艺储备；收集新的检测方法与检测设备（含仪器仪表、量具等）的信息，提高工艺与制造水平和检验能力；开展各类工艺、检验、多余物控制等方面的培训。

9）贯彻元器件“五统一”（统一选用、统一采购、统一监制和验收、统一复验和筛选、统一失效分析）管理：加强元器件设计选用、筛选、复验，严格执行元器件下厂监制、验收，开展 DPA 与失效分析。

10）开展“四不到四到”（产品测试不到要验收到、验收不到要工序检验到、工序检验不到要工艺保证到、工艺保证不到要人员保障到）分析与控制：实施生产过程的表格化验收，按工艺流程对产品生产过程的每一个环节进行检查，挖掘产生风险的根源，进而控制和应对风险。

11）加强各类人员的质量管理与可靠性培训。

工程研制阶段一项主要的工作就是通过飞行试验验证武器系统设计正确性和工作协调性。在工程研制阶段飞行试验的主要风险是设计风险和操作的风险，在风险控制措施的制定上，一方面按照测试细则和操作流程组织实施，避免人为差错，减少低层次问题，保证系统的可靠性；另一方面，制定各类应急预案，主动进行风险特情演练，预防突发事件的发生。

工程研制阶段的飞行试验风险控制措施包括：

1）开展试验准备前状态检查，按照 GJB 1452A—2004《大型试验质量管理要求》的规定执行。

2）开展试验大纲专家评审。

3）开展试验故障预案、危害性分析。

4）开展试验安全性分析，“安全发射、无误发射”。

5）进行试验过程转场评审。

6）开展技术成熟度评估。

7）开展“一次成功”技术保障分析。

8）开展试验验证充分性分析。

9）开展测试覆盖性、验证充分性分析。

10）制定靶场质量、安全等系列管理要求。

11）技术状态更改的审查。

12）开展环境、设备的技术安全检查，对不符合项提出整改措施，并跟踪落实结果。

13）制定发射特情处置预案。识别发射每一步操作可能出现的问题、现象，分析问题产生的原因及后果，制定预防措施及处置预案。

14）结合靶场工作流程及影响成败的关键环节，深入开展风险的“双想”活动。

15）开展表格化管理。依据试验大纲、测试细则、操作规程、技术条件制定各类过程检查表格，避免操作失误带来的风险。

16）对靶场发生的各类质量问题进行归零闭环处理。

17）对各项已识别风险的处置结果开展举一反三，预防风险在其他产品上发生。

18）开展“飞行时序动作分析与确认”工作。进一步识别深层次的风险，并分析对系统的影响，制定“一个序号一个案”的风险应对措施，如有必要，继续开展分析计算、仿真及地面试验验证等工作。

7.2.3.3 定型鉴定阶段

在定型鉴定阶段，从试验策划的完整合理性、试验保障条件、试验大纲内容完整性、参试人员能力等方面，进行风险评估，识别可能发生的风险源，制定和实施风险应对措施，以确保试验达到预期目标。

定型鉴定阶段重点是飞行试验的风险控制。针对飞行试验靶场工作的特点，制定靶场风险控制和应对的措施；试验前做好全系统技术风险管理的综合评审和评价。主要评价：

试验前各项准备工作的完成情况；风险关键项目识别的全面性；风险评估的正确性，风险控制措施的有效性、全面性；残余风险对飞行试验的影响等。

定型鉴定阶段的飞行试验风险控制措施与工程研制阶段的飞行试验风险控制措施基本一致。

7.2.3.4　批生产阶段

生产基线建立的正确性、生产基线控制的严密性、质量的符合性等对产品至为关键。针对批生产阶段的重要风险源，重点对承研单位、人员、产品技术状态和质量符合性等进行控制。相关控制措施如下：

1）加强对承研单位批生产工作策划、产品保证工作策划、产品检验计划等的评审，确保批生产阶段工作策划充分、周密。持续关注承研单位体制机制与管理模式变化对产品可能产生的影响。加强对承研单位生产管理相关制度和措施的检查，确保生产基线管理，生产现场环境控制，多余物与防静电管理，关键件/重要件管理，不合格品管理，质量问题归零管理等相关制度与措施的有效落实。

2）关注人员的稳定性、研制队伍与批生产队伍的衔接性、关键件/重要件关键工序岗位人员与鉴定件生产人员的一致性；重视工艺专家队伍的组织，加强对批生产产品实物质量确认。

3）加强批生产产品生产准备评审，确保批生产产品生产基线建立正确；严控技术状态更改，比如元器件和材料品种规格的更改、辅助材料和工艺的更改、生产单位的变更等，严格批生产产品生产技术状态控制；加强技术状态更改验证和相关产品更改后的补充鉴定；对更改项目在实物产品落实情况进行检查确认。强化关键件/重要件、关键工序等重要管控措施在批生产过程中的落实。

7.3　技术状态管理

7.3.1　概述

航天型号项目属于高技术复杂度的系统性项目，规模大、不确定性高、研制周期长、研制阶段多、协作单位多，需要通过技术状态管理来保证产品的功能特性和物理特性的正确性和匹配性。目前，航天型号项目技术状态通常采用系统工程方法进行全寿命周期管理，通过技术指挥系统和行政指挥系统组成矩阵式队伍并行共管，互相支持、密切配合，对项目研制生产实施跨建制、跨部门协调，以管理计划为抓手开展技术状态标识、控制、记实及审核，以应对航天型号研制的复杂性和阶段性特点。

技术状态指在技术文件中规定的及在产品中达到的功能特性和物理特性。功能特性指产品的功能、性能和设计约束条件，如战术技术指标、使用保障特性等；物理特性指产品的形体特性，如：组成、尺寸、表面状态、形态、公差、质量等，又称实体特性。

在产品寿命周期内，为确立和维持产品的功能特性、物理特性与产品需求、技术状态文件规定保持一致的管理活动称为技术状态管理。其主要管理活动包括技术状态管理策划与监督、技术状态标识（确定技术状态项、产品结构层次分解、确定技术状态基线）、技术状态控制（控制技术状态更改、偏离许可以及对更改、偏离许可的准确实施）、技术状态记实和技术状态验证与审核等环节。

技术状态管理主要依据文件有 GJB 3206B—2022《技术状态管理》、GJB 1330A—2019《军工产品批次管理的质量控制要求》等。

7.3.2　技术状态标识

技术状态标识指在确定产品工作分解结构的基础上所进行的下列活动：选择技术状态项，确定每个技术状态项所需的技术状态文件；指定技术状态项及相应的标识符号；发放技术文件；建立技术状态基线。

7.3.2.1　选择技术状态项

型号武器系统总体技术状态项应在方案阶段确定，分系统或低层次系统技术状态项应在工程研制阶段初期或其之前确定。

选择技术状态项的原则是选择那些功能特性和物理特性能被单独管理，以达到项目的最终使用性能的项目作为技术状态项。可按武器系统或分系统配套表，将具有独立功能需要单独进行管理的硬件、软件及其集合体作为技术状态项（型号软件技术状态项清单应单独编制），并形成文件，报上一级设计师批准确定。型号技术状态项需根据型号产品层次分级管理，一般分：系统级、分系统级、产品级。技术状态项示例如图 7－3 所示。

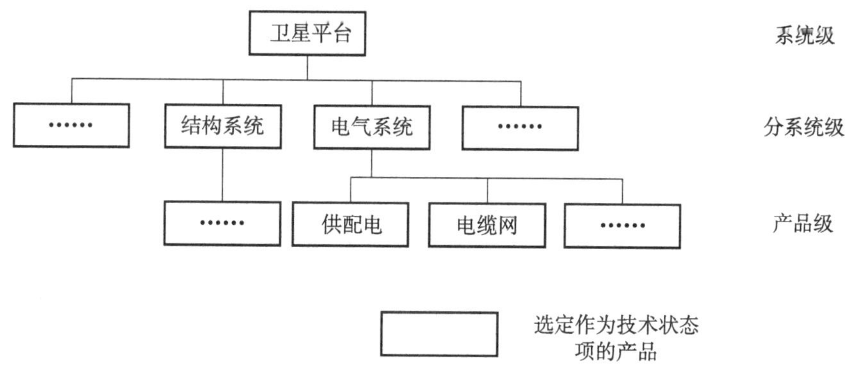

图 7－3　技术状态项示例

在方案阶段，技术状态管理部门组织武器系统总体设计师参照型号产品层次与组成编制型号技术状态项清单（见表 7－9），并报总师系统批准后，纳入技术状态管理计划，并在各阶段实施技术状态管理。

表 7－9　技术状态项清单

序号	技术状态项名称	产品代号	阶段标记	设计单位	生产单位	责任人	备注
	……						

7.3.2.2　确定技术状态基线

(1) 各类技术状态基线的确定

武器系统总体单位提出研制阶段划分意见（也可包括研制阶段的跨越或合并），形成技术报告报型号总设计师批准。型号各研制阶段的产品技术状态由总体单位编制相应总体技术状态文件，报总（副总）设计师批准后实施。

武器系统或分系统应根据研制、生产阶段的特点，形成各阶段的技术状态文件，给出技术状态文件清单，建立各阶段各类的技术状态基线。即：功能基线、分配基线和产品基线，具体如下：

1）功能基线主要指从武器系统或高一层次技术状态项分配给该技术状态项的功能特性、物理特性、接口特性，技术项目的接口要求、附加的设计约束条件和验证上述特性是否符合规定要求所必须进行的检查和试验。武器系统的功能基线一般包括武器系统研制总要求、武器系统方案报告、"七性"指标要求和标准化要求等文件。武器系统方案、导弹系统方案须通过总体单位技术状态管理委员会审查，并经过型号总师审批。功能基线技术文件清单见表 7－10。

表 7－10　功能基线技术文件清单

序号	文件名称	技术状态项级别	备注
1	导弹武器系统研制总要求、武器系统方案报告、武器系统总体环境条件和试验要求、武器系统总体"三性"指标要求和试验要求、军标等	一级	
2	技术状态项的功能基线技术文件即上一级下达的"研制任务书"和方案设计报告	其他级	
3	技术文件即软件任务书及软件任务书评审检查单	A、B 级软件	

2）分配基线是用以描述该技术状态项分配给所属下一层次技术状态项的功能特性、物理特性、接口特性，技术项目的接口要求、附加的设计约束条件和验证上述特性是否符合规定要求所必须进行的检查和试验。分配基线主要为各类研制任务书及产品保证系列大纲要求等。型号两总系统应组织完成各类研制任务书的评审，并参与关键产品分配基线的评审。本层次技术状态项的分配基线同时也是下一层次技术状态项的功能基线。

研制任务书是重要的分配基线，必须由任务提出方和承担方共同签署，任务承担方根据签署的研制任务书开展研制工作，并按研制任务书规定的内容交付产品和文件。研制任务书签署和下达工作纳入对任务提出方和承担方的型号计划管理与考核。各级任务书提出部门有义务履行知识产权保护责任，对任务承担单位提供的文件、图纸，严格控制知悉范围，不得向第三方透漏相关技术信息。分配基线技术文件清单见表 7－11。

表 7－11　分配基线技术文件清单

序号	文件名称	技术状态项级别	备注
1	武器系统技术条件，验收大纲及验收报告，系统联调大纲及报告，系统"三性"试验大纲及试验报告，产品说明书及系统作战、维护操作规程、手册等	一级	

续表

序号	文件名称	技术状态项级别	备注
2	产品技术条件、技术说明书、产品图样、关键件(重要件)明细表、产品配套表等	其他级	
3	软件概要设计,详细设计,源程序,产品规格说明,配置项测试报告,第三方评测报告等	A、B 级软件	

3）产品基线用以描述产品的功能特性、物理特性以及验收试验和保障试验。经过设计、试制、试验验证后确定产品功能和物理技术状态的文件，经评审、鉴定、定型后形成产品基线文件，也叫产品规范，包括设计文件、工艺文件、采购文件、验证文件、使用操作文件、工程图样和软件程序等。它是产品生产制造的依据。如：武器系统的产品基线主要为系统总图、系统联调大纲、系统检验试验大纲，对分系统的验收大纲和要求，武器系统的产品说明书及系统作战、维护、操作规程、手册等；各分系统和产品技术状态项的产品基线包括：产品的设计文件、工艺文件和验收文件等。武器系统检验试验大纲、武器系统技术条件等武器系统级产品基线文件须经过型号总师审批。

产品生产用设计文件，在批准前应进行工艺性审查；产品工艺总方案中应明确规定编制的产品工艺技术状态标识的要求；工艺师应根据批准的设计文件、工艺总方案以及相关的产品规范、工艺规范、材料规范进行工艺设计；工艺总方案含有关键（重要）件、关键工序的工艺规程及大型复杂工艺装备的设计文件等，应在投产前进行工艺评审。工艺装备启用和使用前，应进行加工试用或复检。产品基线技术文件清单见表 7－12。

表 7－12　产品基线技术文件清单

序号	文件名称	技术状态项级别	备注
1	二级研制任务书	一级	
2	下达给下一级产品的研制任务书	其他级	
3	软件需求规格说明及软件需求规格说明评审检查单	A、B 级软件	

（2）技术状态基线的建立程序

在研制过程中，技术状态基线是个逐步演变、逐步完善的动态演变过程。在方案设计阶段结束转入初样研制时形成功能基线和分配基线；在初样产品试制投产前形成初始的产品基线；在初样阶段结束转入试样阶段时形成全系统的第一条完整的技术状态基线，作为全系统技术状态管理的初始参照基准。随着研制过程不断完善，直至型号完成设计定型，经正式批准最终确定三条基线。

7.3.2.3　确定技术状态标识

根据研制阶段划分及产品层次与组成，质量或标准化部门组织确定武器系统及分系统技术状态项（即产品、技术文件）标识、确定技术状态设计文件和工艺文件的标识。通常应组织编制型号产品代号、型号标准化大纲等相应标准化管理文件。

主责部门组织编制并形成产品编号管理要求，确定技术状态研试文件、设计文件、工艺文件的发放标识编号。

7.3.3 技术状态控制

技术状态控制指技术状态基线建立后，为控制技术状态项的更改而对提出的更改建议（工程技术状态更改、偏离许可、让步）所进行的论证、评定、协调、审批和实施的活动。

7.3.3.1 遵循原则

在型号研制生产过程中，必须严格控制三条基线的更改，使对这些基线所做出的全部更改都具有可追溯性。确保技术状态项在其研制、生产的任何时刻，都能使用现行有效的、正确的技术文件。

技术状态的更改一般应遵循以下原则：

1）分类准确：准确界定更改级别。

2）论证充分：经过充分论证，确保合理。

3）试验验证：更改方案可靠，并经过充分的试验验证。

4）各方认可：总体、设计、工艺、上下环节等各方认可。

5）审批完备：按要求履行审批手续，必要时需经相关人员会签，确保签署完备。

6）落实到位：经固化的技术状态和经批准的技术更改，必须在图纸、技术文件上切实落实、更改到位，实现文文一致、文实相符。

7.3.3.2 更改控制要求

按照 GJB 3206B—2022《技术状态管理》将在研项目技术状态更改分为三类，Ⅰ、Ⅱ、Ⅲ类。

Ⅰ类技术状态更改：更改功能基线、分配基线，致使下列任一要求超出规定的限值或容差值：

1）性能和功能。

2）可靠性、维修性、测试性、保障性、安全性、环境适应性和电磁兼容性等特性。

3）外形尺寸、质量、质心、转动惯量。

4）接口特性。

5）其他重要要求。

6）设计定型后，更改产品技术状态文件，对产品质量有影响，或对下列方面产生重大影响：技术状态项及其零部组件的互换性；已交付的使用手册和维修手册；与保障设备、保障软件、零备件、训练器材等的兼容性；技能、人员配备或人机工程设计。

Ⅱ类技术状态更改：

1）设计定型前，更改不属于功能基线、分配基线的技术状态文件，对满足产品要求有影响。

2）设计定型后，更改产品技术状态文件，对产品质量有影响，但没有达到Ⅰ类程度。

Ⅲ类技术状态更改：勘误译印、修正描图、统一标准方法、进一步明确技术要求等不影响满足产品要求或产品质量的更改和补充。

(1) 更改申请和审查

Ⅰ类技术状态更改和Ⅱ类技术状态更改应编制技术状态更改申请单或更改论证报告。Ⅲ类技术状态更改可直接编制技术状态更改通知（更改单）。

更改申请单或更改论证报告由设计、工艺主管人员提出并形成文件。更改申请单一般以签审方式进行；更改论证报告由型号副总师根据技术状态更改类别和所处产品寿命周期阶段确定评审方式；关键特性、重大技术状态更改须通过设计评审。技术状态更改申请应附必要的支持技术状态更改的资料（如试验结果与分析、保障性分析、费用分析等资料）。

Ⅰ类技术状态更改申请的内容一般应包括更改申请的标识号，提出单位和日期，更改的类别，更改的技术状态项的名称、编号，受影响的其他技术状态项的名称、编号，受影响的产品范围（包括研制、批产及已交付产品），更改理由简要说明，更改内容和更改带来的影响（包括对作战使用要求、战术技术指标、质量、进度、费用等的影响），更改实施方案（含实施日期）。其他类技术状态更改申请内容可参照上述内容进行适当裁剪。

各级设计师应对更改申请文件进行审查，包括建议更改的合理性，更改后对互换性、接口关系的影响，对合同、进度和经费的影响，对采购、制造、试验验证和使用维护及已交付产品的影响等，必要时还应进行试验验证。经审查确认，更改确属必要且不构成不良影响的，由主管副总师签署审查意见；其中影响导弹、武器系统战技指标、性能的重大技术状态更改还需经单位技术状态管理委员会确认；对于Ⅰ类和定型（鉴定）后的Ⅱ类（含）以上更改申请应按照比被更改设计文件的审批签署提高一级的要求完成签署，并经任务提出方审批。

(2) 更改通知的拟制和批准

技术状态更改通知的形式一般为更改单等。

属于上级指令的技术状态更改，提出方需以正式签署的文件下达；属于客观原因或遇到不可克服的因素需要变更时，经审查同意技术状态更改，应由原技术文件提出部门编制，设计文件更改按 QJ 1714B—2011《航天产品设计文件管理制度》，研试文件的更改按 QJ 1167A—2011《研究试验文件管理制度》，工艺文件的更改按 QJ 903B—2011《航天产品工艺文件管理制度》的有关规定办理更改手续，填写更改单，按原签署权限进行审批，经批准后发放至有关部门实施更改，对于已定型设计文件的更改，其更改单审批签署应比更改前高一级，并经使用方会签。更改单应按规定标识，其中更改类别应按 GJB 3206B—2022《技术状态管理》的规定填写。涉及型号总体、分系统及重要设备技术状态基线和接口关系的更改，需经任务书提出单位和相应主管人员审核，有关部门会签后，报总师（或副总师）批准。分系统内接口关系和设备性能指标的更改，一般属于Ⅱ类更改，需由分系统或单元设备的技术状态主管人员审核和有关部门会签后，由分系统主任设计师批准。

关键件（特性）、重要件（特性）的更改，需提高一级审批。

对于已出厂的产品发生重大技术状态更改后，要重新进行产品质量评审，任务提出方应重新进行产品验收。

研制阶段的Ⅰ类更改和定型后所有更改均需经顾客会签。

(3) 更改的实施及相应文件的发放

获得批准的技术状态更改须覆盖被更改技术状态文件的发放面，按规定的范围和渠道发放所有需更改的技术状态文件的持有单位、部门执行更改，确保所有相关的技术状态文件均得到更改。

对于批准的更改，应严格按更改单要求实施正确更改，包括技术状态文件以及产品实物做到文文一致、文实相符。

7.3.3.3 偏离许可的控制

产品生产前，总体或产品承制单位认为有必要对技术状态文件进行临时偏离，提出偏离申请；产品生产或检验验收过程中，如果承制方认为不合格品可返修或原样使用，可提出让步申请。

偏离许可通常包括以下几种形式：设计过程的偏离许可（含：部分设计性能偏离许可、部分软件状态偏离许可等）、产品生产过程的偏离许可（含：代料、产品转批等）。

除特殊情况以外，一般不能申请涉及安全性及致命缺陷的偏离许可、让步和影响用户使用或维修的偏离许可、让步。

(1) 偏离许可的申请

设计过程的偏离许可一般应按 QJ 1714B—2011《航天产品设计文件管理制度》的要求办理偏离许可手续（编制技术偏离单）。其内容应包括：技术状态项名称、受影响的文件、偏离许可的内容、实施日期、有效的范围等。其中偏离许可的内容应描述受影响的技术状态文件名称、编号，受影响的产品范围和数量，偏离许可带来的影响（包括对质量、进度、费用等的影响），必要的验证试验结果等。

已批准的偏离许可仅在指定范围和时间内适用，不作为对功能技术状态文件、分配技术状态文件或产品技术状态文件的更改依据。

产品生产过程的偏离许可一般应按规定办理不合格品审理手续。产品个别组件、设备需要转批（如初样产品升级为试样产品时），必须由主管设计师写出书面报告，上级设计师批准，必要时需通过评审方能实施。

(2) 偏离许可的审批

按 QJ 1714B—2011《航天产品设计文件管理制度》的要求办理偏离许可技术文件的审批手续。产品设计定型前分系统级的偏离许可一般由副总师审批，设计定型前系统级的偏离许可一般由总师审批，必要时由顾客代表会签确认；产品设计定型后的偏离许可，分系统级偏离许可经副总师审批后应由顾客代表会签确认，系统级偏离许可经总师审批后也应由顾客代表会签确认。

7.3.3.4 外协产品技术状态控制

产品任务书中应明确总体对外协产品的技术状态控制要求。具体内容应包括：承制方在研制生产过程中应按照 GJB 3206B—2022《技术状态管理》规定将Ⅰ、Ⅱ类技术状态更改、外购产品技术状态变化以及外协厂家变更等信息及时上报，Ⅰ、Ⅱ类更改应经总体认可后方能进行更改；任何影响技术状态基线的更改，均需提高一级审批权限，由上级设计师批准；影响到功能基线的更改需向任务书提出单位提出申请，经批准后方可实施；影响到分配基线的更改，项目负责人协调任务承担单位及相关方，经会签确认后方可实施。

外协单位要形成本产品技术状态管理计划并上报总体单位。

外协单位按照总体具体要求在大型试验进场前、转阶段评审前、批次产品交付前进行技术状态清理，形成技术状态记实报告上报总体。

总体可按阶段或适时对外协产品进行技术状态验证与审核。有附加技术协议的外购产品参照外协产品进行管理。

7.3.3.5　软件的技术状态控制

软件的更改按照 QJ 1912《计算机软件文件管理规定》等文件执行。软件程序实施三库管理，软件状态的固化和更改必须落实到“三库”（开发库、受控库、产品库）中，严格出入库管理制度，利用识别码（MD5 码）标识强化软件数字化管理。在大型试验时，要对软件实施出入库管理，对软件版本有效管控，软件更改要按照技术状态变更要求完成相关变更手续后，方可升级版本，入库管理。

7.3.4　技术状态记实

技术状态记实指对已确定的技术状态文件、提出的更改状况和已批准更改的执行情况所做的正式记录和报告。

研制、试验、生产过程中针对技术状态控制所发生的一切资料，均应准确记录，整理归档。通常包括：技术状态项基线文件更改汇总表、技术状态项清单、型号产品转批申请单、型号研制过程各类技术状态基线文件清单、技术状态记实报告等。

使用及维修过程中更改元器件、部件、组（整）件甚至设备等，应在产品证明书（或产品质量履历书）中记录备查。

技术状态文件更改、偏离审理应按要求进行记录。

各承研单位按型号研制阶段或批次对技术状态更改进行统计、分析，填写技术状态记实演变汇总表，并及时（通常为每个批次结束前）提交总体单位，并在下一批次投产前，完成技术状态的清理和确认。开展技术状态更改统计、分析。时机通常为：产品出厂交付前、转阶段评审前，导弹总装测试、系统联调、大型地面试验、飞行试验前。

各承研单位按型号研制阶段或批次对技术状态更改（含偏离、超差）情况进行统计、分析，填写技术状态记实演变汇总表；编写技术状态记实报告。按产品隶属关系分系统将技术状态记实演变汇总表向上一级系统传递，以便及时准确掌握技术状态的演变和现状，并及时归档。

技术状态记实报告要求包括以下内容：

1）按型号总体、分系统或整机设备编制技术状态项及其技术状态基线文件清单。

2）现阶段技术状态状况说明。

3）按型号总体、分系统或整机设备编制技术状态基线文件更改清单（技术状态项基线文件更改汇总表）及偏离状况清单。

4）按型号总体、分系统或整机设备对技术状态项进行更改实施、验证结果分析。

5）按型号总体、分系统或整机设备编制技术状态演变汇总表或演变的综合说明。

6）遗留问题的影响分析和说明。

技术状态记实报告是型号产品转阶段设计评审的必备材料之一。

7.3.5 技术状态验证与审核

技术状态验证与审核的主要工作内容包括：技术状态验证、技术状态一致性检查、技术状态审核。

7.3.5.1 技术状态验证

在技术状态审核前，承制单位应确定并实施技术状态项（含技术状态更改后）的必要验证，确保设计或实物符合功能基线、分配基线规定的要求，或满足产品基线建立的要求。验证方式可以是分析、计算、仿真、试验、检查、检验等。

7.3.5.2 技术状态一致性检查

承制单位应按照需要，对不同的技术状态进行一致性检查并提交报告。实物可相互互换时，其产品代号、版本、承制单位名称的差异不影响技术状态一致性。

7.3.5.3 技术状态审核

功能技术状态审核，结合型号产品技术设计评审、转阶段评审、设计定型等活动进行。通过评审、检查分析有关检验和试验记录来证实产品的功能、性能是否满足规定的要求。

物理技术状态审核，根据产品的技术状态文件检查所制造和试验的产品是否符合技术状态文件要求，以确立技术状态项的产品基线。审核可与产品首件鉴定、产品质量评审、产品最终检验结合进行；并在产品定型前成套技术资料审查中，结合审查产品、审查产品技术状态更改（含偏离）及处理结果进行检查，达到文文一致、文实相符。

技术状态审核完成后，建立阶段产品基线，冻结技术状态。

7.3.6 数字化技术状态管理

各承制单位可通过 PDM 系统（产品数据管理系统）实施技术状态管理，在 PDM 系统中建立并管理各类技术状态基线。将产品结构作为技术状态项寿命周期管理的基础，产品结构要同时反映产品的物理组成（产品部件）和功能组成（虚拟部件），功能组成和物理组成要协调一致。其中产品部分应按照产品装配层次进行创建，包含产品相关的所有自制件（如零件、装配件）、外协件、物资（如元器件、标准件、辅料）。产品结构树中的通用件、三化产品等，不作为型号技术状态项单独管理，由各单位技术状态管理组织统一规划和管理。

技术状态管理所形成的数据纳入 PDM 管理的单一产品数据源中，实现电子归档与电子更改。

7.4　通用质量特性设计

7.4.1　概述

（1）装备产品主要特点

导弹武器系统的实战化要求高，必须具有较高的通用质量特性。其中弹上产品的主要特点为长期贮存、一次使用，同时工作时间短、应用环境恶劣、发射成功率要求高，因此在弹上产品的通用质量特性中，长期以来可靠性和环境适应性是其中最重要的两项指标。但随着武器装备的不断发展，弹上产品在维修性、测试性、保障性、安全性等各个方面要求也在逐步提高。地面产品的主要特点为反复使用、持续工作、机动部署、长时服役、全周期保障，因此对地面产品在通用质量特性中，在设计上不仅要求有高任务可靠性，同时还要具备良好的测试性、维修性和保障性设计，满足地面产品的任务持续工作能力，故障的准确定位能力，功能的快速恢复能力，并备有充足的保障资源能力。

（2）装备通用质量特性特点

装备产品的以上特点促使在产品的设计过程中对通用质量特性提出了更高要求，而通用质量特性中的每一个设计属性又存在关联与融合，在设计过程中应按照产品的使用需求进行综合设计，不单独强调每一个特性的极致设计能力，做到产品的作战使用发挥最大效能。

通用质量特性工作需覆盖产品的全寿命过程，在论证中提出，在设计中落实，在研制生产中实现，在使用中发挥、保持和提高。同时，装备通用质量特性工作是一项技术性、政策性很强的工作，涉及可靠性、维修性、保障性等具体专业技术，涉及设备承制单位和用户使用人员，需要统一制定颁布相关标准予以规范。此外，通用质量特性的形成和提高，需要通过一系列的设计、研制工作才能完成，一些重要通用质量特性指标甚至需要通过关键技术攻关才能实现。通用质量特性水平能否达到设计要求，还必须通过试验手段来进行验证。

（3）通用质量特性之间的协同关系

通用质量特性的“六性”因故障而紧密相连，可靠性着眼于减少或消灭故障；维修性着眼于以最短的时间、最低限度的保障资源及最少的费用，使产品保持或迅速恢复到良好的状态；维修又依赖于测试，通过测试进行故障检测和隔离；产品在正常使用、维修、测试过程中又必须依赖于保障予以支持，产品的维修性和可靠性是保障性的重要条件，而保障性是可靠性和维修性的归宿。在实施上述过程中应少出或不出安全事故，所以故障是可靠性和安全性的连接点，安全性是一种特殊的可靠性。同时如果提高了产品的耐环境能力，产品就具备了足够的耐环境裕度，也降低了产品的故障出现概率，即提高了可靠性。因此，环境适应性是可靠性的前提和基础，武器装备没有较高的环境适应性，其可靠性就失去了保证。

开展通用质量特性工作首先要理清其与故障的关联关系，然后相互协调权衡，才不至于出现相互矛盾的结果。因此开展弹上产品通用质量特性设计的基础就是故障模式与影响分析（FMEA）。FMEA采用自底向上的方式，按照产品层次逐层分析识别故障模式，分析造成故障的根本原因，分析故障模式对局部、对上层和对最终系统造成的影响，对于保证装备的通用质量特性是必不可少的基础工作。通过FMEA分析，可将产品或过程分解为一组要素，对于每个要素，识别故障模式及影响，通过消除其不利影响或者降低其发生的可能性或严酷度，从而确定设计改进措施，实现产品通用质量特性的提升。

产品的FMEA分析方法依据GJB/Z 1391—2006《故障模式、影响及危害性分析指南》开展，分析方法不再做具体说明。

7.4.2 可靠性设计

根据武器装备作战的实际需求，装备在可靠性设计过程中应尽量采用成熟技术和工艺，优先选用经过使用验证的设计方案，严格控制元器件、零部件和原材料的选择与使用；开展简化设计、降额设计、热设计、冗余设计、容差分析、FMECA等；考虑功能测试、包装、装卸、运输、贮存和维修对产品可靠性的影响。弹上设备需开展长贮可靠性设计，提高产品的长期贮存可靠性；地面设备还需开展人-机-环境工程设计，提高操作效率和正确性，减少因人为失误而引发的故障或事故。

7.4.2.1 元器件和原材料的选择与控制

元器件、原材料的选用和控制应按照相应的元器件、原材料保证大纲和元器件保证实施细则的规定执行。同时应按优选目录选择元器件和原材料。对选用优选目录以外及不满足等级要求的元器件和原材料应按规定履行审批手续。

1）元器件选用应遵循以下原则：

a）在质量满足要求的前提下，应优先选用国产元器件。

b）延用已定型产品的元器件，质量等级的选择应尽量在原有基础上提高质量等级，且满足使用要求。

c）应压缩元器件的品种、规格，特别注意选择经过使用考验的元器件，尽量选用集成化、模块化、一体化、无调试或少调试的元器件和无源器件。

d）选用的元器件其技术条件中规定的环境条件必须高于设备技术条件的规定要求。

e）尽量采用陶瓷、金属封装的元器件。

f）为保证产品贮存寿命，弹上设备尽量选用气密性器件。不使用无气密保障的半导体器件和微型电路。

g）应优先选用温度稳定性好的产品；优先选用耐振动、冲击等环境条件的元器件，尽量避免使用脆性器件。

h）对易受电、磁场环境影响的元器件，应采取屏蔽措施。

i）禁止使用含有镍铬沉积电阻器的半导体器件和微型电路，这种电阻器接触到微量湿气容易产生电解，导致器件退化和失效。

j）优先选用瓷介电容器、固体钽电容器。限制使用纸介电容器和压缩性可变电容器。不允许使用半密封钽电解电容器、非气密性薄膜电容器、机械可变电容器或可变电感器。设计师选用元器件时应参照《航天禁（限）用元器件参考目录》。

k）优先选用金属膜电阻，对线绕电阻器应优先选用有防护层的产品。

l）优先选用密封型继电器，尽量选用固态继电器和光电继电器，避免使用机电继电器。

m）对低压应用场合，应采用金属壳体的连接器。

n）优先选用模压电缆/导线；若在高温环境下使用电缆（或导线），尽量采用热固性塑料绝缘材料。

2）关键元器件确定应遵循以下原则：

a）影响任务成功且失效率偏高的。

b）影响人身安全的。

c）费用特别昂贵的。

d）研制生产周期或采购时间长的。

e）使用寿命太短的。

f）必须选用但可靠性不高的。

g）对于确认的关键元器件，应按 GJB 909A—2005《关键件和重要件的质量控制》的规定实行严格的关键件质量控制。

3）原材料的选择应考虑影响结构强度、刚度和可靠性的所有因素，包括：

a）制造工艺、静态、重复、瞬态、持续振动、冲击载荷等因素。

b）与温度升降相关的工作环境。

c）采用保护性表面加工。

d）应力集中，以及疲劳载荷对材料持久极限和极限强度的影响等。

7.4.2.2　简化设计

简化设计应遵循以下原则：

1）应对产品功能进行分析权衡，合并相同或相似功能，消除不必要的功能。

2）应在保证规定功能的前提下，使其设计简单，尽可能减少产品层次和组成单元的数量。

3）尽量减少执行冗余功能的零部件、元器件数量。

4）设计中必须重视简化电路的设计，即在保证性能要求的前提下，消除不必要的功能及逻辑多余部件，将各独立组成部分的数量和复杂程度降至最低限度。

5）尽可能采用模块化设计，选用的元器件尽量标准化、系列化与通用化，减少标准件的规格、品种数。

6）应优先选用标准化程度高的零部件、紧固件与连接件、管线、缆线等。

7）最大限度地压缩组件、零部件、元器件的品种、规格。

7.4.2.3　降额设计

在体积、重量、经费允许的前提下，对元器件、零部件、电缆、连接件等应尽量采用降额设计技术。各类元器件详细降额准则及应用指南按照 GJB/Z 35—1993《元器件降额准则》的规定执行。

降额设计应遵循以下原则：

1）在方案设计时，应首先根据元器件对系统安全性、可靠性的影响程度，并考虑经济性、重量、体积等约束条件，确定降额等级。

2）对产品安全性、任务可靠性起关键、重要作用的元器件、零部件，应特别注意采取降额措施，关键元器件应采用Ⅰ级降额。

3）机械和结构部件的降额应保证其实际工作所承受的负载低于其所能承受的负载，采用提高零部件的平均强度、降低平均应力、避免应力集中、减少强度散布等基本方法。找出应力与强度的最佳匹配，提高设计可靠性。

4）对电缆、导线应同时采用电流、电压、温度降额设计。

5）对机械零件应采取提高平均强度、降低平均应力、减小应力散布和强度散布的方法降额，并选取适当的安全系数。

6）对选用的电子元器件、液压元件、气动元件、电机、轴承、各种结构件，应采用降低负荷额定值的设计，以提供更大的安全储备。

7）必须根据产品可靠性要求选用合适质量等级的元器件。不能用降额补偿的方法解决低质量元器件的使用问题。

7.4.2.4　热设计

应根据弹上产品的可靠性要求、实际工作环境要求和产品特点，按照 GJB/Z 27—1992《电子设备可靠性热设计手册》的规定开展热分析和高低温热设计，从减少热源、加强散热等方面对产品进行热控制。

热设计应遵循以下原则：

1）优先选用低功耗集成电路、低内核电压集成电路和低饱和压降的功率晶体管，并提高功率电路的效率，降低发热器件的功耗。

2）减少发热器件的数量。

3）尽量选用宽温度范围、热稳定性好的器件和材料。

4）选用耐低温能力强的元器件、部件和材料，防止材料低温变脆。

5）元器件的规定工作温度范围不应低于实际工作温度范围，并留有余量。

6）合理选择器件的贮存温度范围，以防止器件在贮存过程中性能变化。

7）发热元器件与热敏感元器件布局安排应合理，不要相互靠近，以减少相互影响。

8）热敏感元器件应处于温度最低区域。

9）大功率发热器件应加大安装面积，减少传导热阻。

10）对发热高的元器件可加装散热片或散热冷板，采取表面发黑处理。

11）对温度敏感的部件应采取温度补偿措施。如：正负温度系数的元器件互配、采用单片机进行温度补偿等。

7.4.2.5　冗余设计

冗余设计应当以基本可靠性和任务可靠性的权衡分析为依据。

冗余设计应遵循以下原则：

1）当采用高可靠的元器件、零（部）件和其他可靠性设计技术（如简化、降额）后仍不能满足产品的任务可靠性要求时应考虑冗余设计。

2）采用新材料、新工艺或用于未知环境条件下，其任务可靠性难以准确估计、验证时应考虑冗余设计。

3）影响任务成败的可靠性关键项目和薄弱环节应考虑冗余设计。

4）其故障可能造成人员伤亡、设备损坏等严重后果的安全性关键项目应考虑冗余设计。

5）在满足任务可靠性要求的前提下，针对使系统不可靠的主要环节应考虑冗余设计。

6）重要而失效率高的关键部位应优先考虑冗余设计。

7）为提高系统的可靠性而采用冗余设计时，若采用硬件冗余，应优先在低层次产品采用冗余设计。

8）在满足任务可靠性要求的前提下，所采用的冗余数应最小，应针对使系统不可靠的主要环节进行冗余。

9）对重要控制线、电源线、关键信号线等应采用冗余设计。

10）冗余设备的工作状态应是可以检测的。

11）冗余设计包括简单并联冗余、双重冗余、混合冗余、简单多数表决冗余、自适应多数表决逻辑冗余、选通连接冗余、非运转状态冗余、运转状态冗余。具体的设计方法参考 QJ 3161—2002《地（舰）空导弹武器系统冗余设计指南》。

7.4.2.6　容差设计

容差设计应遵循以下原则：

1）按 GJB/Z 89—1997《电路容差分析指南》开展电路容差分析。对安全和任务关键的电路应按 GJB/Z 223—2005《最坏情况电路分析指南》进行最坏情况电路分析。按照分析的结果进行电路设计。

2）产品设计时，应考虑零件、元器件的制造容差和温漂的影响，应允许电子元器件、机械零部件有较大的容差范围，以避免它们的微弱变化引起产品工作状态的改变。

3）对稳定性要求高的部件、电路，应通过容差分析确定关键参数的容差范围。

4）当元器件对系统性能参数影响较大时应选用高精度和高稳定性的元器件。

5）正确选用元器件和合理设计电路工作点，确保因温度的改变导致参数的变化对电路特性的影响最小。

6）电路间的匹配应保证在极限温度等情况下，它们仍然能稳定地工作。

7.4.2.7 贮存可靠性设计

按照 QJ 3153—2002《导弹贮存可靠性设计技术指南》的要求从增强产品自身的耐环境能力和改善贮存环境两方面进行贮存可靠性设计，具体应遵循以下原则：

1）不应使用超过贮存期的元器件。

2）选用经过实践证明确有良好贮存特性的元器件，不应选用会随时效而变质、退化的元器件。

3）不应使用无气密保障的半导体器件和微型电路，不使用塑料封装的装置。

4）选用单一金属喷涂层的元器件，避免不同金属相接触，以防出现原电池腐蚀和其他与腐蚀有关的问题。

5）避免使用吸湿的材料和干燥剂。

6）所用的绝缘材料应不易受潮。

7）对产品表面喷涂三防漆。

8）降低外界环境的温度和湿度。

9）在条件允许的情况下将产品放在氮气中贮存。

10）尽量采用密封包装。

11）产品装卸时要严格按照有关技术文件及包装件上的标志要求进行。如轻拿轻放、堆码整齐、防止跌落、摔碰等。

12）禁止与有腐蚀性、毒性的物品及易燃易爆品混装。

7.4.3 维修性设计

维修性设计应符合用户级和基地级两级维修体制的要求。产品尽量简化、布局合理，避免维修中交叉作业；预留电、气等各种维修保障接口；具有良好的维修操作性、可达性、互换性、防差错性能、维修安全性、维修经济性、维修人素工程等基本性能；维修安全、方便、准确、快捷。

7.4.3.1 简化设计

简化设计应遵循以下原则：

1）应对产品功能进行分析权衡，合并相同或相似功能，消除不必要的功能，以简化产品和维修操作。

2）应在满足规定功能要求的条件下，使其结构简单，尽可能减少产品层次和组成单元的数量，优化结构外形，简化安装。

3）采用几种功能集中在一个硬件产品上（一物多用）或多路传输（电的），以减少零部件数量。

7.4.3.2 标准化和互换性设计

标准化和互换性设计应遵循以下原则：

1）最大限度地采用国家标准、国家军用标准、行业标准中所列的标准件。

2）同一型号的设备、单元以及组件、部件、零件等在功能和实体上都应具有互换性。

3）产品的说明书和识别标识应提供足够的信息，能让使用维修人员正确地判断两件类似产品是否具有互换性。

4）产品需做某些更改或改进时，要尽量做到新老产品之间能够更换使用。

5）应采用通用化、系列化、模块化（三化）设计技术，尽量选用满足“三化”要求的器件，提高维修效率。

6）尽可能少地采用专用工具。

7）所有的原材料、元器件和工艺过程应符合规范或标准。

8）采用与标准测试设备兼容的标准电路。

9）系统内单元与单元之间的零件、紧固件、连接件、管路、线路和缆线等应标准化。

10）在满足紧固要求的前提下，产品应尽可能使用同样规格的螺钉。若需使用不同的螺钉，其直径应明显不同。

11）对称配置的零部件应能互换，若功能上不互换，应在设计上采取防止装错的措施。

12）安装方向颠倒会引起系统故障的零部件应采用非对称设计。

13）对间隙较少、安装定位困难的零部件应有安装入位措施及位置标记。

7.4.3.3 模块化设计

1）弹上设备尽量采用模块化设计，以利于维修中的拆卸、更换和故障诊断。

2）各模块应具有最大限度的功能完整性，尽可能使每一模块能单独进行检查和测试。拆下的模块经测试合格装上设备后，应不需调整，若必须调整，应使模块的调整可独立进行。

3）模块的安装应采用导向锁定位，并应有防止装错的措施。模块的拆卸应尽量采用快速断开装置。

7.4.3.4 防差错设计

1）产品上应有必要的防差错标识，应避免或消除产品在装配时造成人为差错。

2）功能不同、位置相近、外形相似、易装错的零部件、组件、电路板等，应有明显的防差错标识，会造成严重后果的应从构造上采取防差错措施。

3）对间隙较小、周围产品较多且安装定位困难的组合件、零部件等应有定位销、槽或安装位置的标识。

4）镜像对称安装的机件，要分别予以清楚的标识。

5）在成套的零部件、模块上所做的标识，应使它们能一一对应地加以识别。

7.4.3.5 可达性设计

1）产品的配置应根据其故障率的高低、维修的难易、尺寸和质量的大小以及安装特点等统筹安排，凡需要维修的零部件，都应具有良好的可达性。

2）对故障率高、需要经常维修的部位，应尽量在不拆动其他件的情况下，进行拆卸和安装。

3）各种产品维修和更换应简便。零部件的安装位置应便于测试仪表和工具的使用。

4）接近需维修的零部件时，应不受其他难于拆卸的部件的妨碍。

5）电路板元器件的布置应留有足够的维修空间，能方便地使用测试探针、烙铁和其他修理工具。

7.4.4 测试性设计

为满足弹上产品测试快速性、覆盖性及地面作战装备故障预测与健康管理的需求，测试性设计应开展 FMECA；测试项目及参数设计；测试点设置、优化与诊断策略；BIT 与 BITE 设计；故障预测与健康管理设计；外部测试诊断和接口设计、兼容性、维修能力要求等。

7.4.4.1 测试性对元器件选择的要求

1）使用的元器件和部件品种和规格应尽可能少，且优先选用标准件和通用件。

2）应尽可能选用测试性良好、故障模式已知的元器件。

3）设备使用的元器件应尽可能属于同一逻辑系列。

4）应选择不依赖专门时钟频率，不依赖有受控的上升、下降时间和专门传播延迟的逻辑器件。

5）在多处理器结构中，应使用同一系列的 CPU。

6）尽量避免使用需要调整的元器件。尽量避免使用机械继电器，因为消除触点抖动需要附加电路。

7.4.4.2 模拟电路测试性设计

1）电路中重要的分立有源级应至少把一个测试点引到插座上。

2）必要时，测试点与主信号通道应加有适当的缓冲或隔离。

3）设备或电路应避免反复且相互有影响的调整。

4）一个 PCB 上的电路功能应完整。

5）应尽量减少复杂调制测试或专用定时模式的测试。

6）电路设计时应避免使用温度敏感元件，否则应对这些元件进行补偿。

7）设计应允许在没有额外散热的条件下进行测试。

8）尽量设计无须调整的电路。

9）尽量避免使用通过外部反馈的回路。

10）输入和输出插针应尽量从结构上分开。

11）所有内部产生的参考电压应引到模块插针。

7.4.4.3 数字电路测试性设计

1）数字电路应设计成主要以同步逻辑电路为基础的电路。

2）所有不同相位和频率的时钟都应尽量来自单一主时钟。

3）所有存储器都应有主时钟导出的时钟信号来定时（避免使用其他部件信号定时）。

4）设计应避免使用阻容单稳触发电路，尽量少用逻辑延时电路产生定时脉冲。

5）在重要接口设计中，应提供数据扩展电路。

6）所有总线在没有选中时，应设置缺省值。

7）只读存储器（ROM）中每个字（地址）应确切规定一个已知输出，若错误地选择了不用的地址时，应产生一个明确规定的错误状态。

8）设计上应避免“线或”逻辑。

9）设计上应采用限流设计，以防止发生“多米诺”效应。

10）对于没有使用的输入端，三态门及集电极开路元件的输出端要通过电阻接地或接电源，避免直接接地或电源。

7.4.4.4　射频电路测试性设计

1）发射机输出端应设计有定向耦合器或使用类似的信号敏感/衰减技术，用于 BIT 或脱机测试监控。

2）UUT 的 RF 测试输入和输出接口部分，在机械结构上应与脱机的 ATE 的接口兼容。

3）UUT 和 ATE 的 RF 接口的设计，应能使系统操作者不用专用工具就可迅速、简单地连接和断开。

4）RF UUT 的设计，应保证无须大的拆卸就能完成任何组合或子组合的修理或替换，应为在中继级可维修的射频 UUT 校准提供充分的可测试性措施。

5）RF 电路 BITE 的控制器必须有好的电磁兼容性，使 RF 电路工作时不会干扰 BITE 控制器，BITE 的控制器工作也不会干扰 RF 电路的工作。

7.4.4.5　连接器的测试性设计与选用

1）器件连接器的触点布局应采用标准式，电源电压、数字与模拟信号的触点的安排应与集成电路中的类似。

2）当必须使用一个以上的测试连接器时，信号应合理地收集和分配。

3）相同类型的连接器应有防差错设计和标识，以避免错误连接或损坏并便于故障隔离。

4）为了保证测试目标与测试设备的适配更简单和有效，测试连接器数量应尽可能少，减少备件的类型和数量，并便于测试和维修。

5）当组件连接器不能提供足够的内部测试点时，在组件块内应考虑使用测试连接器。

6）在与自动测试设备一起使用时，应避免通过中断机械连接或利用 IC 接线柱存取试点的数据。因为这两种方法均要求在测试过程中进行人工干预，从而可能会引入错误。通常，用于引出印制电路板或模块内测试点数据的方法是使用测试连接器。

7.4.5 保障性设计

航天产品的保障性设计应着眼产品保障需求的转化落实，立足产品保障能力生成过程，通过装备保障特性设计与功能性能设计的协同融合，以及保障特性设计与保障资源规划研制的协调优化，提高产品自身的易保障性及其与保障系统和保障资源之间的匹配性。

7.4.5.1 使用保障设计

1）应明确产品的寿命剖面、使用剖面和环境剖面，分析确定使用剖面内贮存、运输、值班、作战、撤收、训练、测试、维护、退役等相关使用任务要求及其流程；

2）应分析产品的准备时间、系统反应时间、展开与撤收时间等定量要求以及运用方式、运输要求、机动要求，设计产品使用操作流程与使用保障项目。

3）应便于使用操作，优化使用操作步骤，减少使用保障项目，降低对使用保障人员数量和操作技能要求，提高各项操作的简便性和快速性。

4）针对各项使用保障项目，应逐一分析其方式方法、操作步骤、作业流程、注意事项并纳入产品技术手册，提出产品设计措施与保障资源规划要求。

5）应考虑低温、低气压、大风、雨、沙尘、潮湿等典型环境，细化运输、展开、撤收等流程，明确特殊使用作业要求，提出保障特性设计措施与保障资源配置建议。

6）应明确供电、供气、供油的使用保障项目，说明每个项目的方式、方法、操作步骤、工序流程、注意事项。

7）应结合使用要求，采取设计措施确保接地桩和接地线接入取出、产品间电缆敷设收放、天线与工作梯等超高超宽设备架设撤收等工作的快速性和便捷性。

8）产品的设计应考虑便于展开和撤收，在产品展开和撤收期间不应发生相互干涉的现象。

9）应确定需在高、低温环境下启动的设备，并采取快速启动措施。大功率电源机组应具备根据外界环境温度，自行启动升温功能；小功率电源机组配备蓄电池储能；载车发动机应具有加温或取力措施；调温设备能够快速升降温度并在规定的时间内稳定在规定的温度。

10）应分析使用保障过程中的危险源，提出危险控制措施，确保使用保障过程安全。

7.4.5.2 维修保障设计

1）明确产品的维修类型，包括预防性维修和修复性维修，其中预防性维修包括计划性维修和视情维修。

2）明确维修级别，如两级维修或三级维修，根据产品的特点和各维修级别的能力，划分层级维修机构所承担的维修工作。

3）应考虑高原、寒区、沿海典型区域的维修保障工作，明确特殊维修作业要求，提出保障性设计措施与保障资源配置建议。

4）应通过设计尽量减少维护修理项目、频次（包括预防性维修和修复性维修）和维修工作量，降低产品对维修保障的依赖程度。

5）应根据修理所需的材料、人力、时间要求以及修理费用等因素确定产品修理类型为换件修复和原件修复。

6）应根据各维修级别的维修界面、维修职能、定位及流程，分解落实维修性定量、定性要求，为每一个维修项目规定维修级别及维修保障要求。

7）产品的维修工作应降低对人员、维修设备和专用工具的依赖要求，如，大部分维修工作应能由一个维修或操作人员完成，并不需要复杂的维修设备和专用工具。

8）应减少装备预防性维护维修工作内容与频率，选用或设计不需要或很少需要预防性维修的设备、部件。

9）装备保养应保持在最低限度，需要保养的项目应在设计中提出，保养部位应是可达的，并应明确保养的具体要求，包括保养的频数和所需的仪表、材料，保养材料的采购源应是确定的。

10）装备设计应充分考虑维护修理工作需要，硬件接口构造简单，接口位置便于接近，设置合理便捷，维护修理工作应尽量减少设备的拆卸操作。

11）维修手册和规程应简明、清晰，便于查找使用，避免冗长而复杂。

7.4.5.3　保障资源设计

1）与产品同步开展保障系统的研制，考虑产品使用和维修所需的保障资源需求，设计保障系统，在交付产品的同时同步交付产品保障所需的资源，及时、经济有效地建立保障系统。

2）应利用使用保障设计、维修保障设计及保障分析等提供的信息，并考虑使用人员与维修人员合并的可能性，开展人力资源规划，提出使用与维修产品所需的人员数量、技术等级、专业类型和特殊技能要求等。

3）应利用使用保障设计、维修保障设计和保障分析提供的信息，从全寿命周期角度考虑可能发生的备件和消耗品供应问题。

4）应利用使用保障设计、维修保障设计及保障分析等提供的信息，根据各维修级别任务分工，确定每个维修级别上的保障设备要求，制定保障设备（工具）目录，设计用户保障设备的配套标准，明确设备、工具的编码、指标要求、用途等内容。

5）应根据产品的训练功能需求，结合产品的使用与维修项目以及规划的人力和人员结果，分析产品使用与维修人员须具备的知识与能力，确定训练内容和训练器材。

6）应利用使用保障设计、维修保障设计及保障分析等提供的信息，规划产品使用与维修过程中所需的技术资料，确定交付给订购方的技术资料项目。

7）应规划产品使用与维修所需的使用设施、维修设施、贮存设施、训练设施和辅助设施等明确各类设施的功能、要求，提出各项保障设施的建设标准。

8）应对使用与维修产品中的计算机所需的设施、硬件、软件、固件、文档、人力和人员进行规划。

9）应结合产品的总体设计方案、产品及其保障设备、备件对包装、装卸、贮存和运输的更求、约束条件，确定产品及其保障设备、备件、消耗品等的包装、装卸、贮存和运输保障方案和所需保障资源。

10）应提出检测和校准设备的配套方案，对于需要研制或引进的专用测试设备、校准装置及型号测试设备，提出校准方法研究和校准手段研制需求。

7.4.5.4 保障特性设计

1）产品应开展标准化设计，优先选用标准化的设备、元器件、零部件和软件等产品，保障设备、工具、器材、消耗品都应满足有关标准化的设计要求；易损坏、关键性的零部件或单元具有良好的互换性和通用性。

2）开展模块化设计，电子、电气设备应采用模块化设计，将设备划分成若干个模块，以利于维修中的故障诊断、拆卸、更换，缩短维修停机时间。

3）应具备一定的涉水、越沟、越障等越野机动能力，考虑机动过程中的行驶安全、速度、路况、转弯半径及外廓尺寸等方面。

4）考虑雨雪、沙尘天气条件下机动运输的防滑、拖拽、牵引和防尘措施，设计防滑链、牵引锁和防尘网等装置及其接口，具有不依赖灯光照明的夜间机动运输能力。

5）设计铁路、公路、水运、空运运输紧固、系留接口，考虑机动过程车辆内外的加固、仿装与接地设计措施。

6）外廓尺寸、安全界限和载重应满足铁路、公路、水路和空运规定的要求，对于因条件限制而无法满足要求时，应设计成可拆卸的，且装卸应简单、方便，并有配套的装卸设备和装卸工具。

7）产品设计应使其便于紧急抢修，考虑自主保障条件下，通过快速拆卸/更换、快速修理重构等措施全部恢复或部分恢复作战性能，并可快速进行产品转移。

8）应针对战斗损伤或意外损坏、缺少维修器材、缺少外界动力或能源以及在恶劣环境下使用等情况，在产品设计中采取简化修理、代用、临时配用、旁路切换、重构等快速应急设计措施。

9）进行工作环境、工作空间、控制器、显示器、人机界面、操纵装置等人机环工程设计，确保能够促进有效的作业程序、工作方式及人员的安全与健康，并尽可能减少导致人的能力降低和错误增加的因素。

7.4.6 安全性设计

根据武器装备的特点和需求，应面向武器系统全寿命周期内所有事件，对其中涉及火工品、动力类、机械类、温度类、电气类、压力类、电磁类、气体类、环境类和软件操作等方面的危险进行识别，采取措施消除或控制危险，保证武器系统在运输、贮存、值班、训练、作战使用等过程中安全。

7.4.6.1 电路安全性设计

1）接地与搭接的安全性设计应遵循以下原则：

a）设备的设计和结构应保证所有外部零件、表面和壳体（天线和传输线终端外表面的射频能量除外）在正常工作期间始终处于接地电位的状态。

b）除同轴电缆外，在任何情况下，不应以屏蔽装置作为载流接地线。

c）所有产生电磁能的电气和电子组件或部件都应设有从设备外壳到结构的低阻抗连续通路（搭接线）。

d）除射频电缆外，所有输入电源电缆和接到其他设备上的互联电缆都装有接地线。接地线应通过连接器上的接线端接到机壳或机座上，且只用于提供接地电位。电源回线不做接地。

e）组件应搭接或接地，以供静电放电。

f）从设备到接地线的通路应是连续的和永久性的，有足够的载流能力和足够低的阻抗，且接地线应有足够的机械强度。

2）设计应采用各种防护设计方法，使操作者在整个设备的正常工作期间不会意外接触危险电压。

3）应考虑各种电气或电路故障可能产生的危险，并采取相应的安全设计措施。

4）控制器的设计和安装位置应能防止可能造成伤害人员或损坏设备的意外动作。

5）当安装、拆换或互换整套设备、分系统或任何其他产品时，应规定切断电源的方法，不具备热插拔功能的产品禁止带电插拔。

6）结构上相似，但电气上不能互换的部件应采用防误插措施，配对的插头及插座应有适当的编号及标志。

7.4.6.2　防护、安装和减振的安全性设计

1）当产品处于运转状态时，应提供防护装置，保护操作人员免受运动部件（例如，齿轮、风扇、皮带、支架或运行中的其他装置）造成的伤害。

2）防护装置不应妨碍对那些发生故障后可能引起危险状态的机械进行检查。

3）当维修、调整、校准或其他原因需要接触产品内的部件时，或需要拆除或旁路任何保护装置时，应设有可靠的锁定装置、联锁装置或禁止装置，以防止有危险的装置运转。

4）产品设计应使它在工作中所产生的振动不使人产生不舒适的感觉，并应避开共振频率。

5）减振装置应按减振架所设计的方式安装，不能随意安装。为使减振支架工作正常，电缆和软管应有足够的长度。

6）支承件、固定夹、导轨、电缆卡箍和安装螺钉应能在预期最大加速度条件下支承装在其上的装置。

7）一个系统中可能因跌落或松动的物体、维修工具、碎片或移动的产品而损坏或压坏的关键活动组件或零件，应采用隔板、防护装置、保护罩等进行保护。

8）在可能的情况下，活动部件应能防止水、液体渗漏，防止在产品上或产品内凝结过热的和易燃的气体或液体，以及防止由于磨损、操作人员的动作、装卸或类似危险产生的机械损坏。

7.4.6.3 连接和固定安全性设计

1）组件应连接牢固，以防经受振动或冲击时接头失去完整性而分离。

2）部件的紧固应保证单个紧固件失效不会使部件完全松开。

3）在螺栓、螺母掉落时可能会使产品损坏、产生困难或危险的拆卸问题，或发生任何其他不安全情况，使控制装置或其他可动装置可能产生短路或卡住的情况下，应使用系留螺栓和螺母。

4）在封闭腔内，一般不应用弹簧垫圈，防止松脱而不能发现。

7.4.7 环境适应性设计

根据武器系统作战使用需求，装备一般应适应广泛的部署地域、全天候的战斗值班等恶劣环境，同时在这种环境下能够长期贮存使用。在开展环境适应性设计过程中应采用成熟的环境适应性设计技术，设计应留有适当裕度（耐环境余量）；应采取防止瞬态过应力作用的措施，选用耐环境能力强的零部件、元器件和材料，采用改善环境和减缓环境影响的措施。弹上设备装备一般开展低气压适应性设计、高低温适应性设计、抗力学环境设计、三防设计、防沙尘设计、太阳辐射防护设计、抗空间辐射设计（适用时）等环境防护设计；地面车辆及地面设备应开展低气压适应性设计、高低温适应性设计、抗力学环境设计、三防设计、防风设计、太阳辐射防护设计和防沙尘设计等环境防护设计。

7.4.7.1 低气压防护设计

1）高压部件应加工为弧形并做光洁处理，增大爬电或者空间放电的距离，并在局部增加绝缘。高压引线接头及裸露部分涂硅胶，避免引线间距离近、空间绝缘强度不足，导致相互放电。

2）有密封要求的产品应考虑低气压下留有足够的设计余量。通过合理选用密封件和橡胶件，提高密封性能。

3）应考虑低气压对热设计的影响，计算低气压下通风散热性能是否满足要求。

4）对弹上电子设备及所有对低气压敏感的设备开展低气压试验验证，如：含有高压器件、密封容器、低密度材料等。

7.4.7.2 高温热设计

1）根据所要求的电子产品可靠性和分配给每个元器件的失效率，按照GJB/Z 299C—2006《电子设备可靠性预计手册》元器件应力分析预计法确定元器件的最高允许工作温度和功耗，并由此确定热设计的基本方法。

2）提高效率，降低发热器件的功耗，电子电路设计中优先选用低功耗集成电路和低饱和降压的功率晶体管。

3）减少发热器件的数量。

4）选用耐高温、热稳定性好的器件和材料。

5）元器件布局要合理，发热元件不要密集安装，引线要短。

6）采用软件工具进行系统、分系统、部件等各级产品的热分析和热设计。

7）产品设计应充分考虑元器件、原材料的高温特件，元器件应降额使用。

8）最大限度地利用传导、对流和辐射等简单、可靠的温度防护措施。

9）对热环境敏感的产品或设备，应为其设计适当的"微环境"。

10）尽可能缩短传热路径，增大换热（或导热）面积，导热路径中不应有绝热或隔热元件。

11）选用导热系数大的材料制造导热元件，如用铜或铝等材料作散热器。

12）尽量扩大热传导零件的接触面积和压力，接触面应光滑平整，可通过在接触面间涂导热脂或导热胶、垫导热垫等方式扩大热传导零件的接触面积和压力。

13）对于印制电路板中热量较大的元器件或集成电路芯片以及散热元件等，应尽量将它们靠近印制电路板的边缘，以降低热阻。

14）对于可能存在散热问题的元器件和集成电路芯片，应尽量保留足够的空间设置金属散热片等装置，并加大辐射体的表面积。

15）可在零件或散热片上涂覆深色粗糙的漆或采用黑色阳极化等方法增强热辐射能力，对热敏感元件的表面应做成光亮的表面，以减少吸收辐射热。

16）元器件安装时，应充分考虑周围元器件辐射换热的影响，对靠近热源的热敏感元器件应采取热防护措施。元器件的排列与安装应有利于气体的对流。

17）发热量大的或大功率器件可采取局部通风散热措施，并设置在有利于对流的位置。

18）应考虑电子设备通电产生的局部温升对其他设备的影响。

19）互连用的导线、线缆、器材等，应考虑因高温引起的膨胀造成的故障。

20）印制板组装件应有适当的导热措施（导热板、导热条、金属夹芯或热管印制板），并控制印制板组装件的间距。

21）在进行印制电路板的布局过程中，各个元器件之间、集成电路芯片之间或者元器件与芯片之间应尽可能地保留空间，目的是利于通风和散热。

7.4.7.3 低温热设计

1）产品设计应充分考虑元器件、原材料的低温特性。

2）选用耐低温元器件、部件和材料。

3）为防止引起元器件性能变化，选用的元器件应适应环境的要求，并留有余量。

4）密封和填充化合物应采用硅橡胶等耐低温材料。

5）对低温敏感的部件可安装加温或恒温装置。

6）可以采取预热的方式弥补产品低温工作性能的不足，但预热时间应满足武器系统的要求，如液晶显示器低温下可采用辅助加热措施启动。

7）为防止凝聚水汽冰冻而造成损坏，可采取如下方法排除湿气：提供出口孔，有足够的水排放装置，消除湿气气穴，适当加热、密封，充干燥空气。

8）考虑低温对复合材料结构件精度的影响。

9）互连用的导线、线缆、器材等应考虑低温收缩的影响，设计时应留有余量。

10）考虑不同材料收缩量，如：壳体采用重质散热材料，活动件之间应提供适当间隙，控制电缆采用弹簧张紧器和深滑轮。

11）为防止润滑剂凝固，应选用适当的润滑剂，采用硅润滑脂化合物，尽可能不使用液体润滑剂。

7.4.7.4　湿热、霉菌、盐雾防护设计

1）潮湿、盐雾、霉菌环境适应性设计应根据产品使用环境确定防护要求，考虑装备全寿命周期所处的环境条件，从电气设计、结构设计、材料选择、防护措施设计等环节，规范开展设计工作。

2）潮湿、盐雾、霉菌环境适应性设计时，应充分研究使用需求，综合考虑工艺性、经济性等因素，针对性地提出产品制造、包装、运输过程中的腐蚀防护要求，保证装备抗腐蚀性不受损害。

3）尽可能采用密封元器件。应选用耐盐雾、耐霉菌的材料。

4）采用密封措施的设备或部件要同时解决好散热问题。

5）金属材料应采用防锈、耐腐蚀的材料，如不锈钢、铝合金等。一般情况下，紧固件优先采用不锈钢制品。

6）选择金属材料及其保护层时，应注意不同金属间的接触腐蚀。

7）金属件应采取电镀、氧化涂覆以及热处理等防锈蚀措施。

8）非金属材料（包括密封材料）应选用耐腐蚀、耐老化、耐潮湿、抗霉菌、不放气、不吸潮的材料。绝缘件一般不选用胶木材料。

9）工艺设计应考虑可靠的涂层、镀层。

10）印制板电路焊接、调试结束后应进行三防处理。

11）接插件的接点应优先用镀金措施。暴露在外的接插件应采用密封型，并灌注硅橡胶填充。

12）不常拆卸的盖板、连接头应加密封橡胶垫圈，必要时可在接触面上涂密封胶。

7.4.7.5　振动、冲击和噪声防护设计

1）采用有限元分析软件等工具开展振动、冲击和噪声的设计。

2）印制板的安装要牢靠，连接器应有锁紧装置。

3）弹上电线、电缆的敷设应有固定装置（如卡箍）定位。

4）选择的元器件和材料、设计的零部组件均应能承受规定的力学环境。

5）优先采用灌封的模块化整体功能部件。

6）继电器安装时应使其触点动作方向、衔铁吸合方向尽量避开主振动和冲击响应最大的方向。

7）弹上设备的固有频率应避开振动源的激励频率，以防发生共振。

8）产品的安装位置应避开振动幅度最大的区域。

9）对振动敏感的元器件和部件可采取单独的局部隔振措施，振动源可采取单独的隔振。

10）对不可避免的共振现象，可增加系统的阻尼，消耗共振时系统的能量，减小共振振幅。

11）对旋转部件应进行动平衡试验，以消除由于制造装配或材料缺陷造成的偏心引起的离心惯性力。

12）采取隔振措施，减小支撑结构上的振动力，隔离与周围设备的相互影响。

13）可选用金属弹簧、空气弹簧等减振器和泡沫、乳胶等隔振材料消除振源。

14）对发动机等振源应采取单独隔振措施，尽量减小对其他设备的振动影响。

15）车载设备应有减振措施，若采用减振装置，应避免振动信号的放大。

16）尽可能采用高阻尼的防热材料，降低弹体对气动噪声的响应。

17）提高系统的刚度，系统的固有频率应避开外界环境作用的激励频率。

18）对不可避免的共振现象，可增加系统的阻尼，消耗共振时系统的能量，减小共振振幅。

19）增强结构刚度设计，以减少低频振动的影响。

20）确定结构振型，在应变较大的部位，贴上约束阻尼材料。

21）在结构重量和刚度许可的条件下，尽可能采用对称夹心阻尼结构。

22）对振动敏感的元器件和部件（如：陀螺、振荡器、晶振、红外探测器组件等），可采取单独的局部减振、抗振措施。

23）电线、电缆的敷设应有固定装置（如卡箍）定位，电缆导线编扎在一起，用线夹分段固定。

24）印制板的安装应牢靠，电连接器应有锁紧装置。

25）电器元器件合理布局，以消除电器设备每个电器元件在振动过程中，相互之间出现的耦合。

26）强化小型化设计，选用小型化元件和标准电子模块，采用表面贴装技术和高密度组装技术，芯片焊接固定，不采用插座。

27）较重的大元件应加结构件进行加固，避免产生共振。

28）受力强度较大的元件（如连接器等），采取加大焊盘或增加固件的方法，以提高耐振冲击性能，同时有利于插件板的插拔操作。

29）当组装密度高而无法用弹性材料和隔离件时，可在元件与底板之间使用阻尼材料来减振。

30）在陶瓷元件或其他脆性元件与金属元件的连接处加上弹性材料，以防止产生大的局部应力和磨损。

31）移动平台上设备的螺栓连接应采取防松措施。

7.4.8 “六性”协同设计

7.4.8.1 “六性”协同工作项目

为推进武器装备产品通用质量特性设计的落实，在武器装备研制过程中，以 FMECA 为主线，以信息化手段为基础，强制推行可靠性工程设计与验证要求，重点实施可靠性提升工程关于弹上产品“1+8+2”、地面产品“1+9+3”的工作要求，制定统一报告模板，在方案设计、技术设计、转阶段、重大技术状态变更等节点实施专项评审，严格把关。“六性”协同工作项目见表 7-13。

表 7-13 “六性”协同工作项目

<table>
<tr><th>工作项目分类</th><th colspan="2">弹上产品“六性”协同工作项目</th><th colspan="2">地面产品“六性”协同工作项目</th></tr>
<tr><td>分析</td><td>1</td><td>故障模式、影响及危害性分析(FMECA)</td><td>1</td><td>故障模式、影响及危害性分析(FMECA)</td></tr>
<tr><td rowspan="9">设计
验证</td><td>1</td><td>热设计</td><td>1</td><td>热设计</td></tr>
<tr><td>2</td><td>降额设计</td><td>2</td><td>降额设计</td></tr>
<tr><td>3</td><td>抗力学环境设计</td><td>3</td><td>抗力学环境设计</td></tr>
<tr><td>4</td><td>EMC 设计</td><td>4</td><td>EMC 设计</td></tr>
<tr><td>5</td><td>静电防护设计</td><td>5</td><td>静电防护设计</td></tr>
<tr><td>6</td><td>抗辐射(空间产品)</td><td>6</td><td>“三防”设计</td></tr>
<tr><td>7</td><td>软件内部测试</td><td>7</td><td>测试性分析与验证</td></tr>
<tr><td rowspan="2">8</td><td rowspan="2">可靠性强化试验</td><td>8</td><td>以可靠性为中心的维修性分析与使用和维修工作分析</td></tr>
<tr><td>9</td><td>可靠性增长摸底试验或可靠性强化试验</td></tr>
<tr><td rowspan="3">清单</td><td>1</td><td>可靠性关键项目清单</td><td>1</td><td>可靠性关键项目清单</td></tr>
<tr><td rowspan="2">2</td><td rowspan="2">元器件装机清单</td><td>2</td><td>元器件装机清单</td></tr>
<tr><td>3</td><td>LRU 清单</td></tr>
</table>

7.4.8.2 “六性”协同设计控制要点

（1）通用质量特性专项评审

①评审时机

在阶段评审、技术设计评审之前，或在研制过程中出现重大技术变更时，应组织开展通用质量特性专项评审。

②评审内容和要点

专项评审重点评审可靠性、维修性、测试性、保障性、电磁兼容性、安全性、环境适应性大纲贯彻情况，产品达到可靠性、维修性、测试性、保障性、电磁兼容性、安全性、环境适应性要求的程度，专项评审要点见表 7-14。

表 7-14　通用质量特性专项评审要点

序号	评审类别	评审阶段	评审要点	评审文件
1	阶段评审	方案评审	方案的通用质量特性技术指标是否满足任务书要求	可靠性工程方案报告
		转阶段评审	产品是否进行了“六性”设计 是否修正可靠性模型并进行了可靠性预计 是否开展并修正了 FMECA 分析 是否确定并修正了可靠性关键项目清单并采取控制措施 是否全面贯彻设计准则 是否开展热设计、力学设计等设计仿真 是否对外协配套产品供方提出了明确的通用质量特性要求 设计是否满足环境条件要求 是否进行了环境应力筛选试验和可靠性强化试验/可靠性增长试验、环境试验等	FME(C)A 报告 热设计报告 降额设计报告 抗力学环境设计报告 电磁兼容性设计报告 防静电设计报告 抗辐射设计报告(适用于空间产品) 可靠性强化试验报告/可靠性增长摸底试验报告 可靠性关键项目清单及控制措施报告 元器件装机清单 以上报告可形成单独报告，也可形成一份可靠性工程总结报告，相关内容纳入其中
2	技术评审	设计技术评审	产品是否进行了“六性”设计 是否建立可靠性模型并进行了可靠性预计 是否开展了 FMECA 分析 是否确定了可靠性关键项目清单并采取了控制措施 贯彻设计准则的情况 是否开展热设计、力学设计等设计仿真 是否对外协配套产品供方提出了明确的通用质量特性要求 是否进行了环境分析 可靠性、环境试验的策划情况	FME(C)A 报告 热设计报告 降额设计报告 抗力学环境设计报告 电磁兼容性设计报告 防静电设计报告 抗辐射设计报告(适用于空间产品) 可靠性关键项目清单及控制措施报告 元器件选用清单 以上报告可形成单独报告，也可形成一份可靠性工程设计报告，相关内容纳入其中

(2) 设计准则的制定与核查

①设计准则的制定

1) 通用质量特性设计准则由可靠性设计师和产品设计师共同完成，并需要经过同行业专家的审查认可，确保通用质量特性设计准则的指导性和可实施性。

2) 各级产品均应制定通用质量特性设计准则，产品的设计准则在上一级设计准则的基础上，进行补充、裁剪和细化。

3) 通用质量特性设计准则应为成熟的、经实际使用验证的设计技术。对于经工程验证，不能在产品设计中应用的技术，应在设计准则中明确。

4) 产品通用质量特性设计准则应在总结工程经验的基础上不断完善。不同类型的产品应根据产品的特点制定通用质量特性设计准则。

5）产品保证部门组织产品设计师学习并贯彻通用质量特性设计准则，提高产品的通用质量特性设计水平。

②设计准则的核查

1）在产品方案阶段、技术设计阶段、设计更改进行评审时应提交通用质量特性准则符合性报告，作为设计评审和转阶段评审的依据性文件之一。

2）设计准则的核查通常以设计准则符合性检查报告的形式开展。通用质量特性设计准则符合性检查报告一般以检查表的形式进行填写，根据产品的设计，对照设计准则中的要求进行检查。对不符合设计准则的设计，应进行说明，并描述后续措施。

（3）可靠性关键产品的识别与控制

①可靠性关键产品的确定

1）可靠性评估低于要求或无法完成可靠性评估的产品，可确定为可靠性关键产品。

2）根据故障模式影响及危害性分析（FMECA）结果，故障模式严酷度等级为Ⅰ、Ⅱ级的产品，可确定为可靠性关键产品。

3）根据故障树分析（FTA）结果，存在单点故障可能导致顶事件发生的产品，可确定为可靠性关键产品。

4）采用的一项或多项关键技术未经过使用验证、技术成熟度较低的产品，可确定为可靠性关键产品。

5）已知产品存在退化、劣化趋势，寿命未知的产品，可确定为可靠性关键产品。

6）已知使用寿命、贮存寿命低于系统使用寿命的产品，可作为可靠性关键产品。

7）故障模式在使用过程中不可检测或检查的产品，可作为可靠性关键产品。

8）使用、维修过程中需要增加额外的保障设备或引起附加消耗，导致维修费用有较大增加的产品，可作为可靠性关键产品。

9）难以采购或研制周期特别长的产品，可作为可靠性关键产品。

②可靠性关键产品的控制

1）应对所有可靠性关键产品的设计、制造和试验文件做出标记以便识别，保证文件的可追溯性。

2）与可靠性关键产品有关的职能机构（如元器件审查小组、故障审查组织、技术状态管理部门、试验评审小组等）应有可靠性工程设计师参加。

3）跟踪所有可靠性关键产品的鉴定情况。

4）监视可靠性关键产品的试验、装配、维修及使用问题。

5）对可靠性关键产品控制办法的实施给出成功判据。

6）应采取必要的措施消除可靠性关键产品或降低产品关键特性。

7）对可靠性关键产品，可采取的设计方法包括但不限于以下内容：

a）成熟技术设计：尽量沿用经使用验证的成功的设计。

b）简化设计：最大限度地压缩组件、零部件、元器件的品种、规格，降低故障发生的概率。

c）降额设计：保证产品工作在最佳降额范围内。

d）冗余设计：消除单点故障，以降低基本可靠性为代价提升任务可靠性。

e）容差设计：提高产品在环境、输入输出变化情况下的稳定性。

8）对可靠性关键产品，应全面开展可靠性设计分析，包括故障模式影响及危害性分析、故障树分析、容差分析、潜在分析、有限元分析、耐久性分析等分析工作，并对可能存在的问题制定研制和改进计划。

9）对已知的可靠性薄弱环节或可靠性水平未知的产品，应开展可靠性试验，发现产品的薄弱环节并进行改进。

10）对任务关键产品的可靠性进行评估，对不能满足要求的产品开展可靠性增长（摸底）试验，不断提升产品的可靠性水平，直至满足任务需求。

11）对影响系统性能的可靠性关键产品，在使用维护过程中应设计必要的测试项目和测试点。

7.4.8.3　“六性”协同设计试验验证

（1）可靠性强化试验

①试验开展时机

可靠性强化试验一般在工程研制初样阶段开展，后续阶段视技术状态变化情况补充开展可靠性强化试验。

②试验实施关注点

可靠性强化试验侧重于暴露产品缺陷，采用比技术规范极限更加严酷的试验应力，尽可能多、快地暴露产品的缺陷，识别薄弱环节并诱发故障或验证设计余量，为设计改进提供依据，可靠性强化试验参照 QJ 20209—2012《战术导弹弹上电子设备可靠性强化试验方法》执行。

（2）可靠性增长（摸底）试验

①试验开展时机

可靠性增长（摸底）试验一般在工程研制试样阶段开展，实现关键和通用产品（部件）的固有可靠性提升，可靠性增长（摸底）试验参照 GJB 1407—1992《可靠性增长试验》执行。

②试验实施关注点

可靠性增长（摸底）试验侧重于对产品可靠性水平进行摸底，试验条件尽可能模拟实际使用条件。

（3）自然贮存环境试验

①试验开展时机

自然贮存环境试验一般在立项阶段即开始规划，初样研制阶段后期产品技术状态已基本固定时制定自然贮存环境试验计划并组织开展，为型号定型阶段产品贮存寿命评估提供依据。

②试验实施关注点

自然环境贮存试验侧重于暴露产品在设计、选材和工艺等方面的缺陷和薄弱环节，验证产品的环境适应性，同时应对产品开展定期检测，关注产品长期处于典型或极端自然环境下性能的退化效应，具体实施方法参照 GJB 8893—2017《军用装备自然环境试验方法》执行。

（4）加速试验

①试验开展时机

加速试验一般在产品初样阶段后期技术状态已基本固定时开展，通过提高应力的方式，对产品开展定期检测，从而定量评估产品在正常应力条件下的可靠性或寿命。

②试验实施关注点

加速试验的原理是在保持失效机理不变的基础上，在相对较短的时间内得到产品的性能退化规律，从而评估产品在正常环境应力下的贮存可靠性。试验实施中应重点关注试验方案的合理性，如加速应力类型和水平的选择、样品的选取以及产品的检测周期等试验要素应经过严格评审，加速试验具体实施方法参照 QJ 20233—2012《战术导弹弹上电子组件加速贮存寿命试验方法》执行。

7.5 通用基础产品

7.5.1 概述

通用基础产品指量大面广的机械零部件产品，一般由专业生产企业按标准组织研制、生产，主机企业可以通过订制或直接选型得到，具体包含液压气动件（液压系统及元件、气动系统及元件）、管路附件（硬管、软管、接头、过滤器）、轴承（滚动轴承、滑动轴承）、紧固件、弹簧、密封件、链传动、带传动、工艺夹具零部件、模具等。

通用基础产品是装备制造工业的核心基础，素有“工业之米”之称，液压、气动系统用缸、泵、阀、管、滤等素有“工业骨骼”之称，其价值通常是自身价格的几千倍，堪称“四两拨千斤”，决定着重大装备与主机的性能、水平、质量和可靠性，是制约装备发展的瓶颈，具有十分重要的战略地位。

通用基础产品具有功重比大、可靠性高、寿命长、专业技术要求高、结构复杂等特点。因此在通用质量特性中，在设计上，不仅要求可靠性，同时还要具备良好的测试性、维修性和保障性，满足通用基础产品的任务持续工作能力要求。因此，这促使对通用基础产品的通用质量特性提出更高要求，通用特性中的每一个设计属性又存在关联与融合，在设计过程中应严格按照产品的使用需求进行综合设计，而不是单独强调每一个特性的极限设计能力，这样做到对通用产品的使用发挥最大效能。

7.5.2 新研产品设计质量管理

7.5.2.1 产品设计过程

产品设计过程指从产品需求定义到实际产品投放市场的整个过程。设计过程理论是研究设计过程构成的理论。产品设计过程包括以下几个方面的内容：

1）完成产品设计整个过程的规划；

2）选择产品设计过程的模式；

3）协调各个子过程的相互关系；

4）制定每个子过程具体设计任务；

5）安排执行具体设计任务的设计活动流程及采用的设计方法和辅助设计工具。

从产品设计质量的角度考虑，将产品设计过程抽象和简化，得到通用产品设计过程模型，如图 7－4 所示。

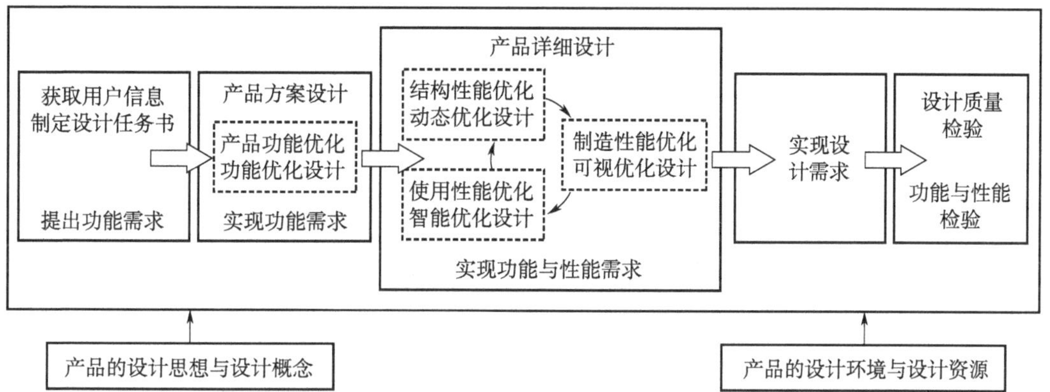

图 7－4　产品设计过程模型

该模型由四个设计阶段构成：

1）获取用户信息阶段；

2）产品方案设计阶段；

3）产品详细设计阶段；

4）设计质量检验阶段。

7.5.2.2　产品设计原则

（1）一般设计原则

一般设计应遵循以下原则：

1）产品的各项技术指标应满足设计任务书的要求。

2）认真审查设计任务书提出的各项设计输入条件，对要求不明确和一时难以达到的指标应适时反馈至分系统。

3）应全面衡量和妥善协调各种设计因素的制约关系，当任一设计因素与可靠性有矛盾时，应贯彻可靠性优先原则。

4）优先采用现有型号成熟、可靠的设计技术，保持同类设计方案的继承性和连续性。

5）为满足新型号、新结构及在役型号的改进需要，应在充分调研国内外先进技术并有一定预研成果的基础上进行设计创新。

6）采用新技术、新结构、新材料必须进行可行性论证，经过必要的试验验证，并通过评审和报批。

7）提高产品通用化、系列化和模块化设计水平，降低研制成本。

8）采用仿真技术、有限元分析等先进设计计算与分析手段，引入有关成熟软件技术，优化设计方案。

9）在同一设计剖面内贯彻等强度设计原则，并保持适当安全裕度。

10）以满足基本性能为前提，不片面追求高性能、高指标，注重结构可靠性和性能可靠性设计。

11）对可能出现的深层次设计技术问题应有预案，并按专题研制大纲解决关键技术。

12）以简化系统设计为目标，逐步采用集成化设计方案。

（2）可靠性设计原则

可靠性设计应遵循以下原则：

1）贯彻预防为主、早期诊治的原则。在确定可靠性设计要求时，明确故障判据和验证方法。

2）冗余设计原则：对薄弱环节或特别关键部位应酌情采用冗余设计。

3）防错装设计原则：对外形相似、尺寸相近而功能不同的零件、组件应从结构上保证互相不能错装，产品的进出口和电连接器不同接口的形式或尺寸应有差异。

4）强壮性原则：设计时应使其具有一定的抵抗多余物的能力，产品结构布局应便于检查和清除多余物。

（3）简单化设计原则

设计方案应力求简单、明晰，尽量减少零件、组件和元器件数目，减少对接分离面，在同一设计中尽量减少材料和元器件的品种和牌号，增加零件、组件和元器件的复用率。

（4）标准化设计原则

参见相关标准和规范进行设计、计算、选材和验证试验，正确选用标准件和借用件。

（5）防多余物设计原则

防多余物设计遵循以下原则：

1）源头控制原则：预防和控制多余物应从设计方案的源头抓起，把预防多余物作为保证产品质量的设计准则之一。

2）全过程控制原则：多余物的预防和控制应贯穿于产品设计各阶段的全过程。

3）设计应充分了解产品加工的工艺方法特点，避免采用易产生多余物的工艺方法。

4）对重点部位，设计文件中应规定多余物控制措施，规定必要的和特殊的检查要求。

（6）维修性设计原则

维修性设计遵循以下原则：

1）设计时应充分考虑产品便于进行性能检测、故障诊断和排除。

2）排除检测中可能出现各种故障时，宜通过局部更换零部件或元器件完成，并在设计时确定可更换单元数。

3）当可更换单元数为零时，在尽量减少专用工具、专用设备和对特殊技能有要求的条件下，应能方便可靠地从分系统内拆卸与更换整台产品。

4）对需要多次拆卸的部位力求采用快速解脱连接。

5）对需要依靠旋转零部件拆卸组件时，应标明旋转方向。

6）设计文件应明确在贮存期内周期性检测项目及要求，并应反映在分系统或总体编制的维护使用文件中。

（7）安全性设计原则

安全性设计遵循以下原则：

1）设计时制定安全性设计目标，最大限度地减少或消除安全风险。

2）严防易燃易爆和剧毒介质通过通用基础产品泄漏至外部或下游。

3）严防介质与材料不相容。

4）严防意外触发火工品而导致电爆类基础产品非正常引爆。

5）当一种基础产品有高压和低压腔时，两腔的外部接口应不一致，防止因错装而引起安全事故。

6）当采用外排式基础产品泄出易燃、易爆、有毒、有害介质时，应引流至安全部位。

7）注意防止雷电、静电诱发电路元器件或机电元件非正常工作，应设置有效的屏蔽措施，测试时注意牢靠接地。

8）设计零件时应注意防止出现金属件锐边互相冲击而诱发火花。

9）进行设计评审时应列入安全性设计要求及风险分析。

7.5.2.3　设计过程的质量控制

产品设计质量来源于用户需求信息，并通过一定技术转化为产品设计质量特征。质量管理贯穿于设计策划、设计输入、设计输出、设计验证等不同设计阶段中，通过设计过程的质量要求和设计评审体现出来。

（1）设计策划质量控制

技术部门根据产品研制的要求对所有需设计和开发的项目进行策划，并确定产品设计和开发项目组。适当时，项目组可以分解成不同的活动单元。项目组负责人对每项设计和开发活动编制设计和开发计划书，并规定相应的职责和权限。设计和开发计划书应满足产品质量要求，在设计和开发策划时应考虑以下内容：

1）设计的输入、输出、评审、验证、确认等各阶段的划分和主要工作内容，各阶段人员分工、责任人、进度要求和配合部门。

2）提出并实施产品标准化要求，确定设计和开发中使用的标准和规范，明确原材料及元器件等的使用范围。

3）识别制约产品设计和开发的关键因素和薄弱环节并制定相应的措施。

4）对产品进行特性分析，设计和开发中采用的新技术、新器材，应经过论证、试验和鉴定。

5）兼顾生产、检验、试验和维护产品的能力。

6）确定并提出产品交付时需要配置的保障资源。

7）必要时应对参与设计和开发的供方进行质量控制，并提出监视和测量的需求。

（2）设计输入质量控制

技术部门应将设计和开发输入整理形成设计输入，主要包括以下内容：

1）产品名称、规格型号、功能描述、主要技术参数和性能指标要求。

2）顾客的特殊要求及社会的要求。

3）采用的相关标准、法律法规要求。

4）以前类似设计的有关要求及设计和开发所必需的要求，包括安全、防护、环境。

5）包装、运输、贮存、维护等方面及必要的其他要求。

（3）设计输出质量控制

技术部门负责按设计和开发计划的安排及设计输入的要求，完成设计和开发输出。对设计和开发输出的要求，包含以下内容：

1）设计和开发输出应满足设计和开发输入的要求。

2）满足后续产品和服务提供过程的需要。

3）设计和开发输出应规定验收准则或明确所引用的验收准则。

4）设计和开发输出应标明与产品安全和正常使用关系重大的设计特性和关重项目，包括任何关键特性。

5）编制关键件（特性）、重要件（特性）项目明细表，并做相应标识。

6）设计和开发输出应规定产品使用所必需的保障方案和保障资源。

7）编制质量保证大纲、可靠性保证大纲、维修性大纲和标准化大纲等。

（4）设计验证质量控制

可根据各阶段设计和开发的重要性、复杂性、标准化程度以及各阶段设计和开发在整体设计和开发中的位置等，采取不同的方式、方法进行设计和开发验证。设计验证方法和要求有：

1）变换方法进行设计计算或由不同的设计人员采用同一种计算方法进行验算。

2）将新设计同已证实的类似设计进行对比。用作比照的类似设计应是成熟的、有成套鉴定（或定型）资料。

3）用样品（样机或样件）进行验证试验。该样品应严格按规定的条件进行生产加工。试验应编制试验大纲，规定试验目的、要求和程序，或编制试验技术要求。对产品使用性能和安全性能的验证，其试验条件应尽可能接近使用条件。

4）以设计任务书或研制技术协议书为依据，验证技术接口是否正确，产品特性（性能）和协调匹配性是否符合有关标准和设计输入报告的要求。

5）对一般性设计和开发验证，当阶段设计文件形成以后，一般可由项目负责人主持，采取一种或几种验证方法，进行设计和开发验证。

6）对重大设计和开发验证，应组织同行专家或委托有资格的机构进行独立的设计和开发验证活动。对顾客要求控制的验证项目，应通知顾客参加设计和开发验证。

(5) 设计评审

设计评审要满足以下要求：

1) 设计评审必须按设计阶段进行，只有通过本阶段评审后才能转入下一设计阶段，设计评审应由非原设计人员进行，其资质不能低于原设计人员。

2) 方案设计评审由技术部门领导组织进行，允许不完全按设计评审程序进行。

3) 评审小组设组长一名，由（副）总工程师担任；组员若干人，由设计、标准化、销售、生产、质量、采购等有关部门代表及同行专家等人员组成，必要时，邀请顾客代表。

4) 设计评审是设计过程的重要组成部分，公司应从时间、经费、人员等条件上给予保证。

5) 对评审中提出的遗留问题，技术部门负责处理，制定解决措施。必要时，将评审结论和跟踪的结果向顾客通报。

7.5.2.4　设计通用质量特性

通用基础产品的设计通用质量特性除安全性、可靠性、维修性等“六性”特征以外，还考虑密封特性、导电特性、漏率、高低温特性、压差特性、流阻特性、动作特性等特性要求，同时应制定通用质量特性要求，主要包含：质量特性的要求和检验方法，装备的使用、维修保障方案，培训及售后服务计划等。

通用质量特性贯穿产品全寿命周期，在产品设计阶段对以上通用质量特性进行充分分析与论证，形成通用质量特性工作计划，并组织设计方、使用方、行业内权威专家进行评审，确保设计通用质量特性分析、工作策划充分适应通用基础产品任务要求，将设计通用质量特性管理工作纳入产品研制生产活动中。

在研制的各个阶段，应分别具有不同的要求，初样阶段是在筛选的基础上，把握产品的功能实现和必要环境测试。试样正样阶段应进行全面的考核试验，对各项指标进行全面的试验和测试。

7.5.3　产品设计选用

7.5.3.1　沿用产品的设计选用原则

应在保证系统功能的前提下优先进行产品沿用，减轻设计的负担，提高产品的可靠性和通用性，沿用的产品尽量标准化、系列化和通用化，设计选用应遵循以下原则：

1) 必须满足客户对产品功能和服务的要求。

2) 符合国家的产业发展政策和有关的法令法规。

3) 坚持标准化、通用化、系列化的“三化”原则。

4) 符合社会对环境保护的要求。

5) 符合技术创新的规律，重视对知识产权的保护。

6) 从实际工艺水平和生产能力出发，强调设计与工艺生产相结合。

7) 在满足质量要求的前提下，应优先沿用国产基础件。

8）应选用经过验证且产品性能较为可靠的定型产品进行沿用。

9）应选用其结构和功能原理一致的产品进行沿用。

10）应选用接口形式、技术指标参数相同的产品进行沿用。

11）禁止使用故障率、维修率较高的产品进行沿用。

12）应选用测试良好、已知可能故障模式的产品进行沿用。

7.5.3.2 改进产品的设计选用原则

在改进产品设计过程中，除遵循需求原则、信息原则、创新原则、系统的原则、收敛原则、优化原则、继承原则、效益原则、时效原则等原则外，还应当遵循以下要求：

1）应明确所需通用基础产品的型式和性能符合系统要求，以及通径、流量、压力、温度、介质等详细的参数要求。

2）应充分考虑到产品的使用环境、受力状态、安全系数等，防止设计失效。

3）应充分考虑通用基础产品的布置，应选用曲率半径等于公称半径 1.5 倍的长半径弯头，输送气固、液固两相物料的应选用大曲率半径产品。

4）通用基础产品原则上应安装在系统的支撑点附近。入口前一般应安装过滤装置。

7.5.4 产品验收

7.5.4.1 产品过程检验

生产过程中为了防止出现大批不合格品流入下道工序造成资源浪费，需要对原材料入库后到成品入库前各阶段的生产活动进行质量监控，即过程检验，过程检验是保证产品质量的重要环节，唯有严谨、细致的过程检验，才能保证产品质量的稳定和均一。

为确保通用基础产品质量，根据对产品精细化管理、质量全过程控制的要求，在产品方案、初样研制阶段就开始落实产品质量控制方法，记录产品全过程质量信息，并对产品开展全寿命周期质量综合分析，以确保产品质量。

在方案、初样研制阶段，以设计、生产、装配、试验、验收和使用各环节为主线落实质量控制要求，各环节过程质量控制方法分为以下几个方面。

（1）产品设计环节

为保证型号产品设计与生产状态的稳定性和可控性，在设计环节提出以下几个方面的质量控制要求：

1）确定关键零组件的原材料性能要求。在产品的设计阶段，根据产品的结构特点对关键零件（如弹簧、敏感元件、切破件和导磁结构等）的原材料力学性能（抗拉强度、屈服强度和延伸率等）、磁性能和电性能等提出控制要求。

2）识别设计关注特性项目。根据产品在使用过程中的功能要求，在零件、组件、整阀不同层面分别确定影响产品性能的设计要求，并将这些要求作为产品的关注特性项目落实到图纸和技术文件中。

3）设置强制检验点。为确保产品质量，在制造、验收过程中设置强制检验点，可以采用数据确认和过程确认两种方式对强制检验点进行检查。其中，数据确认为设计人员对该检验点的测试数据进行检查；过程确认是在设计全程参加该检验点测试过程，并对测试过程和测试数据进行检查。

4）提出零组件验收要求。为确保产品装配的质量，降低装配后出现反复的风险，提出产品零组件验收要求。零组件完成加工后，生产部门在正式装配前按设计要求准备零组件实物和相关实测数据，供设计人员进行检查、验收。

5）提出批次极限装配要求。根据产品特点，明确批次极限装配要求，如导向配合部位、行程关联尺寸部位、阻尼力、摩擦力和切断部位厚度等。

（2）产品生产环节

为保证产品生产环节的质量，对生产过程提出以下几方面要求：

1）关键零组件原材料性能复验。物资部门严格执行原辅材料入厂复验制度，按图样和技术文件要求进行关键零组件的原材料性能数据复验，并记录实测数据。

2）实测零组件关重特性项目。生产部门按产品图样和技术文件要求，将零组件关重特性项目落实在生产中，保证每项工序进行过程中按要求实测零组件的关注特性数据，并记录实测值。

3）落实强制检验点要求。根据产品设定的强制检查点要求，设计与生产部门人员共同对强制检验项目进行检查，运用多媒体拍照或录像记录，并进行状态签署确认。

4）确定首件检验目标和检验内容。生产过程结合军工产品特性，确定首件检验的具体目标，根据生产规模、工序特征质量影响因素统筹考虑首件检验时机，对首件操作者资质进行审核，对首件产品的原材料、零件、部件、工装、设备、检验用仪器仪表、生产环境等的达标情况进行检验，预防产品成批超差、报废。

（3）产品装配环节

为有效控制批次产品装配的质量，在装配环节提出以下几方面的要求：

1）开展零组件验收。一方面，在零组件加工完进行装配前，设计下厂对零件的生产质量情况进行检查，对实物特别是导向和密封部位进行检查，运用多媒体拍照或录像记录，确保产品表面不存在缺陷或多余物等情况；另一方面，比对设计关注特性和工艺记录的实测情况，检查是否存在缺项或不满足设计要求的情况，保证产品零组件生产状态的可控性。

2）进行产品极限装配。针对影响产品性能的关键部位，如导向配合部位、行程关联尺寸部位、阻尼力、摩擦力和切断部位厚度等，通过设计选配保证装配出的极限状态产品能够表征批次产品的质量。

3）实测关重特性项目。产品装配过程中，按产品图样和技术文件要求实测关重特性项目的关重特性数据，如行程、摩擦力和力矩等，并记录实测值。

（4）产品试验环节

为保证批次验证试验的有效性，对产品试验环节的要求包括以下几个方面：

1）实测产品性能试验数据。按产品技术文件要求开展产品性能试验，记录批次每件产品的性能试验数据。

2）开展极限环境试验。将产品极限装配出的极限状态产品作为批次典试试验件，按极限环境条件（如高低温、振动条件、工作压力、工作电压等）进行试验，考核极限装配状态产品在极限环境条件下的性能，从而形成批次产品状态有效包络。

3）性能指标分级管理。为将产品性能质量控制点前移，结合产品先期多批次研制情况，对影响产品性能的关键项目按单机、典试、总装和靶场逐级放宽管理的方式，在产品制造验收技术条件中进行明确。

7.5.4.2　产品验收检验

产品验收依据输入要求等文件，在产品设计输出时同步输出。要求在开展产品功能、性能检查之外，还要对产品外观的符合性、配套备附件的齐套性、配套文件的全面性和格式的规范性进行确认，确保产品验收工作的完整性。

为确保产品批次验收质量，在验收环节制定以下几方面要求，同时采用信息化、智能化等方法进行辅助验收：

（1）预验收

对产品输入要求、工艺数据、生产数据，采用信息化，整合产品数据库，实现线上预验收。

（2）功能性能验收

产品的功能性能验收主要是对交付产品和备附件的物理特性和功能性能进行验收，按照验收大纲的内容要求，逐一对产品的验收项进行验收。可采用以下方法进行验收：

1）外观、尺寸、重量验收：采用多媒体和在线智能检测方法，对产品外观、尺寸和重量等验收项进行验收确认。

2）比例验收：采用信息化方法，随机对产品进行比例抽取，确保产品具有代表性，对批量产品进行验收。

3）材质验收：采用手持光谱仪等智能分析设备对现场通用产品材质进行确认验收。

4）密封性验收：验收承压产品试验，具有密封性要求的，采用外场可视化高清视频确认验收，确保安全，压力系统具有超压降压报警系统。

5）泄漏性验收：泄漏性试验可结合试车工作，一并进行。

6）空间位置验收：对有空间位置要求的通用基础产品，可采用高精度三维扫描仪等智能成像分析设备进行确认验收。

7）其他要求验收：优先采用智能化、信息化手段对通用基础产品进行验收。

（3）验收过程问题跟踪

基于产品子样数据库，通过数据链比对不符合产品验收的问题，根据问题表现的性质，对产生的问题进行统计分析，自动生成分析报告，智能给出解决措施，作为判定验收结果的参考依据。

（4）文件资料验收检查

通过大数据整合关联交付资料、生产资料、质量证明文件等资料进行比对验收和检查，实现线上和线下同步进行。

7.5.5　明确产品的使用设计要求

在产品使用过程中应充分考虑到通用基础产品端部、接头及连接处等接口的形式与规格，确认连接的正确性，是否清除了内外腔的多余物。明确了安装的位置并仔细阅读使用说明书后对产品进行使用，同时在使用中注意以下要求。

（1）适用性要求

根据产品在整个系统中的用途，使用合适的工作介质、工作压力、工作温度及流量等工况。

（2）密封性要求

密封性要求是通用基础产品的基本性能，在使用过程中，注意产品工作过程的压差或开启压力，观察产品的密封性。

（3）工作方式驱动要求

根据产品的用途确定类型和驱动方式，便于使用产品。

（4）参数适配性要求

产品公称压力、公称尺寸的确定应与安装的位置相匹配，适配上下游产品。应在保证规定功能的前提下，使其设计简单，尽可能减少产品层次和组成单元的数量。

（5）连接要求

根据实际操作工况及公称尺寸确定产品与管道的连接形式，如法兰、焊接、螺纹或对夹等。

（6）空间位置要求

根据通用基础产品的安装位置、安装空间、公称尺寸的大小来确定产品类型的结构形式。

（7）材料相容要求

根据内外介质的特性、工作压力及工作温度，来正确合理地选择产品的材料。

产品的使用应当遵循产品的使用工况范围，不得超范围使用，具体原则如下：

1）产品的使用压力应当在产品允许使用的压力范围内，禁止超压使用；当出现超压使用工况时，应当组织技术分析，论证可能产生的技术风险，向产品提供方提前反馈预计使用的工况情况，进行咨询，经产品提供方技术评估合格后方可进行使用。

2）产品的使用应当遵循接口匹配原则，使用产品的接口应与使用环境相匹配，保证产品与系统连接部位可靠连接与密封，确保产品性能得到充分应用。

3）产品的使用应当遵循应用介质匹配原则，产品的使用介质应当充分考虑介质与产品的相容性，确保产品在使用过程中性能正常。

4）产品在库存或运输过程中应当及时戴上保护帽等保护件，防止产品接口出现损伤或多余物进入产品内部影响产品的使用。

7.5.6 质量问题处理和信息收集

7.5.6.1 使用问题处理

产品使用过程中易发生的问题主要包括以下几个方面：

1）密封性问题；

2）外观保护问题；

3）强度问题；

4）使用安装问题；

5）控制装置选用问题；

6）阀门使用材料问题。

产品在使用过程中出现问题应当按照以下流程进行处理：

1）产品使用过程中出现问题第一时间将问题现象反馈产品提供方，寻求远程解决措施。

2）若问题无法通过远程方式进行解决，质量部门提交质量问题反馈单，将反馈单与故障产品一同提交军方（若产品军方托管）与产品提供方，寻求解决方案。

3）产品提供方收到使用方提交的质量问题后，及时组织生产、技术、质量等业务部门对问题故障进行分析，制定产品返修方案，根据需要提交报告并组织评审。

4）产品使用方对故障返修结果进行确认，问题形成闭环处理。

7.5.6.2 信息收集

使用方与研制方应当建立产品研制与使用过程中的问题数据库，并在产品研制过程中对产生的问题进行落实，实时跟踪确认问题闭环情况。

研制方参考使用方信息收集问题数据库，从设计端分析产生问题的根本原因，对标技术要求和使用情况，对研制方案进行综合全面再分析，依据产品设计原则，持续改进测试覆盖性和可靠性，不断优化和完善研制方案。设计输出端，根据补充完善后的研制方案，办理更改单，对技术条件和设计图纸进行优化更改完善，不断提高产品质量。

7.6 元器件设计选用控制

7.6.1 概述

元器件质量保证是一个庞大的体系，政府、航天型号最终用户、航天型号承制企业（即航天型号配套元器件的使用方）以及航天型号配套元器件的生产企业在保证体系中扮演着不同的角色，担负着不同的职责，发挥着不同的作用。其中，合理选用元器件发挥着尤为关键的作用。元器件质量保证工作的目的是对用于装备任务上的元器件采取各种保证措施，使用于装备任务的元器件在全寿命周期内符合型号产品功能、性能、使用寿命、环境、质量和可靠性的要求。同时要在元器件选用阶段推进元器件统型管理，有效压缩元器件品种规格，有效集中品类供应商，实现规格品种及元器件供方的双压缩，以解决当前型号元器件选用离散、规格品种及供方数量较多、进口器件占比过高等问题，打造采选一体高度集成的元器件管理链路。

7.6.2　元器件选用通用要求

设计师根据产品的各研制阶段确定元器件所承受的应力，一般参照元器件应力分析可靠性预计法并依据 GJB/Z 299C—2006《电子设备可靠性预计手册》确定应选用元器件的质量等级。元器件的分类一般采用层级分类法，按照统一性、唯一性、实用性和可扩展性的原则进行分类，一般可参照 GJB 8118—2013《军用电子元器件分类与代码》进行分类。元器件选用涉及的国家军用标准较多，较常用的有 GJB 33A—1997《半导体分立器件总规范》、GJB 597A—1996《半导体集成电路总规范》、GJB 63B—2001《有可靠性指标的固体电解质钽电容总规范》、GJB 548B—2005《微电子器件试验方法和程序》、GJB 360A—1996《电子及电气元件试验方法》等，设计师在选用相关元器件时可参考国家发布的最新标准。

7.6.3　元器件选用

元器件的选用是装备任务保证正常运行的首要环节。元器件的选用应遵循以下原则：

1）选择元器件性能、质量等级满足任务需求的要求。

2）贯彻元器件统型设计思想，选用目录中元器件，超目录选用应履行审批手续。

3）充分考虑继承已在航天型号上成功应用的品种，最大限度地使用有飞行经历的或有可靠性数据的产品的继承性原则。

4）最大限度地压缩元器件的品种规格和供应商。

5）选择有发展前途的元器件，避免落后的元器件。

6）在保证质量的前提下，关注所选用元器件的经济性。

7）落实军方关于电子元器件国产化要求。

7.6.3.1　元器件选用评审通用要求

选用的元器件应在装备的整个寿命周期满足装备质量和可靠性要求，在装备研制过程中，应对元器件选用进行评审，判断元器件是否满足元器件保证大纲要求，元器件选用评审应按照以下管理要求执行：

1）设计人员根据装备任务要求选用元器件后，整机设计单位应在技术设计评审前，组织元器件选用专项评审。

2）进行元器件选用评审的单位应按照相关规定组织评审工作，并编写《元器件选用报告》，报告中应包含超目录元器件选用、进口元器件的选用、新品元器件的选用等情况。

3）参与元器件选用评审的专家评审原则，对参与评审的每一项元器件给出评审意见。

4）没有通过元器件选用评审的单位，不能进行后续的设计技术评审会。

5）关注元器件国产化比例，选用进口器件有国产化替代产品时，应首先考虑进行替代，选择替代元器件产品时应考虑成熟度和适应度因素，替代前需进行器件验证，加强监督管理。

6）通过评审的元器件应匹配统一的元器件物资编码以确保元器件“身份”的唯一性，此编码将跟随元器件贯穿设计、生产和试验信息系统、元器件装机清单、质量数据统计分析，直至元器件全寿命周期结束。

7.6.3.2 元器件选用评审的主要内容

1）元器件选用是否符合相关规定。元器件性能、质量保证等级以及环境适应性是否能满足整机或系统的要求，选用“超目录”元器件的理由是否充分，进口元器件是否在国内有替代的品种，是否选用了淘汰品种和禁用元器件等。

2）关键、重要元器件的确定及使用情况。

3）是否符合规定的元器件贮存期要求。

4）是否严格控制了新品元器件的选用。

5）是否按照相关标准进行了降额设计、热设计。

6）元器件是否存在断档、禁运隐患或设计、生产能力缺陷。

7）其他对元器件可靠性规定符合情况等。

装备任务研制的各阶段，设计师应严格控制设计选用的元器件，加强限用元器件的选用控制，不得选用禁用元器件。

7.6.3.3 超目录选用元器件审批

装备任务应优先在元器件优选目录、选用目录中选择元器件，若选用超目录元器件，应按照有关规定填写超目录申请表并办理审批手续，超目录的元器件审批应在元器件选用评审后实施，获得评审认可的元器件方可提出超目录申请。

7.6.4 外协产品的元器件质量管理

针对外协产品的元器件质量管控要求应贯穿于产品研制的每个阶段，一般要求主要包括：

1）要求外协单位建立元器件选用目录，并将航天产品的禁限用要求、型号元器件保证大纲的质量等级选用基线等技术要求传递给外协单位。

2）型号设计师应参加外协单位的元器件选用评审，必要时请元器件专家进行技术把关，通过选用评审的元器件应赋予统一的元器件物资编码，以确保所选用元器件身份的唯一性。

3）对于超目录或需让步接收的元器件，应严格按照上级单位的要求进行评审。

4）按照航天元器件“五统一”的管理要求，外协单位采购的元器件应送型号指定的元器件质量保证机构按照型号质量控制技术标准进行统一的下厂监制验收、复验与补充筛选、DPA（破坏性物理分析）和失效分析工作。

5）全过程识别和解决外协产品的元器件质量缺陷，开展必要的反馈控制。

7.6.5　元器件验证

验证是适应装备发展和元器件研制而形成的新领域。它是为确定元器件的技术和应用状态满足装备应用的成熟度或可用性而开展的一系列试验、评估和综合评价等工作，主要针对元器件功能、性能、可靠性、应用适用性进行验证，目标是查找器件的设计问题、摸清器件的性能边界条件、暴露器件的环境适应性短板，核心是采用系统分析、系统评价和系统决策的方法，综合评价元器件研制的成熟度和应用的适用度，是装备用元器件研制和保证的重要手段之一，有效降低装备应用中的风险。

基于目前我国半导体的发展及国际政治原因，在满足质量的前提下，我国型号系统优先选用国产元器件。针对新材料、新结构、新工艺的核心关键元器件、无相关领域成功应用履历的国产元器件或在型号应用过程中出现过质量问题经专家研判认为需开展验证的元器件，需要进行验证。

验证采用系统分析、系统评价和系统决策方法，针对被验证元器件特点和应用要求，进行评价指标体系构建，获取试验，并分析确定元器件成熟度、适用度和可用度等级，最终给出可用、不可用、有条件应用的结论，指导型号应用。

验证实施一般分为三级：板卡/单机级验证、分系统级验证和系统级验证。板卡/单机级验证主要验证元器件在板卡/单机状态下的功能性能、装联工艺、环境应力（电、热、磁、力、特殊环境）等方面的适用性，全面评价元器件在板卡/单机验证层级的功能性能边界、设计容差特性、软硬件兼容性及可靠性等。实施过程中可根据验证需求适当裁剪或加严。

验证的工作项目一般包括验证任务接收、验证需求调研和分析、验证方案制定、验证实施、验证综合评价、验证结论等，如图 7－5 所示。

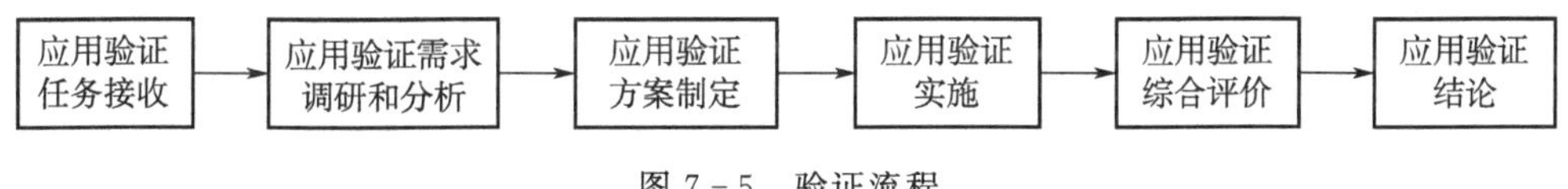

图 7－5　验证流程

1）对元器件应用需求的调研和分析应能覆盖元器件的现有应用和潜在应用背景，分析其继承性和差异性，以及在元器件验证状态中的具体体现。元器件应用背景调研和分析的内容应至少包括元器件使用功能性能要求，元器件可靠性要求，工作环境需求以及结构、工艺、材料、功能性能相同或相似的同类元器件使用经历和同类问题。

2）验证方案包括验证总体方案、系列化方案（必要时）和详细方案，从元器件复杂度和工程应用要求两个方面确定验证的项目。针对元器件功能性能的验证应覆盖对元器件常规功能、重要功能性能、极限功能性能的验证，针对元器件可靠性的验证应覆盖对元器件设计、结构、工艺、材料等可靠性的验证，针对元器件应用适应性的验证应覆盖对元器件使用的力学环境、热学环境、真空环境、电磁环境、湿热环境、盐雾环境、辐射环境、其他特殊工作环境等的验证。

3）元器件验证的实施按照四个层级开展，首先开展器件级验证，然后根据方案要求开展板级验证、组合级/整机级验证以及分系统/系统级验证。

验证工作结合装备系统应用要求，分析确定验证的评价要素；根据评价要素，确定验证分析、测试或试验的项目；兼顾产品研制、型号任务研制等相关流程，充分利用产品筛选、鉴定等相关数据，建立验证流程；分析验证结果，对产品进行综合评价，给出验证结论。对验证项目实施科学的项目管理和质量管理，确保验证项目的顺利实施。

4）基于验证实施所获取的数据，以及生产、筛选、评估、鉴定等获取的有效数据，对产品的功能性能、可靠性和应用环境适应性进行综合分析，给出产品型号应用的技术成熟度、对验证过程发现的薄弱环节进行分析。

7.6.6 基于物料表的元器件设计资源数据库

通过深入分析装备研制及规模化批生产阶段元器件设计选用及质量管控业务中的需求，重点聚焦元器件供应链、核心关键元器件可靠性评价等元器件质量保障领域的关键应用，基于元器件的全寿命周期质量数据资源及元器件专家经验，依托大数据、知识图谱等先进信息化技术，体系化研究数据融合分析与价值挖掘，确定元器件质量保障业务核心数据、关键算法模型和重点领域应用，构建基于 BOM 的元器件设计资源数据库，形成基于数据驱动的装备用元器件质量保障服务模式，满足装备用元器件设计选用、质量管理、科学决策等智慧化服务需求。基于 BOM 的元器件设计资源数据库界面如图 7－6 所示。

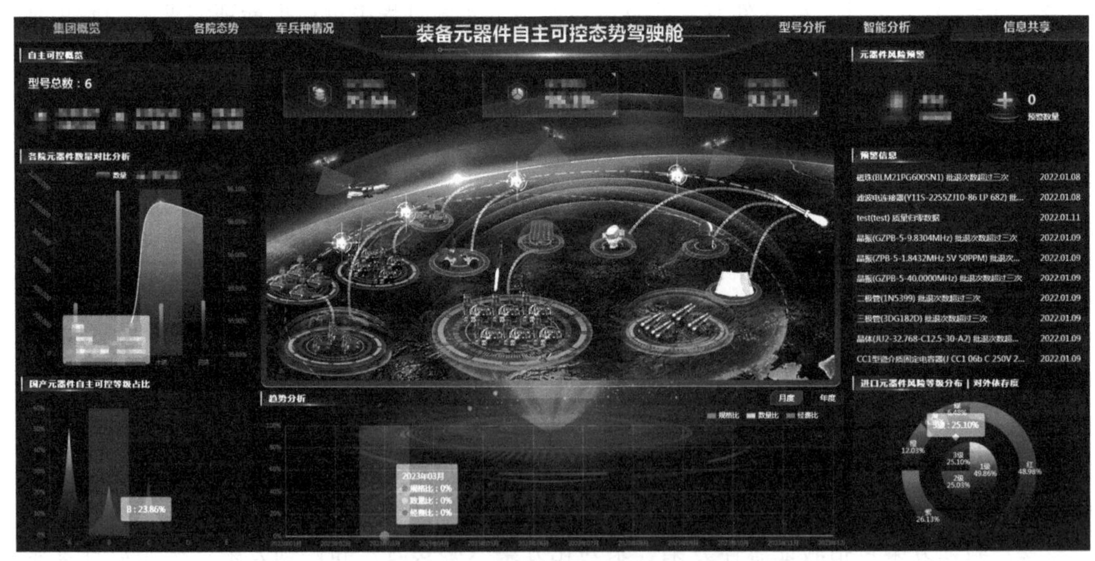

图 7－6 基于 BOM 的元器件设计资源数据库

7.6.6.1 基于数据驱动的元器件质量保障模式

1）元器件选型。为设计师提供立体式快速检索功能，方便用户快速、准确获取海量高价值信息。

2）元器件选用状态管控。为设计师和主管调度提供选用清单的采集校验、智能辅助审查、专家技术支撑等服务。

3）元器件质量信息服务。为质量管理人员提供数据管理、态势监测、质量溯源、风险预警等服务。

4）供应链服务。为主管调度和物资管理人员提供成本管控分析、物资齐套跟踪、长期稳定供应评价等服务。

5）综合信息服务。助力总部、二级单位本部、质量监督代表、军代表等用户，精准把握装备质量与自主可控工作总体态势。

6）总师服务系统。为两总系统提供选用信息总览、自主可控态势感知、质量态势感知、成本管控分析等服务。

7.6.6.2　基于数据驱动的元器件质量发展趋势

构建装备用元器件全寿命周期质量数据资源体系以及配套的数据挖掘分析手段，依托知识图谱、大数据分析等先进信息化技术，提高元器件多源质量数据融合分析、智慧管控以及可视化展示能力，实现数据价值的深度挖掘与元器件质量管控水平的跃升，已逐渐成为未来元器件质量管控的新手段。未来将形成基于数据驱动的元器件质量保障服务模式，聚焦元器件优选、质量保障等需求，实现元器件质量可靠性风险识别智能化、统型管理智能化，为型号研制生产、质量管理提供全方位的质量数据服务，形成完整的高效协调、信息共享的生态。针对元器件质量管理各领域，形成开放性的技术标准，创新工业设计模式和质量管理模式，全面提升装备制造质量管理水平。

7.7　软件工程化

7.7.1　软件研制能力要求

按照 GJB 5000B—2021《军用软件能力成熟度模型》要求，研制单位的军用软件研制能力等级由低到高分为一级、二级、三级、四级和五级。

按照 GJB 8000—2013《军用软件研制能力等级要求》规定，根据军用软件研制任务的软件重要性等级（型号软件等同采用安全性等级）和规模等级，确定软件研制单位应具备的软件研制能力等级最低要求。其中承担软件系统设计和集成任务的单位，具备的软件研制能力等级应不低于三级，总体单位不低于四级。

软件研制单位需具备的软件研制能力等级，应根据所承担软件研制任务要求具备的最高等级来确定。

健全型号软件研制队伍，强化型号两总对软件工程的主体责任，指定一名（副）总师分管软件，负责组织落实型号软件工程管理体系的要求。型号软件项目一般包括系统人员、软件项目负责人、分析人员、设计人员、实现人员、测试人员、质量保证（QA）人员、配置管理（CM）人员、型号软件技术状态控制组、配置审核组、软件专家组、利益相关方及用户等。上述岗位应人员落实，责任明确，有些工作允许兼岗承担，但不允许由一个人包揽以上所有岗位。设计、编程、测试应由不同的人员承担。在软件开发计划或相关文件中指定相应的人员对口负责。

7.7.2　型号软件研制过程

按照 Q/QJB 152A—2014《型号软件工程实施规范》要求，在型号研制中，需要开展如下软件相关活动：

1）型号软件产品保证大纲的编制和修订；

2）型号软件总体方案设计/软件系统规格说明制定；

3）分系统软件总体方案设计/分系统软件规格说明制定；

4）型号软件开发；

5）型号软件试验鉴定；

6）型号软件维护。

在型号各个阶段的软件相关活动如图 7－7 所示。

7.7.3　软件工程活动

7.7.3.1　基本活动

软件开发的基本活动一般包括：

1）系统需求分析；

2）系统设计；

3）软件需求分析；

4）软件设计；

5）软件实现和单元测试；

6）软件单元集成和测试；

7）软件配置项测试（CSCI 合格性测试）；

8）软硬件集成和测试（CSCI/HWCI 集成和测试）；

9）软件验收交付；

10）参与系统联试（系统合格性测试）。

7.7.3.2　管理活动

软件的项目管理活动一般包括：

1）项目策划；

2）项目监控；

3）风险与机遇管理；

4）外部供方管理（分承制方管理）；

5）与相关方的协调；

6）与独立验证和确认机构的联系；

7）项目过程的改进。

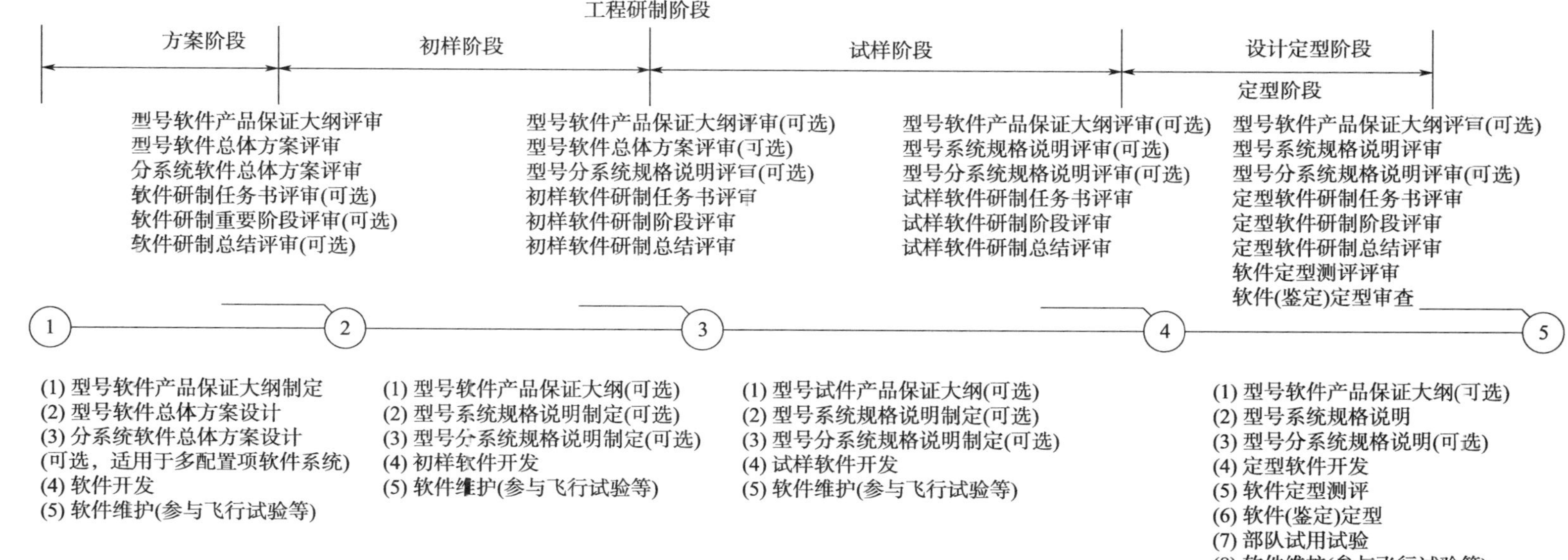

图 7－7　型号研制及软件相关活动关系示意图

8）实施基础；

9）组织资产开发。

7.7.3.3 支持活动

软件的支持活动一般包括：

1）软件配置管理；

2）软件质量保证；

3）软件评审；

4）测量与分析；

5）原因分析；

6）决策分析。

7.7.3.4 共性要求

（1）软件安全性分级

型号总体按照 GJB 900A—2012《装备安全性工作通用要求》规定，在开展系统安全性工作的基础上，依据 GJB/Z 102A—2012《军用软件安全性设计指南》，采用初步危险分析的方法，确定系统潜在危险；分析确定危险的严重性和可能性；确定系统风险指标；确定软件在系统中执行的控制类别，最终确定软件安全性等级。软件安全性等级基本定义见表 7-15。软件安全性等级从高到低分为 A、B、C、D 四个等级。通常 A、B 级的软件为安全关键软件。

表 7-15 软件安全性等级

等级	定义	危害事例说明
A	其失效可能导致灾难危害的软件	系统报废，或基本任务失败，或人员死亡，或环境灾难
B	其失效可能导致严重危害的软件	系统严重损坏，或基本任务未完成，或人员严重伤害，或环境严重破坏
C	其失效可能导致轻度危害的软件	系统轻度损坏，或任务有轻度影响，或人员轻度伤害，或环境轻度破坏
D	其失效可能导致轻微危害的软件	系统轻微损坏，或任务有轻微影响但能够完成，或人员轻微伤害，或环境破坏可以忽略

按照型号研制总要求规定的划分原则，型号总体提出软件重要度等级划分，建立软件安全性等级与软件重要度等级的对应关系，见表 7-16。

表 7-16 软件重要度等级与安全性等级对应关系

序号	软件重要度等级	软件安全性等级
1	关键	A
2	重要	B
3	一般	C、D

具体型号中各软件的安全性级别，在型号初样阶段或总师认为必要的研制阶段确定。

型号总体列出软件产品配套表，组织相关单位、有关部门评审，经总师审定批准后由型号主管部门正式发布软件产品配套表及软件重要度等级与安全性等级对应关系。

(2) 软件规模约定

软件的规模用源程序有效行数来衡量。软件的规模约定（以 C 语言为例）见表 7－17。

表 7－17　软件规模约定

规模	嵌入式源程序行数 n	非嵌入式源程序行数 n
微	$n<500$	$n<5\ 000$
小	$500\leqslant n<5\ 000$	$5\ 000\leqslant n<50\ 000$
中	$5\ 000\leqslant n<30\ 000$	$50\ 000\leqslant n<300\ 000$
大	$30\ 000\leqslant n<100\ 000$	$300\ 000\leqslant n<1\ 000\ 000$
巨	$100\ 000\leqslant n$	$1\ 000\ 000\leqslant n$

本文中，对于巨、大、中、小、微规模软件的文档编写要求，一般分别等同采用安全性等级 A 级、A 级、B 级、C 级、D 级的要求。

其他语言软件依据功能点对应的行数进行折算。

(3) 软件文档编制要求

在型号软件研制过程的各阶段，均要求完成相应的软件文档。针对型号特点，根据软件安全性等级或软件的规模，应编制的文档见表 7－18。其中，软件文档的裁剪与软件开发所应用的模型相关，可参照模型的运用准则确定。

表 7－18　软件产品文档要求

文件名称	文档简号	软　件			
		A 级(或巨、大)	B 级(或中)	C 级(或小)	D 级(或微)
软件研制任务书*	RW	△	△	△	○
软件开发计划(含软件质量保证计划、软件配置管理计划)	XJ	△	△	△	○
软件需求规格说明	RX	△	△	△	△
软件设计说明	SS	△	△	△	△
概要设计说明	GS	△	△	○	○
详细设计说明	XS	△	△	○	○
软件单元测试计划	DJ	○	○	○	—
软件单元测试记录	DC	△	△	○	○
源程序(源程序为电子版)	CX	△	△	△	△
可执行程序(可执行程序为电子版)	ZX	△	△	△	△
软件单元集成测试计划	JJ	○	○	○	—
软件单元集成测试记录	JC	△	○	○	○
软件测试计划	PJ	△	△	△	○
软件测试说明	PS	△	△	○	○

续表

文件名称	文档简号	软件			
		A级(或巨、大)	B级(或中)	C级(或小)	D级(或微)
软件测试报告	PB	△	△	△	△
软件产品规格说明	CG	△	△	○	○
软件研制总结报告	XZ	△	△	△	△
软件版本说明	BS				
软件用户手册	YC	○	○	○	○
软件修改设计说明	XG	○	○	○	○
软件修改测试说明	XC	○	○	○	○
软件失效风险分析报告	FB	△	○	—	—
软件沿用可行性分析报告	YY	○	○	○	○

注:△为应有的文档;○为视需要而定的文档(或可与其他文档合并);—表示不需要的文档。

* 软件研制任务书由交办方编制,其余文档由承办方编制。

对于表 7-18 中的要求:

1)嵌入式软件装入硬件系统后与硬件系统同时交付,软件安装计划、软件移交计划、软件输入/输出手册、软件中心操作员手册、计算机编程手册、计算机操作手册、固件保障手册,按照 GJB 438C—2021《军用软件开发文档通用要求》的文档裁剪原则,可以不用出文件,故没有在表中列出。

2)型号软件文档管理按照 QJ 1912.1—1999~QJ 1912.6—1999《航天型号软件文档管理制度》执行。

7.7.4 软件研制类型和开发模型

7.7.4.1 软件研制类型

承办方应根据软件研制任务书或系统/分系统研制任务书(含相关软件研制)(以下简称软件研制任务书)要求,确定软件项目的研制类型。软件研制类型见表 7-19。

表 7-19 软件研制类型

类型编号	类型名称	说明
Ⅰ	沿用	已完成沿用可行性分析与审批,不加修改即可再次使用的软件
Ⅱ	仅修改装定参数	不修改软件可执行代码的内容,仅修改软件装定参数即可满足任务要求的软件
Ⅲ	适应性修改	根据任务要求进行适应性更改、完善设计的软件,程序规模更改量一般不大于20%,即软件重用率不小于80%
Ⅳ	新研制	不属于上述三类的软件,包括程序规模更改量大于20%的软件

注:装定参数通常包括编译时绑定的宏和常量定义,以及固化时写入的配置文件。

7.7.4.2 软件开发模型及运用准则

软件开发模型包括瀑布模型、设计增量模型、需求增量模型、演进模型、沿用模型、改进模型、原型模型、独立验证模型。除此规定之外,也可采取敏捷模型,敏捷模型可适用于方案阶段和初样阶段，或型号两总认为必要的大型试验活动，但不用于定型阶段，文档可适当合并，具体要求结合各个单位自行制定。

软件开发模型及模型运用准则与型号研制阶段对应表见表7-20。

表7-20 软件开发模型及模型运用准则与型号研制阶段对应表

模型名称	模型运用准则	型号研制阶段				适用研制类型
		方案阶段	初样阶段	试样阶段	定型阶段	
瀑布模型	系统需求能一次全部明确，软件功能也能一次实现的软件项目	△	△	△	△	Ⅲ、Ⅳ
设计增量模型	系统需求能一次全部明确，但软件功能不能一次实现，或没有必要在一个型号阶段全面开展所有软件功能的软件项目	—	△	△	—	Ⅲ、Ⅳ
需求增量模型	系统任务能一次明确，但软件需求不能一次明确，软件模型公式、作战过程或通信协议需要反复修改，软件需要迭代开发，并通过验证逐步确定软件的全部需求	△	△	△	—	Ⅲ、Ⅳ
演进模型	系统需求需分多次明确，软件功能分多次实现的软件项目	△	△	△	△	Ⅲ、Ⅳ
沿用模型	分析交办方需求，交办方需求可以用已入重用库或产品库的某版软件完全覆盖	△	△	△	△	Ⅰ
改进模型	交办方需求在上一阶段需求的基础上变化较小，软件的主体框架、软件部件设计和实现的变化不多，一般软件代码规模改动量不超过20%	—	△	△	—	Ⅱ、Ⅲ
原型模型	型号研制早期，交办方需求不完整、不清晰、修改频繁，软件的设计和实现可采用原型模型开展工作。采用原型模型开发的软件一般不含有复杂的自主控制和逻辑处理功能，其主要功能是配合系统进行硬件功能测试和软硬件联调	△	△	—	—	Ⅳ
独立验证模型	任务输入明确，完成一次独立试验验证工作，可采用独立验证模型。该模型开发的软件可以参加验证试验，但不可以参加飞行试验	△	△	△	—	Ⅳ

注："△"表示该模型适用于该研制阶段。

7.7.5 软件研制过程

7.7.5.1 总体设计

型号总体或分系统总体分析型号系统、分系统的要求，设计本系统要满足的用户需求、与现有系统或规程的关系以及使用方式，保证每项需求得以满足所使用的方法。这些需求包括所要求的状态和方式、能力、外部接口、内部接口、内部数据、适应性、安全性、保密性、环境、计算机资源、质量因素、设计和实现约束、合格性等方面。

型号总体或分系统总体完成型号软件总体方案及分系统软件总体方案，形成运行方案说明或系统/子系统总体方案，系统/子系统规格说明或系统/子系统方案，接口需求规格说明或接口说明等。

7.7.5.2　分系统设计

分析型号系统、分系统和设备对软件的要求，确定软件实现环境和运行环境，对待开发的软件项目进行定义，形成软件研制任务书。

交办方完成系统应用过程及数学模型的设计，确定各分系统间的电气接口、信息交换关系和通信协议；提出系统应用过程、数学模型、信息交换关系、通信协议等详细要求。

软件研制任务书由交办方提出，包括所要求的状态和方式、能力、外部接口、内部接口、内部数据、适应性、安全性、保密性、环境、计算机资源、质量因素、设计和实现约束、合格性、需求可追踪性等方面，对待开发的软件进行设计，是软件开发、审查和验收的重要依据之一。

交办方软件项目组分析人员应参加系统设计及软件研制任务书的提出工作，以协助进行系统设计，同时了解软件的工作背景和关键技术指标。

A、B、C级软件，应形成独立的软件研制任务书。D级软件，可形成独立的软件研制任务书。若无独立软件研制任务书，在系统/子系统研制任务书中，应明确提出对软件的要求。

7.7.5.3　软件需求分析

确定被开发软件的运行环境、功能和性能要求，编写软件开发计划，为软件设计提供软件需求规格说明。编写初步的软件测试计划。

软件需求分析是承办方软件项目组在系统设计的基础上，根据交办方提出的软件研制任务书进行的。承办方必须与交办方密切协作，确定软件需求。编制软件需求规格说明时以承办方为主，由软件项目组执笔，交办方配合，联合有关分系统，编制出需求完整、详细、适用性好的软件需求规格说明。承办方必须写出软件需求规格说明，对需求进行评审。该软件需求规格说明经评审后应作为整个开发工作的基础。

软件需求规格说明编制的质量要求如下：

1）完整性：包括全部有意义的功能、性能、设计约束、属性和外部接口方面的需求；对所有可能环境下的各种可能的输入数据都给予定义，对合法和非法输入数据的处理做出规定。

2）明确性：对软件需求的描述要明确无误，保证每一个需求只有一种解释，不能有二义性。

3）一致性：各需求的描述不矛盾，所采用和描述的概念、定义、术语统一化、标准化。

4）可验证性：不使用不可度量的词（如“通常”“一般”“基本”等）描述需求，保证描述的每一个需求都能通过检查判断是否满足。

5）易修改性：文档的结构与描述应有条理、易于阅读和检索；没有冗余，以增强可读性和保持一致。

6）可追踪性：文档各条目应清晰、可追踪。即软件需求与软件研制任务书具有清晰的双向追踪性。

7.7.5.4　软件设计

在采用结构化方法进行设计时，根据软件需求规格说明进行体系结构设计，建立软件总体结构和软件部件间的关系，定义各软件部件的数据接口、控制接口，设计全局数据库和数据结构。对部件进行过程描述设计，划分软件部件及单元，设计部件的内部细节，包括程序模型算法和数据结构，为编写源代码提供必要的说明。

在采用面向对象的方法进行设计时，依据软件需求规格说明，在概念图的基础上完成类的设计，对行为职责进行分配，在用例描述的基础上描述类对象间的协作关系。为类添加必要的属性，对类的行为进行过程描述设计，设计类行为的内部细节，包括程序模型算法和数据结构，为编写源代码提供必要的说明。

采用结构化或面向对象方法进行设计，共同的要求如下：

1）各部件间应满足低耦合度，各部件内应满足高内聚度，部件的作用范围应在其控制范围之内。

2）各模块功能单一，模块接口的复杂性低。

3）软件设计说明和软件需求规格说明前后一致，具有良好的双向追溯性；若软件设计说明分为软件概要设计说明和软件详细设计说明，则软件概要设计说明与软件需求规格说明具有双向追踪性，软件详细设计说明与软件概要设计说明具有双向追踪性。

4）各子项目、模块的功能和接口要求必须完整、正确。

5）设计方案要满足可靠性和安全性要求。

6）设计方案要考虑数据安全保密要求。

7）详细规定各单元之间的接口，包括共享外部数据、参数的形式和传送方式、上下层的调用关系等。

8）确定单元间的数据流或控制流，对每个单元必须确定所有输入、输出和处理功能。

9）确定单元内的算法及数据结构。

10）进行可靠性、安全性设计。

11）规定符号的使用规则，确定命名规则。

12）文档齐全、可验证。

除上述要求外，对于面向对象设计方法，还需满足下列要求：

1）详细规定各类对象之间的关系、类对象的属性、类对象间信息交互的方式等。

2）确定类对象的行为，对类对象行为必须确定所有的输入、输出和处理功能。

7.7.5.5　软件实现和单元测试

根据软件设计说明，对各软件单元进行编码、调试、代码审查和测试，验证软件单元与设计说明的一致性。

质量要求如下：

1）用指定的编程语言，遵循软件安全性设计准则，进行编码。

2）为提高可读性，在源程序中必须有足够详细的注释。注释分为文件注释、模块注释以及模块内部注释；注释率一般不低于20%。

3）每个软件单元实现的功能、性能和接口应满足软件设计的要求。

4）软件单元测试与软件设计说明（或软件详细设计说明）具有双向追踪性。

5）采用结构化（或面向对象）编程方法。

6）A级弹上软件按要求分别采用自检、互检、专检等方式对编制的代码进行审查，以提高编码的质量和可靠性。

7）被测软件单元的每项软件特性、功能都必须被至少一个测试用例所覆盖。

8）不仅要考虑对合法的输入产生测试用例，而且要对非法的、非预期的输入产生测试用例；既要对正常的处理路径进行测试，也要对出错处理路径进行测试。

9）软件单元的测试用例一般以驱动程序和桩程序的形式表现出来，在这些测试辅助程序中必须加入详细而明确的注释说明。

10）软件必须利用合适的工具进行编程准则检查。

11）设计并完成软件单元测试，汇编软件单元测试记录（包含测试内容、测试用例等）。

12）A级弹上软件单元测试在转定型阶段之前，测试充分性指标要求是关键单元修正的条件判定覆盖率（MC/DC）100%，如未达到指标，需对未覆盖部分进行分析说明。

13）软件单元测试在转定型阶段之前，测试充分性指标要求是所有单元语句测试覆盖率100%，分支测试覆盖率100%。根据试验目的和资源情况，可分阶段累计达到，对于有修改的，回归后累计达到。如未达到指标，需对未覆盖部分进行分析说明。对于不能用工具完成单元测试达到测试覆盖率要求的软件，需要用其他方式完成等效单元测试，并对覆盖率的等效性予以说明。

14）软件单元在修改单元测试所发现的错误后必须进行单元回归测试。

15）编码经过改动后，对原先通过的单元测试用例允许替换原软件单元，对于新增单元则补充单元测试。

16）软件在完成调试后必须清除所有的多余物和“垃圾”。

7.7.5.6 软件单元集成和测试

主要完成两部分工作：一部分是软件集成工作，即按照软件设计说明中规定的软件结构，将软件单元逐步集成为软件部件直至软件配置项；另一部分是单元集成测试工作，重点检查软件单元和（或）软件部件之间的接口。以上两部分工作联系密切，应该结合在一起完成，在完成软件单元集成工作的同时，完成软件单元集成测试工作。

质量要求如下：

1）软件单元集成测试计划中应包括集成顺序、集成策略。

2）软件单元集成测试的重点是检查软件单元和（或）软件部件之间的接口。

3）软件部件的功能满足设计要求。

4）软件单元测试用例应与软件（概要）设计具有双向可追踪性。

5）软件单元集成建议采用自底向上的增量式软件集成过程。

6）软件单元集成测试发现问题并经修改后，需对修改的软件单元进行单元回归测试，并对修改部分及受影响部分重复进行软件单元集成测试，测试用例必须包括以前使用的测试用例，并根据修改情况增添一些新的测试用例，应特别注意收集和保存这些测试用例。

7.7.5.7　软件配置项测试

根据软件需求规格说明中定义的全部需求、软件测试计划和软件测试说明，测试整个软件是否达到要求。软件配置项测试的目的是确认该软件是否达到了软件需求规格说明所规定的各项要求，是否可以进行软硬件集成和测试。

软件配置项测试的依据是软件研制任务书、软件需求规格说明等。承办方必须完成软件配置项测试工作。

质量要求如下：

1）A、B、C 级软件的软件配置项测试组必须主要由非本软件编码人员组成；但不排除软件编码人员为测试工作做贡献。

2）软件配置项测试组的组成应包括本软件需求分析人员，并与交办方协商，必要时，要有交办方的代表参加。

3）软件测试计划和测试说明应通过有交办方参加的评审。

4）应在正常输入数据和异常输入数据的条件下，考查被测软件功能的完备性。

5）软件配置项测试环境应是目标计算机系统或交办方认可的替代系统。

6）全部预期结果、测试结果及测试数据应存档保留。测试结果应如实记录，不能全部简单地写成与预期结果一致，对于有数值的，要明确记录实测值。

7）需要参加软硬件集成和测试后才能验证的个别功能、性能、接口要求，必须在软件测试报告中写明。

8）软件开发组应积极配合软件配置项测试组的工作。

9）对软件配置项测试发现的问题，由上级设计师参考软件开发组的意见决定是否进行修改和如何修改。

10）软件修改后，应对修改部分及受影响部分进行测试，如果涉及工作产品修改，则需对涉及的工作产品修改，并进行相应的版本升级，直至软件配置项测试通过。

11）未经许可，不允许对源程序进行任何修改。

12）不允许修改软件测试记录。

13）软件配置项测试用例应与软件需求规格说明具有双向追踪性。

7.7.5.8　软硬件集成测试

软硬件集成和测试由交办方负责，承办方参与制定软硬件集成和测试的分系统试验大纲，并参与开发和记录测试用例、测试规程和测试数据，以保证软件与之正确对接。

参加软硬件集成测试的软件是取自受控库的产品。作为型号中一个系统的一部分或一个分系统的一部分，将其与系统或分系统组合，进行软硬件集成和测试（分系统联调），目的是确认该软件是否满足软件研制任务书规定的需求，以及是否与之相适应。

在软硬件集成和测试阶段发生需求变更或发现软件问题时，应对存在的问题进行分析并给出修改意见。

质量要求如下：

1）软件与所属系统的接口应重点测试，不允许有不协调之处。

2）对软件向所属系统的输出信息、从所属系统向软件的输入信息都应仔细归类进行测试，并注意边界测试。

3）要将软件和所属系统组合在一起进行测试。

4）测试在软件所属系统的正式工作环境上进行。

5）全部预期结果、测试结果及测试数据应存档保留。测试结果应如实记录，不能全部简单地写成与预期结果一致，对于有数值的，要明确记录实测值。

6）对存在的问题应分析其产生的原因并给出修改意见。

7）对软硬件集成和测试发现的问题，经修改后，需再次通过以前进行的与修改部分相关的测试，是否增加新的测试用例需视修改情况及影响域来定。

8）涉及外部接口的更改，必须通报上级设计师系统，由上级设计师系统确定对系统的影响。

7.7.5.9 软件验收

承办方按照软件研制任务书规定的要求，向交办方提出软件验收申请，支持交办方进行软件验收测试，交付软件产品，提供培训和支持。

质量要求如下：

1）检查软件是否通过配置项测试、软硬件集成和测试。

2）按照软件任务书给出的程序编制标准和约定，检查程序和数据以及相应的软件支持环境是否符合要求。

3）检查承办方交付的文档与软件研制任务书中的规定是否一致，是否符合本规范规定的名称、内容和格式。对软件进行物理配置逐项检查，特别要检查文档与程序的一致性、文档的准确性和完整性、是否通过了有关的评审。

4）检查软件功能与软件需求规格说明的一致性，软件接口与软件接口说明的一致性。

5）检查该软件配置项测试、软硬件集成和测试的过程、文档、分析结论是否正确，是否通过了有关的评审。

6）形成软件产品后，按照各个单位制定的软件安装要求，进行软件安装并填写软件安装记录单，明确软件在所属系统上的安装和验证要求。

7.7.6 软件第三方评测

在完成软件配置项测试后，A、B级软件以及型号两总指定的C、D级软件还应由有航天认证资格的第三方评测单位完成独立的软件测试。

软件申请评测时应已通过研制过程的内部测试（单元测试、单元集成和测试、配置项测试等），软件技术状态已固化，软件相关文件资料齐全、符合规范、形成可供测试的固化版本。提供第三方评测的软件应出自受控库。

7.7.6.1　第三方评测要求

1）型号指定的第三方评测机构负责完成软件第三方评测，制定测试计划、测试用例、测试规程，并负责测试数据相关工作，承办方参与测试计划、测试说明和测试报告的评审。

2）第三方评测报告必须通过正式评审，第三方评测结论应作为产品验收的重要依据。

3）对按规定手续提交的评测软件，第三方评测结束后，评测机构应向承办方提供正式的测试报告及相关统计测量结果，如软件总规模、有效代码行数、软件注释率、千行代码缺陷率、文档问题数、代码问题数等。

7.7.6.2　评测结果处理

1）承办方对第三方评测发现的疑问和问题，要进行分析和处理，对双方确认的问题进行修改，对修改的内容要进行测试验证和更改控制，并进行第三方回归测试。

2）软件第三方评测提出软件问题，承办方若不修改，应办理“软件评测不修改问题审理单”。

7.7.7　系统联试过程中的软件管理

系统联调由交办方的上级或型号总体负责，承办方软件项目组参加系统联调，按照系统联调计划、测试用例和规程进行。

完成验收交付的软件产品，作为型号中一个系统的一部分或型号中的一部分，与分系统或系统进行系统联调。系统联调是型号研制的一个重要阶段，目的是确认该软件是否满足软件研制任务书规定的系统要求。

在系统联调阶段发生需求变更或发现软件问题时，应对存在的问题进行分析并给出修改意见。

重要试验时应建立试验队受控库。试验队受控库是一个临时性的受控库，由试验队指定的软件配置管理人员负责管理；试验队技术总负责人或其指定负责人负责试验队受控库出入库的批准。

试验队受控库建立时的软件工作产品版本是相关软件参加本次试验进场时安装在设备上的软件工作产品版本，并且必须出自各软件承办方产品库，用作本次试验修改时的软件技术状态控制基准。试验结束后，要求试验过程中所有的更改后版本及“问题报告单、软件更改单、软件验证单”均入受控库，最终版本软件和试验过程中所有“问题报告单、软件更改单、软件验证单”需入产品库；具体操作流程按照该软件承办方程序文件的规定执行。

重要试验时试验队应组成型号软件技术状态控制组，建立试验队受控库，并由指定的软件配置管理人员负责进行受控库的管理。若需进行软件工作产品更改，应有相关系统设计师和交办方代表会签，须经副总师或总师批准后方可实施；涉及基线的更改需经过型号软件技术状态控制组审查并审批通过后方可实施；软件更改后进行回归测试、系统联调验证，A、B级软件以及型号两总指定的C、D级软件还须经第三方测试；测试确认通过后方可进行后续试验。

7.7.8 软件维护

软件在定型（鉴定）后，进入软件维护阶段。承办方应承担下列维护活动：

1）纠正性维护：为改正硬件或软件的故障而进行的修改完善。

2）适应性维护：为使软件产品在变更了的环境下仍能使用而进行的修改完善。

3）完善性维护：为改善计算机程序的性能、可维护性或其他属性而进行的修改完善。

研制单位的售后部门组织开展在役装备软件的例行维护，依据维护计划、用户手册，开展装备巡检和技术培训、记录运行（如训练、演习）和培训日志；收集用户反馈数据和信息。依据收集的用户反馈数据和信息，进行运行维护数据分析，完成运行维护数据分析报告，形成组织资产。

对运行维护中出现的问题，按软件工程化要求实施软件变更。如软件更改影响定型鉴定技术状态、软件更改对产品有重大影响或顾客有需求时，需进行危害性分析并召开软件更改评审会。重大更改按照软件研制项目管理组织开展软件更改重新鉴定工作。

7.7.9 可编程逻辑器件软件产品管理要求

可编程逻辑器件软件产品的开发活动应符合GJB 9432—2018《军用可编程逻辑器件软件开发通用要求》相关规定。

7.7.9.1 技术管理要求

1）依据研制任务书或系统/子系统研制任务书（含相关可编程逻辑器件软件产品研制任务要求），编写软件开发计划。

2）软件产品研制应分阶段进行，主要包括需求分析阶段、设计与验证阶段、确认测试阶段、验收交付阶段与运行维护阶段。

3）在软件产品研制过程中，每个阶段编制相应的文档，应保证文档的准确性、完整性、一致性、可理解性和可追溯性。

4）在软件产品研制过程中建立相应的仿真验证环境，设计验证用例，并按验证计划实施各阶段的验证工作，编写设计验证报告。

5）在确认测试阶段中发现的软件产品问题，应按问题纠正处理，软件产品纠正后应进行内部回归测试。

6）应详细记录验证的实施情况（包括仿真验证环境、激励数据、预期结果、验证结果、出现问题及相应处理等），对验证覆盖性和有效性进行评估，给出验证结论。

7）验证记录、验证用例及验证规程应纳入配置管理，保证验证的可复现性。

8）由有航天认证资格的第三方测试单位对可编程逻辑器件软件产品进行测试，以确认其是否满足研制任务书要求。第三方测试应进行规则检查、跨时钟域分析、逻辑综合检查和静态时序分析。

7.7.9.2　质量管理要求

1）评审：A、B 级可编程逻辑器件软件产品需求分析（系统设计与需求分析）阶段评审、设计与验证阶段评审、确认测试阶段评审、验收交付阶段评审、第三方测试评审是关键质量控制节点，需进行正式评审；C、D 级可编程逻辑器件软件产品可参照执行。

2）外购、外协和沿用 IP 核：使用外购、外协、沿用 IP 核，必须经过充分论证和验证，保证 IP 核的质量。

3）验收：可编程逻辑器件软件产品验收必须履行正式手续，参照相关软件验收要求规定的验收规程，根据研制任务书要求，对所提交的可编程逻辑器件软件产品进行验收，交付产品必须出自产品库。

4）固化：型号用可编程逻辑器件软件产品的载体，应按规定选用合格的生产厂，或按规定选用指定供应商提供的指定产品；软件产品的固化应在质量管理人员的监督下，指定专人按操作规程在专用设备上进行，并记录固化过程。固化用的母盘应由产品库提供。应保证固化设备和存储介质无计算机病毒、无缺陷。

7.7.10　软件评审

1）软件各开发阶段都要组织评审，管理评审（正式评审）由单位主管部门组织，同行评审（技术评审）由项目组组织。管理评审一般需总体单位、软件评测机构、交办方、利益相关方参加。交办方或交办方所属单位应根据软件安全性等级来确定采用的评审方式。

2）A、B 级软件产品的主要软件文档应先进行同行评审，再进行管理评审；C、D 级软件产品的里程碑软件文档（如软件任务书、软件需求规格说明等）应先进行同行评审，再进行管理评审。

3）型号飞行试验进场前应进行进场专项评审。开展专项评审时，重点审视软件开发过程是否受控，满足软件工程化管理要求；软件测试覆盖性和充分性是否满足技术要求，是否开展了异常逻辑、时序、边界和极限条件下的测试验证；软硬件集成测试、系统联试，系统软件验证是否充分；软件第三方评测是否充分发挥作用，评测问题是否闭环管控；对软件产品技术设计评审后确定的技术状态发生的更改情况进行清理，复查技术状态变更是否完成审批或评审，是否经过相关理论分析和试验验证，软件产品目前技术状态与飞行试验要求的产品技术状态符合情况，复查技术状态与前期试验状态的差异。

4）管理评审中提出的经相关方确认的问题需要纠正，并由质量部门进行闭环管理。

7.7.11 软件配置管理

7.7.11.1 配置管理要求

型号软件配置管理活动应贯穿于软件开发周期，保证软件的完整性和可追溯性。

置于配置管理之下的工作产品包括向交办方交付的产品、指定的内部工作产品、采购的产品、工具以及在生成和描述这些工作产品时使用的其他项。

型号软件的承办方应建立“三库”：开发库、受控库、产品库，并对其实施管理。

软件开发库设在软件项目组，由开发库管理员负责；软件受控库设在各承办方研究室或指定的部门，由受控库配置管理员管理；软件产品库设在各承办方厂、所主管（或档案）部门，由产品库配置管理员管理。

“三库”及试验队受控库管理责任与审批见表 7－21。

表 7－21 “三库”及试验队受控库管理责任与审批表

责任与审批 库名称	责任部门	批准人
开发库	软件项目组	软件项目负责人
受控库	承办方研究室或指定的部门	承办方研究室或指定的部门负责人
产品库	承办方厂、所主管(或档案)部门	厂、所主管领导
试验队受控库	试验队	总师系统

承办方应在型号软件开发过程中，通过评审建立必要的基线。根据型号的情况至少应建立如下三条基线（“三线”）：

1）功能基线：分系统设计活动完成，软件研制任务书经过正式评审和批准。

2）分配基线：软件需求分析活动完成，软件需求规格说明经过正式评审和批准。

3）产品基线：软硬件集成和测试活动完成，软件产品经过正式评审和批准。

必要时，根据总师的批准，可调整基线。

三条基线建立时机及包含工作产品如图 7－8 所示。

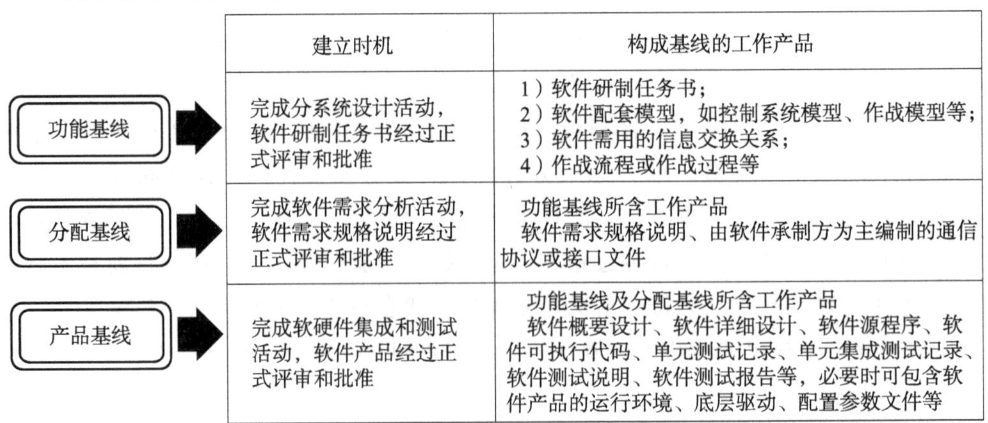

图 7－8 三条基线包含的工作产品

7.7.11.2　配置标识

配置标识包括软件产品标识、软件文档标识、软件基线标识、支持工具标识、软件存储介质的标识等，标识一般包含产品代号、版本号等要素。

7.7.11.3　配置控制

软件配置控制一般包括“三库”的管理和软件更改控制要求。

“三库”管理要求：

1）进入开发库的软件在软件项目组内集中管理，并及时发布更改情况。

2）进入受控库的软件工作产品如需更改，必须履行正规的更改手续，更改后要及时发布更改情况，采用“三单”（问题报告单、软件更改单、软件验证单）进行更改控制。“三单”的主要内容及要求如图 7－9 所示。

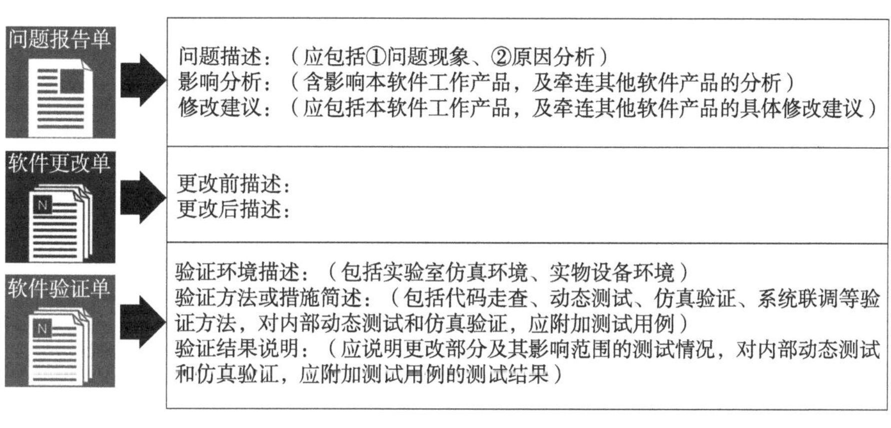

图 7－9　“三单”的主要内容及要求

3）用于软硬件集成和测试的软件工作产品必须取自受控库，软硬件集成和测试通过后，软件工作产品进入产品库。

4）进入产品库的软件工作产品，如需更改，必须履行审批手续，出产品库后入开发库中更改；更改后按规定手续再重入受控库、产品库。

5）交付的软件产品应取自产品库。

6）参加靶场试验的软件产品应取自产品库。

7）供方必须制定有效措施，保证进入受控库及产品库中的软件一致性和完整性。

8）重要试验软件管理要求见 7.7.7。

凡纳入基线的软件工作产品若需更改，均应进行有效的控制。软件更改控制具体要求如下：

1）程序更改后，相对应的文档也必须及时做出修改，以保持程序与文档的一致性。

2）工作产品更改时应填写“问题报告单”。

3）根据批准的“问题报告单”，对软件进行更改时，必须填写“软件更改单”，并履行更改手续。

4）更改后的软件需对更改正确性进行验证；“软件验证单”（仅文档更改不需要软件验证单）经相应分系统有关人员进行会签确认。

5）经过修改的软件必须及时重新办理入库手续并纳入受控库。

6）更改实施后，配置管理员应将更改结果及时通报相关人员。

7）与该软件相关的其他软件也应做相应的更改，以保证软件配置项之间、该软件配置项内部、各软件配置管理项之间的一致性。

8）重要试验软件更改控制要求见 7.7.7。

7.7.11.4 配置记实

配置记实的内容如下：

1）记录并报告各配置管理项的状态。

2）记录并报告软件文档的状态。

3）记录并报告软件问题和更改的状态。

4）提供每个软件配置项的所有更改对初始确定的基线的可追溯性。

7.7.11.5 配置审核

承办方应在软件验收交付前按配置管理计划定期或事件驱动地进行软件的功能配置审核、物理配置审核和配置管理审核。

（1）功能配置审核

应通过对软件测试方法、测试流程及测试报告的评价，审核软件配置项的实际功能、性能是否达到软件设计文档所规定的要求。

（2）物理配置审核

应通过对软件配置项交付版本的正式检测，鉴定该版本是否与所确定的技术文档相一致，并保证软件交付版本中已进行了所有已批准的更改，所有要求的软件项目、数据、工作规程和文档都包括在其中。

加强软件出入库的校验审计，软件工作产品出库时需将出库的 MD5 码与入库时的 MD5 码进行比对，确保一致。

（3）配置管理审核

在软件研制主要里程碑处建立基线后，应根据配置管理计划，实施配置管理审核，形成审核报告。配置管理审核需关注配置管理记录是否正确地标识了配置项的配置状态和变更状态、评估基线的完整性；确认过程和活动是否遵循了配置管理标准和规程。

7.7.12 软件质量保证

软件质量保证是通过独立于项目的质量保证人员对过程、工作产品进行评价，确保对适用的过程说明、标准和规程的遵循性。要求如下：

1）制定软件质量保证计划。

2）根据软件质量保证计划对软件研制的过程活动和工作产品进行评价，检查活动、工作产品与计划、过程、标准和规程的符合性。

3）处理不符合问题，向有关人员通报评价结果，确保不符合项得到解决。

4）跟踪软件产品发生的质量问题，确保项目完成质量问题的归零。

5）建立质量保证活动记录，包括检查表、产品评价表、过程活动评价表、不符合项记录、过程改进建议表等。

6）定期或事件驱动地生成质量保证的月报、里程碑点报告、阶段质量报告、质量保证报告，评估项目运行状态和运行质量。

7）收集并保留软件产品质量问题的归零报告，确保质量问题归零记录可追溯。

7.7.13　软件重用

7.7.13.1　软件重用分类

软件重用指对某一已有软件制品的使用。根据重用对象和重用形式的不同，可将软件重用分为构件级重用和派生重用两类。

7.7.13.2　构件级重用

构件级重用指在软件开发过程中对重用库中的通用重用件进行重用。根据重用对象的不同级别，分为产品构件重用、框架构件重用、功能构件重用。构件级重用的形式为黑盒重用，重用过程中不允许对重用件进行修改，如果更改需按要求履行通用重用件升版手续。

7.7.13.3　派生重用

派生重用指在软件开发过程中对产品库中的派生重用件，或是重用库中的通用重用件进行完全重用或部分重用。派生重用的形式为白盒重用，重用过程中允许对采用的重用件进行修改，以适应新项目的需求。派生重用件可应用于新项目启动时对于已有型号软件产品的重用，型号系列化重用属于派生重用的一种。

7.7.13.4　重用件的设计

重用件设计前，应开展面向软件重用的领域分析，依据领域分析形成的领域重用标准和领域重用指南，确定领域软件通用重用件需求分析准则。

依据软件通用重用件需求分析准则，按照领域内一致的问题分析方法、原则和策略，划分软件通用重用件功能、接口，满足领域分析形成的领域模型、领域框架和分类模式要求；对软件通用重用件的上下文图（应用环境）、需求模型、数据字典、通信模式和领域标识进行描述。

按照领域分析形成的领域模型、领域框架和分类模式要求，以及通用重用件需求分析形成的应用环境、需求模型，开展对该领域各应用系统都适用的可重用软件框架设计，形成框架构件；依据系统分析与设计结果，确定需要完成的模块，开展可重用软件模块级构件设计，形成功能构件。依据该领域各应用系统都适用的可重用软件产品需求，形成产品构件。产品构件也可以由软件框架构件、软件功能构件和新增模块等组成。

7.7.13.5 重用件的管理

重用件的管理一般包括：重用库的建立与管理、通用重用件的生成与认定、重用件的开发过程管理、重用资产的使用与维护。

7.7.14 软件安全性可靠性

软件 FMECA（SFMECA）主要是在软件开发阶段的早期，通过识别软件故障模式，研究分析各种故障模式产生的原因及其造成的后果，寻找消除和减少其有害后果的方法，以尽早发现潜在的问题，并采取相应的措施，从而提高软件的可靠性和安全性。

航天型号中大量的软件为嵌入式软件，嵌入式系统的硬件和软件均按规定功能要求进行配置，在可靠性与安全性方面相互联系与制约，并同步进行设计，具有智能化的实时控制的特征，且有重量轻、使用与安装方便等特点，在装备得到广泛的应用。

SFMECA 的步骤如图 7－10 所示，只有先进行嵌入式软件故障模式及影响分析（SFMEA），才能进行嵌入式软件危害性分析（SCA）。

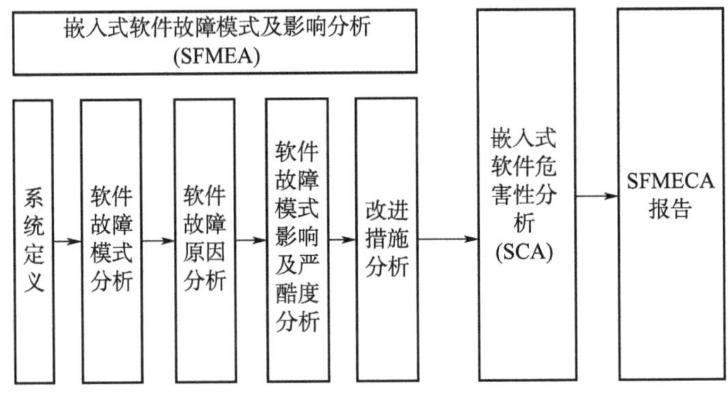

图 7－10　SFMECA 的步骤

在型号软件研制阶段，按照 Q/QJB 218—2013《型号软件可靠性安全性设计准则》的要求开展型号软件的安全性可靠性分析、设计和实现。具体要求包括：故障检测、时间特性、采用频率、硬件特性、余量设计、数据采集、合理性检查、人机交互操作、异常处理、中断、多任务和多线程、看门狗、动态内存、通讯数据、代码多余物等方面。在 Q/QJB 218—2013《型号软件可靠性安全性设计准则》中给出了典型的软件质量案例。

7.8 “三化”设计

7.8.1 “三化”定义

在已颁布的《中国人民解放军武器装备管理条例》中明确规定“三化”的定义。“三化”是指通用化、系列化、组合化（模块化）。通用化是指开发并最大限度地重复和共同使用具有互换性的通用产品的活动。系列化是根据同一类产品的发展规律和使用需求，将其主要参数按一定数列做合理安排或规划，并对其型式和结构进行规定或统一，从而有目的地指导同类产品发展的一种标准化形式。组合化（模块化）是在对一定范围内的不同产品进行功能分析和分解的基础上，划分并设计、生产出一系列通用模块或标准模块，然后从这些模块中选取相应的模块并补充新设计的专用模块和零部件一起进行相应的组合，以构成满足各种不同需要的产品的一种标准化形式。

三者密切相关又各有侧重，通用化是系列化和组合化的基础和前提；系列化是通用化的进一步发展，是在通用化“点”的基础上，在“线”上做到更加广泛的通用。组合化是核心，通过划分并开发出一系列功能模块和其他模块，然后将各种模块进行组合以形成新产品。“三化”之间的关系见表 7－22。

表 7－22　通用化、系列化、组合化关系

类别	定义	实现途径和方法	核心内容
通用化	最大限度地开发重复使用、共同使用的具有同一功能和互换性的产品的活动	互换性的实现方法包括：1）性能互换性，通过两个产品的性能分析和对比来保证；2）几何互换性，通过图样设计时，对产品界面尺寸和内部材料等的限制来保证；3）最终通过产品联试来保证代用产品符合使用要求	同一功能、同一规格
系列化	最大限度地开发重复使用、共同使用具有同一功能和一系列规格的产品的活动	系列化工作通常包括：1）制定参数规格系列标准；2）制定产品系列型谱标准；3）研制生产系列化产品；4）在新产品研制中选用和提供系列产品	同一功能、不同规格
组合化（模块化）	最大限度地开发重复使用、共同使用的一系列具有不同功能、不同性能和尺寸的通用产品（模块）的活动	组合化的过程通常包括需求分析、功能分解或结构分解、模块划分以及模块研制等。针对不同对象采用不同分解方法：1）按功能流程及其逻辑程序进行分解和划分，2）按其组装结构和维修要求进行分解和划分；3）按（液压、气压）回路进行分解和划分	不同功能、不同规格

7.8.2　“三化”意义

为了适应高新技术武器装备研制生产及现代化战争的需要，“三化”受到了愈来愈多的重视，“三化”设计主要有以下几点意义：

1）通过最大限度地利用现有产品和成熟技术，达到降低研制费用和生产成本，缩短研制周期，降低研制风险的目的。

2）稳定产品结构，提高制造过程的重复性，支撑装备走基本型派生发展道路。

3）新形势作战下要求武器装备应具有良好的互操作性和通用接口，采用通用化设计方法，提高武器装备互换性和保障性。

4）促进装备型谱化发展和货架产品选用能力提升，实现系统设计从“基于总体设计量身定制产品”向“基于型谱产品进行总体设计”转变。

7.8.3　典型产品“三化”设计

“三化”的重点对象包括：软硬件产品、元器件、原材料、工艺装备、通用工艺等。硬件产品按照级次划分包括：零部件、组（整）件、设备（组合、整机、装置）、分系统

（成套设备）和系统级产品；软件产品包括：软件可重用构件等。

以系统级、分系统级和软件等典型产品介绍“三化”设计要求。

7.8.3.1　系统级产品“三化”设计

通用化设计主要考虑以下几点：

1）系统研制中应充分重视功能的通用化，实现“一机多用”“一弹多用”。

2）装载于不同平台的武器装备，对影响装载配置的分系统或设备应进行通用化设计。

3）武器装备构成中应尽量选用已有武器系统中经过验证、有效的通用产品。

系列化设计主要考虑以下几点：

1）作为基本型研制的武器装备应全面考虑后续型号的系列化发展，应考虑制定相应的系列型谱，派生型在主要功能参数方面应符合系列型谱的要求。

2）新研制而未构成系列的武器装备应便于以后形成系列或系列型谱。

3）改型研制的武器装备应充分考虑继承性和后续型号的系列化发展。

组合化（模块化）设计主要考虑以下几点：

1）构成武器装备的各层次产品应采用组合化（模块化）设计，并提出具体要求。

2）武器装备构成中的模块划分，既应考虑功能的相对独立性，又要考虑结构的完整性，并适应所要装载的各种平台。

3）模块应具有良好的通用性和互换性。

4）模块内部应有低的“联接性”“连通性”和高的“内聚性”，以便于模块的改进和更新。

5）模块应选择通用的结构、接口和尺寸。

7.8.3.2　分系统级产品“三化”设计

根据导引头、引信、舵机等不同的组件级产品，将其按照产品组成进行分类，设计原则主要考虑技术上能够实现通用的组合均按照最小体积进行设计、排列，不能通用的组合在结构互换的前提下进行设计，以达到组合换装即可满足不同产品需求的要求。

分系统级产品“三化”设计一般要求如下：

1）优先采用成熟技术，选用成熟电路和模块、典型结构和工艺。

2）尽可能采用通用化、系列化、模块化组合。

3）系列型号的基本型研制中应对组件的通用性以及通用组合进行规划，对新研产品应根据需要提出通用化要求。

4）尽量采用通用的通信传输协议。

5）接口尽量采用通用标准，实现接口标准化，并充分考虑扩展性设计。

6）应考虑制造设备、工装、模具及试验设备、工装等的通用性。

7）元器件、原材料、标准件应统一规划，简化品种规格。

7.8.3.3　软件产品“三化”设计

对软件产品而言，主要是指构成信息系统、软件产品的分系统、软件配置项、软件部件、软件单元。

(1) 软件通用化设计

软件产品通用化的核心是形成通用化的需求，通过对不同用户需求的收集、分析、沉淀和归并，甚至提出前瞻性、冗余的需求，形成具有一定普适性软件功能、性能，即软件的规格。

软件的通用化主要包括：

1) 软件单元的通用化；

2) 软件部件的通用化；

3) 软件配置项的通用化；

4) 软件分系统的通用化。

(2) 软件系列化设计

软件系列化的目的是以较少的品种规格满足最大的需求。软件系列化的对象可以是软件系统/分系统、软件配置项、软件服务、软件部件（构件）。

软件系列化的分类一般不以产品的性能参数、几何参数作为分类、分级的依据，软件系列化的产品通常以建立软件的型谱为产品的基本型，将型谱中不同层次（软件系统、软件分系统、软件配置项、软件部件）、不同领域、专业的软件产品，按照应用模式、应用的平台环境、应用用户类型形成基于基本型的系列产品。

常见的软件系列化的划分类型如下：

1) 领域和用户。

2) 用户特征。

3) 软件安装部署的应用环境。

4) 软件的技术体制和体系结构。

(3) 软件组合化设计

软件的模块化/组合化不仅是降低软件复杂性的基本方法，也是提高软件系统灵活性、可扩展性的方法。软件的模块化是将复杂的软件系统分解为一组高内聚、低耦合的模块，通过对这些模块的集成（组合）形成不同的软件系统。

软件组合化主要从以下三个方面入手：

1) 具有一定数量模块的模块系统，这里的模块，是指具有特定功能和典型结构的通用、独立单元。

2) 运用系统的分解、组合原理。首先，要对某类产品进行功能分析和结构分解，在此基础上设计生产出一系列通用模块以备选用，这是分解的过程。其次，在该类产品新型号设计中选用合适的通用模块，并补充部分专用组件和零件，组合成新产品，这是组合的过程。

3) 最终应能满足各种不同的需要。根据产品的功能需求与结构特征，选用适当的通用模块，并补充部分专用组件和零件，组合成新产品，最终应能满足各种不同的需要。

7.8.4 "三化"入库

"三化"资源库是表征产品通用化、系列化和组合化（模块化）特性的数据库。"三化"资源库的内容包括：通用产品（零、部件级，带电气功能的整件级，结构整件，通用工艺）、软件模块、三维模型、典型技术设计规范和通用工艺。"三化"资源开发途径包括：现有产品筛选、专项研发以及结合型号研制。型号研制各阶段都应积极培育"三化"资源。

7.8.4.1 通用产品入库准则

通用产品的入库准则如下：

1）准备资料：产品的整套设计文件（一般包括技术条件、技术说明书、调试细则和使用维护说明书）。

2）入库方式：采用评审的方式入库。

3）判定入库的条件。

a）设计文件内容是否正确。

b）是否满足两个以上型号通用。

c）其扩展性是否可满足新型号使用。

d）产品是否出现过质量问题，解决情况如何。

e）产品是否验收合格。

f）是否符合相关标准的规定。

g）成本是否适用于批量生产，与国内外同类产品的性价比情况。

h）技术上领先程度的评价，在该技术领域的前景评价。

i）相关专业推荐。

7.8.4.2 三维模型入库准则

三维模型入库准则如下：

1）准备的资料：三维模型。

2）入库的方式：

a）零、部、整件级图的三维模型的入库方式与相应级别的通用图的入库方式相同。

b）标准件、外购件的三维模型采用评审的方式入库。

3）判定入库的条件：

a）模型外形、尺寸等是否正确。

b）模型参数是否齐全。

c）相关专业推荐。

7.8.4.3 软件模块入库准则

软件模块入库准则如下：

1）需要准备的资料一般包括：

a）源程序。

b）执行程序。

c）全套软件文档。

d）软件模型。

2）入库的方式：采用评审的方式入库。

3）判定入库的条件：

a）软件代码内容是否正确，能否实现其功能。

b）是否具有独立的功能。

c）是否满足两个以上型号通用。

d）其模块功能的划分和定义是否合理。

e）是否出现过质量问题，解决情况如何。

f）相关专业推荐。

7.8.4.4　技术设计规范入库准则

典型技术设计规范入库准则如下：

1）需要准备的资料：设计规范（或理论来源），图纸，本技术的使用情况等。

2）入库的方式：采用评审的方式。

3）判定入库的条件：

a）设计规范内容是否正确。

b）参数是否合理，图纸是否正确、齐全。

c）是否满足两个以上型号通用。

d）是否具有典型性和先进性。

e）相关专业推荐。

7.8.4.5　通用工艺入库准则

通用工艺入库准则如下：

1）需要准备的资料：全套工艺文件。

2）入库的方式：采用评审的方式入库。

3）判定入库的条件：

a）工艺流程是否合理。

b）工艺方法是否正确。

c）是否满足两个以上型号通用。

d）相关专业推荐。

7.8.5　“三化”应用和管理

7.8.5.1　“三化”应用

设计师在进行产品设计时优先从“三化”产品库中选用相关硬件产品或模型，从软件重用库/产品库选择重用软件产品，方案阶段从《产品型谱能力目录》中选择产品型谱，开展型号研制；也可以从“三化”产品库、软件重用库中选用后进行改进，经过确认后替代原有“三化”产品或作为系列化产品进入“三化”产品库或软件重用库。

武器系统级科技创新项目、背景预研、演示验证、竞争等预研型号，在项目论证阶段或产品实现策划阶段，型号指挥、总师/副总师组织总体、分系统、整机等承研部门进行“三化”策划，“三化”内容纳入型号方案报告，在提交用户前，完成“三化”审查。

型号立项论证阶段，根据用户需求，依据型号发展规划、产品型谱、“三化”产品名录及相关标准，型号指挥、总师/副总师组织总体、分系统、整机等承研部门进行“三化”策划和审查，将“三化”相关内容纳入型号立项综合论证报告。

型号方案设计阶段，根据用户需求，依据型号发展规划、产品型谱、“三化”产品名录及相关标准，在型号两总系统领导下，系统总体细化分解《研制总要求》中的“三化”内容，明确型号“三化”工作目标。在立项论证的基础上，按产品层级逐级开展“三化”方案设计，导弹和武器系统形成独立的“三化”方案报告并单独评审，其余产品“三化”方案有关内容纳入产品方案报告，结合方案进行评审。

型号工程研制阶段，设计师系统要将产品“三化”方案的各项要求落实到设计图样中，按产品层级逐级开展产品“三化”设计，导弹和武器系统形成独立的“三化”设计报告，可结合技术设计评审进行专项评审，其余产品“三化”设计有关内容纳入产品技术设计报告。

型号状态鉴定阶段，各级产品应按照状态鉴定要求在标准化工作报告中总结“三化”工作内容，对“三化”产品和共性成熟技术进行总结提炼。

型号内“三化”管理流程如图 7-11 所示。

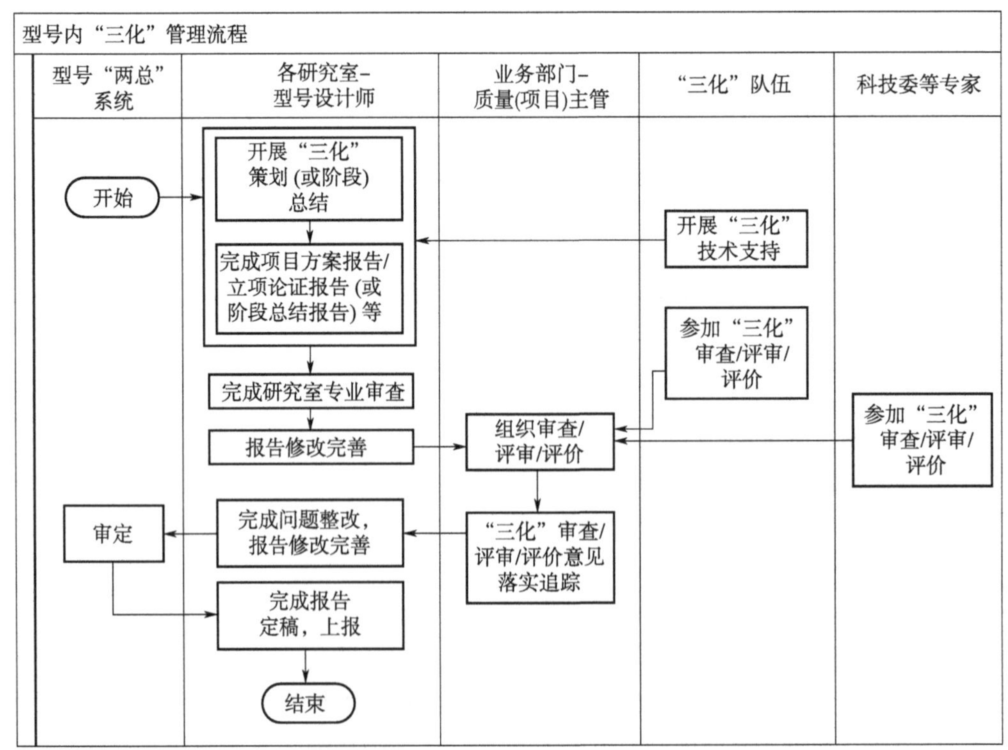

图 7-11 型号内“三化”管理流程图

7.8.5.2 “三化”实施

“三化”涉及面广，是一项复杂的技术和管理工作，与企业规划、专业发展、型号（项目）管理、信息化等业务紧密相关。其中，“三化”中的型谱构建涉及企业战略规划、产品和专业的未来技术发展和占位布局；型号（项目）在选用和使用现有的“三化”产品资源的同时，又在培育新的“三化”设计资源；“三化”对象重点是软硬件产品，同时也可以是非物质形态的技术、工艺、专业，甚至是研发管理模式。

真正实施好“三化”，需要处理继承与创新、局部和整体、眼前和长远的关系，解决跨型号、跨系统、跨单位的问题，不仅是要解决一个型号系列，还要解决型号系列间互联互通的问题。“三化”既有正面的作用意义，客观上也存在一些负面因素，开展“三化”可能会与当前局部经济效益、型号特定的需求发生矛盾，所以需要有总体的工作思路和长远规划，也要有具体的组织和取舍决策。

企业“三化”重点工作主要包括：积极构建有效运行的“三化”工作机制，完善规章制度，健全专兼职“三化”队伍；围绕型号和项目实际需求，系统做好各类“三化”资源开发；采取针对性措施做好“三化”资源在型号研制中的有效实施；大力推进实施“三化”技术和管理创新，做好“三化”成效总结和经验推广；聚焦实物装备做好统标统型工作。

另外还需从思想、技术和管理上关注“三化”的实施。

思想上，要切实转变观念，充分认识到，“三化”是一项能够发挥重要作用，但同时又是推进难度极大、见效比较慢、周期长的基础性工作，要将“三化”工作上升到企业战略发展的高度，作为专项工程常抓不懈。

技术上，充分掌握和运用“三化”工作的技术规律、原理原则和方式方法，正确处理工作中的问题和矛盾。做好顶层设计，规划产品型谱，确定“三化”对象，形成“三化”产品，落实“三化”要求，注重成果的积累和固化。

管理上，要有效运行“三化”机制，按照既定的程序和方法做好各项工作，严格落实“三化”实施过程中各级各类人员的职责。加强交流，做好工作协同，持续改进，确保工作实效，做好工作推进过程中的宣贯培训。

7.8.6 “三化”评价

型号产品各阶段“三化”评价工作要求：

1）在论证阶段，应对系统“三化”设计进行总体研究，提出型号“三化”评价工作总体要求。

2）在方案阶段，应确定产品“三化”任务要求、计划和实施途径，优先选用成熟度高的产品，推广货架产品，并按照“谁设计，谁负责”的原则，将其纳入型号“标准化大纲”“产品实现策划报告”“研制任务书”及“方案报告”等技术文件中。研制任务书中应对产品的“三化”设计提出明确要求，一般包括产品成熟度等级、新研产品率、“三化”产品采用率等量化指标，还可以包括“三化”成熟产品采用率、“三化”标准执行要求、软件重用要求等，产品成熟度等级评价标准见表7－23。

3）在工程研制阶段，应将“三化”要求落实到型号产品中，并在试制、试验中加以验证、完善。

4）在设计定型（状态鉴定/鉴定）阶段，对照“型号研制总要求”“研制任务书”及“标准化大纲”中提出的“三化”目标和要求进行检查，在“标准化工作报告”中对型号“三化”评价工作进行总结。

5）在批生产阶段，侧重对稳定批量生产能力进行评估。

表7－23　产品成熟度等级评价标准

开发阶段	等级	等级描述	等级条件
原理验证	1	产品主要功能特性模块通过实验室模拟环境测试与验证，具备技术原理可行性	针对产品应用设想： 1)产品概念明确，主要功能特性明确 2)完成产品创意设计，满足功能特性要求 3)对最终产品的预期成本有初步规划 4)完成产品主要功能特性模型加工及验证 5)元器件、原材料有供货渠道 6)产品主要功能特性模块通过实验室模拟环境测试与验证，满足功能特性要求 7)已明确产品承载的各类技术，特别是关键技术 8)产品具备技术原理可行性
	2	产品通过实验室模拟环境测试与验证，具备技术应用可行性	针对产品应用设想： 1)产品预期应用目标明确，主要功能性能指标明确 2)完成产品原理样机方案设计，满足功能性能指标要求 3)对最终产品的预期成本有初步估算，符合市场需求 4)完成产品原理样机加工及验证，规划了关键工艺、材料和器件 5)元器件、原材料有供货渠道 6)原理样机通过实验室模拟环境功能性能验证，满足主要指标要求 7)已明确产品承载的各类技术，特别是关键技术 8)产品具备技术应用可行性
	3	产品通过演示模拟环境下测试与验证，具备工程应用可行性	针对产品应用背景： 1)产品应用目标明确，应用要求和主要技术指标明确 2)完成产品演示样机方案设计，满足应用要求和技术指标要求 3)对最终产品的预期成本有初步概算，符合市场需求 4)完成演示样机/样件加工及验证，基本确定关键工艺、材料和器件 5)元器件、原材料有供货渠道 6)样机通过演示模拟环境下的功能性能验证，满足技术指标要求 7)已明确产品承载的各类技术，特别是关键技术 8)产品具备工程应用可行性

续表

开发阶段	等级	等级描述	等级条件
工程研制	4	产品通过典型模拟使用环境试验验证，关键工艺已解决，具备工程样机生产能力	针对用户使用要求： 1）总体要求明确，主要技术指标明确，规划了最终产品目标成本区间 2）完成产品原型样机方案设计，满足总体要求和主要技术指标要求 3）原型样机研制成本明确，满足最终产品目标成本区间要求，并制定了降低成本的方案 4）完成原型样机加工及验证，基本解决了新材料、新工艺、新器件，关键工艺已解决 5）针对采用的限、禁用和进口元器件原材料，制定了国产化产品替代方案 6）元器件原材料供货渠道确定，满足原型样机生产数量要求 7）原型样机通过典型模拟使用环境试验验证，可靠性、环境适应性及主要性能指标基本满足使用要求 8）已明确产品承载的各类技术，特别是关键技术 9）产品具备工程样机生产能力
	5	产品通过典型使用环境试验验证，工艺流程固化，具备试生产能力	针对用户使用要求： 1）总体要求明确，技术指标明确，最终产品目标成本明确 2）完成产品验证样机方案设计，满足总体要求和技术指标要求 3）验证样机研制成本明确，基本满足最终产品目标成本要求，并解决了降低成本的技术、方法和手段 4）完成验证样机加工及验证，解决了新材料、新工艺、新器件，工艺流程固化 5）针对采用的限、禁用和进口元器件原材料，制定了国产化产品替代方案 6）元器件原材料供货渠道稳定，满足验证样机生产数量要求 7）产品通过典型使用环境验证，可靠性、环境适应性及性能指标满足使用要求 8）已明确产品承载的各类技术，特别是关键技术 9）产品具备试生产能力
	6	产品通过定型/鉴定试验考核，产品性能稳定、质量可靠、工艺稳定、成本可控，具备小批量生产能力	针对用户使用要求： 1）产品基线明确，指标明确，产品目标成本明确 2）完成定型产品方案设计，满足产品使用要求和指标要求 3）产品研制成本满足产品目标成本要求 4）完成产品试生产和验证，生产工艺稳定，制造成本可控 5）元器件原材料供货渠道稳定，满足小批量生产要求 6）产品通过定型/鉴定试验考核，产品性能稳定、质量可靠，满足使用要求 7）已明确产品承载的各类技术，特别是关键技术 8）产品具备小批量生产能力

续表

开发阶段	等级	等级描述	等级条件
批量生产	7	产品批量交付用户，通过实际使用验证考核，产品性能稳定、质量可靠、工艺稳定、成本稳定，具备稳定批量生产能力	针对用户使用要求： 1)产品可供用户直接采购 2)元器件原材料供货渠道稳定、质量可靠，满足批量生产要求 3)产品生产工艺稳定，制造成本稳定，批量交付用户 4)产品通过用户实际使用验证考核，使用性能稳定、质量可靠，满足用户使用和指标要求 5)产品具备稳定批量生产、质量保证和使用保障能力
	8	产品可供多用户直接采购，通过多用户实际使用验证，产品性能稳定、工艺稳定、质量可靠，具备经济型稳定批量生产能力	针对多用户、多平台使用要求： 1)产品可供多用户直接采购 2)元器件原材料供货渠道稳定、质量可靠，满足批量生产要求 3)产品生产工艺稳定，制造成本进一步降低、稳定，产品批量交付多用户 4)产品通过多用户实际使用考核，使用性能稳定、质量可靠，满足多用户使用和指标要求 5)产品具备经济型稳定批量生产、质量保证和使用保障能力

7.9 设计复核复算

7.9.1 目的和含义

7.9.1.1 概述

设计复核复算主要针对项目任务中可能存在的影响发射、飞行成败的风险和不放心的环节开展二次校核，是型号研制工作中必须进行的设计质量可靠性的主要工作之一，是保证设计质量的重要手段，也是设计工作的重要补充，必须纳入型号研制计划，它与基础质量管理联系密切、互为补充、缺一不可。

项目的设计复核复算指航天产品研制过程中，由同行专家、相关专家对全系统重要参数与模型等重要技术问题进行独立的校核验证工作。复核复算针对参试产品，通过数学仿真、重复校核计算等手段，对产品总体、各个分系统、重要部件，在真实任务环境飞行过程中的状态、技术参数及其演变情况进行预估计算，确保各参数在合理、允许范围内。通过全系统复核复算，能够提前发现异常，提前暴露潜在的质量问题，避免试验失利。复核复算的目的是保证项目过程的准确性，复核结果应该具有较高的可靠度和可信度。为确保设计质量，实现设计的一次成功，避免出现设计参数不闭合、技术要求不明确等问题，在项目研制各阶段均应开展专业复核复算工作，从方案论证到飞行试验任务阶段，均应聘请同行专家对图样、设计验证、软件源程序与文档、关键重要的技术问题开展复核复算工作，其结论是技术评审验收的重要依据。

7.9.1.2 内涵

型号项目的设计复核复算要求复核方针对项目的各个阶段设计情况的相关文件进行全

面的核查，在开展形式和审核性质上存在特殊要求，具体如下：

(1) 独立性

独立性是复核复算的基本特征，也是保证复核工作顺利进行的必要条件，复核工作在组织、人员、工作上均与原项目团队存在相对独立关系。为确保复核工作独立进行，承担复核工作的机构必须是独立的专职机构或工作组，复核工作实施人员应是同行业内不存在经济联系的专家或其他工作人员，所有复核复算工作应在有效监督下进行。

(2) 权威性

复核复算工作的权威性，是保证项目进度有效推进的必要条件。这要求复核复算工作小组具有与原项目团队相应或更高的技术水平，复核方应在工作开展前进行全面的调研，对产品总体、分系统等重要组成部分有深入了解，准确掌握从各个阶段的输入输出全过程的分析与计算方法，分析深入透彻，复核复算实施方的最终核算结果应有绝对的权威性与可靠度，可对项目后期进展具备指导性意见。

(3) 公正性

公正性反映复核复算工作的基本要求。复核复算实施方应站在第三者的立场上，对项目各阶段设计情况进行实事求是的检查，给出不带任何偏见的、符合客观实际的判断，做出公正的评价和处理方式。

复核复算工作只有同时保持独立性、公正性，才能真正有效地推进型号工作的质量管理与水平。

7.9.1.3　原则

(1) 分级管控原则

复核复算工作组织方采用分级管控原则，将复核复算项目划分为项目级、厂所级和研究室级，分级组织、分级负责。项目质量管理部门通过评审最终确定复核复算项目，下发复核复算管理要求，并组织落实每项复核复算工作。

(2) 全覆盖原则

当项目启动复核复算检查流程后，组织方应明确并整理型号项目各个阶段的相关输入输出文件、模型等所有可能存在技术参数质量风险的相关内容，本着不带任何疑点、不带任何隐患的理念，确保提供所有的需要复核复算文件资料；复核复算方则应对组织方提供的所有文件、模型进行详细的校核，确保工作全面系统进行。

(3) 闭环原则

针对复核复算工作中检查出的所有质量问题要实行严格的闭环跟踪，依托相应机制确保整改措施落实闭环，对经过复核复算检查后仍出现的重复性质量问题，以及有机会但不应用复核复算成果的设计师系统进行绩效惩戒，促进型号质量提升。

7.9.1.4　依据

设计复核复算的依据一般包括：

1) 型号项目总体技术要求、研制任务书、合同书；

2) 项目设计文件、工艺文件、试验文件及其他技术文件；

3）相关文件的评审结论；

4）研制技术流程；

5）产品保证大纲、可靠性安全性保证大纲、标准化大纲及相关型号管理文件；

6）相关法律、法规和标准规范。

7.9.2　组织机构和人员组成

设计复核复算工作组织机构主要包括两个部分：组织方设计师系统与复核复算评审专家组。

（1）组织方设计师系统

组织方设计师系统是复核复算工作的牵头负责机构，由所在单位的质量管理部门负责总体实施，组织方设计师系统成员包括型号两总、型号总体主任设计师、相关分系统设计师与质量管理部门成员。

组织方设计师系统的主要职责包括：复核复算工作开展前，全面确认项目各阶段复核复算的所有内容，包括对相关重要技术图纸、试验报告、数学模型、软件程序等文件资料的梳理，并将所有复核复算资料、文档提交给复核复算评审专家组；在复核复算工作开展中对相关工作进行协调与指导，主动配合专家组工作，协助处理专家组遇到的问题，对专家组意见进行必要的验证；复核复算审查后，对专家组提出的建议进行逐条分析，给出明确的答复，同时对采纳的建议落实具体方案，对未采纳的建议反馈书面理由；此外，组织方设计师系统还应对复核复算报告进行审查，填写专家建议落实情况统计表，督促跟踪落实情况，完成复核复算总体归档。

（2）复核复算评审专家组

复核复算评审专家组是复核复算工作的核心运行机构，针对不同型号复核复算内容，专家组成员主要包括：复核复算所涉及专业内容的同行业内掌握发展现状与分析方法的资深专家，必要时可包含相近行业、专业面广的专家。此外专家组内还应包括掌握相关政策、熟悉各自管理业务领域内同类型号实际状况或政策执行的整体情况的相关代表，能够针对部分复核内容提供非技术方面的建议。

复核复算评审专家组的主要职责包括：复核复算工作实施前，专家组应开展针对型号项目的全面调研，根据复核复算内容和组织方工作计划，制定专家组评审工作实施计划，明确工作方式与进度安排；复核复算评审中应详细查阅相关文件，全面核查项目设计情况，独立开展设计复核复算工作，并就发现的问题与组织方设计师系统交换意见，同时应完整记录；复核工作结束后，专家组应编写设计复核复算报告，并提交组织方设计师系统。

7.9.3　要求、程序和内容

7.9.3.1　要求

航天重点型号的研制涉及众多部门、专业和方向，一般来说，对于重点关注专业必须进行设计复核复算，具体包括但不限于指控作战过程及模型、发射流程及时序、信息交互关系、飞行控制模型、装备装定参数和关键环节等。设计复核复算通常从方案设计阶段开始实施，一般在飞行产品进场前完成。飞行产品进场后及在飞行任务过程中，可视需要开展相关设计复核复算。在复核复算过程中先对设计输入复查情况、输出及更改复查情况、设计文档复查情况和模型仿真验证与复查情况进行说明，接着给出复核复算中所需的参数设定和场景设定，采用平行验证组“背靠背”的验证方法开展复核复算，最后给出复核复算结论。

为了使设计复核复算实施具有准确性、真实性和时效性，必须开展大量的调研分析工作，制定切实可行的方案，确保方案符合单位管理，以保证复核复算的实施效率。具体而言，必须要明确各级组织、各流程环节、各人员的复查责任分配，即明确划分各类复核复算目标和责任范围，简而言之就是要分工明确、责任清晰，对违反相关责任制度的要依规定严格处理。

7.9.3.2　程序及内容

复核复算的目标是对关键项目的正确性和输出对输入的满足性进行审查。开展复核复算的主要程序为：

1）设计人员资料准备；

2）设计人员汇报情况；

3）复核复算组查阅资料、图样；

4）复核复算组向设计人员咨询情况；

5）复核复算组提出复核复算报告，提出改进建议；

6）设计师系统对复核复算组提出的问题分析、研究、提出处理意见；

7）开展设计复核复算专题评审。

在确定好复核复算流程后，需要进行复核复算体系优化。首先要优化复核复算的范围，要按照预先研究、研制设计、批产售后等不同阶段构建相应的管理框架，保证复核复算范围的全覆盖。其次，要优化复核复算的对象，既要包括型号项目，也要包括部门。对于部门，要按照部门的不同工作性质进行区分，以便更好地对间接复查费用进行归集和分摊。对于型号项目，要按照不同来源和所处不同阶段进行区分，首先是要按照国家部委或军兵种对型号项目进行分类，然后将不同来源的型号项目依据所处的阶段，再分类归纳至对应的阶段框架，避免复核复算归集的重复和交叉。具体的复核复算内容包括以下几个方面：

1）设计内容：图样、技术报告、更改文件、软件、软件模型；

2）试验内容：含试验要求、方法、数据、结果等；

3）硬件设计：元器件选用、降额设计情况、电路板可靠性、安全性以及优化设计情况；

4）对历史上曾经出现的问题的解决、落实和验证情况；

5）对现有产品的评价；

6）需要改进的工作。

7.9.3.3　流程

对于上述多方面的复核复算内容，具体的分工流程如下：

1）型号总师系统负责组织梳理复核复算项目及构成，提出相关原则及建议。

2）生产管理部门、科研管理部门负责建立全复核复算模式的组织机构，明确部门分工和岗位职责，层层落实责任主体；全面梳理涉及全复核复算的相关制度，修订、完善主要环节的规章制度，制定全复核复算实施细则，使全复核复算模式管理贯穿于科研生产管理全过程；组织制定全复核复算模式实施方案，指导各相关部门制定适应本单位实际的操作细则；做好生产基础核算工作，充分利用各种信息化手段，加强生产数据分析、管理、利用，及时监控并反馈各项生产数据。利用全复核复算体系，收集整理型号产品复核复算构成数据，建立典型型号产品数据库。

3）项目负责人负责申报主管项目资金预算需求及复核复算策划方案，是全复核复算模式中项目复查管控的主要责任人，负责策划、组织、指导本型号项目复核复算管控及按照预算批复实施等工作。

设计复核复算管理的流程通常包括策划、实施、跟踪落实三个阶段。

对于复核复算的内容，在策划阶段：

1）确定设计复核复算项目和内容，组织方根据工程任务要求和研制进度，识别工程总体层面的重大技术部问题，以及影响航天安全和工程任务成败的关键技术、关键产品和关键项目，确定设计复核复算项目以及相应复核复算内容。

2）制定工作计划，组织方应该制定设计复核复算工作计划，并明确设计复核复算具体内容、进度安排、被复核复算算法和工作要求。

3）成立专家组，组织方应积极根据设计复核复算项目的内容和工作要求，在与相关专家组沟通后，确定符合条件的专家组长和成员。

对于复核复算的内容，在实施阶段主要由组织方确定设计复核复算项目和内容。

1）制定专家组工作实施计划。专家组应根据设计复核复算内容和组织方工作计划，制定专家组工作实施计划，并明确工作方式和进度安排等。被复核复算方应积极组织相关人员对复核复算项目的有关内容进行全面检查确认，将相关复核复算资料、文档提交给专家组，并保证完整性和准确性。

2）实施设计复核复算。专家组开展调研，查阅文献，全面核查项目设计情况，独立开展设计复核复算工作，并将发现的问题与被复核复算方交换意见。

3）编写设计复核复算报告。专家组设计复核复算情况记录应该完成，并应编写设计复核复算报告，报告结论应客观准确，提出的建议可行有效。

4）提交设计复核复算报告。专家组将编制完成的设计复核复算报告提交组织方。

5）设计复核复算报告报备、归档。组织方对设计复核复算报告进行审查，并根据专家组复核复算意见和建议，确定落实相应建议的责任单位，组织方按规定归档设计复核复算报告。

对于复核复算的内容，在跟踪落实阶段：

1）被复核复算方应根据落实方案确定实施计划，明确制定相关措施、填写设计复核复算专家建议落实情况统计表，并进行跟踪管理。

2）组织方应跟踪和检查被复核复算方关于专家组提出建议的落实情况。被复核复算方应形成文字报告提交组织方审查确认。

7.9.3.4　记录管理

复核复算记录管理主要包括设计复核复算情况记录单与设计复核复算专家建议落实情况统计表。其中，设计复核复算情况记录单由评审专家组在复核复算实施过程中填写记录，记录内容主要有已开展的复核复算工作内容、复核中查阅的相关资料与复核方法以及专家建议等内容，具体详见表7-24；设计复核复算专家建议落实情况统计表由组织方设计师系统在专家组复核工作完成后填写，主要内容包括设计复核复算项目、专家组提出的意见与建议、建议是否采纳与原因、落实情况与证明材料等，具体见表7-25。

表7-24　设计复核复算情况记录单

复核复算项目		研制阶段	
研制单位		复核日期、地点	
参与人员和组织单位			
复核复算内容			
复核复算资料清单			
序号	设计复核复算用文件资料名称	页数	备注
复核复算意见和建议			
序号	内容		备注

表7-25　设计复核复算专家建议落实情况统计表

序号	复核复算项目	专家组建议	被复核方意见（是否采纳及原因）	落实情况	备注

7.9.4 问题处理

面对复杂的复核复算工作以及出现的复核问题需要进行深入的实施改进，跟踪相关进度，落实并采纳复核复算专家组提出的建议，对于不采纳部分需给出说明原因，对专家组意见形成闭环处理。同时修改复核复算中出现问题的部分，并采用相同的方法和流程对改进设计进行复核复算。

7.10 设计工艺协同设计

航天产品科研生产活动是一项复杂的工程，采用传统的串行研制生产模式，无法适应武器装备“好、快、多、省、实”的发展要求。因此，需要借助数字化手段建立设计与工艺协同的工作模式，保证型号工艺工作能够系统性和全面性地支持装备正向研发、敏捷响应、规模化生产。

本节以航天电子产品为典型案例介绍设计工艺协同工具集及其辅助设计效果，梳理设计工艺协同设计流程并介绍其实现方式。

7.10.1 基于面向制造和三维工艺仿真的设计工艺协同设计

航天电子产品设计与工艺间的多学科、跨专业差异使得协同设计面临着分工不明确、接口不通畅、专业难融合等困境。为疏通设计工艺协同通道、提升协同效率、增强设计工艺性，引入以工艺知识库和三维工艺仿真为核心的数字化设计工艺协同工具集。实践经验表明，作为设计与工艺之间的桥梁，数字化设计工具集能有效弥补设计与工艺之间的专业性差异，提升设计工艺协同效率，进而保证产品的可制造性并推动新产品的快速研制迭代。

7.10.1.1 DFM 工具在设计工艺协同设计中的应用

DFM 工具通常指借助可扩展的工艺知识库进行产品可制造性自动审核的工具集。常用的 DFM 工具包括面向机加、钣金、装配、焊接、注塑、铸造、弯管等机械行业的 3DDFM 软件，如开目 3DDFM 审查软件和面向印制板及其组装件的 DFM 软件，如 VayoPro - DFM Expert 软件。本小节重点介绍 DFM 工具在航天印制板产品设计工艺协同设计中的应用。

随着电子产品的高速发展，印制板组件的设计已经开始大量选用高集成器件，且装联密度越来越高，新技术多、技术复杂和难度大，而且专业跨度大，需要机、电、热、磁等多专业协同，对个人经验及能力依赖性很高，易出现设计工艺性不足的问题，印制板类产品具有如下特点：

1）多品种、小批量。一般规模厂所印制板（微带片）种类可达两万余种，一般情况每批投产时，95%以上种类的印制板组件数量不超过 5 块。

2）电装难度大。印制板组件功能复杂，印制板的设计具有高层、高密度等设计特点，印制板组件选用元器件种数多、封装差异大，装联过程中为防止焊接开路、短路，要关注不同封装元器件所需的焊锡量，同时焊接过程中还要兼顾有铅元器件、无铅元器件和热敏元器件的焊接温度。

3）生产周期短。印制板组件研制周期短，一般要求印制板组件电装生产时间为 7 天左右，而且产品更新迭代快，为配合调测试，需进行返工元器件更换。由于印制板组件种类繁多且需求周期较短，设计过程难以详尽考虑各元器件之间的干涉关系和可制造性；与此同时工艺师面对繁重的审图任务和复杂的电气互联关系，可能无法在要求期限内找出所有潜在的工艺问题，这些都有可能造成返修和生产拖期，进而带来额外的生产成本与履约风险。

前期串行业务流程缺乏设计、工艺、生产高效协同手段，在后期印制板组装件生产过程中会出现无 MARK 点、器件干涉、器件与焊盘不匹配、装配困难、返修空间不足等问题，增加了产品的制造周期。因此，建立高效的设计工艺协同机制是实现印制板组件精益设计和制造的关键。与传统人工工艺性审查相比，基于 VayoPro - DFM Expert 的印制板组件数字化工艺审查方法，通过建立完备的元器件库和规则库，可以实现高密度印制板卡的高效、零疏漏全自动工艺审查并自动形成审查报告，如图 7 - 12 所示。

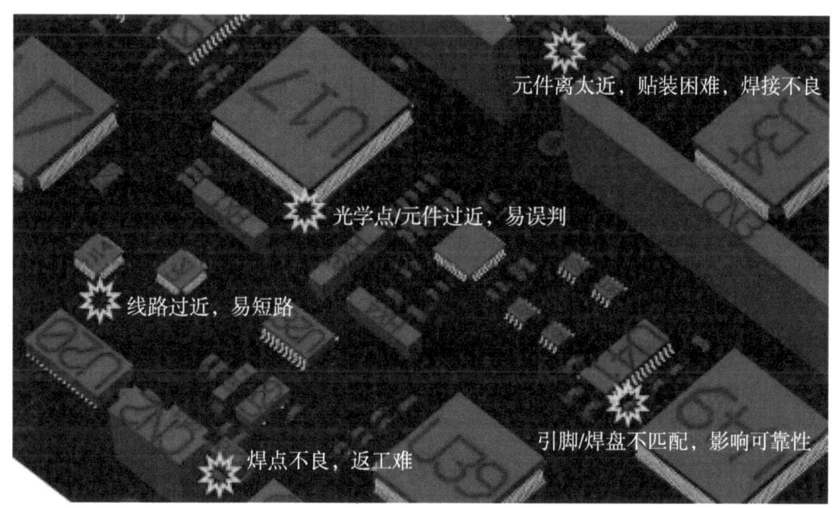

图 7 - 12　基于 VayoPro - DFM Expert 的印制板组件数字化工艺审查案例

图 7 - 13 为以 DFM 为核心的高密度印制板组件设计工艺协同流程，与传统试制反馈式协同相比在印制板布局设计、印制板布线设计和 PCB/PCBA 工艺设计环节增加了 DFM 工艺审查与反馈。在现有科研生产流程中引入 DFM 自动工艺审核环节，先由设计师使用 DFM 工具自查 PCB 布局/布线设计，再由工艺师审查设计工艺性，生成审查报告。根据生成的审查报告，工艺师协同设计师完成产品优化。通过构建 DFM 设计工艺协同流程及规范（图 7 - 14）一方面可以实现高效设计和审签，另一方面在分工定点前端识别设计、工艺风险，减少设计疏漏，提升正向研发能力与设计品质。通过推动以 VayoPro - DFM Expert 为核心的设计工艺协同工作规范的建立，显著缩短了高密度印制板的设计和生产周期，提高了产品品质，降低了产品成本。

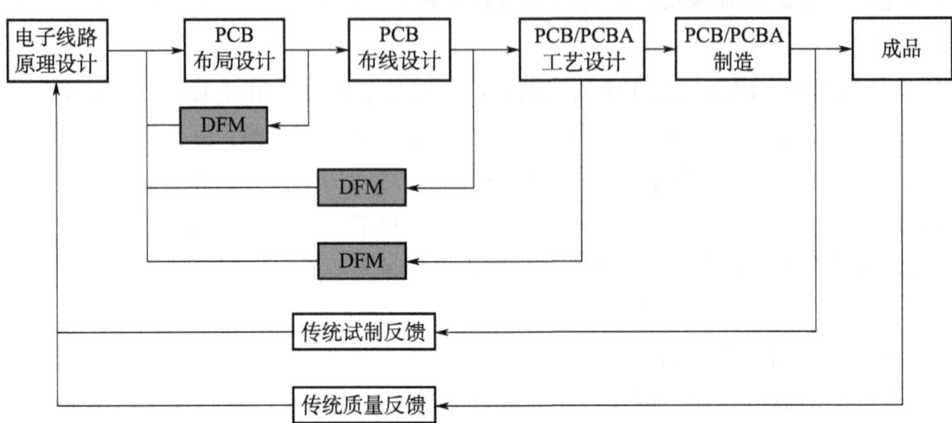

图 7-13　以 DFM 为核心的高密度印制板组件设计工艺协同流程

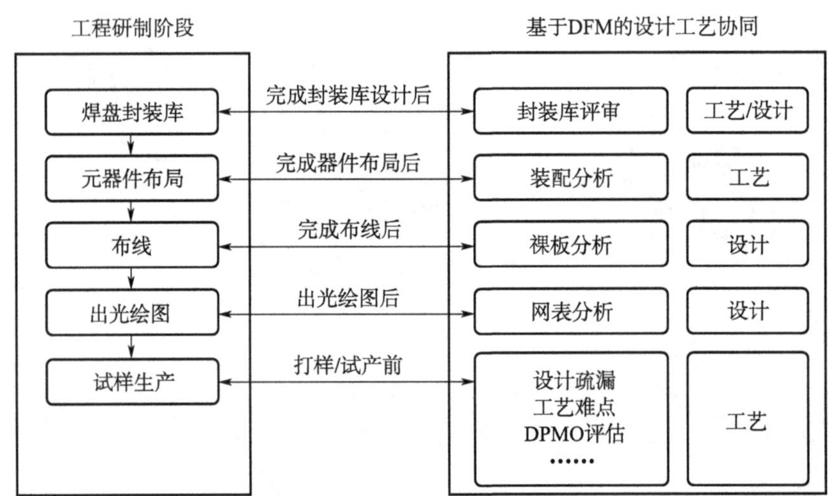

图 7-14　高密度印制板组件 DFM 设计工艺协同规范

7.10.1.2　三维工艺仿真工具在设计工艺协同设计中的应用

三维工艺仿真指在三维模型基础上借助计算机算法对工艺中所涉及的物理过程（如器件装配干涉、焊接温度场与应力分布、切削应力与变形等）进行仿真。借助三维工艺仿真可以在产品加工前预先识别设计图纸中存在的工艺性问题和加工难点，并协同设计师完善设计方案，从而降低产品制造成本，规避生产风险。本小节以电缆装联三维工艺仿真工具为例介绍三维工艺仿真在设计工艺协同设计中的应用。

电子组合类产品中包含复杂的电缆绑扎生产需求。传统模式下，大多数型号产品的电缆以接线图或二维布线示意图作为设计输出。工艺师接收接线图后，直接进行电缆装联工艺的设计，其中重点对电缆装联的顺序、焊接方法、绑扎要求等工艺要求进行文字说明，并对于布线的路径通过文字简要描述。采用这种方法不易对电缆进行直观的工艺性审查，此外，形成的电缆装联工艺文件应用相对局限，往往需要工艺师和设计师进行现场布线的确定和指导。

为了便于电子组合产品中复杂电缆的设计工艺协同，采用三维布线模型作为电缆装联的补充设计输出（图 7－15），电缆装联工艺设计起到了重要的承上启下的作用，其与传统模式的电缆装联工艺设计有了较大的不同，一方面要接收三维布线模型，并对三维布线模型进行充分的仿真和工艺性审查（图 7－16），提升布线设计质量；另一方面需要将三维布线模型表达的布线要求等信息按照装联工艺流程，结合装联工艺要求，传达到电缆装联的现场，提升布线的规范性和效率，如图 7－17 所示。

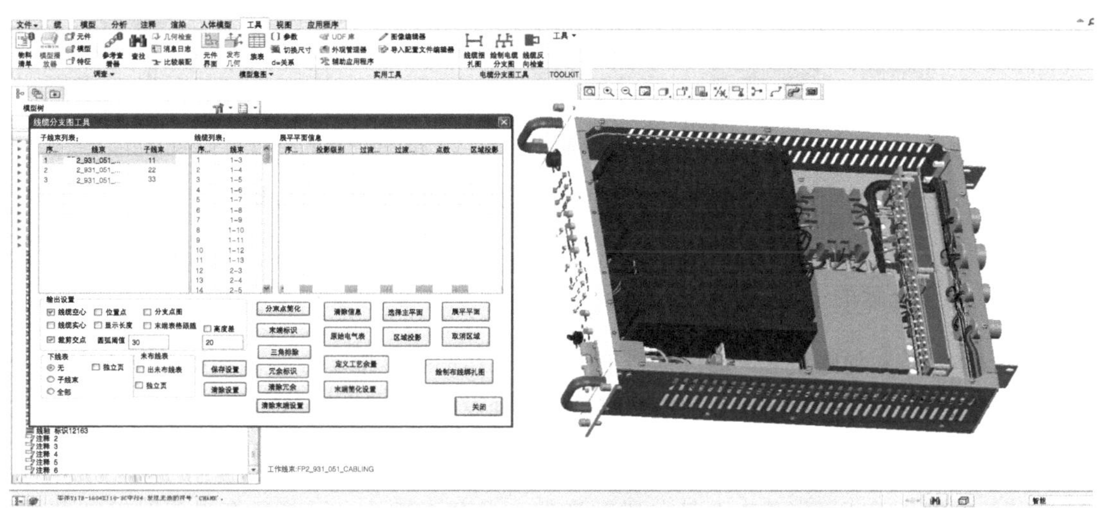

图 7－15　电缆装联三维布线模型

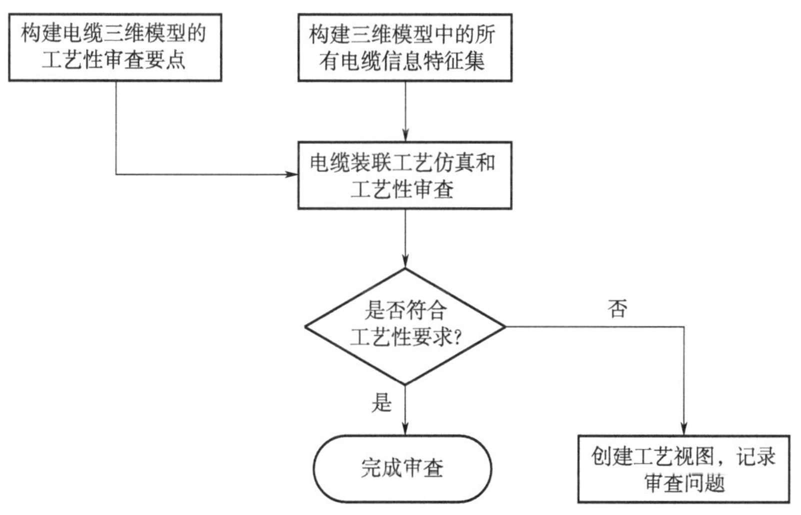

图 7－16　基于三维电缆装联工艺仿真的设计工艺协同流程

采用以三维电缆装联工艺仿真为核心的复杂电缆设计工艺协同可以优化电子组合产品中电缆布线路径、固线位置和固线方式等特征，极大提升电子组合产品的生产效率及线束制作的准确性、规范性，实现线束制作无纸化、可视化、智能化。

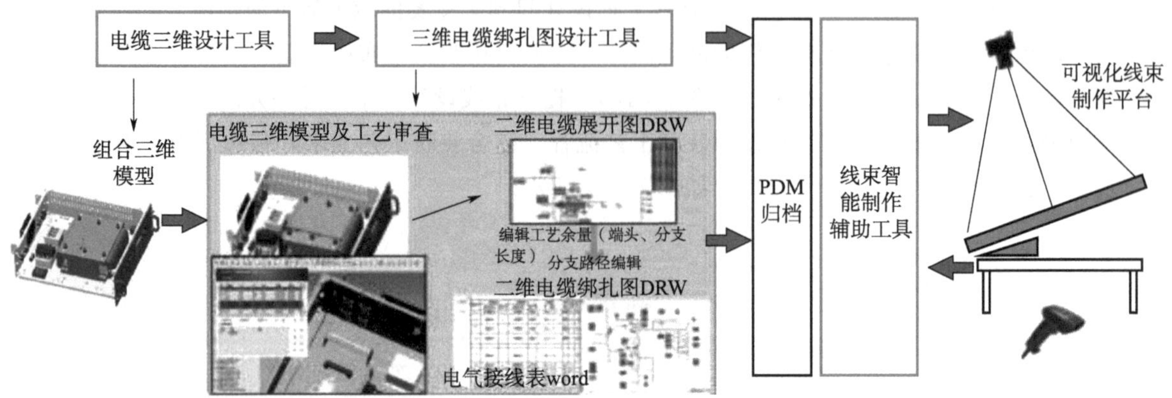

图 7-17　基于电缆三维布线模型的设计-工艺-制造一体化系统

7.10.2　基于流程的设计工艺协同设计

流程是规范和加强型号产品设计与工艺协同工作的重要推动力，建立贯穿于型号全寿命周期的工艺流程及与设计环节的数据接口是实现设计与工艺协同的关键。

7.10.2.1　型号全寿命周期设计工艺协同流程

传统的型号工艺工作基本上是分段开展的，没有连贯性，工艺工作很多时候被动开展，工艺师基本在设计数据发放和任务投产时才真正介入，而不是从型号立项和方案阶段就形成团队提前参与，传统的型号工艺工作流程如图 7-18 所示。

面向设计工艺协同设计，对型号工艺工作提出新的要求：

1）由“只指定型号结构、电气工艺负责人”转变为“建立细分至组合的型号工艺师队伍”。通过建立副主任工艺师及以上级别的型号工艺师队伍，依据设计提供的产品配套表提前指定各分系统、组合的工艺负责人。

2）明确并提前型号工艺师队伍参与设计工作的时间节点。要求型号工艺师在方案设计阶段提前参与设计工作，主动联系设计师，配合设计师对产品设计方案进行工艺可行性分析，提出工艺建议。

3）型号工艺师队伍在方案阶段主动识别是否涉及新工艺、新材料、新装联方式的器件、条件补充建设、设计工装、工艺攻关/优化工艺验证，是否存在难于制造、生产成本较高的因素，是否需要协调接口等产品特征，确定产品分类和难易程度，指导所内、外协同生产。

4）加强工艺策划，通过提前开展的设计方案阶段产品特征识别，对识别出的新工艺、新材料、新装联方式的器件、条件补充建设等工作，由工艺师和设计师相互配合提出工艺攻关项目，成立项目团队，开展项目论证和工艺试验验证。

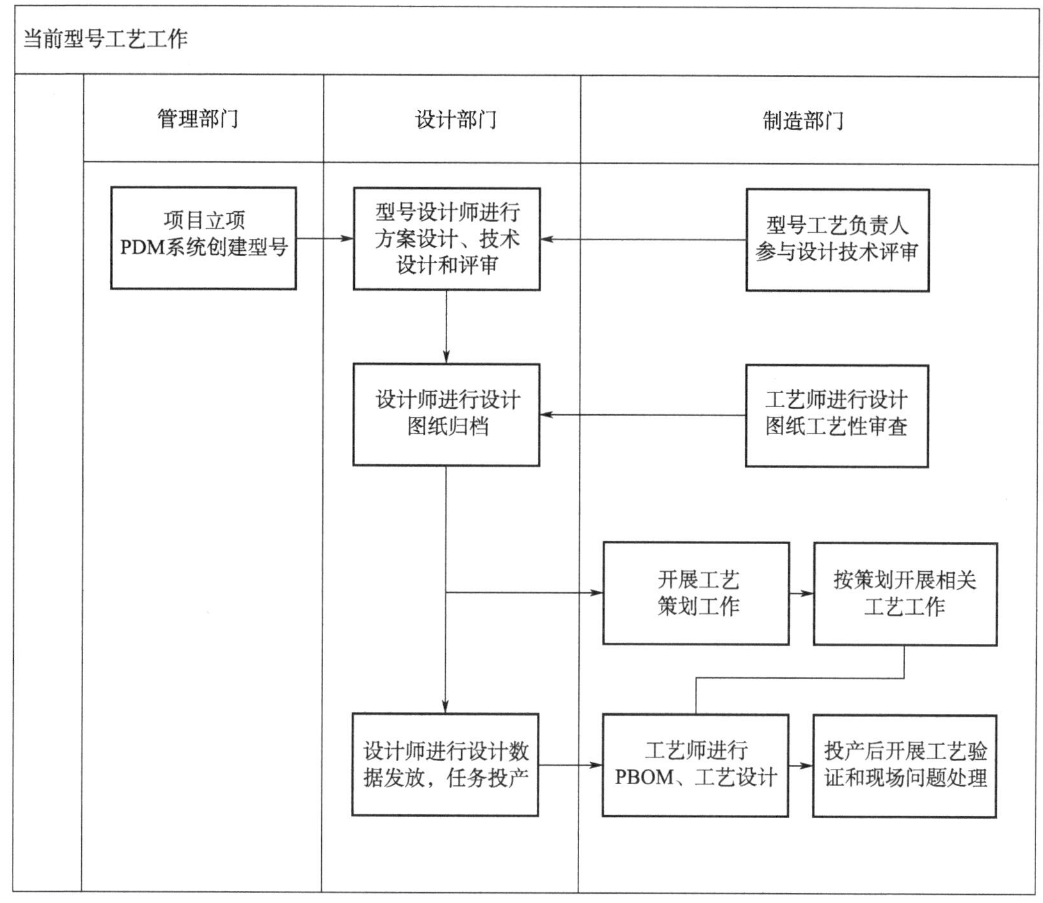

图 7－18　传统的型号工艺工作流程

5）充分发挥型号工艺师队伍在设计工艺性审查中的作用。重点分析产品可实现性、工艺经济性、产品研制的关键工艺技术解决途径和工艺保证措施、生产能力与研制产品的适应性、工艺保障条件等，发挥专业主任师、副主任师的工艺技术指导和引领作用。

为实现上述新要求，探索了型号工艺前置工作模式，如图 7－19 所示。

在型号立项指定型号工艺负责人后，由型号工艺负责人依据配套明细表指定各级产品工艺负责人，建立型号工艺师队伍，分层级制定、执行型号工艺计划。

各级产品工艺负责人主动与设计师沟通，提前介入，对设计工艺性提出建议，识别产品分类，难易程度，涉及的新工艺、新技术、新条件能力建设等信息。涉及新工艺、新技术的，提前开展新条件建设、工艺验证和工装设计工作。

型号工艺师队伍同时支撑设计工艺协同和工艺二级管理工作。通过前端专业把控，助力设计研发，发挥工艺对设计前端的指导、把关作用；通过产品分类和难易程度深入推进工艺二级管理工作，给车间工艺师下达计划任务，发挥工艺对生产后端的提前策划、指导作用。

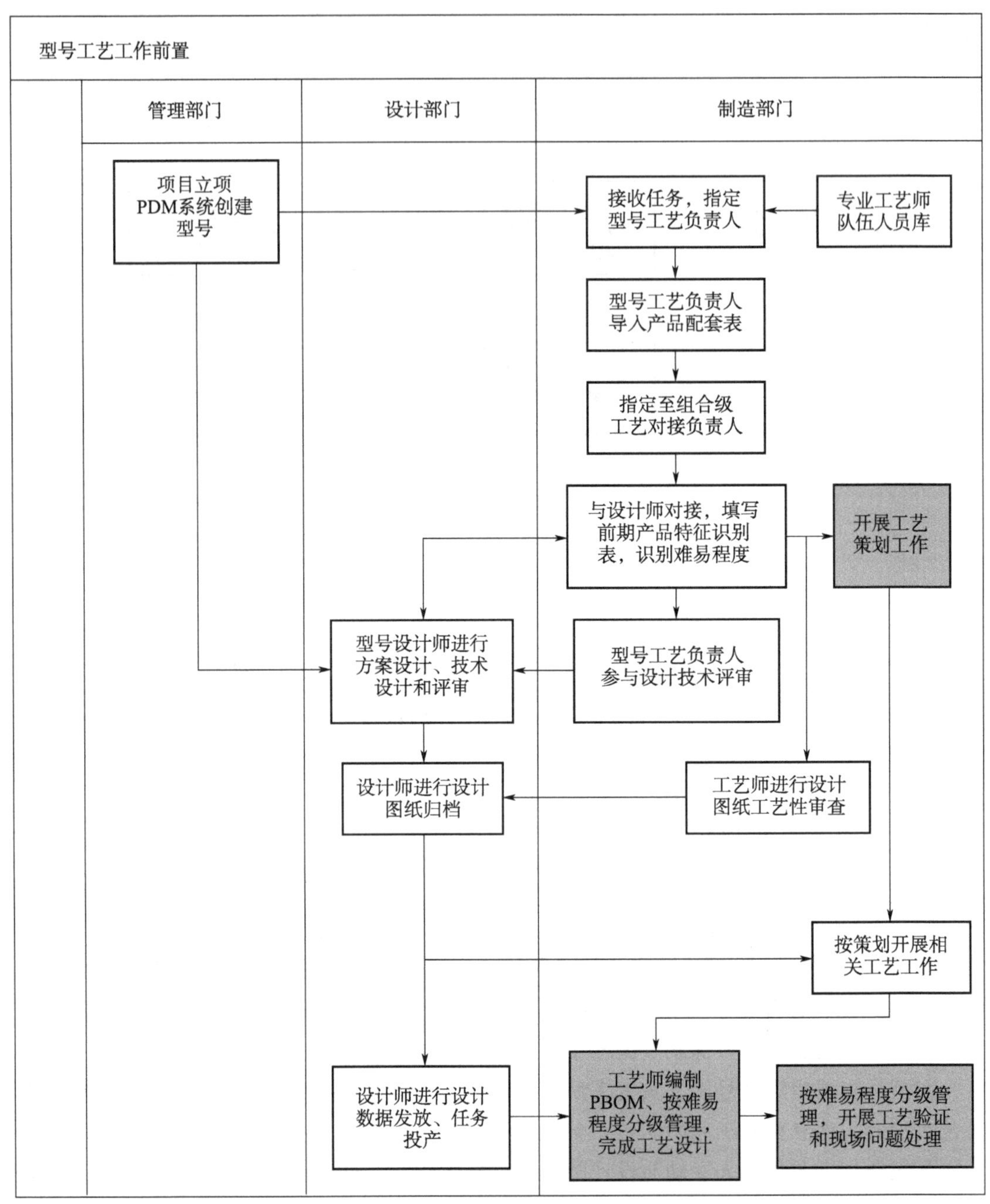

图 7-19　型号工艺前置工作流程

型号全寿命周期可分为型号论证、方案、工程研制、批生产、售后保障五个不同阶段。各阶段的设计工艺协同内容见表 7-26。

表 7-26　型号全寿命周期设计工艺协同内容

型号研制阶段	设计师队伍工作	工艺师队伍工作	设计工艺协同输出
论证阶段	负责原理论证、仿真分析	配合完成工艺技术和工艺管理论证	原理论证和仿真分析报告
方案阶段	负责技术交底，明确关键材料清单、关键机械零件清单和关键工艺清单（“三单”），提供《设计工艺性分析报告》初稿	开展工艺工作前置，配合开展工艺可行性分析，提出合理化建议，进行工艺流程梳理，完成工艺布局规划仿真，确定新增设备需求，与设计师共同完成重要和大型工装方案的设计，工艺流程的再设计	1)关键材料清单、关键机械零件清单和关键工艺清单 2)《设计工艺性分析报告》 3)工艺工作前置总结报告，工艺流程、工艺布局、重要和大型工装设计报告等
工程研制阶段	开展产品关键技术攻关，配合完成工艺攻关，建立 EBOM	开展设计文件工艺性审查，配合完成产品关键技术攻关，开展工艺攻关，建立 PBOM 和 MBOM	1)设计文件工艺性审查报告 2)产品关键技术攻关总结 3)工艺攻关总结 4)BOM 结构
批生产阶段	完成研制总结和质量分析报告，配合开展工艺优化，配合完成小批量试生产工艺情况审查，配合完成试制总结和生产总结	完成工艺总结报告，开展工艺优化，对设计师完成的研制总结进行工艺性评价补充，完成小批量试生产工艺情况审查，完成试制总结和生产总结	1)研制总结报告 2)质量分析报告 3)工艺优化报告 4)小批量试生产工艺情况审查报告 5)试制总结 6)生产总结
售后保障阶段	提供技术保障	负责返修工艺设计	返修工艺总结报告

7.10.2.2　设计工艺协同设计的实现

设计工艺协同设计流程可基于 CAPP 软件系统实现，在 CAPP 软件系统中开发工艺设计与管理系统，典型的导航界面如图 7-20 所示。

型号工艺前置的龙头是建立型号工艺团队，发挥专业主任、副主任工艺师和博士高级人才的专业引领作用。在新项目立项阶段，型号工艺负责人提前组建型号工艺团队，制定工艺计划，介入设计前端，开展工艺策划工作。工艺师团队成员在图 7-20 导航界面中的设计方案工艺性分析任务框收到任务，与设计师协同，填写前期产品特征识别表（表 7-27），基于产品特征识别的工艺前置工作策划详细内容见表 7-28。通过表 7-28 形成工艺预先研究、制造工艺性和典型产品分类结构化数据，其中工艺预先研究结构化数据为后续开展工艺预先研究项目、固投项目、生产条件建设提供支撑；制造工艺性结构化数据为前期设计工艺性和后续外协生产、PMC 计划排产提供工艺技术指导；典型产品分类结构化数据为车间工艺二级工艺管理提供计划输入。

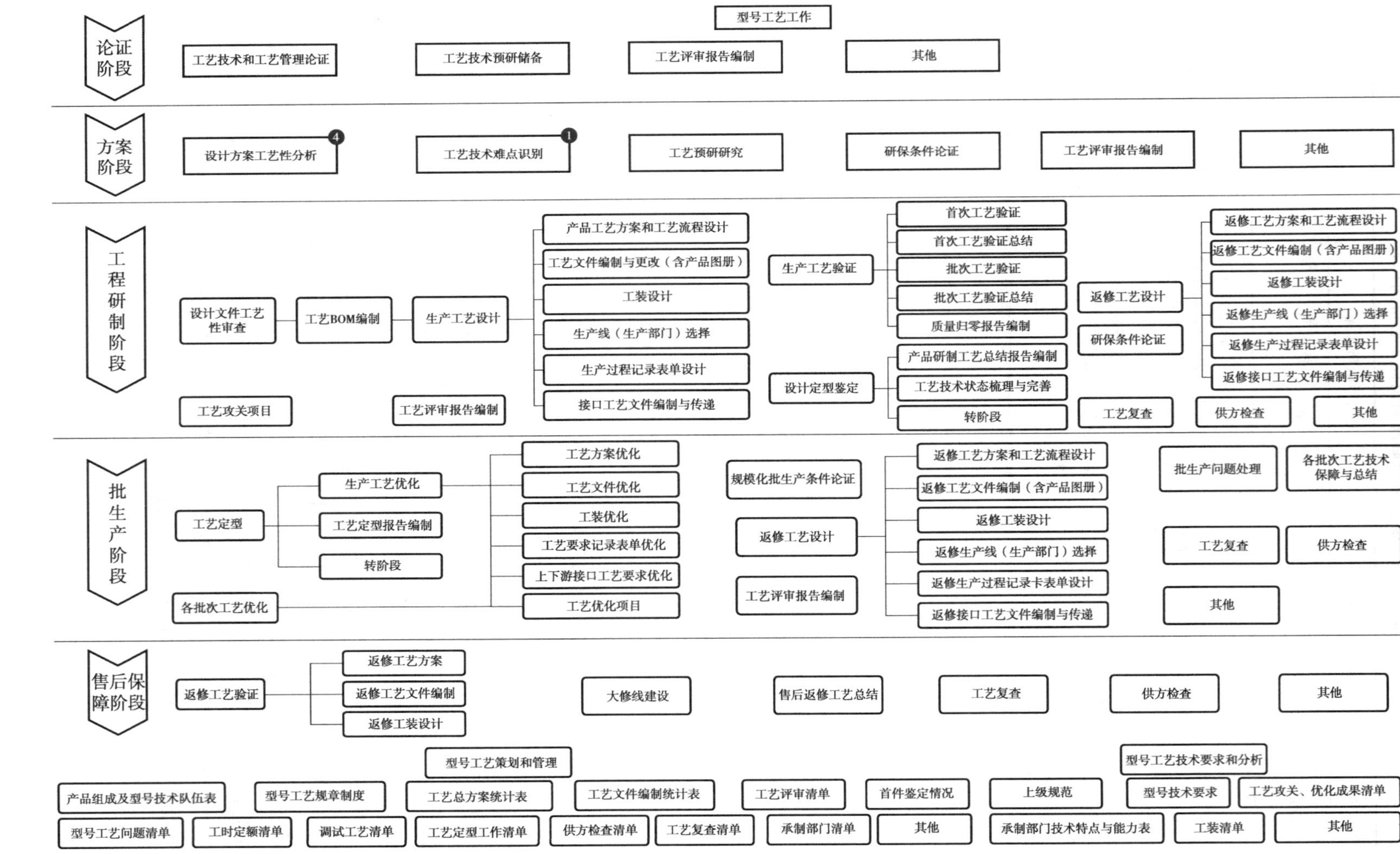

图 7-20　设计工艺协同设计流程导航界面

表 7－27　工艺二作前置产品特征识别表

<table>
<tr><th rowspan="2">序号</th><th colspan="4">产品结构</th><th colspan="2">工艺团队</th><th colspan="11">制造工艺性</th><th colspan="2">典型产品分类</th></tr>
<tr><th>隶属编号</th><th>图号</th><th>名称</th><th>数量</th><th>结构工艺</th><th>电气工艺</th><th>是否涉及新工艺</th><th>是否涉及新材料</th><th>是否涉及新装联方式器件</th><th>是否涉及条件补充建设</th><th>是否需要设计工装</th><th>是否需要攻关/优化工艺验证</th><th>是否存在难于制造的因素</th><th>是否存在生产成本较高的因素</th><th>是否需要协调接口</th><th>是否涉及禁限用工艺</th><th>是否关重件</th><th>典型分类</th><th>难易程度</th></tr>
<tr><td>填写选项</td><td>设计配套表</td><td>设计配套表</td><td>设计配套表</td><td>设计配套表</td><td>型号结构负责人指定</td><td>型号电气负责人指定</td><td>是|否</td><td>是|否</td><td>是|否</td><td>是|否</td><td>是|否</td><td>是|否</td><td>否|尺寸精度高|结构复杂</td><td>否|材料成本高|涂覆成本高|设备成本高|生产数量大</td><td>否|单外协|多外协</td><td>是|否</td><td>否|关键件|重要件</td><td>见典型分类表</td><td>超复杂|复杂|较复杂|简单</td></tr>
<tr><td>1</td><td>1.1</td><td></td><td>××产品</td><td>1</td><td>××</td><td>××</td><td>是</td><td>否</td><td>是</td><td>是</td><td>是</td><td>是</td><td>是</td><td>设备成本高</td><td>多外协</td><td>否</td><td>否</td><td>××类型</td><td>复杂</td></tr>
<tr><td>2</td><td>1.2</td><td></td><td>××产品</td><td>1</td><td>××</td><td>××</td><td>否</td><td>否</td><td>是</td><td>否</td><td>否</td><td>是</td><td>否</td><td>否</td><td>否</td><td>否</td><td>否</td><td>××类型</td><td>复杂</td></tr>
<tr><td>3</td><td>1.3</td><td></td><td>××产品</td><td>1</td><td>××</td><td>××</td><td>否</td><td>否</td><td>否</td><td>否</td><td>否</td><td>否</td><td>否</td><td>否</td><td>否</td><td>否</td><td>否</td><td>××类型</td><td>简单</td></tr>
</table>

注：1. 产品结构属性由型号负责人联系结构总体，以产品配套表为依据导入 CAPP。

2. 型号工艺团队由型号负责人指定至组合层级的结构工艺师、电气工艺师。

3. 工艺预先研究由结构、电气工艺师与设计沟通，了解产品设计方案后识别是否涉及新工艺、新材料、新装联方式器件、是否涉及新条件建设，若涉上述四项再识别是否需要工艺攻关/优化、设计工装，同时开展工艺验证。

4. 制造工艺性由结构、电气工艺师与设计沟通，了解产品详细设计方案后识别是否易于制造、是否可以采取生产成本较低的加工方法、是否涉及外协和所内多项接口协调、是否可以避免采用禁限用工艺、是否是关重件产品。

5. 典型产品分类由制造工艺性相关属性填报后选取产品分类和制造难易程度，凡是工艺预先研究中含“是”选项的难易程度不允许选“简单”，需要在超复杂、复杂和较复杂中选取。

6. 基于产品特征识别的工艺前置工作策划详细内容见表 7－28。

表 7－28　基于产品特征识别的工艺前置工作策划

序号	产品特征识别项目	工艺前置工作策划主要内容
1	涉及新工艺	配合设计师编制关键工艺评价、确认大纲 开展工艺攻关、工艺试验 关键工艺评价、确认，可一并通过工艺攻关、工艺优化课题的验收评审进行 必要时，可申请预先研究项目或集团公司、研究院等渠道的相关工艺研究项目
2	涉及新材料	配合设计师编制关键材料评价、确认大纲 开展工艺攻关、工艺试验 关键材料评价、确认，可一并通过攻关课题的验收评审进行 外购关键材料，必要时由供方组织评价确认 必要时，可申请预先研究项目或集团公司、研究院等渠道的相关工艺研究项目
3	涉及新装联方式器件	专业工艺师与器件生产厂家沟通，确定装联方式技术要求 开展工艺试验验证，确定工艺参数，完善工艺文件 组织首件鉴定
4	涉及条件补充建设	根据设计需求，提出工艺条件建设方案，包括工艺规划布局、工艺技术改造和生产条件建设等 配合固定资产投资部门，协同组织开展生产条件建设和工艺技术改造项目的立项论证、方案评审、设备选型和总结验收等有关技术工作
5	需要设计工装	装调测试类工装清单，纳入产品研制方案，在产品设计评审后，完成工装设计 生产类工装清单，纳入工艺总方案，工装设计与工艺设计同时进行 大型、复杂、关键工装应进行技术评审
6	需要攻关/优化	提出工艺攻关/工艺优化申请 《论证报告》评审 工艺攻关/工艺优化项目实施 总结验收评审
7	需要工艺验证	工艺文件完善、优化 工艺试验、试生产验证 工艺评审、首件鉴定或首件检验确认
8	难于制造	考虑开展工艺攻关/工艺优化 与设计师沟通协商，优化设计结构，提高设计工艺性 考虑设置关键工序 工艺评审、首件鉴定
9	生产成本较高	考虑开展工艺优化，降低生产成本 与设计师沟通协商，优化设计，提高经济性 考虑设置关键工序 工艺评审、首件鉴定
10	需要协调接口	所内接口协调，协调项目应纳入工艺总方案，落实在各专业工艺规程中，必要时进行会签 外协厂家之间接口协调，协调项目应纳入工艺总方案，并编写《厂（所）际协调互换工艺文件》，且相关单位均要会签，具体操作步骤落实在各单位专业工艺规程中

续表

序号	产品特征识别项目	工艺前置工作策划主要内容
11	涉及禁限用工艺	与设计师做好沟通，严格控制禁(限)用工艺的选用 严禁选用和使用禁用工艺 必须选用或使用限用工艺时，设计人员及工艺人员要对限用工艺必要性和可行性进行分析，制定严格的控制措施并通过验证，编写分析报告，经评审后方可使用 对外协单位的禁(限)用工艺使用提出明确的管控要求，并监督检查
12	关重件	对于形成关键特性、重要特性的工序，设置关键工序 关键工序相关工艺文件进行工艺评审 生产部门制定“关键工序三定表” 涉及关键件、重要件的外协产品，在外协合同或技术协议中明确关键件、重要件的管控要求，相关专业工艺师、设计师参加关键件、重要件工艺评审 关键特性、重要特性应有100%实测数据记录，关键件、重要件验收时，建议人员应收集并保存相关记录

设计工艺协同设计的实现案例如下：

(1) 新型号启动

当主数据型号发布后，工艺管理组计划人员会在导航界面“型号通用要求”任务框收到任务提醒①，如图7－21椭圆所示。

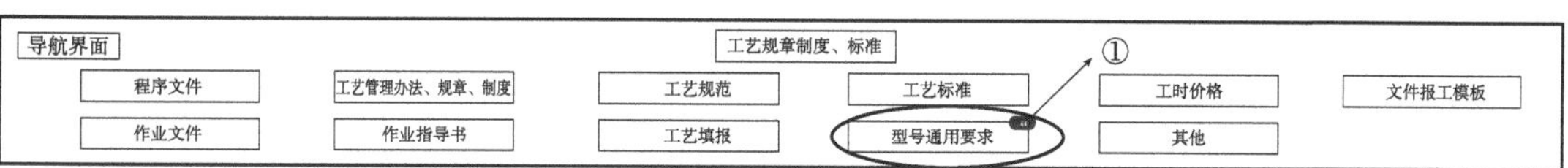

图7－21　“型号通用要求”任务提醒界面

(2) 分配型号工艺负责人

工艺管理组计划人员点击“型号通用要求”任务进入型号工艺策划二级任务界面，为新的主数据型号分配型号负责人②，如图7－22方框所示。

型号名称:　型号负责人:　型号代号:　◉未完成 ○已完成 ○所有 查询

类型　删除　工艺管理确认　收回　工作说明

型号工艺负责人界面　②

	☐	主编码	型号名称*	型号代号*	型号负责人*	型号集团码	[illegible]	型号所代码	所属领域（院）的值	所属领域（所）的值*	工艺型号编号的值*	工艺管理状态	型号负责人状态	工艺师状态	手动新建标识	型号完成状态	工艺管理任务状态	结构工艺师状态	电气工艺师状态
1	☐			××.100000	[illegible]		××.1000.××					已完成			是				

图7－22　分配型号工艺负责人界面

(3) 型号工艺负责人导入产品配套表

型号负责人在“型号工艺策划和管理”导航界面收到“产品组成及型号技术队伍”任务提醒，点击任务框进入二级任务界面，导入型号对应的产品配套表。

(4) 分配型号各层级工艺负责人，建立型号工艺师队伍

工艺管理组计划人员在“型号工艺策划和管理”导航界面收到“产品组成及型号技术队伍”任务提醒，点击任务框进入二级任务界面，依据产品配套表指定各层级产品工艺负责人。

（5）型号设计方案工艺性分析，填报产品特征识别表

型号工艺师队伍建好后，系统自动将型号任务推送给各工艺师，各工艺师会在“型号工艺工作”导航界面“方案阶段”的“设计方案工艺性分析”任务框收到任务提醒，点击任务进入型号任务二级界面，与设计协同后填报产品特征信息。

（6）开展型号策划工作

若识别出产品涉及新工艺、新材料、新装联方式的器件、条件补充建设，相关工艺负责人会在“型号工艺工作管理”导航界面中的“工艺预先研究”“研保条件论证”收到任务推送；若识别出产品存在难于制造、生产成本较高的因素，相关工艺负责人会在“型号工艺工作管理”导航界面中的“工艺技术难点识别”收到任务推送。

（7）二级工艺管理工作

依据识别出的难易程度区分所级、部门级工艺，实行工艺分级管理，工艺师收到简单产品工艺方案和工艺流程设计任务，开展工艺设计工作。

7.11 设计评审

7.11.1 设计评审目的和作用

设计评审是产品质量预防、质量保证的重要手段，在复杂航天武器装备的研制过程中发挥重要作用。

设计评审是运用早期告警和同行专家评议咨询的原则，由各方面具备资格的代表，在研制过程决策的关键时刻，对设计所做的正式、全面、系统的审查，评价设计和开发结果满足要求的能力，是对设计质量进行控制的关键控制点。评审的目的是发现设计中存在的缺陷和薄弱环节，提出改进措施建议，帮助设计师吃透设计，加速设计成熟，降低决策风险。评审能影响设计决策，但不代替设计决策，不改变规定的技术责任制；评审的结论是产品研制管理决策的重要依据，产品研制未按研制计划开展设计评审或评审不通过的，不允许转入下一阶段工作。

7.11.2 设计评审类型

航天装备设计评审一般分为阶段评审、技术设计评审、专项评审。每类评审中，针对具体阶段和特点，进一步细分评审项目，涵盖了航天武器装备各研制阶段、全寿命周期的关键质量控制点，充分发挥评审的专家把关作用。

设计评审类型如图 7－23 所示。

7.11.2.1 阶段评审

阶段评审是按照产品研制程序，分阶段进行的综合性评审。一般在一个研制阶段结束、下一个研制阶段开始之前进行。

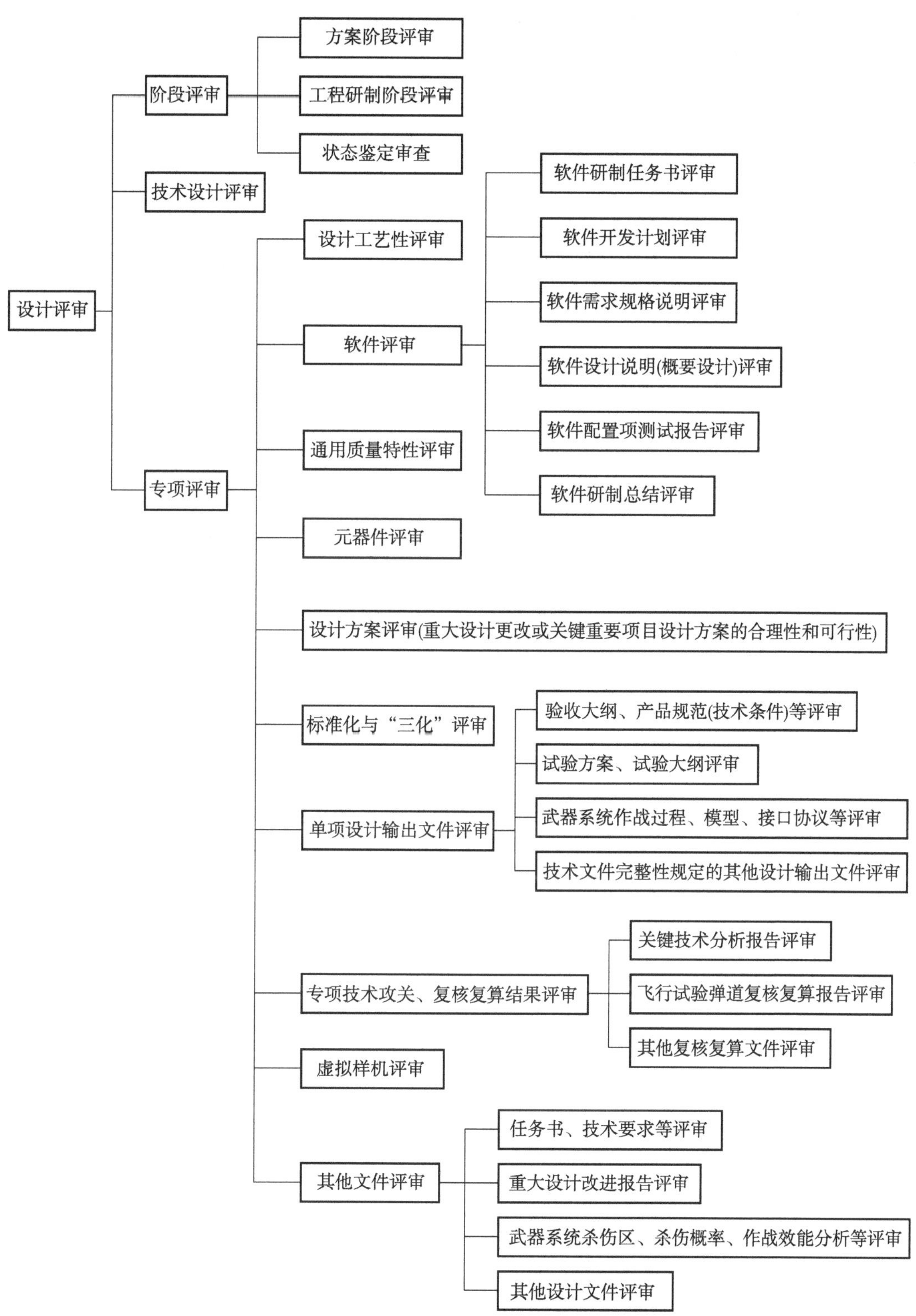

图 7－23　设计评审类型图

阶段评审一般分为：方案阶段评审，即方案阶段转工程研制阶段评审；工程研制阶段评审，即初样阶段转试样（正样）阶段评审和试样（正样）阶段转状态鉴定评审；状态鉴定审查。

7.11.2.2　技术设计评审

技术设计评审是依据任务书、设计报告及相关文件（包括型号产品保证系列大纲、标准化大纲等），对技术设计满足任务要求的情况，设计的正确性、协调性与工艺性，以及技术设计中的可靠性工程、元器件选用、标准执行情况的适宜性和有效性所进行的评审。

7.11.2.3　专项评审

专项评审是为了降低风险，在特定时期，对产品质量、研制进度和经费有重大影响的专业技术问题进行的评审。一般包括：设计工艺性评审；软件评审；通用质量特性评审；元器件评审；设计方案评审；标准化与“三化”评审；虚拟样机评审；单项设计输出文件的评审；专项技术攻关、复核复算结果评审；其他文件评审：根据研制工作需要进行的评审。

7.11.3　设计评审程序

1）评审策划。承制方结合型号研制程序、计划流程策划设计评审工作，评审计划经型号两总审定后纳入年度产品保证工作策划，评审计划与科研生产计划同部署、同管理。

2）传递评审要求。评审组织部门负责将各阶段评审相关规定传递到本单位责任人及供应链单位，并对评审文件准备及评审实施进行监督检查。

3）确定评审级别和类别。设计评审实行分级分类管理。根据产品复杂性及评审节点的重要性，确定评审的级别。评审级别分为厂所级、院级、集团级评审，分系统级及以下的阶段评审、技术设计评审、专项评审一般为厂所级评审；系统级阶段评审、技术设计评审、专项评审一般为院级评审；重大型号尤其是战略型号武器系统设计评审一般为集团级评审。根据武器系统产品层次与组成，确定评审的类别，评审类别分为弹上整机/地面设备（机柜、组合）级、分系统级、系统级，武器系统自下而上逐级完成各类评审，转入下一个工作阶段。

4）成立评审组。评审组由 7 人以上构成，评审组长一般由上级设计师或同行业专家担任；评审组人员由任务提出方代表、顾客代表、同行专家、可靠性工程等人员组成，必要时邀请接口关系代表、工艺、标准化、物资、计量、财务、质量、科研、计划、技安等有关人员参加。

5）明确评审组职责。评审组长主持评审会的评审议题；组织讨论评审内容，根据各评委的意见，结合会上质疑和讨论情况，组织讨论评审要点审查表，确认遗留问题清单，给出是否通过评审的结论；对遗留问题的处理结果进行最终确认，签署评审结论。评审组成员对所评审的资料进行审查、提问及质询，填写评审要点审查表，提出改进建议，给出同意/不同意通过评审的意见。

6）预评审要求。阶段评审和技术设计评审一般应进行预评审，其他评审可直接进入正式评审阶段。

阶段评审预评审一般为性能审查和资料审查。承制单位负责组织阶段评审的性能审查和资料审查，按照研制任务书或合同，对产品性能是否满足要求给出审查意见；按照型号技术文件完整性要求，对文件资料完整性情况给出审查意见；同时对阶段评审会议文件进行审查，并给出是否可以提交评审的意见。

技术设计预评审一般包括专业预评审和专项评审。专业预评审一般由承制单位组织，应有型号外同行专家参加，重点评审产品各项设计、验证是否符合产品专业设计规范要求。专项评审重点针对通用质量特性、元器件、设计工艺性、FME（C）A 等内容开展。

7）跟踪评审遗留问题。责任人对评审中确定的遗留问题进行纠正并采取纠正措施。评审组织部门对一般类问题，在评审结束后 7 天内完成闭环；对需深化论证、试验验证等评审问题制定专题计划并组织实施；对不接受的意见或建议，组织进行分析论证，说明不接受的理由。评审组织部门对评审遗留问题的闭环情况进行跟踪验证，大型评审会向顾客代表及上级相关管理部门及时通报遗留问题处理结果。

7.11.4　设计评审要求

7.11.4.1　阶段评审

阶段评审是根据产品研制程序，分阶段进行的综合性评审。一般在一个研制阶段结束、下一个研制阶段开始之前进行。对于存在重大技术风险的型号，阶段评审前还应开展独立评估，对型号的重大技术风险进行独立识别、分析与评价。

（1）方案阶段评审

方案阶段评审即方案阶段转工程研制阶段评审。

评审条件：完成本阶段的设计和研制工作，经证明各项指标达到研制任务书要求；确定关键技术并有明确的技术途径；本阶段出现的问题已得到解决；本阶段技术文件按规定要求齐套；具备开展下阶段设计的条件，初步确定了下阶段的技术状态；完成方案报告的编写；进行了通用质量特性初步设计，编制形成可靠性工程设计报告；完成了必要的论证工作。

评审内容：方案的正确性；方案满足技术指标要求的程度及其依据的分析、计算以及试验（或演示）等工作；所选方案的正确性、先进性、适用性、可行性和经济性；大型试验方案的合理、可行性；实现方案的风险分析及费效分析结果；系统总体对分系统（或分系统对设备或整机）的设计及接口要求；重大技术、关键新技术、新材料、新工艺攻关项目进展和采用情况；设计的继承性及所采用新技术、新材料、新工艺的必要性和比例（技术成熟度）；元器件的选用情况等。

评审文件：方案报告。

备查文件：研制总要求、任务书或技术要求，设计计算或分析报告，技术成熟度评价报告，可靠性工程设计报告，环境试验要求，综合保障初步方案报告，产品保证系列大纲。上述文件视型号和产品特点进行合并或裁剪。

（2）工程研制阶段评审

工程研制阶段评审即初样阶段转试样（正样）阶段评审和试样（正样）阶段转状态鉴

定评审。

评审条件：完成本阶段的设计、验证工作，各项指标达到研制任务书要求；本阶段各类技术文件按规定要求齐套；关键技术问题已得到初步解决（适用于初样阶段评审）；关键技术问题已全部解决并得到验证［适用于试样（正样）阶段评审］；软件研制工作符合型号软件保证大纲及软件工程化要求；本阶段发生的质量问题完成归零；遗留问题已得到解决或有明确的后续解决措施；确定了状态鉴定阶段的技术状态。

评审内容：产品（包括硬件、软件）设计的功能、物理特性满足设计任务书要求的程度；系统与各分系统，以及各分系统之间的接口协调性；产品功能、性能分析、计算的依据及结果；测试覆盖性及验证充分性；采用的设计准则、设计规范和标准的合理性和执行情况；通过故障模式、影响及危害性分析确定的可靠性关键项目清单；通过特性分类分析确定的关键件（特性）和重要件（特性）清单；输出文件完整性；通用质量特性设计分析结果满足七性指标要求程度；综合保障方案设计的情况、“三化”实现情况；试验大纲及试验结果；质量问题及归零情况；工艺文件、标准文件执行情况等。

评审文件：研制总结报告，质量分析报告，元器件总结报告，可靠性工程总结报告，技术状态记实报告，标准化工作报告，工艺总结报告。上述文件视型号和产品特点进行合并或裁剪。

备查文件：研制总要求、任务书或技术要求；转阶段资料审查意见；试验总结报告；通用质量特性等指标要求；产品技术状态更改验证报告；设计图样；产品质量与可靠性数据包；质量问题归零报告等。上述文件可视型号和产品特点进行合并或裁剪。

（3）状态鉴定审查

状态鉴定审查应在完成鉴定试验后进行。按 TE-ABA-001—2021《装备试验鉴定程序和要求》、TE-ABB-004～TE-ABB-022—2021《状态鉴定文件编制指南》和各型号标准化要求执行，若顾客代表或上级机关有特殊要求，按要求执行。

7.11.4.2 技术设计评审

技术设计评审是依据任务书、设计报告，对技术设计满足任务要求的情况，设计的正确性、协调性与工艺性，以及技术设计中的可靠性工程、元器件选用、标准执行情况的适宜性和有效性所进行的评审。

评审条件：完成规定的各项设计任务，并形成报告；设计文件（图纸、资料）完整配套；形成元器件选用清单，通过元器件专项评审；开展热设计、力学设计、电磁兼容性设计、测试性等设计仿真，完成可靠性工程相关报告，并通过可靠性工程专项评审；对产品设计工艺性进行分析，并通过设计工艺性专项评审；针对产品专业特点开展建模仿真，复核复算。

评审内容：战术技术指标满足任务书要求的情况；产品设计及技术指标协调情况，包括理论计算和试验验证；设计文件的完整性；本产品与其他产品之间的结构接口、电气接口和软件接口设计的协调性，以及对各种最坏条件的兼容性等；产品建模仿真开展情况；通用质量特性设计、元器件选用、设计工艺性、“三化”设计及标准执行情况等。

评审文件：技术设计报告。

备查文件：研制任务书、技术要求，设计图样，通用质量特性设计报告，元器件选用报告，设计工艺性分析报告，特性分类分析报告，FME（C）A报告，综合保障方案报告等。

7.11.4.3 专项评审

专项评审是为了降低风险，在特定时期，对产品质量、研制进度和经费有重大影响的专业技术问题进行的评审。

（1）设计工艺性评审

重点评审产品在满足要求的前提下符合工艺性要求的程度，工艺设计方案的合理性、可行性和可靠性。

（2）软件评审

重点评审软件需求分析、软件设计、软件测试以及软件产品符合要求的程度。

（3）通用质量特性评审

重点评审可靠性、维修性、测试性、保障性、电磁兼容性、安全性、环境适应性大纲贯彻情况，产品达到通用质量特性要求的程度。

（4）元器件评审

重点评审型号元器件的选择和使用情况，审查元器件选用是否符合元器件优选目录要求。

（5）设计方案评审

重点评审工程研制阶段发生重大设计更改或“两总”系统确认的关键重要项目设计方案的合理性和可行性。

（6）标准化与“三化”评审

重点评审设计、工艺文件的标准化，产品及工装“三化”设计以及对各类标准的贯彻执行情况。

（7）单项设计输出文件的评审

重点评审设计输出文件的符合性，包括产品技术条件，试验方案，试验大纲，武器系统作战过程、模型、接口协议等。

（8）专项技术攻关、复核复算结果评审

为保证关键技术攻关、大型飞行试验一次成功等，开展专项设计文件及复核复算结果评审。

（9）虚拟样机评审

虚拟样机评审与实物产品评审同步实施，重点评审虚拟样机设计的符合性、指标的满足性、各系统间的协调性以及可制造性等。

（10）其他文件评审

其他文件评审是指为确保设计文件符合要求进行的评审，一般包括：任务书，技术要求，重大设计改进报告，武器系统杀伤区、杀伤概率、作战效能分析等。

设计评审内容及文件要求见表7-29。

表 7－29　设计评审内容及文件要求

序号	评审类别	评审类型	评审条件	评审内容	评审文件	备查文件	备注
1	阶段评审	方案阶段评审	完成本阶段的设计和研制工作，经证明各项指标达到研制任务书要求；确定关键技术并有明确的技术途径；本阶段出现的问题已得到解决；本阶段技术文件按规定要求齐套；具备开展下阶段设计的条件，初步确定了下阶段的技术状态；完成方案报告的编写；进行了通用质量特性初步设计，编制形成通用质量特性设计报告；完成了必要的论证工作	方案的正确性；方案满足技术指标要求的程度及其依据的分析、计算以及试验（或演示）等工作；所选方案的正确性、先进性、适用性、可行性和经济性；大型试验方案的合理、可行性；实现方案的风险分析及费效分析结果；系统总体对分系统（或分系统对设备或整机）的设计及接口要求；重大技术、关键新技术、新材料、新工艺攻关项目进展和采用情况；设计的继承性及所采用新技术、新材料、新工艺的必要性和比例（技术成熟度）；元器件的选用情况等	方案报告	研制总要求、任务书或技术要求，设计计算或分析报告，技术成熟度评价报告，通用质量特性设计报告，环境试验要求，综合保障初步方案报告，产品保证系列大纲	可视型号和产品特点进行合并或裁剪
2		工程研制阶段评审	完成本阶段的设计、验证工作，各项指标达到研制任务书要求；本阶段各类技术文件按规定要求齐套；关键技术问题已得到初步解决（适用于初样阶段评审）；关键技术问题已全部解决并得到验证[适用于试样（正样）阶段评审]；软件研制工作符合型号软件保证大纲及软件工程化要求；本阶段发生的质量问题完成归零；遗留问题已得到解决或有明确的后续解决措施；确定了定型（鉴定）阶段的技术状态	产品（包括硬件、软件）设计的功能、物理特性满足设计任务书要求的程度；系统与各分系统，以及各分系统之间的接口协调性；产品功能、性能分析、计算的依据及结果；测试覆盖性及验证充分性；采用的设计准则、设计规范和标准的合理性和执行情况；通过故障模式、影响及危害性分析确定的可靠性关键项目清单；关键件（特性）和重要件（特性）清单；通用质量特性设计分析结果满足“七性”指标要求程度；综合保障方案设计的情况、“三化”实现情况；试验大纲及试验结果；质量问题及归零情况；工艺文件、标准文件执行情况等	工程研制阶段报告	研制总结报告，质量分析报告，元器件总结报告，通用质量特性总结报告，技术状态记实报告，标准化工作报告，工艺总结报告	
3		状态鉴定审查	完成鉴定阶段工作和试验	按《装备试验鉴定程序和要求》（TE－ABA－001）、《状态鉴定文件编制指南》（TE－ABB－004～TE－ABB－022）和各型号标准化要求执行			

续表

序号	评审类别	评审类型	评审条件	评审内容	评审文件	备查文件	备注
4	技术设计评审	技术设计评审	完成规定的各项设计任务	设计文件(图纸、资料)完整配套;形成元器件选用清单,通过元器件专项评审;开展热设计、力学设计、电磁兼容性设计、测试性等设计仿真,完成通用质量特性相关报告,并通过通用质量特性专项评审;对产品设计工艺性进行分析,并通过设计工艺性专项评审;针对产品专业特点开展建模仿真,复核复算	技术设计报告	研制任务书、技术要求、设计图样、通用质量特性设计报告、元器件选用报告、设计工艺性分析报告、特性分类分析报告、FME(C)A报告、综合保障方案报告等	可视型号和产品特点进行合并或增减
5	专项评审	设计工艺性评审	重点评审产品在满足要求的前提下符合工艺性要求的程度,工艺设计方案的合理性、可行性和可靠性				
6		软件评审	重点评审软件需求分析、软件设计、软件测试以及软件产品符合要求的程度				
7		通用质量特性评审	重点评审通用质量特性大纲贯彻情况,产品达到通用质量特性要求的程度				
8		元器件评审	重点评审型号元器件的选择和使用情况,审查元器件选用是否符合元器件优选目录要求				
9		设计方案评审	重点评审工程研制阶段发生重大设计更改或“两总”系统确认的关键重要项目设计方案的合理性和可行性				
10		标准化和“三化”评审	重点评审设计、工艺文件的标准化,产品及工装“三化”设计以及对各类标准的贯彻执行情况				
11		专项技术攻关、复核复算结果评审	为保证关键技术攻关、大型飞行试验一次成功等,开展的专项设计文件及复核复算结果评审				

续表

序号	评审类别	评审类型	评审条件	评审内容	评审文件	备查文件	备注
12	专项评审	虚拟样机评审	重点评审虚拟样机设计的符合性、指标的满足性、各系统间的协调性以及可制造性等				
13		单项设计输出文件评审	单项设计输出文件评审是指为确保设计文件符合要求进行的评审，一般包括：任务书，技术要求，重大设计改进报告，武器系统杀伤区、杀伤概率、作战效能分析等				

7.11.5　设计评审工具方法

航天科工集团着力加强科研生产和质量管控的数字化、网络化、智能化、云化发展，倾力强化技术、工具、方法、手段的研究应用，充分应用多个信息系统和云雀协同设计平台，实现线上与线下相结合的设计评审，打造评审的闭环管理流程，实现设计评审精细化管理，持续提升评审绩效。

1）构建多种评审方式，提升评审效率。集团公司各单位建立线上、线下相结合，实时、定时相辅助的多种评审方式，实现跨单位设计评审，提升评审的效率。

开展基于 PDM 系统的定时线上评审（3 天），由 MPM 系统中的评审计划驱动评审流程，管理部门成立线上评审组，形成基于 PDM 系统分发评审文件、收集评审遗留问题、跟踪验证问题处理情况、形成评审结论的闭环管理流程。开展基于云雀协同设计平台的实时线上评审，应用云雀系统的语音交流、屏幕共享、权限控制、文字交流等功能，带来与线下会议相媲美的真实体验，可实现评审遗留问题的自动记录和跟踪闭环。

2）应用多个信息系统，实现评审数字化管理。构建基于设计 BOM 的评审模式，实现 MPM 系统计划驱动，PDM 系统评审启动、遗留问题跟踪闭环，MPM 系统评审绩效统计和展示的闭环管理机制。通过评审数字化管理流程，构建产品的评审管理数据链，评审数据更加规范，遗留问题处理更加实效，推动质量管控过程数据采集主体由单纯质量管理部门向流程主管业务部门、设计部门协同转变。

7.11.6　设计评审有效性

1）充分利用内外部专家的优势资源。

a）建立稳定的伴随专家队伍。型号立项后，研制总体单位邀请各相关领域、专业的跨单位的专家，组织成立型号伴随专家组，参加型号方案、技术设计、阶段评审、复核复算结果评审等，在武器系统、导弹及关键分系统的关键评审质量控制点上保驾护航。

b）充分发挥内外部行业专家的优势力量。针对重大专项技术攻关，各单位组织成立关键技术攻关专家组，审查攻关过程的有关资料、文件，提出有效建议，推动研制工作的高质高效开展。为确保重大型号飞行试验成功，识别影响任务成败的重大技术风险和薄弱环节，组建独立评估专家组，审查设计正确性、验证充分性、应急故障预案有效性等。

2）着力发挥同行专家的把关作用。

a）建立专业评审机制。制定《专业评审实施指南》，进一步明确专业师队伍在重大技术、型号或项目关键、重要节点评审的专业把关职责，并设置专人负责专业评审的组织管理。将专业师参加评审的数据纳入年度专业师考核，激发专业师推动专业发展的积极性和主动性。

b）提升专业评审权威和有效性。以型谱化、通用化产品为突破口，逐步推进设备级产品评审由传统型号主导的评审向研究室主导的专业评审转变，形成专业主建、型号主用的模式。针对专业评审项目，明确具体的专业把关点，关注功能性能指标达到情况、技术途径选择、三大规范遵循情况、“三化”设计情况等，充分发挥专业把关作用，促进各专业高质量发展。

3）持续推进评审细化、量化。在各类专业设计规范中明确表格形式的专业设计规范符合性检查要求，将专业设计规范要求转化为细化、量化的可评审项目。专业设计评审时对照设计规范、设计准则的核查表格进行专业设计规范符合性检查，提高专业产品设计的规范性，提升设计评审的有效性。

在设计评审和质量评审时使用评审要点审查表（表 7 - 30 所示为方案阶段评审要点审查表示例）对产品的设计和生产工作进行自查和互查，使评审工作更加规范、有效。

同时，使用设计规范核查表和评审要点审查表的过程可促进审查表的不断修订完善，使评审要点审查表更加切实有效地规范和指导型号研制生产工作。

表 7 - 30　方案阶段评审要点审查表（示例）

序号	评审要点	评审内容	检查结果	备注
1	方案论证	系统总体(或分系统、整机)方案的正确性		
		所选方案的正确性、先进性、适用性、可行性和经济性		
		大型试验方案的合理性、可行性		
		实现方案的风险分析及费效分析结果		
2	产品符合性	方案满足技术指标(包括可靠性、维修性、测试性、保障性、电磁兼容性、安全性、环境适应性等)要求的程度及其依据的分析、计算以及试验(或演示)等工作		
		方案的各项技术性能指标和要求(包括可靠性、维修性、测试性、保障性、电磁兼容性、安全性、环境适应性等)满足协议、任务书或合同的情况		
		系统总体对分系统(或分系统对设备或整机)的设计及接口要求		
3	成熟度分析	重大技术、关键新技术、新材料、新工艺攻关项目进展和采用情况		
		设计的继承性及所采用新技术、新材料、新工艺的必要性和比例		
		元器件的选用情况		
4	其他内容			
专家意见	签名： 年　月　日			
填写说明：检查结果分同意、不同意两种，同意画√，不同意画×，并说明原因。				

7.12　设计验证

7.12.1　设计验证目的和作用

设计验证应根据设计开发策划的安排进行验证，以保证设计和开发的输出满足设计输入要求。

7.12.2　设计验证分类

设计验证的方式应根据设计的重要性、复杂性、标准化程度以及预计的风险进行选择。设计验证方式分为：

1）检验；

2）变换方法进行计算验证；

3）将新设计与已证实的类似设计进行比较；

4）试验验证；

5）发放前对设计阶段文件进行评审。

根据本阶段设计的重要性、复杂性、标准化程度，以及本阶段设计在整个产品中的位置可采取其中一种或几种形式。对顾客关注的项目，应邀请顾客参加其关注的设计和开发验证，并将结论及采取措施的结果向顾客通报。对验证结果任何及所有必要措施的记录应予保持。

7.12.3　设计验证要求

在采用其他计算方法验证原计算的正确性时，必须对所使用的假设、输入数据、应用软件或该方法的适用性进行审查、确认，并形成记录。

与已证实的类似设计进行比较时，应形成报告。

列入航天产品配套表的计算机软件产品，必须通过航天系统定点软件评测单位的评测。

对于影响飞行试验成败和安全的关键项目，必要时要组织同行专家进行设计复查、复核、复算和复验，并在飞行试验前安排必要的验证试验。

对于顾客要求控制的项目，应通知顾客参加设计和开发验证。

设计验证必须纳入研制程序和科研生产计划。

各研制阶段的设计验证活动及其结果必须形成文件。

7.12.4　航天项目试验验证

试验验证是设计验证的重要方法，组织应对试验过程实施控制，确保试验结果的有效性。

组织应：

1）编制并评审试验大纲或试验计划，包括试验目的、内容、条件、方法、程序、职责、受试产品技术状态、质量要求、结果评定准则等。对顾客关注的试验，其试验大纲或试验计划应经顾客同意；

2）做好试验前的准备，并实施准备状态检查；

3）按照试验大纲或试验计划组织试验；

4）按规定的程序和试验鉴定有关要求收集、整理数据和原始信息，分析、评价试验结果，保证试验数据的完整性和准确性；

5）对试验发现的故障和缺陷，采取有效的纠正措施，并再次进行试验或验证；

6）保留试验过程、结果及任何必要措施的记录；

7）对用于试验的计算机软件进行验证和确认，并实施软件配置控制；

8）在有资质并得到顾客认可的试验机构进行鉴定试验；

9）应邀请顾客参加其关注的试验，通报试验结果，试验过程的变更应征得其同意。

下面以导弹武器系统设计验证试验为例，介绍航天行业试验验证的工作内容。

导弹武器系统研制阶段主要设计验证试验包括飞行试验、性能鉴定试验、对接联调试验、动态校飞试验、抗干扰试验、弹射试验、半实物仿真试验等。其中，各阶段飞行试验、性能鉴定试验、对接联调试验、动态校飞试验、抗干扰试验等属于导弹武器系统负责的重大试验；弹射试验等属于导弹系统负责的重大试验；半实物仿真试验等属于制导控制系统负责的重大试验。

7.12.4.1 独立回路飞行试验

独立回路飞行试验是导弹武器系统独立回路阶段飞行试验。

1）试验目的：

a）检验导弹发射飞行性能；

b）检验发动机性能；

c）检验导弹布局设计正确性、气动特性，检验弹体结构性能、气动热防护性能；

d）获取弹上飞行环境数据，对稳定控制性能进行摸底。

2）主要工作内容：

a）独立回路状态导弹方案、弹上设备及分系统技术状态确认；

b）独立回路飞行试验方案、试验大纲的编制及评审；

c）提出参加独立回路飞行试验地面设备的技术要求、地面设备齐套；

d）独立状态导弹弹上设备验收和齐套、导弹总装测试；

e）独立回路状态地面设备联调；

f）独立回路飞行试验进场文件准备；

g）参试装备质量复查及一次成功技术保障分析；

h）独立回路飞行试验安全性分析；

i）对靶场提出技术要求；

j）独立回路飞行试验；

k）试验数据处理及分析。

3）质量评审控制点：

a）独立回路飞行试验方案、试验大纲评审；

b）独立回路飞行试验前导弹配套软件、地面软件经过第三方评测；

c）独立回路飞行试验筒弹出场评审；

d）独立回路飞行试验进场评审。

4）完成标志：完成独立回路飞行试验并满足飞行试验大纲要求。

7.12.4.2　闭合回路飞行试验

闭合回路飞行试验是目标拦截试验，进行武器系统闭合回路性能的设计验证。

1）试验目的：

a）检验武器系统拦截目标的闭合回路工作性能；

b）初步检验初、中、末制导性能；

c）检验全系统工作协调性能；

d）检验武器系统强干扰复杂突防场景下识别性能与空域拓展能力。

2）主要工作内容：

a）闭合回路飞行试验状态导弹方案、弹上设备及分系统技术状态确认；

b）闭合回路试验方案、试验大纲的编制及评审；

c）闭合回路飞行试验导弹弹上设备验收和齐套、导弹总装测试；

d）地面设备对接联调；

e）制导雷达校飞、指令线挂飞和弹目相对测量精度摸底试验；

f）对靶标的全武器系统联合校飞试验；

g）闭合回路飞行试验进场文件准备；

h）参试装备质量复查及一次成功技术保障分析；

i）闭合回路飞行试验风险分析；

j）闭合回路飞行试验；

k）闭合回路飞行试验数据处理及分析。

3）质量评审控制点：

a）闭合回路飞行试验方案、试验大纲评审；

b）闭合回路飞行试验前弹上、地面软件经过第三方评测；

c）闭合回路飞行试验筒弹出场评审；

d）闭合回路飞行试验进场评审。

4）完成标志：完成闭合回路飞行试验并满足飞行试验大纲要求。

7.12.4.3　性能鉴定试验

1）按批复的性能鉴定试验大纲完成靶场性能鉴定试验；

2）完成用户使用性试验。

7.12.4.4 对接联调试验

在工程研制阶段和性能鉴定飞行试验前进行全武器系统作战过程对接联调，验证武器系统指挥控制与作战过程、数学模型、各个分系统之间的信息交换关系与接口关系、人机界面与操作过程的正确性。

7.12.4.5 动态校飞试验

在独立回路、闭合回路各阶段和性能鉴定飞行试验前，为验证制导雷达威力和精度等主要战术技术性能，检验雷达目标识别工作逻辑、时序和识别能力，进行校飞试验。试验状态是以指挥控制车和雷达系统（天线车、电子设备车、冷却设备车、标校车和电源车）为主要参加设备，部分架次的靶标上加装指令接收应答机及其配套设备。

7.12.4.6 抗干扰试验

地面拟开展的抗干扰试验项目：

1）制导雷达地面抗干扰性能摸底试验；

2）接收应答机实验室路馈和数字仿真抗干扰性能试验；

3）制导雷达地面静态抗干扰试验（被动跟踪、旁瓣对消、抗欺骗干扰）；

4）指控通信抗干扰试验。

制导雷达抗干扰检飞项目有：制导雷达抗干扰检飞试验（被动跟踪、抗欺骗干扰、三角定位），部分试验项目可结合雷达校飞试验进行。

7.12.4.7 弹射试验

在工程研制阶段，发射系统开展发射车弹射试验。试验目的是验证发射车的发射能力；验证发控设备对导弹适配、激活、点火发射的控制能力；验证发射车与发射筒对导弹发射的协调性；验证导弹发射（单射、连射）过程中相邻弹位的动响应特性；验证发射车的连射能力；验证发射车坡度发射能力；获取弹射弹的相关发射参数。

7.12.4.8 半实物仿真试验

在工程研制各阶段和性能鉴定飞行试验之前进行制导控制系统半实物仿真试验，检验主要制导控制设备的工作性能及其匹配性，检验设备之间信息交换的正确性，检验飞行试验控制软件的正确性。

第8章　生产质量控制

8.1　生产质量策划

8.1.1　概述

在型号进入试制或批生产前，型号质量主管部门需结合型号任务特点和风险，组织开展生产质量策划，编制印发型号全周期或年度质量工作策划报告。各生产单位及外协单位在此基础上完成本单位产品生产策划，按照GJB 1406A—2005《产品质量保证大纲要求》编制产品质量保证大纲，各级管理部门严格监督，确保相关要求和措施切实落实到位。

开展生产质量策划，需对上阶段型号质量工作情况进行总结，对生产过程中出现的质量问题进行综合分析，结合当前型号任务特点和风险，分析型号生产过程质量管控的薄弱环节和难点。同时，需根据型号任务目标，制定型号生产质量保证措施和工作计划，并编制型号生产质量工作策划报告。型号生产质量策划的主要内容包括：型号任务形势和风险分析、确立型号生产质量目标、制定生产工艺过程质量保证措施，以及型号质量工作计划等。其中，生产过程质量保证措施主要包括工艺准备、工艺评审、试制和生产准备状态检查、关键过程控制、特种工艺控制、首件鉴定、出厂评审、技术状态控制、软件控制、产品数据包、供应链质量控制等方面。

型号生产质量策划报告经主管部门领导审核，型号两总复核，由型号主管行政领导签发。型号主管部门将策划报告中的相关工作纳入型号专项计划中组织实施。

8.1.2　策划输入

型号生产质量策划的依据主要包括：质量手册、程序文件、操作文件；各级质量管理规章制度；质量工作要点；型号质量保证大纲、型号产品实现策划报告、型号研制程序和网络图、科研生产计划纲要、型号责任令任务等。

8.1.3　任务特点及风险分析

生产质量策划时须梳理型号阶段任务，研制型号包括系统级试验、生产导弹数量、软件评测数量、飞行试验数量等，批产型号包括导弹和地面设备生产数量、飞行试验数量等，结合本型号前期质量问题统计、薄弱环节分析及型号阶段任务特点，开展生产质量控制难点和风险分析，采用技术风险识别与分析方法、评价准则，对生产质量风险进行分级辨识，形成风险源清单。要提前识别对性能偏差影响较大且后续不可测的生产、装配环节，制定专项措施并通过工艺指示单进行下发，形成多媒体记录项目清单，定期检查落实情况。将防差错工艺明细表、不可检不可测项目清单、多媒体记录要求、多余物防控要求等纳入工艺总方案，分别编制各重点产品生产和装配工艺方案，相关要求在各产品工艺规程中进行落实，通过采取有效针对性措施和解决手段，切实控制型号生产风险。

8.1.4 确定生产质量目标

结合型号阶段任务、特点以及质量要点中有关型号的质量目标，研究制定型号生产阶段可量化、可测量的质量目标，该目标应具有挑战性且要高于上级主管单位质量目标，涵盖产品形成过程和产品最终交付的质量状况。

8.1.5 策划内容及要求

8.1.5.1 工艺准备

产品承制单位应对型号各研制阶段的工艺工作进行具体策划，编制工艺总方案及工作计划，工艺总方案要能正确指导工艺准备、生产准备和产品制造，明确产品的结构工艺特点、工艺技术方案、工艺设计和工艺管理、生产保障条件、生产分工和外协加工、产品的工艺质量保证措施及工艺方案经济性分析等内容；组织分析、识别制造过程中的关键过程及特殊过程，形成量化控制参数并组织过程控制；制定相应的工艺文件，工艺要求应完整正确、可操作、可检验；根据产品制造瓶颈、难点，确定工艺技术攻关项目进行攻关；设计、制作工装，完成厂际协调梳理及协议制定。对可能存在的质量隐患环节应深入开展工艺攻关及优化，加强原材料控制，设计制作专用工装及工具，对关键环节应明确工艺装备保证措施以及检验工装、检验手段等内容。

8.1.5.2 工艺评审

各试制和批产阶段应贯彻执行型号产品工艺评审管理办法，制定工艺评审计划，并适时补充和完善。系统及分系统工艺总方案、关键部件制造工艺方案、工艺攻关、工艺总结，新工艺、新技术、新材料、新设备使用，质量风险较大的返修工艺文件等应列为较高级别工艺评审，制定工艺评审计划并明确工艺评审要点。

8.1.5.3 试制和生产准备状态检查

按 GJB 1710A—2004《试制和生产准备状态检查》的要求，在产品投产之前，策划实施产品试制和生产准备状态检查，并形成检查报告。对于检查中发现的问题，责任单位或部门应采取有效措施予以整改。各舱段、整机产品装配前，舱段、单机设备抓总单位应对产品配套件的验收情况进行复查确认；总装前，对总装所需条件以及各舱段、单机设备的验收情况进行复查确认，并完成装前准备状态检查表。装配所需的工具、设备、测试仪器、吊具等应按规定配备齐全，有规定的合格状态证明，处于检定有效周期内。

8.1.5.4 关键过程（工序）控制

结合所承制的产品特点识别关键过程，编制关键过程明细表，制定关键过程控制要求并实施有效控制。同时，将加工难度大、质量不稳定、易造成重大经济损失的过程设为关键工序，作为关键过程的一部分进行控制。关键件、重要件的生产应实行三定（定岗位、定方法、定设备）和三检（自检、互检、专检）制度，生产人员和检验人员须保持相对稳定，并按专业要求进行培训，考核合格并取得相应岗位资格证书。对于关键件、重要件从毛料开始直到成品严格执行批次管理，对关键和重要零、组件进行标识，建立完整的管理记录，保证关键件、重要件具有可追溯性；关键件、重要件中关键特性和重要特性，应按公差中线加工，并进行 100% 检验，操作和检验人员填写《关键特性、重要特性记录表》或《关键工序记录表》；编制关键件、重要件专用检验规程，确保产品实物质量；做好关键件、重要件的检验和试验原始记录、数据记录的归档保存；关键件、重要件的风险与质量控制情况，在产品交付验收时，产品质量分析报告中需有单独章节说明。

8.1.5.5　特殊过程控制

型号产品生产过程中，应开展特殊过程的识别、确认、控制和再确认工作。对于识别出的特殊过程要编制清单、制定确认计划，从人、机、料、法、环、测等方面开展特殊过程确认，明确过程监视和测量的具体要求、工艺参数，并制定过程监视和检验合格判据；特殊过程得到确认后，在工艺规程中明确控制要求并进行评审（或审查）后，才能用于指导生产；特殊过程的操作人员和检验人员应按专业要求进行培训，考核合格并取得相应岗位资格证书；因特殊过程设备、工装、检测装置和环境控制系统等在运行中，由于正常的损耗、失准等而带来的状态变化，或特殊过程的工艺改进，控制参数的更改，设备、检测装置的更新、大修，取样方法变更以及关键作业人员的更换带来的状态改变时，按特殊过程再确认制度对特殊过程进行再确认。对特殊过程要定期进行工艺检查，保证其始终处于受控状态，按规定要求做好特殊过程检查记录并实施管理，以保证其可追溯性。遵循“谁外协、谁负责”的原则，要充分识别外协产品特殊过程，并在质量技术协议中明确控制要求。

8.1.5.6　首件鉴定

生产质量策划对首件鉴定做出安排，研究、确定首件鉴定项目，编制产品“首件鉴定目录”，由各单位组织实施首件鉴定，并将相关记录归档管理。当首件鉴定不合格时，应查明原因，制定纠正措施，重新制造首件并进行首件鉴定。

8.1.5.7　基础设施和工作环境

根据型号产品特点，生产质量策划应要求提供、管理和维护产品符合要求所需的基础设施和工作环境，并确保：生产环境符合环境保护管理规定；满足设计、工艺、生产等技术文件规定的技术要求和环境要求；按照 QJ 2850A—2011《航天产品多余物预防与控制》要求落实防止多余物的控制措施；对污染敏感的产品应制定专门的控制方法和预防措施，并在具有相应洁净度要求的环境中进行生产、检验和试验；提供对基础设施和工作环境连续监视的证据，以表明处于受控状态。

8.1.5.8　批次管理

承制单位要根据产品特点、产品规范及合同等要求来确定产品批次，并系统考虑总体批次、例行试验和备件产品等安排，确保进度和流量合理。批次号应按照时间顺序连续编号，不应重复。承制单位要策划相关批次管理的活动，主要包括生产过程的批次管理、包装运输贮存的批次管理、交验的批次管理、外部提供产品的批次管理、批次凭证管理等。批次管理应与生产组织形式相适应，在保证产品质量的前提下，综合考虑产品生产任务、生产能力、管理费用等因素，达到经济与生产能力最佳合理。对于实行批次管理的产品，承制单位做到“五清六分批”，即产品批次清、质量状况清、原始记录清、数量清、炉（批号）清；分批投料、分批加工、分批转工、分批入库、分批装配、分批出厂。

8.1.5.9 过程监视和测量

生产质量策划须明确规定对产品生产全过程进行监视和测量，制定对产品监视和测量的要求和方法，规定相关的控制要求。

应以文件形式规定产品的过程检验、验收试验和检验的资源条件、实施方法、验收准则、记录以及检验和试验人员的资格等要求，在产品加工装配完成后，承制单位应进行验收试验和检验。

应按照产品技术条件规定，在检验合格的产品中抽取产品进行环境适应性试验，以验证产品性能、环境适应性、可靠性和安全性等是否满足设计要求。对产品环境适应性试验中发生的质量问题，应按规定完成归零，采取措施后按试验大纲规定的程序进行后续试验。例行试验结束后应编制试验报告，给出试验结论。

各单位应按 GJB 466—1988《理化试验质量控制规范》、GJB 1187A—2019《射线照相检测》、GJB 1580A—2019《变形金属超声检测》、GJB 2028A—2019《磁粉检测》和 GJB 2367A—2005《渗透检验》的要求，制定理化分析和无损检测规范、程序以及人员资格和设备控制要求，确定无损检测产品和项目，对无损检测进行控制。

各单位应做好产品试验和检验记录的收集、整理、分析、归档工作。记录应包括产品的检验状态、必要的试验和检验特性证明、不合格品报告、纠正措施等。

产品生产过程中，对由于生产急需来不及进行验证或验证结果尚未给出，或未满足某项交付要求需提前交付使用或转入下道工序时，可以实行例外放行，但必须满足相关要求。

各单位应按照 GJB 571A—2005《不合格品管理》和 QJ 2936—1997《航天产品研制过程不合格品审理基本要求》制定不合格品管理制度，建立不合格品审理系统，明确规定对不合格品进行识别、评价、隔离、让步接收和记录的管理要求，对生产过程中出现的不合格品进行控制。

各单位应按有关标准的规定对有产品代号并独立交付的组件、设备和其以上级别的产品建立产品质量履历书和产品证明书。产品质量履历书应如实记载产品的性能参数、技术状态、质量情况、出现的问题、更改情况、责任人等，保证产品质量具有可追溯性。产品质量履历书和产品证明书都应随产品配套运转，并作为产品出厂质量评审的必备文件之一。

8.1.5.10　产品出厂质量评审

当产品完成了技术文件规定的生产、试验并经检验合格，具备交付条件后，由承制单位按照 GJB 907A—2006《产品质量评审》组织开展产品出厂质量评审，以评价出厂产品的质量、技术状态的符合性，以及相关试验的充分性。应完整记录评审专家意见，保存评审记录，并对评审中专家意见进行逐项跟踪管理，确保评审意见闭环。

8.1.5.11　产品标识和可追溯性

在产品工艺规程中应明确零件标识的具体方法和标识的具体位置，将标识检查作为工序间交接的一部分内容。装配过程中，对于电缆、弹簧、密封圈类零件和小尺寸零件一般使用标签法标识零件图号、批次号、同批零组件序号，无法系标签的小零件，应将零件和标签同时装入包装袋中；对非金属件和装配过程中的用于区分配套关系的，一般在零件表面写标识。关于其他产品标识工作，各承制单位具体按 GJB 726A—2004《产品标识和可追溯性要求》进行控制。

8.1.5.12　产品周转防护

在产品生产过程中按 GJB 1443A—2015《军品包装、装卸、运输、贮存的质量管理要求》规定对产品的搬运、存放、包装等过程进行防护，产品流转过程中，相关记录应随产品流转，编制产品交接记录，记录中应详细记载与交接有关的资料、人员和设备等信息，同步完成履历书交接。在产品搬运、装卸时，应按规定选择合适的容器、货运设备和运输车辆，防止振动、撞击、摩擦或其他原因造成产品损坏，质量管理部门应对产品周转防护的规范性进行监督检查；产品装箱、装车应使用专用包装箱，不具备专用运输条件的，需制定临时运输方案报请主管领导或主管部门批准后实施。

8.1.5.13　顾客和外部供方财产

产品承制单位应明确顾客或供方财产的种类、名称、型号、规格、数量、技术状态、交接验收方式、储存和维护等要求，依据顾客和设计文件要求组织相关部门对顾客提供的产品进行验证和确认。对需进行入厂（所）复验的产品，应根据顾客要求编制相关产品的验收技术文件，验收合格后开具合格证，并在备注栏注明“顾客或供方财产”字样；对不需要进行入厂（所）复验的产品（含无法验证），需由顾客提供产品合格证或履历书。经验收合格的顾客或供方财产应办理入库手续，按要求进行建账保管，保证账账、账实相符；经检验不合格的顾客或供方财产，应填写顾客或供方财产交接单，并通知顾客处理。当顾客或供方财产发生丢失、损坏或发现不适用时，应与顾客沟通，并做好处理记录。

8.1.5.14　技术状态控制

生产质量策划时要严格按照型号技术状态文件组织试制和批生产工作，批产设计和工艺技术状态更改应提高一级审批。其中工艺技术状态的更改由工艺师系统审批，影响设计指标的工艺技术状态更改需经设计师系统会签；设计技术状态的更改（包括因工艺技术状态更改引起的设计技术状态更改）由总师批准并按有关程序报顾客审批或备案。在技术状态更改过程中，应明确对已制品、在制品的处理意见，保证已制品、在制品技术状态的更改落实到位并进行记录。技术状态的更改必须严格做到“充分论证、各方认可、试验验证、审批完备、落实到位”。

8.1.5.15　软件控制

软件配套单位应严格按照型号软件配置管理要求执行型号软件研制“三库”管理，控制软件出入库流程，严控软件研制过程技术状态。要贯彻落实软件更改的规定和制度，严格控制软件技术状态变化，软件更改涉及系统间接口关系时，应通过相关系统会签后方可实施，一切修改活动都应在软件配置管理控制下进行。将软件重用作为提升软件质量和提高软件研发效率的重要手段和方法，开展可重用资产库建设及重用管理要求制定，并贯彻执行。提交第三方评测前充分开展内部测试和软件代码同行审查，保证提交评测软件质量，软件评测严格执行拒收拒测制度。软件装机前应进行确认和记录，确保版本正确。地面设备软件控制纳入型号管理，也应适当明确针对性的控制要求。研制状态非标测试设备配套软件也应予以适度控制，定型状态非标测试设备软件应归档管理。

8.1.5.16　产品数据包管理

产品承制单位作为产品数据包工作的主体，负责产品数据包工作的总体策划，由其明确工作内容及相关要求，并负责形成内容完整的航天产品数据包，建立管理制度并纳入本单位的体系文件中。同时，对外协单位提出产品数据包管理要求，并将相关要求纳入产品研制任务书、技术要求、验收要求、产品保证要求以及订购合同等技术文件或管理文件中。产品验收前，数据包最终产生部门应对交付产品的产品数据包进行检查确认，对不符合要求的应完成整改，然后按要求提交数据包验收。产品交付时，采取逐级验收的管理模式，数据包验收合格后随产品交付。单位内部进行产品验收时，验收方代表在对产品进行功能性能验收的同时，对所验收产品数据包的完整性、正确性、可追溯性进行检查，对产品数据包不符合要求的产品予以拒收。

8.1.5.17　供应链质量控制

生产质量策划应从质量诚信、质量体系、设计过程控制、生产工艺控制、试验过程控制、次级供方管理、售后服务质量、质量赔偿等方面，明确对供应商实施多维度、多要素的质量控制、评定、考核及审核，提升供应链质量管控能力。委托单位严格落实供应链甲方主体责任，进一步提升技术抓总和产品过程管控能力，细化产品技术要求和验收条件，加强技术交底与沟通。开展“穿透式”过程管控，对关键过程、重要环节安排专人跟产跟试，全面掌控产品质量实现过程。对问题多发的供方列入清单、制定计划，针对具体产品生产过程开展专项质量审核，对新研和技术状态变化产品可实施100%开盖检查，促进甲方管理制度和技术规范在供方有效落实。全面落实产品数据包管理要求，推动“产品＋数据”的交付验收模式全面普及。

8.1.6　工作措施及计划

型号生产质量策划报告经主管部门领导审核，型号两总复核，由型号主管行政领导签发。根据型号生产质量策划内容和要求，型号质量主管部门会同其他业务部门应组织型号设计师、工艺师等人员细化分解要求，形成工作计划（可阶段制定，也可年度制定）。汇总形成的型号生产质量策划工作要点和工作计划应明确、具体。

型号生产质量策划要点和计划经审批正式下发，各业务机关分工负责组织实施，开展日常监督检查，并定期汇总报告型号生产质量计划执行情况和实施考核。

8.2　型号工艺控制

8.2.1　概述

型号工艺控制是指为确保型号产品制造质量，实现型号预定目标，对型号各阶段主要工艺工作所采取的必要的过程管控。型号工艺控制工作一般按以下阶段划分：方案阶段、工程研制阶段、鉴定定型状态鉴定阶段（性能验证）、鉴定定型列装定型阶段（作战试验）、批生产阶段和售后服务阶段。

8.2.2　各阶段主要工艺工作

型号工艺工作主要分为设计工艺协同、工艺工作策划、工艺文件准备、工艺技术研究、关键过程管理、特殊过程管理、工艺装备管理、首件鉴定、生产过程协同与工艺技术状态控制、阶段总结改进等十个方面工作，型号各阶段工艺工作紧密衔接、各有侧重。

1）方案阶段主要工艺工作：参加型号方案设计，完成型号研制工艺可行性论证分析，提出产品工艺性意见，启动关键工艺技术研究并完成重大技术改造项目的初步论证。

2）工程研制阶段主要工艺工作：完成型号研制工艺总方案的编制，完成设计图样工艺性审查，针对型号研制瓶颈开展工艺攻关与工艺优化，确保型号研制顺利开展。开展型号阶段工艺清理、工艺状态控制等。

3）鉴定定型状态鉴定阶段主要工艺工作：完成工程研制阶段与工艺有关问题清理、汇总和协调，完成工艺总方案和全套工艺文件修订、完善；协调处理现场技术问题；结合批生产，开展对定型状态设计文件工艺性审查、工艺攻关与优化等工作。

4）鉴定定型列装定型阶段主要工艺工作：结合小批量武器装备生产，完成试生产工艺准备、试生产验证、试生产工艺总结和生产（工艺）定型鉴定，对产品生产工艺（条件）进行全面考核，以确认其符合批生产的标准，固化工艺技术状态，完善工装，稳定质量，提高可靠性。

5）批量生产阶段主要工艺工作：完成批生产工艺总方案编制，优化生产布局，严格控制批量生产的技术状态，保证定型设计文件要求的有效落实和产品质量稳定，提高生产效率，降低生产成本。

6）售后服务阶段主要工艺工作：及时了解型号在使用期间出现的故障问题，配合完成故障排除。对与工艺相关的故障问题进行分析判断、查找原因，提出解决措施。

8.2.3 各阶段工艺控制要点

型号各阶段工艺控制要求汇总见表 8-1，可以对比看出，因各阶段工艺工作内容和重心不同，工艺管控要求也存在着一定的差异。

8.2.3.1 方案阶段工艺控制要点

(1) 设计工艺协同

1) 参与型号方案论证，根据产品方案和可能采取的主要技术途径，从工艺上综合分析可供选择的各种工艺技术途径；

2) 完成产品研制的工艺可行性论证，确定材料、零件和工艺选择原则，并策划保证工作项目；

3) 参加产品结构设计研讨，进行技术交底，开展设计文件工艺性审查，提出改进意见。

(2) 工艺工作策划

1) 编制工艺总方案，评审、签署符合规定；

2) 提出需增加的新设施、新设备和重大技术改造项目；

3) 根据本单位生产资源提出重要的外协项目；

4) 识别厂（所）际互换协调项目并编制厂（所）际互换协调文件；

5) 制定本阶段工艺文件编制原则，识别关键部位（包括易错漏装、不可逆、不可检等）操作过程、多媒体记录项目、多余物控制环节；

6) 完成关键材料、关键零件、关键工艺的识别和确认。

(3) 工艺文件准备

1) 依据设计图样或设计物料清单（BOM，Bill of Material），利用信息化手段，创建信息化系统产品结构（工艺 BOM、制造 BOM)；

2) 编制零部件工艺路线和材料消耗工艺定额；

3) 编制本阶段各专业工艺规程和其他有关工艺技术文件，关键、重要工艺参数量化；

4) 杜绝使用禁用工艺，限制采用限用工艺，对限用工艺制定了控制措施；

5) 对工艺文件进行评审，并有评审报告或记录。

(4) 工艺技术研究、攻关

1) 针对关键技术和新材料、新技术、新工艺、新设备开展关键技术工艺攻关和工艺研究；

2) 工艺攻关、研究项目有计划，并按规定进行立项、验收审查；

3) 工艺成果落实在工艺文件中。

(5) 特殊过程管理

1) 识别特殊过程项目，按单位或型号编制特殊过程目录；

2) 制定特殊过程确认准则，并完成特殊过程确认，形成特殊过程确认报告；

3) 按规定进行特殊过程再确认；

4) 特殊过程控制符合特殊过程管理要求。

表 8-1　型号各阶段工艺控制要求汇总表

序号		方案阶段		工程研制阶段		状态鉴定阶段		列装定型阶段		批生产阶段		售后服务阶段	
1	设计工艺协同	1)参与型号方案论证,根据产品方案和可能采取的主要技术途径,从工艺上综合分析可供选择的各种工艺技术途径; 2)完成产品研制的工艺可行性论证,确定材料、零件和工艺选择原则,并策划保证工作项目; 3)参加产品结构设计研讨,进行技术交底,开展设计文件工艺性审查,提出改进意见	△	1)参加工程研制阶段设计方案讨论,初步形成材料、零件和工艺项目清单并进行评审; 2)进行技术交底,开展设计文件进行工艺性审查,识别禁(限)用工艺、手工工序、易错漏装项目,提出工艺可行性意见	▲	1)结合批生产能力条件,对设计定型阶段设计文件进行工艺性审查,重点审查研制阶段发现的设计问题更改情况,优化设计方案,提高批产工艺性; 2)完成并发布材料、零件和工艺清单,完成关键材料、零件和工艺项目的评价和确认	▲	如有设计更改,需对更改内容进行工艺性审查,并完成设计文件签署	△	1)对批生产用的设计文件进行工艺性审查; 2)清理、汇总型号定型中遗留的技术问题,根据批生产特点完善材料、零件和工艺清单并评审,分析关键零部件的质量状况及工艺与设计之间的差距,反馈设计师并协调处理	△	—	—
2	工艺工作策划	1)编制工艺总方案,并经过评审,签署符合规定; 2)提出需增加的新设施、新设备和重大技术改造项目; 3)根据本单位生产资源提出重要的外协项目; 4)识别厂(所)际互换协调项目并编制厂(所)际互换协调文件;	○	1)编制研制阶段工艺总方案,并经过评审,签署符合规定; 2)转阶段或技术状态发生重大变化后,及时修订工艺总方案; 3)提出型号产品生产保障设备、技术改造需求; 4)对型号产品研制生产过程进行风险分析、安全性分析和经济性分析;	▲	1)修订工艺总方案,并经过评审,签署符合规定; 2)提出批生产所需设备、技术改造需求,并进行调研和论证,完成项目建议书编制、上报; 3)对型号产品研制生产过程中的风险环节进行风险分析和安全性分析,制定针对性控制措施; 4)识别厂(所)际互换协调项目并编制厂(所)际互换协调文件;	▲	1)根据定型产品设计状态,完善工艺总方案,并经过评审,签署符合规定; 2)完善本阶段需开展的工艺工作内容	▲	1)完成批生产工艺总方案,并经过评审,签署符合规定; 2)调整生产布局,完善生产条件; 3)提出工艺文件完善原则及要求; 4)提出工装覆盖性和工装、非标设备补充要求	▲	完善工艺总方案,明确型号产品售后服务的工作内容及实施措施	▲

续表

序号		方案阶段		工程研制阶段		状态鉴定阶段		列装定型阶段		批生产阶段		售后服务阶段	
2	工艺工作策划	5)制定本阶段工艺文件编制原则，识别关键部位(包括易错漏装、不可逆、不可检等)操作过程、多媒体记录项目、多余物控制环节； 6)完成关键材料、关键零件、关键工艺的识别和确认	○	5)识别厂(所)际互换协调项目并编制厂(所)际互换协调文件； 6)制定本阶段工艺文件编制原则和标准化要求，提出软件和数控程序的管理控制要求，提出外协项目工艺技术要求； 7)识别关键部位(包括易错漏装、不可逆、不可检等)操作过程、多媒体记录项目、多余物控制环节、防差错控制点； 8)完成关键材料、关键零件、关键工艺的识别和确认		5)制定本阶段工艺文件编制原则和标准化要求，提出软件和数控程序的管理控制要求，提出外协项目工艺技术要求； 6)识别关键部位(包括易错漏装、不可逆、不可检等)操作过程； 7)确认多媒体记录项目、多余物控制环节、防差错控制点； 8)完成关键材料、关键零件、关键工艺的识别和确认； 9)根据型号标准化大纲制定本阶段工艺标准化工作要求	▲						
3	工艺文件准备	1)依据设计图样或设计 BOM，利用信息化手段，创建信息化系统产品结构(工艺 BOM、制造 BOM)； 2)编制零部件工艺路线和材料消耗工艺定额； 3)编制本阶段各专业工艺规程和其他有关工艺技术文件，关键、重要工艺参数量化；	△	1)依据设计图样或设计 BOM，利用信息化手段，创建信息化系统产品结构(工艺 BOM、制造 BOM) 2)编制零部件工艺路线和材料消耗工艺定额； 3)编制本阶段各专业工艺规程和其他有关工艺技术文件，关键、重要工艺参数量化；	▲	1)依据设计图样或设计 BOM，利用信息化手段，创建信息化系统产品结构(工艺 BOM、制造 BOM)； 2)编制零部件工艺路线和材料消耗工艺定额； 3)编制本阶段各专业工艺规程和其他有关工艺技术文件，关键、重要工艺参数量化；	▲	1)依据设计图样或设计 BOM，利用信息化手段，维护信息化系统产品结构(工艺 BOM、制造 BOM)； 2)完善零部件工艺路线和材料消耗工艺定额，保证数据同源； 3)整理、修订完善各专业全套工艺规程和其他有关工艺技术	▲	1)依据设计图样或设计 BOM，利用信息化手段，维护信息化系统产品结构(工艺 BOM、制造 BOM)； 2)完善零部件工艺路线和材料消耗工艺定额； 3)修订完善各专业全套工艺规程和其他有关工艺技术文件；	▲	1)根据本阶段任务，利用信息化手段，创建及维护工艺 BOM； 2)维护工艺路线、材料消耗工艺定额； 3)编制型号产品交付后的安	▲

续表

序号		方案阶段		工程研制阶段		状态鉴定阶段		列装定型阶段		批生产阶段		售后服务阶段	
3	工艺文件准备	4)杜绝使用禁用工艺,限制采用限用工艺,对限用工艺制定控制措施; 5)对工艺文件进行评审,并编制评审报告或记录	△	4)杜绝使用禁用工艺,限制采用限用工艺,对限用工艺制定控制措施; 5)对识别出的关键项目进行工艺文件评审,并编制评审报告或记录	▲	4)杜绝使用禁用工艺,限制采用限用工艺,对限用工艺制定控制措施; 5)对识别出的关键项目进行工艺文件评审,并编制评审报告或记录	▲	文件,并进行工艺措施验证; 4)对关键工序、工艺薄弱环节解决措施、重大工艺方案更改进行评审; 5)杜绝使用禁用工艺,限制采用限用工艺,对限用工艺制定控制措施	▲	4)杜绝使用禁用工艺,限制采用限用工艺,对限用工艺制定控制措施	▲	装调试、技术培训、维护修理等技术资料,完成售后任务、重大军事演习、训练任务和支援保障等任务的工艺准备; 4)杜绝使用禁用工艺,严格限制采用限用工艺; 5)进行工艺评审	▲
4	工艺技术研究、攻关与优化	1)针对关键技术和新材料、新技术、新工艺、新设备开展关键技术工艺攻关和工艺研究; 2)编制工艺攻关、研究项目计划,并按规定进行立项、验收审查; 3)工艺成果落实在工艺文件中	△	1)针对工艺技术难点、批生产工艺性、多方案对比等开展工艺攻关、工艺优化和工艺试验; 2)编制工艺攻关、优化、试验项目计划,并按规定进行立项、验收审查; 3)工艺成果落实在工艺文件中	△	1)针对批生产开展工艺优化和工艺试验; 2)编制工艺攻关、优化、试验项目计划,并按规定进行立项、验收审查; 3)工艺成果落实在工艺文件中	△	1)对仍存在的工艺薄弱环节,围绕提升合格率、质量一致性和提高生产效率开展工艺优化; 2)优化成果经验证后落实在工艺文件中	△	1)提出与批生产相适应的稳定工艺的试验项目,开展工艺试验; 2)试验结果经验证后落实在工艺文件中	△	1)结合售后服务中工艺问题,开展工艺技术攻关与工艺优化; 2)工艺成果及时落实在工艺文件中	△

续表

序号		方案阶段		工程研制阶段		状态鉴定阶段		列装定型阶段		批生产阶段		售后服务阶段	
5	关键过程	—	—	1）使用 PFMECA 分析方法，识别工艺关键项目，确定关键工序并采取改进措施，形成关键工序明细表； 2）开展关键环节工艺过程仿真需求分析、评审并实施； 3）关键工序编制有关键工序质量控制卡或关键工序作业指导书，对控制项目、内容、方法步骤、控制用图表、原始记录等做出具体规定； 4）在含关键工序工艺文件的工艺过程卡、工序卡及关键工序质量控制卡等的工序编号处加盖“关键工序”标识； 5）关键工序实行“三定”（定工序、定设备、定人员）； 6）关键工序的生产过程控制符合规定要求，记录关、重特性参数实测值，并根据需要进行统计分析	△	1）使用 PFMECA 分析方法，识别工艺关键项目，确定关键工序并采取改进措施，形成关键工序明细表； 2）补充开展关键环节工艺过程仿真需求分析、评审并实施； 3）关键工序编制有关键工序质量控制卡或关键工序作业指导书，对控制项目、内容、方法步骤、控制用图表、原始记录等做出具体规定； 4）在含关键工序工艺文件的工艺过程卡、工序卡及关键工序质量控制卡等的工序编号处加盖“关键工序”标识； 5）关键工序实行“三定”（定工序、定设备、定人员）； 6）关键工序的生产过程控制符合规定要求，记录关、重特性参数实测值，并根据需要进行统计分析	△	1）对前期关键工序质量情况进行统计分析，根据分析结果确定关键工序并采取改进措施，形成关键工序明细表； 2）关键工序编制有关键工序质量控制卡或关键工序作业指导书，对控制项目、内容、方法步骤、控制用图表、原始记录等做出具体规定； 3）在含关键工序工艺文件的工艺过程卡、工序卡及关键工序质量控制卡等的工序编号处加盖“关键工序”标识； 4）关键工序实行“三定”（定工序、定设备、定人员）； 5）关键工序的生产过程控制符合规定要求，记录关、重特性参数实测值，并进行统计分析	△	对关键过程实行动态管理，对技术成熟、质量稳定的关键过程允许撤销，并按规定履行相关手续	△	—	—

续表

序号		方案阶段		工程研制阶段		状态鉴定阶段		列装定型阶段		批生产阶段		售后服务阶段	
6	特殊过程	1)识别特殊过程项目,按单位或型号编制特殊过程目录; 2)制定有特殊过程确认准则,并完成特殊过程确认,形成特殊过程确认报告; 3)按规定进行特殊过程再确认; 4)特殊过程控制符合特殊过程管理要求	△	1)识别特殊过程项目,按单位或型号编制特殊过程目录; 2)制定有特殊过程确认准则,并完成特殊过程确认,形成特殊过程确认报告; 3)按规定进行特殊过程再确认; 4)特殊过程控制符合特殊过程管理要求	△	1)识别特殊过程项目,按单位或型号编制特殊过程目录; 2)制定有特殊过程确认准则,并完成特殊过程确认,形成特殊过程确认报告; 3)按规定进行特殊过程再确认; 4)特殊过程控制符合特殊过程管理要求	△	1)识别是否有因工艺方法改变的特殊过程项目,如有,纳入特殊过程目录; 2)完成新特殊过程的确认,形成特殊过程确认报告; 3)按规定进行特殊过程再确认; 4)特殊过程控制符合特殊过程管理要求	△	1)按规定进行特殊过程再确认; 2)特殊过程控制符合特殊过程管理要求	△	—	—
7	工艺装备	1)识别工装配置原则,设计工装和非标装备,对大型复杂工艺装备评审; 2)编制工艺装备和非标装备明细表,设计文件齐全; 3)计算工装覆盖率	△	1)识别工装配置原则,设计工装和非标装备,对大型复杂工艺装备评审; 2)编制工艺装备和非标装备明细表,设计文件齐全; 3)计算工装覆盖率	△	1)识别工装配置原则,计算工装覆盖率; 2)补充工装和非标装备; 3)修订工艺装备和非标装备明细表,设计文件齐全	△	1)计算工装覆盖率; 2)补充工装和非标装备; 3)修订工艺装备和非标装备明细表,设计文件齐全	△	1)计算工装覆盖率; 2)补充工装和非标装备; 3)修订工艺装备和非标装备明细表,设计文件齐全	△	—	—

续表

序号		方案阶段		工程研制阶段		状态鉴定阶段		列装定型阶段		批生产阶段		售后服务阶段	
8	首件鉴定	—	—	1)编制首件鉴定目录、首件鉴定计划，签署完整； 2)首件产品生产依据的设计文件、工艺文件现行有效，设备、工装等生产条件符合工艺要求； 3)首件产品及过程记录有“首件”标识，首件生产过程操作及检验原始记录清晰； 4)首件完成后进行产品检验并有首件鉴定检验报告； 5)对首件生产过程和产品检验结果进行审查，并形成首件鉴定审查报告	△	1)编制首件鉴定目录、首件鉴定计划，签署完整； 2)首件产品生产依据的设计文件、工艺文件现行有效，设备、工装等生产条件符合工艺要求； 3)首件产品及过程记录有“首件”标识，首件生产过程操作及检验原始记录清晰； 4)首件完成后进行产品检验并有首件鉴定检验报告； 5)对首件生产过程和产品检验结果进行审查，并形成首件鉴定审查报告	△	1)编制首件鉴定目录、首件鉴定计划，签署完整； 2)首件产品生产依据的设计文件、工艺文件现行有效，设备、工装等生产条件符合工艺要求； 3)首件产品及过程记录有“首件”标识，首件生产过程操作及检验原始记录清晰； 4)首件完成后进行产品检验并有首件鉴定检验报告； 5)对首件生产过程和产品检验结果进行审查，并形成首件鉴定审查报告	▲	1)对技术状态变化大、转产、非连续批次性生产等零部组件开展首件鉴定，编制首件鉴定目录、制定首件鉴定计划； 2)首件产品生产依据的设计文件、工艺文件现行有效，设备、工装等生产条件符合工艺要求； 3)首件产品及过程记录有“首件”标识，首件生产过程操作及检验原始记录清晰； 4)首件完成后进行产品检验并有首件鉴定检验报告； 5)对首件生产过程和产品检验结果进行审查，并形成首件鉴定审查报告	△	—	—

续表

序号		方案阶段		工程研制阶段		状态鉴定阶段		列装定型阶段		批生产阶段		售后服务阶段	
9	生产过程协同与工艺技术状态控制	1)编制技术状态基线所需的技术状态数据清单,包括在PLM系统中管理的型号产品结构、技术状态文件等; 2)协调处理现场技术问题,对设计更改单、技术通知单、偏离单逐项进行闭环处理,生产过程发现的设计工艺性问题向设计师反馈; 3)技术状态更改、偏离及让步手续能按规定进行审签,并对更改、偏离保留过程记录,具有可追溯性; 4)工艺技术状态标识、控制、记实、审核符合规定要求,确保工艺技术状态受控	△	1)编制技术状态基线所需的技术状态数据清单,包括在PLM系统中管理的型号产品结构、技术状态文件等; 2)协调处理现场技术问题,对设计更改单、技术通知单、偏离单逐项进行闭环处理,生产过程发现的设计工艺性问题向设计师反馈; 3)逐项闭环落实工艺改进和工艺完善引起的工艺更改; 4)技术状态更改、偏离及让步手续能按规定进行审签,并对更改、偏离保留过程记录,具有可追溯性; 5)工艺技术状态标识、控制、记实、审核符合规定要求,确保工艺技术状态受控	▲	1)编制技术状态基线所需的技术状态数据清单,包括在PLM系统中管理的型号产品结构、技术状态文件等; 2)生产前开展试制和生产准备状态检查; 3)协调处理现场技术问题,对设计更改单、技术通知单、偏离单逐项进行闭环处理,生产过程发现的设计工艺性问题向设计师反馈; 4)逐项闭环落实工艺改进和工艺完善引起的工艺更改; 5)技术状态更改、偏离及让步手续能按规定进行审签,并对更改、偏离保留过程记录,具有可追溯性; 6)工艺技术状态标识、控制、记实、审核符合规定要求,确保工艺技术状态受控	▲	1)编制技术状态基线所需的技术状态数据清单,包括在PLM系统中管理的型号产品结构、技术状态文件等; 2)生产前开展试制和生产准备状态检查; 3)协调处理现场技术问题,实施闭环处理; 4)逐项闭环落实工艺改进和工艺完善引起的工艺更改; 5)技术状态更改、偏离及让步手续能按规定进行审签,并对更改、偏离保留过程记录,具有可追溯性; 6)工艺技术状态标识、控制、记实、审核符合规定要求,确保工艺技术状态受控	▲	1)配合生产,协调处理现场技术问题,实施闭环处理; 2)工艺技术状态标识、控制、记实、审核符合规定要求,确保工艺技术状态受控	▲	1)在产品交装培训,提供重大军事演习、训练任务和支援保障等任务技术支持和保障服务工作中,按相关工艺文件执行; 2)在延寿实施、退役处理技术保障工作中执行相关工艺文件规定	▲

续表

序号		方案阶段		工程研制阶段		状态鉴定阶段		列装定型阶段		批生产阶段		售后服务阶段	
10	阶段总结改进	汇总、梳理和分析本阶段的各种技术质量问题、存在的工艺技术难点等，制定改进意见和建议，完成阶段工艺总结	▲	汇总、梳理和分析本阶段的各种技术质量问题，制定改进意见和建议，完成型号/产品工艺性分析报告、工艺工作符合度评价，完成阶段工艺总结	▲	汇总、梳理和分析本阶段的各种技术质量问题，制定改进意见和建议，完成型号/产品工艺性分析报告、工艺工作符合度评价，完成阶段工艺总结	▲	完成试生产阶段生产质量总结，完成生产定型会议文件编制，逐级进行生产定型审定；定型批准后，完成定型工艺文件标识、上报	▲	汇总、梳理和分析本阶段的各种技术质量问题，制定改进意见和建议，完成阶段工艺总结	▲	汇总、梳理和分析本阶段的工艺质量问题，制定改进意见和建议，完成阶段工艺总结	▲

注：表中▲为应开展；△有此项就应开展；○根据需要开展；—本阶段不需开展。

(6) 工装管理

1) 识别工装配置原则，设计工装和非标装备，对大型复杂工艺装备进行评审；

2) 编制工艺装备和非标装备明细表，设计文件齐全；

3) 计算工装覆盖率。

(7) 生产过程协同与工艺技术状态控制

1) 编制技术状态基线所需的技术状态数据清单，包括在产品寿命周期管理（PLM，Product Lifecycle Management）系统中管理的型号产品结构、技术状态文件等；

2) 协调处理现场技术问题，对设计更改单、技术通知单、偏离单逐项进行闭环处理，生产过程发现的设计工艺性问题向设计师反馈；

3) 技术状态更改、偏离及让步手续能按规定进行审签，并对更改、偏离保留过程记录，具有可追溯性；

4) 工艺技术状态标识、控制、记实、审核符合规定要求，确保工艺技术状态受控。

(8) 阶段总结改进

汇总、梳理和分析本阶段的各种技术质量问题以及工艺技术难点等，制定改进意见和建议，完成阶段工艺总结。

8.2.3.2　工程研制阶段工艺控制要点

(1) 设计工艺协同

1) 参加工程研制阶段设计方案讨论，初步形成材料、零件和工艺项目清单并进行评审；

2) 进行技术交底，对设计文件进行工艺性审查，有审查记录，并完成设计文件签署；

3) 识别禁（限）用工艺、手工工序、易错漏装项目，提出工艺可行性意见。

(2) 工艺工作策划

1) 编制研制阶段工艺总方案，评审、签署符合规定；

2) 转阶段或技术状态发生重大变化后，及时修订工艺总方案；

3) 提出型号产品生产保障设备、技术改造需求；

4) 对型号产品研制生产过程进行风险分析、安全性分析和经济性分析；

5) 识别厂（所）际互换协调项目并编制厂（所）际互换协调文件；

6) 制定本阶段工艺文件编制原则和标准化要求，提出了软件和数控程序的管理控制要求，提出外协项目工艺技术要求；

7) 识别关键部位（包括易错漏装、不可逆、不可检等）操作过程、多媒体记录项目、多余物控制环节、防差错控制点；

8) 完成关键材料、关键零件、关键工艺的识别和确认。

(3) 工艺文件准备

1) 依据设计图样或设计 BOM，利用信息化手段，创建信息化系统产品结构（工艺 BOM、制造 BOM）；

2) 编制零部件工艺路线和材料消耗工艺定额；

3）编制本阶段各专业工艺规程和其他有关工艺技术文件，关键、重要工艺参数量化；

4）杜绝使用禁用工艺，限制采用限用工艺，对限用工艺制定控制措施；

5）对识别出的关键项目进行工艺文件评审，并有评审报告或记录。

（4）工艺技术研究

1）针对工艺技术难点、批生产工艺性、多方案对比等开展工艺攻关、工艺优化和工艺试验；

2）工艺攻关、优化、试验项目有计划，并按规定进行立项、验收审查；

3）工艺成果落实在工艺文件中。

（5）关键过程管理

1）使用过程潜在失效模式及影响分析（PFMECA，Process Failure Mode and Effects Analysis）方法，识别工艺关键项目，确定关键工序并采取改进措施，形成关键工序明细表；

2）开展关键环节工艺过程仿真需求分析、评审并实施；

3）关键工序编制有关键工序质量控制卡或关键工序作业指导书，对控制项目、内容、方法步骤、控制用图表、原始记录等做出具体规定；

4）在含关键工序工艺文件的工艺过程卡、工序卡及关键工序质量控制卡等的工序编号处加盖“关键工序”标识；

5）关键工序实行“三定”（定工序、定设备、定人员）；

6）关键工序的生产过程控制符合规定要求，记录关、重特性参数实测值，并根据需要进行统计分析。

（6）特殊过程管理

1）识别特殊过程项目，按单位或型号编制特殊过程目录；

2）制定特殊过程确认准则，并完成特殊过程确认，形成特殊过程确认报告；

3）按规定进行特殊过程再确认；

4）特殊过程控制符合特殊过程管理要求。

（7）工艺装备管理

1）识别工装配置原则，设计工装和非标装备，对大型复杂工艺装备进行评审；

2）编制有工艺装备和非标装备明细表，设计文件齐全；

3）计算工装覆盖率。

（8）首件鉴定

1）编制首件鉴定目录、首件鉴定计划，签署完整；

2）首件产品生产依据的设计文件、工艺文件现行有效，设备、工装等生产条件符合工艺要求；

3）首件产品及过程记录有“首件”标识，首件生产过程操作及检验原始记录清晰；

4）首件完成后进行产品检验并有首件鉴定检验报告；

5）对首件生产过程和产品检验结果进行审查，并形成首件鉴定审查报告。

(9) 生产过程协同与工艺技术状态控制

1) 编制技术状态基线所需的技术状态数据清单，包括在 PLM 系统中管理的型号产品结构、技术状态文件等

2) 协调处理现场技术问题，对设计更改单、技术通知单、偏离单逐项进行闭环处理，生产过程发现的设计工艺性问题向设计师反馈；

3) 逐项闭环落实工艺改进和工艺完善引起的工艺更改；

4) 技术状态更改、偏离及让步手续能按规定进行审签，并对更改、偏离保留过程记录，具有可追溯性；

5) 工艺技术状态标识、控制、记实、审核符合规定要求，确保工艺技术状态受控。

(10) 阶段总结改进

汇总、梳理和分析本阶段的各种技术质量问题，制定改进意见和建议，完成型号/产品工艺性分析报告、工艺工作符合度评价，完成阶段工艺总结。

8.2.3.3　鉴定定型状态鉴定阶段工艺控制要点

(1) 设计工艺协同

1) 结合批生产能力条件，对设计定型阶段设计文件进行工艺性审查，重点审查研制阶段发现的设计问题更改情况，优化设计方案，提高适应批产工艺性；

2) 完成并发布材料、零件和工艺清单，完成关键材料、零件和工艺项目的评价和确认。

(2) 工艺工作策划

1) 修订工艺总方案，评审、签署符合规定；

2) 提出批生产所需设备、技术改造需求，并进行调研和论证，完成项目建议书编制、上报；

3) 对型号产品研制生产过程中的风险环节进行风险分析和安全性分析，制定针对性控制措施；

4) 识别厂（所）际互换协调项目并编制厂（所）际互换协调文件；

5) 制定本阶段工艺文件编制原则和标准化要求，提出软件和数控程序的管理控制要求，提出外协项目工艺技术要求；

6) 识别关键部位（包括易错漏装、不可逆、不可检等）操作过程；

7) 确认多媒体记录项目、多余物控制环节、防差错控制点；

8) 完成关键材料、关键零件、关键工艺的识别和确认；

9) 根据型号标准化大纲制定本阶段工艺标准化工作要求。

(3) 工艺文件准备

1) 依据设计图样或设计 BOM，利用信息化手段，创建信息化系统产品结构（工艺 BOM、制造 BOM）；

2) 编制零部件工艺路线和材料消耗工艺定额；

3) 编制本阶段各专业工艺规程和其他有关工艺技术文件，关键、重要工艺参数量化；

4）杜绝使用禁用工艺，限制采用限用工艺，对限用工艺制定控制措施；

5）对识别出的关键项目进行工艺文件评审，并有评审报告或记录。

（4）工艺技术研究

1）针对批生产开展工艺优化和工艺试验；

2）工艺攻关、优化、试验项目有计划，并按规定进行立项、验收审查；

3）工艺成果落实在工艺文件中。

（5）关键过程管理

1）依据关键工序确定原则，并使用PFMECA分析方法，识别工艺关键项目，确定关键工序并采取改进措施，形成关键工序明细表；

2）补充开展关键环节工艺过程仿真需求分析、评审并实施；

3）关键工序编制有关键工序质量控制卡或关键工序作业指导书，对控制项目、内容、方法步骤、控制用图表、原始记录等做出具体规定；

4）在含关键工序工艺文件的工艺过程卡、工序卡及关键工序质量控制卡等的工序编号处加盖“关键工序”标识；

5）关键工序实行“三定”（定工序、定设备、定人员）；

6）关键工序的生产过程控制符合规定要求，记录关、重特性参数实测值，并根据需要进行统计分析。

（6）特殊过程管理

1）识别特殊过程项目，按单位或型号编制特殊过程目录；

2）制定有特殊过程确认准则，并完成特殊过程确认，形成特殊过程确认报告；

3）按规定进行特殊过程再确认；

4）特殊过程控制符合特殊过程管理要求。

（7）工艺装备管理

1）识别工装配置原则，计算工装覆盖率；

2）补充工装和非标装备；

3）修订工艺装备和非标装备明细表，设计文件齐全。

（8）首件鉴定

1）编制首件鉴定目录、首件鉴定计划，签署完整；

2）首件产品生产依据的设计文件、工艺文件现行有效，设备、工装等生产条件符合工艺要求；

3）首件产品及过程记录有“首件”标识，首件生产过程操作及检验原始记录清晰；

4）首件完成后进行产品检验并有首件鉴定检验报告；

5）对首件生产过程和产品检验结果进行审查，并形成首件鉴定审查报告。

（9）生产过程协同与工艺技术状态控制

1）编制技术状态基线所需的技术状态数据清单，包括在PLM系统中管理的型号产品结构、技术状态文件等；

2）生产前开展试制和生产准备状态检查；

3）协调处理现场技术问题，对设计更改单、技术通知单、偏离单逐项进行闭环处理，生产过程发现的设计工艺性问题向设计师反馈；

4）逐项闭环落实工艺改进和工艺完善引起的工艺更改；

5）技术状态更改、偏离及让步手续能按规定进行审签，并对更改、偏离保留过程记录，具有可追溯性；

6）工艺技术状态标识、控制、记实、审核符合规定要求，确保工艺技术状态受控。

（10）阶段总结改进

汇总、梳理和分析本阶段的各种技术质量问题，制定改进意见和建议，完成型号/产品工艺性分析报告、工艺工作符合度评价，完成阶段工艺总结。

8.2.3.4　鉴定定型列装定型阶段工艺控制要点

（1）设计工艺协同

如有设计更改，需对更改内容进行工艺性审查，并完成设计文件签署。

（2）工艺工作策划

1）根据定型产品设计状态，完善工艺总方案，评审、签署符合规定；

2）完善本阶段需开展的工艺工作内容。

（3）工艺文件准备

1）依据设计图样或设计 BOM，利用信息化手段，维护信息化系统产品结构（工艺 BOM、制造 BOM）；

2）完善零部件工艺路线和材料消耗工艺定额，保证数据同源；

3）整理、修订完善各专业全套工艺规程和其他有关工艺技术文件，并进行工艺措施验证；

4）对关键工序、工艺薄弱环节解决措施、重大工艺方案更改进行评审；

5）杜绝使用禁用工艺，限制采用限用工艺，对限用工艺制定控制措施。

（4）工艺技术研究、攻关

1）对仍存在的工艺薄弱环节，围绕提升合格率、质量一致性和提高生产效率开展工艺优化；

2）优化成果经验证后落实在工艺文件中。

（5）关键过程管理

1）对前期关键工序质量情况进行统计分析，根据分析结果确定关键工序并采取改进措施，形成关键工序明细表；

2）关键工序编制有关键工序质量控制卡或关键工序作业指导书，对控制项目、内容、方法步骤、控制用图表、原始记录等做出具体规定；

3）在含关键工序工艺文件的工艺过程卡、工序卡及关键工序质量控制卡等的工序编号处加盖“关键工序”标识；

4）关键工序实行“三定”：定工序、定设备、定人员；

5）关键工序的生产过程控制符合规定要求，记录关、重特性参数实测值，并进行统计分析。

(6) 特殊过程管理

1）识别是否有因工艺方法改变的特殊过程项目，如有，纳入特殊过程目录；

2）完成新特殊过程的确认，形成特殊过程确认报告；

3）按规定进行特殊过程再确认；

4）特殊过程控制符合特殊过程管理要求。

(7) 工艺装备管理

1）计算工装覆盖率；

2）补充工装和非标装备；

3）修订工艺装备和非标装备明细表，设计文件齐全。

(8) 首件鉴定

1）编制首件鉴定目录、首件鉴定计划，签署完整；

2）首件产品生产依据的设计文件、工艺文件现行有效，设备、工装等生产条件符合工艺要求；

3）首件产品及过程记录有“首件”标识，首件生产过程操作及检验原始记录清晰；

4）首件完成后进行产品检验并有首件鉴定检验报告；

5）对首件生产过程和产品检验结果进行审查，并形成首件鉴定审查报告。

(9) 生产过程协同与工艺技术状态控制

1）编制技术状态基线所需的技术状态数据清单，包括在PLM系统中管理的型号产品结构、技术状态文件等；

2）生产前开展试制和生产准备状态检查；

3）协调处理现场技术问题，实施闭环处理；

4）逐项闭环落实工艺改进和工艺完善引起的工艺更改；

5）技术状态更改、偏离及让步手续能按规定进行审签，并对更改、偏离保留过程记录，具有可追溯性；

6）工艺技术状态标识、控制、记实、审核符合规定要求，确保工艺技术状态受控。

(10) 阶段总结改进

1）完成试生产阶段生产质量总结，完成生产定型会议文件编制，逐级进行生产定型审定；

2）定型批准后，完成定型工艺文件标识、上报。

8.2.3.5 批生产阶段工艺控制要点

(1) 设计工艺协同

1）对批生产用的设计文件进行工艺性审查；

2）清理、汇总型号定型中遗留的技术问题，根据批生产特点完善材料、零件和工艺清单并评审，分析关键零部件的质量状况及工艺与设计之间的差距，反馈设计师并协调处理。

（2）工艺工作策划

1）完成批生产工艺总方案，并经过评审，签署符合规定；

2）调整生产布局，完善生产条件；

3）提出工艺文件完善原则及要求；

4）提出工装覆盖性和工装、非标设备补充要求。

（3）工艺文件准备

1）依据设计图样或设计 BOM，利用信息化手段，维护信息化系统产品结构（工艺 BOM、制造 BOM）；

2）完善零部件工艺路线和材料消耗工艺定额；

3）修订完善各专业全套工艺规程和其他有关工艺技术文件；

4）杜绝使用禁用工艺，限制采用限用工艺，对限用工艺制定控制措施。

（4）工艺技术研究

1）提出与批生产相适应的稳定工艺的试验项目，开展工艺试验；

2）试验结果经验证后落实在工艺文件中。

（5）关键过程管理

对关键过程实行动态管理，对技术成熟、质量稳定的关键过程允许撤销，并按规定履行相关手续。

（6）特殊过程管理

1）按规定进行特殊过程再确认；

2）特殊过程控制符合特殊过程管理要求。

（7）工艺装备管理

1）计算工装覆盖率；

2）补充工装和非标装备；

3）修订工艺装备和非标装备明细表，设计文件齐全。

（8）首件鉴定

1）对技术状态变化大、转产、非连续批次性生产等零部组件开展首件鉴定，编制首件鉴定目录、制定首件鉴定计划；

2）首件产品生产依据的设计文件、工艺文件现行有效，设备、工装等生产条件符合工艺要求；

3）首件产品及过程记录有“首件”标识，首件生产过程操作及检验原始记录清晰；

4）首件完成后进行产品检验并有首件鉴定检验报告；

5）对首件生产过程和产品检验结果进行审查，并形成首件鉴定审查报告。

（9）生产过程协同与工艺技术状态控制

1）配合生产，协调处理现场技术问题，实施闭环处理；

2）工艺技术状态标识、控制、记实、审核符合规定要求，确保工艺技术状态受控。

(10) 阶段总结改进

汇总、梳理和分析本阶段的各种技术质量问题，制定改进意见和建议，完成阶段工艺总结。

8.2.3.6 售后服务阶段工艺控制要点

(1) 工艺工作策划

完善工艺方案，明确型号产品售后服务的工作内容及实施措施。

(2) 工艺文件准备

1) 根据本阶段任务，利用信息化手段，创建及维护工艺 BOM；

2) 维护工艺路线、材料消耗工艺定额；

3) 编制型号产品交付后的安装调试、技术培训、维护修理等技术资料，完成售后任务、重大军事演习、训练任务和支援保障等任务的工艺准备；

4) 杜绝使用禁用工艺，严格限制采用限用工艺；

5) 进行工艺评审。

(3) 工艺技术研究、攻关

1) 结合售后服务中工艺问题，开展工艺技术攻关与工艺优化；

2) 工艺成果及时落实在工艺文件中。

(4) 生产过程协同与工艺技术状态控制

1) 在产品交装培训以及提供重大军事演习、训练任务和支援保障等任务技术支持和保障服务工作中，按相关工艺文件执行；

2) 在延寿实施、退役处理技术保障工作中执行相关工艺文件规定。

(5) 阶段总结改进

汇总、梳理和分析本阶段的工艺质量问题，制定改进意见和建议，完成阶段工艺总结。

8.3 试制与生产准备状态检查

8.3.1 概述

为规避和减少在新型号产品试制或间断性生产过程中质量、进度等方面的风险及压力，在产品试制前、产品进入批量生产前，或间断性生产和转产前，需要从设计文件、工艺文件、生产计划、生产设施、人员配备、外部提供的产品和服务、质量控制等方面进行全面系统的准备状态检查。

试制与生产准备状态检查应以产品特点、生产规模、复杂程度、制造工艺分工以及准备工作等实际情况为根据，可集中进行，也可分级分阶段进行。一般情况下，全系统开装、联试环节前应组织型号两总层级的总装试制/生产准备状态检查；各分系统设备在启动试制或生产前应组织（厂）所级试制/生产准备状态检查。

试制与生产准备状态检查可适用于正式进入产品试制的研制型号和首次进入批量生产

的批产型号，也适用于间断性生产或转产的型号任务。

8.3.2　职责分工

型号（总）指挥负责全面领导试制与生产准备状态检查工作，对检查过程中发现的问题闭环处理情况负责；型号（副）总师负责相关技术问题确认，对产品设计、试验、生产等过程中的技术状态负责。

业务主管机关负责产品设计技术状态控制，对设计文件的齐套、有效性进行检查，并对检查出的相关问题进行监督闭环。此外，还负责试制与生产准备状态检查的组织管理工作，制定检查计划，组织实施试制与生产准备状态检查。

主管工艺机关负责产品工艺技术状态控制，对工艺文件的齐套、有效性和工装管理等方面进行检查，对检查出的相关问题进行监督闭环。

主管物资部门负责元器件、原材料等器材采购，对采购合同签订、采购计划下达以及器材到货、送检、入库、贮存、发放等工作进行检查，对检查出的相关问题进行监督闭环。

主管质量机关对质量控制环节进行检查，对产品质量保证大纲是否齐全，质量检验点是否设置合理、产品质量可追溯性等方面进行检查，对检查出的相关问题进行监督闭环。

主管设备机关负责对设备、监视和测量资源、设施和过程运行环境进行检查，并对检查出的相关问题进行监督闭环。

主管人力资源机关负责对生产现场人员配备、人员是否持证上岗进行检查，并对检查出的相关问题进行监督闭环。

被检查部门按要求进行自查，并对检出的问题及时纠正。

8.3.3　检查组织和实施

8.3.3.1　检查组组成

业务主管机关负责组织成立检查小组，小组成员应包括型号两总，主管科研生产、质量、工艺、物资、人力资源、设备及环境资源保障等业务机关代表，技术专家；征求用户代表意见，可邀请其参加。

检查组组长一般由型号（总）指挥或部厂所领导担任。有用户代表参加时，由一名用户代表担任副组长。

8.3.3.2　检查实施程序

1）下达检查计划。由业务主管机关负责制定型号产品检查计划并下达检查通知，必要时可组织召开检查布置会/首次会，进行检查通知、动员和部署。

2）开展单位自查。承担型号产品试制或生产的单位或部门应根据检查计划及要求，进行试制与生产准备状态自查，形成自查报告，报检查组提前审阅。自查报告一般包括自查内容、自查问题清单、改进计划、现行有效设计文件清单、现行有效工艺文件清单、工装及设备清单、自查结论等要素。

3）实施现场检查。检查组重点考虑状态变化、风险隐患等因素，确定重点被检查单位及产品；按计划和流程进行检查，填写试制与生产状态检查单；检查中提出的问题，按不符合项报告形式表单化管理，包括不符合实施摘要、原因分析、纠正措施、举一反三情况以及纠正措施落实情况等要素；业务主管机关视情组织召开总结会/末次会，检查小组对是否具备试制或生产条件做出评价。

4）问题整改跟踪。检查中提出的问题整改，需明确相关责任人和整改时间，并在一定范围内通报和组织实施举一反三。各业务机关应对不符合项实施追踪管理，直至问题闭环。

5）过程记录归档。对试制与生产准备状态检查过程记录应归档管理，一般包括检查计划、各单位自查报告、检查组成员表、检查问题汇总清单、不符合项报告等，必要时应对型号产品试制与生产准备状态检查实施情况进行系统总结。

8.3.4　检查具体内容

8.3.4.1　试制准备状态检查内容

试制准备状态检查适用于进入工程研制阶段开展正式产品试制的研制型号任务。重点是对研制技术状态、制造工艺状态、质量控制、人员及设备配置等进行检查。

1）设计状态：产品设计、试验、验收、使用等相关设计图纸和技术文件（含软件）清单是否完整，是否满足质量保证大纲中的产品试制的要求；上一研制阶段研制和试验中的遗留问题是否已得到解决；设计图纸和技术文件是否按照研制计划分阶段完成了评审，现行有效。

2）工艺状态：工艺文件清单是否完整，工艺文件是否有效、受控；采用的新工艺是否已确认满足要求；关键工序是否确定并纳入了工艺规程；是否按规定要求进行了工艺评审；采用的新技术、新工艺及新材料是否进行了验证符合设计要求。

3）质量控制：是否编制了产品质量保证大纲；质量记录表格是否齐全；过程检验点是否设置合理；检验资源配置是否合理；不合格品审理流程是否明确，是否满足试制要求。

4）设备与设施：设备、监视和测量器材是否按规定保养、检修、检定，标识是否清晰，是否在检定有效期内。专用测试设备软件是否确认，软件版本是否明确且受控。

5）人员配备：操作、检验人员是否经过培训、考核，是否持证上岗；新人是否经过上岗前的专项教育和培训。特殊岗位人员业务能力是否经过专项确认以满足岗位要求。

6）生产环境：生产环境是否符合技术文件规定的洁净度、温湿度等指标要求，是否有检测记录。

7）计划管理：试制计划是否明确，满足最终合同交付要求。

8）采购管理：元器件、原材料供方是否符合外协外购供方管理相关要求；供货周期、质量等是否有保障；器材贮量是否满足试制要求；采用的新材料和器件是否已经过验证，符合设计要求。

8.3.4.2　生产准备状态检查内容

适用于首次批量生产、间断性生产或转产的型号任务。重点对技术文件完整性、制造工艺状态、质量控制、人员配置、设备配置、生产环境及工作计划等进行检查。

1）设计状态：产品设计、试验、验收、使用等相关设计图纸和技术文件（含软件）清单是否完整；定型阶段或上一批次生产遗留问题是否已得到解决；设计图纸和技术文件是否现行有效且受控；弹上设备软件是否经过了第三方评测，软件产品版本是否确定且受控；地面设备软件版本是否受控；设计更改是否进行严格控制，是否已落实到位。

2）工艺状态：工艺文件清单是否完整，工艺文件是否有效、受控；设计更改是否已落实到工艺文件中，工艺文件更改是否有效；关键工序是否确定并已纳入工艺规程；特种工艺（特殊过程）是否进行了确认，并制定质量控制程序；是否按规定要求进行了工艺评审；生产现场是否实施了定置管理；工装管理、计量设备管理是否按照相关规定要求执行。

3）质量控制：是否编制了产品质量保证大纲；质量记录表格是否齐全；过程检验点设置是否合理，检验资源配置是否合理；产品的可追溯性是否明确；不合格品审理流程是否明确。

4）设备与设施：设备、监视和测量器材是否按规定保养、检修、检定，标识是否清晰，是否在检定有效期内；专用测试设备软件是否确认，软件版本是否明确且受控；工艺设备及测试设备维修及保障能力是否满足要求。

5）人员配备：操作、检验人员是否经过培训、考核，是否持证上岗；操作、工艺、检验等各岗位人员配备数量是否满足任务现场要求；新人是否经过了上岗前的专项教育和培训；特殊岗位人员业务能力是否经过专项确认以满足岗位要求。

6）生产环境：生产环境是否符合技术文件规定的洁净度、温湿度等指标要求，是否有检测记录。

7）计划管理：生产计划是否明确，满足最终合同交付要求；首件鉴定工作是否制定专项计划且设置合理。

8）采购管理：元器件、原材料供方是否符合外协外购供方管理相关要求，器材复验、筛选、检测、保管等条件是否已具备，供货周期、质量、数量是否满足生产要求。

8.4　关键工序控制

8.4.1　概述

以型号产品关键质量特性为立足点，通过设置关键工序，抓好关键件、重要件的生产质量控制，使产品满足设计指标，是航天工业生产中的重要思想和方法。

在产品实现过程中，关键工序一般是指对形成产品质量起决定作用，需要严密控制的工序。工序控制点一般指对工序中的某些质量特性或因素进行重点控制的环节。

关键工序的定义适用于在产品实现过程中对产品质量起决定性作用、需要严密控制并作为关键过程进行管控的工序。

8.4.2 输入与输出类型

依据 GJB 909A—2005《关键件和重要件的质量控制》和 GJB 467—88《工序质量控制要求》，关键工序基本确定原则包括：

1）形成关键、重要特性的工序；

2）加工难度大、质量不稳定、生产周期长、原材料昂贵、出废品后经济损失较大的工序；

3）关键外购器材入厂检验验收工序等。

此外，针对一些因生产周期长对下游工序影响大的工序，也可根据各自产品特点纳入关键工序进行控制。

关键工序的输入文件主要包括：设计图样、技术条件、软件、计算报告、说明书、工艺总方案、质量保证大纲以及提供采购、生产、检验和试验及服务等过程所使用的技术文件，关键件、重要件汇总表、批生产大纲等纲领性文件，此外还包括产品生产过程中历史经验总结等。

关键工序的输出文件主要包括：《关键过程明细表》《关键工序明细表》《××产品工艺规程》（关重产品）及《关键工序质量控制卡》，《××产品制造跟踪卡》（关重产品）及《质量实测记录单》和《工序流程交检单》等相应的工艺文件。

8.4.3 关键工序识别和确认

8.4.3.1 关键工序职责分工

1）设计部门负责确定产品的关键特性和重要特性，编制具有特性类别的全套设计文件；

2）工艺部门负责确定关键工序，编制具有特性类别的全套工艺文件，实施对工艺装备的质量控制；

3）生产管理部门负责生产环境的控制，确定关键件、重要件的操作人员；

4）检验部门负责监督和检查操作人员对关键件、重要件工艺规程执行情况；

5）标准化部门负责关键件、重要件的设计文件和工艺文件的标准化审查，并对控制程序全过程标准的执行情况进行监督和检查。

8.4.3.2 关键工序识别和确认

在转入工程研制阶段工艺准备时，工艺人员依据关键工序确定原则和生产实际条件，开展工艺技术分析，提出设置关键工序的项目，形成《关键工序明细表》，由型号主任工艺师审核后，经质量部门会签，报总（副总）工艺师批准。一般情况下需组织会议评审。

8.4.3.3 关键工序文件标识

关键件、重要件工艺规程和流程卡要分别醒目标记关键件、重要件字样，并对关键工序设置控制点。控制点须明确控制项目、控制方法、控制类别、控制要求、检测频次、测定方法、控制图表及测定人员等。一般按如下要求执行：

1）在关、重件工艺规程和产品质量记录文件封面，加盖（打印）“关键件”或“重要件”标识；

2）在产品质量记录文件和工艺规程的关键工序的工序号（内容中、工艺过程卡）处加盖（打印）“关键”标记；

3）关键工序工艺规程应编制《关键工序质量控制卡》，并在卡片中设置关键过程质量控制点，控制点用“K”加上数字 1、2、3 等顺次表示；

4）生产定型后，关键过程的工艺文件更改应提高一级审批，并征得顾客代表认可；

5）涉及关键件、重要件或关键工序的更改单，应有“关键件”“重要件”“关键工序”标识。

8.4.4　关键工序生产过程管理

关键工序实施过程中，应对生产组织的批次、技术文件、器材、设备、工艺装备、计量器具、人员、环境、检验检测、周转储运等环节进行特殊控制。同时，工艺部门在生产中应定期进行关键工序能力的验证分析。

8.4.4.1　批次管理

关键工序的产品，严格按 GJB 1330A—2019《军工产品批次管理的质量控制要求》进行批次管理，使其具有可追溯性。每个关键件除正常标记外，必须有专门独立的序号。产品从毛坯投料、加工、装配直至成品验收的所有工序，自始至终应做到“五清”“六分批”原则。

移交关重工序零、组件时，必须按批次使证、物相符，手续完整，具有可追溯性。对于无法（或不允许）标记序号的关键件，由承制单位自行制定切实可行的追溯方法。

8.4.4.2　物料管理

关键过程涉及的器材（原材料、毛坯、半成品、元器件、零件、组件、部件、外购成件及辅助材料等）必须具有合格证明文件。被定为关键特性的原材料，在进行牌号代料时，必须经过充分试验、验证和审批。同时，所进行的试验、验证的原始记录和实验报告均应按规定整理归档备查。

对于影响关键特性、重要特性质量的辅助材料应定点供应。在改变供货地点、技术条件和生产条件时，必须按规定对其重新进行鉴定。

8.4.4.3　设备、工艺装备、计量器具管理

设备、工艺装备、计量器具必须符合工艺规程规定，且具有合格证明文件和标志，按周期定检表定检，并保持其精度。新制成或返修后的设备、工艺装备、计量器具，必须经过试用或鉴定，确认能保证产品质量后，方可正式投入使用。当产品质量特性需要由设备、工艺装备的精度提供保证时，其精度必须满足产品要求。标准工装或产品实样，必须

鉴定合格后，方可作为制造工艺装备或验收产品的依据。

8.4.4.4 人员的控制

凡从事关键工序加工、装配的操作、检验人员，除掌握本岗位的应知应会知识外，还需熟悉和掌握本工序的技术要求，严格遵守工艺纪律；必须保持相对稳定，实施“三定”，并定期进行考核，人员变动时应重新填写三定表。对有特殊需要的生产岗位，应严格执行双岗制。

8.4.4.5 环境的控制

工作场地的环境条件、不同类别产品的摆放、防多余物措施、卫生技安环境保护等须满足技术文件、标准和国家法规、法令的要求。

精密加工、焊接类产品一般要特别关注温度、湿度、洁净度等生产环境，对特殊产品如火工品类产品要特别关注安全生产的要求。

8.4.4.6 关键过程产品的周转

关键过程产品在加工、周转和运输中，应使用专用周转箱，运输应采取保护措施且备有安全可靠的储运器具，防止因储运不当等损伤产品。对于具有易燃、易爆、易挥发、毒性、放射性等特性的产品，应针对性制定操作规定并严格执行，并在专用储运器具上做出醒目的标记。

8.4.5 关键工序外协过程管理

外协控制分为关键工序外协和关键过程产品外协两部分。

关键过程产品的控制应符合 GJB 9001C—2017《质量管理体系要求》和 QJ 2008—1990《航天产品外协件管理办法》的要求。外协供方应在合格供方名录中选取，有特殊要求时需在合同中注明。关键过程产品外协必须纳入型号工艺总方案和型号关键工序明细表中进行管理。外协产品委托方应制定相应的质量管控措施或技术协议书，使协作质量处于受控状态；组织外协承制单位对关键过程进行识别、确定，并按照相关标准、规定进行过程控制；产品交付时，外协承制单位应提供关键过程 100%实测记录，并按合同、技术协议或复验大纲对产品进行入厂（所）复验验收。外协产品委托方应紧密跟踪外协关键过程，参加外协产品设计评审、工艺评审、专题评审、首件鉴定、重要试验验证、强制检验点以及下厂验收等活动，并对外协产品贯彻落实型号质量保证大纲情况进行监督检查。

关键工序外协时按相应工艺规程及《产品制造跟踪卡》执行。外协承制单位负责在“产品制造跟踪卡”中的“质量实测记录单”上做好实测记录，并在“质量实测记录单”和“工序流程交检单”上签字盖章；关键工序外协产品应按技术协议或复验大纲进行入（厂）所复验，经检验合格后，在“工序流程交检单”上盖章并下传。

8.4.6 检验检测管理

提交最终检验的关键产品，须执行首件“三检制度”（自检、互检、专检），并在首件记录卡上签章。应重点关注：每个工作班开始；更换操作者；更改或更换设备、工艺装备；更改技术文件、工艺方法、工艺参数；采用新标准或采用新材料或材料代用后等情况。对于不宜实行首件“三检制度”的产品，也须制定具体的、行之有效的控制办法，以预防产品批次性问题发生。

关键件、重要件所用器材被定为关键、重要特性时，进厂（所）后，应严格按规定的复验项目进行复验或检验。复验或检验合格的器材应单独存放或做特殊标记，存放地点与环境应满足规定的技术要求。生产过程中，检验须对工序控制点进行巡视监督，一旦发现异常，立即分析原因，采取措施。关键特性和重要特性应 100%检验；不宜 100%检验的应在工艺文件中明确检验或验证方法，并征得顾客同意。将关重特性的实测值填入“质量实测记录单”，不能测出实测值的，允许填写“合格”或“不合格”。所有关键件、重要件的质量记录必须具有可追溯性，对关键件的质量记录必须从器材开始，操作者和检验人员应认真填写并签章，不得缺页。下道工序有权拒收记录不符合要求者。产品缺少序号或序号重复或无法恢复和辨别时，视为不合格品。

关键特性原则上不允许让步使用。特殊情况下，对关重件、重要件超差产品让步接收或返修的，应当由承制单位质量负责人审核，并经过使用单位代表认可。

8.4.7　评审管理

关键工序应作为型号各阶段关键节点予以关注和把关，若某些关键质量特性未满足要求，设计师系统、工艺师系统应查明原因，并就该特性对产品完成任务的影响程度提出解决措施，并将结果做闭环处理。

1）方案评审、工程设计评审阶段：应审查关键过程和关键件的分析报告及质量控制文件，确保关键过程和关键件识别的正确、合理，质量控制文件编制的正确、具有可操作性。

2）关键工序过程：应对关键工序进行工艺评审。在关键件、重要件开始加工、装配，或者产品在设计、工艺上有重大改变时，必须进行首件鉴定评审。生产定型前，对关键件、重要件和关键工序的工艺参数必须按特性要求从严审查，确保完整、正确。生产定型后，工艺资料、检验方法、工艺路线中涉及关键件、重要件的更改应附有专门的技术论证报告，并按技术状态控制的有关更改程序办理审批手续。

3）产品出厂质量评审阶段：应审查关键过程和关键件的质量控制记录，并通过测量的手段进行验证；对含有总体所标识的关键质量特性一般零部件，但又不能通过测试等手段进行验证的，应审查其设计资料，通过复核复算等方法确保其关键质量特性得到满足。

4）产品对接、系统联试等试验阶段：对含有总体所确定的、但在产品出厂测试中不能验证的关键质量特性（如接口的协调性、各设备间的协调工作能力等），应审查其关键质量特性的实现程度。

8.4.8 关重工序的撤销

关键工序需要撤销时，由相关工艺人员办理更改单，经型号主任工艺师审查，质量部门会签，总（副总）工艺师批准后，更改“关键过程明细表”“关键工序明细表”及相应工艺文件。

8.5 特殊过程控制

8.5.1 概述

特殊过程是指直观不易发现、不易测量或不能经济地测量的产品内在质量特性的形成过程，通常包括化学、冶金、生物、光学、电子等过程。对于航天产品，常见的特殊过程主要有铸造、锻造、焊接、热处理、表面处理、胶接、非金属及复合材料成型、金属材料热成型、增材制造等。

由于特殊过程的内在质量特性形成过程的特殊性，如何最大程度规避质量隐患，也是对航天产品的质量控制能力带来很大的挑战。目前，航天产品特殊过程的质量控制，基础在于对人员、设备、材料、工艺、环境和检测的质量控制，重点在于对特殊过程相关能力的证实和认定。

8.5.2 特殊过程制造工艺质量控制

制造工艺（工艺过程、工艺参数、设备参数等）的质量控制是特殊过程质量控制的要点之一。特殊过程的制造工艺应符合相关技术标准和文件的规定。生产制造的主要工序、工艺参数、操作细则应按照相关标准的要求编制。工艺文件中必须明确质量控制点及其控制内容，提出的指标、要求必须具有可操作性、可检查性，标明所用的现场记录的内容和格式。工艺文件中应明确产品的标识要求。重要工艺更改、新工艺、新材料、新技术、新设备应按有关标准要求进行评审。特殊过程的制造工艺需要注意的是，供检测理化性能用的试样应取自受检批产品，如需采用分离试件，则该试件的主导生产工艺应与受检产品接近，并应经需方同意。

除以上通用质量控制要求外，特殊过程的制造工艺质量控制均应遵循相关专业标准的规定。

8.5.2.1 铸造工艺质量控制

铸造工艺质量控制要点为铸件图设计，模具、型芯、铸型制造、合金熔炼、浇注、铸件清理等工艺参数设置，以及各工步的过程检验及最终检验控制内容和指标设置等。

8.5.2.2 锻造工艺质量控制

锻造工艺质量控制要点为始锻温度、终锻温度、转移时间及冷却方式，锻造火次等工艺参数设置，锻造模具控制，坯料的变形程度控制，以及各工步的过程检验及最终检验控制内容和指标设置等。

8.5.2.3　焊接工艺质量控制

焊接工艺质量控制要点为焊前检查、清理、消除应力处理、装配控制，施焊过程的具体工艺参数设置，焊后去应力处理，以及各工步的过程检验及最终检验控制内容和指标设置等。

8.5.2.4　热处理工艺质量控制

热处理工艺质量控制要点为热处理温度、时间及冷却方式等工艺参数设置，变形程度控制，以及各工步的过程检验及最终检验控制内容和指标设置等。

8.5.2.5　表面处理工艺质量控制

表面处理工艺质量控制要点为预处理、施工及后处理过程工艺参数设置，镀槽溶液的配制和调整的建档管理，以及各工步的过程检验及最终检验控制内容和指标设置等。

8.5.2.6　胶接工艺质量控制

胶接质量控制要点为表面处理、清洗、称量、配胶、搅拌、涂胶、预烘、加压、固化等工艺参数设置，规定产品选用胶粘剂、粘接工艺辅助材料等原材料的规格牌号、使用状态等技术要求；规定生产环境的温度、相对湿度、洁净度、光照度、电磁环境、有害气氛和静电防护等指标要求，以及各工步的过程检验及最终检验控制内容和指标设置等。

8.5.2.7　非金属及复合材料成型工艺质量控制

非金属及复合材料成型工艺质量控制要点为固化、发泡、胶接、硫化、烧结、喷涂、树脂传递模塑成型等过程的工艺参数设置，以及各工步的过程检验及最终检验控制内容和指标设置等。

8.5.2.8　金属材料热成型工艺质量控制

金属材料热成形工艺质量控制要点为下料尺寸、模具工装尺寸设计和控制，成型过程的工艺参数设置，利用仿真模拟手段对具体加工工艺方法和相关工艺参数进行分析和对比，以及各工步的过程检验及最终检验控制内容和指标设置等。

8.5.2.9　增材制造工艺质量控制

增材制造工艺质量控制要点为制造过程、后处理的工艺参数设置，以及各工步的过程检验及最终检验控制内容和指标设置等。

8.5.3　特殊过程人员质量控制

从事特殊过程生产、技术和质量控制的人员应具有一定的专业水平，熟悉本职业务，并有一定实践经验。工艺文件审核人员应具有工程师及以上技术职称。相关操作人员、仪表员、检验员应按本行业相应规定通过培训、考核，取得资格证，持证上岗。焊接作业等特种作业（特种作业指容易发生人员伤亡事故，对操作者本人、他人及周围设施的安全可能造成重大危害的作业）人员必须经专门的安全技术培训并考核合格，取得《中华人民共和国特种作业操作证》后，方可上岗作业。

除以上质量控制要求外，特殊过程的人员质量控制应遵循相关专业标准对其的规定。

8.5.4 特殊过程设备、仪表、测具与工装质量控制

生产过程所用设备、仪表、测具和工装应满足相关标准、产品加工工艺要求和安全环保要求。应按技术标准或专用技术文件的规定进行入厂检验和定期校验。合格的标注“合格”标牌并注明有效期；不合格或超出有效期的标注“禁用”，并不得使用。

生产过程所用设备、仪表、测具和工装应编制控制目录。控制目录内容应至少包括名称、存放地点、检定日期、责任者等，并建立履历卡，包括制造时间、检测结果和历次所做的修正等，实行全寿命管理，必要时制定操作规程。生产过程所用设备、仪表、测具和工装都应建立档案。包括：使用说明书、故障记录、维修记录、历年检定书（仪表及测具）等。

生产过程所用设备、仪表、测具和工装应有操作规程和保养维护制度。在用设备应按规定进行维修保养，并控制其环境条件（温度、湿度、腐蚀气氛等），以防止锈蚀、变形和损坏。使用前，操作人员应检查其有效性及完整性。

除以上通用质量控制要求外，生产过程所用设备、仪表、测具和工装均应遵循相关专业标准对其的规定。

8.5.5 特殊过程材料质量控制

8.5.5.1 原材料质量控制

原材料应符合国家标准、行业标准、企业标准、合同或技术协议的要求。须按技术标准或技术协议进行采购。原材料供应商应按军品质量管理要求审查认证合格，并纳入合格供应商目录。

原材料生产过程主导工艺发生更改时，应预先征得采购方的同意，并按有关标准的规定进行评审。

原材料供应时供应商应按批提交，并提供质量证明文件。材料入厂后应按标准或相关技术协议进行复验，复验合格的原材料和工艺材料应进行标识。复验合格的原材料方可入库，复验资料等应存档备查。应建立完善的材料出入库管理制度，材料入库后应及时建账，材料出库应办理手续。

待检料、合格料、不合格料应分区存放，不能相混。不合格料应做出明显标识。

8.5.5.2 工艺材料质量控制

工艺材料应符合相关技术标准或专用技术文件的规定并附有质量证明文件。必要时，还应有与职业健康安全和环境相关的说明文件。重要工艺材料（如锻造过程使用的润滑剂、保护涂料，铸造使用的型芯材料、型壳材料、等静压成型坩埚、模料等）应从采购方认可的合格供应商处采购，必要时，可对其生产过程进行检查；重要工艺材料首次使用、供方变更及生产过程中主要工艺变更，应经工艺验证，合格后方可使用。

除以上通用质量控制要求外，特殊过程材料质量控制均应遵循相关专业标准对其的规定。

8.5.6　特殊过程环境质量控制

特殊过程的环境温度应符合相关标准的规定。厂房的设计和卫生要求应符合相关标准的规定。生产厂房或作业场地的噪声应符合相关行业标准的规定，有良好的自然采光和照明，通风良好。厂房空气中有害物质允许的浓度、有害物质的排放量、企业污水的排放、厂房的防火设施应符合相关规定。

金属镀覆、化学覆盖厂房要配置有效的进、排风系统；焊接厂房中不能形成对焊接过程有影响的穿堂风。酸洗、碱洗、打磨、抛光、吹砂等厂房应设有良好、安全、有效的净化处理装置。

除以上通用质量控制要求外，特殊过程环境质量控制均应遵循相关专业标准对其的规定。

8.5.7　特殊过程检验要求

航天产品的特殊过程的内在质量特性直观不易发现、不易测量或不能经济地测量，其检验常常依靠无损检测及理化检验等方法。理化检验的取样部位、方向和数量应符合图样和标准要求，检验全过程应有翔实记录。此外，在质量控制中特种工艺的检验应依据工艺文件中规定的检验要求、验收规则进行，严格执行首件（批）检验制度；经检验不合格的产品，应做明显标识，隔离保管并按相关标准处理。

铸件检验通常包括几何尺寸检验、化学成分检验、物理性能检验、表面质量检验、内部质量检验等。

锻件检验通常包括几何尺寸检验、化学成分检验、物理性能检验、表面质量检验、内部质量检验等。

焊接检验通常包括尺寸检验、外观检验、X 射线检验等；所有可见焊接接头必须百分之百进行外观检验；对于外观检查和无损探伤都无法检查的焊接接头，若必须检查时，其检验方法由设计和工艺双方协定，并规定在设计文件中。

热处理质量检验通常包括热处理生产前的检验、热处理工艺过程的检验、热处理零件的质量检验等。

表面处理质量检验通常包括产品镀覆前的质量检验、表面处理生产条件和工序检验、表面处理后外观、膜层的质量检验等。

胶粘检验通常包括外观、剥离强度、剪切强度、热稳定性等测试项目中的一种或多种。

非金属及复合材料成型检验包括性能检验、过程参数检验、内部质量检测等。可采取产品破坏、工艺试验件、模拟件、试片等方式实施验证方；常采用卡板形式和激光三维扫描方式对型面进行检测，确认成型后是否满足公差要求和壁厚要求；对成型后有力学性能要求的，需截取产品边缘位置材料重新进行力学检测。

增材制造检验项目通常包括化学成分、表面质量、内部质量、力学性能等。

常见特殊过程的检验要点见表 8－2。

表 8－2　常见特殊过程检验要点

序号	专业	检验要点
1	铸造	(1)力学性能
		(2)化学成分
		(3)无损检测
2	锻造	(1)几何尺寸
		(2)化学成分
		(3)物理性能
		(4)表面质量
		(5)内部质量
3	焊接	(1)力学性能
		(2)金相组织
		(3)外观
		(4)无损检测
4	热处理	(1)力学性能
		(2)金相组织
		(3)外观
		(4)硬度
5	表面处理	(1)镀覆、涂覆层附着力性能
		(2)涂覆层硬度
		(3)镀覆、涂覆层的耐腐蚀性能
		(4)外观
		(5)镀层厚度
6	胶接	(1)粘接接头力学性能
		(2)灌胶的电气绝缘性能
7	非金属及复合材料成型	(1)外观
		(2)力学性能
		(3)电性能
8	金属材料热成型	(1)力学性能
		(2)金相组织
9	增材制造	(1)化学成分
		(2)表面质量
		(3)内部质量
		(4)力学性能

8.5.8　特殊过程确认

符合下列条件之一的过程应识别为特殊过程，即过程的结果在其后产品的检验或试验中无法检测或只能进行破坏性检测的过程；过程的结果在其后产品的检验或试验中，不易检测或不能经济地检测的过程；过程的结果在其后产品的检验或试验中不足以验证，仅在产品使用后问题才显现的过程。

特殊过程确认是对特殊过程所涉及的人员、设备、材料、工艺、环境和检测等进行满足要求的认定，以证实其过程实现所策划结果的能力。

8.5.8.1　特殊过程确认的内容

（1）操作人员的确认

从事特殊过程的操作人员应持证上岗，且证件在有效期内。

（2）设备、仪器仪表的确认

使用的设备应符合工艺文件的要求，在有效期内。对有检测周期要求的设备（含槽液）应进行周期检定、校准或分析。

（3）材料的确认

生产现场使用的材料应符合工艺文件要求。材料应有合格证明，有检验周期要求的材料应在有效周期内使用。

（4）生产环境的确认

现场检查环境条件应满足工艺文件要求，并按工艺文件要求进行检查和记录。

（5）工艺文件的确认

工艺文件应内容完整、现行有效。在工艺文件中应明确工艺参数、质量记录、检验方法等要求。

（6）用产品试样件或试板（棒）样件选择原则确认

选用产品作样件时应选用典型产品作为试样件。当选用试板（棒）样件时，其工艺方法、材料状态应与产品一致。作为特殊过程确认的产品试样件或试板（棒）样件应在适当的位置进行标识或编顺序号。

（7）结果评定确认

特殊过程的检测项目和要求应符合相关技术文件的要求。特殊过程确认的各项检测结果均符合相关标准时，评判为特殊过程确认合格。

8.5.8.2　特殊过程再确认要求

当特殊过程连续停工时间达 1 年以上时，或使用的设备经过大修，使用新购设备，人员发生变化，特别是主要的操作人员发生变动，或工艺发生重大更改时，应对特殊过程能力进行再确认。

8.5.8.3　特殊过程确认管理

特殊过程管理部门按识别原则，确定需进行确认的特殊过程项目，特殊过程确认申请由单位责任部门填写申请表，申请表应经过审批。在特殊过程确认过程中技术人员、检验员应进行现场监督，提供的特殊过程确认证明材料应真实有效。特殊过程确认不合格时，该过程的生产不能进行，应重新进行特殊过程确认。重新确认合格后，才可进行后续生产。

8.5.8.4 资料管理

特殊过程确认相关材料应及时归档。归档材料一般包括以下材料：特殊过程确认过程管理资料、特殊过程确认工艺文件、特殊过程确认检测结果、特殊过程确认过程记录等。

8.6 首件鉴定

8.6.1 概述

8.6.1.1 定义

首件鉴定的定义为：按设计图样等技术文件的要求，对试制和批量生产的第一件零（部或组）件进行全面的工序和成品检查、考核，以确定生产工艺和设备能否生产出符合设计要求的产品。

首件鉴定是验证装备制造工艺的正确性、指导性，对工艺设计、产品试制质量进行全面审查和评价的最常用手段，可及时发现和规避装备各种制造技术质量风险，为装备批产、转厂和复产等工作奠定质量基础。

8.6.1.2 适用范围

首件鉴定的主要目的是对试制或批量生产中首次制造的零（部或组）件进行全面的检验和试验，以证实规定的过程、设备及人员等要求能否持续地制造出符合设计要求的产品。首件鉴定范围应包含但不限于以下几方面：

1）研制阶段重要零（部或组）件的首件。

2）生产（工艺）定型前试制的零（部或组）件的首件。

3）在成批生产过程：

a）设计图纸（样）的重大更改（如涉及性能、可靠性、维修性、安全性或其他重要特性的更改）后制造的首件；

b）工艺规程的重大更改（如涉及工艺方法、检测方法、工艺装置、设备等更改）后，对产品的符合性产生影响的首件；

c）产品转厂生产的首件；

d）非连续批次生产制造的首件。

4）合同要求指定的项目。

因此，在识别、确定首件鉴定项目时，需要考虑的方面主要包括：

1）对于生产（工艺）定型前的试制，新产品试制可包括工程样机制造、定型前的小批量生产。

2）设计图纸（样）的重大更改（如涉及性能、可靠性、维修性、安全性或其他重要特性的更改）后制造的首件。

3）工艺规程的重大更改（如涉及工艺方法、检测方法、工艺装置、设备等更改）后，对产品的符合性产生影响的首件。

4）产品转厂生产的首件。转厂是指完成定型（鉴定）的产品因转移生产而使生产条件发生变化时，对生产的首件零部组件进行全面的工序和成品检查、考核，以确定生产工艺和设备能否生产出符合设计要求的产品。

5）非连续批次生产制造的首件。是指非连续生产的产品在恢复生产时，对其进行的首件鉴定。

8.6.2　首件鉴定内容

首件鉴定的内容应包括首件生产全流程相关的人、机、料、法、环、测等方面的审查鉴定，具体可包括以下几方面内容：

1）首件生产所用的技术文件应正确、完整、协调和有效。

2）首件应符合设计要求。

3）首件生产选用的器材应符合规定要求。

4）首件生产所用的生产设备、试验设备、检测设备、工艺装备和计量器具应符合规定要求，处于正常工作状态。

5）首件生产环境应符合生产的要求。

6）首件生产线上应有随产品周转的路线卡。

7）首件质量原始记录应完整。

8）首件质量与其质量原始记录应文实相符。

9）首件操作人员和检验人员应具备资格考核合格证。

8.6.3　首件鉴定工作程序

工艺技术部门是首件鉴定的主管部门，首件鉴定的工作程序主要是为开展首件鉴定所涉及的活动规定路径。首件鉴定工作程序通常应当包括编制首件鉴定目录、组建鉴定小组、组织首件生产与检验、审查鉴定、文件确认与归档等。

8.6.3.1　编制首件鉴定目录

首件鉴定目录由工艺技术部门负责编制，由型号技术负责人批准，经质量部门会签，首件鉴定目录应纳入工艺总方案。顾客有要求时，应经顾客代表会签。

首件鉴定目录的确定原则为：

1）首件鉴定应在选定的，对质量进度或成本有重要影响的零（部或组）件上实施；

2）首件鉴定项目应至少包括关键件、重要件、含有关键工序的零（部或组）件；

3）标准件和借用件不列入首件鉴定的范围；

4）对于采用相同的生产过程和方法且具有相同特性的产品的首件鉴定可选择有代表性的产品进行；

5）首件鉴定产品的生产过程所采用的制造方法应能代表随后批生产产品的生产制造方法，并在受控条件下进行；

6）试制阶段采用不同于预期的正常生产过程方法制造的试制产品，不宜进行首件鉴定。

8.6.3.2　组建鉴定小组

工艺技术部门负责组建首件鉴定小组、组织首件鉴定评审，鉴定小组成员一般应包括设计、工艺、质量及顾客代表等，同时明确鉴定小组组长。

首件鉴定小组的职责是：监督首件的制造，组织召开首件鉴定评审会，做出鉴定结论；对鉴定中提出的有异议的问题进行复验。

8.6.3.3　组织首件生产与检验

（1）首件投产

生产计划部门根据首件鉴定目录应先投产首件，后批量投产。允许首件相对于同批产品领先工序加工。首件鉴定过程中，上道工序需下道工序验收的，经验收合格后，再继续投产。

有关部门做好准备工作，如准备好有关文件，各项原始记录表格等。首件鉴定记录至少应包括：零（部或组）件图号、名称图样和技术文件的有效版次、检验设备和计量器具的名称和编号、检测结果、鉴定结果和鉴定人员的签字等。

（2）首件标识

首件鉴定过程中生产过程和产品的相关文件应进行标识，确保对首件鉴定的零部组件的可追溯性。适用时，标识的范围应包括：

1）首件生产过程中在使用的作业文件（如工艺规程、工作指令）上做“首件鉴定”的标识；

2）在随首件周转的工艺路线卡（流程卡）上做“首件”标识；

3）首件应加盖“首件”印章或挂“首件”标志（签）；

4）首件产品检验记录上做“首件”标识；

5）数控加工的计算机软件源代码文档上做“首件”标识。

（3）首件制造

首件制造过程中操作者按要求加工首件，工序完工后，按规定填写“首件加工原始记录”；检验人员按要求检验首件加工工序，填写“首件加工原始记录”。操作、检验和技术人员应及时填写首件鉴定有关的原始记录，记录必须正确、完整、清晰，并能确保产品质量的可追溯性。技术人员及时对操作者提出的问题进行处理，并做记录。操作、检验和技术人员应对操作、检验和处理结果的文实相符负责并签字。

不合格的首件，应按不合格品管理规定进行处理。

首件加工完毕后，成品检验人员应及时填写“首件鉴定报告”。

8.6.3.4　审查鉴定

首件生产完成后，工艺技术部门组织鉴定小组开展首件鉴定的审查工作。审查文档材料应包括：首件零部组件的工艺规程、首件鉴定目录、首件原始记录、首件检验报告等。

对于非会议的，应对鉴定资料及首件产品进行审查，形成首件鉴定审查报告，并作为审查合格与否的结论。需要会议审查的项目，承制首件鉴定工作的部门应编制首件工作总结报告，并组织首件鉴定评审，形成首件鉴定结论。鉴定合格后，填写“首件鉴定合格证明”；首件加盖（挂）合格标志。当鉴定不合格时，将存在的问题提交有关部门，查清原因，制定纠正措施，重新制造首件并进行首件鉴定。

8.6.3.5　文件归档

当首件鉴定合格时，工艺技术部门对工艺规程、首件鉴定目录、首件加工原始记录、首件检验报告、首件鉴定审查报告、首件鉴定工作总结等进行归档。

8.7　多余物控制

8.7.1　概述

多余物控制始终是航天产品质量控制的关键要素之一，多余物所导致的各类事故一直贯穿于航天工业的发展历史中，随着人们对多余物的了解程度逐渐深入，航天工业部门也在持续改进和完善对多余物的控制措施。

存在多余物的产品会产生随机的潜在的严重质量事故，从而降低产品的可靠性。航天产品生产工艺流程复杂，工艺条件严格，在控制管理、产品设计、工艺设计、加工生产和装配、试验、检验、周转、包装、贮存和厂际交接等过程中，均涉及多余物的防控，稍有疏忽，就会产生多余物，造成严重后果，因此，需要全员参与、全过程控制。

8.7.2　多余物定义和分类

8.7.2.1　多余物的定义

多余物指产品中存在的由外部进入或内部产生的与产品规定状态不符的物质，即，在产品交付时，带有不符合设计图纸、技术文件以及技术条件规定的物质均称为多余物。

8.7.2.2　多余物的分类

多余物的存在形式多种多样，从不同的角度出发，多余物的划分种类也不相同，通常按以下几种角度进行分类：

1）按照多余物本身的物理性质不同可分为金属类和非金属类。

2）按照多余物的体积大小可分为宏观多余物和微观多余物，宏观多余物可凭肉眼观察到，微观多余物需要借助放大镜、显微镜等工具才能观察到。

3）按照多余物的来源可分为外部多余物、内部多余物、随机多余物（产品交付时尚无多余物，但随着时间、使用状态、环境条件的变化、物理化学因素的作用而产生的多余物）。

4）按照加工方法不同产生的多余物可分为：造型加工（型砂、氧化皮等）、切断与连接加工（切屑、粉末、毛刺、焊渣、尘埃、油脂等）、切削与磨削加工（切屑、粉末、毛刺、焊渣、尘埃、油脂等）、表面处理（剥离等）、特种加工（电解、磨粒流、电火花、喷丸加工介质等）、增材（粉末、支撑、球化颗粒残留等）、电装（焊料、助焊剂、导线及引线切割料、胶料等）、总装（操作者自身携带的物质如毛发等、去料加工残留物、工具、小零件、保险丝头、胶布等）、包装（污染物等）。

8.7.3 多余物危害

多余物的主要危害：造成产品失效、产品可靠性下降。根据不同级别多余物（多余物分为Ⅰ、Ⅱ、Ⅲ级）产生危害后果的程度，也可将多余物的危害程度分为Ⅰ、Ⅱ、Ⅲ级。

Ⅰ级多余物：指不影响产品性能、在一般情况下也不会造成致命或严重后果的多余物，如落入非精密部件的灰尘。

Ⅱ级多余物：指使产品某些性能降低造成局部故障、有一定危险性的多余物，如一般的捆扎线头、塑料小片等。

Ⅲ级多余物：使产品丧失主要功能、造成致命故障，导致任务失败的多余物，如手工工具、金属紧固件等多余物。

8.7.4 多余物控制途径

从航天产品的结构特点、功能特性出发，根据生产环境的实际情况，从产品制造的全流程入手，从“人、机、料、法、环、测”等多个方面分析多余物的产生原因、明确多余物的检测方法、提出多余物的控制与去除措施。多余物控制鱼骨图如图 8－1 所示。

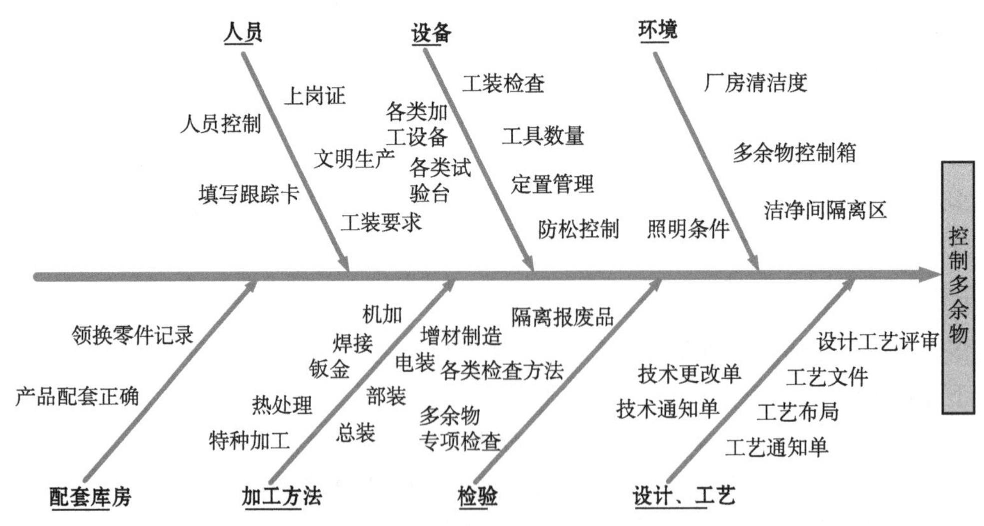

图 8－1 多余物控制鱼骨图

8.7.4.1　多余物控制管理措施

1）人员上岗前的培训内容应包括多余物控制的相关内容（国家标准、行业标准、企业标准、管埋制度、操作规范以及典型案例等），人员包括设计、工艺、生产、管理、检验、试验、包装、搬运和贮存等过程中的全体人员。

2）各生产部门应根据产品多余物控制要求及生产（试验）过程具体特点，制定多余物控制管理制度，进行厂房、环境、设备、工装、工具、人员的配备和管理。

3）设计人员在设计文件工艺性审查的同时开展与工艺人员的技术交底；工艺准备完成后，各工艺文件编制单位结合实际需求，与操作人员进行技术交底和沟通，包括：对多余物敏感的关键部位和零部件及其相关上下游零部件；装配过程易产生多余物的部位及环节；试验过程中多余物产生途径等，并在工艺规程中采取防控措施。

4）检验人员应按工艺规程规定进行多余物的检查，有多余物的产品应视为不合格品，应按相关要求进行标识、记录、隔离和审理。

5）设计评审以及工艺评审时，应把多余物的控制作为评审内容之一等。

8.7.4.2　产品设计过程多余物控制

产品多余物防控设计理念，在多余物防控网络体系中处于龙头地位，多余物防控设计结构的好坏直接影响整个产品多余物防控的效率和成本，根据多余物危害等级对不同的产品部位采用相应的多余物防控设计结构和措施，不但可以提高本部件的防控效果，而且大大降低了后续工序的防控难度，大幅提高整体防控效率，下面对典型的多余物防控设计结构和要求加以说明。

1）箱体结构（如燃油箱等）及系统管路结构设计应便于检查和清除多余物，尽可能避免使用封闭结构、细长盲孔或小直径的相交孔、窄缝，并设计观察孔或检测窗口，对箱体结构及系统内部结构进行内窥检查或冲洗检查。

2）燃油系统、润滑油系统、气路系统结构设计需设置油滤、气滤等净化设备，确保燃油及增压气体清洁度。

3）产品结构应进行倒角或倒圆设计，避免尖角结构。

4）合理选择表面镀（涂）覆材料和表面处理方法，避免产生脱漆、脱镀层。

5）管道、插头等开口结构，应规定多余物控制措施。

6）在零部组件装配前、后，设置多余物检查环节，可采取无损探伤、X 光、内窥镜、液流试验、听音检查等方式。

7）系统中涉及焊接零件设计时，应采用不易产生多余物的焊接结构，并在设计要求中对焊缝质量提出要求。

8）对于需要防磕碰的系统管路、设备，其所安装的胶垫需选用粘接牢靠的胶料和粘接方法，防止胶垫脱落产生多余物。

9）系统气密试验、强度试验所用介质，应根据其露点、含油脂及机械杂质等指标对其种类加以明确规定，使其洁净度满足使用要求。

10）选取液压管路材料时，需要充分考虑管路长期使用过程与输送介质的相容性。

11）复杂结构管路产品设计时，应避免死角、窄缝、盲管，便于多余物的清除。如不能避免，需尽量设计专门的工艺观测孔或工艺检修窗口，以便管路内腔出现多余物时可以彻底清除。

12）合理设计单根管路长度、弯曲半径，以有利于多余物的内窥检查和清理；根据设计压力选择合适的管路直径，合适的焊接接头形式，避免加工过程中引入多余物。

13）应在管路设计文件中，根据输送介质特性提出管路清洁要求，如清洗要求、酸洗要求以及脱脂处理要求、表面处理要求等。

14）根据火工装置特点和性能要求，应在设计文件中规定重点控制部位，规定产品生产、装配、维修等场地的特殊要求及多余物的控制措施，规定必要的检查和特殊的检查要求。

15）为预防多余物进入，在关键的电子部件上，选用适当的网罩、密封罩、过滤装置等。

16）采用风扇散热的电源设备，设计时应提出对通气孔及风扇安装位置的保护措施要求。

8.7.4.3 工艺设计过程多余物控制

1）工艺性审查：

a）工艺性审查时，应对设计文件中的多余物防控措施进行审查，对其不利于多余物防控的内容提出修改建议；

b）对有清洁度要求的箱体结构，在工艺审查时需协调设计部门在封闭结构上开设工艺清洗开口或其他辅助清除多余物的工艺开口；

c）对于封闭的内部管路，工艺审查其结构设计是否有利于多余物的排出。

2）合理安排工艺流程，减少产品多余物引入路径，产品包装入库前要增加必要的检查项目，防止多余物残留在产品内部，流转到装配环节。

3）对关键部位或重点环节的多余物控制情况，必要时进行多媒体记录。

4）根据产品结构特点，并结合其具体的加工方法和工艺流程等实际情况，在工艺规程中设置相应的多余物清除（洗）和检验工序，同时明确规定清除（洗）多余物所用的介质以及工具、仪器或设备。对于产品局部凹陷结构造成清洗困难的部位，在清洗工序和检验工序中要对这些部位进行特殊标明，清洗检验需进行重点关注，防止多余物残留。

5）对有清洁度要求的零、部件的生产或有可能产生多余物的工序，应明确预防、清除和检验多余物的要求，规定明确的检查方法和清除方法。

6）针对各环节中产生的轻微污染应进行清洗，清洗不能带来二次污染，清洁液一般为去离子水及其他与使用介质不发生反应的物质。产品洗涤后需吹干或烘干。

7）根据胶料种类和胶结结构的选择，明确规定涂胶的具体实施方法，包括涂胶范围、用量等，防止错误操作造成胶液成为多余物。

8）工艺规程中应有清除毛刺、尖角工序，以及防止零部件表面涂层发生锈蚀、脱漆、脱皮等项措施要求。

9）产品返修时应制定返修工艺，规定有效的防护控制措施和多余物清除方法。

10）工艺规程中，针对包含半封闭结构、狭小空间、深孔、夹层等难以清除多余物的零、部、组件，应根据产品特点规定有效的防护措施，明确防护部位或使用专用工装进行防护，在必要时确定产品摆放要求，规定多余物检验方法。

11）工艺规程中，应具有多余物控制措施要求，交付的配套产品应无多余物。例如交付机加件时，不应存在毛刺、金属屑及冷却液等多余物；交付铸件时，不应有沙砾、石墨等铸造过程中的非本体物质等。

12）对内腔配合部位涂抹润滑脂、防松胶等膏体物质时，应规定具体涂抹方法，防止产生多余物。

13）工艺规程要求总装过程中严格禁止在总装工位进行无保护措施的打磨作业。

14）工艺规程要求总装过程中禁止采用吹除多余物的作业方式，应采用吸尘器进行吸除作业。

15）电装装配过程中，为避免多余物的产生，工艺规程规定采用可有效防止多余物产生的工具（留屑钳）、杂物盒等。

8.7.4.4　加工和装配过程多余物控制

在生产过程中，根据机加、焊接、钣金、热表处理、特种加工、增材制造、电装、液压试验、总装等不同加工方法的特点和产品结构的要求，采取不同的多余物防控措施，同时各个加工场所依托定置管理、量化管理、可视化管理、多媒体记录等现代化现场管理手段，来大大提高多余物控制的精度和效率。

定置管理（含量化管理、单发配套等）对于多余物控制的作用体现在对物的特定管理，是通过整理，把生产过程中不需要的东西清除掉，不断改善生产现场条件；通过整顿，促进人与物的有效结合，使生产中需要的东西随手可得，从而实现生产现场管理规范化与科学化。

可视化管理对于多余物控制的作用体现在，利用 IT 系统等手段，让管理者有效掌握生产现场信息，实现现场管理的透明化，这样的管理效果可以渗透到生产过程的各个环节，并能快速发现存在的问题。可视化管理是用眼睛观察的管理，体现了主动性和有意识性。生产现场管理方法包括：规章制度与工作标准公开化；生产任务与完成情况图表化；与定置管理相结合，实现视觉显示信息标准化；物品码放和运送数量标准化；现场人员着装标准化；色彩标准化管理等。

多媒体记录对于多余物控制的作用体现在，通过拍照、录像等多媒体手段，对生产过程进行有效记录，并实现对多余物的快速确认和过程追溯，包括多余物发生的时间、地点、人员、原因、数量、形状、去向等诸多线索，是多余物质量管理的重要措施之一，被广泛应用。

（1）机加过程多余物控制

1）在机械加工过程中，应严格执行工艺规程中明确的操作要求和检验方法，对明确封堵要求的产品先进行封堵操作。一般车加工中产生的毛刺在本工序进行去除；对于断续切屑或相贯（孔与孔、孔与轴等）部位产生的毛刺应采用钳工、磨粒流等方法去除。一般去除毛刺后应目视检查或采用触摸方式检查毛刺部位，必要时采用内窥镜进行检查，并按工艺规程中规定的检查部位和要求执行。

2）箱体结构件制孔和铆接应按工艺规程的要求控制铆接夹层中无可见多余物。

3）机加翼舵类产品前，应对零件清粉孔和通气孔部位进行封堵防护，封堵需采用隔水材料，避免液体渗入。

4）机加翼舵类产品后，应对外表面、孔、槽和下陷进行清理，确保无切屑、切削液和油污残留。

（2）焊接过程多余物控制

①熔焊过程多余物控制

1）导管类产品，需选择合理工艺参数，避免因工艺参数不当产生较大焊漏，并按要求对焊缝背面进行检查及焊漏清除；

2）焊接完成后，需目视检查焊漏情况，如存在内腔及夹层腔，无法目视检查的内腔需进行内窥镜检查，如存在焊漏或飞溅，及时进行清理。

②钎焊过程多余物控制

1）严格控制钎料用量、防止钎料堆积；

2）钎焊前应在易清除的部位涂覆阻焊剂，钎焊后及时清除；

3）针对狭小空间或微细孔所预置的防堵塞工装，钎焊后及时取出，并进行目视检查或流通性检查。

（3）钣金加工过程多余物控制

1）管类零件在加工前，应根据材料情况按要求进行酸洗等预处理。

2）管类零件成型时，填充物的选用应避免产生多余物，并按规定去除填充物。

3）管类零件加工后，应进行多余物检查，对导管内壁多余物进行检查确认，如有多余物，应根据多余物种类进行清理。

4）钣金零件冲裁后应按要求去除毛刺。

（4）热表处理过程多余物控制

1）热表处理生产区域应实行定置管理。

2）真空热处理时，在入炉前应彻底清洗零件，确保零件表面无残留油渍等多余物，并在入炉前须有检验人员进行确认。

3）喷涂产品注意非喷涂区域的防护。对盲孔或复杂内通道的产品喷涂前必须进行防护，防止吹砂时砂粒进入或喷涂时粉末进入。

4）喷砂、喷涂、喷漆用压缩空气应无油、干燥、清洁。

5）电镀、阳极化零件应对非电镀及阳极化区域进行封堵。

6）应注意对螺纹孔、弹翼接头、非金属件、对接面等非喷漆部位的保护，防止漆料对其表面的污染。

7）装药燃烧室单独喷漆时，应对前、后开口进行封堵，严防漆雾污染装药表面。

8）喷漆后，应及时清理产品保护层。

（5）特种加工过程多余物控制

1）电解加工后，应将零件放在洗涤液中浸泡并用自来水冲洗干净。

2）磨粒流加工后，一般采用压缩空气吹净并用酒精清洗干净并吹干；微小孔类零件或异形腔道类零件，先用超声波清洗，再用透光或内窥镜检查是否有多余物。

3）电火花加工后，一般采用压缩空气吹净，再进行钳工或磨粒流去积炭层工序。

4）喷丸加工后应采用压缩空气吹净表面，并用无水乙醇将零件表面清洗干净并吹干。

5）激光加工后应将零件表面的飞溅（毛刺）清理干净，必要时采用超声波清洗零件。

（6）增材制造过程多余物控制

1）激光选区熔化增材制造后，应检查零件腔体、凹槽等部位，将残留粉末清理干净。

2）激光选区熔化增材制造后，应检查非加工表面，将支撑去除干净。

3）激光熔融沉积增材制造后，非加工表面需要使用打磨等方式，确保表面无球化颗粒残留。

4）电弧增材制造后，非机加表面需要使用打磨等方式确保表面无球化颗粒残留。

（7）电装过程多余物控制

1）防护套应将端头外翻后再进行修剪，剪下的金属丝及时清理放入多余物容器中，防止金属丝扎伤导线。

2）及时清理下线过程中产生的废弃导线、护套、绑扎绳等多余物，放入多余物容器中，保持工作台面清洁，无多余物。

3）需涂 Q98-1 胶的线箍，应严格控制胶液用量，及时清除多余胶液。

4）应使用留屑钳剪切多余的导线或引线。

5）处理导线端头时，需要将多余的屏蔽丝清理干净，剥除的绝缘层和屏蔽层及其他多余物应立即放入多余物容器内，不得随意丢弃。

6）搪锡后的芯线表面应光洁、平滑、无拉尖，无焊剂残渣，芯线和绝缘层表面不应粘附焊料、焊剂的残渣等多余物。

7）电连接器装前检查合格后，应立即盖上干净、匹配的保护盖进行封堵防护，再进行后续装配，确保装配全过程无多余物进入对接面。

8）在焊接过程中，焊点用浸有无水乙醇的医用脱脂棉清洁后，随时用吸尘器清除多余物。

9）去除烙铁头的氧化物及污物时，应在湿海绵上擦去，严禁用甩的方法去除，以防止锡瘤四处飞溅，造成多余物。

10）压接型电连接器如无特殊要求，应将相应的接触件（或封严塞）送入空点孔位进行封堵，防止从对接面引入多余物。

11）带线接触件取出过程中注意检查取出工具是否完整，不可使用破损工具，防止工具碎渣掉入孔腔内。

12）凡装配后无法再进行检查的部位，应严格执行工艺文件的要求，仔细检查确认不会发生多余物后，方可进行装配，如电连接器尾部包覆。

13）尾夹出线处的导线束使用绝缘材料包覆，外护套一般也应伸入电连接器的尾罩内，防止多余物进入。

14）电连接器灌封前应对灌封部位进行清洁处理，非密封电连接器灌封前应采取堵漏措施，以防止灌封材料漏入接触件和锁紧部位，灌封时应对接触件采取定位措施，电连接器灌封完毕后，用浸有无水乙醇的脱脂棉擦洗灌封的电连接器外壳及对接面，要求清洁，无多余胶液。

15）在灌装液体材料时应保证安全可靠，确保不产生多余物，防止性能变化。

16）剪掉保险丝头和管脚时应使用留屑钳，捏住余头，一次剪断放入多余物收纳容器中。

17）电性能检测过程中使用的检测表笔的接触件应与被检测电连接器接触件相匹配，内部应清洁，防止插合过程中引入多余物。检测结束后，应对电缆再次进行多余物检查，检查合格后及时将电连接器的保护盖盖上。

18）制作完成的电缆接插件使用干净的保护盖、金属堵盖等进行封堵防护，防止接插件内进入多余物，并采用硬质塑料袋对电缆进行包装，使用密封式包装箱对电缆进行转运，防止在转运过程中多余物附着在电缆表面。

（8）液压产品试验过程多余物控制

1）液压元件安装在试验系统之前应进行清洗，保证液压元件内部清洁。

2）液体调节器类产品和燃油泵类产品试验用油品应符合相关规定要求，伺服阀类产品试验用油品应符合相关规定要求，通过在管路上安装规定的油滤来保证。

3）试验台使用介质每两个月或根据试验任务量安排进行固体颗粒污染度检查，取样前整个试验台一般需按规定运转，从试验产品的进口采样。

4）试验台油滤滤芯每半年更换一次，若工作介质污染度化验结果不满足要求，需同时更换试验介质和滤芯。

5）试验台完成介质更换或加注后，系统应该至少运转 30 min，取油样进行颗粒度检查。

6）定期维护或者更新油路密封件，防止密封件失效产生杂物进入油路。

7）液压产品试验时，应将工艺堵盖放在密封袋中。产品试验结束后应及时进行油封，并盖好工艺堵盖。

（9）总装过程多余物控制

总装过程生产工序繁杂，产品开场性较差，操作空间有限，有些地方甚至需要盲装，多工种多人员交叉配合工作的场景较多等原因，造成总装过程产生多余物的机会要远大于其他工种，需要重点管控以下过程。

1）零件、部件、组件、成件、附件自身携带的多余物，随产品配套进入总装现场，多余物控制措施应前移至进入总装现场前的生产、转运环节，保证总装所用产品不存在多余物隐患。

2）总装人员带入的多余物，包括工具、随身携带的其他物品，也包括身体上的毛发等，都属于被控制内容，要求操作人员着装要符合相关要求。对于洁净度要求较高的场景，例如精密耦合件装配、微细管路装配等，还需要使用高等级洁净间，应明确洁净度指标，并对洁净环境进行年检。

3）单独设置产品装配区，该区域不得进行钻孔、攻丝、打磨修配等操作，防止其他区域产生的多余物进入。如果要进行少量加工，应办理相关手续，并在指定地点进行。加工时采取多余物隔离措施，检验人员现场监督，加工完毕后进行清理检查，不留多余物，并做记录。

4）装配前要对工装，工具，零、组、部件，辅助材料的数量进行登记，装配间只能放置零件、部件、工作台、工装、工具等与装配有关的物品，工作台、工装、工具等应定置管理。

5）检查装配过程中外露的管路接头，密封锥面光洁，无磕碰、损伤后，必须使用干净保护帽或塑封袋保护。

6）装配过程中，当每项主要装配完成或一个工作日结束时，应进行多余物检查，清点工具、零件等的数量，清除碎片、碎屑、锁丝头等多余物隐患，保证装配区域清洁，并对清理效果进行监督检查。

7）装配调试过程中，应严格区分检验完成产品、待装产品及在装产品，标识明确。

8）装配过程中报废的零部件、工艺件、选配余下的元器件及零件等要及时回收，隔离保管。报废的零（部）件由检验人员做明显标识。

9）装配操作过程中应防止小零件、保险丝头、胶布等掉到产品内，应及时清点、回收并记录。

10）装配前对壳体内部及胶圈槽进行内窥镜多余物检查；对活动件进行放大镜检查，防止因毛刺脱落产生多余物。

11）产品周转及装配过程中，应采取相应措施防止灰尘、脏物、水分和油类等多余物落入产品内腔。

8.7.4.5　检验过程多余物控制

1）检验过程本身要防止引入多余物，检验前需对检验场地、检测工具清洁情况进行检查确认。

2）检验人员应根据工艺规程规定的检验程序和检验点要求进行多余物检查。

3）装配后无法进行检查的部位应实行双岗制，检验人员必须在场，经共同确认无多余物后再进行后续装配，必要时进行多媒体记录。

4）对交检产品附带的包装箱、包装袋进行检查，应包装完好、清洁、无多余物。

8.7.4.6　试验过程多余物控制

1）试验现场和工作间应实行定置管理，保持试验场地清洁、整齐，不准存放与试验无关的物品，与试验无关的人员不准进入现场。

2）试验人员应按规定要求着装。

3）试验产品（设备）在交接、停放过程中应采取措施，防止多余物进入。

4）对较长时间不用的地面系统，应彻底清除干净，在确认无多余物后将其封存，并采取防尘、防污染措施；对有防湿、防潮要求的，应放置干燥剂。

5）试验台和设备拆除、维修时，拆卸、安装过程应防止引入多余物，使用前应检查是否有多余物。

6）试验台管路、管接头应无焊渣、毛刺等多余物，首次使用前应进行系统多余物检查。

7）试验准备、操作过程产生的废弃锁紧丝、棉布、橡胶圈等应统一收集存放。

8）试验中动力系统或设备工作异常时，应对产品（试验台）进行多余物检查。

9）试验过程中如果进行设备维修，要避免产生多余物，对维修后使用的设备要彻底进行多余物检查，确认后方可使用。

10）试验结束后，应对试验设备的管路出口以及产品进、出口安装工艺堵头，防止多余物进入。

8.7.4.7 周转储运过程多余物控制

（1）厂际间产品交接多余物控制

1）产品交接过程中，应履行交接手续，记录产品交接时多余物的检查情况。外观质量检查包括产品表面应无划伤、碰伤、锈蚀、腐蚀、分层、漆层脱落，产品应清洁无多余物；对有外防护涂层的产品，应进行多媒体记录。

2）油箱类产品交接过程中，应对油箱内部进行多余物检查，无明显可见多余物。

3）产品交接时，交接双方应共同在场对产品进行共同检验。

4）经交接双方共同确认合格的产品，应做好防护，防止多余物进入。

（2）包装、搬运和贮存过程多余物控制

1）产品包装及运输过程中对电气接口做好防护，设计保护盖，防止多余物进入。

2）产品包装应严格按照工艺规程的要求进行。过程中应核对产品名称、数量、合格证明等文件，确认无误后进行包装。

3）产品入库时，库房保管员根据情况对产品多余物进行检查：

a）查看包装是否完好，各相关开口是否已封堵；

b）查看产品表面有无污染物；

c）如产品已进行全封闭包装，则不得拆开，仅检查包装及标识是否完好。

4）根据产品特点，对各类产品分类、分区定置存放。

5）定期对库存产品进行检查，保证其清洁且无多余物。

8.7.5 多余物检查和排除方法

在航天产品发射前的各项检测中均未发现多余物问题，并不代表产品一定安全，因多余物发生质量问题的概率依然存在。在进行飞试的过程中，由于振动、加速度等环境因素的影响和改变，使得本已存在的多余物会发生移动、脱落等现象，从而降低航天产品的可靠性。因此，多余物的危害性有时需要一定的激发条件才能产生，具备很强的隐蔽性，检测多余物只靠终检是远远不够的，依靠全流程管控、多手段检测是必须的。

8.7.5.1　航天产品常用多余物检查方法

航天产品常用多余物检查方法以及工具、仪器和设备见表 8－3、表 8－4。

表 8－3　常用多余物检查方法

序号	检查方法		说明
1	目视检查法		适用于直接或间接(借助放大镜、内窥镜等)可以观察到的部位
2	听觉检查法		适用于无观察通路的封闭结构及半封闭结构
3	无损检测	X 射线照相	主要用于检查电子元器件、3D 打印件、内部结构缺陷和多余物
4		内窥镜检测	主要用于检查小导管、细长深孔、相交孔及整机等的内部缺陷和多余物
5		微粒碰撞噪声检测(PIND)	用于检查密封元器件内部的多余物
6	洁净度检测		衡量清洗质量的重要指标，一般采用表面离子污染物检查的方法。适用于印制电路板组装件的检查
7	固体颗粒度检测		通过对一定尺寸颗粒物数量的检测，来表征空气或液体中的污染度
8	水分浓度检测		主要用于液压系统工作液的检测
9	位移信号检测		主要用于小的电子产品多余物的检测
10	过滤器滤芯检测		主要用于液路或气路中大颗粒污染检测，分解过滤器并检查滤芯上的多余物

表 8－4　常用多余物检查工具、仪器和设备

序号	名称	主要用途
1	手电筒	用于配合检查一般照明看不到的部位
2	放大镜	用于检查零件表面、印制电路板组装件焊点、电联接器的针、孔等部位
3	体视显微镜	是一种便携式的检测设备，一般用于检查深孔等部位
4	显微镜	用于检查孔内、槽、清洗液等中的微观多余物
5	工业内窥镜	用于检查整机内部深孔、细长深小孔、盲孔、管道、相交孔、连接处等部位
6	聚光灯	一般配合体视显微镜使用
7	听杂声仪器	利用传感器、放大器来检测振动后由于多余物产生的杂音
8	听声装置	通过整机摇动、转动等检查组合件内部是否有异常现象
9	微粒碰撞噪声监测仪	用于检查密封元器件内部的多余物
10	仪器活动多余物	用于检查仪器内的活动多余物
11	X 射线检测设备	用于检查产品内部的多余物
12	清洁度检测设备	用于检测印制电路板的清洁度
13	耐压测试仪	用于检测接插件的多余物
14	流体颗粒度监测仪	用于检测液体介质内部的多余物

8.7.5.2　航天产品常用多余物排除方法

航天产品常用多余物排除方法以及工具和设备见表 8－5、表 8－6。

表 8-5 常用多余物排除方法

<table>
<tr><th>序号</th><th>检查方法</th><th colspan="2">说明</th></tr>
<tr><td>1</td><td>吸取法</td><td colspan="2">适用于有通路，吸尘器吸力能起作用的部位，用电动吸尘器或压缩空气吸尘器吸取各种材料的碎屑、尘埃等体积小、重量轻的多余物</td></tr>
<tr><td>2</td><td>清洗法</td><td colspan="2">适用于有高洁净度要求的产品，如电子产品、集成电路印制板等。包含浸渍清洗、超声波清洗、化学清洗、气动吹除清洗、电化学清洗、气相清洗、射流清洗、喷洗冲洗等方法</td></tr>
<tr><td>3</td><td>擦洗法</td><td colspan="2">适用于结构内、外表面清洁度要求较高的部位，如贮箱，各舱段、大导管等。用毛刷、绸布蘸酒精(或用工艺规定的其他洗涤剂)擦洗</td></tr>
<tr><td>4</td><td>磁吸法</td><td colspan="2">适用于通路较差，只能使用磁铁吸取的结构</td></tr>
<tr><td>5</td><td>勾夹法</td><td colspan="2">适用于通路较差的部位</td></tr>
<tr><td>6</td><td>胶粘法</td><td colspan="2">适用于有通路但手无法接触的部位</td></tr>
<tr><td>7</td><td>拍击法</td><td colspan="2">适用于有杂物排出通路，但无法接触到的半封闭结构</td></tr>
<tr><td>8</td><td>吹除法</td><td colspan="2">用干燥的压缩空气将多余物从产品中吹出</td></tr>
<tr><td>9</td><td>固封法</td><td colspan="2">封闭系统一时无法排除的多余物</td></tr>
<tr><td>10</td><td>去除法</td><td colspan="2">去除加工后出现的毛刺、毛边</td></tr>
<tr><td>11</td><td>更换法</td><td colspan="2">由于零件脆断产生的多余物，如螺栓、螺母、垫圈、弹性垫圈、扎带等，查明原因后予以更换</td></tr>
<tr><td>12</td><td>分解法</td><td colspan="2">适用于全封闭部位，而且用上述方法无法清除的多余物</td></tr>
<tr><td>13</td><td>净化法</td><td colspan="2">适用于清除气体、液体系统内的污染物</td></tr>
<tr><td>14</td><td>置换法</td><td colspan="2">适用于气态杂质的置换。有正压置换、负压置换和吹除置换方法</td></tr>
<tr><td>15</td><td>干燥法</td><td colspan="2">用于清除水分，有烘烤法、化学法、吸附法、冷冻法、压力除水法、红外线干燥法等</td></tr>
<tr><td>16</td><td>循环过滤法</td><td colspan="2">将液体或气体回路短接，在回路中串接过滤器，进行循环冲洗，循环过滤液体或气体回路中的多余物</td></tr>
<tr><td>17</td><td>真空挥发法</td><td colspan="2">通过洁净烘烤箱加热并抽真空，在负压条件下，去除有机物因挥发产生的多余物</td></tr>
<tr><td>18</td><td rowspan="12">去除毛刺方法</td><td>手工法</td><td>用锉刀、刮刀等钳工工具，手工去除工件上的毛刺</td></tr>
<tr><td>19</td><td>机械法</td><td>采用机械方法消除工件已加工部位周围所形成的毛刺</td></tr>
<tr><td>20</td><td>振动法</td><td>将工件放在装有磨料的可振动容器中，利用振动摩擦去除工件上的毛刺</td></tr>
<tr><td>21</td><td>滚动法</td><td>将工件放入装有磨料的滚筒内，利用滚动摩擦作用，去除工件上暴露在外的毛刺</td></tr>
<tr><td>22</td><td>化学法</td><td>采用化学处理方法消除工件上已加工部位周围所形成的毛刺</td></tr>
<tr><td>23</td><td>电解法</td><td>采用电化学阳极溶解方法消除工件上的毛刺</td></tr>
<tr><td>24</td><td>磨粒流法</td><td>具有一定压力的膏状磨料往复穿过工件孔，从一端孔口进入，由另一端孔口挤出，往复多次去除工件孔毛刺。适用于机械加工中的小孔、群小孔、复杂内腔、流道的去毛刺和抛光等的加工</td></tr>
<tr><td>25</td><td>热能法</td><td>利用氢氧燃烧熔化和烧蚀公共间毛刺的热化学方法</td></tr>
<tr><td>26</td><td>超声波法</td><td>用超声波加工原理清除工件已加工部位周围的毛刺</td></tr>
<tr><td>27</td><td>电抛光法</td><td>一种特殊的加工方法，用于微量尺寸的矫正，去除毛刺、切削痕迹、表面氧化层等</td></tr>
<tr><td>28</td><td>激光法</td><td>采用激光器发出的激光束，去除工件已加工部位周围所形成的毛刺</td></tr>
<tr><td>29</td><td>电火花法</td><td>根据零件相交孔的特点，设计专门去毛刺的电极，将电极放至相贯小孔处，用电极进行火花放电，同时进行各种方式的摇动，蚀除孔相交处的毛刺、翻边</td></tr>
</table>

表 8-6　常用多余物排除工具、仪器和设备

序号	名称	主要用途
1	橡胶榔头	用橡胶榔头，采用吸除、吹除等方法清除深缝和细长孔中的多余物
2	留屑钳	用于剪断焊接后多余的各种导头线、元器件引线，防止被剪断的料头飞溅到产品内产生多余物
3	超声波清洗机	用于清洗油路、管道及复杂型腔中的金属屑
4	吸尘器	用于吸除产品表面、深孔、槽、整机内部多余物
5	吸锡器	用于清除电装过程中的多余焊锡
6	永久磁铁或电磁场	用于吸除深孔、槽内的铁磁性余物
7	振动台	用于检查工艺振动后元器件是否变形，紧固件是否松动，是否有多余物
8	锉刀、刮刀	用于清除工件上的金属毛刺
9	电火花高速小孔机	加工后的小孔一般不会产生宏观毛刺
10	线切割床机	可使产品加工后一般不产生毛刺

8.7.6　多余物控制、检测技术研究和发展方向

近年来，航天产品对多余物防控措施提出了更高的要求，航天系统相关科研院所和高校对多余物防控技术进行了持续的攻关和研究，在多余物防控的应用范围、检测精度、智能化等方面取得了长足的进步，例如，零部件表面多余物检测与识别技术、悬浮物光学监视与预警技术、工业级耐磨超细柔性内窥镜检查技术、振动波纹采集多余物检测技术、高等级洁净间应用等，并开发出相对应的具有独立自主产权的多项检测设备硬件和检测系统软件。常用多余物检验方法和工具在未来将获得极大的扩展，将人的眼睛和耳朵所能达到的宽度、深度、精度、辨识度、速度等感知能力不断向前扩展和延伸，是主要的技术发展路径，同时结合人工智能技术的发展，最终由传感器和程序替代人工来完成多余物的控制和检测。

8.8　不合格品审理

8.8.1　概述

不合格品是任何具有一个或一个以上不符合合同、图纸、样件、模型、技术条件或其他技术文件所要求的特性的产品。不合格品分轻度不合格品和重度不合格品，轻度不合格品指不影响人体健康和安全，不影响性能，不影响互换性、可靠性、维修性，不影响有效使用或操作，不影响重量和外形的不合格品。重度不合格品指轻度不合格品以外的不合格品。

不合格品审理是通过对不合格品进行鉴别、标识、隔离、处置、记录等一系列活动，找出不合格品产生的原因，防止同类质量问题的重复发生，制定切实有效的纠正措施及预防措施，持续提升承制单位产品质量过程。

8.8.2　不合格品审理一般要求

1）承制单位必须遵照 GJB 571—1988《不合格品管理》标准制定出不合格品的鉴别、隔离、控制、审查与分解出来的程序。

2）承制单位从事不合格品审理人员，必须经最高管理者授权和经用户代表确认。

3）承制单位对不合格品要做出标记或挂标签（当标记或挂标签不可实行时，可采用其他识别方法），并采取隔离或控制措施，防止与合格品混淆。对“报废处理”的不合格品，应采用破坏或非破坏性方式明显的进行标记并加以隔离，以防被误用。

4）承制单位制定的返修标准规程以外的返修规程，应提交用户代表认可，在用户认为必要时，返修工作应在其监督下进行。

5）承制单位应保存和积累不合格品的资料，定期进行综合分析，并制定出综合性的纠正措施，承制单位应制定实施细则，对不合格品的质量成本进行统计、分析，以降低质量损失费用。

6）不合格品的处理结论仅对当时被处理的不合格品有效。

对可返工的不合格品，以及对可按返修规程返修的不合格品，质量部门应开具返工/返修单，生产调度系统组织实施返工/返修。

7）返工或返修后的产品必须重新进行检验。

8）不合格品审理文件及记录应归档保存。

8.8.3　不合格品审理机构分级及职责

8.8.3.1　不合格品审理机构分级

不合格品审理机构可由不合格品审理组（一级审理）、不合格品审理常设机构（二级审理）、不合格品审理委员会（三级审理）组成。需要时，可邀请顾客或其代表参加审理，但他们不属于审理委员会的成员。必要时，不合格品审理委员会可吸收相关专业人员组成专题审理小组，对不合格品进行专题评审。

8.8.3.2　不合格品审理机构组成及权限

（1）不合格品审理组

不合格品审理组可由质量部门型号主管、科研生产部门型号主管和主管工艺师、主管设计师等组成。其职责如下：

1）负责一般特性不符合规定的不合格品审理。

2）负责对不合格品的原因分析、纠正及纠正措施进行审查。

3）负责落实监督纠正及纠正措施。

4）负责将职责范围内不能处置的不合格品提交不合格品审理常设机构。

（2）不合格品审理常设机构

不合格品审理常设机构由质量部门领导、研制生产部门领导、型号（副）主任设计师、型号（副）主任工艺师等组成。其职责如下：

1）负责关重件的不合格品审理。

2）负责重复性、批次性一般特性不符合规定的不合格品审理。

3）负责对不合格品的原因分析、纠正及纠正措施进行审查。

4）负责落实监督纠正及纠正措施。

5）负责对重复性、批次性的不合格品提出归零要求。

6）负责将严重不合格品或不能处置的不合格品提交不合格品审理委员会。

7）负责组织、监督不合格品审理委员会决策的落实。

（3）不合格品审理委员会

不合格品审理委员会由单位领导、型号（总）指挥、型号（副）总师等组成。

1）负责严重不合格品的审理。

2）负责审理由常设机构提交的不合格品。

3）负责对重大问题制定的纠正与预防措施进行审查。

8.8.4　不合格品处置方式

按不合格品审理意见落实不合格品处置方式，一般包括：返工、返修、报废、原样超差使用、退回供方。

8.8.5　不合格品审理流程

1）不合格品责任部门一般由发现不合格品部门判定，由责任部门填写原因分析、纠正及纠正措施，并完成审理。属于原材料原因的不合格品，由相关业务机关协调供方填写原因分析、纠正及纠正措施，由责任部门完成审理。

2）外协的不合格品，由外协申请部门协调外协单位填写原因分析、纠正及纠正措施，外协申请部门设计师（或工艺师）进行会签，评价其有效性。

3）质量部门型号主管对审理级别进行确认，相关技术部门、质量部门对原因分析、纠正及纠正措施进行审核。

4）非重复性、非批次性且不跨部门的一般特性不符合规定造成的不合格品按一级审理流程执行，由责任部门领导明确审理结论；跨部门的不合格品，重复性、批次性的不合格品，关重件。出现质量问题的不合格品，按二级审理流程执行，由（副）总师明确审理结论；对严重不合格品，由（副）总师签署初步审理结论后，提交不合格品审理委员会进行审理。

5）提交至不合格品审理委员会的不合格品，由质量部门组织召开不合格品审理委员会会议，对不合格品进行审理，明确处理意见后提交责任部门组织实施。

6）不合格品审理过程中，需要归零的，质量部门按航天产品质量问题归零程序组织责任部门开展归零工作。不合格品审理人员应参加归零评审。

7）涉及让步接收、降级使用、退回供方的不合格品，应根据产品所处的阶段和需要，质量部门确认是否需要提交设计师，及提交顾客/验收代表签署意见。

8.8.6 审理结论执行

不合格品的处置意见一旦形成，责任单位应立即执行，按审理结论对不合格品进行处置并办理相关处置文件。不合格品审理结论一次有效，不能作为以后不合格品的审理依据，也不影响顾客对产品的判定。责任部门根据审理结论，按以下规定办理相关手续：

1）审理结论为返工时，按返工规程进行返工，返工后应达到合格产品要求，并要按规定重新检验；

2）审理结论为返修时，按返修规程进行修理，返修后应达到轻度不合格品要求，并要按规定重新检验；

3）审理结论为原样超差使用时，检验员应在相关质量证明文件上记录审理单编号；

4）审理结论为报废时，检验人员开具“废品通知单”，并对产品打上明显的永久性标识，以防被误用，按单位废品管理相关规定执行；

5）审理结论为退回供方，由采购部门按外购程序进行退回工作，并由采购部门组织供应单位按 GJB 571—1988《不合格品管理》原则进行不合格品审理或开展质量问题归零工作。

8.8.7 分析改进

承制单位责任部门应制定纠正措施，从源头预防不合格发生，并认真组织落实纠正措施。质量部门应定期抽查纠正措施落实情况，当纠正措施还涉及其他部门时，由质量部门协调各有关部门督促纠正措施的落实工作。责任部门应定期对本部门产生的不合格品进行统计分析，必要时通过奖惩、技术培训进行质量改进，减少不合格品发生。

承制单位应尽量选择信息化系统开展不合格品审理工作。定期对不合格品原因、处置情况进行汇总、统计分析。应保存来自供方的不合格品审理报告，对供方质量水平进行评价。

8.9 生产现场管理

8.9.1 概述

航天制造具有产品加工难度大、复杂程度高、涉及专业广及制造成本高等特点。这些特点直接决定了航天产品对生产制造有着极高的要求。加工车间作为产品制造的直接场地，现场管理的水平对航天制造的品质具有重要影响。航天制造业按照现场类型不同可分为零部件加工类生产现场、总装总调及试验现场。其中零部件加工类生产现场主要包含机加、热处理、铸造、焊接、热成型、3D 打印、电装及部装等生产现场；总装总调现场主要指产品装配过程及测试过程的生产现场；试验现场主要指飞行试验及各类大型地面试验的生产现场。各类型现场均由人、机、料、法、环、测六个要素组成。

8.9.2　生产现场管理措施

8.9.2.1　生产现场规划

生产现场规划需要系统地运用过程管理方法，分析各类需求与现场管理活动之间的关系，将需求转化为现场管理过程相应的要求和指标，明确各现场管理指标的监控流程，形成系统化的现场管理指标体系，并通过质量管理工具进行分析和评价。现场管理的指标体系要涵盖各项现场管理业务流程并协调一致，包括但不限于质量管理、计划管理、设备管理、安全管理、作业人员管理、原材料管理、保密管理等。根据生产产品工艺、设备及人员等各方面的特点，合理设计现场布局，包括区域定置、物流管理、工位管理等内容。按照工艺仿真测算的工序及设备节拍，合理配置人力、设备等资源。针对现场涉及的各项管理活动，均需制定清晰明确的流程和制度。

(1) 区域定制管理

应将工作场地分为作业区、存放区两类区域，每一区域指定用途，以标志线区分范围，并在厂房定置图中体现；工作区以工位为单位由作业单元进行管理，每个工位指定责任人，负责本区域的清理和定置；对于存放区，以区域或房间为单位由使用单位统一管理，每个存放区指定责任人，负责本区域内的清理和定置；物品只能存放在指定区域的指定位置；工作场地内不允许设置集中休息区。

(2) 现场物流管理

物流门由专人负责管理，只允许进行物流转运，严禁人员进出；小型车辆不允许进入厂房装卸车，小型物品在门外卸货进入，或运出门外装车，以减少物流门开启时间；物品转出要做好防护，防止出现磕碰划伤和进入多余物；物品接收要做好检查，存在磕碰划伤、多余物或防护措施不到位的应拒收。

(3) 现场工位管理

工作区的工位设计应坚持物品最少化原则，以节省空间；与本工位正在进行和即将进行的作业无关的物品不允许出现在本工位区域范围；进入工位的物料应按单发进行配套和管理，严禁混用；工位上有且只能有正在进行的工序的工艺文件，且版本要正确；正在加工的产品的质量证明文件和过程控制记录要求存放在工位上。

8.9.2.2　生产现场要素管理

生产现场管理中主要影响产品质量的因素为人、机、料、法、环、测。由于这六个因素的英文名称的第一个字母为 M 和 E，所以常简称为 5M1E。

(1) 现场作业人员管理

现场作业人员上岗前经过系统的培训、实践、考核三个阶段，合格后方可上岗。通过轮岗等方式，增强员工的作业能力，提高现场一专多能人员的比例，实现现场作业的灵活调配。现场作业人员掌握基本的现场管理改进方法，包括但不限于质量管理新老七种工具等分析方法。

（2）现场设备管理

航天单位结合现场作业的组织特点，系统开展设备的周检及维护工作，提升设备综合效率，制定科学的设备分类原则、设备日常维护流程、设备更新改善计划和设备节能降耗改善方案。建立设备故障的分析系统，采用科学的方法对设备故障进行深入分析，采取措施，降低设备的故障率，减少故障实践，提高设备可利用率。开展设备预防性维护，使用科学的方法识别设备的潜在风险，并制定相应的控制方案。

（3）现场原材料及半成品管理

建立作业现场原材料的管理机制，确保原材料的进料检验符合要求，现场的库存合理，包括原材料的库存控制原则、原材料的领用程序、危险原材料控制程序。优化作业现场的物流路线，减少搬运，能够通过系统的方法对作业现场原材料及半成品的库存及流转进行监控。

（4）现场工艺方法管理

现场工艺管理的内容包括但不限于生产图样、生产组织文件、工艺标准、作业指导书等，其中作业指导书需覆盖全岗位和工作流程，作业指导书中须体现关键的质量控制点、风险点和经验教训，关键工序的指导书应图文并茂。现场文件需持续完善，根据现场运转的实际情况，对相关文件进行适时的修订，确保充分、有效、适宜。

（5）现场环境管理

参照 GB/T 24001—2016《环境管理体系》和 GB/T 28001—2021《职业健康安全管理体系》的要求，实施现场安全与环境管理。创造符合人体工学要求的作业条件，不断减少员工的劳动强度、提高劳动效率、减少安全隐患。投入必要的资源，不断优化工艺，减少生产过程中的污染排放和能源消耗。

（6）现场测量管理

建设产品质量检查方案、过程质量控制方案、关键质量数据收集系统及过程异常处理方案与预防机制。严禁使用过期或不合格量具，定期对所有测量和试验设备进行计量检测，对设备的检测精度进行确认、校准和调整。发现测量和试验设备未处于校准状态或不合格后，需要对之前检测的产品开展追溯工作。

8.9.2.3　生产现场管理方法

在各项现场管理活动中，通过正确地选择和使用管理工具方法，以标准化、精细化、可视化、柔性化、信息化为路径，不断提升现场的作业效率和产品质量，保证过程的稳定性和灵活性。

（1）6S 管理

6S 就是整理（Seiri）、整顿（Seiton）、清扫（Seiso）、清洁（Seiketsu）、素养（Shitsuke）和安全（Safety），通过规范现场、现物，营造干净、整洁舒适、有序的工作环境，培养员工良好的工作习惯，提高现场的质量保障力。整理，即将工作现场的所有物品区分为有用品和无用品，除了有用的留下，其余的均清理掉。整顿，即把残留下来的必要物品依规定位置摆放，并放置整齐加以标识。清扫，即将工作场所内看得见与看不见的地方清扫干净，保持工作场所干净、亮丽，创造良好的工作环境。清洁，即将整理、整顿、清扫进行到底，并且制度化，经常保持环境处在整洁美观的状态。素养，即每位成员养成良好的习惯，并按规则做事，培养积极主动的习惯。安全，即重视成员安全教育，每时每刻都有安全第一的观念，防患于未然。

（2）目视管理

目视管理是利用形象直观而又色彩适宜的各种视觉感知信息来组织现场生产活动。现场建立系统的目视管理推动机制，现场管理的目视化内容和标准主要包括规章制度与工作标准公开化，生产任务与产品质量数据图表化，视觉显示信号标准化，生产作业控制手段的形象直管化，物品的码放和运送的数量标准化，人员分类着装与挂牌制度化，色彩管理的标准化等。

（3）生产现场标准化管理

作业标准化指在作业系统调查分析的基础上，将现行作业方法的每一操作程序和每一动作进行分解，以科学技术、规章制度和实践经验为依据，以质量效益为目标，对作业过程进行改善，从而形成一种优化作业程序，逐步达到安全、准确、高效、省力的作业效果。作业标准化要求产品的工艺流程到每个人的操作都要指定有标准的程序，使人机紧密配合，工人按规定操作，工艺按规定流程设计。

8.9.2.4　过程检测及改进

航天单位识别需要监视和测量的现场管理过程，规定各部门在过程监视和测量中的职责，制定完整的现场过程监控流程图，并对监控点的分布进行规划设计。确定监视和测量的项目、方法、频次和判定准则，并在适当时进行测量，实现有效的过程控制。建立异常处理程序，规定异常情况控制以及处置的有关职责和权限，确保过程异常情况得到及时有效的控制和处理。同时，按照航天单位的工作要求，定期开展工艺纪律检查、质量体系审核以及计量监督检查，集合各类监督检查工作，对生产现场的管理情况进行评测。采用合理化建议、标杆对比、QC 小组、六西格玛等方法，将改进结果及时纳入相应的现场管理体系。

8.9.3　现场管理结果评测

对现场管理的结果开展星级评价工作，建立不同级别的星级标准，从 6S、目视管理、物流管理、信息管理等多个方面提出评价要求并给予不同分数，搭建现场管理结果的评价体系。结果数据具体指标依据现场实际的特点设定，以证实现场管理的适宜性和有效性，并确定在何处可以持续改进现场管理。在适当时，提供与竞争对手或标杆的对比数据，以反映航天单位在相关方面的行业地位、竞争优势和存在的差距。

同时除了星级评价外，现场管理结果还应输出质量满足过程要求的评定，主要包括过程质量和产品质量。过程质量指过程能力指数、返工率、产品一次交验合格率、报废率及原材料合格率等。产品质量指产品合格率、产品交付后故障率、产品返修率及内外部顾客满意度等。

8.9.4 智能化现场管控

航天产品制造逐步实现了数字化、智能化，通过对航天单位现场整体生产情况进行梳理和规划，智能化现场管控主要包括两项能力，分别为以工业自动化为基础提升产品的生产制造能力及基于质量大数据的智能化决策能力。

(1) 工业自动化的生产制造能力

以可编程逻辑控制器技术（PLC，Programmable Logic Controller）为基础的分散控制系统（DSC）集中控制自动化系统，着力于提高工业基础自动化水平的建设，通过传感分析、先进控制、实时优化、动态模拟和嵌入式信息模块等确保基础信息（如产品信息、操作系统及设备状态信息等）的采集和分析，实现生产制造现场的快速响应，通过对现场自动化管控的提升，匹配生产能力的需求。

(2) 基于质量大数据的智能化决策能力

通过信息化技术手段，收集在线测量、智能化检测终端等质量检测数据，获取大量的结构化数据。现场通过系统运用统计过程的控制方法，建立实时的过程质量监控系统，通过及时有效的数据分析处理，评估过程能力，对过程进行持续改进，不断优化现场管理水平。

8.10 产品标识与批次管理

8.10.1 概述

为保持同批产品的可追溯性，在一定生产周期、生产条件下，按照特定的产品技术状态，分批次进行投料、加工、转工、入库、装配、检验、交付，并做出标识的活动可称为批次管理。批次管理适用于生产阶段成批产品的批次管理，研制阶段及使用阶段的批次管理亦可作为参考。

承制单位要根据自身特点及实际情况建立批次管理制度、确定产品批次管理目录，策划相关批次管理的活动，主要包括生产过程的批次管理、包装运输贮存的批次管理、交验的批次管理、外部提供产品的批次管理、批次凭证管理等。批次管理应与生产组织形式相适应，在保证产品质量的前提下，综合考虑产品生产任务、生产能力、管理费用等因素，达到经济与生产能力最佳合理。同时，根据产品特点、产品规范及合同等要求来确定产品批次，并系统考虑总体批次安排、例行试验和备件产品等安排，确保进度和流量合理，批次号应按照时间顺序连续编号，不应重复。

承制单位对于在生产过程中的产品、采购产品、最终产品均应做出相应的产品标识，以防止混淆或误用。要注意的是，使用的标识与被标识的产品不能分离。同时，当产品的型号、类型、特性和状态及标识区域发生变化时，相关人员应对原标识做相应的更改和补充。产品标识一定要准确、清晰、有效，凡标识含糊不清或丢失时，其涉及的产品应立即停止流转，相关人员应将产品原地封存，由检验人员会同工艺人员和操作人员对产品进行识别，确认后重新进行标识。

对于实行批次管理的产品，承制单位还应做到“五清六分批”，即产品批次清、质量状况清、原始记录清、数量清、炉（批号）清；分批投料、分批加工、分批转工、分批入库、分批装配、分批出厂。

8.10.2　产品标识

产品标识管理主要包含：承制单位需明确对标识的正确性、有效性进行监视和检验的部门，及其相关职责；相关工艺技术文件中要明确标识的方式、方法；承制单位要明确标识的具体实施和维护保持部门，及其相关职责。

（1）产品的标识范围

产品标识可分为三种，即产品的标识、产品状态标识、产品的唯一性标识。

产品的标识是对产品型号、类型、特性和状态的标识。

产品状态标识是对产品检验与试验状态的标识，通常可分为待检状态、待处理状态、合格状态和不合格四种状态。

产品的唯一性标识是实现产品可追溯性要求的一种特殊标识。

（2）产品的标识形式和内容

①产品标识的形式和内容

标识的形式可以为标签、二维码、标牌、标记、字头、投料单、生产流程卡、派工单、产品数据包、零部件质量履历卡、零部件质量履历书、有关记录等。标识的内容应包含产品的名称、规格、型号、炉号、数量、编号、批次号、加工状态等。

②产品状态标识的形式和内容

状态标识的形式可以为标签、标牌、色标、印记、区域划分、合格证、履历书、有关记录等。其内容为待检、待处理、合格和不合格。

③唯一性标识的形式和内容

唯一性标识的形式可以为产品上打的字头、标记、标识，合格证、履历书、有关记录等。其内容可包含产品的型号、编号、批次、生产和交付时间等。

（3）加工过程中产品的标识

相关人员应当根据工艺文件中的规定，采用相应的标识形式对产品进行标识，如在产品上打字头标记、标识等，同时，检验人员应对产品予以确认。在加工过程中，也要采用合格证、履历书、二维码、有关记录等对产品进行跟踪性标识，相关人员要核对产品和标识的一致性。生产过程中，对于待检状态、待处理状态、合格状态和不合格状态等四种状态的产品，要按其相应的区域来放置或在产品上挂牌标识。

（4）最终产品的标识

最终型号产品标识是采用产品印制编号、合格证书、产品证明书等进行标识。同样，产品状态的标识采用划分区域或在产品上挂牌标识。

(5) 产品唯一性标识

产品追溯时所需的信息主要包括产品名称、型号、编号、批次、生产日期、交付日期、产品去向、产品数据包、二维码、分系统和主要零部(组)件的质量记录等。而实现产品可追溯的唯一性标识包括产品编号、履历书、质量证明书、有关记录等。

8.10.3 批次管理

8.10.3.1 策划

科研生产管理部门制定产品期量标准(参考合同批次),批次确定应系统考虑总体批次安排、例行试验和备件产品等安排,确保进度和流量合理。按批次编制并下达年度、月度生产计划,颁发各产品的排产计划表,明确产品批量、投入提前期、生产周期、生产间隔期。

各生产部门要按批次编制月、旬生产作业计划,依据投料单、缴送单、备料单、派工单等,汇总收集各类生产数据,按批次建立生产统计台账,实施生产加工过程的批次管理。

8.10.3.2 生产过程批次管理

(1) 投料

产品应按批投料,每批加工的产品宜采用同批次外部提供的原材料,并在投料合格证或投料单中注明。外部提供产品若需切割或分离,应做标志转移并有记载。

相关职责部门应当明确本批生产所用的令号(WBS 元素号),以及需要处理的件号、名称和数量,并根据生产要求生成物料需求计划及生产订单并下达。

投料部门根据物料需求计划,进行物资订货采购,开展备料、下料、投料工作。同时,相关职责部门应查清投料数量,检查物料质量无误后入库。

(2) 加工和装配

同一批次产品应按同一工艺方式连续加工生产。产品或零部件应在规定的部位,打印明显的批次标识,并在批次凭证中记录。凡不能直接在产品或零部件上制作标识的,应采用适当的方式或载体制作标识,以明确其批次,随产品一起流转,并在批次凭证中记录。同时,产品或零部件应按批周转,批与批之间应严格控制和区分,严防混批。

当加工批次出现批质量问题时,其过程应记录在产品批次质量问题处理记录中。加工中出现的不合格品应及时处置,以确保返工合格或经评审后让步接收的产品能随批流转。当批次产品因出现了不合格品而无法满足原规定组批要求时,相关责任部门应重新建立批次凭证,安排后续加工。

构成产品的各组装件,应有批次凭证和标识。组装件批次标识应与产品装配配套文件相符。在产品或部件、组件等装配时,所用的零件应按批投入装配,每一装配批宜采用同一批的零部件;一批产品中有若干批次零件、部件、组件等装配时,应在装配技术文件或组批文件中做出规定,并采用技术状态相同的相邻批次的零部件装配。装配完工的产品,应有明显的批次标识。

在装配过程中出现废品时应填写废品通知单，并在有关凭证上及时标明废品批次号。

(3) 流转

工艺文件所明确的加工路线是制品在承制部门内部流转的依据。承制部门留存在制品工序间流转原始记录。记录应分批次填写，从第一道工序起随产品流转，每道工序完成检验合格后即转下道工序，直至本单位末道工序完成合格后。各部门之间应按工艺路线缴送，并及时闭环缴送手续，记录需完整清晰。因特殊原因需对流转路线做临时更改的，需明确临时更改的批次、数量及工艺路线等技术要求，并在产品标识或质量履历文件中做相应标识。

(4) 检验

产品或零部件应按批进行检验。被检产品或零部件实物标识应与批次凭证上批号或序号相一致。

对于不合格品应按批隔离，并及时处理。检验完成后，产品应按批号做好凭证记录。

(5) 保管

产成品入库必须符合产成品技术条件或合同规定，经检验合格，产品配套、备附件要齐全，资料要完整，并按规定要求装箱和铅封，缴库单位须分产品分批次办理产成品入库手续。

在进行收发时，应按批次做好有关凭证记录，并遵循先入库先发放、按批发放的原则，记录入库批次和时间以及发放批次和时间。入库后要分产品分批次建立出入库台账。成品要做到数量清、质量清、批次清，在库内存放要按区、排、架、位存放，并有明显标识，对于较大产品可以在指定区域存放。产品出库应办理出库手续，工作人员要维护出入库记录及区架位信息。

(6) 产品调拨

不同批次之间的产品交叉使用，需办理调拨手续并经批准。在执行调出/调入操作时记录调拨单号及对应令号（WBS 元素号），按照调拨单更改批次号和令号（WBS 元素号）后，方可转批使用。已经出库的产品禁止在生产现场进行调拨，需要退库后办理调拨，下发使用。

8.10.3.3　包装、运输、贮存过程批次管理

产品的包装应按批次进行，严禁混批，其包装物上应按有关规定应做明显的批次标识。当若干批同时运输时，应有识别批次的隔离。产品贮存时应按批次存放，并有明显的批次标识。

8.10.3.4　交验过程批次管理

产品应按批提交顾客验收，同时提供该批次产品的质量证明文件、记录和资料。其产品质量证明文件上应有产品的批次。单独订货的备件应有该备件的批次标识。产品批次不合格时，应按批次隔离及时处理。

产品应按批次进行试验，试验产品应在同一批次中抽取。批次试验的项目、数量、试验要求及结果评定宜按产品图样、产品规范及合同规定进行。同时，按批次做好试验凭证

记录。

8.10.3.5 外部提供产品的批次管理

采购文件中应明确批次管理要求。外部提供的产品包装应当完好，其外观质量符合要求，产品本身应具有批号或炉号标识，同时产品上的批次标识和质量证明文件应相符。质量证明文件应当齐全、有效，质量证明文件上填写的内容要符合技术标准、制造验收技术协议的要求，同时签章应齐全。产品的名称、牌号（或型号）、状态、规格（或等级）、批（炉）号、件号、数量、生产厂家等信息应与制造验收技术协议以及质量证明文件相同，并符合相关标准要求。

8.10.3.6 批次凭证管理

批次凭证文件应记录批量、质量状况、操作者、检验者等，一般包括产品数据包、二维码、外部提供产品质量证明文件、外部提供产品保管发放单据、特种工艺的质量记录、产品质量履历文件、产品加工过程随工流动卡、材料代用和不合格品处理单据、产品出厂质量证明文件、产品批次质量问题处理记录、批次试验记录、有关多媒体记录、序号管理记录、产品交付凭证记录、其他有关文件。

批次凭证上批号、序号及数量应与实物相一致。对于批次凭证的录入或填写，要保证字迹和印迹准确、清楚、易识别、符合归档要求。如发现批次录入内容存在不完整、不明确的情况，产品不应转入下道工序。当批次凭证上要进行批次内容的变更时，相关人员应严格履行更改手续，并归档备查。对于需流动的批次凭证，应随该批产品一同传递。

各种批次凭证应及时进行整理，并妥善保管。需要归档的批次凭证应按产品、批次号或序号归档备查，归档的批次凭证的保存期，应不低于产品的使用寿命期，延寿的产品应保存至其延寿期。当批次凭证要被作废或销毁时，相关人员应履行审批手续来进行该操作。

8.10.3.7 在制品清点管理

在每批产品交付后，应及时对已经交付批次的在制品进行全面清点，清点日期应统一安排并通知有关职能部门。

在制品清点应在批次产品交付后或年终进行。相关职责部门应下达在制品清点通知，规定清点的范围、要求及时间。各承制部门根据通知，将分布在生产工位、毛坯库、半成品库的在制品逐件进行清点登记，与台账进行核对，在核对过程中若发现台账不符，应及时查明原因，并补办有关手续。对于清点中发现的疑问品，在制品所在单位应组织相关人员进行判定，并按最终意见进行处理。

8.11 检验

8.11.1 概述

检验是指用工具、仪器或其他分析方法检查各种原材料、半成品、成品是否符合特定的技术标准、规格的工作过程；也是将测定结果与质量标准进行比较，做出合格与否的判定，对能否适合下道工序的使用或能否提供给用户做出处理的活动过程，一般包括测定、比较、判定和处理四个环节。检验是生产过程的一个有机组成部分，通过检验可以分离与剔除不合格品，以保证用户接受具有适当质量的产品。

检验人员在把关职能的基础上，有着预防、监督和报告的职能。在熟悉合格判定标准，发现并剔除不合格品之外，还需要了解产品使用特点，熟识产品运行环境，对可能造成后续环节产品失效的因素加以识别，从人、机、料、法、环、测六个维度的变量进行监控，对检测的数据、存在的隐患和发生的问题进行全面、有效的信息传递。

8.11.2　一般要求

检验的一般要求主要包括：工作原则，最高管理者的职责和权限，质量检验的职能，检验场所和环境条件，以及检验时间资源。这些要素的保障是确保检验工作顺利开展的基础。

（1）工作原则

质量检验工作应贯彻落实国家和上级主管部门发布的有关质量法规制度及各项规定，遵循严格把关与积极预防相结合、专检与自检相结合的工作原则。

（2）最高管理者的职责和权限

最高管理者应对最终产品质量负全责。确保检验部门能够独立行使职权，检验工作所需的人员、基础设施等资源的配备以及检验工作的正常开展和持续改进。

（3）质量检验的职能

质量检验部门和质量检验人员应严格履行把关、预防、监督和报告的职能。

（4）检验场所和环境条件

场所应满足检测、试验、安全保障要求；检验环境条件应符合产品图样和产品规范的有关规定。

（5）检验时间资源

应将检验工作纳入生产计划中，保证检验工作所需时间。

8.11.3　检验队伍要求

检验队伍是检验工作的重要组成部分，是检验能力的基础，需要持续的建设和良好的管理。

1）应结合自身的科研生产情况，合理配置能力相适宜的检验人员，保证科研生产质量检验工作的需要。

2）应建立检验人员准入和退出机制，结合检验工作实际情况，定期对检验人员进行量化考评，持续优化检验人员素养。

3）应建立检验奖惩制度。对履职尽责、严防把关的检验人员予以奖励；对履职不到位、弄虚作假、发生错漏检的，基于处罚情节或造成后果严重的，应退出检验队伍。

4）应提供检验培训资源，必须对检验相应工种的“应知应会”、质量管理基础知识、技术要求、工作规范进行培训。

8.11.4 检验人员要求

人员是检验队伍的基本单位，作为检验人员，在职能、上岗资格获取、作业输入、岗位义务等方面有一些基本要求需要遵守，包括：

1）检验人员应按照 QJ 3049—1998《航天产品检验工作要求》履行预防、把关、监督和报告的职能，并按 GJB 1442A—2019《检验工作要求》对产品进行独立、客观公正的检验，做出符合性判定和结论。

2）新上岗或调换工种的操作人员及检验、测试人员，必须经过相应工种的“应知应会”和质量管理基础知识的培训。经考核合格后，必须持有资格合格证和质量部门颁发的质量印章，方可上岗工作。

3）操作、检验人员必须熟悉和掌握本工序的技术要求，并严格遵守工艺纪律（执行工艺规程、工序质量控制要求，安全操作流程）。

4）检验人员应依据产品技术文件、工艺文件或检验规程，以及有关标准对产品（含采购产品）进行检验，对产品生产履历、试验记录等内容进行核实。认真填写检验记录，对产品做出合格与否的结论，开具相关质量证明文件，对检验记录的完整性和正确性负责。

5）检验人员应对生产现场的“人、机、料、法、环、测”、工艺纪律、文明生产等实行监督。

6）检验人员应参加检验队伍提供的培训课程，接受检验队伍的考核评价，遵从检验队伍做出的决定。

8.11.5 检验依据

检验判定结果具有权威性，其判断依据必须严格控制，从而确保判定结果在程序上合理合法。检验依据文件一般应满足：

1）管理性检验文件应注意其科学性、系统性、协调性、法规性和可检查性，满足管理程序化的要求。

2）技术性检验文件应做到内容完整、准确、统一、协调，符合有关文件的要求。

3）检验规程应明确规定检验的方式、项目、程序、方法、环境、场所、检验所需的器具和设备，以及接收和拒收判据。

检验验收的依据一般包括：

1）订货方与承制方签订的订货合同或技术协议等。

2）产品设计图样、技术（工艺）通知单、产品规范或技术条件、工艺文件、检验规程、标准实样、验收大纲、试验大纲、验收细则等。

3）产品图样、专用技术条件引用或承制方、订货方认可的国家标准、国家军用标准、行业标准、企业标准等。

8.11.6　检验资源

在人员和检验依据以外，还有一些资源是检验作业时必需的要素，这些要素如果要支撑检验作业有效开展，需要具备一定的条件。为确保检验结论能真实反映产品质量状况，列举以下要求：

1）检验使用的设备、工艺装备、计量器具必须符合工艺规程规定。

2）设备、工艺装备、计量器具必须具有合格证明文件和标识，按周期定检表定检，并保持其精度。

3）新制成或返修后的设备、工艺装备、计量器具，必须经过试用或鉴定，确认能保证产品质量后，方可正式投入使用。

4）当产品质量特性需要由设备、工艺装备的精度提供保证时，其精度必须满足产品要求。

5）大型、精密及数控加工设备，在安装、调试合格后，必须进行试加工检查，确认能保证产品质量时，方可正式投入使用。

6）标准工装或产品实样，必须鉴定合格后，方可作为制造工艺装备或验收产品的依据。

7）工作场地的环境条件，应符合技术文件、标准的规定，以保证产品质量所需的环境要求。

8）检验工作所必需的时间应予以必要保证。

8.11.7　检验印章

检验印章是检验结论生效的标志，一般管理要求如下：

1）检验印章的设计、制作、注册、发放、回收与注销，由质量检验部门建立档案，统一管理，确保印章的唯一性。

2）质量检验部门对检验印章发放和注销要建立档案。印章档案应长期保存，不得任意销毁；检验印章因使用日久字迹不清时，一律以旧换新。

3）检验印章只能用于检验人员验收产品和签发质量证明文件。

4）检验人员经过资格考核合格，并取得“检验人员资格证书”后，才能发给检验印章，正式从事质量检验工作。

5）检验印章应专人专用，由持印人妥善保管，不得遗失和转借他人，不得带出本单位（外出执行任务除外）。

6）检验人员验收产品一律不得签名，必须在检验记录或质量证明文件的指定位置处加盖检验印章；产品未经检验合格，不得在检验记录上盖检验印章，更不得在空白凭证上盖检验印章。

7）检验人员退休、调离、免职、下岗时应将检验印章及时交回质量检验部门。回收的检验印章应停用三年后方可再次启用。

8）检验印章遗失后应采取以下处理办法：

a）遗失者应立即报告检验组长，由检验组长报主管领导，并通知驻单位的各业务组和工段，声明××号检验印章作废。质量检验部门不定期向全厂（所）通报作废的检验印章。

b）从声明作废之日起，凡使用作废检验印章验收的产品、签发的质量证明文件一律无效。

c）遗失检验印章的补发，应由遗失者递交书面申请报告，经检验组长签署意见后，报主管领导批准补发。

9）电子签章应确保印章使用人可追溯，确保每个电子签章使用权的唯一性。

10）每个领取电子签章的检验人员个体应及时更改密码，并妥善保管密码，确保电子签章受控。

8.11.8 检验记录

检验记录是检验行为产生的证据性材料，它既反映了产品的状态，又反映了质量管理体系运行状况及其结果，是质量管理体系运行的证据。对于航天行业，检验记录是从工艺方法到实物的落实证据。检验记录应完整清晰、具有可追溯性，全面细致、具有可分析性，完整规范、具有可检索性，检验记录的填写、更改、传递、存贮必须符合以下要求：

1）检验人员应对检验过程中的产品（含工序产品）质量信息进行收集、分析、传递、反馈、存贮，进行产品质量记录（包括产品质量证明文件）的归档，按质量信息报告制度的要求如实上报质量情况。

2）检验记录应按要求的项目、格式、形式填写，不得漏项，不得采取规定以外的形式进行记录、传递、存贮。

3）检验记录应由对产品实施检验的检验人员盖章，无检验签章的视为无效。

4）检验记录应内容完整、数据准确、字迹印记清晰，满足全寿命周期内质量状况可追溯性要求。

5）检验记录填写错误时，不得涂改或刮改，应在错误的记录上划杠，盖检验印章并签署日期，同时在旁边空白处填写正确值。

6）每页检验记录更改不得超过两处，同一处不允许重复更改，更改处的数量计算一般为纠正一个数据、一个代符号、一条技术要求、一项图注等。

7）检验部门应指定专人负责各种检验记录的收集、整理和归档工作。

8）检验记录应按规定的项目和程序实行分类、分级管理，归档的检验记录应编制检索目录。整机产品质量证明文件及例行试验报告等文件，由总装（试验、试飞）质量检验部门按型别、批次分类整理编号，按规定交档案部门统一归档。

9）检验记录的保存期限一般要求：

a）有保存价值的记录应整理成档案，长期保管；

b）有合同要求时，记录的保存期应征得使用方同意或由使用方确定；

c）无合同要求时，产品质量记录的保存期不得低于产品寿命期或责任期。

8.11.9　检验过程控制

质量检验应贯穿产品形成的全过程，确保产品质量最终满足要求，包括：验收检验、过程（工序）检验、最终（成品）检验、产品包装检验以及配套交付检验等内容。

8.11.9.1　验收检验

1）提交验收的产品必须是承制单位按规定检验合格的产品，且未处于停止验收状态。

2）除另有规定外，产品应组批提交。提交验收的产品必须配套齐全，配用的文件资料符合要求。

3）配套产品应有军检合格的证明文件或经军事代表认可的入厂检验合格记录。

4）承制单位提交产品时，应同时提交承制单位检验部门主管人员签署的产品交验单。交验单一般包括产品名称、批号、提交数量、产品编号、合同编号、配批情况、检验结论等，且与实物相符；还应附有产品检验记录、零部件合格证、质量问题的处理情况和产品技术状态更改记载等。

5）再提交的产品应查明原因，采取有效措施解决后方可再提交，但产品再提交的条件和次数应符合产品规范（技术条件）的规定，并应对返工及检验情况做出说明。

6）订购方编制的验收技术条件应经供方会签。验收技术条件中应明确产品检验要求（包括全检、抽样比例等）和形式（包括下厂检验、入厂验收等）。

7）当产品（批）最终判为拒收时，应及时报告。当承制单位对拒收有异议或提出产品偏离许可要求时，则应按有关规定报请军方机关裁决。

8）结束验收后，应及时编制验收报告，并及时将产品交验单、检验记录、试验报告、验收报告、合格证明文件等资料整理归档。

8.11.9.2　过程（工序）检验

1）必须按现行有效的图样、技术条件、工艺规程（含检验规范）和标准实样进行过程检验。

2）检验人员应根据本单位的规定对以下方面进行监督：

a）生产现场的人、机、料、法、环、测等各要素必须符合规定的要求。

b）生产操作应严格执行工艺规程和质量控制文件，对违反工艺纪律的现象，检验人员应予以制止。对未经批准而不按工艺规程生产的产品，检验人员有权拒绝验收，并向有关部门报告。

c）对未按计量管理程序进行检定或校准的计量器具和工艺装备，以及无检（鉴）定合格证明或超期使用的计量器具和工艺装备，检验人员有权制止使用。

d）测试产品用的通用或专用测试仪器、仪表和设备，必须有制造厂的合格证明及定期检定（校准）合格证明。

e）对产品“五清”“六分批”的执行情况进行监督。

f）对产品在工序间周转运输时的防护措施进行监督。

3）检验人员应对上道工序质量进行监督，凡存在下列问题之一者，一律不能转入下道工序，可退回上道工序，或报请质量检验部门处理：

a）未经检验合格未盖检验印章的；

b）未完成规定加工要求的；

c）存在质量问题没有明确结论的；

d）质量记录或签署不完整的。

4）履行首件“三检”，即操作者自检、工（组）长（质量员或指定工人）互检和专职检验人员专检。

5）首件“三检”应按技术文件的规定，记录实测特性值。“三检”人员必须签字留名或盖章，在首件上做出标识。经“三检”确认合格后，方可继续加工。

6）首件“三检”如出现不合格时，应及时查明原因，采取纠正措施，再次加工并重新进行首件“三检”。

7）违反首件“三检”规定加工的产品，检验人员有权拒绝验收。

8）按质量控制文件的有关规定，对工序的“人、机、料、法、环、测”等质量因素，实行重点监督。

9）按工序质量控制文件规定的项目、方法、要求、检测频次等进行检验，并填写质量原始记录，核对控制图表。

10）对工序质量控制点（或管理点）实行监督，若发现异常情况，立即向主管部门报告。

11）审查上道工序是否已经检验合格，有无检验印章，质量记录与签署是否符合规定，质量问题是否处理完毕。

12）过程检验例外放行的规定。凡未按正常工序生产，需要跨越或保留工序而例外放行继续加工时，应按下列要求实施：

a）由有关部门办理例外放行文件，经检验、工艺会签后，由相关领导批准。例外放行应规定时限，限期解决问题；

b）应对该例外放行的工序编制临时工艺规程，并签署完整；

c）质量控制卡上该工序检验暂不盖章，并记录例外放行原因和例外放行文件的编号；

d）涉及产品协调（或跨单位）的问题，应经有关部门会签；

e）例外放行的产品，在签发该产品合格证之前所有质量问题必须处理完毕，并办理了相应文件，否则检验人员有权拒绝签发合格证，并向上级报告；

f）检验人员在签发合格证时，应在例外放行的文件上记录合格证的编号；

g）例外放行文件，由检验组归档。

13）承制方应制定文件，严格工序交接。做到责任明确，手续清楚，防止产品在工序周转中发生丢失、损坏。

14）工序交接检验一般由交接者负责，并履行必要的手续，关键工序交接可请检验人员参加。

15）工序交接检验中，接收方对上道工序有监督的职责。负责检查外观质量，填写质量记录并签署或盖章，发现问题有权退回上道工序。

16）零件工艺规程应安排总检查工序，检验部门在零件加工检验组应设总检验岗（或成品检验岗）。

17）零件总检负责审查核对以下内容：

a）全部工序均已加工完毕并经工序检验验收合格；

b）工序中的超差、返修和质量问题已按规定处理完毕，结论明确；

c）紧急放行、例外放行的问题已处理完毕；

d）质量记录填写正确，签署完整无遗留问题；

e）热处理及表面处理、探伤等合格凭证齐全，结论明确。

18）对不合格品进行标识、隔离；对合格品进行标识并签发质量证明文件。

19）例行试验的产品由检验人员会同验收代表按技术要求从检验合格的产品中抽取。

20）检验人员按规定参加例行试验，并监督例行试验的全过程。例行试验中偏离规定（如试验顺序变更、设备仪器更换等）应经批准。

21）例行试验不合格的该批产品不得交付（或转工序）；例行试验合格的产品，检验人员应按规定在质量证明文件上盖检验印章。例行试验的产品应标识、隔离，不得充当合格品交付（另有规定除外）。

8.11.9.3　最终（成品）检验

1）最终检验一般包括：部（组）件、整机的总检；分系统或全系统的总检。

2）提交最终检验的产品应满足以下要求：

a）凡规定最终检验和试验的产品，应列入工艺规程和质量控制卡中，作为单独的一道工序；

b）产品应按现行有效的图样、技术条件、工艺规程和质量控制卡完成全部工序，并经检验验收合格；

c）所有质量问题（含紧急放行，例外放行）和工序超差或返修等，已按规定办理了文件手续。紧急放行、例外放行的问题已处理完毕，手续齐全、结论明确；

d）各类更改都已处理完毕，并经检验合格；

e）清理多余物和清点工具的工作已进行完毕；

f）产品验收凭证、标识和检验（试验）记录齐全、填写正确、签署完整、无遗留问题；

g）随产品交付的配套产品及文件齐全、正确。

3）产品最终检验应在产品所有加工（含试验、测试）工序完成后进行。

4）最终产品检验人员按验收依据对校验产品进行总检查，发现问题及时记录。必要时对大型复杂产品可组织总检查小组（包括工艺员、操作者、技术负责人等）对产品进行联合总检查。

5）只有经最终检验合格并有识别标识的产品才能交付。

8.11.9.4 包装检验

1）产品包装应有经批准的规范。

2）包装产品的包装材料或包装箱应符合规定要求，标识清楚。

3）包装的产品应是经检验合格的产品，质量证明文件齐全。

4）按装箱单检查装箱产品的型号、图号、名称、规格并清点数量。

5）检查产品在包装箱内放置位置上的固定情况。

6）有运输方向要求的产品，检查包装箱外标识方向与产品方向标识应一致，有减振要求的产品装箱固定应符合要求。

7）有充气保护要求的产品，检查充气压力并记录。

8）经检验合格的产品在包装开启处加检验合格的封印。

8.11.9.5 复核检验

复核检验是对检验结论正确性的符合性检查，是考核评审检验人员工作质量的依据。企业应选择技术业务水平高、从事检验工作八年以上、坚持原则的人员从事质量复核检验工作。复核检验人员印章一般由承制方的质量主管领导或总质量师授权。

1）复核检验职责、权限。

a）对检验人员验收产品结论的正确性进行符合性检查，重点是关键件（特性）、重要件（特性）；

b）对检验人员的验收质量进行评定；

c）当发现检验人员验收的产品存在重要缺陷时，可否定检验结论；

d）协助检验人员正确掌握验收标准，提高工作质量。

2）根据发生的漏检、错检和工作差错造成的经济损失大小及其性质的严重程度综合评定检验人员的验收质量。

3）质量复核检验人员应按有关规定正确填写各项复核检验记录并存档。

8.11.9.6 提交验收代表检验

1）按规定和技术要求向验收代表提交验收项目并进行验收，验收项目应纳入工艺文件。

2）提交验收的产品（工序）应是检验合格的产品。提交验收应形成文字（如填写提交验收单）。

3）验收代表在验收检查中提出的质量问题，检验部门协助生产部门进行分析，查清原因，制定纠正措施。经验收代表检查合格的产品，验收代表应在相应的文件上签署意见。

4）检验部门对验收代表处理的质量问题有异议，应按规定的程序向上级报告、处理。

8.11.10 无损检测

无损检测是指在检查机械材料内部不损害或不影响被检测对象使用性能，不伤害被检测对象内部组织的前提下，利用材料内部结构异常或缺陷存在引起的热、声、光、电、磁等反应的变化，以物理或化学方法为手段，借助现代化的技术和设备器材，对试件内部及表面的结构、状态及缺陷的类型、数量、形状、性质、位置、尺寸、分布及其变化进行检查和测试的方法。

航天产品使用时往往处于飞行状态，发生结构件变形、断裂、解体的后果是不敢想象的，损失是无法接受的。无损检测在航天领域的重要性不言而喻。为确保无损检测的有效运行，列举了以下几点要求：

1）无损检测人员必须按 QJ 2558A—1997《航天无损检测人员技术资格鉴定规则》的有关规定获得相应的技术资格证书。

2）无损检测的仪器、仪表、设备及所用的材料应满足产品技术条件及 GJB 593—1988《无损检测质量控制规范》等有关标准的要求。

3）按现行有效的检测工艺规程、曝光曲线和标准试样等检测依据检测产品。

4）无损检测的方法严格按 GJB 593—1988《无损检测质量控制规范》和航天工业行业标准的有关规定执行。

5）在检测过程中应对检测状态进行严格控制和标识。

6）关键工序的无损检测及其质量评定应坚持双岗制或互检制。

7）检验时，应按有关文件规定用标准试样进行校准检查，判断检测设备和条件是否处于受控状态。

8）有健全的检测记录、底片复查程序和焊缝档案，其保存期不得低于产品寿命期或责任期。

8.12　产品质量记录管理

8.12.1　概述

在 GB/T 19000—2016《质量管理体系 基础和术语》和 GJB 9001C—2017《质量管理体系要求》中，将结果实现的证据定义为记录，记录是一种表明证据的文件，是随着活动的进展逐步形成的，是活动实施情况的证明。质量记录承载的大量以往事实的信息是实施验证基础，也为实施预防措施和纠正措施提供证据，是质量管理体系改进的依据。为了确保记录真实、清晰地反映相关信息，易于识别、检索且符合保密要求，应基于法律法规、顾客要求及组织实际需要，策划并实施记录控制，记录的控制要求通常包括识别哪些记录需要创建、存贮和提供，记录的格式和载体采用的方式，以及相关厂所及条件要求、权限、保存期限和处置要求等。

广义来看，质量记录不仅可以包括产品过程质量记录，还应包括产品证明书和产品质量履历书，进一步扩大其内涵，还可包括近年来各航天企业逐步采用的新概念——产品数据包。下面对其分别说明。

8.12.2　质量记录

企业应制定质量记录管理的相关程序或规定，明确质量记录的标识、贮存、保护、检索、保存期限和处置，对质量记录进行控制，以提供产品符合要求和质量管理体系有效运行的证据。为了做好质量记录的管理，还应明确企业相关部门的职责。

8.12.2.1　质量记录收集编目

企业应组织编制“质量记录清单”，规定质量记录的类别、名称以及保存期限，典型航天企业的质量记录清单见表 8－7，该质量记录所列清单对照了 GJB 9001C—2017《质量管理体系要求》相关要求编制，可以作为军品生产企业的参考，质量记录一般分为组织类记录和产品类记录。

表 8－7　质量记录清单

序号	记录类别	记录名称	分类	保存期
1	质量管理体系及其过程(4.4.2b)	质量体系评审记录、体系更改记录、软件工作过程记录(GJB 8000、GJB 5000、软件工程化)；通用质量特性工作过程记录；适用法律法规清单；标准选用范围清单；内外部环境因素清单；组织环境分析报告；顾客满意程度调查表；顾客满意度调查报告；相关方信息记录单；相关信息分析报告；(厂)所年度质量目标及质量工作要点；(厂)所年度质量工作总结等	组织类	四年
2	过程运行环境(7.1.4)	洁净度检测记录；温、湿度记录等	组织类	四年
3	监视和测量资源(7.1.5)	测量设备周检计划；测量设备周检记录；测量设备校准/检定证书；测量设备验收记录；生产和检验共用测量设备校准记录	组织类	四年
4	能力(7.2)	岗位说明书；岗位应聘申请表；人才引进计划汇总表；员工季度绩效考核汇总表；培训计划表；员工部门培训情况统计表；培训记录；年度培训效果评价登记表；上岗证发放记录表等	组织类	四年
5	产品和服务要求的评审(8.2.3)	合同会议评审会签表；合同审批单；合同项目信息反馈单；合同变更(解除)审批单；合同任务调整单；院科研生产计划；科研生产计划；协调纪要等	产品类	四年
6	设计和开发策划(8.3.2)	型号设计与开发策划报告(含计划等)；型号年度策划报告；成套技术文件目录；软件文档目录；设计评审、设计验证、设计确认、试验等记录清单；研制型号技术风险分析报告；批产型号生产风险分析报告；研制型号风险管理计划；工艺总方案。工艺攻关优化项目报告；生产短线及资金风险报告；技术状态更改风险分析报告等	产品类	长期
7	设计和开发输入(8.3.3)	研制任务书、软件需求规格说明等评审记录	产品类	长期
8	设计和开发控制(8.3.4)	设计输入文件清单；各类评审文件及评审证明书；设计验证报告；软件评测报告；试验数据、试验总结报告；设计确认报告；更改单；技术通知单	产品类	长期

续表

序号	记录类别	记录名称	分类	保存期
9	设计和开发输出（8.3.5）	关键件（特性）、重要件（特性）项目明细表；质量特性设计报告；风险分析报告；试验报告，评审文件及评审证明书等	产品类	长期
10	设计和开发更改（8.3.6）	更改单、更改设计评审记录	产品类	长期
11	新产品试制（8.3.7）	产品技术状态说明；首件鉴定记录；工艺评审记录；产品质量评审记录；试制准备状态检查记录	产品类	长期
12	设计和开发的试验控制（8.3.8）	试验大纲；试验细则；试验总结报告；重要试验准备状态检查表；一次成功技术保障分析；质量问题“双想”表；技术岗位责任卡	产品类	长期
13	外部提供的过程、产品、服务的控制（8.4.1）	年度科研生产计划；外协外购产品采购计划；外协外购产品采购计划评审记录；元器件临时需求申请表；采购合同；产品研制任务书；相关设计评审文件及评审证明书；全套设计图纸及相应的更改单、通知单等软件类文档及评审证明；外协产品研制工作计划等	产品类	长期
14	外部提供的过程、产品、服务的控制类型和程度（8.4.2）	外协产品复验技术条件、复验报告；原材料复验记录；元器件复验筛选记录	产品类	长期
15	标识与可追溯性（8.5.2）	出（厂）所产品分布情况记录；生产跟踪卡；装调履历书；产品证明书；合格证；出、入库单；不合格品记录审理单；废品单、超差品使用通知单等	产品类	长期
16	顾客或外部供方财产（8.5.3）	顾客财产清单，提供给顾客或外部供方的报告	产品类	长期
17	更改控制（8.5.6）	更改单、更改评审记录等	产品类	长期
18	关键过程（8.5.7）	产品生产过程记录、产品质量履历书及控制点记录、图、表	产品类	长期
19	产品和服务的放行（8.6）	技术条件；检验人员授权书；检验人员印章登记表；检验与生产共用的仪器设备校准记录；不合格审理人员授权书；产品例外放行记录；生产跟踪卡；装调履历书；产品合格证；产品证明书；例外放行申请单；元器件不能筛选测试证明	产品类	长期
20	不合格输出的控制（8.7.2）	不合格品记录审理单；废品通知单；质量问题技术（管理）归零卡，归零报告等	产品类	长期
21	监视、测量、分析和评价（9.1）	过程监视和测量记录表、相关报告等	组织类	四年

续表

序号	记录类别	记录名称	分类	保存期
22	内部审核 (9.2)	年度审核策划;审核计划;质量审核报告;不符合报告;检查单;年度质量审核工作报告	组织类	四年
23	管理评审输出 (9.3.3)	管理评审报告;管理评审跟踪检查表	组织类	四年
24	改进 (10.2.2)	质量信息(故障)反馈单;质量问题技术归零卡;质量问题管理归零卡;质量问题归零报告等	产品类	长期

组织类记录主要是指整个组织（或企业）运行中形成的记录，分为 7 类，分别是：质量管理体系及其过程，过程运行环境，监视和测量资源，能力，监视、测量、分析和评价，内部审核，管理评审等。主要记录包括：质量管理体系评审记录、顾客满意程度调查表、洁净度检测记录、测量设备验收记录、测量设备周检记录、岗位说明书、人才引进计划汇总表、员工培训记录、上岗证发放记录表、过程监视和测量记录表、质量审核报告、不符合报告、管理评审报告等。

产品类记录主要是指产品和服务相关的记录。和组织类记录相比，在生产型组织中，产品类记录种类较多，这也是依据产品全寿命周期质量管控的需要而设置的，不同种类的产品其细化程度也可有所不同。产品类记录的种类分为 17 类，包括：产品和服务要求的评审，设计和开发策划，设计和开发输入，设计和开发控制，设计和开发输出，设计和开发更改，新产品试制，设计和开发试验控制，外部提供的过程产品服务的控制，外部提供的过程产品服务的控制类型和程度，标识与可追溯性，顾客或外部供方财产，更改控制，关键过程，产品和服务的放行，不合格输出的控制，改进等。典型的产品类记录包括：合同审批单、科研生产计划、型号设计与开发策划、技术文件目录、型号技术风险分析报告、产品工艺总方案、工艺攻关优化项目报告、生产短线及资金风险报告、各类评审文件及评审证明书、首件鉴定记录、试制准备状态检查记录、试验大纲及试验总结报告、一次成功技术保障分析、质量问题“双想”表、外协产品复验技术条件、元器件复验筛选记录、装调履历书、产品证明书、不合格品记录审理单、顾客财产清单、质量问题技术（管理）归零报告等。

8.12.2.2 质量记录填写

1）企业相关部门要对质量管理体系中的有关活动进行记录，并按照相关记录文件或表格填写记录；应及时、真实、内容完整、字迹清晰，不得涂改、刮改。

2）产品质量记录是组织成文信息的重要组成部分。产品质量记录格式由相应的设计文件、工艺规程或技术标准等做出规定，应能提供产品实现过程的完整质量证据，并能清楚地证明产品满足规定要求的程度，保证产品的可追溯性，能为分析质量问题、采取纠正预防措施提供充分的证明。

3）质量体系所需的其他质量记录的内容及所使用的记录表格形式，由各职能部门根据程序文件的要求和实际工作的需要确定，并在相应的程序文件或三层文件中予以规定。

4）如因笔误或计算错误要修改原信息，应采用划改的办法进行更改，并在划改处加盖印章，同一处不允许重复更改，单页划改应小于 3 处。

5）质量记录允许是电子媒体，当质量记录是电子媒体时，应对记录载体进行保护，确保记录不被未授权的更改、非预期的修改、损坏或物理损坏。

8.12.2.3　质量记录保管、借阅和检索

质量记录应予以保存并建账，以证实产品符合要求和质量管理体系有效运行。质量记录的保管设施应提供适宜的环境，以防止损坏、变质或丢失。质量记录可以为电子媒体，当质量记录保存于电子媒体时，应定期备份，并注意防护，重要的质量记录应进行异地备份。有关产品的质量记录，保存时间应满足顾客和法律法规要求，与产品寿命周期相适应。为保证质量记录数据资源的充分高效利用，组织应充分利用信息化手段，为组织内相关方提供方便快捷的借阅、查询和检索服务。

8.12.3　产品证明书

产品证明书是描述产品质量、工作、保存等主要情况的文件，同时也是证明产品质量合格的质量记录。

8.12.3.1　产品证明书编写

1）设计方应按 QJ 19A—1995《产品证明书编写规定》等标准、规范确定航天产品分类等级，根据产品分类等级编写产品证明书格式、组成等内容，可进行必要的增减。

2）设计方应按 QJ 3096A—2011《航天型号软件产品证明书编写规定》等标准、规范要求编写软件产品证明书格式、组成等内容。软件产品证明书由软件研制单位制备，一般采用 A4 幅面纸张，由质检、测试或安全性分析单位签字确认。软件产品交付前软件产品证明书应填写、签署完整，并随产品交付。

3）顾客方对产品证明书编写提出特定要求时，设计方与顾客方达成一致意见后，应按顾客方提供的标准、规范等要求编写/更改产品证明书。

4）产品中的零、部件及简单产品允许用合格证，其格式由各单位自定。

5）设计方在产品设计规范文件中或单独提出产品证明书的项目、内容及要求，审批过程应经设计方和生产方质量部门会签。产品证明书由生产厂制备。

6）设计方应在产品总装完成前完成产品证明书编写。

7）设计方编写产品证明书时应确定文件密级。

8.12.3.2　产品证明书填写

（1）通用要求

1）产品证明书交付出厂（所）前完成填写，填写内容可打印或手工填写，手工记录产品证明书各项内容时均应用碳素墨水填写，文字要简洁。

2）对产品证明书错误的记载应划掉，重新填写，并在划掉处由相应的厂（所）方质

量（检验）部门或使用单位有关人员盖章，交付出厂时单页修改不多于两处，同一处不允许重复更改。

3）产品证明书各栏目填写好后，均应按要求签署。航天产品证明书填写按照 QJ 19A—1995《产品证明书编写规定》要求进行，产品软件证明书填写按照 QJ 3096A—2011《航天型号软件产品证明书编写规定》要求进行。

4）软件产品交付前，应完成全部相关结论填写，如因软件更改等原因需进行回归测试或更改影响分析，应重新给出结论。

5）产品证明书的记录页数用完后，使用单位可以自编续本。

6）产品证明书内容若采用自动化测试方式或数据较多，可直接附表或光盘；签字人员可根据单位及用户要求确定。

（2）产品证明书组成部分填写要求

1）封面：一般填写产品代号、产品名称、出厂编号、研制阶段、生产厂、出厂日期、密级、页数等。

2）填写及使用规则：印制产品证明书的填写及使用规则。

3）目录：填写产品证明书包含的全部项目，从封面开始按项目先后顺序依次填写。

4）产品合格结论：填写交付产品的名称、产品代号及出厂编号。各研制阶段“验收代表”指设计代表，一般由主任设计师（或其指定代表）签署，全弹（箭）或全星应由总设计师（或其指定代表）签署；在产品定型后进行批产生或尚未定型即交付使用时，“验收代表”指驻某地区军代表，由军事代表室主任（或其指定代表）签署，“总检验师”由检验负责人签署，“厂长”由法人代表签署。

5）产品配套表：填写提交该产品时必须配备的产品名称、代号、出厂编号。

6）在产品上安装的组件、设备清单：填写在产品上安装的主要组件、设备的名称、代号、出厂编号。

7）测试产品用仪器（设备）清单：填写测试用仪器（设备）的名称、型号规格等。历次测试时填写出厂后各次测试用仪器（设备）的型号、规格等。

8）检查测试时环境条件记录：填写产品测试时的环境条件项目，如温度、湿度等。历次测试值填写出厂交付后测试性能相应的环境条件。

9）产品技术性能测试记录：填写产品在交付验收时的技术性能测试的项目或参数。历史测试实际值填写出厂交付后与随产品流转时测试的性能参数。

10）产品所带质量文件清单：填写产品及所属配套件需要随产品一起传递的产品证明书或合格证等。

11）随机备件、附件、工具清单：填写产品交付的备件、附件、工具。填写时，备件、附件、工具应分类，各类之间以空行相隔，或通栏加备注备件、附件、工具的标题。

12）随机文件清单：填写产品交付时随机配备的全套使用文件的名称、代号、数量等。

13）运输记录：填写产品交付出厂后转厂（场）运输时的情况。

14）存放记录：填写产品交付出厂后，产品所在场地停留 24 h 以上者的存放情况。

15）故障检修记录：填写产品出厂后出现故障进行检修的情况。

16）更换记录：填写产品所属部分的更换情况，并标明产品名称、代号、出厂编号、生产厂等。

17）通电时间记录：填写产品合格交付后历次检测、工作通电时间和累计时间的记录。

18）维修记录：填写产品需要维修的设备、车辆等的维修情况。

19）定期检查记录：填写产品交付出厂后在寿命期内需要定期检查的情况。

20）交接记录：填写出厂后产品流转过程交接时的交接日期、交接依据、交接说明等。

21）特殊记载：填写产品出厂后运转、保存、测试、使用过程中以上各项内容之外，需要记录说明的问题和情况。

（3）软件产品组成部分填写要求

1）封面：由研制单位填写产品代号、产品名称、产品编号、研制阶段、研制单位、生成日期、密级、页数等。

2）填写及使用规则：印制软件产品证明书的填写及使用规则。

3）目录：填写软件产品证明书包含的全部项目，从封面开始按项目先后顺序依次填写，由研制单位填写。

4）产品合格结论：研制单位填写软件产品质量合格结论，“质量负责人”由所（厂）主管检验质量的领导签署；“技术负责人”由所（厂）主管技术的副所（厂）长或总工程师签署；“所（厂）长”由法人代表签署；验收方填写对软件产品的验收结论意见并签字或盖章，武器系统的“验收代表”由驻某地区军事代表室主任（或其指定代表）签署，其他由型号主任设计师或主管软件的副总设计师签署。

5）软件产品配套表：填写提交该产品时应配备的产品名称、产品代号、数量、盘片编号、存贮载体等，由研制单位填写。

6）软件产品配置测试结论：填写测试单位、测试人员对被测试软件产品试验情况所下的结论以及测试完成日期等，由配置项测试单位填写，并签字或盖章。

7）软件系统联试结论：填写系统联试单位、测试人员对被测软件产品试验情况所下的结论以及测试完成日期等，由系统联试单位填写，并签字或改制。

8）软件可靠性测试结论：填写测试单位、测试人员对被测软件产品的可靠性所下的结论以及测试完成日期等，由可靠性测试单位填写，并签字或盖章。

9）软件安全性分析结论：填写分析单位、分析人员对被分析软件产品的安全性所下的结论及分析完成日期等，由安全性分析单位填写，并签字或盖章。

10）软件验收结论：任务提出单位填写对软件验收的结论意见并签署，可直接使用验收结论复印件。

11）交接记录：填写软件产品交付后产品流转过程中的交接日期、交接依据、交接说明、交接单位及承办人。由交接双方单位填写。

12）使用记录：填写使用日期、使用情况、系统运行时间、使用单位及使用人，由使用单位填写。

13）存放（检查）记录：填写软件产品交付使用后，产品在所在场地停留 24 h 以上的存放情况，包括存放起止日期、存放场所、存放（检查）记载（包括存放温湿度情况）、存放单位及存放负责人，由存放单位填写。

14）特殊记载：填写软件产品交付后除测试、使用、保管各项内容外需要说明的问题和情况，由各单位有关人员根据当时实际情况填写并签署。

8.12.3.3　产品证明书使用与保管

1）产品证明书应是产品质量、工作、保存等主要情况的记录，随产品流转。

2）产品证明书应妥善保管，如有遗失，除按其标明的密别等级上报有关部门处理外，应由使用单位立即按产品现状编写补写，并已经使用单位领导签字认可。

3）产品证明书保存期限应不低于产品寿命期限，需要销毁时应按相关流程审批后方可进行销毁。

8.12.4　产品质量履历书

产品质量履历书主要用于记载产品装配及调试过程的质量履历，供查询和归档使用，也可按用户要求随产品交付使用。

8.12.4.1　产品质量履历书编写

1）产品质量履历书应按照 Q/QJB 315—2018《产品质量履历书的编写规定》编写；航天型号软件质量履历书（以下简称软件质量履历书）应按 QJ 3097A—2011《航天型号软件质量履历书的编写规定》编写；顾客有特定要求时，与顾客沟通后按顾客要求进行产品质量履历书编写，可根据航天产品分类等级等情况进行必要的增减。

2）产品质量履历书主要用于记载产品装配及调试过程的质量履历，供查询和归档使用，也可按用户要求随产品交付使用。

3）对有产品代号并独立交付的组件、设备（含）以上级别的产品应建立产品质量履历书。其他产品是否建立由生产单位根据要求确定。

4）对已实施无纸化（数字化）生产的承制单位，可建立电子产品质量履历；对尚未实施无纸化（数字化）生产的承制单位，可沿用纸质产品质量履历书。

5）产品质量履历书应在产品装配开始时建立，主要记载产品出厂前的质量和性能状况，以及产品出厂后发生的质量问题等。产品质量履历书中记载的各项内容应具有可追溯性。

6）产品质量履历书由生产单位负责编制、填写、保存和归档，保证及时提供查询和使用，并负责按用户方要求提供副本。产品质量履历书的保存期限不应低于产品寿命期限。

7）产品质量履历书交付时应具有产品二维码标识，并符合集团公司相关管理要求。

8）产品质量履历书中的各项内容应确保其准确性、完整性，按规定完成签署。

9）软件质量履历书应在其产品的工程研制阶段开始建立，主要记载软件参加各种试验时的质量和性能状态及发生的质量问题。软件质量履历书中记载的各项内容应具有可追溯性。

10）软件质量履历书由软件研制单位的质量管理部门提出、制备，负责归档，保证及时提供查询和使用，并负责按要求提供副本，软件质量履历书中各项内容应及时、准确地填写，并签署完整。

8.12.4.2　*产品质量履历书填写*

（1）通用要求

1）纸质产品质量履历书应使用黑色或蓝黑色墨水笔填写，各项内容应完整、准确，字迹应工整、清晰，并按规定签署姓名和日期。对不适用的项目可在相应空格内画“/”。

2）产品质量履历书的内容不得随意更改。如需更改时，电子产品质量履历应使用更新的版本代替旧版本，版本号按递增顺序排列；纸质产品质量履历书应采用划改的方式，并由授权人员签字或盖章。

3）纸质产品质量履历书应装订成册，编排页次（页次在每页下部居中位置）。当每种格式内容一页不够填写时可续页，但需统一编排页次。

4）电子产品质量履历的数据形式既可采用结构化数据，也可采用文本、表格、图像、录像等非结构化数据。文本文件推荐使用 PDF 格式，图像文件推荐使用 JPEG 格式，录像文件推荐使用 MPEG 格式。

5）电子产品质量履历生成起应经审核确认，并显示审核人员姓名和审核日期。纸质产品质量履历直接在文件上完成签署。

6）电子产品质量履历应设置只读功能，不允许对内容进行改写，若内容发生变更，应使用新版本的产品电子质量履历代替旧版本，版本号按递增顺序排列。

7）电子产品质量履历应使用光盘或 U 盘等数字化存储设备进行存档或交付，存储设备的使用寿命不能低于产品的使用寿命，文件应设置只读功能，不允许进行改写，存储设备在读取过程中，应设置密码保护功能。

（2）（电子）产品质量履历书组成部分填写

1）封面：（电子）产品质量履历的封面应包含产品二维码、产品图（代）号、产品名称、出厂编号、生产单位、密别、文件编号。纸质产品质量履历书允许在指定位置粘贴产品二维码。

2）产品配套表：包含已安装到产品上和未安装到产品上的（也是产品的组成部分）硬件和软件的产品名称、产品图（代）号、数量、出厂编号、产品编码、生产单位、贮存期、校验期。已安装的应标识“已装”，未安装的标识“未装”。宜以表格形式进行汇总。

3）非金属密封件和非金属材料汇总表：包含产品上已装配和待装配的非金属密封件和有保管期要求的非金属材料的产品名称、产品图（代）号、生产单位、生产日期（指零件压制成形日期）、保管期、贮存期、寿命期。宜以表格形式进行汇总。

4）装机元器件汇总表：包含在产品上装配的元器件的图（代）号/项目代号、元器件名称、品种和规格、批/编号、质量等级和筛选情况、生产单位。宜以表格形式进行汇总。

5）失效元器件：包含失效元器件的失效分析报告。

6）外协外购件质量履历：仅第Ⅰ类产品（Q/QJB 315—2018《产品质量履历书规定》中第Ⅰ类产品）包含外协外购件质量履历，生产单位根据产品特点向外协供方提出具体需求。

7）装配、调试过程记录：产品装配、调试过程产生的质量记录，如产品装配过程记录、调试过程记录、拆装记录、返修记录、质量问题归零措施落实记录等。过程记录应包含装配及调试工序/工步的内容要求、实测数值、操作人员、检验人员、操作日期、合格结论。

8）多媒体记录：工艺文件规定实施的多媒体记录，如照片、录像等。多媒体记录应包含多媒体工序/工步的内容要求、拍摄人员、检验人员、拍摄日期、合格结论。

9）装配数据：工艺文件规定记录的装配数据，如称重数据、水平测量数据、气密数据等。

10）测试：设计文件规定的所有测试项目和补充的特殊测试项目的测试情况。包含测试内容、测试日期、测试场地、通电时间、测试人员、检验人员、测试数据、测试报告。

11）试验：设计文件规定的所有试验项目和补充的特殊试验项目的试验情况。包含试验记录、试验数据、试验报告。

12）设计更改：设计相对于上一发（批）产品或已确定的技术状态的更改情况。包含经电子审签的技术通知单/更改单，或纸质技术通知单/更改单的电子扫描件。

13）工艺更改：工艺相对于上一发（批）产品或已确定的技术状态的更改情况。包含经电子审签的工艺更改单，或纸质工艺更改单的电子扫描件。

14）关键件/特性、重要件/特性超差、代料：产品关键件/特性、重要件/特性的超差、代料情况。包含经电子审签的不合格品审理单和代料单，或纸质不合格品审理单和代料单的电子扫描件。

15）质量问题归零：研制、生产过程发生的所有质量问题的技术归零和管理归零情况。包含归零报告、经电子审签的评审结论或纸质评审结论的电子扫描件。

16）质量复查：研制、生产过程规定的所有复查项目的复查情况。包含复查报告。

17）评审：研制、生产程序规定的所有评审和增加的专题评审的评审情况。包含评审报告、经电子审签的评审证书或纸质评审证书的电子扫描件。

18）交付清单：有关产品交付的相关信息。包含随产品交付的备附件、工具、设备、文件资料的名称、图（代）号、出厂编号、数量，校验期，贮存期。宜以表格形式进行汇总。

19）特殊情况记载：产品其他特殊情况的记录。

（3）软件质量履历书组成部分填写

1）封面：由研制单位填写产品代号、产品名称、研制阶段、研制单位、建立日期、结束日期、密级及页数。

2）填写及使用规则：软件质量履历书的填写及使用规则。

3）目录：填写软件质量履历书包含的全部项目，从封面开始按项目先后顺序依次填写，由研制单位填写。

4）软件产品配套表：填写提交该软件时应配备的产品名称、产品代号、存贮载体等，由研制单位填写。

5）软件配置项测试记录汇总表：填写配置项测试的测试日期、测试项目、测试结果简述、测试报告编号及测试单位，并由填写人签署姓名和填表日期。测试结果简述应包含测试过程概述、发现的问题统计结果、测试结论概述及其他测试总结情况。

6）软件系统联试记录汇总表：填写系统联试的测试日期、测试项目、测试结果简述、测试报告编号及测试单位，并由填写人签署姓名和填表日期。测试结果简述应包含测试过程概述、发现的问题统计结果、测试结论概述及其他测试总结情况。

7）软件可靠性测试记录汇总表：填写可靠性测试的测试日期、测试项目、测试结果简述、测试报告编号及测试单位，并由填写人签署姓名和填表日期。测试结果简述应包含测试过程概述、发现的问题统计结果、测试结论概述及其他测试总结情况。

8）软件安全性分析记录汇总表：填写安全性分析的分析日期、分析项目、分析结果简述、分析报告编号、分析单位，并由填写人签署姓名和填表日期。分析结果简述填写软件安全性分析的分析范围、工作项目、发现的软件存在安全性隐患统计结果、分析结论概述及其他分析总结情况。

9）软件技术状态更改汇总表：填写软件交付使用后对软件进行更改的项目、更改单号、执行人及更改日期，由更改执行人填写。

10）质量问题归零汇总表：填写软件发生的质量问题情况，包括问题概述、原因分析、采取的措施、归零报告编号，并由填写人签署姓名和填写日期，由质量管理部门负责审核并签署。

11）质量复查情况汇总表：填写软件历次质量复查的复查日期、复查内容、查出的问题、复查结论、复查报告编号，并由填写人签署姓名和填写日期，由质量管理部门负责审核并签署。

12）交接记录：填写软件产品参与各种试验及交付使用后，流转过程中的交接日期、交接依据、交接说明、交接单位及承办人员，由交接双方单位人员填写。

13）存放（检查）记录：填写软件产品交付使用后，产品在所在场地停留 24h 以上的存放情况，包括存放起止日期、存放场所、存放（检查）记载（包括存放温湿度情况）、存放单位及存放负责人，由存放单位填写。

14）特殊情况记载：填写软件除测试、分析、使用、保管中的各项内容外还需要说明的问题和情况，由各单位根据当时实际情况填写并签署。

8.12.4.3　产品质量履历书使用与保管

1）产品质量履历书由生产单位负责保存和归档，保证及时提供查询和使用，并负责按用户方要求提供副本。

2）产品质量履历书保存期限应不低于产品寿命期限，需要销毁时应按相关流程审批后方可进行销毁。

8.12.5　产品数据包

产品数据包是产品在设计、制造、试验、交付以及售后保障全过程技术活动量化控制结果的总和。数据包中的各项数据为产品各个过程中产生的文档和实际测量记录，包括设计文件、研试文件、各类清单、数据记录（含多媒体记录），航天产品数据包是航天产品各实现过程和实现结果客观记录的集合。

8.12.5.1　建立航天产品数据包的目的和意义

21世纪初，我国航天工业提出了质量和可靠性数据包的概念，将整机及零件从设计到交付过程中形成的、与产品质量与可靠性相关的文件及过程记录为主的信息作为产品质量与可靠性数据包的主要内容，并形成了一系列的管理规范。近年来，随着我国航天领域管理要求的提高和管理能力的提升，各航天企业逐步将产品设计到交付和装备保障（售后服务）等产品全寿命周期的活动中形成的客观数据，都逐步纳入了数据包的管理范围中。航天产品数据包具有强化管理效能、便于验证和评价、实现全过程可追溯和提升技术成熟度等方面的作用，是贯穿航天产品工程管理全过程的管理工具，其应用的核心是将航天产品全过程的管理和控制活动，通过航天产品数据包的策划、记录、应用、完善和再利用等工作予以落实，逐步实现全过程精细化管理的目标。

8.12.5.2　航天产品数据包的分类

产品数据包的内容一般包括产品的设计、工艺、调试测试和检验、试验验证过程形成的产品保证、质量改进文档，试验大纲及报告（含关键技术攻关、环境试验、可靠性试验等）；还包括产品设计、生产、试验过程产生的质量控制记录，特别是关键控制点、检验点记录、发生质量问题和质量改进记录；产品技术状态偏离、更改的相关记录；以及产品使用维护的相关文档和资料。

从文档格式上来看，数据包文档主要包括文件、清单、记录三类，文件、清单和记录可以是纸质文档，也可以是有效受控的电子文档。

从记录方式来看，数据包文档分为纸质文档、电子文档和多媒体记录，多媒体记录可分为影像记录和视频记录，在记录交付时产品外观和产品在重点工位操作细节上优势明显。

型号产品数据包文档参见表8－8，明确了必须交付的文档和备查文档，表中所有文档均须在产品验收时提交审查。各单位根据产品的特点，制定本单位数据包实施细则时，可对表8－8内容进行适当的增减。数据包格式及内容参见表8－9，清单类（交付部分）格式参见表8－10。

表 8-8　型号产品数据包文档

序号	项目类别	项目	交付	备查	文档类别	文档编号	文档名称	备注
	设计输入文档	任务书/技术要求	—	√	文件			
		更改单	—	√	文件			
		技术通知单/偏离单	—	√	文件			
		环境适应性大纲及工作计划	—	√	文件			
		可靠性大纲及工作计划	—	√	文件			
		维修性大纲及工作计划	—	√	文件			
		测试性大纲及工作计划	—	√	文件			
		保障性大纲及工作计划	—	√	文件			
		安全性大纲及工作计划	—	√	文件			
		使用保管环境条件	—	√	文件			
		软件工程化保证大纲	—	√	文件			
		元器件保证大纲	—	√	文件			
		标准化大纲	—	√	文件			
		质量保证大纲	—	√	文件			
	设计输出文档	方案报告	—	√	文件			
		技术设计报告	—	√	文件			
		可靠性设计报告	—	√	文件			
		可靠性分配报告	—	√	文件			
		可靠性预计报告	—	√	文件			
		故障模式、影响及危害性分析报告	—	√	文件			
		可靠性分析评估报告	—	√	文件			可合并
		维修性分析评估报告	—	√	文件			
		安全性分析评估报告	—	√	文件			
		测试性分析评估报告	—	√	文件			
		保障性分析评估报告	—	√	文件			
		环境适应性分析评估报告	—	√	文件			
		电磁兼容性分析评估报告	—	√	文件			
		测试覆盖性分析报告	—	√	文件			
		数学模型及误差补偿报告	—	√	文件			视情况
		元器件选用报告	—	√	文件			需要时

续表

序号	项目类别	项目	交付	备查	文档类别	文档编号	文档名称	备注
	设计输出文档	产品特性分析报告	—	√	文件			
		未经飞行试验验证的原材料、元器件汇总表	√	—	清单			
		复核复算报告	—	√	文件			
		调试细则	—	√	文件			
		技术条件(产品规范)	√	—	文件			
		图样	—	√	文件			需要时
		产品配套表(含软硬件)	—	√	文件			
	技术状态控制文档	研制总结报告	—	√	文件			
		技术状态说明	—	√	文件			
		技术状态更改报告	—	√	文件			
		技术状态更改汇总表	√	—	文件			
		技术状态复查报告	—	√	文件			
	工艺文档	工艺文件汇总表	—	√	清单			
		工艺总方案	—	√	文件			
		工艺规程	—	√	文件			
	工艺文档	工艺更改汇总表	√	—	清单			
		首件鉴定报告	—	√	文件			
		工艺攻关立项报告	—	√	文件			
		工艺攻关总结报告	—	√	文件			
		工艺攻关验收结论	—	√	文件			
		未经试验验证的工艺汇总表	√	—	清单			
	物资配套文档	原材料(汇总)表	—	√	清单			
		复验证明	—	√	文件			
		代料汇总表(含元器件)	√	—	清单			
		代料单	—	√	记录			
		元器件装机清单	—	√	清单			
		元器件复验筛选合格证	—	√	记录			
		目录外元器件选用汇总表	√	—	清单			
		目录外元器件选用审批单	—	√	记录			
		元器件超期复验汇总表	√	—	清单			
		不可测试筛选元器件汇总表	√	—	清单			
		外购件(含标准件)汇总表	—	√	清单			

续表

序号	项目类别	项目	交付	备查	文档类别	文档编号	文档名称	备注
	外协配套文档	外协产品任务书	—	√	文件			
		外协产品技术条件(或产品规范)	—	√	文件			
		外协产品复验技术条件	—	√	文件			
		外协件明细表	—	√	清单			
		外协件产品证明书(或合格证)	—	√	文件			
		外协产品验收报告	—	√	文件			
	测试试验文档	环境适应性试验大纲	—	√	文件			
		环境应力筛选试验大纲	—	√	文件			
		电磁兼容性试验大纲	—	√	文件			
		专项试验大纲	—	√	文件			
		环境适应性试验总结报告	—	√	文件			
		应力筛选总结报告	—	√	文件			
		电磁兼容性试验总结报告	—	√	文件			
		专项试验报告	—	√	文件			
	生产过程文档	生产过程记录	—	√	记录			
		检验记录	—	√	记录			
		火工品汇总表	—	√	清单			
		火工品质量检测证明	—	√	记录			
		不合格品审理单	√	—	清单			
		技术通知单/偏离单	—	√	文件			
		更改单	—	√	文件			
		现场问题处理单	—	√	记录			
		产品返工返修记录	—	√	记录			
		失效分析报告	—	√	文件			
		失效分析汇总表	√	—	清单			
		例外放行单	—	√	记录			

续表

序号	项目类别	项目	交付	备查	文档类别	文档编号	文档名称	备注
	关键项目控制文档	关键件、重要件质量控制记录	—	√	记录			
		关键件、重要件汇总表	—	√	文件			
		关键工序质量控制记录	—	√	记录			
		关键工序明细表	—	√	清单			
		关键(强制)检验点检验记录	—	√	记录			
		多媒体记录	—	√	记录			
	软件产品文档	软件任务书	—	√	文件			
		需求规格说明	—	√	文件			
		概要设计说明	—	√	文件			
		详细设计说明	—	√	文件			
		单元测试报告	—	√	文件			
		部件测试说明及报告	—	√	文件			
		集成测试报告	—	√	文件			
		软件测试说明	—	√	文件			
		软件测试报告	—	√	文件			
		系统测试报告	—	√	文件			
		研制总结报告	—	√	文件			
		软件产品规格说明书	—	√	文件			
		第三方测试报告	—	√	记录			
		软件问题报告单	—	√	记录			
		软件更改申请单	—	√	记录			
	软件产品文档	软件修改报告单	—	√	记录			
		软件入库单	—	√	记录			
		软件出库单	—	√	记录			
		配置管理报告	—	√	文件			
		软件版本说明	—	√	文件			
		安装说明	—	√	文件			
		软件产品证明书	—	√	文件			
		软件质量履历书	—	√	文件			
		评测不采纳问题审批单	—	√	记录			

续表

序号	项目类别	项目	交付	备查	文档类别	文档编号	文档名称	备注
	验收文档	产品复验技术条件	—	√	文件			
	验收文档	测试/调试细则	√	—	文件			
	验收文档	出所质量评审证明书	—	√	记录			
	验收文档	研制总结报告	—	√	文件			
	验收文档	质量总结报告	—	√	文件			
	验收文档	生产工艺总结报告	—	√	文件			
	验收文档	质量复查报告	—	√	文件			
	验收文档	产品证明书	√	—	文件			
	验收文档	技术说明书(含软件)	—	√	文件			
	验收文档	使用维护说明书(含软件)	√	—	文件			
	验收文档	技术手册(军贸产品适用)	√	—	文件			
	验收文档	设计更改汇总表	√	—	清单			
	质量问题文档	质量问题统计表	√	—	清单			
	质量问题文档	质量问题技术归零报告	—	√	文件			
	质量问题文档	质量问题管理归零报告	—	√	文件			
	质量问题文档	质量问题归零评审证明书	—	√	文件			
	质量问题文档	质量问题闭环情况检查单	—	√	记录			
	质量问题文档	质量信息反馈	—	√	记录			
	装备保障文档	飞行试验总结报告	—	√	文件			
	装备保障文档	偏离/超差项目汇总表	√	—	清单			
	装备保障文档	现场技术服务工作单	—	√	记录			
	装备保障文档	现场技术服务工作纪要	—	√	记录			
	装备保障文档	技术培训记录单	—	√	记录			
	装备保障文档	售后服务产品维修记录单	—	√	记录			

注:1. 交付是将文件、记录或清单随产品一起交付到接收单位。
2. 备查是将文件、记录或清单存放在产品交付单位以备审查。

表 8-9　产品数据包格式及内容

实物产品数据包格式用研究试验文件格式，内容如下：

概述

××产品数据包内容涵盖了××的设计、工艺、生产、测试、试验、技术状态、质量问题、产品验收等方面的信息。作为产品质量控制的重要资料，××产品××阶段产品数据包由××所(厂)收集、管理，建成产品资料库。表 1 为××产品概况，表 2 列出了××产品数据包交付与备查文档的全部内容。

××产品数据包交付文档分为清单、文件两类，清单类内容详见《××产品数据包清单类(交付部分)分册》，表 3 为交付清单类统计表，文件类内容详见《××产品数据包文件类(交付部分)分册》，表 4 为交付文件类统计表

表 1　××产品概况

型号代号		阶段标记	
分系统名称		设计单位	
研制时间		生产单位	
产品名称		产品编号	
产品代号		产品数量	
产品状态		是否是关重件	
备注			

表 2　××产品数据包文档

序号	项目类别	项目	存放单位	文档类别	文档编号	文档名称	备注

表 3　交付清单类统计表

序号	项目类别	清单名称	备注
	清单		

说明：××产品数据包清单分册主要包括各类质量与可靠性信息的汇总表，在××产品验收时交付总体单位归档。

表 4　交付文件类统计表

序号	项目类别	文档名称	备注
	文件		

说明：××产品数据包文件分册主要包括研制过程中形成的各类正式文件和报告，在××产品验收时交付总体单位归档。

表 8-10　产品数据包清单类（交付部分）模板

××产品数据包清单类(交付部分)的模板见表 1～表 14 示例。

表 1　技术状态更改汇总表

序号	更改项目	设备名称及代号	所属分系统	更改内容		更改类别	更改原因	试验验证项目及结果	更改时间	更改报告/更改单编号	落实情况(图纸/产品/软件)	评审/审批情况	审批人	备注
				更改前	更改后									

表 2　设计更改汇总表

序号	技术通知单更改单编号	产品/文件代号	产品/文件名称	更改主要内容	更改原因	工艺更改情况	产品更改情况	更改单位	批准人批准时间

表 3　工艺更改汇总表

序号	更改单编号	产品代号	产品名称	更改主要内容	更改原因	落实情况	更改单位	批准人	批准时间

表 4　未经试验验证的工艺汇总表

序号	工序名称	工艺名称	地面鉴定验证情况	批准人

表 5　未经试验验证的原材料汇总表示例

序号	零件名称	图(代)号	材料名称	地面鉴定验证情况	批准人

表 6　目录外元器件选用汇总表

序号	所属整机	元器件名称	元器件型号规格	质量等级	装机数量	生产厂家	是否首次使用	审批	审批单编号	批准人批准时间	使用单位	审批意见落实情况	产品使用情况	结论

表 7　元器件超期复验汇总表

序号	产品编号	元器件名称	型号规格	质量等级	装机数量	生产厂家	批次号	超期情况	超期类别	申请单编号	复验结果

表 8　不可测试筛选元器件汇总表

序号	元器件名称	型号规格	采用标准	质量等级	单机用量	生产国别	生产厂家	型号飞行试验历史	所属整机名称与代号	不能筛选	不能测试	进行质量控制的措施	备注

表 9　代料汇总表（含元器件）

序号	产品编号	零部件代号	零部件名称	产品名称	设计要求			实发情况			替代情况	代料原因	代料单号	批准人
					牌号状态	技术条件	型号规格	牌号状态	技术条件	型号规格				

表 10　外协件明细表

序号	产品代号	产品名称	数量	外协工序	外协单位	是否合格供方	质量证明文件	质量结论

表 11　质量问题统计表

序号	型号	所属系统/专业	产品名称	时间	问题现象及故障分析	采取的措施及落实情况	是否归零	问题性质	是否外协	责任单位	是否批次性	复查责任人

表 12　质量问题闭环情况检查表

序号	型号	产品名称	问题名称	问题发生时间	责任单位	发生阶段	技术归零措施及落实情况		管理归零措施及落实情况		检查时间	检查人
							技术归零措施	措施落实情况（含证明材料名称及编号）	管理归零措施	措施落实情况（含证明材料名称及编号）		

表 13　偏离/超差项目汇总表

序号	申请单编号	产品代号	产品名称	产品编号	情况描述	产生原因	处理措施	落实情况	批准人	批准时间

表 14　火工品汇总表

序号	火工品代号	火工品名称	装配位置	数量	研制单位	生产日期	有效期	批次号	射线检测报告编写	质量结论

8.12.5.3　航天产品数据包的形成过程

产品研制生产单位是建立和维护产品数据包的主体，负责产品数据包工作的策划和实施。产品数据包的形成过程应遵照总体策划、系统分析、确定清单、形成数据包、确认验证、持续改进等 6 个过程实施。

（1）总体策划

产品研制生产单位通过对产品技术要求、用户要求、产品保证大纲要求、本单位相关管理制度的规定进行系统梳理，将产品各阶段开展的工作项目和要求，以及实现过程和实现结果的客观记录进行系统策划，作为产品数据包建立的输入条件。

一般在产品研制之初应对产品数据包工作进行总体策划，总体策划时应重点考虑围绕设计、工艺、过程控制等方面，关注产品在各个研制阶段的地面试验、飞行试验的相关数据的积累和比对利用。

（2）系统分析

型号产品转入工程研制开始，应着重开展特性分析、风险分析、故障模式及影响分析等工作，特别是针对“九新”（新技术、新材料、新工艺、新状态、新环境、新单位、新岗位、新人员、新设备）进行深入的系统分析，以识别产品的关键特性和重要特性，将关键特性和重要特性的设计结果以及与特性实现过程相关的控制参数及特性实现程度（实际测试结果）纳入数据包，合理设置强制检验点。此外，通过开展质量案例分析，查找产品的共性问题和薄弱环节，制定针对性措施加以改进，改进措施经评审确认后转换为产品数据包的要求。

（3）确定清单

在产品各阶段要求系统梳理的基础上，应形成规范化、系统化、表格化的数据包清单，每个工作项目均有具体的工作要求，明确其记录及其载体形式，如文件、照片、视频等，使每一个工作步骤都有细化、量化的明示要求，明确责任人。在产品各个研制阶段内，持续按照数据包清单补充数据包内容，使之不断丰富和完善。随着产品研制过程的推进以及数字化水平的提高，型号应根据需要适时修订数据包清单项目或要求，并下发到相关岗位和责任人，使清单要求得以有效执行。

（4）形成数据包

将确定的数据包清单通过管理文件、设计文件、工艺文件、调试细则等分解到不同的岗位责任人，各责任人在产品研制生产过程中分别采集相关的信息和数据，并对获取的信息和数据进行分析处理，按照清单的要求形成相应的纸质文档、电子文档或多媒体记录等，在产品全寿命周期各个阶段均应按照清单内容要求形成记录。

（5）确认验证

产品研制生产单位在产品各个阶段应按照数据包清单对产品数据包的项目及内容逐一开展确认或评审，按照管理要求提取相应的文档，打包集中存档，完成存档的数据包，可支持对后续产品或系统的评价验证。随着单位数字化水平的提升，产品数据包的管理应进一步电子化和信息化，将文档、数据、记录等在信息化系统中做好管理，形成数据包大数据，利用专业化数据管理和分析工具，可有效提高数据包的收集、管理和使用效率，提升数据包资源的利用水平。

(6) 持续改进

产品数据包作为贯穿产品工程管理全过程的基础工具，其优势之一是通过产品数据包的后续重复应用和验证，持续改进产品数据包的相关内容，实现技术继承和产品的精细化管理。比如，根据重复生产和多次飞行试验数据记录、比对的实际情况，同时对产品生产及飞行数据记录项、比对要求及表格格式进行持续改进，统计历次飞行成功产品的关键特性参数实测值，并结合成功地面试验结果形成成功数据包络线，并根据增加的地面和飞行考核数据，更新产品可靠性评估结果。

8.12.5.4 航天产品数据包的管理

(1) 组织管理

航天产品研制生产单位是产品数据包工作的主体，负责产品数据包工作的总体策划，由其明确工作内容及相关要求，并负责形成内容完整的航天产品数据包，建立管理制度并纳入本单位的体系文件中。同时，对外协单位提出产品数据包管理要求，并将相关要求纳入产品研制任务书、技术要求、验收要求、产品保证要求以及订购合同等技术文件或管理文件中，引导外协单位落实产品数据包各项管理要求，建立其自己的数据包管理程序。

(2) 验收管理

航天产品验收前，数据包最终产生部门应对交付产品的产品数据包进行检查确认，按要求提交数据包验收。航天产品交付时，采取逐级验收的管理模式，在对产品进行功能性能验收的同时，对所验收产品数据包的完整性、正确性、可追溯性进行检查，对产品数据包不符合要求的产品予以拒收。对外包产品进行验收时，产品接收单位应组建验收组（包括产品测试组和资料审查组）；产品测试组负责产品性能测试验收工作，资料审查组负责对产品数据包进行审查和确认。验收完成后，产品接收单位应按型号产品文档的存档管理要求将接收到的数据包归档。

(3) 数据包格式示例

航天企业传统的记录产品相关信息的文件、记录和清单，一般通过纸质文件进行记录并进行归档留存，在需要时人工对文件进行检索，查询并提取所需信息。随着数字化转型工作的持续推进，航天产品的研制、生产逐步实现了数字化，产品数据包也逐步在各类数字化设计、生产平台上产生和应用，如在产品寿命周期管理系统（PLM，Product Lifecycle Management）、产品数据管理系统（PDM，Product Data Management）、生产执行系统（MES，Manufacturing Execution System）等各类信息化系统中随流程产生、流转和使用，发挥着数据包对产品性能和产品质量的记录、统计、分析、改进的支撑性作用。随着各航天企业数字化转型工作的持续推进，产品数据包也将实现数字化转型。

数据包依据型号产品层次与组成，以有产品代号的组合产品为基本单元，每套实物产品对应交付一套产品数据包，包括产品概况、数据包文档清单、交付清单类统计表、交付文件类统计表、交付清单分册和交付文件分册。

1）记录类数据包应按照本单位制定的格式要求填写完整，文字精练准确。对于关键（重要）工序、新工艺、新材料、新设备、新环境等环节应形成质量记录，特别是对有量值要求的要填写实测数据。对于关键（强制）检验点、关键（重要）过程和不能检测、不能通过复查确认、有多余物控制要求的产品，都应保留多媒体记录，要能够真实、完整、清楚地反映产品实际状况，具体拍摄时机、位置、分辨率等要求应在设计、工艺、检验文件中明确。

2）文件类数据包应按照规定的文件模板编写完整，信息清晰准确。数据包内容为文件类的格式应符合本单位规范和标准要求，描述内容应翔实清楚。

3）清单类数据包中的每一项内容，应填写完整、准确，具有可追溯性，对于不涉及、不包含的项目以“/”标识。

8.13　计量检定

8.13.1　概述

计量是通过技术和法制的手段，实现测量的单位统一和量值准确可靠的活动。在国防工业领域，计量的重要性尤为突出。聂荣臻曾说过：“科技要发展，计量需先行”，这是对计量工作作用的最好概括。航天领域，武器系统庞大复杂，涉及的科学技术领域广、技术难度高，要求的计量参数多、准确度高、量程大、频带宽。近年来，由于飞行器飞行高度越来越高，飞行速度越来越快，对跟踪、联络、热防护、控制等的要求就越来越高，必须进行动态压力、动态温度、脉动流量、超高温低温等一系列计量测试，且有些计量工作往往要在特殊现场工作环境中进行，这些都对航天领域的计量测试工作提出了更高要求。

航天产品研制生产过程的计量管理包括一般管理要求、测量设备管理要求、测量人员管理要求、测量控制要求、计量技术文件管理要求和计量证书管理要求六个部分。通过对设备、人员、文件等方面的管理，保证研制生产中的测量数字准确可靠，进而保证航天产品质量。

8.13.2　一般管理要求

装备科研生产单位应设置计量管理部门，统一实施计量管理工作。型号应建立计量保证组织机构，编制计量保证大纲。计量保证大纲应经过审批后，由型号计量保证组织机构贯彻落实。科研生产单位应负责将型号计量保证工作纳入研制生产计划，保障型号计量工作开展所必需的资源。大型试验的计量保证工作应列入试验大纲和试验计划，试验大纲应明确提出计量要求，试验计划应规定计量工作项目及进度要求。

8.13.3　测量设备管理要求

8.13.3.1　测量设备溯源

装备科研生产单位用于武器装备生产的测量设备应建立统一台账，台账内容至少包括测量设备名称、型号、编号、类别、主要技术指标、溯源机构、溯源有效期等信息，并实施动态计划管理。

测量设备应按要求向国防计量技术机构溯源，并在有效期内使用。测量设备的限用应履行审批手续，并在限用范围内使用。

如果出现不合格测量设备，应立即停止使用，并对不合格测量设备进行追溯。测量设备追溯管理应明确追溯范围、追溯方法，对不合格测量设备进行影响评价，必要时制定纠正措施。

参加靶场试验的测量设备进入靶场前，各参试单位应组织进行计量自查，院级应组织计量监督检查。进入靶场后的所有参试测量设备应由试验队组织计量复查。试验结束后，应对参试测试设备进行核查。

8.13.3.2 检验和生产共用设备

检验和生产共用设备在用于检验前应进行验证，其技术性能应满足使用要求。一般进行以下内容验证：

1）所使用的生产和检验共用测量设备与工艺文件中的规定是否相符。

2）外观、标记、检定有效期、配套的附件等项内容是否齐全、符合要求。

3）利用测量设备自身的功能对其工作的正常性和准确性进行确认。

4）需要时利用标准件、校准曲线、工艺件等辅助手段进行标定。

5）若有特殊要求的确认项目，应在工艺规程中明确，检验人员和操作者按此要求进行验证，必要时允许采用生产验证。

验证时发现设备不合格、异常、有过载或已显示出有缺陷，或超出规定限度、偏离正常状态时，应立即停止使用，并予以隔离、粘贴停用标识，以防误用。分析不合格设备是否对以前的测量结果产生影响，若产生影响应将产品收回并进行重新确认。

8.13.3.3 专用测试设备

专用测试设备的引进、购置、研制过程中的方案论证、技术评审应有计量人员参加；专用测试设备在投入使用前应进行校准，并对校准结果进行计量确认；对综合参数专用测试设备应根据使用进行综合校准，当综合校准有困难时可对单个参数分别校准；无法直接溯源的专用测试设备应采取相同量值比对、比例测量、实物核查等技术手段进行计量控制。

对于专用测试设备中的监视和测量软件，由使用部门负责确认软件是否能够达到预期功能。当顾客有要求或由于硬件变化带来软件变更时，须经使用部门领导批准后方可进行。在软件变更时明确更改的内容和更改前后的软件版本时间，更改后的监视和测量软件应当重新进行验证。

8.13.4 测量人员管理要求

开展计量检定、校准人员应持有国防计量检定员证，并在证书有效期内开展持证专业范围内的计量工作。从事测试和检验的人员应经过专业培训，持有效证件上岗，并有相应的技术培训和考核记录。

测量人员依据国防/国家相关计量规程规范、标准等进行计量检定、测量工作，正确使用设备，做好维护、保养和记录。保证原始记录数据的真实、准确，出具的证书/报告正确、完整。应按照要求对技术资料等保守秘密。

8.13.5　测量控制要求

各单位应对型号产品研制、生产、试验、检验中的测量过程进行控制和管理，确保测量结果正确，并在发现问题时能够及时采取纠正措施。选用的测量设备要合理且在溯源有效期范围内。测量设备的准确度应高于被测值的准确度，被测产品与测量设备之间、测量设备与其校准设备之间的测量不确定度比应不小于 4∶1，不满足时应经过分析论证，并提出合理的解决方案。

测量中用到的自编校准和测量软件应经过验证和评审，外购校准和测试软件应经过功能确认后使用。

检验项目要明确提出测试参数、测量范围和准确度要求，检验中使用的测量设备要合理、在溯源有效期范围内；检验记录要清晰、完整、规范。

在产品测试及测试设备的校准过程中，应考虑影响测量过程的影响量，如人员、设备、使用方法或规程、环境条件等可能会对测量结果产生影响的因素。

8.13.6　计量技术文件管理要求

各单位应建立计量技术文件目录，并实施动态管理，根据被测产品选择适当的计量技术文件，计量技术文件一般包括国家、国家军用、国防军工计量技术规范。

自编技术文件应科学合理，具有可操作性，选用的校准设备应满足量传要求，校准项目应覆盖被测量设备的全部计量特性。自编技术文件经过评审、验证、批准等过程后方可应用。工艺文件应确保使用受控的最终版本，文件中应明确测试参数、测量范围与准确度要求。

8.13.7　证书、记录管理

检定、校准记录应格式规范、内容完整、信息充分，满足可追溯性要求。计量证书/报告的格式应符合国防科技工业的相关要求。计量器具完全满足检定规程的要求时方可出具检定证书，并给出“合格”结论。对于需明确其“等”或“级”等技术指标的，可在“合格”后，用括号注解，但应简明，符合检定规程的要求。当用户送检计量器具不满足或部分满足检定规程的要求时，可根据用户需求出具检定结果通知书（给出“不合格”结论）或校准证书。证书中有关计量单位、定义、有效数字、不确定度的表述必须执行国家标准或国家军用标准的有关规定。证书/报告应按有关规定进行保存，保存期限满足相关要求。

测试试验、检验记录应格式规范、内容完整，应包含记录名称，唯一性编号，被测量设备名称、编号、型号，依据的技术文件、环境条件和记录人员等信息。

8.14 产品出厂评审

8.14.1 概述

产品出厂评审是在产品经验证符合研制（含小批量）或批量生产规定要求之后，交付分系统或用户前开展的评审活动。系统试验或交付用户之前，对研制（含小批量）和批量生产的产品质量及其研制生产过程的质量保证工作进行评审，未经出厂评审的产品不能转入分系统、系统试验，也不能交付用户；产品出厂评审为后续相关决策提供结论性意见。

产品通过出厂评审后进行交付，产品交付主要包括单机、设备级、分系统级交付（以下简称单机交付）和整机、整弹、整车级交付（以下简称整机交付）。单机交付的对象主要是总装厂、主机厂等用户，整机交付的对象主要是系统以外的顾客等。需要时，产品交付前需征得接收单位和顾客代表同意。

8.14.2 出厂评审

8.14.2.1 评审时机及准备工作

评审的产品必须经检验验证符合型号研制（含小批量）和批量生产规定的要求。研制（含小批量）产品出厂评审一般安排在通过产品检验验收和用户方验收，交付整机、分系统或系统和试验之前。批量生产产品出厂评审一般安排在产品通过检验验收和军检后，交付整机、分系统或用户使用前。

评审前应确认出厂产品涉及的需覆盖的研制和生产环节已完成，小批量或批量生产产品应完成例行试验，产品达到出厂条件。

8.14.2.2 评审依据确认

评审前，需要对评审依据进行逐一确认，需确认的评审依据见表 8－11。

表 8－11 需确认的评审依据清单

序号	需确认的评审依据	主要内容
1	任务来源文件	确认产品的任务书或合同以及生产订货合同现行有效，需要确认任务书的签署情况是否完整，生产订货合同是否签订
2	研制用技术文件	确认产品研制生产用技术文件齐套，包括设计图样、标准、规范等
3	检验、试验及验收文件	确认产品用检验、试验及验收文件齐套。需确认检验用验收规范、工艺文件、试验大纲等文件完整齐套
4	各类过程评审报告	确认产品相关的各类过程评审中通过并被认可的设计评审报告、工艺评审报告等评审报告齐套。评审报告中评审组长已签字，评审组签署完整
5	质量保证文件	需要确认质量保证大纲签署完整并按相关标准（如 GJB 1406A）和要求编制

续表

序号	需确认的评审依据	主要内容
6	质量的检验、测试、试验的原始记录和报告	确认产品质量有关的检验、测试、试验的原始记录和报告完整和齐套。通常需要有产品检验过程的多媒体影像记录；承制单位根据系统或用户需求可以适时准备电子数据包
7	质量凭证	确认产品的合格证、履历书等主要质量凭证齐套
8	产品软件评测报告	有独立软件的产品，应确认产品软件已完成评测并有书面评测报告或结论。需确认整个软件评测过程的文件完整，包括“不采纳意见单”“回归测试报告”和“评测报告书”等

8.14.2.3　评审主要内容及上会材料

产品出厂评审中主要上会材料应包含以下要点：产品的符合性、产品的环境适应性、产品设计更改控制、产品超差和代料情况、故障处理情况、质量保证执行情况和遗留问题等。

（1）研制产品出厂评审

研制产品出厂评审的主要上会材料应包括：产品研制总结报告、产品质量总结报告、产品生产工艺总结报告等。

产品研制总结报告主要内容包括：概述，研制依据，研制情况（产品配套情况、设计输出情况、技术状态更改情况、软件研制情况、软件评测情况、关键技术攻关），试验情况（环境应力筛选、例行试验、验收试验、系统试验），产品质量控制情况，工艺控制情况，产品研制生产过程中出现的质量问题、原因分析，遗留问题及解决措施，风险分析，结论。如产品包含独立软件，视情编制独立的软件研制总结报告。

产品质量总结报告主要内容包括：概述，产品性能指标符合技术文件情况，元器件、原材料质量控制情况，外协外购组件控制情况，软件研制过程控制情况，试验控制情况，产品生产过程质量控制情况，生产工艺、检验控制情况，质量问题及归零情况，结论。

产品生产工艺总结报告主要内容包括：概述，产品性能、结构、工艺特点，关键工艺难点解决情况，技术状态控制情况，关键工序、特殊过程控制情况，禁限用工艺使用情况说明及采取措施，结论。

（2）批量生产产品出厂评审

批量生产产品出厂评审的主要上会材料应包括：产品质量总结报告、产品生产工艺总结报告等。

产品质量总结报告主要内容包括：概述，产品性能指标符合技术文件情况，元器件、原材料质量控制情况，外协外购组件控制情况，软件研制过程控制情况，试验控制情况，产品生产过程质量控制情况，生产工艺、检验控制情况，质量问题及归零情况，结论。

产品生产工艺总结报告主要内容包括：概述，产品性能、结构、工艺特点，关键工艺难点解决情况，技术状态控制情况，关键工序、特殊过程控制情况，禁限用工艺使用情况说明及采取措施，结论。

8.14.2.4 评审组织管理

产品出厂评审工作一般由承制单位质量部门或业务主管部门承办并组织实施。出厂评审应由有关方面具有资格的代表组成评审组，评审组设组长一人，可设置副组长一至二人或不设置，成员若干人。拟定评审组一般组成来源包括：同行专家或专业技术人员；承制单位的设计、工艺、质量等部门的代表；使用方代表；上级部门代表；有关分系统、外协、外购件承制单位代表。评审组成员确认后需要制定一份评审组名单。

8.14.2.5 评审程序

评审会议主持人在宣布会议开始后，宣布会前拟定的评审组组成名单，成立评审组并根据与会人员意见调整评审组组成。

研制产品出厂评审会上，一般向评审组提供的主文件资料为产品研制总结报告、产品质量总结报告和产品生产工艺总结报告，其余资料根据评审组要求提供备查。批量生产产品出厂评审会上，一般向评审组提供的主文件资料为产品质量总结报告和产品生产工艺总结报告，其余资料根据评审组要求提供备查。

研制产品出厂评审会上，产品设计主管向评审组做产品研制总结报告，产品质量主管做产品质量总结报告，产品工艺主管做产品生产工艺总结报告。批量生产产品出厂评审会上，产品质量主管做产品质量总结报告，产品工艺主管做产品生产工艺总结报告。

评审组成员在审查报告时，随时可以提出问题要求，承制单位相关负责人解答，承制单位质量部门应对评审组所提问题做好记录。评审组组长汇总评审组讨论意见，并与评审组成员共同讨论评审意见，确定出厂评审是否通过。

评审意见的一般内容：××年××月××日，××承制单位在××地点组织召开了××产品出厂质量评审会，参加会议的单位有：××、××、××等。会议成立了评审组（名单附后）。与会代表听取了××承制单位做的《××产品研制总结报告》《××产品生产工艺总结报告》和《××产品质量总结报告》，经讨论形成如下意见：××产品（编号为：×××-××）技术状态明确，生产过程受控，软件经过评测，经试验验证，性能满足总体要求。经验收合格，可以交付。同意通过出厂质量评审。

评审如遇不可抗力因素，无法安排会议的，可以组织开展函审。

8.14.2.6 评审意见落实

承制单位根据评审组提出的问题和建议，制定纠正措施，组织落实，会议承办部门负责监督检查。承制单位报告编制人员根据评审组提出的报告修改意见，修改完善报告后重新完成报告签署。

8.14.2.7 评审文件归档

承制单位会议承办部门负责将产品出厂评审中形成的文件和资料整理归档。归档的评审文件应包括：上会报告、文件资料清单、存在的主要问题及改进建议、评审结论和评审组名单。

8.14.3　产品交付

8.14.3.1　产品交付条件

1）交付的产品应经验收合格，满足产品图样和技术条件要求，满足设计提出的研制技术要求。

2）交付的产品应完成全部试验和检验工作。试验和检验记录、试验报告等应完整齐全。

3）产品包装和防护应满足要求。

4）交付的产品应带有完整的质量证明文件。

5）产品交付前出现的质量问题应按要求完成归零工作，归零措施落实到位。

8.14.3.2　产品交付要求

1）承制单位交付产品应包含产品、质量证明文件和备附件，按照装箱清单和技术要求装箱发送。

2）产品移交时应办理产品交接手续。按照表 8－12 形成产品交接单，交付双方及顾客代表签署后各留存一份。

表 8－12　产品交接单

××单位与××单位××产品交接单

任务名称：　一式三份　年　月　日

序号	产品名称	产品代号	产品编号	数量	单位	每箱情况		共计箱数	承制单位	外观情况	备注
						毛重（kg）	外形尺寸（m）（长×宽×高）				
1										完好	已铅封
2										完好	已铅封
…										完好	已铅封

以上产品，已经检查，双方交接完毕。

提交方：	顾客代表室：	接收方：
提交方代表：	顾客代表：	接收方代表：
年　月　日	年　月　日	年　月　日

3）软件产品验收通过后，承制方必须按验收评审意见，做好后续工作，并在得到验收组或其指定人员认可后，按任务书（或合同）要求将软件产品移交给交办方。交办方按任务书（或合同）要求做好接收工作。

4）软件产品经过验收评审后，根据验收组提出的评审意见，承制方对软件产品进行必要的完善工作。在这些工作完成，并得到验收组或其指定人员认可后，承制方向交办方进行软件产品的交付。

5）承制方提出软件产品移交项目清单，在验收组指定人员的审定和监督下，逐项核实并移交给交办方，移交结束后形成软件产品移交文件，即签署完整的软件产品移交项目清单，该文件至少应包括以下内容：

a）交付软件产品的名称、数量和装载媒体等的说明；

b）交付软件产品的检查及结果，检查包括产品证明书、媒体的外观和包装、文物的完整及一致等；

c）交付检查的结论及存在的主要问题；

d）交付的时间、地点、交接双方人员签字。

对交付检查中发现的主要质量问题，交办方可要求承制方进行改进。必要时，双方重新进行交付工作。

8.14.3.3 例外放行

1）特殊情况下，产品未完成软件评测或制造验收技术条件规定的例行试验工作，在产品经承制单位验收合格后，承制单位应办理例外放行手续。

2）产品例外放行时，承制单位应填写例外放行审批单，在例外放行审批单中应明确放行事由及截止时间和截止环节，应由型号总师或总指挥批准。

3）例外放行产品交付验收时，承制单位应开具产品临时合格证明文件，并加盖例外放行章；例外放行审批单和临时合格证明文件随产品一并交付。

4）例外放行产品在完成相关工作并验收合格后，承制单位负责完成闭环。开具产品正式合格证明文件替换临时合格证明文件；若结果不合格，承制单位应将例外放行产品追回。

5）内部流转的产品例外放行需由承制单位全部清理完成后才能具备交付条件，必要时需征得顾客同意。

8.14.3.4 产品交付的内容

产品单机交付的内容主要包括合格证或产品证明书/履历书、文件/技术资料、评测/试验报告、备附件、单机产品等，如涉及产品例外放行交付，应由承制单位随交付产品附带例外放行审批单。

产品整机交付的内容主要包括产品证明书/履历书、交接单、文件/技术资料、易损易耗性器材、工具、备附件、配套设备、整机产品等。

产品交付的具体内容详见表 8-13。

表 8-13　产品交付的内容

序号	交付类别	交付内容
1	单机交付	1)合格证或产品证明书/履历书 2)文件/技术资料 3)评测/试验报告 4)备附件 5)例外放行审批单 6)单机产品 ……
2	整机交付	1)产品证明书/履历书 2)交接单 3)文件/技术资料 4)易损易耗性器材 5)工具 6)备附件 7)配套设备 8)整机产品 ……

8.15　产品防护

8.15.1　概述

航天产品防护主要针对产品包装、运输和存储环节。在满足产品防护要求的基础上，以保证产品包装、运输和存储过程质量。本文在查阅相关标准的基础上，形成产品包装、运输、存储等管理要求和产品防护通用做法，可供参考使用。

8.15.2　目标和要求

通过对产品进行适时和有效的包装、存储和运输工作，保证产品处于完好状态，并能持续完成顾客各项任务。产品包装、存储和运输应遵循以下要求：

1） 应按照 GJB 1181—1991《军用装备包装、装卸、贮存和运输通用大纲》的规定，对产品的总体设计方案以及订购方对产品包装、存储和运输的要求进行分析，确定产品包装、存储和运输的方案。

2） 质量管理应符合 GJB 1443A—2015《军品包装、装卸、运输、贮存的质量管理要求》的规定。

3） 相关设备应与产品同步研制、试验和定型。

4） 火工品的包装、存储和运输的安全应符合 GJB 2001A—2019《火工品包装、运输、贮存安全要求》的规定。

5）标志应符合 GJB 1765A—2008《军用物资包装标志》的规定。

6）可借鉴同类产品的成熟经验，并利用现有资源。

7）具有良好的经济性。

8.15.3 产品包装

1）应根据产品的特点以及储运、装卸条件和要求，选用防水包装、防潮包装、防霉包装、防盐雾包装、防锈包装、防震包装、防静电包装、防电磁包装、防磁场包装和防辐射包装等适当的防护包装方法。如订货合同另有要求，对产品的防护包装方法和试验应按订货合同的规定进行。

2）产品一般采用箱（袋）装、捆装、敞装等包装方式，采用包装箱包装时应根据产品的特性和订货合同要求合理选择内包装、中间包装、外包装和集合包装。

3）产品随机文件一般包括产品质量证明文件、装箱单、装箱位置图和其他技术文件。随机文件用纸制文件袋、透明塑料文件袋或专用文件袋封装放入包装箱内。

产品包装主要包括防水包装、防潮包装、防霉包装、防盐雾包装、防锈包装、防震包装、防静电包装、防电磁包装、防磁场包装、防辐射包装、包装箱包装、包装袋包装、捆装、敞装等，具体要求可参照表 8－14 执行。

表 8－14 产品包装要求

序号	包装类别	包装要求
1	防水包装	1)应根据产品在储运和保管过程中出现的降水等情况选用防水包装； 2)防水包装按 GJB 145A—1993《防护包装规范》中 3.5.6 规定的方法进行，应能防止雨、水洒落或渗透到包装内的产品上
2	防潮包装	1)有防锈要求的产品应按 GJB 145A—1993《防护包装规范》中 3.5.5 规定的方法进行包装； 2)对防锈要求严格的组合(整机)、部件、器件、仪器仪表等产品应按 GJB 145A—1993《防护包装规范》中 3.5.9 规定的方法进行包装，应根据需要选择干燥剂的类型与用量，干燥剂的使用应符合 GJB 145A—1993《防护包装规范》中 3.6 的规定
3	防霉包装	1)应根据被包装产品的性质、结构和储运条件按照 GB/T 4768—2008《防霉包装》中 4.3 的规定确定防霉等级； 2)应按照 GB/T 4768—2008《防霉包装》的规定进行防霉包装的设计和防霉材料的选择
4	防盐雾包装	1)在海洋环境下储运的产品应进行防盐雾包装； 2)应根据产品的结构、体积、性质等选择真空袋包装或其他密封包装方式
5	防锈包装	1)有防锈要求的产品应按 GJB 145A—1993《防护包装规范》中 3.5.5 规定的方法进行包装； 2)对防锈要求严格的组合(整机)、部件、器件、仪器仪表等产品应按 GJB 145A—1993《防护包装规范》中 3.5.9 规定的方法进行包装，应根据需要选择干燥剂的类型与用量，干燥剂的使用应符合 GJB 145A—1993《防护包装规范》中 3.6 的规定
6	防震包装	应根据产品的结构、体积、性质等选择全面防震包装、部分防震包装、悬浮式防震包装或联合方式的防震包装
7	防静电包装	1)对静电敏感的产品包装时应进行防静电包装； 2)产品的防静电包装应符合 GJB/Z 86—1997《防静电包装手册》的规定
8	防电磁包装	1)对电磁环境敏感的产品应进行防电磁包装； 2)应使用抗电磁干扰的材料或有电磁屏蔽效果的包装容器包装产品

续表

序号	包装类别	包装要求
9	防磁场包装	1)对磁场环境敏感的产品应进行防磁场包装； 2)应将产品完全密封在有足够厚度的磁屏蔽材料制成的容器内，并满足规定的防护等级
10	防辐射包装	1)对有防辐射要求的产品应进行防辐射包装； 2)应将产品完全密封在铅制或其他防辐射容器中
11	包装箱包装	1)产品装箱缓冲、固定、支撑和防水应符合 GJB 1361A—2009《产品装箱缓冲、固定、支撑和防水要求》的规定； 2)内包装应符合产品标准的规定，并按照产品的特性采用相应的缓冲措施； 3)中间包装容器内的内包装数量应符合订货合同的规定，根据产品的防护需要适情选取，产品在包装箱内的位置应固定可靠，包装箱内应清洁、干燥、无异物； 4)应根据产品的性能、体积、质量和中间包装情况制作外包装容器，外包装应具有足够的强度； 5)集合包装应优先选用集装箱，并根据装箱器材外包装的结构形状、体积、质量的需要采取固定和缓冲措施
12	包装袋包装	1)一个包装袋一般只包装一种产品； 2)一个包装袋可包装多个相同的产品，数量应符合订货合同等的规定； 3)应根据装袋产品的性能、体积、质量和包装情况采用合理的封口方式
13	捆装	对防护要求不高的支承车辆、支架类产品、杆件类产品及管件类产品等的包装可使用捆装，捆装应满足以下要求： 1)产品捆装前应按照标准或订货合同要求进行防护处理； 2)管件类产品还应按照标准或订货合同要求对端口进行处理； 3)产品捆装可包装多个相同的产品，数量应符合订货合同等的规定，不同产品一般不应捆装成一个包装件
14	敞装	对无防护要求的产品可使用敞装，敞装所使用的工装应与产品匹配，产品的拴系、固定应牢靠

8.15.4　产品运输

1）应根据产品的运输要求和具体条件，选用公路运输、铁路运输、航空运输和水路运输等方式。如订货合同另有要求，对产品的运输按订货合同的规定进行。

2）产品的运输环境条件应符合 GJB 3493—1998《军用物资运输环境条件》的规定。

3）产品在运输时应使用可靠的加固器材，保证产品与运输工具的稳固连接。

4）产品运输主要包括公路运输、铁路运输、航空运输、船舶运输等，具体要求可参照表 8-15 执行。

表 8-15　产品运输要求

序号	运输类别	运输要求
1	公路运输	1)产品装载要求应符合 GJB 4543—2003《军用物资公路运输装载标准》的规定； 2)产品采用公路运输时应根据路况确定车速，对路况和车速有要求时应遵照相关要求执行； 3)雨、雪天或长途运输时，应有相应的防护措施，并捆绑牢固
2	铁路运输	1)产品装载要求应符合 GB 146.1—2020《标准轨距铁路限界 第 1 部分：机车车辆限界》的规定； 2)产品运输时不应对火车行驶方向有要求，如有特殊要求，应特别注明
3	航空运输	1)产品装载要求应符合 GJB 5194—2003《军用运输机装载准测》的规定； 2)产品装载应满足民用航空飞机货物运输的相关要求； 3)产品能够适应载机的飞行高度

续表

序号	运输类别	运输要求
4	船舶运输	1)产品质量应满足船舶的承载要求； 2)产品外形尺寸应满足船舶的装载尺寸要求； 3)产品装载应满足船舶的相关要求

8.15.5 产品存储

1）应根据产品预期的使用和维修要求以及技术状态特性确定存储方式。存储方式包括库房、露天加覆盖物、露天不加覆盖物和特殊存储等。如订货合同另有要求，对产品的存储按订货合同的规定进行。

2）产品的存储环境条件应符合 GJB 2770—1996《军用物资贮存环境条件》的规定。

3）存储方式应与产品的包装防护等级相适应。

4）采用特殊的存储方式时，应充分考虑包括空调、隔离设施等的相关因素。

5）产品存储主要包括库房存储、露天存储、特殊存储等，具体要求可参照表 8-16 执行。

表 8-16 产品存储要求

序号	存储类别	存储要求
1	库房存储	1)在条件允许的情况下,产品应自身或通过支撑架实现堆码存储； 2)产品质量应不大于库房内地面的承载要求
2	露天存储	1)在露天加覆盖物的情况下,产品能够适应自然环境条件;对防尘防雨要求低,产品增加覆盖物就能满足要求； 2)在露天不加覆盖物的情况下,产品能够适应自然环境条件;产品可直接裸露在外部环境中,对环境的适应性好
3	特殊存储	1)对温湿度、空气洁净度等有特殊要求,且无法放置在包装物内存储； 2)对存储有其他特殊要求的产品